Tezly

Detlef Jena

MARIA PAWLOWNA

Detlef Jena

Maria Pawlowna

Großherzogin an Weimars Musenhof

Friedrich Pustet

:STYRIA

Bildnachweis:
Die Abbildungen wurden von der Stiftung Weimarer Klassik,
Herzogin-Anna-Amalia-Bibliothek – Fotothek – zur Verfügung gestellt.
Porträt Pauls I.: Bildarchiv der Österreichischen Nationalbibliothek, Wien.

Die Deutsche Bibliothek – CIP-Einheitsaufnahme

Jena, Detlef:
Maria Pawlowna : Großherzogin an Weimars Musenhof
Detlef Jena. –
Regensburg : Pustet ; Graz ; Wien ; Köln : Verl. Styria, 1999
ISBN 3-222-12670-4 (Styria)
ISBN 3-7917-1643-3 (Pustet)

Umschlaggestaltung: Zembsch' Werkstatt
Layout, Umbruch und Repros: B & R Satzstudio, Graz
Druck und Bindung: Wiener Verlag, Himberg
ISBN 3-222-12670-4 (Styria)
ISBN 3-7917-1643-3 (Pustet)

INHALT

VORWORT

Maria Pawlowna Romanowa – als russische Großfürstin geboren im Jahr 1786, seit 1804 mit dem Erbprinzen Carl Friedrich von Sachsen-Weimar-Eisenach verheiratet, von 1828 an Großherzogin und im Sommer 1859 gestorben – galt Zeitgenossen, Nachfahren und Historikern als makellose Lichtgestalt des klassischen und nachklassischen Weimar, ohne Schatten, Konflikte oder eigenbrötlerische Absonderlichkeiten. Noch 50 Jahre nach ihrem Tod erklang rundum der langweilig-hymnische und nahezu einstimmige Lobgesang über einen vollkommenen Menschen. Es sind nur zwei Stimmen bekannt geworden, die einen Anflug von kritischer Distanz erahnen ließen: die der Großherzogin Louise (der Schwiegermutter) und die des thüringischen Staatsministers von Watzdorf.

Tatsächlich verliefen lange Jahrzehnte im persönlichen Leben dieser Frau vollkommen unspektakulär – die Zeit, in der sie lebte, war aufregend. Immerhin spannte sich ihr Lebensbogen von den großen russischen Tagen Katharinas II. bis in das europäische Jahrzehnt nach der Revolution von 1848/49. Das Herzogtum Sachsen-Weimar-Eisenach wurde in die elementaren politischen und geistigen Ströme jener Jahrzehnte hineingezogen. Die russische Großfürstin und sächsische Großherzogin konnte und wollte ihrer Zeit nicht entrinnen. Sie war eine Persönlichkeit im wahrsten Sinne des Wortes und verstand es auf ganz einzigartige Weise, dieser Zeit ihre eigenen ethischen Werte zu vermitteln – ruhig, freundlich, unaufgeregt – unspektakulär. Gerade dadurch konnte sie ein wichtiges Lebensziel verwirklichen – Weimar versank nach dem Tod Goethes nicht in Unbedarftheit, Provinzialismus oder Bedeutungslosigkeit. Die Herzogin Anna Amalia war die Mutter des klassischen Weimar – Maria Pawlowna wurde die Mutter des „Silbernen Zeitalters".

Das ist Grund genug für eine moderne Betrachtung über die russische Großfürstin in Thüringen. Das Leben und Wirken Maria Pawlownas schlug eine sehr persönliche und eine offizielle politische Brücke zwischen St. Petersburg und Weimar. St. Petersburg, seit dem Jahr 1700 aus dem sumpfigen Boden des Newa-Deltas gestampft, wurde zum steinernen Symbol der russischen modernisierenden Westöffnung – eine Schöpfung Peters des Großen. St. Petersburg verkörperte sinnvoll den europäischen Geist der Aufklärung, wie ihn Katharina II. verstand. St. Petersburg war über mehr als zwei Jahrhunderte die russische Hauptstadt für Politik, Wirtschaft und geistige Kultur. Das Palmyra des Nordens mit seinen Akademien, Theatern, Kunstsammlungen, Bibliotheken,

Museen und der einmaligen Architektur wurde auch zum russischen Sinnbild für die politischen, wissenschaftlichen und geistig-kulturellen deutsch-russischen Bindungen. Macht und Geist, Stein geworden, haben hier einer europäischen Metropole tausendfache Gestalt verliehen.

Weimar ist von der Gnade der Geschichte gestreift worden. Aus einem unbedeutenden Provinznest, dörflich und verkommen, zauberten Mut und Geist weniger Menschen, beginnend mit der herzoglichen Regentin Anna Amalia, eine bescheidene Residenz, die für einige Jahrzehnte zum geistig-literarischen Mittelpunkt ganz Deutschlands wurde. Der klassische „Musenhof" begründete den Ruf Weimars als nationale Heimstatt, ein Ruf, der durch nichts in der nachfolgenden Geschichte zerstört werden konnte. Weimar wurde nach Leipzig, Halle, Jena und Göttingen ebenfalls zu einem geistigen mitteldeutschen Kulturzentrum deutsch-russischer Verbindungen. Anna Amalia hatte 1772 mit der Berufung Christoph Martin Wielands nach Weimar den Ruf des Musenhofes begründet. Es kam Goethe und es kam Johann Gottfried Herder, durch Veranlagung, Charakter und Geist in besonderer Weise dem Hang zur west-östlichen europäischen Bindung verpflichtet.

Der literarische Geist Weimars und seiner Dichter strahlte nach Rußland. Es war nur eine logische Konsequenz, daß die geistige Rolle Weimars auch durch dynastische Verbindungen beeinflußt wurde. Außerdem: So groß die literarische und künstlerische Ausstrahlung Weimars auch war, das Geld zur Finanzierung des Musenhofes blieb stets knapp. Eine Verbindung des Weimarer Hofes mit den großen und kapitalkräftigen europäischen Fürstenhäusern konnte für die Reputation und den Ausbau des Musenhofes nur nützlich sein. Der Geist und nur der Geist seiner Gelehrten und Dichter, das war das Kapital, mit dem die herrschende Dynastie aus dem Stamm der Ernestiner wuchern konnte. So kam die russische Großfürstin Maria Pawlowna aus dem strahlenden und glänzenden St. Petersburg nach Weimar: Die geistige Ehe von Aufklärung und Klassik verband sich mit einer dynastischen Ehe – allerdings erst in einer Zeit, da die Epoche der Aufklärung im Grunde bereits zu Ende war. Ein neues Zeitalter der Revolutionen, des Sturm und Drang hatte bereits begonnen. Da bleibt die Frage spannend, ob und wie es der russischen Großfürstin gelungen ist, den Ruf Weimars über die Dezennien zu wahren. Eines steht jedoch bereits vorab fest: Das Leben dieser schönen und klugen Frau war weder idyllisch noch langweilig oder gar verspielt. Sie war eine Persönlichkeit, die ihr Schicksal sehr selbstbewußt, initiativreich, mit Charme und Erfolg meisterte.

Die biographischen Streiflichter über Maria Pawlowna verdienen diese Begrenzung gegenüber einer fundamentalen wissenschaftlichen Biographie, weil das überkommene archivalische Material in Deutschland und Rußland noch ungewöhnlich reichhaltige Bestände birgt, die der weiteren Erschließung harren. Es gibt im Leben Maria Pawlownas spätestens seit ihrer Vermählung kaum einen Tag, der nicht durch Dokumente belegbar wäre. Daher gilt der besondere Dank des Autors jenen Mitarbeitern des Thüringischen Hauptstaatsarchivs Weimar (namentlich Dr. Volker Wahl und Jutta Fulsche), des Goethe- und Schiller-Archivs Weimar, der Stiftung Weimarer Klassik, des Mecklenburgischen Landeshauptarchivs Schwerin, des Reichsarchivs Kopenhagen und der Württembergischen Landesbibliothek Stuttgart, die ihm in freundlicher Kollegialität bei der Auswahl und Aufbereitung der verwendeten Quellen behilflich gewesen sind.

Das Buch wendet sich an einen breiten Leserkreis. Es verzichtet aus diesem Grund im Text auf Hinweise zur Sekundärliteratur. Diese ist im Literaturverzeichnis aufgeführt. Fußnoten verweisen ausschließlich auf zeitgenössische unveröffentlichte und nur in unvermeidbaren Ausnahmefällen auf wenige veröffentlichte Originalquellen. Die benutzten archivalischen Quellen werden jeweils nur in einer Fußnote genannt. Alle nicht durch Fußnoten gekennzeichneten Zitate sind der im Verzeichnis genannten Literatur entnommen. Dieses Verfahren wird den akademischen Wissenschaftler nicht voll befriedigen, verbessert jedoch die allgemeine Lesbarkeit des Buches, das möglichst viele Interessenten erreichen will.

Der Autor widmet dieses Buch den Städten Weimar und St. Petersburg. Es ist im Zusammenhang mit den Vorbereitungen für die europäische Kulturstadt Weimar im Jahr 1999 und in der Überzeugung des Autors entstanden, daß es namentlich die bedeutenden Köpfe des klassischen und nachklassischen Weimar mit ihren säkularen Wirkungen waren, die den Ruf und das Erbe Weimars in Deutschland, Europa und der Welt rechtfertigen.

Rockau, im Frühjahr 1999

Detlef Jena

1. KAPITEL

Wechselbad der Gefühle

Kinderjahre zwischen den Fronten in Gatschina und Peterhof

Maria Pawlowna wurde am 4. (nach damaliger russischer Zeitrechnung 16.) Februar 1786 in eine äußerlich strahlende Welt voller Spannungen, Intrigen, Konflikte und kalkulierter politischer Höhepunkte hineingeboren. Seit dem Jahr 1762 beherrschte Katharina II. das Russische Reich. Sie war durch den Staatsstreich einiger Gardeoffiziere an die Macht gelangt. Ihren Gatten, den rechtmäßigen Kaiser Peter III., hatten putschende Militärs ermordet, und ganz Europa sprach mehr oder weniger offen davon, die Kaiserin habe ihre Hand im Spiel gehabt. Niemand konnte es ihr beweisen. Eine andere Tatsache war jedoch beweisbar: Katharina hatte im Jahr 1754 den Thronerben Paul Petrowitsch zur Welt gebracht. Die Vaterschaft Peters blieb umstritten. Bei ihrer Machterhebung schwor Katharina, für ihren Sohn Paul, der zum gleichen Zeitpunkt zum offiziellen Thronfolger ausgerufen wurde, zu regieren und diesem die Macht zu übergeben, sobald er volljährig werden würde. Das wäre im Jahr 1772 der Fall gewesen. Aber im Geburtsjahr Maria Pawlownas herrschte Katharina II. noch immer – erfolgreich, ambitioniert und in dem festen Willen, die Krone niemals aus den Händen zu geben, bis der Tod sie dazu zwingen würde. Ob ihrem Sohn Paul dieser Zustand gefiel, das hielt Katharina für belanglos. Im Gegenteil: Katharina II. und ihr Sohn lebten in einem persönlichen schroffen Gegensatz nebeneinander, der Auswirkungen auf die ganze Kaiserfamilie besaß, in die Reichspolitik hineinreichte und nicht ohne Folgen für die Erziehung der Kinder Pauls bleiben konnte.

Katharina II. schmückte sich seit ihrer Thronbesteigung mit dem Flair einer gebildeten und aufgeklärten absoluten Monarchin. Sie gab sich alle erdenkliche Mühe, ihrer eigenen Persönlichkeit, ihrer Hauptstadt – wie dem ganzen Russischen Reich – europäischen Glanz und Weltoffenheit zu verleihen. Katharina konzipierte ehrgeizige Projekte in der Politik und zu den sozialen Fragen Rußlands, in Wissenschaft, Bildung, Kultur, Kunst und Literatur. Aber nur ein Bruchteil ihrer hochfliegenden Pläne wurde Wirklichkeit. Die deutsche Russin auf dem Zarenthron verfügte über ein Unmaß an aufgeklärten Ideen zur prächtigen Modernisierung des Reiches, aber die Ideen brachen sich zum größten Teil an den russischen Traditionen und Lebensverhältnissen.

Als Katharina im Juli 1762 auf den Thron gehoben wurde, ging sie mit unglaublichem Fleiß an das große Werk, mit dem sie sich beauftragt hatte. Das Reich sollte ein neues Gesetzbuch erhalten, und die Kaiserin selbst verfaßte eine umfangreiche „Instruktion" zur Ausarbeitung des Gesetzbuches, worüber sie unverzüglich ihre aufgeklärten Briefpartner in Westeuropa informierte. Man jubelte ihr zu, und unter dem brausenden Beifall über die in Rußland anbrechende neue Zeit verschwand die Enttäuschung: Die nach Moskau einberufene „Gesetzgebende Kommission" beriet lange und gründlich. In den endlosen Debatten versandete der Elan der Monarchin in dem Maße, wie die Sachzwänge und der konservative Widerstand im Adel wuchsen. Als im Jahr 1768 die Türkei Rußland den Krieg erklärte, war die Kaiserin erleichtert. Sie nutzte die Gelegenheit als Legitimation für den erfolglosen Abschluß der Kommissionsarbeit.

Zu diesem Zeitpunkt war Paul Petrowitsch 14 Jahre alt und verstand noch nicht viel vom Leben. Seine Mutter hatte sich in den vorausgegangenen Jahren um eine gute Erziehung für das charakterlich schwierige Kind bemüht. Sie hatte sogar ehrliche Mutterliebe für den Knaben empfunden, der ihr unmittelbar nach seiner Geburt von der Kaiserin Elisabeth weggenommen worden war. Neben dem Bemühen um eine ausgewogene, mitunter gar warmherzige familiäre Bindung stand jedoch latent eine Bedrohung: Paul war der legitime und anerkannte männliche Thronfolger. Es gab einflußreiche russische Politiker und Aristokraten – wie den Grafen Nikita Panin –, die einer Thronerhebung Katharinas nur unter der Voraussetzung zugestimmt hatten, daß sie lediglich als temporäre Kaiserin und Regentin bis zur Volljährigkeit Pauls herrschen dürfe.

Paul wuchs in die politischen und militärischen Konflikte der kommenden Jahre hinein. Rußland führte den ersten Krieg gegen die Türkei mit wechselndem Erfolg und beendete ihn im Jahr 1773 siegreich – im Frieden von Kütschük Kainardshi. Im Jahr zuvor hatte Kaiserin Katharina II. gemeinsam mit Österreich und Preußen zum ersten Mal den polnischen Staat geteilt. In den Jahren 1773/74 brachte eine Massenrebellion Rußlands Kaiserin an den Rand einer Katastrophe. Nur mit Hilfe der aus dem Türkenkrieg zurückkehrenden Streitkräfte konnte der Aufstand unter Führung des Kosaken Jemljan Pugatschow gewaltsam unterdrückt werden. An all diesen für Rußland schwerwiegenden Ereignissen hatte der Thronfolger keinen unmittelbaren oder gar aktiven Anteil. Er lernte noch und war zugleich immer wieder passiver Gegenstand ernster staatspolitischer Überlegungen der Kaiserin und ihrer Ratgeber.

Paul, der mit zunehmendem Alter an äußerem Ansehen verlor, störten die schönen Geliebten seiner Mutter, namentlich der Favorit Grigori Orlow. Orlow begann zudem auf den Knaben eifersüchtig zu werden. Die Animositäten beruhten auf Gegenseitigkeit. Sie bestärkten Pauls Trotz gegen die Mutter, beflügelten den Haß gegen die Frau, die den Vater hatte ermorden lassen. Davon war der Junge fest überzeugt.

Es gab zahlreiche Höflinge in Pauls Umgebung, die ihn mehr oder weniger diskret auf seine eigentliche Rolle als wahrer Kaiser hinwiesen, eine Rolle, die ihm die Mutter versagte. In dem Knaben festigte sich der Gedanke, daß seine Mutter ihm den Thron wissentlich vorenthalte und daß sie nichts weiter als eine gewissenlose Usurpatorin sei. Er steigerte sich in eine Gedankenwelt und Handlungsweise hinein, die der Peters III. nicht unähnlich war. Paul begann Peters Hang zu militärischen Spielen zu kopieren. Es gab allerdings einen gravierenden Unterschied. Der Holsteiner Herzog Peter verharrte zeitlebens mit kindlicher Naivität in seinem Haß auf Rußland und dessen religiöse Orthodoxie. Paul galt schon in seinen jungen Jahren als standesbewußter, im Grunde sogar stolzer russischer Großfürst, hart, ungeduldig und von nagenden Zweifeln über seine Herkunft und Zukunft zerrissen. Wenn er Peters militärische Spiele nachahmte, dann tat er das verbissen und dogmatisch. Von Kindesbeinen an entwickelte er die Charaktermerkmale und Lebensäußerungen, die später seine Herrschaft dominieren sollten. Katharina II. sah, daß der Sohn ihr mehr und mehr entglitt, daß er ihre feingeistigen Schwärmereien für abstraktes und obendrein leeres Gerede hielt. Die steigenden Gegensätze verstärkten auf beiden Seiten die Angst um die Macht. Die Mutter fürchtete den Sohn, und der Sohn fürchtete die Mutter. Katharina unternahm Schritte, die labile Persönlichkeitsstruktur Pauls tiefer zu demontieren. Jeder konnte die wachsenden Spannungen zwischen Mutter und Sohn spüren. Der Mutter wohlgefällige Höflinge beeilten sich, Paul zu attestieren, daß es ihm an der „Energie folgerichtigen Denkens" mangele, daß er „eine unselige Neigung zu krankhafter, überspannter Exaltation" habe. Charakterliche Schwächen Pauls wurden schamlos zum Politikum erhoben. Die Häme bedrückte ihn und verschärfte seine individuellen Probleme nur noch mehr.

Dennoch blieb Paul der legitime Thronfolger. Um politische Probleme durfte er sich nicht kümmern, aber er hatte für die Sicherung der Erbfolge zu sorgen. Katharina II. arrangierte eine Ehe für ihn. Paul wurde im Jahr 1773 verheiratet. Die Wahl war auf Prinzessin Augustine Wilhelmine von Hessen-Darmstadt gefallen. Das Mädchen war erst siebzehn Jahre alt, galt als eigenwillig und war Protestantin. Augustine trat zum orthodoxen Glauben über und hieß danach Natalja Alexejewna. Der Ehe war kein Glück beschieden. Paul liebte die junge Frau sehr, aber die dankte es ihm schlecht. Sie war ordinär, gemein und hat ihn

betrogen. Paul hatte auf eine Verbündete gegen die Mutter gehofft. Er wurde enttäuscht. Doch als Natalja bereits am 15. April 1776 im Kindbett starb, war Paul
verzweifelt. Katharina II. bangte, er könnte sich in seinem Kummer das Leben
nehmen. Die Chance, das Verhältnis zwischen Mutter und Sohn aus dieser komplizierten Situation heraus zu bereinigen und dem Thronfolger durch seine Ein-
bindung in die Politik einen tragenden Weg in die Zukunft zu weisen, wurde
durch die Kaiserin willentlich vertan. Katharina zerstörte die Persönlichkeit
ihres Sohnes weiter. Dazu gehörte u. a., daß sie dem nach dem Tod Nataljas stark
depressiven Paul geheime Liebesbriefe der Verstorbenen an den Grafen Kirill
Rasumowski zu lesen gab.

Paul löste sich aus seiner ärgsten Verzweiflung und heiratete nach dem Willen der Kaiserin bereits im gleichen Jahr 1776 ein zweites Mal. Er wählte die sieb-
zehnjährige Prinzessin Sophie Dorothea von Württemberg-Mömpelgard, die
nach ihrem Übertritt zum orthodoxen Glauben Maria Fjodorowna hieß. Maria
Fjodorowna sollte fortan in Pauls Leben eine ausgezeichnete Rolle spielen. Sie
bildete alsbald den menschlichen Mittelpunkt der schnell und stetig wachsenden Familie des mit den eigenen Fähigkeiten hadernden Großfürsten. Sie hatte
es mit Pauls kompliziertem Charakter nicht leicht, hielt aber in den Auseinandersetzungen mit der Kaiserin stets zu ihm und schenkte ihm obendrein zehn
Kinder. 1777 wurde der erste Sohn, Alexander, geboren. Zwei Jahre später folgte
Konstantin. Mit der Geburt dieser beiden Söhne begann ein von der Kaiserin ini-
tiiertes Spiel, das der weiteren Deformierung der Persönlichkeit Pauls dienen
sollte. Alexander und Konstantin wurden den Eltern weggenommen und unter
Katharinas Obhut erzogen. Nachdem 1783 als drittes Kind die Tochter Alexandra geboren worden war, „schenkte" die Kaiserin ihrem Sohn das Schloß in Gatschina bei St. Petersburg. Schlösser gehörten zur Palette der von Katharina überreichten Geschenke an Verwandte und Günstlinge. In diesem Fall verbannte sie
ihren Sohn mit der Gabe vom Hof. Paul entwickelte in Gatschina seine eigene,
etwas verschrobene, aber sehr disziplinierte militärische Hofhaltung und prägte
dabei leider die absonderlichen Seiten seines Charakters weiter aus. Es sollte sich
zeigen, daß die permanenten Wechselbäder zwischen dem Petersburger Winterpalais, dem Schloß Peterhof, in dem Alexander und Konstantin erzogen wurden,
und Gatschina negative Folgen für die Erziehung der Jungen und für die ganze
Familie des Großfürsten mit sich brachten. Man konnte darauf warten, wann das
Gerücht auftauchen würde, Katharina II. bevorzuge Alexander zuungunsten
ihres leiblichen Sohnes als Thronerben.

Die Mutter entfernte Paul tatsächlich immer weiter von der Fähigkeit, eines
Tages das Reich regieren zu können. Paul durchlebte resignative Perioden. Aber
die Resignationen mündeten weniger in abstrakte Selbstzweifel über den Sinn

des Herrschens und Regierens. Sie steigerten den Haß gegen die Mutter, die maßlose Wut auf die Thronräuberin und den Willen, sein in Gatschina errichtetes militär-konservatives Regiment auf ganz Rußland auszudehnen. Paul stand mit 30 Jahren fest auf dem Boden der Autokratie. Rußland benötigte nach seiner Auffassung keine Reformen, sondern höchstens eine Sammlung vorhandener Erlasse, Dekrete oder Gesetze. Die Gnadenurkunde Peters III. für den Adel, die Katharina bestätigt hatte, hielt er für überflüssig. Der Adel mußte zu seinen Dienstpflichten zurückgeführt werden. Die Geistlichkeit hatte die reine orthodoxe Lehre zu vertreten, und die Leibeigenschaft war weiter zu festigen. Die Dreieinigkeit von Autokratie, Orthodoxie und Volkstum mußte das ganze Reich umspannen.

Alles das schienen vorerst bizarre Träume. Die Kaiserin erfreute sich bester Gesundheit und ließ immer offener durchblicken, daß sie ihren Sohn Paul als Thronfolger für wenig geeignet hielt. Sie protegierte den Enkel Alexander sowie dessen Bruder Konstantin. Paul bemerkte selbstverständlich, daß seine Mutter ihn mehr und mehr vom Thron verdrängte. Seine militärischen Spektakel, die den Tagesablauf in Gatschina über Jahre hinweg ausfüllten, waren so sehr an den preußisch-holsteinischen Traditionen Peters III. orientiert, daß sie nur als Trotzreaktionen auf die Boykottierung durch die Mutter verstanden werden konnten. Katharina II. wiederum leitete daraus eine noch größere Distanzierung ab. Bisweilen steigerten sich die Animositäten zum offenen Konflikt.

In diese spannungsgeladene und komplizierte Situation wurde Maria im Februar 1786 hineingeboren. Rußland stand am Vorabend großer Ereignisse. Das Verhältnis zwischen Kaiserin und Thronfolger steuerte auf eine Zerreißprobe zu. Seit dem Jahr 1773 baute die Kaiserin die im ersten Türkenkrieg gewonnenen Positionen aus. Sie wollte die vollständige Kontrolle über das Schwarze Meer erringen. Die Kaiserin betrieb in Europa eine aktive Machtpolitik und schickte den Reichsfürsten und Feldmarschall Grigori Alexandrowitsch Potjomkin als Vollstrecker ihres Willens in den Süden. Potjomkin kolonisierte Südrußland, bereitete Armee und Flotte auf einen neuen antitürkischen Krieg vor, befestigte die südlichen Grenzen und erschloß das ganze Gebiet zwischen Donau und Kuban für die russische Wirtschaft. Im Jahr 1783 annektierte Rußland die Krim. Drei Jahre später stand Katharina II. auf dem Gipfelpunkt ihrer Macht. Sie rüstete zu einer großen Inspektionsreise in den Süden. Die Kaiserin wollte den europäischen Mächten die Größe und den Glanz Rußlands vorführen. Sie wollte die Türkei zu einem zweiten Krieg provozieren.

Der Thronfolger Paul Petrowitsch hielt es für selbstverständlich, daß er die Mutter auf dieser politisch bedeutsamen Reise im Jahr 1787 begleiten würde. Die Kaiserin lehnte den Gedanken brüsk ab und entschied, Alexander und Konstantin sollten mit auf die Südfahrt gehen. Konstantin bekam jedoch die Masern, und die Knaben blieben zu Hause. Pauls Wut steigerte sich zur Maßlosigkeit – Frau und Kinder waren Zeugen seiner erregten Ausbrüche. Im gleichen Jahr 1787 begann unter Fürst Potjomkins und General Suworows militärischer Führung der zweite Krieg gegen die Türkei. Paul bereitete sich sorgfältig auf den Krieg vor. Wieder entschied die Kaiserin gegen ihn. Das Gatschiner Regiment sollte zum Schutz der Hauptstadt vor schwedischen Angriffen an Ort und Stelle bleiben. Der Thronfolger ging abermals leer aus. Er wollte an der Seite Potjomkins und Suworows militärischen Ruhm erlangen – nun wuchs sein Haß auf den genialen Potjomkin, einen der besten Politiker, die Rußland in seiner langen Geschichte hervorgebracht hat, und auf die Mutter um so stärker an. Der offene Konflikt blieb jedoch aus.

Die dynastischen Probleme wurden mit dem Heranwachsen der Kinder Pauls immer schwieriger. Katharina favorisierte nach Ansicht vieler Höflinge ganz offensichtlich Alexanders Anwartschaft auf den Thron und beurteilte Pauls militärische Übungen in Gatschina mit wachsendem Unwillen. Jedoch sprach sie sich niemals eindeutig für eine Kandidatur Alexanders aus. Paul wartete wider alle Gerüchte brennend auf den Tag, da er die Krone übernehmen und es allen jenen heimzahlen konnte, die ihn seit Jahren so tief demütigten. Alexander und mit ihm die anderen Kinder Pauls wuchsen im Zwiespalt zwischen Petersburg und Gatschina auf. Sie fürchteten und achteten den Vater in gleicher Weise. Die streng geordnete militärische Welt in Gatschina bedeutete namentlich für Alexander zwar immer wieder einen Bruch mit den kleinen Freiheiten unter Katharinas Obhut, doch lehnte sie der heranwachsende Knabe nicht ab. Er teilte auch die skeptische Haltung seines Vaters gegenüber der Polenpolitik Katharinas. Es gab mehr Anknüpfungspunkte zwischen Paul und seinem Sohn, als Katharina lieb gewesen sein konnte. Sie durfte sich überhaupt nicht sicher sein, daß Alexander seinem Vater die Krone streitig machen würde. Alexander entwickelte bald ein praktisches Gefühl, seine wahren Gedanken vor den widerstreitenden Seiten zu verbergen. Er verdarb es sich weder mit der Großmutter noch mit seinen Eltern und setzte offensichtlich auf die Zeit, die eine Lösung bringen würde.

Der Grundkonflikt um die Krone besaß selbstverständlich elementare Auswirkungen auf die gesamte Familie und damit auch auf die Erziehung Marias, obwohl sie niemals im Mittelpunkt des Interesses stand oder ihr gar eine aktive persönliche Rolle am Hof zugedacht wurde. Maria war – wie die anderen Prinzessinnen – dazu ausersehen, die dynastischen Verbindungen des Hauses Romanow-Holstein-Gottorp nach Europa – besonders nach Deutschland – durch eine günstige Verheiratung zu vertiefen. Dazu mußte sie mit allem notwendigen Wissen ausgerüstet werden. Marias besonderes Glück bestand darin, daß Kaiserin

Katharina II. ihre Enkel Alexander und Konstantin im Geiste ihres eigenen Ver-
ständnisses von Aufklärung und Bildung erziehen ließ. Das Mädchen war zwar
unweigerlich in den Konflikt zwischen Großmutter, Vater und dem ältesten Bruder einbezogen, aber sie lernte aus diesen Auseinandersetzungen. Der väterliche
Wille zur Selbstbehauptung, seine exakte Disziplin und die Notwendigkeit, mit
schlimmsten Demütigungen fertig werden zu müssen, prägten auch Marias
Charakter. Zudem übten die damalige Güte und Nachsichtigkeit der Mutter eine
besondere Anziehungskraft aus. Maria Fjodorowna glich aus, beruhigte und
kompensierte gegenüber den Töchtern die schlimmsten Auswüchse väterlichen
Fehlverhaltens. So wuchs Maria zwar nicht direkt unglücklich auf, aber in einer
harmonischen und glücklichen Familie lebte sie keineswegs. Ihr individuelles
Lebensbewußtsein erwachte weit eher in einem Umfeld, das von Machtkämp-
fen, dem Streit um die Thronfolge, russischer Reichspolitik, Humanismus und
Güte, aber auch von ohnmächtigen und verzweifelten Wutausbrüchen des
Vaters sowie zunehmender Verbissenheit der Mutter gekennzeichnet war.

Nach allen späteren Lebensäußerungen Marias in Weimar dürfte das junge
Mädchen sehr stark durch ihren Bruder Alexander beeinflußt worden sein. Sie
partizipierte an jener erstklassigen Bildung und Erziehung, die Kaiserin Katharina II. dem möglichen Thronfolger Alexander und dessen Bruder Konstantin
angedeihen ließ. Sofort nach der Geburt gab es dafür ein erstes Anzeichen. Am
12. (24.) Februar 1786 wurde Maria Pawlowna getauft. Die Stelle der Mutter vertrat Kaiserin Katharina II., die das Mädchen zum Abendmahl an den Altar trug.
Sie selbst legte dem Kind den ihr vom Vizekanzler, Graf Osterman, überreichten
Orden der heiligen Katharina an. Osterman war ein Nachkomme jenes Johann
Heinrich Osterman, der am Beginn des 18. Jahrhunderts in Jena studiert hatte
und fliehen mußte, nachdem er einen Studenten erstochen hatte, in Rußland
jedoch bis zum Reichskanzler aufstieg.

Maria wurde in den folgenden Jahren mit Menschen umgeben, die geeignet
waren, ihre Persönlichkeit bereits im zarten Kindesalter im Geiste von Aufklärung und religiösem monarchischen Bewußtsein zu bilden und zu formen.
Dazu zählten vor allem die Gouvernante, Fräulein Mazelét aus der Schweiz, und
die Erzieherin, die Gräfin und spätere Fürstin Lieven. Mit beiden Damen sollte
Maria ihr Leben lang freundschaftliche Kontakte pflegen – auch, als sie längst in
Weimar heimisch geworden war. Die Fürstin Lieven versorgte Maria in späteren
Jahren mit gründlichen familiären Informationen über das Leben in St. Peters-
burg, Pawlowsk oder Gatschina.[1] Ausführliche Korrespondenzen, Besuchsreisen
und die Tatsache, daß Maria Pawlowna dem Fräulein Mazelét bis zum Jahr 1848
Pensionsgelder zahlte, sind dafür ein hinreichender und überzeugender Beleg.[2]
Die Damen wirkten auf Marias Charakterbildung, auf ihre Freundlichkeit,

Weltoffenheit und gläubige Religiosität positiv ein. Entscheidend war jedoch die Bildung, die Alexander und Konstantin erhielten und die auf die anderen Kinder des Großfürsten und Kaisers ausstrahlte.

Katharina II. wünschte sich für Alexander Lehrer und Erzieher, die persönlich vollkommen integer sein mußten, die liberalen Ideen anhingen und ausgezeichnete Kenntnisse in Geschichte, Geographie, Mathematik und Philosophie vorweisen konnten. Auf Empfehlung ihres langjährigen Brieffreundes Melchior Grimm wurde eine derart makellose Persönlichkeit in dem Schweizer Frédéric César de La Harpe gefunden, der nach einem langen und gründlichen Auswahlverfahren seit dem Herbst 1784 – eineinhalb Jahre vor Marias Geburt – als einer der russischen und ausländischen Lehrer Alexanders angestellt wurde. Obwohl La Harpe die Wissens- und Charakterbildung Alexanders und der anderen Kinder Pauls nicht allein beeinflußte, legte er deren Grundlagen und formte Einsichten, die in späteren Jahren nicht nur bei Alexander I. selbst, sondern auch bei dessen Schwester Maria zu wohlüberlegten Erkenntnissen und Handlungen führten. La Harpe informierte über die antiken Gesellschaften, über die Kunstepochen der Weltgeschichte, über die englischen liberalen Wirtschaftstheorien und über das Wesen der Aufklärung. Zunächst stand er den bürgerlichen Ideen der Französischen Revolution durchaus positiv gegenüber und übte sich am russischen Hof in der Darlegung der in Frankreich verkündeten Menschenrechte. Später – in den Jahren um 1803, als Maria ihre Ausbildung abschloß und auf die Heirat vorbereitet wurde – war es gerade La Harpe, der dem jungen Kaiser Alexander I. von liberalen Reformen abriet und für Rußland eine Bewahrung konservativer Grundsätze respektierte. So dürfen denn die mit La Harpe verbundenen Gedanken einer liberalen Weltordnung bei der kleinen Maria weder negiert noch überschätzt werden. Alexander war neun Jahre älter, wanderte den schmalen und gefährlichen Grad zwischen der kaiserlichen Großmutter und den großfürstlichen Eltern und – er wurde zielstrebig auf den Thron vorbereitet. Maria wuchs in der Obhut ihrer Eltern, ihrer Gouvernanten und ihrer eigenen Erzieher heran. Beide Erfahrungsbereiche hinterließen bei dem Mädchen Spuren. Gerade die wenig glückliche Zerrissenheit in den frühen Kinderjahren läßt erstaunen, welches Maß an Güte, Ausgeglichenheit, aber auch an Behauptungswillen die junge Frau Maria Pawlowna später in Weimar an den Tag legen sollte.

Maria erlebte das Jahr 1796 bereits bewußt mit: Im November rückte die Zeit grundlegender persönlicher und politischer Entscheidungen heran. Katharina erlitt Anfang November den zweiten Schlaganfall. Paul Petrowitsch weilte in Gatschina. Alexander wurde an das Sterbebett der Großmutter geholt. Aber allen Gerüchten zum Trotz, Katharina hätte sich definitiv für den Enkel als

Thronfolger entschieden, fiel weder von ihrer Seite ein entscheidendes Wort, noch unternahm Alexander irgendwelche Schritte, selbst die Macht zu übernehmen. Im Gegenteil. Er schickte sofort den Vertrauten seines Vaters, Graf Fjodor Rostoptschin, nach Gatschina und wartete gelassen des Vaters Ankunft ab.

Großfürst Paul war durch andere Kanäle sehr schnell über den Zustand Katharinas informiert worden und befand sich bereits auf dem Weg nach Zarskoje Selo. Die Familie wartete im Schloß von Gatschina den Ausgang der Ereignisse ab. Unterwegs strömten dem Prätendenten die Menschen zu – Höflinge, Militärs, Adelige und Bürger. Paul zog quasi als neuer Imperator in den Palast von Zarskoje Selo ein. Die Kaiserin lebte noch, die tausendfältigen Gerüchte waren nicht entkräftet, das letzte Wort noch nicht gesprochen – aber Paul regierte. Es war aufsehenerregend, wie der kleine, verfemte, verachtete und von der Kunst des Regierens ferngehaltene Mann sofort mit eiserner Energie die Zügel des Staates in die Hand nahm.

Er quartierte sich unmittelbar neben dem Sterbezimmer Katharinas ein. Jeder Hofbeamte, der Paul Bericht zu erstatten hatte, mußte an der sterbenden Kaiserin vorbeigehen. Sofort nach dem Tod Katharinas II. am 6. (18.) November 1796 ließ Kaiser Paul seinen Überzeugungen freien Lauf. Eine Flut von Vorschriften überschwemmte das Land. Jede Lebensäußerung wurde in strenge Regeln gefesselt. Die Freiheiten Katharinas waren Vergangenheit, Paul schrieb vor, welche Hüte zu tragen waren, wie viele Pferde vor eine Kutsche zu spannen waren, wer wann welche Abendgesellschaft geben durfte usw. Nach der aufgeklärten Katharina mußte Pauls Kasernenhofgesellschaft wie ein Schock oder noch eher wie eine Posse wirken. Er selbst war glücklich. Endlich konnte er seine Soldaten in aller Öffentlichkeit paradieren und exerzieren lassen. Endlich durfte er die Garden kommandieren. Endlich entschied sein Wille, wer gut und wer böse im Reich war. Nach all den Jahren der Verachtung kostete Paul seine autokratisch-sakrosankte Stellung aus, bestrafte im nachhinein seine Mutter, und die Familie erhob dagegen keinen Einspruch.

Alle Paläste, die Katharina und ihre Favoriten bewohnt hatten, blieben fortan leer. Kaum war die Kaiserin gestorben, befahl er dem Abt des Alexander-Newski-Klosters, die sterblichen Reste Peters III. auszugraben. Sie wurden in einen neuen Sarg gelegt und neben Katharina aufgebahrt. Paul überwachte die Vorbereitungen zum Begräbnis der beiden „Kaiserlichen Majestäten" persönlich und mit Argwohn. Im Trauerzug mußte Alexei Orlow die Zarenkrone hinter dem Sarg Peters hertragen – Alexei Orlow, der Peter III. ermordet hatte. Es war eine merkwürdige Szenerie, und auch die Kinder Pauls fragten sich trotz ihrer ungebrochenen Sympathie für den nun frei atmenden Vater heimlich, ob denn der neue Kaiser seine Handlungen sorgfältig genug abwäge.

Bereits im April 1797 reisten die Familie und der ganze Hof zur Krönung nach Moskau. Bei den Festlichkeiten ging es streng, nüchtern, militärisch und sehr religiös zu. Paul führte die Regie selbst. Man wußte nicht, ob die Krönungszeremonie oder die anschließende Militärparade den Höhepunkt der Feierlichkeiten bildete. Es gab auch Bankette und Bälle, aber niemand wagte, ausgelassen und unbeschwert das Leben zu genießen, auch nicht die Kinder des neuen Kaisers, die die Ereignisse aufmerksam verfolgten.

Paul allein setzte die Akzente. Für ihn war es besonders befriedigend, daß gerade am Krönungstag, dem 24. April 1797, sein Ukas die Festlegungen Peters des Großen aus dem Jahr 1722 außer Kraft setzte, nach denen nur der Imperator für die Thronfolge verantwortlich war. Die Geschichte hatte bewiesen, wie wenig Peters Wille beachtet worden war. Katharina I. verdankte den Thron der Gerissenheit des Günstlings Alexander Menschikow. Elisabeth und Katharina II. waren von der Garde auf den Thron gehoben worden. Um Anna I. hatten die Aristokraten im eigenen Machtinteresse regelrecht gefeilscht, und Iwan VI., der 1741 als Baby gestürzt worden war, hatte sein Leben in der Festung verbringen müssen. Das berührte Paul nur insofern, als er derartige Unwägbarkeiten künftig ausschließen und für seine Kinder die Thronfolge bzw. standesgemäße Verheiratungen sichern wollte. Mit dem Ukas ein weiteres Stück der Erinnerungen an Katharina II. auszulöschen, gehörte auch zu seinem Kalkül.

Nun sollte die Krone wieder in natürlicher Erbfolge jeweils auf den erstgeborenen Sohn übergehen. Sollte dieser keinen männlichen Erben besitzen, würde die Krone nach dem Erstgeburtsrecht auf die Brüder weitergegeben werden. Diese Thronfolgeregelung war in Rußland stabiler als die Entscheidungen Peters I. Bis zu Nikolaus II., dem letzten Zaren, wurde der Ukas Pauls ohne nennenswerte dynastische Probleme angewandt.

Die konkrete Folge des Ukasses bestand darin, daß Alexander mit der Krönung Pauls offiziell zum Thronfolger und ersten Großfürsten des Reiches proklamiert wurde, ohne daß der Vater sofort in seinem Sohn den Nebenbuhler und Konkurrenten fürchten mußte. Gerade aus diesem Vorgang erwächst noch einmal die Verwunderung darüber, wie nahtlos und problemfrei der Wechsel von Katharina auf Paul erfolgte, obwohl in dieser Frage nur Zündstoff in der Luft gelegen hatte. Es gab im Augenblick keine weiteren dynastischen Reibungspunkte in der kaiserlichen Familie, welche die innere Atmosphäre vergiften konnten. Unter dem vorerst noch wohltuenden Einfluß der Kaiserin Maria Fjodorowna zog eine relative, allerdings nur kurzzeitige Ruhe ein und eine Harmonie, die beruhigend auf die Kinder wirkte, jedoch nicht zum dauerhaften innerfamiliären Frieden führte – zu schwierig blieb der Charakter des kaiserlichen Vaters, und zu groß waren die politischen Sorgen. Europa stand im Krieg gegen das aufrührerische Frankreich, und von Rußland erwartete man entschiedene Handlungen zur Stabilisierung des Kontinents im Sinne des Erhalts der alten Ordnung.

Sofort nach seiner Krönung befaßte sich Paul I. mit den dringenden militärpolitischen Problemen. Er unternahm eine militärische Inspektionsreise in die westlichen Gouvernements. Er studierte die Lage in den ehemals polnischen Gebieten und inspizierte Kurland. Dann kehrte er wieder in seine Sommerresidenz Pawlowsk zurück. Paul hatte sich persönlich über die Kriegsbereitschaft seiner Armee an den Westgrenzen informiert.

In Rußland erwartete man von dem neuen Kaiser nicht nur den Schutz des Landes vor äußeren Gefahren. Man erhoffte auch weitere innere Reformen. Paul teilte durchaus die hohe Wertschätzung Katharinas gegenüber kameralistischen Finanzlehren. Er verstand es jedoch überhaupt nicht, seine Herrschaft im Sinne der Aufklärung darzustellen. Der wichtigste Unterschied im Vergleich zu Katharina II. bestand in seinem mangelnden Gespür für die realen Machtverhältnisse und für die Interessen der unterschiedlichen gesellschaftlichen Gruppen innerhalb seines Reiches. Außerdem unterschätzte er die oppositionellen Strömungen im grundbesitzenden Adel und unter den Gardeoffizieren. Gleichzeitig ging ihm das notwendige Augenmaß für die finanziellen Möglichkeiten des Russischen Reiches nicht verloren. Seine Eingriffe in das staatliche Organisationsgefüge erfolgten aus Kostengründen und in durchaus realistischer Einschätzung der Effizienz der groß- und überdimensionierten Verwaltung. Es war dieses eine politische Einsicht, die sich auch seiner Tochter Maria mitteilen sollte. So hob Paul I. eine beträchtliche Anzahl von behördlichen und ständischen Einrichtungen auf. Neue Gouvernementsbehörden wurden unter Zusammenlegung und Straffung alter geschaffen. Im Jahr 1799 ließ er alle Gouvernements durch Revisionen überprüfen. Wurde das noch vom Adel und durch die Bürokratie hingenommen, so rief Pauls Umgang mit ständischen Sonderrechten Widerstand hervor. Die Forderung nach Wiederbelebung des Adelszwangsdienstes und die erstmalige steuerliche Belastung der Gutsbesitzer, in denen Paul nicht mehr sah als seine Polizeimeister, stießen im Adel auf massiven Widerstand.

Seine Fixierung auf eine absolutistische Interpretation der Autokratie mit der Forderung nach Unterordnung und dem Staats- und Militärdienst aller Untertanen ließ jedoch Raum für eine paternalistisch-fürsorgliche Politik gegenüber den Leibeigenen, für die 1797 der Dreitagefrondienst als Norm festgelegt wurde. Paul setzte Zeichen für eine Wende in der Bauernpolitik. Die Reformen in der zentralen Verwaltung ließen eine Umorientierung auf die Ministerien erkennen. Die Zeit reichte nicht zum Abschluß der Ansätze, vieles erwies sich aber als tragfähig und sogar lange nachwirkend. Allerdings für Gedankenfreiheit oder gar ständische Autonomiewünsche hatte Paul überhaupt keinen Sinn. Für ihn waren unabhängige Gedanken identisch mit Verrat, und wer gar von einer liberalen Verfassung träumte, war für ihn ein Jakobiner.

Die extreme Sucht, alle Untertanen zu reglementieren und zu disziplinieren, wurde für Paul mehr und mehr zu einer Manie. Hatte sie in der Militärreform nach preußischem Vorbild vielleicht sogar noch einen gewissen Sinn, weil diese Reform die Streitkräfte tatsächlich modernisierte und schlagkräftiger machte, so empörten sich die Gardeoffiziere besonders gegen den auch ihren Geist disziplinierenden Drill. Im Herbst 1797 machten erste Gerüchte über einen neuen Putsch der Garde die Runde. Der Thronfolger Alexander kannte das Gerede, und auch die Kaiserin Maria Fjodorowna hatte es ebenso wie ihr Mann gehört. Es wird auch den Töchtern nicht verborgen geblieben sein. Pauls Schlußfolgerung entsprach seinem Wesen: Er analysierte seine Politik nicht und suchte nicht nach Wegen, seiner Herrschaft eine größere Akzeptanz in der Öffentlichkeit zu verleihen. Paul faßte den Entschluß, inmitten der Hauptstadt eine stark bewehrte Festung zu bauen, die ihn im Fall einer Verschwörung hinreichend schützen konnte: den Michailowski-Palast. Im Jahr 1797 wurde mit den Bauarbeiten begonnen.

Zeitgenossen brachten den Festungsbau mit einem sich bei Paul vertiefenden Verfolgungswahn in Verbindung. Tatsache bleibt, daß Pauls Vater durch einen Staatsstreich ums Leben gekommen war, daß das 18. Jahrhundert reich an Militärrevolten gewesen ist, daß es Pugatschow und die Französische Revolution gegeben hatte. Paul hatte das alles persönlich erlebt. Wer für Iwan IV. – den „Schrecklichen" – und Peter I. negative charakterliche und politische Haltungen und Entscheidungen aus Kindheits- und Jugenderlebnissen ableitet, darf das auch bei Kaiser Paul I. tun. Selbstverständlich wurden seine Kinder durch sein Verhalten geprägt. Die Tatsache, daß Pauls Tochter Maria in ihren späteren Jahren die tragischen Ereignisse um ihren Vater nicht mehr erwähnte, entsprang nicht nur der höfischen Disziplin und der eigenen Verantwortung vor dem regierten kleinen Thüringer Volk, sondern auch den traumatischen Erinnerungen an die Jahre nach 1796.

Es war nicht besonders überzeugend, wenn ausländische Beobachter vom „Wahnsinn" Pauls sprachen. Kaiser Paul I. war niemals wahnsinnig. Dazu war er körperlich viel zu gesund. Wenn Diplomaten dieses Wort in den Mund nahmen, dann in Abhängigkeit von den Interessen ihrer jeweiligen Herkunftsländer und in bezug auf die von Paul I. betriebene russische Außenpolitik. Paul I. Petrowitsch wollte unzweifelhaft Rußlands internationale Großmachtstellung in Europa festigen. Er wollte den Geist der Französischen Revolution bannen. Beides zusammen schuf ganz wesentliche Grundlagen dafür, daß sein Sohn Alex-

ander und das Russische Reich in den folgenden Jahren zur wichtigsten anti-
napoleonischen Kraft Europas aufsteigen konnten.

Mag Pauls Wesen und die daraus erwachsene Politik auch sprunghaft, unbe-
rechenbar und voller Subjektivismen gewesen sein – ganz Europa war in den
damaligen Jahren sprunghaft und irrational. Kein Politiker konnte sagen, wohin
Europa nach der Revolution in Frankreich tendieren werde. Kaiser Paul wollte
eine Nichteinmischungspolitik betreiben und attackierte gleichzeitig das revolutionäre Frankreich. Zu diesem Zweck engagierte er sich beim Malteserorden.
Paul war als religiöser Mensch der Ansicht, daß allein die katholische Kirche
einen dauerhaft haltbaren Damm gegen die revolutionäre Flut errichten könne.
Außerdem hielt er sein Eintreten für den Ordensstaat geeignet, die offensive Mit-
telmeerpolitik seiner Mutter fortzusetzen. Auch Katharina hatte ein Bündnis mit
dem Großmeister des Ordens abgeschlossen. Schon 1797 übernahm Paul die
Schirmherrschaft über den Orden, ein Jahr später wurde er mit Zustimmung des
Papstes Pius VI. dessen Großmeister.

Der Papst wollte durch dieses Arrangement seinen Einfluß auf Osteuropa
ausdehnen, Paul fühlte sich als edler Ritter des Abendlandes, als Hort des
europäischen Adels im Kampf gegen die Revolution. Als Napoleon 1798 auf dem
Weg nach Ägypten Malta besetzte, trat Paul sofort mit bewaffneter Macht in den
Zweiten Koalitionskrieg gegen Frankreich ein. Da Österreich eigene Machtinter-
essen in Italien vertrat, endete das Bündnis 1799 recht schnell. Auch die Bindung
an England verlor Rußland alsbald, weil sich die Malteser nach der Besetzung
ihrer Insel durch englische Soldaten als Untertanen der britischen Majestät empfanden und London eine Mitbeteiligung der Russen an der Besetzung der Insel
ablehnte.

Auf diese Weise des Bündnisses mit Österreich und England beraubt, suchte
Paul einen neuen europäischen Verbündeten und fand ihn in Frankreich. Napoleon war Erster Konsul geworden, und Paul glaubte, daß Frankreich bald zur
Monarchie zurückkehren werde. Dann konnte man gemeinsam das hochmütige
England angreifen. Paul interessierte sich sehr für den Fortgang der Verhandlungen mit Frankreich, zu einem Ergebnis sollte es unter seiner kurzen Regierung nicht mehr kommen. Der Bruch mit England beschleunigte dagegen seinen
persönlichen Untergang sehr wesentlich.

Offensichtlich konnte Paul den außenpolitischen Kurswechsel von England
zu Frankreich vor seiner Umgebung nicht beweiskräftig genug begründen. Entscheidend für die Gerüchte über eine Verschwörung war die außenpolitische
Option aber nicht. Sie gründeten sich auf die spontane und unberechenbare Willkür des Zaren gegenüber jedem Menschen, mit dem er zu tun hatte, auf die neu-
erliche Beschneidung der Rechte des Adels, auf die propreußische Diziplinie-

rung der Armee und auf die Penetranz, alles und jedes zu reglementieren und zu überwachen. Dazu kam der Verfolgungswahn, der selbst die treuen und vertrauten Ratgeber Araktschejew und Rostoptschin nicht ausschloß: Sie wurden aus St. Petersburg verbannt. Das Mißtrauen Pauls machte nicht einmal vor der eigenen Familie und vor dem Thronfolger halt. Dabei hatten es seine Gemahlin und die Kinder gewiß nicht an Loyalitätsbeweisen fehlen lassen.

Unter Berücksichtigung der politischen Umstände und des Charakters Pauls I. war das allgemeine Bild am Zarenhof im Frühjahr 1799 von keiner optimistischen Euphorie geprägt. Der Kaiser geriet außenpolitisch in eine schwierige Situation, die Reformen im Innern steckten erst in Ansätzen. Paul schuf sich permanent neue Feinde, seine Neigungen zu exzentrischen Wahnvorstellungen steigerten sich und mündeten in den Festungsbau, der die Familie inmitten von St. Petersburg isolieren sollte. Die Bilanz der ersten zweieinhalb Herrschaftsjahre war negativ. Selbst die gleichermaßen gütige wie energische Kaiserin Maria Fjodorowna konnte den Gemahl nicht zu Sachlichkeit, Kontinuität und Konsequenz bewegen. Das gelang ihr, die sie im Innern der Familie eine ausgesprochene Autorität und das uneingeschränkte Vertrauen besaß, auch bei dem Thronfolger nicht. Alexander schwankte zwischen dem Erkennen der Wahrheit über den Zustand des Vaters, seinen eigenen liberalen Träumereien, der Staatsdisziplin und Unentschlossenheit. Die anderen Kinder spielten mit Ausnahme Konstantins in politischer Hinsicht keine aktive Rolle. Alle litten unter dem Vater und der Situation, in die er die Familie und das Reich gebracht hatte.

An diesem kritischen Punkt erreichte den Kaiser im Frühjahr 1799 ein Brief aus Weimar. Der regierende Herzog von Sachsen-Weimar-Eisenach, Carl August, schrieb dem russischen Kaiser unter dem Datum des 15. März 1799: „Der tiefe Respekt und die hohe Wertschätzung, die Eure Majestät in Europa genießen, in jenem Teil des Erdballs, dessen Inneres durch Fanatismus, Unordnung, Anarchie und aufrührerischen Despotismus zerrissen ist, und der wünscht, daß Eure Majestät der Befreier von der drohenden Sklaverei wird, hat mich so sehr durchdrungen, daß ich das Schicksal meiner Familie in die wohltätigen Hände Eurer Majestät lege; . . . Ich erflehe die Großherzigkeit Eurer Majestät, das zu diesem Ziel sehr gewagte Vorhaben gütigst aufnehmen zu wollen. Euer Majestät haben das Glück, Vater einer Familie zu sein, deren Tugenden geehrt und angebetet werden: in der Familie lebt das Fräulein Großfürstin Marie, deren Liebreiz und Anmut jedweden Fürsten auf der Erde, den es Eurer Majestät gefiele, ihn zur Heirat auszuwählen, glücklich machen würde.

Ich habe den erstgeborenen Sohn, der das siebzehnte Jahr erreicht, und der es in einiger Zeit wagen wird, das Vorrecht zu erstreben, um die Hand einer Prinzessin zu bitten. Würde mir Euer Majestät gütig gestatten, Ihnen diesen Sohn als

Schwiegersohn und als Ehegatten Ihrer Hoheit der Großfürstin Marie anzubieten? Im höchsten Maße geehrt durch Eure Einwilligung, allergnädigster Herr,
würde sich der junge Mann bemühen, den Schutz und die gütige Gewogenheit
Eurer Majestät zu verdienen, und er würde versuchen, sich würdig zu erweisen,
vor allem, wenn dies zur rechten Zeit am Hofe Eurer Majestät und unter der
Gunst geschehen dürfte, dem größten Monarchen nahe sein zu können.

Verzeihen Sie, allergnädigster Herr, wenn ich es durch ein Übermaß an Vertrauen in meinen guten Stern gewagt haben sollte, zu riskieren, vor den Augen
Eurer Majestät eine Torheit zu begehen, deren ganze Kühnheit und Problematik
ich selber spüre. Ich vertraue jedoch auf die Seelengröße Eurer Majestät, wenn
ich das Unglück haben sollte, Ihr zu mißfallen.

Eure Majestät haben in der Vergangenheit der Mutter meines Sohnes Wohlwollen entgegengebracht, und die Zärtlichkeit, mit der Euer Majestät früher die
Großfürstin, die Schwester meiner Gattin überhäufte, haben mir den Mut gegeben, mich dem Thron Eurer Majestät mit meiner demütigen Bitte zu nähern.

Mein Kammerherr von Wolzogen, der durch die besonderen und unendlich
gnädigen Anweisungen Eurer Majestät mit den notwendigen Pässen ausgestattet worden ist, wird die Ehre haben, sofern sie ihm gewährt werden wird, Eurer
Majestät dieses Schreiben zu übergeben. Ich erlaube mir, allergnädigster Herr,
Sie demütigst zu bitten, ihm den Willen Eurer Majestät mitzuteilen. Wenn Ihr
jedoch geruht, mir diesen Willen mitzuteilen, so ist Wolzogen des hohen Vertrauens nicht unwürdig, er ist über unsere Situation und Beziehung genauestens
unterrichtet, er wird in der Lage sein, bündig und genau auf alles zu antworten,
was Euer Majestät ihm über unseren Gegenstand zu berichten befiehlt."[3]

Der Brief enthielt, auf die schmucklosen Fakten reduziert, vier Informationen: Herzog Carl August sah sein Fürstentum durch die Französische Revolution und den europäischen Krieg gegen Frankreich gefährdet. Er wollte sich aus
dieser politischen Motivation heraus enger an Rußland binden. Der Herzog bot
die Verheiratung seines Sohnes Carl Friedrich mit der Tochter Pauls I., Großfürstin Maria Pawlowna, an und erinnerte an die bereits bestehenden ver-
wandtschaftlichen Beziehungen. Carl August schickte seinen Kammerherrn Wilhelm von Wolzogen nach St. Petersburg, um alle notwendigen Verhandlungen
zu führen – Wolzogen war mit den erforderlichen Vollmachten ausgestattet.

Tatsächlich war Pauls erste und früh verstorbene Gemahlin, Augustine Wilhelmine (Natalja Alexejewna) von Hessen-Darmstadt, die Schwester der weimarischen Herzogin Louise gewesen. Eheliche Verbindungen zwischen dem
russischen Kaiserhaus und kleineren deutschen Fürstenhäusern begannen erst
im 18. Jahrhundert zur Normalität zu werden. Während es den russischen Herrschern vor Peter I. aus unterschiedlichen Gründen verwehrt war, Ausländerin-

nen zu heiraten, verehelichten sich die Kaiser im 19. Jahrhundert ausschließlich mit Frauen aus den westeuropäischen Fürstengeschlechtern. Der Verweis Carl Augusts auf die politische Situation in Europa ist daher an dieser Stelle vor allem interessant und verdient in mehrfacher Hinsicht Beachtung. Er sollte in den kommenden fünfjährigen, mitunter quälenden Eheverhandlungen einer der ganz wenigen Hinweise auf ein politisches Motiv für die gewünschte dynastische Verbindung bleiben. Dieser Satz wirft außerdem ein Schlaglicht auf die politische und gesellschaftliche Situation Weimars in jenen Jahren. Er zeigt den Herzog Carl August als einen weitblickenden Menschen, der sich energisch um die politische und wirtschaftliche Stabilität seines kleinen Herzogtums sorgte. Der Brief war zugleich ein Dokument, das voller Selbstbewußtsein von dem bereits erworbenen Ruf Weimars als literarischer Metropole Deutschlands zeugte. Mit anderen Worten, der Brief berechtigt zur Frage: Aus welchen historischen, dynastischen, politischen und wirtschaftlichen wie auch geistigen Motiven wünschte Carl August die Eheschließung mit einer russischen Großfürstin?

2. KAPITEL

Der Brautwerbung erster Akt

Baron von Wolzogens Mission im Jahr 1799

Das Russische Reich und das sächsische Herzogtum Weimar-Eisenach waren in der zweiten Hälfte des 18. Jahrhunderts weder territorial noch machtpolitisch oder wirtschaftlich miteinander in ein geschlossenes Bild zu bringen. Ein Vergleich in staatspolitischer Hinsicht war überhaupt niemals relevant. Es bestand jedoch ein Bindeglied. Die Zeit der geistigen Aufklärung und der Klassik, die Philosophie, Literatur und Kunst brachten sie zumindest indirekt einander ebenso näher wie die Tatsache, daß zwei Frauen mit ihren Thronfolgeproblemen, mit ihren geistigen und musischen Interessen an der Spitze der Staatswesen standen. Auch zwangen die Wirkungen der Revolution in Frankreich alle europäischen Länder am Ende des 18. Jahrhunderts zu staatspolitischen Konsequenzen, die im konkreten Fall von den Nachfolgern der beiden Frauen getragen werden mußten und die, bedingt durch vielfältige Ursachen, Rußland und Sachsen-Weimar nicht nur voneinander Kenntnis nehmen ließen, sondern zu direkten dynastischen, politischen und geistigen Kooperationen führten.

Katharina II. von Rußland und Herzogin Anna Amalia von Sachsen-Weimar-Eisenach lernten einander persönlich nie kennen. In mancher Hinsicht hatten sie ähnliche Probleme. Auch Anna Amalia mußte ihre Regentschaft hart erkämpfen. Die 1739 geborene Prinzessin aus dem herzoglichen Hause Braunschweig-Wolfenbüttel war zehn Jahre jünger als die Anhalt-Zerbsterin Katharina II. Beide Mädchen wurden mit 16 Jahren verheiratet. Anna Amalia ehelichte 1756 den Weimarer Erbherzog Ernst August Constantin und zog mit ihm in das damals wirtschaftlich, kulturell und auch politisch ärmliche Weimar. Beider Ehen waren unglücklich: Während Katharina ihren Mann nach 17jähriger qualvoller und erniedrigender Gemeinschaft stürzte, starb Ernst August Constantin bereits nach zweijähriger Ehe. Er hinterließ die Witwe mit dem 1757 geborenen Erbprinzen Carl August. Anna Amalia war bereits wieder schwanger und brachte knapp vier Monate nach dem überraschenden Tod des Gatten ihren zweiten Sohn, Friedrich Ferdinand Constantin, zur Welt.

Während Katharina durch einen Putsch an die Macht gelangte und ihren Sohn von Stund an als gefährlichen Konkurrenten fürchtete, kämpfte Anna Amalia über Monate hinweg zäh und ausdauernd darum, die Vormundschaft und das Erziehungsrecht für ihre beiden Söhne zu erhalten und bis zur Volljährigkeit Carl Augusts als Regentin in Weimar regieren zu dürfen. Erst nachdem sich ein Teil der deutschen Fürsten mit der energischen kleinen Frau solidarisiert hatte, konnte der Widerstand des Kaisers in Wien gebrochen werden. Seit dem Juli 1759 regierte Anna Amalia das Herzogtum, und sie sollte getreulich alle damit verbundenen Verpflichtungen erfüllen.

Anna Amalia stand vor ganz anderen Problemen als Katharina, aber auch sie war von dem Willen beseelt, ihr kleines Reich im Geiste von Vernunft, Rationalität und Aufklärung zu beleben und zu verändern. Für die Braunschweigerin waren damit jedoch nicht nur persönliche Ideale und Träume verbunden, über die es sich mit aufgeklärten Köpfen vortrefflich korrespondieren ließ. Sie packte die Probleme auf gut preußisch-braunschweigische Art praktisch an und kapitulierte vor keiner noch so schwierigen Wirklichkeit. Anna Amalia reorganisierte in kurzer Zeit die Verwaltung des Landes, belebte die Wirtschaft und die Finanzen und stellte mit Hilfe kluger und überlegter Ratgeber ein relativ geordnetes Staats- und Gemeinwesen auf die Beine. Die schwerwiegenden Folgen des Siebenjährigen Krieges, aber auch vorausgegangener Lotterwirtschaft konnten auf diese Weise weitgehend überwunden werden, obwohl das Herzogtum dabei nicht reich geworden war. Ein Höchstmaß an Sparsamkeit und Bescheidenheit blieben die obersten Gebote für jedweden Haushalt und für jedwede Unternehmung.

Über allen in der 16jährigen Regentschaft Anna Amalias vollbrachten Leistungen standen Verdienste, die sich von denen Katharinas abhoben, wenngleich die unterschiedlichen Dimensionen niemals außer acht gelassen werden dürfen. In Weimar wurde die Aufklärung als theoretisches, geistig-literarisches und praktisches Problem in einem für Deutschland und Europa beispielhaften Maß Wirklichkeit. Der Lebens- und Gedankenborn der Aufklärung konzentrierte sich hier nicht in erster Linie auf die eifersüchtige Selbstdarstellung einer aus deutsch-kleinstaatlichen Verhältnissen stammenden Provinzprinzessin, deren Ehrgeiz vor allem darin bestand, als bedeutende aufgeklärte absolute Monarchin in die Geschichte eingehen zu wollen. Und vor allem: Anna Amalia erzog den Thronfolger Carl August ganz im Geiste der Verantwortung für das Gemeinwesen. Anna Amalias geschichtliche Bedeutung darf in diesen beiden Richtungen gesehen werden.

Die Nichte des preußischen Königs Friedrich II. begründete, unterstützt durch die Zeitumstände, den Musenhof, der Weimar für einige Jahrzehnte zu einem geistigen Zentrum Deutschlands wachsen ließ. Eine ganz entscheidende Tat Anna Amalias bestand 1772 in der Berufung Christoph Martin Wielands nach Weimar. Der bis dahin in Erfurt wirkende Dichterphilosoph konnte als Prinzenerzieher gewonnen werden. Das war ein wesentlicher Ausgangspunkt für den langen Weg Weimars zum Mittelpunkt des geistig-literarischen Deutschlands. Katharina II., die Deutsche auf dem russischen Kaiserthron, leistete viel für die Bildung, Literatur und Wissenschaft in Rußland. Im Vordergrund standen jedoch stets die eigene Reputation, die imperiale Größe und Ausdehnung des Russischen Reiches. Derartige Ansprüche konnte Anna Amalia – die aus einem der reichsten deutschen Fürstenhäuser stammte – niemals hegen. Das kleine und liebliche Weimar wuchs unter ihren geschickten Händen zu einem geistig und literarisch leuchtenden Stern am europäischen Himmel, an dem St. Petersburg bereits einen festen Platz einnahm. Die Residenz der russischen Kaiser zählte nicht erst seit der Regierung Katharinas II. zu jenen Höfen in Europa, an denen sich die politische Welt ebenso traf wie bedeutende Denker, Wissenschaftler, Literaten und – Abenteurer. In Weimar blieb die Regentin bescheiden im Hintergrund und trat ab, als ihre Zeit gekommen war, um sich ganz den Früchten ihrer Arbeit hinzugeben: der Kunst und der Literatur. Das war ein Leben, das für Katharina II. vollkommen unmöglich gewesen wäre.

Im September 1775 übertrug Anna Amalia ihrem Sohn Carl August die Regierung und zog sich in das Wittumspalais in Weimar sowie auf die Landschlösser Ettersburg und Tiefurt in der malerischen Umgebung der Residenz zurück. Mit Carl August betrat jener 18jährige junge Mann die politische Herrschaftsbühne, der das geistige Profil Sachsen-Weimar-Eisenachs in den kommenden Jahrzehnten maßgeblich mitprägen sollte und der in Deutschland und Europa auch als Herr eines Ministaats eine bemerkenswerte politische Rolle spielen sollte. Carl August lebte und regierte als deutscher Fürst, und diesem Geist entsprach auch der Plan einer Hochzeit seines Sohnes Carl Friedrich mit der russischen Großfürstin Maria Pawlowna.

Carl August wurde in die Wirren des Siebenjährigen Krieges hineingeboren. An seiner Wiege stand die erbärmliche Kriegsnot Weimars. Das zerschlissene Staatswesen wie auch der frühe Tod des Vaters behinderten die in den ersten Lebensjahren eines Kindes so wichtige pädagogische Konsequenz, so daß der seinen charakterlichen Anlagen nach mutwillige und frühreife Knabe kaum zu zügeln war. Es schlichen sich einige individuelle Fehlentwicklungen ein, gegen deren mitunter peinliche Folgen selbst Goethe in späteren Jahren noch hart zu arbeiten hatte. Verschiedene Erzieher bemühten sich um das egozentrische und wilde Kind. Den wichtigsten Einfluß übte der 1737 geborene „obervormund-schaftlich-sachsen-weimarische Hof- und Legationsrat" Johann Eustachius Graf von Schlitz, genannt Graf Görtz, aus. 13 Jahre, faktisch bis zum Vorabend der Volljährigkeit, stand Carl August unter dem Gouvernement des Grafen Görtz, dessen Erziehungsmaxime den Idealen eines „aufgeklärten Despotis-mus" folgte. In diesem Sinne formte Görtz den Willen, Charakter und Verstand des Jungen. Ein Herz voller Liebe für die Mitmenschen, das Mitleid mit den Not-leidenden und der Gehorsam gegenüber Gott und den Geboten hielt Görtz für die wichtigsten Tugenden eines moralisch hochstehenden Fürsten. Es war nicht leicht, den aufsässigen und eitlen Jungen auf diese Moral einzuschwören und ihm begreiflich zu machen, daß die früh entdeckte Perspektive eines regierenden Fürsten namentlich Bescheidenheit verlangte. Die Bemühungen des Grafen Görtz und das Vorbild Anna Amalias waren nicht vergeblich. Carl August eig-nete sich mit den Jahren nicht nur eine gute Bildung an, er lernte es auch, sich gemäß den höfischen Traditionen und Regeln zu benehmen.

Ab 1772 komplettierte Wieland die Erziehung. Christoph Martin Wieland verstand sich mit Görtz ausgezeichnet und durchschaute sehr schnell das Wesen seines Zöglings. Er hielt den Jungen zwar für einen tüchtigen Kerl mit hoff-nungsvollen Anlagen, sah jedoch auch, daß dieser hastig, unlenksam und jäh-zornig war. Carl August brauchte die führende Hand, die ihn unmerklich erzie-hen konnte, oder, wie Wieland es formulierte, der Junge benötigte keinen Lehrer für Philosophie, sondern einen Philosophen an seiner Seite. Das war ein Stand-punkt, den Anna Amalia nicht unbedingt teilte. Ihr konsequenter Herrschafts-sinn, die geistig-philosophischen Ideale von Görtz und Wieland sowie der stör-rische Freiheitsdrang Carl Augusts kollidierten mehrfach miteinander. Beson-ders das Mutter-Sohn-Verhältnis litt darunter. Carl August steigerte sich biswei-len vollkommen unberechtigt in die Vorstellung hinein, die Regentin verweige-re ihm die schrittweise Einsetzung in seine herzoglichen Rechte. Obgleich die Konflikte niemals bis zu jener aggressiv-rachsüchtigen Stufe gelangten, die das Beziehungsgefüge zwischen Katharina II. und ihrem Sohn Paul belastete, wur-den spontane Konflikte unausweichlich.

Anna Amalia mühte sich nach Kräften, die Situation zu entspannen. Nach-dem sie mit Görtz und Wieland bereits zwei Persönlichkeiten an den Weimarer Hof geholt hatte, die ihre geistigen Fähigkeiten nicht nur auf die Prinzenerzie-hung konzentrierten, sondern dem Herzogtum eine erstaunliche philosophisch-literarische Reputation in ganz Deutschland verliehen, ging sie 1774 einen wei-teren Schritt in diese Richtung. Sie bestellte mit dem ehemaligen preußischen Offizier Karl Ludwig von Knebel einen feingeistigen und klugen Gouverneur für den Prinzen Ernst August Constantin, von dem sie eine Beruhigung der auf-

geladenen Atmosphäre erhoffte. Gleichzeitig machte die Herzogin Zugeständ-
nisse an die Freiheit einer eigenen Hofhaltung Carl Augusts, und sie entschloß
sich zu einer Handlung, die der Katharinas II. zwar nicht unähnlich war, primär
jedoch der Pflicht zur Erbfolge entsprach: Der widerspenstige Junge mußte verheiratet werden. Die Übernahme der Herrschaft stand bevor, und eine rechte
Gemahlin würde dem Herrn Sohn die Flausen schon austreiben – dachte Anna
Amalia.

Die Wahl fiel auf die Prinzessin Louise von Hessen-Darmstadt. Sie war
gleichaltrig und galt als charakter- und willensstark. Carl August und Louise
kannten einander seit 1773. Damals war Louise mit zwei Schwestern nach Rußland gereist, um bei der Brautwahl für den Großfürsten Paul vorgeführt zu
werden. Der russische Thronfolger entschied sich für die Schwester Augustine
Wilhelmine, wodurch Louise zur Schwägerin des russischen Thronfolgers Paul
avancierte. Das war eine dynastische Verbindung, die sich – wie der oben zitierte Brief vom März 1799 andeutete – noch als nützlich erweisen sollte. Carl
August und Louise hatten sich 1773 bei deren Durchreise durch Erfurt getroffen
und empfanden durchaus Sympathien füreinander.

Anna Amalia entschied sich für die Prinzessin, und Carl August durfte nun
endlich die von ihm seit langem beanspruchte Bildungs- und Kavalierstour verwirklichen. Der erste Weg führte nach Karlsruhe. Dort wurde am 28. Januar 1775
die Verlobung mit Louise gefeiert. Hier hatte Carl August auch die erste persönliche Begegnung mit dem Advokaten und Dichter Johann Wolfgang Goethe –
man verstand einander. Carl August reiste anschließend in das Sündenbabel
Paris. Ausgerechnet Friedrich Melchior Grimm, der übereifrige Propagandist für
die Ideen Katharinas II. in Westeuropa, führte den künftigen Herzog in das höfische, geistige und lustige Leben der französischen Hauptstadt ein. Aus den
geplanten vier Wochen wurden schnell zehn, und niemand konnte sagen, daß
sich Carl August gelangweilt hätte. Er stand in jeder Beziehung seinen Mann: am
Hof Ludwigs XVI., bei dem Philosophen Diderot und auch bei den schönen
Damen von Paris.

Im Juni kam die fröhliche Gesellschaft wieder im lieblichen Weimar an.
Wenige Wochen später, am 3. September, trat Carl August die Herrschaft über
sein kleines Reich Sachsen-Weimar-Eisenach, einem geographischen Miniatur-
flickenteppich inmitten des bunten Geflechts thüringischer Kleinstaaten, an.
Exakt vier Wochen darauf, am 3. Oktober 1775 heiratete er Louise Auguste, die
Tochter des Landgrafen Ludwig IX. von Hessen-Darmstadt. Im nachfolgenden
Monat, am 7. November, traf Goethe auf Einladung Carl Augusts in Weimar
ein. Es begann jene Periode, in der Carl August und Goethe gemeinsam daran-
gingen, das verträumte Weimar auf recht eigentümliche und eigenwillige Weise

gründlich umzukrempeln: „Die angehende Regierung des Herzogs von Weimar war eine herrliche Zeit für Weimar und ganz Deutschland. Alle Genies aus Osten und Westen strömten zu dem neuen Musensitze herbei und glaubten sämtlich, dort gleich Goethe, Herder und Wieland eine Freistatt zu finden. Bertuch . . ., der damals Schatzmeister beim Herzoge war, sprach später mit Vergnügen von einer eigenen Rubrik in seinen Rechnungen, die er damals besonders anlegen mußte und die fast nichts als Hosen, Westen, Strümpfe und Schuhe für deutsche Genies enthielt, welche, schlecht mit diesen Artikeln versehen, zu Weimars Toren einwanderten."[4]

Es war nicht nur die schiere Narretei übermütiger junger Männer, die Weimar erregte. Aus dem Spaß wurde Ernst, und in mitunter dramatischen Entschlüssen – darunter auch personellen Fehlentscheidungen wie im Falle des neuen Kammerpräsidenten Johann August Alexander von Kalb, der nach sechs Jahren wegen seiner Unfähigkeit zur Verwaltungstätigkeit wieder entlassen werden mußte – wandelte der Herzog das Bild seiner Herrschaft auf eine recht drastische Art. Welche Widerstände waren z. B. seitens des Ministers von Fritsch bei der Berufung Goethes in das Geheime Consilium zu überwinden – ehe diese beiden hervorragenden Menschen zu einer Kooperation im Interesse des Staatswesens fanden! Goethe übernahm in den folgenden zehn Jahren ein wichtiges Amt nach dem anderen. Schließlich lastete der Hauptteil der Staatsverwaltung auf seinen Schultern. Carl August interessierte sich besonders für militärische Fragen. Es war für Goethe schwierig, dem Herzog die nötige Aufmerksamkeit und Reife abzufordern, die die Gesamtheit der Staatsgeschäfte verlangte. Das war ein langer Prozeß, in dem das Jahr 1779/1780 mit der gemeinsamen Reise in die Schweiz einen positiven Einschnitt bildete. Seit 1776 weilte auf Empfehlung Goethes auch Herder in Weimar, und gemeinsam vervollkommneten sie die sittliche Erziehung des ungestümen jungen Herzogs.

Diese schwierige Aufgabe erstreckte sich naturgemäß auch auf die dynastische Ehe Carl Augusts mit der eher introvertierten Louise. Den Ehepartnern fehlte es an wirklicher Zweisamkeit, obwohl aus der Gemeinschaft sieben Kinder hervorgingen, und jeder die ihm zukommende Rolle zumindest nach außen mit wachsender Disziplin spielte. Diese Ehe sollte über 50 Jahre halten, trotz aller persönlichen und kriegerischen wie auch politischen Belastungen. Carl August verdankte es zu einem nicht geringen Teil der sittlichen Stärke seiner Frau, die in ärmlichen Verhältnissen aufgewachsen war, daß das Herzogtum in den nachfolgenden Jahrzehnten an territorialem, wirtschaftspolitischem und dynastischem Gewicht gewinnen sollte. Stets aber führten sie eine schwierige Ehe. Carl August und Louise mochten einander sehr, waren in ihren Charakteren jedoch so verschieden, daß sie einander oft mißverstanden. So vorzügliche Ratgeber wie

Goethe, Herder, Wieland oder Charlotte von Stein hatten alle Hände voll zu tun, die Irrungen und Wirrungen auszugleichen.

Im Februar 1779 brachte Louise ihr erstes Kind zur Welt. Es war ein Mädchen, das bereits nach wenigen Wochen starb. Louise schien vernichtet, und auch Carl August verfiel in Depressionen. Beide erholten sich, und Louise brachte bis 1792 sechs weitere Kinder zur Welt, von denen allerdings nur drei überlebten. Das waren die im Juli 1786 geborene Prinzessin Caroline, der im Mai 1792 zur Welt gekommene Prinz Carl Bernhard und – vor allem – der am 2. Februar 1783 geborene Erbprinz Carl Friedrich. So sehr sich Louise an ihren lebenden Kindern innerlich erfreute, die gestorbenen wogen schwerer und verstärkten bei der Mutter die distanzierte und kühle Haltung gegenüber ihrer Umwelt. Dazu trugen außerdem mehrere Affären bei, die Carl August mit anderen Frauen hatte und die in der langjährigen Beziehung zu der Schauspielerin und Sängerin Caroline Jagemann gipfelten. Frau Jagemann wurde sogar im Jahr 1809 als Freifrau von Heygendorf in den Adelsstand erhoben. Carl August führte mit ihr in Weimar unverhüllt eine Zweitehe, die bedeutende Mittel verschlang, zum Gespött der Öffentlichkeit wurde und von Louise in großer Geste – wohl oder übel – einfach ignoriert wurde. Caroline Jagemanns Einfluß war so groß, daß sie selbst den nahezu unanfechtbaren Goethe im Jahr 1817 vom Theater verbannen konnte.

Allerdings gab es über alle Disharmonien und Querelen im persönlichen und weimarischen Leben hinweg zwischen dem Herrscherpaar eine solidarische Haltung, wenn es um die Wahrung des Standes oder um politische Entscheidungsfragen für das Herzogtum und für Deutschland ging. Während die ersten Jahre ihrer Ehe noch relativ frei von widrigen äußeren Einflüssen blieben und sie sich auf die Hebung des Wohlstands im Herzogtum sowie auf die breite Entfaltung von Wissenschaft, Kunst und Kultur unter friedlichen Bedingungen konzentrieren konnten, brach mit der Französischen Revolution von 1789 auch für Sachsen-Weimar-Eisenach eine neue Zeit an. Die hatte sich schon in den Jahren davor angekündigt und besaß ihre Wurzeln auch in den innerdeutschen Entwicklungen.

Carl August war ein ambitionierter Politiker, der den wachsenden Dualismus zwischen dem aufstrebenden Preußen und der zunehmenden Schwäche im Hause Habsburg, einschließlich der damit verbundenen Folgen für das Heilige Römische Reich Deutscher Nation, erkannte. Als Fürst eines kleinen Staates zählte er zu den Protagonisten einer selbständigen Fürstenunion aristokratischer Kleinstaaten – als wirtschaftspolitisches Gegengewicht zu den Hohenzollern und den Habsburgern. Carl August entwarf in den ersten Regierungsjahren gemeinsam mit süd- und mitteldeutschen Herrschern so manche Kombination und Koalition für den erhofften Fürstenbund. Aber die regionalen und lokalen

Interessen der vielen deutschen Duodezfürstentümer waren zu unterschiedlich und die Idee einer bürgerlichen nationalen Einheit und Freiheit der Deutschen noch nicht praktisch geboren. Carl August selbst war außerdem ein Freund Preußens, und so ordnete er sich alsbald aktiv den Wünschen Preußens unter. Friedrich der Große ergriff 1785 gemeinsam mit Sachsen und Hannover sowie zahlreichen Territorialherrschern die Initiative und rief den Fürstenbund ins Leben. Mit dessen Hilfe sollte den österreichischen Ausdehnungsbestrebungen entgegengewirkt, die bestehende Reichsverfassung bewahrt und die preußische Isolierung überwunden werden. Carl Augusts Sympathien für Preußen traten nach dem „Assoziationstraktat", das im Juli 1785 die Grundlagen für den Fürstenbund festschrieb, immer deutlicher zutage. Er verlieh seiner grenzenlosen Verehrung für Friedrich den Großen und seiner perspektivisch verstandenen Bindung an den preußischen Hof auch dadurch Ausdruck, daß er im September 1787 in preußische militärische Dienste trat. Er wurde sofort standesgemäß zum Generalmajor ernannt.

Für den Herzog gehörte dieser Schritt zu den allgemeinen Bemühungen, den eigenen Hof enger mit den politikbestimmenden Mächten in Deutschland und Europa zu verbinden. Er wollte selbst eine geachtete politische Rolle spielen, obwohl die Möglichkeiten dafür zunächst gering schienen. Diese Absicht zog Konsequenzen nach sich, wie sie letztlich auch in dem Brief vom 15. März 1799 an Kaiser Paul I. zum Ausdruck kommen sollten. Vorerst waren die Handlungsspielräume vor allem militärischer Art. Der Herzog konzentrierte die Aufmerksamkeit auf das von ihm ohnehin privilegierte militärische Gebiet. Dadurch vernachlässigte er die allgemeine Regierungspolitik. Goethe war ja wieder da! Der große Dichter hatte nach zehnjähriger ermüdender Verwaltungsarbeit im Jahr 1786 die Flucht nach Italien angetreten und kehrte erst 1788 wieder nach Weimar zurück. Carl August nahm den rastlosen Administrator, der wieder zum Genius seiner unendlichen dichterischen Begabung gefunden hatte, erneut in Gnaden auf – froh, daß ein so befähigter und obendrein verläßlicher Mann im heimatlichen Weimar die politischen Fäden ziehen konnte, während er selbst unter Preußens Fahnen im Felde stand bzw. auch nach der Gründung des Fürstenbundes noch für einige Jahre an seinen Plänen einer Reichsreform und eines umfassenden Fürstenkongresses arbeiten konnte. Von preußischer Seite unterlief man diese Aktivitäten, und Carl August scheiterte als Initiator des ganzen Projekts einer Reichsreform. Er hatte sich jedoch den Ruf eines energischen und weitsichtigen Provinzpolitikers erworben. Das Ansehen reichte aus, ihn als Kandidaten für die vagen Pläne eines unabhängig von Österreich einzurichtenden ungarischen Wahlkönigtums zu prädestinieren. Carl August war sich des damit verbundenen Risikos sehr wohl bewußt. Es traten jedoch Ereignisse ein, die das

Spiel um die ungarische Krone in den Schatten treten ließen. In Frankreich brach
1789 die Revolution aus. Alle europäischen Optionen waren plötzlich in Frage
gestellt. Nachdem im Jahr 1790 Kaiser Joseph II. gestorben war, verflog auch
zusehends die Legitimität des Fürstenbundes. Preußen und Österreich begruben
vorerst notgedrungen ihre Rivalitäten und blickten gemeinsam voller Sorgen in
Richtung Paris. Beide Länder schlossen 1791 die Pillnitzer Konvention ab. Frankreich sah sich provoziert und erklärte im April 1792 den Krieg. Damit begann der
Erste Koalitionskrieg gegen das revolutionäre und napoleonische Frankreich.
Auch der preußische Kavallerie-General Herzog Carl August zog in den Krieg.
Im September 1792 nahm er mit seinem Regiment an der Schlacht von Valmy teil
– Goethe war während der Kanonade Gast im Feldlager. Der Herzog verfolgte
über Monate hinweg den allgemeinen Kriegsverlauf, um sich Ende 1793 aus
preußischen Diensten zu verabschieden. Dieser ein wenig überraschende Entschluß resultierte aus dem anhaltenden preußisch-österreichischen Dualismus
und aus der Sorge um das weitere Schicksal des eigenen Herzogtums.

Im April 1795 schlossen Frankreich und Preußen den Sonderfrieden von
Basel und beendeten damit de facto den Ersten Koalitionskrieg. Erneut trat Carl
August auf die politische Bühne und sorgte durch seine Neutralitätserklärung
im Jahr 1796 dafür, daß für Sachsen und die mitteldeutschen Kleinstaaten eine
zehnjährige Friedensperiode beginnen konnte. Während Europa vom Krieg
heimgesucht wurde, besaß Weimar die Chance, den einmal eingeschlagenen
Weg zu einer beachteten Kulturstadt fortzusetzen. Im 19. Jahrhundert besuchte
der deutsche Historiker Leopold von Ranke mehrfach Weimar, und 1877 schrieb
er in seinem Werk über den preußischen Reformer Hardenberg: „Durch den
Frieden zu Basel und die Demarkation [des Rheins als Grenze – Anm. des
Autors] wurde nun aber inmitten der kämpfenden Weltmächte ein neutrales
Gebiet geschaffen, in welchem man unter der Ägide des preußischen Adlers die
Segnungen des Friedens genoß. Bezeichnend ist es, daß unter den weltlichen
Fürsten Carl August von Weimar eigentlich der erste war, welcher die Aufnah-
me in die Neutralität begehrte und erhielt. Seine kleine Hauptstadt und die
benachbarte Universität Jena bildeten einen der vornehmsten Mittelpunkte der
Literatur. Ich wage zu behaupten, daß die Zeit der Neutralität dazu gehörte, um
den begonnenen Trieben zu ihrem Fortwachsen und ihrer Reife Raum zu verschaffen. Unleugbar ist es doch, daß die Unruhen und Gefahren des Krieges alles
gestört und vielleicht allem eine andere Richtung gegeben haben würden. Der
Fortgang der sich selbst überlassenen Kultur beruhte auf der Fortdauer des inneren Friedens und den unerschütterten sozialen Zuständen, zugleich aber auf den
Anregungen, die aus der allgemeinen Weltbewegung hervorgingen. Ich will
keine Theorie aufbauen, sondern nur in Erinnerung bringen, daß die Jahre der

Neutralität fast die fruchtbarsten in der deutschen Literatur gewesen sind; fruchtbar besonders an originalen und für die Nation unschätzbaren Hervorbringungen."

Tatsächlich war die Wirkung Weimars als Metropole der deutschen Literatur und Philosophie in erster Linie an die großen Dichterpersönlichkeiten Goethe, Schiller, Herder, Wieland oder Knebel, Bertuch und viele andere ebenso gebunden wie an die Ausstrahlungskraft der Universität in Jena. Sie alle, die Dichter, Philosophen und Natur- wie Geisteswissenschaftler trugen in jenen Jahren den Ruhm des Weimarer Staats. Die Friedenssituation begünstigte ihr ungestörtes Schaffen zweifelsohne für eine Weile. Andererseits waren sie viel zu starke Persönlichkeiten und Weltgeister, um gegenüber den sie umfließenden Erregungen gleichgültig oder gar weltfremd und verträumt zu bleiben. Außerdem zerstörten die Kriegsereignisse nach 1806 den Rang Weimars als Hauptstadt der deutschen Literatur trotz aller Widrigkeiten nicht. Der Tod Goethes im Jahr 1832 – das war in bezug auf den Musenhof eine einschneidende Zäsur, oder auch das Ableben Carl Augusts im Jahr 1828. Denn der Herzog war nicht nur selbst ein großer Mäzen und Kunstliebhaber. Er ließ allen Bereichen von Kultur, Kunst und Wissenschaft die ihm mögliche Förderung angedeihen. Gleichwohl blieb die Höhe der materiellen Zuwendungen stets weit hinter der Geistesgröße der Geförderten zurück – was der Herzog wiederum durch eine besonders liberale Großzügigkeit gegenüber den künstlerisch tätigen Individualitäten kompensierte. Für den Herzog waren der geistige Feinsinn und die künstlerische Freiheit selbstverständlich auch ein Stück politischen Kapitals, mit dem er die eigene Position in Deutschland und Europa gehörig aufwerten konnte.

So traf denn am Ende der neunziger Jahre des 18. Jahrhunderts eine ganze Reihe von gewichtigen Momenten aufeinander, die zu dem Entschluß führten, dem Sohn Carl Friedrich die Hand der russischen Großfürstin Maria zu erbitten: der unstete Schwebezustand zwischen Krieg und Frieden, die sehr schmale finanzielle Basis für die Existenz des Herzogtums und für die Förderung von Kunst, Kultur und Wissenschaft – aber auch der Ehrgeiz des Herzogs, nach der mißglückten Epopöe im Fürstenbund durch dynastische Verbindungen einen gewichtigen Platz unter den deutschen und europäischen Fürsten einnehmen zu dürfen. Preußen war ein starker Nachbar, dem man im Interesse eigener Selbstbehauptung ein beachtliches Gewicht entgegensetzen mußte.

Carl August schickte den Geheimrat Wolzogen nicht nur mit dem einen bereits zitierten Schreiben an Paul I. nach St. Petersburg. Der Abgesandte war mit weiteren Briefen seines Herzogs und der Herzogin Louise an Paul I. und an dessen Gemahlin Maria Fjodorowna ausgerüstet worden. Carl August schrieb an die Kaiserin ohne weitere Umschweife: „Da Seine Hoheit, Prinz Alexander

Herzog von Württemberg, der Bruder Eurer Majestät, die außergewöhnliche
Güte gehabt hat, mich zu ermutigen, meine väterlichen Wünsche an den Thron
Eurer Majestät zu richten, indem er mir die Hoffnung gegeben hat, daß sie dort
mit nachsichtiger Großherzigkeit aufgenommen werden würden, wage ich es,
sie Ihnen, Madame, zu Füßen zu legen, indem ich Eure Majestät demütigst bitte,
sie mit dem hohen Wohlwollen entgegenzunehmen, mit dem jedermanns Wünsche und Vertrauen zu Euch hingezogen wird.

Ihre Hoheit, die Frau Großfürstin Maria, die zu jener berühmten Familie
gehört, die das Idol der Menschheit ist, nähert sich dem Alter, in dem sie, wenn
ihre Hand einem Prinzen gegeben werden würde, das Glück eines jeden Für-
stentums ausmachen könnte. Ich besitze einen erstgeborenen Sohn, der sein sieb-
zehntes Lebensjahr erreicht; sollte es meinerseits zu vermessen sein, ihn Euer
Majestät demütigst als Schwiegersohn anzubieten, so mögen die schöne Seele
und die großen Tugenden Eurer Majestät diese Auslassungen eines väterlichen
Herzens gnädig verzeihen, das versucht, das Glück seines Sohnes zu machen,
obgleich er sich durch zu viel Vertrauen im voraus in Gefahr begeben könnte.

Ich wage es, Euer Majestät demütigst zu bitten, meinen Kammerherrn von
Wolzogen, Überbringer desselbigen Schreibens, zu gestatten, dieses zu übergeben und Eure Befehle, Madame, entgegenzunehmen, mit denen es Euer Majestät gefallen wird, mich zu beehren."[5]

Nachdem Carl August in seinem Brief an den Kaiser das politische Motiv für
die beabsichtigte Eheanbahnung neben das schlichte Angebot gesetzt und sich
dabei auf die gemeinsamen dynastischen Traditionen im Hause Hessen-Darmstadt gestützt hatte, appellierte er nun in aller gebotenen Höflichkeit an die müt-
terlichen Gefühle der Kaiserin und durfte auch ganz ungeniert schreiben,
daß der Vorschlag vom Bruder der russischen Kaiserin ausgegangen war. Im
Grunde genommen war alles ganz einfach – zumindest hinsichtlich der Werbe-
absicht. Die Herzogin Louise muß wohl die Schroffheit und den ostentativen
Charakter in den Briefen ihres Gatten gespürt haben, denn sie bemühte sich in
ihren Schreiben an die russische Kaiserin um ausgewogene Formulierungen und
eine moderate Diktion, wobei sie einen weiteren und zudem überaus wichtigen
und interessanten Aspekt für die kommenden Verhandlungen einflocht: „Mein
Mann und ich haben bereits seit einiger Zeit darüber nachgedacht, für unseren
Sohn das Glück anzustreben, mit dem erhabenen Kaiserhaus verwandt zu werden. Ich gestehe Ihnen, Madame, daß uns bis jetzt noch immer tausend Erwägungen zögern lassen haben. Da sich jedoch der Herzog von Mecklenburg
glücklich schätzen darf für den Erbherzog, seinen Sohn, die Großfürstin Jelena
zu bekommen, haben wir Seine Majestät den Kaiser und Sie, Madame, um die
Hand der Großfürstin Maria für unseren Sohn gebeten."[6]

Aus der eleganten höfischen Sprache in die nüchterne Alltagsrede am Ende des 20. Jahrhunderts übertragen, bedeutete die hingebungsvolle Formel nichts anderes als ein kleines Druckmittel: Wenn die Mecklenburger einer russischen Großfürstin würdig waren, dann konnte man den Weimaranern die gleiche Gunst nicht versagen, und eine Ehe Carl Friedrichs mit Maria sollte in jeder Hinsicht den Bedingungen des Beispiels Mecklenburg folgen – in erster Linie bezüglich der finanziellen Voraussetzungen.

Carl Friedrich, der Erbprinz, spielte naturgemäß bei den ersten Schritten zur Eheanbahnung keine aktive Rolle, er trat nicht einmal in Erscheinung. Der Erbprinz war überhaupt ein stiller und zurückhaltender Junge, den man allgemein zu keinen überragenden Leistungen für fähig hielt. Der grobe Vater ließ bei der Erziehung des Sohnes wohl auch so manchen Schnitzer zu, ohne das erwünschte Ziel eines robusten, kühnen und entscheidungsfreudigen Draufgängers zu erreichen. Dabei paßte Carl Friedrich durchaus in die geistige und humanistische Welt des Weimarer Hofes. Er liebte die Musik, die Kunst und die Literatur. Er war überaus fromm und zu keiner Falschheit fähig. Carl Friedrich galt in der Jugend und in den späteren Jahren seines Lebens wie auch bei der Ausfüllung seiner Herrschaft als gerecht, gütig und bar jeglicher Intrige. Vielleicht paßte er gar nicht so recht in die rauhe und kriegerische Welt des beginnenden 19. Jahrhunderts. Eines konnte der russische Kaiserhof jedoch gewiß sein: Maria würde einen gütigen und gerechten Partner bekommen. Darauf kam es zunächst jedoch gar nicht an. Carl August hatte sicher auch das Glück seines Sohnes im Auge. Im Vordergrund standen jedoch ganz harte Motive: die allgemeine politische Aufwertung und Stabilisierung Sachsen-Weimar-Eisenachs in einer Zeit drohender Kriegsgefahr; die finanzielle Sanierung eines ärmlichen Staatswesens, um dessen politisches Gewicht zu stärken; das Arrangement einer standesgemäßen Ehe, die dem geistvollen Musenhof gesamteuropäisches Charisma verleihen konnte.

Die Realisierung des gewünschten Ehevorhabens erwies sich in der Praxis als recht schwierig. Der Wunsch nach einer dynastischen Ehe war eigentlich das geringste Problem. Aber der Herzog hatte keine finanziellen Reserven, mit denen er eine so hohe Kandidatin nach Thüringen locken konnte. Man wußte in Weimar ja nicht einmal, ob und welche Gegenforderungen der kaiserliche Hof im Falle seiner Zustimmung zu dem Wunsch erheben werde. Es existierten auch noch keine detaillierten Kenntnisse über die nach Mecklenburg-Schwerin vorgesehenen finanziellen Transaktionen. Schließlich waren die eigenwilligen Eskapaden und politischen Sprünge Pauls I. hinreichend bekannt. Es gehörte für Carl August ein großes Risiko zu dem Wunsch nach einer Verheiratung seines Sohnes mit der russischen Prinzessin. So blieb – folgt man dem Brief an Paul I. – die

Hoffnung, Rußland werde für die alte monarchische Ordnung gegen das revolutionäre Frankreich ziehen. Eine Garantie gab es nicht. Lediglich die Vermittlung aus Württemberg konnte hilfreich sein. So mußte denn Wilhelm von Wolzogen mit ungewisser Erwartung und Spannung in das ferne russische Land
reisen. Um seine Mission auf alle denkbaren Eventualitäten vorzubereiten, gab
Carl August viele gute Ratschläge mit auf den Weg.

Sofort nach seiner Ankunft in St. Petersburg sollte sich Wolzogen zuerst und
unverzüglich zu dem mecklenburgischen Oberhofmeister von Lützow begeben
und diesen vertraulich über alle Modalitäten, den Stand und die Perspektiven
der mecklenburgischen Eheverhandlungen mit der kaiserlichen Regierung
ausfragen. Vor allem interessierte eben der Inhalt der bereits getroffenen Absprachen, um daraus Rückschlüsse für die eigene Verhandlungstaktik zu gewinnen.

Ausgerüstet mit den notwendigen Kenntnissen über den aktuellen Stand der
Gespräche in Richtung Schwerin, sollte sich Wolzogen an den russischen Kanzler und Außenminister Alexander Besborodko wenden. Besborodko war einer
der fähigsten Politiker Rußlands in der zweiten Hälfte des 18. Jahrhunderts. Er
war ursprünglich von Katharina II. auf Empfehlung ihres Ratgebers und Feld-
herrn Pjotr Rumjanzew als Sekretär eingestellt worden. Sein überragendes politisches Gespür, ein glänzender Intellekt und taktische Besonnenheit hatten ihn
auf der Stufenleiter eines Karrierebeamten schnell nach oben steigen lassen. Besborodko zählte in den achtziger Jahren zu den Autoren des „Griechischen Projekts", einer Idee und ideologischen Konzeption zur Begründung russischer
Herrschaftsansprüche über das Schwarze Meer, den Balkan und die Meerengen.
Das „Griechische Projekt" wurde nie verwirklicht, das tat jedoch dem Aufstieg
Besborodkos keinen Abbruch. Diesem bedeutenden Mann sollte sich Wolzogen
anvertrauen und ihm, falls er dieses wünschte, auch die Briefe aus Weimar zur
Weitergabe an das kaiserliche Paar überreichen.

Carl August war sicher, daß Wolzogen eine Audienz beim Kaiser erhalten
würde und daß Paul I. nach den empfehlenden Vorbereitungen durch Alexander
von Württemberg und dem bereits erfolgten positiven Entscheid für die Ehe
Jelena Pawlownas mit dem Schweriner Erbprinzen Friedrich Ludwig das Anliegen aus Weimar zunächst einmal nicht grundsätzlich ablehnen werde. Carl
August rechnete damit, daß Paul I. Verhandlungen anordnen würde. Für diesen
Fall sollte Wolzogen darauf achtgeben, daß die Religionsfrage eindeutig geklärt
werde, d. h., daß die künftige Braut ihren orthodoxen Glauben behalten dürfte,
während ihre Kinder in der protestantischen Religion erzogen werden würden.
Außerdem käme eine Heirat in Übereinstimmung mit den notwendigen Vorbereitungen Carl Friedrichs frühestens in eineinhalb bis zwei Jahren in Frage.

Der wesentliche Kern in den schriftlichen Instruktionen Carl Augusts lag jedoch auf ganz anderen Gebieten: „. . . 4. Nach der gewöhnlichen Verfahrungs Art bey dergleichen fürstlichen Ehestiftungen bestimmte man sonst die Witthumsgelder, nach dem Verhältniß der Aussteuer, gegen welche man eine gleich hohe Gegenschenkung von Seiten des Gemahls annahm und alsdann doppelte Zinsen von der ganzen Summe der Aussteuer und des idealischen Gegengeschenkes zum Betrag des künftigen Witthums festsetzte. Würde man auf der Kaiserlichen Seite auch dermalen diese Prinzipien annehmen, (wozu doch von Unserem Abgeordneten, den wir nur zu seiner eigenen Instruktion auf diese Betrachtung führen, keine Veranlassung zu geben ist), so würde, (da der Zinsfuß unsrer Landeskassen auf drei Prozent steht), selbst mit einem großren Übermaaße über dasjenige, was an Witthums Prästation in Unserm Fürstlichen Hause bisher üblich gewesen, die Aussteuer nicht wohl über 200.000 Reichsthaler angenomen werden können. Denn es würde sodann das Witthum, nach oben gedachten Proportionen schon auf 24.000 Rth. ansteigen. Das über jene Summe einzubringende Vermögen der Prinzessin würde als ein ihr ganz eigenthümliches Paraphernal Vermögen zu betrachten seyn.

5. Wenn bey der Bestimmung der Aussteuer nicht auf jene, im Grund blos willkührliche und selbst in mehrere Fälle Unsers Fürstlichen Hauses nicht beobachtete Proportion des Witthums reflectiert werden sollte, wird das proponierte Witthums Quantum nicht über 24.000 Rth. steigen werden, (wie dieses alles sich etwa schon aus der Herzoglich Mecklenburgischen Verhandlung vorläufig schließen lassen müßte), so könnte die, dem Vernehmen nach, die der Prinzessin zugedachte Aussteuer, ganz und ohne Minderung, oder auch allenfalls so hoch als Sr. Kaiserlichen Majestät gefällig, angenommen werden.

6. Die während der Ehe abzugebenden Nadelgelder, an deren Statt man sonst die doppelten Zinsen der sogenannten Morgengabe abreichte (eines Geschenkes, das von dem Gemahl an die Gemahlin Tages nach der Vermählung durch Verschreibung einer Geldsumme gemacht wurde) würden auf den Fall einer auf 200.000 Reichsthaler oder drüber sich belaufenden Aussteuer auf jährliche zehn bis 12.000 Rth. ansteigen dürfen. Dagegen bleibt der Gemahlin die Benutzung Ihres Paraphernal Vermögens ganz zur eigenen Disposition.

7. In dem Falle aber, daß das als Paraphernalion anzusehende Vermögen von besonderer Wichtigkeit seyn wird, wodurch die Prinzessin zu einer sehr bedeutenden eigenthümlichen Revenue, außer den Nadelgeldern, gelangen müßte, könnte wohl Sr. Kaiserliche Majestät aller Reussen liber als Absicht keine andere seyn, als Dero Großfürstliche Tochter Kaiserliche Hoheit als eine mehrere Lebensannehmlichkeit und Beyhülfe zu gewähren. Dieser rühmlichen Absicht

würde es nicht entgegen seyn, wenn der Etat der Prinzessin in diesem oder jenem Stücke auf die Handgelder angewiesen würden; besonders wenn es, wie es doch nicht schlechterdings nöthig seyn dürfte, beliebig seyn sollte, daß Unsers Erbprinzen Liebden eine eigene förmliche Hofhaltung und Hofwirthschaft zu führen hätten.

8. Die zur eigentlichen Aussteuer bestimmte Summe würde wohl in baarem Gelde bestehen und zu Arquisitionen oder sonst von unserer Cammer sicher angelegt werden können. Eine verzinsliche Übernahme der Paraphernal Gelder können Wir aber für Unsern Theil nicht wünschen, wohl aber daß solche auf irgens einem deutschen Fonds oder sonst nach eigenem Gutfinden der Prinzessin, als Eigenthümerin, angelegt würden.

9. Wenn eine unterpfändliche Sicherung des Witthums in Frage kommen sollte, so kann vorläufig geäußert werden, daß man durch Verschreibung eines oder mehrerer Unsrer durchgehends schuldenfreyen Aemter verhältnißmäßig dazu bereit sey.

10. In Ansehung des Witthums Sitzes ist in den Ehestiftungen, welche in Unserm Fürstlichen Hause vorgekommen, mehrentheils verabredet worden, daß die Fürstliche Wittbe in dem von ihr bewohnten Schlosse solange den Sitz behalten sollen, bis derselben eine anständige Witthums-Wohnung eingerichtet worden seyn würde. Dabey möchte man es auch wohl dermalen um so mehr bewenden lassen können, als man bey künftig erlangender Kenntniß das Local den eigenen Wünschen der Prinzessin wegen dieses Punkts entgegen zu kommen sich eher im Stande befinden dürfte. Wenn jene Clausel aber nicht beliebig wäre, so könnte auch ein Wittben Sitz zum voraus allhier bestimmt und benannt werden.

11. Eine besondere Erwägung verdient auch der mögliche Fall, wenn die künftige Gemahlin Unsers Erbprinzen Liebden von demselben ohne Nachkommenschaft mit Tode abgingen, oder wenn Sie dermaleinst etwa Ihren Witthum-Stuhl verrückte. Nach ältere und neuere Beispiele in Unserm Fürstlichen Hause, ist in dergleichen Fall die Aussteuer, welche sonst völlig dem Hause verblieben, zur Hälfte wieder zurück zuzahlen versprochen worden, und zwar in dem Falle der zweythen Heyrath dergestalt, daß die Hälfte des Witthums auf Lebenszeit der Prinzessin fortgezahlt werden sollen.

Wir sehen es für billig an, daß dermalen etwa auf ähnlichem Fuß conveniret werde. Denn obgleich sonst der Anfall der ganzen Dotalgelder als ein Ersatz des Witthums angesehen und solche, wenn es zu einer fortdauernden Präsation des Witthums nicht gekommen, eben deswegen wieder zurückgezahlt werden müssen. So ist doch in den Fällen, wo den Gemahlinnen eigne und beträchtliche Hand- oder Nadelgelder bezahlt zu werden pflegen, dadurch die Aussteuer ganz oder größtentheils schon absorbiert worden, ehe eine Witthumszahlung eintritt.

12. Alle diese Verhältnisse, Grundsätze und Notizen hat unser Abgeordneter, so fern die erlangte Kenntniß von dem Herzoglich-Mecklenburgischen Ehe-Pact nicht einiges überflüssig machen sollte, zur Auswirkung convenabler Kaiserl. Propositionen vorher schon bey den Behörden in Erwähnung zu bringen. Sollte sich aber aus der Herzogl. Mecklenburgischen Abrede, die Summe des Witthums und der Nadelgelder weit höher zu Tage legen, als man hier damit hinaufzugeben sich außer Stande siehet, so hat Unser Abgeordneter sich nicht zu scheuen, die Verschiedenheit der Staatskräfte in Betrachtung zu bringen, um einer Gleichsetzung mit jenem Herzogl. Hause in Ansehung dieses Pactes zuvorzukommen.

13. Wenn Ihro Kaiserl. Majestät aller Reussen wegen des künftigen Ranges der Prinzessin oder aber eine Art und Weise, wie die Verbindung etwa früher, als Wir intentioniert sind, zur Vollziehung zu bringen sey, etwas proponieren lassen sollten, so hat Unser Abgeordneter dieses, ohne sich weiter darüber zu erklären, lediglich ad referendum anzunehmen.

14. Sollte von der Beförderung des Geschöfts mittels einer feierlichen Anwerbung oder eines wirklichen Abschlusses der Ehestiftung die Rede kommen, so wird Unser Abgeordneter im ersten Falle Unsern weitern Verhaltungsbefehl wegen eines zur feierlichen Anwerbung ihm anzufertigenden speziellen Creditivs, einholen, in letzterem Falle aber sich äußern, daß es zur Beschleunigung gereichen werde, wenn man sofort einen Entwurf zu der Ehe-Beredungs-Urkunde an Uns gelangen zu lassen geneigt seyn werde.

15. Da es . . . sich nöthig machen wird, daß Unseres Erbprinzen, Liebden, sich auf einige Zeit zu St. Petersburg aufhalten, so hat Unser Abgeordneter sich eine genaue Kenntniß darüber zu verschaffen, wie dergleichen Besuch in Ausführung der Etikette und des Aufwandes nach den Verhältnissen und kräften Unseres Fürstl. Hauses zu arrangieren seyn dürfte . . ."[7]

Es ging ums Geld! Carl August traf in offensichtlicher allgemeiner Kenntnis bereits mit den Schwerinern verhandelter Gegenstände alle notwendigen Vorkehrungen, damit das Herzogtum durch die Heirat seines Erben materiell und finanziell sicherer werden konnte. Die Direktive sagte es: Man erhoffte sich durch die Tochter des russischen Kaisers einen bedeutenden Zugewinn zu den eigenen schmalen Kassen. Es verstand sich von selbst, daß Wolzogen unter Beachtung einer strengen Geheimhaltung laufend über alle Verhandlungsschritte nach Weimar berichten mußte. Sollten in Kenntnis der Gespräche mit Lützow oder durch den Willen des Kaisers neue Aspekte auftreten, so besaß Wolzogen unter Beachtung der Instruktion eine breite Entscheidungsfreiheit.

So ausgerüstet reiste Baron von Wolzogen im März 1799 nach St. Petersburg. Der russische Gesandte in Berlin hatte ihn mit den notwendigen Pässen versehen. Nur die eigene Reisekasse war relativ schmal: „Da Wir auch Unsern Abgeordneten mit Anweisung auf eine zu St. Petersburg zu erhebende Geldsumme von 4.000 Reichsthalern versehen lassen, überdieß ihm aber einen Creditbrief mitzugeben gesonnen sind, so wird derselbe, da diese Summen allhier mit baarem Gelde restituirt werden müssen, darauf Bedacht zu nehmen haben, den zur Empfangszeit eintretenden Geld-Cours der ihm wahrscheinlich aufgerechneten Staats Papiere uns anzuzeigen. Über seinen Aufwand hat derselbe, guter Ordnung wegen, von Zeit zu Zeit eine summarische Rechnung zu halten, um des falls eines lästigen details überladen zu seyn." Darüber hinaus begleitete den Baron das volle Vertrauen seines Herzogs: Wolzogen werde die Dinge schon im weimarischen Interesse unter Dach und Fach bringen.

Die hoffnungsvolle und zugleich ungewisse Fahrt begann am 18. März 1799 um 4 Uhr früh in Weimar. Drei Tage später war Wolzogen in Dresden. Über Breslau, Warschau und Grodno erreichte er am 13. April Mitau. In Riga zog er erste Erkundigungen über die Situation in Rußland und über die Möglichkeiten einer geheimen Korrespondenz ein. Man sagte ihm, daß jeder grenzüberschreitende Brief von russischer Seite geöffnet werden würde und daß dem Absender daraus ernste Unannehmlichkeiten erwachsen könnten. Später, in seinem ausführlichen Abschlußbericht über die Reise, schrieb Wilhelm von Wolzogen: „Dieses bestimmte mich, alle Arten von Correspondenz aufzugeben, bis ich in Petersburg mich genauer nach jenen Vorsichts-Regeln würde erkundigt haben."[8]

In Riga versorgte sich Wolzogen erst einmal mit 1000 Talern aus dem gewährten Kredit, um die Weiterreise nach St. Petersburg finanzieren zu können und um dort ein Startkapital zu besitzen, falls er nicht sofort Herrn von Loewenstern antreffen würde, bei dem er seinen gesamten Kreditbrief einlösen sollte. Der Zufall wollte es, daß Loewenstern tatsächlich auf Reisen gegangen war und daß ihm Wolzogen noch vor Dorpat begegnete. Loewenstern konnte ihn beruhigen. Er hatte das Geld bei einem Bekannten in St. Petersburg hinterlegt, so daß es dort für Wolzogen jederzeit zur Verfügung stand.

Am 26. April 1799 kam der Baron nach fünfwöchiger Reise gegen Mittag in St. Petersburg an. Man teilte ihm an der Stadtgrenze mit, sich unverzüglich zum Stadtkommandanten zu begeben, um sich gehörig anzumelden und über die nächsten Schritte informiert zu werden. Der Kommandant war jedoch nicht erreichbar. Die nächste Widrigkeit folgte auf dem Fuß: Wolzogen mußte zu seiner Enttäuschung hören, daß Fürst Besborodko kurz zuvor verstorben war. Er wußte nun zunächst nicht, an welche russische Persönlichkeit er sich konkret wenden sollte. Aber Wolzogen war umsichtig und findig. Er quartierte sich in einem Hotel unmittelbar neben dem kaiserlichen Palast ein und konnte von dort aus alle Bewegungen am Hof einsehen. Außerdem war er, sollte man ihn rufen, sofort zur Stelle. Seine Bemühungen um ein Treffen mit dem Oberhofmeister von Lützow schlugen zunächst fehl. Lützow wollte den Weimarer Gesandten erst treffen, wenn dieser offiziell beim Kaiser eingeführt worden war. Eine Vorsichtsmaßnahme, geboren aus den ortsüblichen Regeln zur Überwachung auch hochgestellter Ausländer.

Schließlich erfuhr Wolzogen, „daß Graf Rostoptschin in dem Departement des affaires Etrangeres seye, alle Morgen früh um 6 Uhr mit dem Kaiser arbeitete und viel gelte. Vor ihm und just der erste seye zwar der Vize-Canzlar Kutschbey [Kotschubei – Anm. des Autors]; allein Rostoptschin trage beinahe alles dem Kaiser vor. Noch den namlichen Tag machte ich ihm eine Visite." Der Kontakt zur kaiserlichen Familie war damit erst einmal hergestellt. Auch Lützow erklärte sich jetzt zu geheimen Treffen bereit und versorgte Wolzogen erstaunlich kooperativ – sie waren ja Konkurrenten – mit allen für die Verhandlungen notwendigen Informationen und Materialien. Auch Graf Rostoptschin trat in Aktion. Er bestellte Wolzogen zu sich und erklärte, der Kaiser habe befohlen, die offiziellen Schreiben des Herzogs und der Herzogin von Sachsen-Weimar-Eisenach zunächst ihm, Rostoptschin, zu übergeben. Wolzogen werde jedoch bereits am 29. April um 11 Uhr in einer Privataudienz von Paul I. empfangen werden. „Da ich weiter keine Auskunft erhielte, an wen ich mich deshalb zu wenden habe, so fragte ich bey dem Grafen schriftlich an: Er lud mich zu sich ein, und gab mir sodann einen Staatsrath mit, der mich ins Kaiserliche Palais führte. Nachdem ich in dem Saal, wo die Fremden von ihren Gesandten präsentiert werden, wenn der Kaiser aus der Messe hier durch geht, bis um ••• auf 1. Uhr gewartet hatte, kam Graf Rostoptschin und führte mich in die Zimmer des Kaisers, wo ich wieder eine ••• Stunde wartete; man ließe mich hier allein – nach einiger Zeit kam der Graf wieder und nun wurde ein Zeichen gegeben, daß der Kaiser im Cabinet seye. Der Minister öffnete die Thür und präsentierte mich, blieb aber sodann gleich an der Thüre stehen. Man hatte mich preveniert, daß der Kaiser mich sogleich anreden würde; – allein derselbe blieb in der Mitte des Cabinets stehen; ich nahte mich ihm mit tiefen Verbeugungen, nur Einheimische setzen ein Knie zur Erde und küssen die Hand; bei Fremden erlaubt es der Kaiser nicht. – Ich fing eine französische Anrede an in abgebrochenen Phrasen, da ich theils auf die mir gegebene Nachricht nicht vorbereitet war, theils auch erwarten wollte, ob der Kaiser nicht sprechen würde. Was ich sagte, bezog sich hauptsächlich auf den Wunsch, den Ew. Herzogliche Durchlaucht in den überbrachten Schreiben gewagt hätten."

Ohne weitere Umschweife antwortete Paul I. mit leisen und einfachen Worten, „daß ihm der Antrag sehr lieb seye, und daß seiner seits gar kein Hinderniß seyn würde". Keiner der Anwesenden schien von diesem Entschluß überrascht zu sein und auch die Formel, es käme wohl vor allem darauf an, daß die jungen Leute einander gefallen müßten, entsprach mehr der Etikette als einem verklausulierten Einspruch. Wolzogen dankte gebührlich und artig für die gnädige Aufnahme des Antrags. Paul I. erinnerte sich an die Herzogin Louise und fragte nach deren Gesundheit. Damit war die Audienz beendet. Die Haltung des Kaisers entsprach so gar nicht dem allgemeinen Bild, das die eingeweihte Öffentlichkeit von ihm besaß. Für Paul I. war es politisch nicht unwichtig, die zaristische Repräsentanz in Mitteleuropa und Deutschland zu verstärken, zumal der dynastische Bund mit Mecklenburg-Schwerin vor der Türe stand. Es kann natürlich auch sein, daß die Verheiratung der Tochter in erster Linie in die Kompetenz der Kaiserin fiel und er sich lediglich deren Meinung anschloß. Wie dem auch gewesen sein mag: Wolzogen wurde von Rostoptschin zum schwierigeren Teil der Auftaktvisite geführt: zur Kaiserin Maria Fjodorowna. Auch sie begegnete dem Gesandten wohlwollend und äußerte ihre generelle Zustimmung zu dem Antrag, fügte jedoch hinzu, daß die Heirat wohl innerhalb der nächsten zwei Jahre erfolgen könnte. Baron Wolzogen wich aus, wollte sich nicht konkret festlegen und rief dadurch die nochmalige Frage nach dem Termin der Hochzeit hervor. Es wäre sehr unschicklich gewesen, wäre er nicht auf den Wunsch der Kaiserin eingegangen. Nach den üblichen Höflichkeitsfloskeln war damit auch diese Visite beendet.

Wolzogen konnte mit dem Ergebnis zunächst einmal zufrieden sein. Er hatte wohl auch einen guten Eindruck hinterlassen, denn am nächsten Tag wurde er an die kaiserliche Tafel gebeten – bei der er zum ersten Mal das Ziel der Wünsche seines Herzogs, die Großfürstin Maria Pawlowna, zu Gesicht bekam: „Die Speisen wurden um 1 Uhr aufgetragen und um ••• auf zwey sezte sich der Kaiser. Die Tafel war nicht groß; der Kaiser und die Kaiserin, die älteste Großfürstin Alexandrine (die zweite, Helene, war krank), die dritte, Maria, nebst der Ober-Hofmeisterin Frau von Lieven, die zwey Prinzen von Mecklenburg, ihr Oberhofmeister, der Ober-Marschall Narrischkin und zwey General-Adjutanten. Vor der Tafel als der Kaiser in das Cabinet kam, wo wir auf ihn warteten, sagte er zu mir: ‚Man kann Ihre Angelegenheit ganz als ausgemacht ansehen – von meiner Seite ist dies wenigstens der Fall – und es hängt jetzt nur von Ihnen ab – Ich glaube man kann jetzt zu den preambules schreiten – im Fall Sie es wollen.' Ich erwiderte, daß ich ganz von den Befehlen Sr. Kaiserlichen Majestät abhing." Zu einem Gespräch mit der künftigen Braut ist es bei dem Essen nicht gekommen, und Wolzogen enthielt sich vorerst jeglicher Bewertung ihrer Person.

Alle diese Begegnungen bildeten nur den Auftakt für die erforderlichen Verhandlungen zum Ehevertrag. Wolzogen mußte nicht lange warten. Am 2. Mai 1799 lud ihn Graf Rostoptschin zu einem Arbeitsessen ein, beide sollten mit den Detailgesprächen beginnen – so dachte zumindest Wolzogen. Er mußte jedoch enttäuscht sein. Außer der Frage, wie die kaiserliche grundsätzliche schriftliche Antwort möglichst schnell und sicher nach Weimar gelangen könnte – die durch die Übergabe der Briefe an einen Kurier über Wien geregelt wurde –, sah Graf Rostoptschin die von Paul I. zu klären genannten „Präambeln" nur in dem Problem, daß Erbherzog Carl Friedrich in den nächsten 14 bis 18 Monaten nach St. Petersburg kommen müsse, um dort sechs bis acht Monate zu verweilen, ehe die Hochzeit vollzogen werden könnte. In der Zeit der Anwesenheit Carl Friedrichs würde der russische Hof dann den Entwurf eines Ehevertrags vorlegen, über den verhandelt werden könnte.

Baron von Wolzogen wußte durch den Oberhofmeister Lützow, daß die russische Seite sich mit schriftlichen Erklärungen schwer tat. Lützow hatte für Mecklenburg-Schwerin und die Hochzeit des Erbherzogs Friedrich Ludwig mit der Großfürstin Jelena viele Monate auf ein verhandlungsfähiges Dokument warten müssen. Jetzt wurde diese Ehe vollzogen, und Lützow hatte Wolzogen eine Abschrift des Ehevertrags in die Hand gegeben. Gleichzeitig verfügte Wolzogen über eine Kopie des Ehepakts zwischen Marias ältester Schwester, Großfürstin Alexandra, mit dem Erzherzog von Österreich-Ungarn. Er wußte um die russische Verhandlungstaktik und kannte die Punkte, auf die er selbst achten mußte. Wolzogen war sich bewußt, wie vorsichtig er im Interesse einer größeren Konkretheit vorgehen mußte, um nicht die Sache selbst schon am Beginn zu gefährden. Darum schlug er vor, angesichts des Alters der Ehekandidaten zwei Jahre zu warten, ehe Carl Friedrich nach St. Petersburg kommen würde. Das stand zwar im Widerspruch zu den politischen Aspekten, die Carl August geltend gemacht hatte, besaß jedoch – wie sich zeigen sollte – handfeste finanzielle Gründe. In der Religionsfrage gab es dagegen keine Meinungsverschiedenheiten. Für beide Seiten war von Beginn an selbstverständlich, daß Maria das orthodoxe Glaubensbekenntnis uneingeschränkt beibehalten würde, daß sie es praktizieren dürfe und daß dafür auch der notwendige Geistliche zur Verfügung stehen müßte. Die aus ihrer Ehe hervorgehenden Kinder würden entsprechend den Grundsätzen der sächsischen Landesverfassung protestantisch erzogen werden.

Baron Wolzogen mußte aus dem Gespräch mit Graf Rostoptschin erkennen, daß die russische Regierung für den Moment zu keinen weiteren Verhandlungen bereit war. Er bat, man möge in St. Petersburg doch eine Kontaktperson benennen, die in den folgenden Monaten alle weiteren Gespräche in der Hand halten würde. Rostoptschin lehnte den Vorschlag ab. Er hielt es für unwahrscheinlich, daß es künftig zu dem Projekt grundsätzliche Veränderungen geben würde, und sollte das doch der Fall sein, könnte sich der Herzog von Sachsen-Weimar-Eisenach jederzeit direkt mit dem Kaiser Paul I. in Verbindung setzen. Schon nach wenigen Monaten sollte sich zeigen, wie umsichtig Wolzogens Anregung war. Für den Augenblick blieb ihm nur die Vorbereitung seiner Abreise. Das war jedoch nicht so einfach, wie Wolzogen berichtete: „Da ich nun sahe daß keine andern Verhandlungen weiter stattfinden sollten, so bat ich jetzt schon den Minister meine Abfertigung zu beschleunigen, indem ich nichts mehr erwünsche, als meinem Hof die angenehmen Nachrichten der gnädigen Einwilligung des Kaisers zu überbringen. ‚Es wird dem Kaiser angenehm seyn', sagte er, ‚Sie solange hier zu sehen, als es Ihnen gefällt, indeßen, da Sie darauf bestehen – wann wollen Sie reisen?' Ich antwortete, daß ich hier nichts zu bestimmen wagte, und ganz von den Befehlen Sr. Kaiserlichen Majestät abhinge – er bestand aber darauf, daß ich selbst die Zeit bestimmen möchte – ‚Ich wünschte in 8 oder 10 Tagen abzureisen'. ‚Der Kaiser wird auf das Land gehen und wird wünschen, Sie auch dort zu sehen. Ihre Abreise wird also wohl zwischen dem 16. und 20. May fallen.' Er fragte mich noch nach einigen Nachrichten von Weimar und ich gab ihm darüber die den Umständen angemeßene Auskunft."

Tatsächlich stand Wolzogen noch eine Reihe gesellschaftlicher Verpflichtungen bevor, die er im Interesse des Ehevertrags und der allgemeinen Beziehungen zwischen Weimar und St. Petersburg artig und getreulich erfüllte. Außerdem hatte er noch keinerlei persönliche Gespräche mit der Großfürstin Maria führen können. Er besaß bislang nur allgemeine oberflächliche Vorstellungen von deren Persönlichkeit. Aber dieser Mangel schien vielleicht gar nicht besonders wichtig, denn Carl Augusts Anliegen war auch erfolgt, ohne die Kandidatin je gesehen zu haben. Wolzogen besaß den Wunsch nach einer direkten Begegnung, und der wurde ihm erfüllt. Der Baron wurde bis zu seiner Abreise zum Zeichen besonderer Wertschätzung mehrfach an die kaiserliche Tafel gebeten und hatte dabei Rede und Antwort über Weimars Befindlichkeiten zu stehen. Die Kaiserin pochte bei jeder Gelegenheit auf eine baldige Reise Carl Friedrichs an die Newa. Die beiderseitigen Terminvorstellungen waren allerdings noch recht vage. Am 4. Mai 1799 fragte die Kaiserin bei einem weiteren gemeinsamen Essen, „ob der Erbprinz jetzt bald auf Reisen gehen und mit welchem Dato man anfangen würde? Ich sagte, daß es zwar noch dieses Jahr geschehen würde, daß aber noch nicht bestimmt wäre, von wo aus die Reise sollte angetreten werden. Der Kaiser und die Kaiserin erkundigten sich auch nach dem Local von Weimar, nach dem Garten. Die Kaiserin fragte mich, ob ich nicht einen Plan vom Garten bey mir habe, früher war ich schon gefragt worden, ob ich das Portrait vom Prinzen nicht habe. Einige Tage darauf wiederholte die Kaiserin den Wunsch, ein ähnliches

Portrait vom Erbprinzen zu bekommen. Des Abends sprach die Kaiserin, anstatt
zu spielen, sehr gnädig mit mir und sagte unter andern: ‚Ihre Prinzessin ist ein
allerliebstes Kind, so ernst und doch auch so munter, so viel Application und so
viel natürliche Anlage' – Sie sprach mit sehr viel Wärme von der Großfürstin
Maria. Die folgenden Tage fand ich mich immer Mittags und Abends bei der
Tafel eyn. Den 9en begab sich der Kaiser und die Kaiserl. Familie und denen zum
Hof gehörigen Personen und Militär auf das Land Pawlofsky [Pawlowsk – Anm.
des Autors] – 30 Wersten von Petersburg – das Landhaus, wo der Kaiser schon
als Großfürst gewohnt."

Es gab einige Irritationen, ob Wolzogen auch nach Pawlowsk reisen sollte, an
denen eher Nachlässigkeiten und unklare Kompetenzen in der Hofverwaltung
als der kaiserliche Willen schuldig waren. Baron von Wolzogen wollte unbedingt
nach Pawlowsk fahren, nicht nur um mit dem Kaiser zu sprechen, sondern aus
einem für ihn bedeutsamen Grund. Für den 16. Mai war in Pawlowsk die offizielle Vermählung des Erbherzogs von Mecklenburg-Schwerin mit der Großfürstin Jelena anberaumt worden. Eine Teilnahme konnte für ihn nur lehr-
reich sein. Also begab er sich am Vortag in das Sommerschloß und wurde sehr
freundlich vom Kaiser aufgenommen. Über die Trauungszeremonie, die
ursprünglich für St. Petersburg geplant war – und deren Ablauf sich später bei
der Hochzeit Carl Friedrichs mit Maria Pawlowna nahezu deckungsgleich wie-
derholen sollte –, sandte Wolzogen am 17. Mai sofort einen ausführlichen Bericht
nach Weimar.

Noch immer hatte er nicht mit Maria sprechen können. Auch aus diesem
Grund hielt er es für schicklich, immer wieder an seine baldige Abreise zu erinnern. Es gab um den Gesprächswunsch einiges Hin und Her, wenig Entschlossenheit und viele Verzögerungen. Dann aber kam es doch noch zu der Begegnung. „Den 22en ging ich mit Herrn von Lützow des Morgens im Englischen
Garten [in St. Petersburg – Anm. des Autors] spazieren. Wir begegneten der
Kaiserin, wir konnten nicht mehr ausweichen und sie war so gnädig uns zu
befehlen, mitzugehen. Die älteste Großfürstin Alexandrine und die Großfürstin
Marie begleiteten sie. – Es war das erstemal, daß ich Gelegenheit hatte, eine fort-
gesetzte Unterhaltung mit der Großfürstin zu haben. Ich entwarf eine Beschreibung vom zukünftigen Ort ihrer Bestimmung, von der Herzoglichen Familie,
vom Herrn Erbprinz; – (Die Großfürstin wird bey ihrer Hierherkunft das Bild, so
ich ihr entwarf, gewiß nicht übertrieben finden.) Sie schien mit besonderem
Wohlgefallen auch jeden Umstand zu werten und betrug sich in dieser . . . Lage
mit außerordentlicher Feinheit und Artigkeit. Bey jedem Wort, was sie sagte,
hatte ich Gelegenheit ihren feinen Verstand und richtigen Takt zu bewundern.
Die Kaiserin erkundigte sich sehr genau nach dem Erb-Prinzen, nach seiner

Erziehung und Bildung. Ich sagte ihr, wie der Prinz alle gute Anlagen habe, wieviel Ausdruck von Gutmüthigkeit schon in seiner Pfysiognomie sich zeigte, und wie rein und unschuldig man ihn durch seine Erziehung erhalten." Die Kaiserin „fragte auch noch, wo der Prinz [auf der üblichen Kavaliersreise – Anm. des Autors] wohl hinreisen würde? – ‚Die Universitäten und so manche große Städte sind so wunderlich für junge Leute', – setzte sie hinzu. Die Kaiserin äußerte den Wunsch, daß Durchlauchtigste Herzogin doch manchmal schreiben und besonders Nachricht von Durchl. Erbprinzen von seinem Aufenthalt von seinen Fortschritten geben möchte. ‚Wenn diese Heirath noch zu Stande kommt, – das heißt, wenn sich die beyden jungen Personen conveniren, woran gar kein Zweifel ist, so ist es wahres Glück für Marie eine solche vortreffliche Schwiegermutter zu finden.'" Es war eigentlich das erste Mal, daß derart in die persönliche Sphäre gehende Worte gewechselt wurden. Sie folgten der Konvention, beschränkten sich auf Freundlichkeiten, brachten aber auch unmißverständlich die Sorge Maria Fjodorownas um das private Lebensglück ihrer Tochter zum Ausdruck.

Wolzogens Berichte erwecken in der historischen Rückschau zwar den Eindruck, daß sich die Gespräche mit der kaiserlichen Familie und den russischen Ministern ausschließlich auf die geplante Ehe konzentrierten, aber der Abgesandte aus dem damals im Frieden lebenden Weimar wurde zwangsläufig, zumindest am Rande, in politische Probleme einbezogen. Rußland war 1798 der Zweiten Koalition gegen Frankreich beigetreten. Die russische Schwarzmeerflotte operierte 1799 im Mittelmeer. Feldmarschall Alexander Suworow hatte mit den russischen Truppen die Alpen von Norden her überschritten und war in Italien eingefallen. Gerade als Wolzogen in St. Petersburg weilte, traf die Nachricht vom Sieg der russischen Soldaten bei Mailand ein. Den üblichen Gepflogenheiten folgend, fand aus diesem Anlaß ein Tedeum statt. Baron Wolzogen aus dem militärisch neutralen Weimar hielt es für seine Pflicht, an der religiös-patriotischen Veranstaltung teilzunehmen und damit Weimars politisch-dynastische Solidarität gegenüber Rußland zu demonstrieren. Aus diesem Grund wollte er sogar seine Abreise verschieben. Außerdem hatte die Kaiserin am 23. Mai „mir und Herrn von Lützow die Erlaubniß gegeben, zu den Groß Fürstinnen zu gehen, und zwar zuerst zu der Oberhofmeisterin, Frau von Lieven, wohin sodann die Kaiserin um ••• 6 Uhr kam, und uns zu der Großfürstin Marie mitnahm. Capellmeister Sarté war eben bei der Großfürstin, die Clavier spielte. Die Kaiserin hatte die Gnade mir die Studien Bücher zu zeigen – Es waren meistens Auszüge in englischer, französischer, italienischer Sprache aus intereßanten Büchern. Ich las einige aus dem Marc Antonin gezogen, sie waren mit viel Verstand und Gefühl abgefaßt, auch die Zeichnungen der Groß Fürstin wurden mir gewiesen, sie sind, wenn auch nicht ganz correckt, doch in einem ganz eigenen festen kühnen Stil, den man nicht von einem so zarten Alter erwartet. Das vorzüglichste Talent der Groß Fürstin Marie ist aber die Musik; sie spielt das Clavier mit einer bewundernswürdigen seltenen Fertigkeit und versteht die Musik vortrefflich. Es lag auf dem Flügel eine Arie wo die Noten bald ausgestrichen bald verändert da standen – Ich nahm sie in die Hand – ‚Es ist eine Arie‘, sagte Sarté, ‚so die Großfürstin componiert.‘ Die Kaiserin wollte, daß sie gesungen werden sollte. Ich bat um die Erlaubniß die Arie mitnehmen zu dürfen. ‚Marie wird sie Ihnen erst in Ordnung bringen‘, sagte die Kaiserin, ‚doch Sie gehen zu bald weg; da ist vielleicht Sarté so gut und bringt sie ins Reine. Glauben Sie nicht‘, sagte noch die Kaiserin, ‚daß nur auf diese Talente gesehen wurden. Das, was Sie so sehr bewundern, sind nur Neben Sachen. – Sie ist häuslich erzogen – ihr vortrefflicher sanfter Charakter ist mehr wert, als alle diese Kunst-Talente.‘ Die Frau von Lieven versicherte mir auch noch, daß ich ja nicht glauben möchte, es seyen dieses Parade-Talente, – man würde sehen daß dergleichen Kopf und Herz selten beysammen wären. Alles, was ich schon vorher von der Groß Fürstin Marie aus Rußland geschrieben habe, bestaetige ich auch jetzt, da ich Freyheit habe alles offen zu sagen wie ich es gefunden vollkommen. Die Kaiserin sprach auch sehr gnädig mit mir über Durchl. Herzogin, Durchl. Erbprinzen und überhaupt über die Verhältnisse mit Weimar. Sie führte nochmals sehr dringend an, daß man doch ja den Prinzen in keine Stadt schicken möchte, wo die Unschuld der jungen Leute Gefahr liefe; es war nicht zu ausdeuten, von welcher Stadt sie sprach. Ich stellte vor daß in den jezigen Zeiten es sehr schwer hielte, eine Wahl des Aufenthalts zu treffen, indem die Gelegenheiten, wo sich sonst die jungen Prinzen ausbildeten, nicht mehr benuzt werden könnten. Ich fragte, ob es nicht Sr. Majestät gefällig seyn möchte, einige nähere Äußerungen mir gnädigst mitzutheilen, wo man wünschte, daß sich der Erbprinz aufhalten möchte? – Die Kaiserin entschied indeß nichts und sagte nur, daß er nicht verdorben wird. – ‚Ich [hier fehlt ein Wort – Anm. des Autors] sodann es von Ihnen und werde Ihnen einmal Rechenschaft ablegen laßen, wenn der Prinz nicht seine Unschuld beybehält: ‚Bringen Sie ihn nur bald hierher.‘ – Als es Zeit war wegzugehen, beurlaubte ich mich von den drey gegenwärtigen ältesten Großfürstinnen, da ich nicht Gelegenheit würde gefunden haben, dieses nach der Tafel zu thun. Ich küßte ihnen die Hände und die Großfürstin Marie sagte besonders bey dieser Gelegenheit, sehr artige Sachen.“

Der Dialog soll hinsichtlich seines Aussagewerts über die wahre Persönlichkeit Maria Pawlownas keiner sarkastischen Kritik unterzogen werden. Das Gespräch war höflich und ist wohl so verlaufen, wie man sich landläufig derartige Begegnungen vorstellt. Das Mädchen war außerdem erst 14 Jahre alt. Bis

zur Hochzeit war noch reichlich Zeit. Für Wolzogen war es viel wichtiger, daß er
sein Ziel erreicht hatte. Der Ehevertrag war auf den Weg gebracht, zumindest in
die allgemeine Richtung. Das Kaiserpaar war einverstanden, und auch die
Großfürstin Maria, deren musische Talente und charakterliche Vorzüge an diesem Tag so feinsinnig und diszipliniert demonstriert worden waren, hatte sich,
obwohl sie durchaus kein Mensch war, der zu jeder Vorschrift sofort Zustimmung äußerte, in ihr Schicksal gefügt. Wolzogen hatte die deutliche Mahnung
verstanden, der Erbprinz aus Weimar könne ja unbeschwert in Europa auf Reisen gehen, er habe jedoch strikt seine Unschuld zu bewahren und sich überdies
zum nächstmöglichen Termin in St. Petersburg einzufinden.

Wilhelm von Wolzogen konnte zunächst einmal Rußlands Hauptstadt befriedigt verlassen. Allerdings, eine peinliche Situation hatte er doch zu meistern. Die
Brautwerbung war selbstverständlich mit dem Lob des weimarischen Musenhofes verbunden worden. Die einzigartige Pflege von Literatur und Kunst, das
erfolgreiche Mäzenatentum des Herzogpaares und nicht zuletzt das Wirken von
Goethe, Schiller, Herder oder Wieland und die Leistungen der Jenaer Universität
hatten am russischen Kaiserhof großen Eindruck hinterlassen. Um so befremd-
licher war die Nachricht aufgenommen worden, daß Carl August mit Zustimmung Goethes und des Ministers Voigt – der wenig später nach St. Petersburg
kommen sollte – den berühmten und auch in Rußland geachteten demokratischen Philosophen Johann Gottlieb Fichte unter einigermaßen seltsam anmu-
tenden Umständen von der „freiesten Universität Deutschlands" gehen lassen
hatte. Wolzogen geriet in Erklärungsnot. Carl August hatte ihm zwar schon Ende
März eine Argumentation über die Querelen um Fichte geliefert, aber der
entsprechende Brief war erst am 23. Mai bei Wolzogen eingetroffen. Der ganze
„Atheismusstreit" um, mit und gegen Fichte war tatsächlich nicht nur eine
Peinlichkeit. Aber was sollte Wolzogen tun? Er redete sich einfach heraus. Sichtbare Folgen blieben zumindest in Rußland nicht zurück – den Schaden hatten die Universität in Jena und das Herzogtum. Sie verloren einen ihrer herausragenden Philosophen, der später, im Kampf um die liberale Freiheit
und die deutsche Nationalidee, außerordentlichen Nutzen hätte bringen können.

Am 25. Mai empfing Paul I. zur Abschiedsaudienz. Er bekräftigte noch einmal seine Einwilligung in die Hochzeit. Gleiches wiederholte sich bei der Kaiserin, die nicht vergessen hatte, daß Wolzogen noch die in den rechten Ton gesetzte Komposition Marias übergeben werden mußte. Mit gegenseitigen Artigkeiten
und Komplimenten nahm er das Papier in Empfang. Die Kaiserin legte noch einmal besonderen Wert auf die Erwartung, daß die Herzogin regelmäßig schreiben
möge – über Weimar und über die Tugenden Carl Friedrichs. Der Abschied war

herzlich und großzügig. Die kaiserliche Regierung gab sich alle erdenkliche Mühe, den Abgesandten Weimars mit den ihm gebührenden Ehren in die Heimat zu geleiten: „Gegen 4 Uhr hatte mich der Minister zu sich bestellt, um mir die nöthigen Abfertigungen zu geben. Er gab mir die Briefe Sr. Kaiserlichen Majestäten an Ew. Herzoglichen Durchlaucht und an Durchlauchtigste Herzogin und den zur Abreise nöthigen Paß. Er überreichte mir ferner im Namen der Kaiserin einen Brillanten Ring mit der Chiffre und vom Kaiser eine sehr reich mit Brillanten und der Chiffre des Kaisers besetzten Tabatiere, zuglaich gab er mir noch einen Brief an den Chef des Cabinets in Petersburg; er enthielte den Befehl mir 1000 Dukaten aus zuzahlen . . . Der Minister sagte mir noch, er habe Befehl gegeben, daß ein Courier an alle Paß-Stationen bis an die Grenze geschickt würde, um mir die nöthigen Pferde zu bestellen, damit ich nicht die Unannehmlichkeit der Hierher-Reise wieder haben möchte, wo ich oft aufgehalten wurde."

Am 26. Mai 1799 beendete Baron Wilhelm von Wolzogen seine erste Mission in St. Petersburg. Er reiste in den Abendstunden ab. Bis zur russischen Grenze behandelte man ihn mit allen nur erdenklichen Aufmerksamkeiten. Anschließend führte sein Weg über Königsberg, Frankfurt an der Oder und Leipzig nach Dresden. Unterwegs gab es einen Unfall. Wolzogens Kutsche stieß mit der des russischen Gouverneurs für die Insel Malta, der nach St. Petersburg gerufen worden war, zusammen. Dadurch erfuhr er nicht nur die neuesten Nachrichten über die russische Politik im Mittelmeerraum. Beide schickten einen geharnischten Protest an die preußische Regierung, weil sie nur unzureichende Unterstützung bei der Reparatur ihrer Kutschen erhielten. Wolzogen befahl seine Kutsche nach Dresden und konnte dort noch einmal mit dem russischen Gesandten sprechen, ehe er nach Weimar zurückkehrte.

Dort konnte man eine erste Bilanz ziehen. Zunächst – und das charakterisiert sowohl den Geldmangel Weimars als auch den bisweilen jenseits des Wesentlichen liegenden Geist deutscher Bürokratie – mußte sich Wolzogen wegen der hohen Ausgaben, die die Reise verschlungen hatte, rechtfertigen. Die Nachwelt ist unfreiwillig zu einem prächtigen kulturhistorischen Bild über das Leben in der russischen Hauptstadt und am Kaiserhof aus Weimarer Sicht gelangt: „Was den Aufwand betrifft, den diese Reise und der Aufenthalt in Petersburg verursacht, so habe ich ihn so sehr als möglich zu mindern gesucht; indeßen sind doch einige Artikel, auf die ich nicht ganz vorbereitet war, theuer zu stehen kommen. Die Garderobe unter anderem ist bey einem so prachtvollen und glänzenden Hof um desto theurer, wenn man in denen Verhältnissen ist worinnen ich war, alle Tage unter den Augen des Kaisers und dem engeren Hof-Zirkel zu seyn. Die Galla-Tage sind sehr häufig – in der letzten Woche meines Aufenthalts waren fünf solcher Tage. Montag den 20en der Geburts Tag der 4en Großfürstin Catharina. Dienstags Nicolaus Tag. Mittwoch, die Wassertaufe – Freitag, Te Deum, wegen des Sieges in Italien – Sonnabend, Te Deum, wegen der glücklich geendigten Pocken-Reucolation der kleinen Groß Fürstin. Ein theurer Artikel sind ferner die Presente, so man zu geben hat – jeder Senats Courier, so einen Brief bringt, will mehr oder weniger beschenkt seyn, alles was einem den geringsten Dienst erzeigt, rechnet auf eine Gabe und jeder drängt sich zu solchen Diensten hin, wenn er sieht, daß man bey Hofe gilt. Die Equipage ist ebenfalls sehr theuer, wenn man keine bleibende Einrichtung machen kann, besonders bei gewissen Gelegenheiten, wie in der Osterwoche, wo ich eben ankam, bey Land-Partien und anderen Feierlichkeiten, wo der Hof auf den Kaiserl. Landsitz fährt; in der Stadt konnte ich nicht unter vier Pferden fahren: ich hätte das Recht gehabt, mit sechs Pferden zu fahren, allein ich kam auch mit vier Pferden gut durch.

Ich habe zu den Auslagen der Hin- und Her-Reise, des dortigen Aufenthalts (die Presente und Diäten der Bedienten nicht gerechnet), der mir nothwendiger Weise anzuschaffenden Garderobe, die Summe von 3780 Reichsthaler . . . verwendet, und unterstehe mich Ew. Herzogliche Durchlaucht unterthänigst zu bitten, der Behörde die nöthigen Befehle zu ertheilen, daß ich über obige Summe im ganzen quittieren kann."

In der Sache, um die er die weite Reise angetreten hatte, faßte Wolzogen das Ergebnis zusammen, indem er die Resultate seiner eigenen Gespräche komprimierte und vor allem die Bestimmungen des Ehevertrags mit dem herzoglichen Hause Mecklenburg-Schwerin als Ziele für die künftige Ehevereinbarung zwischen Weimar und St. Petersburg heranzog. In dieser Kombination sah er die folgenden Punkte als wesentlich und anzustreben an:

„1.) Religion. – Die Großfürstin Marie, Kaiserliche Hoheit bleibt in der griechischen Religion, hat eine eigene Capelle und Priester. Die aus der Ehe entspringenden fürstl. Kinder werden in der Religion des Landes erzogen; es ist dieses zwar nicht in dem Contract ausgedrückt; wird aber Russischer Seite als bekannt angenommen.

2.) Zeit der Vollziehung der Heirath: Man wünscht, daß Durchl. Erbprinz längstens in zwey Jahren nach Petersburg kommen, und 6 oder 8 Monate daselbst bleiben; bey diesem Aufenthalt wird sodann die Vollziehung statt haben.

3.) Rang: Man verlange keinen anderen Rang als den einer Erb-Prinzessin.

4.) Die Mitgabe: ist eine Million Rubel, oder wenn man den Werth des Rubels so annimmt, wie ihn das herzogl. Mecklenburgische Haus hat erhalten: 988.000

Thaler . . ., wovon die Hälfte baar ausgezahlt, die andere Hälfte aber in der Kaiserl. Leihbank niedergelegt wird. Diese Mitgabe wird vom Herzogl. Haus und aus der Petersburger Leihbank mit 5 pro Cent verinteressiert und erhält die Großfürstin Kaiserl. Hoheit die Interessen davon zu ihrer eigenen Disposition.

5.) Privat-Vermögen. – Dieses ist alles zusammen gerechnet gewiß auch über einer Million, worüber jedoch auch die Großfürstin allein die Disposition hat. Es besteht nämlich:

a.) aus ungefähr 200.000 Rubel, zurückgelegte Neujahrs- und andere Presente. Diese werden warscheinlich ebenfalls in der Kaiserlichen Leihbank angelegt seyn.

b.) In einem Trousseau, der sich gewiß auf 2 bis 300.000 Rubel beläuft; auch er enthält alles, was ein Haus erfordert; von dem reichsten vollständigsten Silber Service bis zu den kupfernen Casserolen in der Küche, von dem Zobel-Pelz zu 12–15.000 Rubel, bis zu dem einfachsten Artikel der Garderobe.

c.) In der jährlichen Pension von 10.000 Rubel.

d.) in den Neujahrs-Presenten des Kaisers und der Kaiserin – 20.000 Rubel, jährlich vom Kaiser und eben so viel von der Kaiserin; jedoch ist diese Revenue nur so lange ihre Majestäten leben von ihnen garantiert.

e.) in dem beträchtlichen Schmuck, der gewiß gegen 400.000 Rubel betragen wird.

6.) Das Witthum: Es wird nichts weiter gefordert, als was in dem Herzogl. Haus hergebracht ist.

7.) Nadel Geld: wird nicht verlangt.

8.) Der Hofstaat der Großfürstin Helene [Jelena – Anm. des Autors] besteht aus einer Oberhofmeisterin und zwey Hof-Damen. Kaiserl. seits verlangt man keinen andern Hofstaat als den einer Erbprinzessin des Sächsisch Herzogl. Hauses. Man hat von Mecklenburg aus selbst eine Oberhofmeisterin haben wollen.

9.) Der Wittwensitz würde noch zu bestimmen seyn. In Mecklenburg ist es Rostock.

Ich erlaube mir noch einige Bemerkungen über diesen Mecklenburgischen Ehe-Contrakt.° Es ist darinnen sowohl als in dem von Erzherzog Joseph [der österreichische Erbprinz, mit dem Alexandra verheiratet worden war – Anm. des Autors] sehr sichtbar, daß die ganze Disposition des großen Vermögens und der Revenues von 110.000 Rubel oder 108.000 Reichsthaler der künftigen Erb-Prinzessin zukommt und daher das Glück, eine Prinzessin von so vortrefflichen Anlagen und Charakter zu besitzen, noch erwünschter ist. Im ganzen genommen aber ist die vorliegende Eheberedung sehr unbestimmt abgefaßt und weicht ganz von den gewöhnlichen in Deutschen Fürstl. Häusern hergebrachten Eheberedungen ab. Es ist sonderbar, daß die Kaiserl. Minister alles dieses ohne Einwende angenommen, und das von daher von den Mecklenburgischen Geschäftsführer sehr schwer die Vortheile zu erlangen, die der Mecklenburgische Contract vor dem Österreichischen hat. Es wird auf die künftige Stimmung ankommen, ob vielleicht noch einige andere Abänderungen, zum Vortheil des Herzogl. Weimarischen Hauses können erhalten werden; soviel ist indeßen gewiß, das im Schlimmsten kaum denkbare Fall: die Großfürstin, als Wittwe, zöge das Vermögen an sich und aus dem Lande; doch dem Herzogl. Hause 250.000 Rubel bleiben. Dem gewöhnlichen Lauf der Natur und denen gemäß zu erwartenden Anordnungen nach, aber blieben die zwey Millionen Rubel in der Herzogl. Familie. Bei der Zurückkunft des Herrn Erb-Prinzen von Mecklenburg Durchl. aus Rußland, werden sodann leicht noch andere Nachrichten gesammelt werden können, die Ew. Herzogliche Durchlaucht zu wissen sehr angenehm seyn wird."[10]

Die Anlage und Tendenz der Gesprächsergebnisse und des Berichts waren in sehr aufschlußreicher Weise ganz eindeutig zum Ausdruck gebracht. Religions- oder Standesfragen bildeten kein Problem. Das von Carl August betonte politische Motiv spielte in den Gesprächen überhaupt keine Rolle. Allein interessant war die Geldfrage. Wieviel Taler würde die Ehe einbringen, wo lagen die pekuniären Vorteile für die schmalen Kassen Weimars, stand man auch nicht hinter den Mecklenburgern zurück, wo konnte man besser verhandeln – das waren die entscheidenden Probleme, die Wolzogen und seinen Herzog bewegten. Diese Denkart war allerdings weder frivol noch unmoralisch. Dynastische Heiratspolitik diente dem Erhalt und der Festigung der Dynastien. Wenn Carl Friedrich eine Braut aus lauter Liebe und ohne Rücksicht auf die Besitzverhältnisse hätte heiraten sollen, dann hätte man sich auch unter den deutschen kleinen Fürstenhäusern umsehen können. Insofern spielte das politische Motiv doch eine entscheidende Rolle, denn der Antrag wurde in einer konkreten Gefahrensituation gestellt. Carl August war auf jeden Fall mit den Resultaten der Mission vollauf zufrieden. Am 14. September 1799 zog der Herzog den Schlußstrich unter die Abrechnung der Reisekosten. Wolzogen hatte den Reisefonds um 292 Reichstaler überzogen. Großzügig verzichtete der Herzog auf die Rückzahlung an die Kammer: „Das haben Wir demselben [Wolzogen – Anm. des Autors] wegen der aufgewendeten 3826 Reichsthaler mit Bezeugung Unserer Zufriedenheit für die zu Unserm Wohlgefallen vollbrachten Aufträge, hierdurch von allem weitern Anspruch oder Rechnungs Ablegung sicher stellen, und gegenwärtige Decharge ausfertigen lassen

wollen. Urkundlich haben Wir solche eigenhändig unterschrieben und . . .
besiegelt."[11]

Die erste Etappe einer langen Brautwerbung war erfolgreich beendet. Beide
Seiten warteten in den folgenden Monaten mit relativer Ruhe ab. Die aktiven
Handlungen konnten erst wiederaufgenommen werden, wenn Erbherzog Carl
Friedrich zur Reise nach Rußland bereit war. Nach dem vereinbarten Termin-
kalender konnte das frühestens gegen Ende des Jahres 1800 sein.

3. KAPITEL

Der Ehevertrag und die Vermählung

Russisch-weimarische Beziehungen
zwischen 1801 und 1804

In dieser Wartezeit traten in Rußland und Europa Ereignisse ein, die eine vollkommen neue Situation für Weimars Heiratspläne schaffen konnten. Paul I. hatte sich mit den Mächten der Zweiten Koalition in der Maltafrage überworfen und tendierte im Laufe des Jahres 1800 immer sichtbarer zu einer Annäherung an das Frankreich Napoleons. Verbunden mit den innerhalb Rußlands zutage tretenden schwierigen Seiten seines Charakters kam es in St. Petersburg zu dramatischen Konflikten, die die gesamte Familie des Selbstherrschers einbezogen.

Bereits im Jahr 1797 war ein damals noch verstecktes erstes Nachdenken über Pauls geringe Eignung für das Herrscheramt aufgetaucht – selbst beim Thronfolger Alexander. Seither liefen unwägbare Vermutungen und schleichende Gerüchte um, nahm das Geraune über eine Verschwörung gegen den Zaren zu. Im Frühjahr 1800 erhielten die Stimmungen zwar ein wenig konkretere Umrisse, blieben aber weiterhin nebelhaft. Nikita Panin wurde genannt, auch der Admiral de Ribas und immer wieder der Stadtkommandant von St. Petersburg, Graf Peter von Pahlen. Pahlen hatte offensichtlich die Initiative ergriffen, den Thronfolger in eine Verschwörung einzubeziehen. Die Gründe waren zwar naheliegend, für Alexander aber zweischneidig: Pauls Mutter Katharina II. war den Geruch der Thronräuberin niemals losgeworden. Alexander wußte, wie schwer sein Vater an diesem Erbe trug. Sollte er etwa zum Vatermörder werden? In Pahlens Auftrag besuchte Nikita Panin den Thronfolger und besprach mit ihm die Notwendigkeit, Paul I. vom Thron zu entfernen. Niemand erfuhr, wie konkret Panins Gedanken waren. Es blieb unbekannt, ob Alexander überhaupt eine Meinung äußerte. Allerdings ist zu vermuten, daß er Panins Vorstoß so verstand, daß Paul für eine Weile unter Hausarrest gestellt werden sollte und daß er, Alexander, derweilen die Regentschaft übernehmen würde.

Die Dinge entwickelten sich über das Jahr 1800 hinweg nicht mit besonderem Eifer. Pauls Launenhaftigkeit und nahezu krankhaftes Mißtrauen wuchsen. Die profranzösischen Optionen traten schärfer hervor. Im Dezember 1800 schrieb Paul I. drei Briefe an Napoleon. Er schlug ein gemeinsames Treffen vor und behauptete, England sei der schlimmste Störenfried in Europa. Diese Briefe könnten der unmittelbare Anlaß für die Forcierung der Verschwörung gewesen sein, zumal Paul es nicht bei der diplomatischen Korrespondenz beließ. Mit einem Embargo für den englisch-russischen Handel schadete der Kaiser nicht nur den eigenen wirtschaftlichen Interessen, sondern auch dem Adel, auf dessen Gütern das Exportgetreide produziert wurde. Geradezu abenteuerlich war der Plan, 20.000 Kosaken vom Don aus in Richtung Indien marschieren zu lassen, um dort gemeinsam mit einem französischen Expeditionskorps England zu schlagen. Konstantin, der nach Alexander folgende Thronprätendent, erklärte unmißverständlich: „Mein Vater hat dem gesunden Menschenverstand den Krieg erklärt und ist fest davon überzeugt, niemals Frieden mit ihm zu schließen."

In den folgenden zwei Monaten gab sich Paul willenlos seiner Angst vor Verschwörungen hin. Er verdächtigte selbst seine Frau und die Kinder der Konspiration. Erst nach dem 13. Februar 1801 kam der Kaiser ein wenig zur Ruhe. An diesem Tag zog er mit seiner Frau und seiner Geliebten sowie mit den noch bei den Eltern verbliebenen Kindern in den Michailowski-Palast. Inmitten des europäischen St. Petersburg war eine mittelalterliche Schutz- und Trutzburg entstanden. Wassergräben, Zugbrücken, doppelt gesicherte Türen und ein perfekt organisiertes Wachsystem, von Paul persönlich und regelmäßig kontrolliert, sollten Schutz vor Attentaten bieten. Der Kaiser verschwand vor seinem Tod in einem selbstgewählten Sarg und mit ihm die Familie. Er verlangte, daß auch die beiden Großfürsten Alexander und Konstantin mit ihren Familien dem Weg hinter die Mauern folgten. Am 5. März zogen sie ein – grollend und schaudernd.

Bereits Ende Februar hatte Alexander ein Gespräch mit Graf Pahlen geführt. Man kam im Vergleich zu der Unterredung mit Panin kaum einen Schritt voran: Hausarrest für Paul und zeitweilige Regentschaft Alexanders. Der Thronfolger verlangte, daß seinem Vater bei einem Umsturz im Namen des Zaren kein Leid zugefügt werden dürfe. Pahlen versprach es. Zwei Umstände lassen Zweifel aufkommen, ob Alexander wirklich glaubte, er könne seinen Vater vor einem gewaltsamen Tod bewahren: Es lagen in Rußland keinerlei Erfahrungen für den menschlichen Umgang mit einem gestürzten Zaren vor; erstmals in der Geschichte der Romanow-Dynastie genoß die Verschwörung eine Breite und Publizität, die kaum zu überbieten war. Hatte bei Elisabeth und Katharina II. eine Handvoll Gardisten mit großer Improvisationsfähigkeit alles auf eine Karte gesetzt, so bereitete sich faktisch der gesamte Petersburger Adel genüßlich auf den Sturz des verhaßten Despoten vor. Das konnte Alexander, der den Treueid auf seinen Vater geschworen hatte, nicht verborgen bleiben. Wenn man ihm unterstellt, daß er seine Meinung nicht klar zum Ausdruck brachte, so muß man doch konzedieren, daß er in der konkreten Situation ratlos war, wie er sich verhalten sollte. Allen an der Verschwörung beteiligten Personen war jedoch bewußt, daß das Unternehmen nur mit der Zustimmung des Thronfolgers in Gang gesetzt werden konnte. Alexander gab letztlich seine Einwilligung, war aber weder fähig noch bereit, die Folgen bis zur letzten Konsequenz zu durchdenken.

Es war nicht zu erwarten, daß Paul lebend davonkommen würde. Die Verschwörer wollten ein Joch abschütteln, das ihnen ganz persönlichen Schaden zugefügt hatte und die Privilegien des eigenen Standes mit Füßen trat. Um so erstaunlicher war es, daß an der Spitze der General Levin Bennigsen stand. Der General stammte aus Deutschland, aus Hannover, diente seit Jahrzehnten in der russischen Armee und war der Ansicht, daß Pauls Herrschaft die Grundlagen des Russischen Reiches zerstörte.

Eine Verschwörung mit so breiter Basis konnte Paul nicht verborgen bleiben. Dennoch erhielt er erst im März 1801 von den Plänen Kenntnis. Paul vertraute dem Grafen Pahlen und fragte ihn direkt, was er von einer Verschwörung wisse. Pahlen gab zu, daß Gardeoffiziere etwas planten. Selbst für Kaiser Paul war das Argument, Pahlen habe sich in die Verschwörung eingenistet, um sie rechtzeitig aufdecken zu können, zu simpel. Paul schrie sofort: „Dann verlieren Sie keine Zeit!" Er erinnerte an die Ermordung seines Vaters. Bisher hatte er Gerüchte gehört, jetzt wußte er, welches Schicksal ihm bevorstand, wenn er nicht unverzüglich handelte. Zwei sichere Freunde hatte er einst: Rostoptschin und den General Araktschejew. Mit Rostoptschin hatte Wolzogen erst wenige Monate zuvor verhandelt. Paul hatte beide Freunde vom Hof verbannt. Jetzt rief er sie. Am 21. März ging ein Kurier nach Araktschejews Gut Grusino ab, das sich nur etwa 130 Kilometer von der Hauptstadt entfernt befand. Pahlen fing den Kurier ab. Er trug den Brief zum Kaiser und behauptete, daß es sich nur um eine Fälschung handeln könne, um Araktschejew in die Verschwörung einzubeziehen. Der Brief sei schließlich ohne sein Wissen expediert worden. Der Zar fiel auf die Finte nicht herein und beharrte darauf, Araktschejew zu rufen. Praktische Bedeutung erlangte sein Wille nicht mehr.

Pahlen rief die Hauptverschwörer am 22. März zusammen. Am darauffolgenden Abend sollte ein Bataillon des Semjonowski-Garderegiments die Wache im Michailowski-Palast stellen. Um Mitternacht hatte General Bennigsen mit sechs Verschwörern den Kaiser zu verhaften und in die Peter-Pauls-Festung zu bringen. Erst am Abend des 23. März ging Pahlen noch einmal zu Alexander. Pahlen versicherte erneut, Paul würde unversehrt bleiben und auf eines seiner

Schlösser gebracht werden. Alexander wollte dieser Erklärung gerne glauben. Er wird geahnt haben, daß Pahlen nicht die Wahrheit sagte. Der ging von Alexander in die Wohnung des Generals Talysin. Dort warteten etwa 60 Offiziere. Sie tranken und stellten die entscheidende Frage: Was geschieht, wenn Paul sich nicht kampflos ergeben würde? Pahlen wußte die Antwort: „Meine Herren, man kann kein Omelett backen, wenn man nicht Eier zerschlägt!"

Während sich die Offiziere berauschten, speiste der Kaiser im Kreis seiner Familie zu Abend. Auch General Kutusow war einer seiner Gäste. Paul schien heiter und ausgelassen. Der Schein trog. Als die nächtliche Wachaufstellung vorgelegt wurde und Paul sah, daß nicht seine Leibwache, sondern Soldaten des Semjonowski-Regiments aufziehen würden, bekam er einen Wutanfall und beschimpfte den Grafen Pahlen. Doch änderte Paul die Diensteinteilung offensichtlich nicht. Nach dem Abendessen zog er sich in seine Zimmer zurück. Alle Türen wurden fest verschlossen und mit Wachen besetzt.

Über den Ablauf des Attentats existieren mehrere Varianten. Um 11 Uhr nachts öffnete ein Angehöriger des Preobrashenski-Regiments den Verschwörern die Festung. Pahlen ging in die Wohnräume Alexanders. General Bennigsen führte 18 Offiziere in die Zarenräume. Die Wachen wurden überrumpelt, die Türen aufgebrochen. Im flackernden Kerzenlicht lugte Paul verschreckt hinter einem Wandschirm hervor. Bennigsen teilte ihm die Absetzung und Verhaftung „im Namen des Kaisers Alexander" mit. Paul wollte mit den Eindringlingen sprechen, aber alle waren so erregt und voller Angst, daß die Reden in Geschrei und das Geschrei in ein Handgemenge mündeten. Man fiel über den kleinen Kaiser her. Ein Offizier schlug dem Zaren eine Schnupftabakdose gegen die Schläfe. Ein anderer würgte ihn mit einem seidenen Schal. Ein dritter drückte einen malachitenen Briefbeschwerer gegen seine Kehle. Alle drei zusammen brachten sie ihren Kaiser zu Tode: wenige Minuten nach 1 Uhr morgens, am 12. März 1801 – in Mitteleuropa war das bereits der 24. März.

Erst jetzt eilte Pahlen mit der Nachricht zu Alexander, Paul sei an einem Schlaganfall gestorben. Alexander gab sich verzweifelt, seine Ehefrau mahnte zu Standhaftigkeit. Alexander fuhr zum Winterpalais und zeigte sich den Garderegimentern. Er sagte, sein Vater sei an einem Schlaganfall gestorben. Der schottische Arzt James Wylie beurkundete diese Todesart. Eine Legende war geboren.

Kaiser Paul I. war tot. Selten ertönte in Rußland ein derartiger Jubelschrei, voller innerer Befreiung. Alle Hoffnungen, die despotischen Fesseln abzustreifen, lagen nun bei Alexander. Man wollte die bedrückenden Herrschaftsjahre Pauls so schnell wie möglich vergessen. Dieser Wunsch war nicht gerecht. Als Kaiser war Paul sicherlich schwer zu ertragen, obwohl er sich zu zahlreichen Traditionen des autokratischen Rußlands bekannte. Als Mensch und Persönlichkeit war er ein Opfer der Willkür seiner aufgeklärten Mutter Katharina. Er war der erste russische Zar und Kaiser, bei dem es die reale Chance gegeben hatte, ihn langfristig, gründlich und einfühlsam auf die natürliche Erbfolge vorzubereiten. Das Gegenteil geschah. Alexander I. bestieg den Thron und versprach, im Geiste seiner aufgeklärten Großmutter Katharina regieren zu wollen. Der Geist und das Produkt Katharinas war auch Paul. Bis zu seinem Tod im Jahr 1825 verfolgte den Kaiser Alexander I. das Ende seines Vaters wie ein Trauma.

Die widersprüchliche Gestalt Pauls I. beeinflußte das Leben in der eigenen Familie auf fatale Weise. Seine Frau und die Kinder hingen dennoch an ihm und ängstigten sich über sein schwieriges Wesen. Es ist nicht bekannt, wie die Tochter Maria das Attentat sah, wie sie darauf reagierte und wie sie handelte. Auf jeden Fall erlebte sie es als erwachsener Mensch und mußte die schrecklichen Ereignisse innerlich verarbeiten. Das wird diesem empfindsamen Menschen nicht leichtgefallen sein. Es gab jedoch eine Disziplin. Die gebot, über die Ereignisse nach außen zu schweigen. Selbst Kaiser Alexander I. äußerte sich zu diesem Thema nur sehr selten. Von seiner Schwester Maria gelangten in den folgenden Monaten keine eigenen Ansichten über den Tod ihres Vaters an die Öffentlichkeit.

Das schreckliche Ereignis war geschehen, und die Nachrichten darüber erreichten auch Weimar. Goethe, der sich seit dem Beginn der Brautwerbung intensiver als in den vorausgegangenen Jahren mit Rußland zu beschäftigen begann, zog alle nur erreichbaren Erkundigungen über die Verschwörung ein und rekonstruierte sie in der Schrift „Die Palastrevolution gegen Kaiser Paul I." mit geradezu detektivischer Akribie – soweit das aus den damals noch recht dürftigen Quellen möglich war. Man hatte auch in Weimar schon von den liberalen Ambitionen des neuen Kaisers Alexander gehört, konnte sich aber natürlich noch kein rechtes Bild machen, wie der Gang der Dinge in St. Petersburg war, welche politischen Optionen Alexander haben würde, wie er sich gegenüber Frankreich stellte und vor allem – ob er die Zusage Pauls zur Hochzeit Carl Friedrichs mit Maria einhalten würde. Der Minister Goethe war zum Besten des Staates geradezu verpflichtet, die neue politische Situation in St. Petersburg kritisch und nachdenklich zu beurteilen.

In jenen Tagen mag sich auch Friedrich Schiller erneut daran erinnert haben, daß er im Jahr 1782 den Besuch des damaligen Großfürsten Paul und Maria Fjodorownas bei Karl Eugen genutzt hatte, um unter dem Schutz des Festtrubels aus Stuttgart zu fliehen. Er erinnerte sich vielleicht auch an die „Sibirischen Bilder" in der „Anthologie auf das Jahr 1782". Damals hatte Schiller mehrfach die Absicht geäußert, nach St. Petersburg zu gehen. Wie ernst dieser Gedanke gewesen ist, mag dahingestellt bleiben. Schillers Kontakte zu Rußland waren vor den Ereignissen von 1801 auf jeden Fall intensiver und persönlicherer Art als die Goethes. Dafür sorgte auch die Freundschaft mit dem Dichter Friedrich Maximilian Klinger, einem der geistigen Väter des literarischen „Sturm und Drang", der sich seit 1780 als Offizier in russischen Diensten befand und den Großfürsten Paul 1782 nach Stuttgart begleitet hatte. Klinger spielte in Petersburg eine wichtige politische Rolle. Von ihm gingen anregende Impulse für die Verbindungen zwischen Weimar und St. Petersburg aus. Klinger war der Vorleser Pauls I. und nutzte diese Stellung, um den russischen Hof mit dem Werk Friedrich Schillers vertraut zu machen. Obgleich die literarische Bedeutung Weimars in den ersten Eheverhandlungen von 1799 keine direkte oder gar entscheidende Rolle spielte, darf mit einiger Sicherheit angenommen werden, daß dieses Dreieck Wolzogen (der Schillers Schwager war) – Schiller – Klinger maßgeblichen Einfluß auf die günstige Atmosphäre in der kaiserlichen Familie gegenüber Weimar ausgeübt hat. Zum Tragen kam diese wichtige Komponente erst in der nächsten Gesprächsetappe nach 1801. Die ersten Bemühungen Wolzogens um den Ehevertrag waren günstig beendet, der gewaltsame Tod Pauls I. sensibilisierte nun den Weimarer Hof. Beide Ereignisse zwangen, wollte man das Ziel nicht aufgeben, das ganze Gewicht Weimars in die Waagschale zu werfen. Die Gespräche mußten erneut aufgenommen und durch positive Leistungen des Musenhofes bekräftigt werden. Das war nicht nur ein taktisches Kalkül, bedingt durch die sich in Europa weiter verschärfenden Kriegsdrohungen, sondern entsprach dem künstlerischen und gesellschaftlichen Selbstverständnis Weimars als Zentrum der literarischen Welt.

Carl August war ein zupackender Mensch. Er zögerte nicht lange – Trauer hin oder her. Bereits einen Monat nach dem Tod Pauls setzte er den Baron von Wolzogen erneut in Marsch – Richtung St. Petersburg. Die Situation war für Carl August in jeder Hinsicht offen, und er war in gewisser Weise ratlos, wie es mit der Verbindung nach St. Petersburg weitergehen sollte. Der Herzog setzte großes Vertrauen in das Verhandlungsgeschick Wolzogens und beriet mit diesem die neue Mission sehr gründlich – wenn auch in einem beschleunigten Tempo. Als Ergebnis ihrer Gespräche erteilte der Herzog am 8. April 1801 eine Reihe von Aufträgen an Wolzogen, nach deren Realisierung er sich selbst über die nächsten Schritte klar werden wollte. Der Baron sollte sofort nach Schwerin fahren, der Großfürstin Jelena die tiefe Trauer Sachsen-Weimar-Elsenachs über den Tod Pauls I. und die Glückwünsche zur Thronbesteigung Alexanders I. ausdrücken. Wolzogen sollte vor allem mit Herrn von Lützow die neue Lage beraten. Zwangsläufig war auch das Mecklenburger Herzogtum in eine ungewisse Situation geraten. Niemand wußte, ob der neue Kaiser die Verbindung weiterhin gutheißen würde oder ob die Eheverträge nun neu- bzw. nachverhandelt werden müßten. Zudem besaß Lützow bereits größere Erfahrungen im Umgang mit der russischen kaiserlichen Familie. Es war auch unverkennbar, daß sich Schwerin und Weimar trotz aller Konkurrenz gegenüber St. Petersburg in einer ähnlichen Interessenlage befanden. Carl August erwartete durch Herrn von Lützow direkte Anregungen für sein eigenes weiteres Verhalten.

Sollte Wolzogen aus dem Mund Lützows ungenügende Informationen erhalten, stand es ihm frei, nach Berlin zu reisen, um dort mit dem russischen Gesandten am preußischen Hof, Baron von Krudener, über die weitere Entwicklung in St. Petersburg und über die Hochzeitspläne zu konferieren. Dieser Schritt wurde von Carl August nur unter Vorbehalten empfohlen, weil er ihm vorerst noch zu direkt erschien. Außerdem war es nicht wünschenswert, daß Preußen zu viele Details von der beabsichtigten Heirat erfuhr. Dafür sah er eine andere Variante als erfolgversprechender an: „Eine Reise nach Rußland zu unternehmen, ohne vorläufig hierher zurückzukommen, und dort Meine Interessen zu wahren, wenn Herr von Lützow, Herr von Krudener, alle beide oder einer von beiden, es Ihnen raten.“[12] Carl August besaß ein derartiges Maß an Vertrauen zu Wolzogen, daß er diesem vorschlug, alle Punkte, welche die offiziellen Reisedirektiven enthalten müßten, selbst aufzuschreiben und nach Weimar zu geben. Danach würde man anschließend verfahren. Besondere Obacht war auf die Geheimhaltung der gesamten Angelegenheit zu richten, vor allem, das wurde mehrfach betont, damit man in Preußen nicht vorzeitig von den Heiratsvereinbarungen Kenntnis erhielt. Außerdem sollte der Regierungsrat Voigt als Rechtsbeistand und Gehilfe für alle Vertragsverhandlungen mit nach Petersburg reisen. Zum Schluß erklärte Carl August noch einmal offen und ganz direkt: „Ich wünsche Ihnen eine gute Reise und viel Glück bei Ihren Unternehmungen. Ich versichere Sie meines vollen Vertrauens, vornehmer Hochachtung, die Sie mit sich nehmen und meiner unverbrüchlichen Freundschaft, die nie enden wird.“

Es kann nur Erstaunen hervorrufen, mit welcher Geschwindigkeit sich die folgenden Ereignisse entwickelten. Bereits eine Woche später, am 15. April 1801, drängte Carl August in einem weiteren Brief an Wolzogen auf den schnellen und erfolgreichen Vertragsabschluß, ließ ihm dafür in jeder Hinsicht freie Hand und fügte obendrein hinzu, angesichts der mit einer Heirat verbundenen Rangerhöhung Weimars könne es nicht angehen, daß Wolzogen noch einmal lediglich als „Abgesandter“ des Herzogs reise. Carl August schlug den Rang eines Außerordentlichen Gesandten und Ministers vor und fragte tatsächlich an, ob Wolzogen damit „zufrieden“ sei. Er könne darüber ja noch einmal nachdenken.[13]

Zehn Tage darauf, am 25. April 1801, lagen die vom Herzog unterzeichneten Reiseinstruktionen vor. Der neuernannte Außerordentliche Minister hatte in

St. Petersburg unter Wahrung aller förmlichen und höfischen Rituale ebenso das Beileid des Herzogs zum Ableben Pauls I. zu überbringen wie die Glückwünsche zur Thronbesteigung Alexanders I. Nicht nur hier, sondern auch im Vorfeld der neuerlichen Fahrt nach St. Petersburg gab es keine kritischen Äußerungen über die Ermordung Pauls I. Gedanken machte man sich in Weimar darüber sicherlich. Jetzt stand der Heiratsvertrag wieder zur Debatte, und der verbot jegliche Moralkritik am russischen Herrscherhaus. Von einem Verzicht auf die beabsichtigte Ehe aus sittlichen Gründen konnte ohnehin keine Rede sein. Die politische und finanzielle Sicherheit Sachsen-Weimar-Eisenachs wog schwerer als moralische Bedenken über die Verbindung mit einer Familie, in der Vater und Sohn Palastrevolten zum Opfer gefallen waren.

So hatte denn Wolzogen bei einer Audienz durch den Kaiser sowohl die lebhafte Anteilnahme am Dahinscheiden Pauls I. vorzutragen als auch das herzogliche Haus der Huld des neuen Kaisers zu empfehlen. Er wurde mit allen Vollmachten für weitere Vertragsverhandlungen ausgestattet, einschließlich des Rechts zur Vertragsunterzeichnung. Carl August schloß unter den gegebenen Umständen zwar nicht aus, daß sich die Vermählung um einige Jahre verzögern könnte, wenn sie überhaupt realisiert werden würde, drängte jedoch mit der Bemerkung, „als sich mancherley Einrichtungen in Unserm Fürstlichen Hause darnach richten und von Uns zeitig arrangiert werden müßten"[14], auf eine schnelle Verlobung und den Ehevertrag. Ehe die Verhandlungen überhaupt begonnen hatten, setzte der Herzog die Prämisse: „Des Haupt-Inhalts der Ehe-Pacten wegen setzen Wir als schon ausgemacht voraus, daß die in der Kaiserlichen Hausverfassung gegründete Aussteuer von einer baaren Million Rubel bewilligt, auch sonsten milde Bedingungen gemacht werden." Er bekräftigte demonstrativ: „Hierüber wird Unser Gesandter das Interesse Unsers Fürstlichen Hauses bestens zu beobachten wissen."

In einer weiteren Instruktion, gleichfalls auf den 25. April 1801 datiert, wurden die allgemeinen Aufgaben hinsichtlich ihrer taktischen Unterstützung und Zielstellung noch einmal mit überaus interessanten und aufschlußreichen Anweisungen präzisiert. Die Hauptaufgabe Wolzogens wurde deutlich umrissen: „In Erreichung des in der Haupt-Instruction im Allgemeinen ausgedrückten Zweckes der Befestigung der zwischen Unseres Herrn Erb-Prinzen Liebden und der Großfürstin Maria, Kaiserl. Hoheit und Liebden zu stiftenden ehelichen Verbindung wird Unser Gesandter seine Aufmerksamkeit und Bemuehung vornehmlich dahin zu richten haben, daß er des jetzt regierenden Kaisers aller Reussen, Kaiserl. Majestät, hohe Gesinnung über dieses von der verablebten Kaiserl. Majestät approbirten Heiraths-Vorhaben, zuförderst auf jede geschickte und von Unserem Gesandten selbst nach den Umständen bestens zu beurtheilende

Weise, in Erfahrung bringen, wobey er mit den Maaßregeln des Herzoglich-Mecklenburgischen Abgesandten, Oberhofmeisters von Lützow, gleichen Schritt zu halten, und sich immer also zu benehmen hat, daß er bey der Sache nicht pressirt oder ängstlich erscheinen möge."[15] Damit war deutlich, daß auch das herzogliche Haus Mecklenburg-Schwerin nach der Thronbesteigung durch Alexander I. noch einmal um den 1799 abgeschlossenen Ehevertrag nachverhandelte. Wolzogen hatte vor allem Obacht zu geben, daß Weimar finanziell nicht gegenüber Schwerin ins Hintertreffen geriet. Carl August ging natürlich davon aus, daß Alexander I. die Zustimmung seines Vaters bestätigen würde. In diesem Falle sollte Wolzogen den Vertrag bis zur Unterschrift vorbereiten und auch selbst ratifizieren.

Selbstverständlich konnten auch im Falle der generellen Zustimmung durch den Kaiser Probleme auftreten. Nach Maßgabe der Absprachen von 1799 sollten die Verhandlungen über den Vertrag erst geführt werden, wenn der Heiratskandidat Carl Friedrich selbst nach St. Petersburg gekommen wäre. Sein Vater suchte diese Abrede mit der Bemerkung zu umgehen, „daß ja die förmliche Ratification des Ehe-Pacts unter jener Bedingung vorbehalten werden könne, ohne die Verhandlungen selbst deswegen aufzuschieben, und daß Unsers Herrn Erbprinzen Lbd. [Liebden – Anm. des Autors] ohnehin bereit sey, sobald es dort gewünscht werde, die Reise nach St. Petersburg anzutreten". Letztere Aussage war zwar, wie sich zeigen sollte, übertrieben, sie war jedoch für den Moment von russischer Seite nicht zu entkräften.

Für die eigentlichen Vertragsverhandlungen sah Carl August eine kompromißlose Zielstellung vor, die er ganz schnörkellos und mit erstaunlicher Offenheit in die Direktive schrieb: „Ohne Zweifel wird von dem Kaiserlichen Ministerium, wie dieses in dem Herzoglich Mecklenburgischen Falle geschehen, ein Projekt zum Ehe-Pact mitgeteilt werden, welches Unser Gesandter auf das Genaueste zu erwägen und zu überdenken hat, damit derselbe ein Gegen-Projekt, welches Unsers Fürstlichen Hauses Vortheilen angemessen sey, abfassen und überreichen könne. Hierbey hat derselbe, wenn das Projekt weniger vortheilhafte Bedingungen, als das Mecklenburgische Ehe-Pact enthalten sollte, auf der Aussteuer einer Million Rubel, der Haupt-Instruction gemäß, zu bestehen, in Ansehung der übrigen Punkte aber auf das, was in dem Herzoglich-Mecklenburgischen Ehe-Pact zugestanden worden, . . . auszugehen." Mit anderen Worten: Wolzogen hatte auf der Mitgift von einer Million Rubel und jährlichen Zusatzgeschenken seitens der kaiserlichen Familie in Höhe von 10.000 Rubel zu bestehen. Sollte Alexander I. diese Summen verweigern, so durfte sich Wolzogen nicht grundsätzlich sperren, aber durch geschickte Verhandlungen andere Verbesserungen herauszuschlagen versuchen. So schienen z. B. Festlegungen möglich, nach denen Maria Pawlowna ihre Weimarer Dienerschaft aus eigenen Mitteln bezahlen würde, oder man könnte ja auch deren Aussteuer – oder zumindest Teile davon – nach eigenen Interessen in Weimar zinsgünstig anlegen. Carl August hatte den Text des Vertrags mit Mecklenburg-Schwerin gründlich studiert und erkannt, daß es darin Schwachstellen gab, die man eventuell zum eigenen Nutzen verwenden konnte: „Da es in dem Herzoglich Mecklenburgischen Ehe-Pact § 2 nicht ausdrücklich bestimmt ist, daß die baar zu inferierende Hälfte der Mitgift mit 5 pro Cent verzinst werden soll, sondern nur in dem § 9 dieser Verzinsung bey dem Fall der Zurückgabe dieser Hälfte der Mitgift gedacht worden: so hat Unser Gesandter eine Anfrage darüber, wie es während der Ehe mit der Verzinsung zu halten, zwar nicht geradezu aufzuwerfen. Da aber das Kaiserliche Ministerium bey den Unterhandlungen wahrscheinlich darüber nicht schweigen wird, so kann Unser Gesandter als dann das Zweckdienliche vorstellig machen, um über diesen Punkt für Unser regierendes Fürstliches Haus so vortheilhaft als möglich hinaus zu kommen." Derartige Vorteile erspähte Carl August – so pietätlos es auch erscheinen mag – vorausschauend für den Fall des vorzeitigen Ablebens der noch nicht angetrauten Großfürstin: „Es würde . . . von Unserm Gesandten vorstellig gemacht werden können, daß man bey dergleichen Ehe-Pacten doch immer auch darauf billige Rücksicht zu nehmen pflege, daß selbst auf die unerwünschtesten Fälle ein Theil der Aussteuer dem regierenden Hause des Gemahls zu Gute komme. Es laßen sich aber (bey Voraussetzung der Proposition der Mecklenburgischen Bedingungen) auch Fälle denken, wo dieses nicht geschehen würde; z. B., wenn die Gemahlin aus der ersten Ehe, oder auch aus einer zweiten Ehe, Kinder verließe. In beyden Fällen bekäme das regierende Haus des ersten Gemahls, entweder wenn die Kinder Prinzessinnen wären, gar nichts, oder doch nur einen Kindertheil. Es würde daher der Weisheit und Großmuth Sr. Kaiserlichen Majestät anheim zu stellen seyn, ob in diesem Betracht Unserm regierenden Hause einige milde Rücksicht angedeihen könne." Natürlich war dieser Gesichtspunkt aus historischer Sicht nicht ganz abwegig. Großfürstin Jelena von Mecklenburg-Schwerin starb bereits zwei Jahre später. Maria Pawlowna sollte jedoch ein für die damalige Zeit gesegnetes Alter erreichen und alle Vertragsunterhändler aus dem Jahr 1801 überleben!

Carl August ging in seiner Anweisung weiter in die auszuhandelnden Details: Die Mobilien-Ausstattung für Maria Pawlowna sollte doch tunlichst der Jelenas entsprechen und überdies kostenfrei nach Weimar transportiert werden. Großzügig konzedierte er, über die Modalitäten der Fahrtroute könne man sich später verständigen. Wesentlich ernster und wichtiger – weil ungeregelt – schien ihm die Frage des Witwensitzes. Dieses Problem hatte bereits 1799 eine Rolle gespielt. Nach der neuesten Instruktion durfte Wolzogen für das „Witthum" – die Sicherung des Witwenstandes der Großfürstin im Falle eines vorzeitigen Ablebens ihres Gemahls – die Schuldverschreibung eines oder mehrerer Landesämter des Herzogtums, die bis dato unbelastet waren, anbieten, sobald geklärt sein würde, wie hoch die Amtseinkünfte sein müssen, die man zu verschreiben habe. Hinsichtlich des Witwensitzes gab sich Carl August doppelsinnig und wohl auch – vorsichtig formuliert – hintergründig optimistisch. Sollte die künftige Erbprinzessin den Witwenstand erreichen, dann könne sie selbstverständlich so lange in dem Schloß bleiben, das sie bewohnte, bis sie einen ihren Wünschen entsprechenden Alterssitz gefunden hätte. Carl August hatte für das junge Paar das zwischen 1724 und 1732 erbaute Barockschloß Belvedere ausgewählt. Überdies wollte man sich ganz nach den Wünschen der Großfürstin richten und, falls es notwendig sei, könne man auch sofort einen Witwensitz namhaft machen

Wie im Jahr 1799 praktiziert, stattete der Herzog seinen Minister mit allen notwendigen Maßregeln für die Verhandlungen, den Vertragsabschluß und die kontinuierliche beiderseitige Information aus. Regierungsrat Voigt reiste tatsächlich mit nach St. Petersburg, ebenso Kuriere und Bedienstete: Wolzogen verfügte über einen eigenen kleinen Hofstaat – wie es sich für einen Minister aus Sachsen-Weimar-Eisenach schickte. Carl August füllte die nicht gerade üppige Reisekasse, gab die Erlaubnis, so lange wie notwendig in St. Petersburg zu bleiben, und stärkte Wolzogen noch einmal moralisch den Rücken: „Wenn der Erfolg dieses für Unser Fürstliches Haus wichtigen Geschäfts entweder ganz mißlingen, oder doch nicht so vortheilhaft ausfallen sollte, als man zu Hoffen Grund gehabt, so werden Wir nichts destoweniger den Bemühungen Unsers Gesandten alle Anerkennung und Gerechtigkeit widerfahren lassen. Wir erklären dieses zum Ueberfluß, und zu seiner Beruhigung und Aufmunterung, da Wir die Schwierigkeiten gar wohl empfinden, welche bey der Sache nach Beschaffenheit der Umstände, der Entfernung und der sonstigen unvorhergesehenen Ereignisse vorkommen können. Wir halten Uns aber von Unsers Gesandten Dienst-Eifer und schon erprobter Fähigkeit und Einsicht, welcher wir ohnehin alles, worauf zum voraus keine Instruction erteilt werden kann, überlassen müssen, gern versichert, daß er sein Möglichstes und Bestes für Unser Fürstliches Haus thun werde; dagegen wir solches alles genehmigen, und demselben des halber schadlos halten werden." Das war nicht nur eine schöne Geste. Carl August hoffte zwar, Alexander werde seines Vaters Versprechen einhalten, Gewißheit besaß er darüber nicht. Dabei sprachen alle geistigen Vorstellungen und ersten politischen Maßnahmen Alexanders I. durchaus für einen Ehevertrag mit dem weimarischen Hof.

Bereits im Oktober 1797 hatte Alexander einmal heimlich an seinen Lehrer La Harpe geschrieben: „Sollte ich jemals an die Regierung kommen, so wird es besser für mich sein, mich nicht in freiwilliges Exil zu begeben, sondern mich der Aufgabe zu widmen, meinem Land Freiheiten zu gewähren, um zu verhindern, daß es in der Zukunft in der Hand eines Wahnsinnigen zu einem Spielzeug wird. Ich bin in Kontakt mit aufgeklärten Menschen, die ebenfalls seit langer Zeit so denken wie ich. Im ganzen sind wir nur vier an der Zahl, und zwar: N. Nowossilzew, Graf Stroganow, der junge Prinz Czartoryski, mein Adjutant . . . und ich selbst. Wir haben die Idee, daß wir während der derzeitigen Regierung möglichst viele ausländische Bücher in die russische Sprache übersetzen sollten. Wir wollen dann von diesen, vorausgesetzt es ist erlaubt, möglichst viele drucken lassen und andere für spätere Gelegenheiten aufheben . . . Wenn ich an der Reihe sein werde, so wird es notwendig sein, langsam Schritt für Schritt sich vorwärts zu arbeiten, um den Weg einer Volksvertretung zu ermöglichen . . ." Viel jugendliche Schwärmerei und Ablehnung väterlicher Willkür waren dabei im Spiel. Das Volk und auch der Adel sahen nur die Abkehr vom Despotismus Pauls. Man erwartete in Rußland, daß der junge Kaiser eine Ära liberaler Reformen einleiten würde. Die Erwartung barg ebenso Hoffnungen wie Ängste in sich. Es war für Alexander leicht, die bürokratische Gängelei Pauls über Bord zu werfen, die Menschen in äußerliche Heiterkeit und Zufriedenheit zu versetzen. Für den Fortbestand des Reiches war damit noch nichts gewonnen. Wenn Alexander betonte, daß er das Volk so regieren wolle, „wie es ihm Gott der Allmächtige anvertraut habe, in Übereinstimmung mit den Gesetzen und dem Geist Unserer verehrten, verstorbenen Großmutter, Katharina der Großen", dann verhieß das zwar eine größere Liberalität im Vergleich zu den Pressionen Pauls, aber kein Abrücken von Autokratie und Adelsprivilegien. Paul war mit der von Katharina protegierten Elite im Grunde glimpflich umgegangen, hatte deren Privilegien nicht in Frage gestellt. Nun erhofften sich die Parteigänger Katharinas einen neuen Frühling – einen konservativen Frühling.

Alexander rief zwar den liberalen de La Harpe zurück, aber der von ihm gebildete Staatsrat erinnerte sehr stark an Katharinas letzte konservative Regierungsjahre. Im Zusammenhang mit den großen Erwartungen an Alexander ist später wiederholt auf das „Intime Komitee" verwiesen worden. Alexander diskutierte mit seinen Jugendfreunden alle damaligen gesellschaftspolitischen Probleme Europas und Rußlands. Da wurden weder Verfassungsfragen noch die Leibeigenschaft, noch Aufklärung und Gewaltenteilung, noch Bildung, Kultur oder Wirtschaft ausgeklammert. Außer einer Erweiterung des geistigen Horizonts bei den Diskutanten kam dabei für Rußland nichts heraus. Die Freunde gelangten nur zu der Überzeugung, daß moderne Gesellschaftstheorien auf

Rußland kaum oder gar nicht anwendbar wären. Überdies ließ Alexander im Kontakt mit den Freunden keinen Zweifel, daß er, so gern er sich auch über die Aufklärung, Bildung und die Volkswohlfahrt unterhielt, an den ehernen Prinzipien der Autokratie nicht rütteln werde. Die Verfassung – das war für ihn bestenfalls eine Gesetzessammlung oder eine Felddienstvorschrift militärischen Zuschnitts. Das „Intime Komitee" besaß keinen Einfluß auf die Staatsverwaltung, dort führten die Veteranen aus Katharinas Zeiten das Wort.

Alexander stürzte sich im Jahr 1801 mit Elan in die Regierungtätigkeit, und er bereitete intensiv seine Krönung vor. Er führte Reformen in der Administration durch und erleichterte das Los der Armen und Leibeigenen (in den hauptstädtischen Zeitungen durften Leibeigene nicht mehr öffentlich zum Verkauf ausgeschrieben werden). Letztlich blieben das kosmetische Operationen. Alexanders weiches und schwankendes Gemüt war zu durchgreifenden Veränderungen in dem kühnen Geist Peters I. nicht fähig.

Im September 1801 fand in Moskau die traditionelle Krönungszeremonie mit ihren wochenlangen und prunkvollen Paraden, Festen, Bällen, Banketten und Prozessionen statt. Alexander und die Gemahlin Elisabeth hielten sich streng an das vorgeschriebene Ritual – bis hin zur Pilgerfahrt an das Grab des heiligen Sergius im Troizki-Kloster – und waren doch froh und erleichtert, als sie Ende Oktober endlich wieder in das ihnen vertraute St. Petersburg zurückkehren konnten. Alexander war innerlich ruhiger aus Moskau gekommen. Sorgfältig und mißtrauisch hatte er geprüft, ob man ihn für den Tod Pauls verantwortlich machte oder ihn gar als Thronräuber empfand. Das schien nicht der Fall zu sein, zumindest hatte er keine Anzeichen für ein abfälliges Verhalten bemerkt.

Dennoch ließ ihn der Gedanke an den Vater nicht los. Der war über seine Hinwendung zu Napoleon gestürzt. Im In- und Ausland wartete man nun gespannt, wie Alexander mit diesem Erbe umgehen würde. Napoleon Bonaparte gewann in Europa zusehends an Macht. Alexander hielt sich vorerst an den von Paul eingeschlagenen Weg. Er mißtraute England und war den politischen Leitlinien Napoleons nicht feindlich gesonnen – vorausgesetzt, der mischte sich nicht in russische Interessen auf dem Balkan und im östlichen Mittelmeer. Tatsächlich schlossen Rußland und Frankreich im Oktober 1801 einen Friedensvertrag. Schon in jenen Wochen regten sich erste Anzeichen, die darauf hindeuteten, daß Alexander sich berufen fühlte, neben Napoleon Bonaparte als Herr Europas aufzutreten. Ebenso wollte er den preußenfreundlichen Traditionen seines Vaters folgen. Die Annäherung an König Friedrich Wilhelm III. war indes Maria Fjodorowna zu verdanken. Am 10. Juni 1802 traf der Kaiser in Memel mit Friedrich Wilhelm III. zusammen. Obwohl das Treffen mit keinem formalen Abkommen endete, war Alexander zufrieden. Er hatte den Preußenkönig in seine Netze ein-

gesponnen. In langen persönlichen Gesprächen hatte Alexander dem Groß-
neffen Friedrichs II. verdeutlicht, daß nicht Napoleon, sondern Preußens König
und Rußlands Kaiser die wahren Herren Europas sein müßten.

Vor diesem innen- und außenpolitischen Hintergrund fand im Sommer 1801
die zweite Runde der Gespräche Wolzogens in St. Petersburg statt. Die Karten
lagen für Weimar nicht schlecht. Rußland besaß großes Interesse, seine Positionen in Mitteleuropa und rund um Preußen zu festigen. Weimar hatte einen kulturellen und vor allem literarischen Ruf, der Alexanders Intentionen dienen
konnte. Der Baron war in aller Eile an die Newa gereist. Bereits am 15. Mai 1801
führte ihn der Minister Fürst Kurakin zur Privataudienz bei Kaiser Alexander I.
Die offiziellen Schreiben aus Weimar konnten überreicht werden. Selbst der
erfahrene Wolzogen hatte wohl nicht mit einem spontan positiven Ergebnis
gerechnet. Aber Alexander erklärte unumwunden sein Einverständnis mit der
beabsichtigten Verbindung und erließ die Weisung, sofort die notwendigen
Verhandlungen für den Ehevertrag einzuleiten und – schnellstmöglich abzuschließen. Am folgenden Tag kam es zur Visite bei der Kaiserinmutter Maria
Fjodorowna. Auch sie erklärte sich erneut positiv, bestand jedoch wie im Jahr
1799 darauf, der Bräutigam habe sich umgehend in St. Petersburg einzufinden.
Das war nicht als Vorbehalt gegen den Vertrag an sich, sondern als ernste Mahnung zu verstehen.

So leicht das generelle Einverständnis des Kaisers ausgesprochen war, so
kompliziert entwickelten sich die kurzen, aber mit gewichtigen Problemen verbundenen Gespräche zum Abschluß des Ehevertrags. Diese fanden zwischen
Fürst Kurakin, Graf Nikita Panin, Graf Aubert und Baron Wolzogen am 6. Juli
1801 auf einem kaiserlichen Landgut in der Nähe St. Petersburgs statt. Wolzogen
versuchte Panin in einem Vorgespräch über die näheren russischen Absichten
auszufragen, hatte damit jedoch keinen Erfolg. Graf Panin wußte wohl, warum
er geschwiegen hatte, denn Kurakin eröffnete die Konferenz mit mehreren
für Wolzogen überraschenden Wendungen. Zunächst mußte er seine schriftliche Verhandlungsvollmacht vorlegen. Wolzogen übergab die entsprechenden
Kopien, die wohlgefällig eingesteckt wurden. Nikita Panin erklärte im Gegen-
zug leichthin, die russischen Vollmachten würden erst in den nächsten Tagen
eintreffen, aber Wolzogen habe doch hinreichendes Vertrauen in die Lauterkeit
der russischen Vertreter. Der Minister aus Weimar hatte sich noch nicht von dieser Überraschung erholt, als Kurakin ihm die nie zuvor behandelte Frage stellte,
an welche Gegendotation für die Großfürstin man denn in Weimar gedacht
hätte. Wolzogen war nach seinen eigenen Worten irritiert. Er konnte zunächst
nur sagen, daß die Großfürstin nach den vorausgegangenen Gesprächen eine
Dotation von einer Million Rubel aus der kaiserlichen Stiftung erhalten werde.

Von einer Gegendotation sei niemals zuvor die Rede gewesen. Die Russen fragten spitz dagegen, ob er denn überhaupt zur Frage einer Gegendotation instru-
iert worden sei. Wolzogen geriet sichtbar in Verlegenheit. Hätte er die Frage ver-
neint, konnte damit unter Umständen das Ende der Verhandlungen verbunden
sein. Wolzogen vermutete in der Frage eine bestimmte Absicht und konterte vorsichtig, aber durchaus nicht ungeschickt, „daß ich vor allen Dingen beauftragt
sey, das Kaiserl. Ministerium zu ersuchen, den Mecklenburgischen Ehecontract
zur Basis anzunehmen – da, außer den höhern Einkünften des Herzoglich Mecklenburgischen Hauses, dessen übrige Verhältnisse doch ohngefähr auch bey dem
Herzoglichen Hause Sachsen-Weimar einträten; daß ich hoffte man werde dieses
eingehen, sollte es gegenwärtig auch nur seyn, um ein Anhalten und die Punkte
vor sich zu haben, welche zu erörtern wären; ich wolle daher bitten, diesen Contract nachzulesen, da ich beauftragt sey, nach Maßgabe dessen, was in selbigem
zur Contredot bestimmt worden, meine Erklärung abzugeben".[16]

Diese Reaktion traf instinktiv den Kern des Spiels, das die russischen Politiker mit ihm führen wollten. Wohl oder übel mußten sie den Vertragstext hervor-
holen, sahen hinein und – fanden keinen Vermerk über eine finanzielle Gegenleistung des Schweriner Hofes. Das verwunderte offenbar selbst Kurakin und
Panin. Sie blätterten in den vorbereitenden Arbeitspapieren und fanden eine
Stelle, in der Mecklenburg-Schwerin 30.000 Taler als Gegenleistung für die
Anheirat Jelenas geboten hatte. Im Vertrag stand dergleichen jedoch nicht. Die
russischen Herren machten verlegen geltend, man habe auf die Summe im Ver-
trag wegen ihrer Geringfügigkeit verzichtet. Das war nun eine Antwort nach
Wolzogens Geschmack. Sofort setzte er nach, „daß dem Vernehmen nach die
Erbprinzessin von Mecklenburg weder Widerlage, noch Morgengabe, noch
Nadel-Gelder erhalte, und daß S. Majestät dieses alles nachgelassen hätten".
Fürst Kurakin blieb keine Wahl. Er wich aus, indem er vielsagend erklärte, man
müsse die Entscheidung darüber in jedem einzelnen Fall der Gnade des Kaisers
überlassen. Aber er gab sich in diesem Punkt noch nicht geschlagen.

Er habe, so sagte er, dem Kaiser einen Vertragsentwurf vorzulegen, und in
diesem Entwurf müsse eine Summe für die Gegenleistung aus Weimar genannt
werden. Wolzogen zeigte sich kompromißbereit. Auch er wollte kein Scheitern
des Gesamtvertrages. Also nannte er Beträge: Bis 20.000 Taler an Widergabe,
Nadelgelder bis zu 4000 Taler, Morgengabe bis zu 5000 Taler. Kurakin monierte
sofort, daß die Summe aus allen Angeboten noch unter dem einstigen Mecklenburger Vorschlag läge. Wolzogen entgegnete abermals listig, er habe nicht von
einer für den konkreten Vertrag zu veranschlagenden Summe gesprochen, sondern aus dem Gedächtnis Beispiele genannt, wie ähnliche Verträge in Weimar
gehandhabt würden. Für den Ehepakt zugunsten Carl Friedrichs und Maria

Pawlownas gehe er nach wie vor von einer Gleichbehandlung Mecklenburgs und Weimars aus. Leider überzeugte Wolzogen seine Gesprächspartner mit dieser Finte nicht. Sie notierten seine Angaben und bemerkten trocken, der Kaiser werde die Entscheidungen treffen.

Auf diesen Punkt folgte ein nächster: die mögliche Schuldverschreibung herzoglicher Ämter. Carl August hatte diese Frage in der Instruktion berührt, und Wolzogen konnte ohne Umschweife das Amt Allstedt als schuldenfrei und sicher für eine Schuldverschreibung auf 600.000 Rubel kaiserliche Hypotheken benennen. Wolzogen erklärte sich bereit, wenn dies erforderlich werden sollte, einen exakten Haushalt für das Amt vorzulegen. Die Frage konnte problemlos abgehakt werden.

Als schwieriger erwies sich einmal mehr die Frage des Witwensitzes. Baron von Wolzogen sollte den Witwensitz der künftigen Erbprinzessin sofort und konkret benennen. Er hielt sich zunächst an die Instruktion und legte die grundsätzlichen Möglichkeiten für den Witwensitz dar. Kurakin bestand auf einem sicheren Namen, so daß Wolzogen noch einmal unterstreichen mußte, daß es der Großfürstin vollkommen frei stehe, sich eines der bewohnbaren Schlösser des Herzogtums auszuwählen. Lediglich das Schloß in Eisenach sei bereits an die Herzogin Louise vergeben. Er verdankte es der Unterstützung des Grafen Panin, daß sein Vorschlag schließlich als akzeptabel notiert wurde.

Wolzogen wurde langsam ärgerlich. Die Konferenz zog sich hin – sieben Stunden sollte sie insgesamt dauern –, und er sah überhaupt keinen Sinn darin, jeden einzelnen Verhandlungspunkt noch einmal von Grund auf zu diskutieren, dessen Rechtmäßigkeit oder Ambivalenz zu erstreiten und am Ende doch keine praktischen Lösungen zu finden. Er sah zwar ein, daß die russische Seite davon ausging, einen unabhängigen neuen Entwurf für den Ehevertrag auszuarbeiten, versprach sich aus dieser Verfahrensweise jedoch für Weimar keinerlei Vorteile. Außerdem brachten ihn die zielgerichteten und manchmal spitzfindigen Fragen der Russen mehr und mehr in Verlegenheit. So entschloß er sich zu einem Schnitt in der Gesprächsführung und schlug vor, man möge doch den Vertrag mit Mecklenburg-Schwerin Punkt für Punkt vortragen und könne an Hand dieses Dokuments die Übereinstimmungen und Abweichungen für Weimar festlegen.

Graf Panin erschien die Verfahrensweise plausibel, und so verfuhr man dann auch. Am Beispiel des Paragraphen 2 aus dem Mecklenburger Vertrag läßt sich der anschließende Gesprächsverlauf exemplarisch demonstrieren: „Bey dem § 2. bat ich mir aus, folgendes detaillieren zu dürfen: a) Man wünsche, daß die Interessen des in Weimar zu verzinsenden Capitals von 500.000 Rth. in die Casse fließen müßten, welche zur Erhaltung des Hofs der Erbprinzessin bestimmt wäre. Ich setzte dieses nebst den Grund und der Folgen davon auseinander, fand aber kein Gehör; vielmehr wurde entgegengesetzt, es sey die Absicht des Kaisers gewesen, seinen Töchtern die alleinige Dispositionen zu überlassen; es wäre indessen zu erwarten ob die Großfürstin selbst eine Summe von dem Intresse in jene Casse verwilligen würde; – Mehrere Vorstellungen wurden hierbey gewechselt und besonders die Rücksicht auf den edlen Charakter der Großfürstin Maria Pawlowna in Erinnerung gebracht. Ich erwiderte auf letzteres, daß wenn ein solcher Charakter zum Garant angeführt würde, nichts weiter einzuwenden wäre, und aller Aufwandt ganz wegfallen müßte; daß aber in einem juridischen Dokument, wie ein Contract sey, Regulationen erlaubt wären, die von der Rücksicht auf persönliche Garanten unabhängig blieben . . .

Die Herrn Minister wiederholten hier das schon gesagte und der Fürst setzte hinzu: ‚Ich rathe Ihnen hier wirklich, nicht darauf zu bestehen, weil es zu geringfügig scheinen könnte, und es nun einmal bestimmt worden ist, daß die Großfürstinnen die alleinige Disposition haben sollen.' Ich antwortete, daß dieser Punkt sich hoffentlich noch werde verrechnen lassen, nur bäthe ich immer zu bewerten, daß in einem Reich wie Rußland wohl etwas geringfügig scheinen dürfte, was für das Herzogthum Weimar doch von Wichtigkeit seyn könnte."
Das Prinzip war ganz einfach: Die russische Seite wollte als Geldgeber soviel Kapital wie möglich in der eigenen Verfügungsgewalt behalten und die Großfürstin maximal absichern, während der Weimarer Minister seinem Herzogtum eine möglichst große Summe zur Verfügung der Landesherrschaft erstreiten mußte. Beider Bestrebungen waren verständlich, denn in keinem Fall ging es um totes Kapital, sondern um Geld, das zum jeweils eigenen Nutzen arbeiten konnte. So schleppte sich denn auch das Gespräch weiter. Punkt für Punkt. Man stritt sich, verwarf, formulierte neu und kam am Ende doch zu der übereinstimmenden Meinung, daß dem Kaiser nunmehr ein praktikabler Vertragsentwurf vorgelegt werden konnte. Wilhelm von Wolzogen hielt als Resultat der Konferenz drei wichtige Punkte fest: „1.) daß der Mecklenburgische Contract zum Grund gelegt wird. 2.) daß mithin die Aussteuer Eine Million Rubel, und der Trousseau ebenso bleibe wie bey der Großfürstin Helena Paulowna, Kaiserliche Hoheit. 3.) daß wir einige Punkte besser und bestimmter ausdrückten als in dem Mecklenburgischen Contract . . ." Der letzte Punkt sollte sich am Ende nicht bestätigen.

Nach diesem Gespräch hieß es für Wolzogen vor allem Geduld üben und abwarten, ob sich die Verhandlungsergebnisse tatsächlich in dem Vertragsentwurf wiederfinden würden. Seine Geduld wurde auf keine lange Probe gestellt. Es existieren zwei verschiedene Aussagen über das Datum des Vertragsabschlusses. In einer Direktive vom 30. Juni 1803 nannte Carl August den 16. Juli 1801. Dieses Datum erscheint unwahrscheinlich. Zwischen dem Gespräch mit

Kurakin und Panin und der Vertragsunterzeichnung können trotz der Vorbild-
rolle des mecklenburgischen Kontrakts nach allen Erfahrungen russischer Verwaltungsarbeit unmöglich lediglich zehn Tage gelegen haben. Da ist das zweite
Datum, der 16. August 1801, als sicherer anzunehmen. Tatsächlich ist die auf-
gefundene Kopie des Vertrags auf den August 1801 – ohne konkretes Datum –
ausgefertigt.

Trotzdem war das Tempo rasant. Der Ehevertrag wurde außerordentlich
schnell unterzeichnet. Die eigentliche Würze, die eine Veröffentlichung dieses
Abkommens schmackhaft macht, besteht darin, daß dieses Eheabkommen einen
bemerkenswerten Einblick in die finanzpolitischen Regelungen einer dynastischen Eheschließung zwischen dem russischen Kaiserhaus und ausländischen
Fürstenhöfen ermöglicht. Die Verträge mit Schwerin und Weimar glichen einander letztendlich, abgesehen von zwei regionalen Besonderheiten (dem Namen
des Witwensitzes und des schuldverschriebenen Amtes), wie ein Ei dem anderen. Aus der Sicht der endgültigen Vertragstexte erscheinen die harten Verhandlungen Wolzogens in gewisser Weise als diplomatische Scheingefechte. Die aus-
gehandelten Bestimmungen und Summen waren für Weimar und Schwerin
identisch. Aus diesem Grund konnte der Vertrag mit Weimar auch so schnell
unterzeichnet werden. Es ist nicht anzunehmen, daß Weimar bei einer eher weichen Haltung Wolzogens schlechter behandelt worden wäre. Der kaiserliche Hof
stellte die Großfürstinnen gleich, und die Verträge dienten ausschließlich deren
finanzieller Absicherung.

Wenn Maria Pawlowna später namentlich ob ihres Mäzenatentums in der
Volksfürsorge sowie gegenüber Kunst und Wissenschaft gelobt wurde, dann
lagen die materiellen und juristischen Grundlagen für ihre Wohltätigkeit in den
Bestimmungen des Ehevertrags aus dem Jahr 1801. Die gemeinhin übliche
abstrakte Formulierung vom „märchenhaften" Reichtum der Großfürstin
bekommt hier eine konkrete Gestalt. Die gründlich durchdachten finanzpolitischen Vertragsbedingungen lassen im voraus erahnen, daß die Haushalts-
führung der künftigen Erbherzogin scharf kalkuliert, kontrolliert und auf den
finanziellen Gewinn bei allen Unternehmungen orientiert sein würde. Schließlich erlaubt der Ehevertrag einen interessanten Vergleich: Maria Pawlowna hinterließ am Ende ihres Lebens ein ausführliches Testament. Die Bestimmungen
des Ehevertrags und die des Testaments werden in ihrer Relation zeigen, ob
Maria Pawlowna tatsächlich klug, erfolgreich und gewinnbringend gewirtschaf-
tet hat.

Der Ehevertrag geht im „Namen der allerheiligsten und unteilbaren Dreieinigkeit"[17] davon aus, daß der Erbherzog Carl Friedrich von Sachsen-Weimar
den russischen Kaiser persönlich gebeten hatte, die Schwester des Kaisers, die

Großfürstin Maria Pawlowna, heiraten zu dürfen. Der Kaiser war mit diesem Wunsch einverstanden. Nachdem Herzog Carl August von Sachsen-Weimar, „Vater seiner bereits genannten durchlauchtigsten Hoheit", das Einverständnis zu der Verbindung gegeben hatte und vor allem nachdem die Kaiserinmutter Maria Fjodorowna sowie die Kaiserin Elisabeth das künftige Ehepaar als Gegenstand ihrer zärtlichen Fürsorge betrachteten, bestand die Hoffnung, daß hier eine glückliche Ehe geboren werden könnte.

Nachdem schließlich auch die Großfürstin Maria ihr eigenes Einverständnis gegeben hatte, handelten die mit den Vertragsverhandlungen beauftragten Personen unverzüglich, damit der Ehevertrag schnellstmöglich zur Unterschrift vorgelegt werden konnte. Für die russische Seite führten die Gespräche – wie aus dem Verhandlungsprotokoll Wolzogens bereits bekannt ist – Fürst Alexander Kurakin (u. a.: persönlicher Ratgeber des Kaisers, Vizekanzler, Mitglied des Staatsrats, Kämmerer, Träger der Orden des heiligen Alexander Newski und der heiligen Anna erster Klasse) und Graf Nikita Panin (u. a.: persönlicher Ratgeber des Kaisers, Außenminister, Kämmerer, Träger des Großkreuzes der Orden des heiligen Alexander Newski und der heiligen Anna erster Klasse). Seitens des Herzogtums Sachsen-Weimar-Eisenach war Wilhelm von Wolzogen (Baron zu Neuhauss, Kämmerer, Träger des Ordens St. Johannes von Jerusalem [Johanniter]) der alleinige Verhandlungsführer.

Die drei Herren gelangten, nachdem sie ihre schriftlichen Vollmachten gegenseitig akzeptiert hatten, über die folgenden Punkte zu einheitlichen Auffassungen:

„Artikel I. Seine Majestät, der Kaiser aller Reussen, verspricht, daß Ihre Kaiserliche Hoheit, die Großfürstin Maria Pawlowna, seine teuerste und liebste Schwester mit seiner vollsten und freiesten Zustimmung die Ehe mit Prinz Carl Friedrich, Erbprinz von Sachsen-Weimar, eingehen wird, und im Gegenzuge hierzu gelobt seine eben genannte durchlauchtigste Hoheit Ihre Kaiserliche Hoheit zur Ehe zu empfangen und verspricht, sie zu lieben und stets als seine Ehefrau zu ehren, und Seine Durchlauchtigste Hoheit, Seine Exzellenz, der regierende Herzog von Sachsen-Weimar, sagt ebenso Ihrer Kaiserlichen Hoheit zu, allen Respekt, der ihr zusteht und auf den sie als Schwiegertochter Seiner Durchlauchtigsten Hoheit Anspruch besitzt, zu zollen."

Nach dieser grundsätzlichen Eheerklärung ging der Vertrag im Artikel II ohne Umschweife zur Regelung aller notwendigen finanz- und erbrechtlichen Details über: „Seine Majestät, der Kaiser aller Reussen, gesteht Ihrer Kaiserlichen Hoheit, seiner teuersten und liebsten Schwester, eine Mitgift von einer Million Rubel zu, so, wie sie für die Töchter des Kaisers gemäß den grundlegenden Gesetzen des Reichs festgelegt worden ist." Die Hälfte dieser Summe floß der

Staatskasse des Herzogtums in zwei terminlich voneinander getrennten Raten zu: 250.000 Rubel zum Datum der Vermählung und die restlichen 250.000 Rubel sechs Monate nach der Hochzeit. Diese halbe Million Rubel war nicht einfach ein Geschenk, mit dem der Herzog beliebig verfahren durfte. Das Geld war mit einem Zinssatz von fünf Prozent fest anzulegen. Zur Sicherheit verlangte der Kaiserhof die Schuldverschreibung eines lastenfreien herzoglichen Amtes. Wolzogen hatte in den Verhandlungen das Amt Allstedt genannt, und Allstedt wurde auch in den Vertrag aufgenommen. Die zweite Hälfte der Mitgift in Höhe von 500.000 Rubel wurde ebenfalls nicht direkt ausgezahlt. Das Geld wurde in den kaiserlichen Banken von St. Petersburg festgelegt und gleichfalls mit den landesüblichen fünf Prozent verzinst.[18] Der Vertrag bestimmte ausdrücklich das persönliche Eigentum Maria Pawlownas und ihrer Erben an der Grundsumme und dem daraus erwachsenden Zinszufluß. Sie durfte jederzeit über das Kapital verfügen, so daß nicht die Gefahr bestand, sie könnte eines Tages ohne Bargeld dastehen.

Auf diese ausgewiesenen Grundsummen sollten sich die Einnahmen Marias nicht beschränken: „Als Zeichen seiner besonderen Zuneigung, und ohne daß daraus irgendwelche Folgen für Dritte erwachsen könnten, gewährt Seine Kaiserliche Majestät seiner teuersten und liebsten Schwester Maria Pawlowna eine jährliche Pension von 10.000 Rubeln, sowie weiterhin die 20.000 Rubel, die sie bereits jährlich bezieht." Neben diesen festen jährlichen 30.000 Rubel bekam Maria Pawlowna vertragsgemäß von ihrer Mutter pro Jahr 20.000 Rubel zusätzlich – der Kaiser garantierte die Summe. Das waren zusammen bereits 50.000 Rubel – neben der zinstragenden halben Million! Auch dieses Geld durfte angelegt und mußte nicht bis zur letzten Kopeke ausgegeben werden. Es kam noch etwas hinzu: „Seine Kaiserliche Majestät verspricht zudem, Ihrer Kaiserlichen Hoheit, der Großfürstin, eine Aussteuer zu stellen, die aus Schmuck, Silberzeug, Gewändern, Wäschestücken und anderen Gütern besteht, so wie es einer Großfürstin aller Reussen angemessen ist, und wie es in der beigefügten Auflistung durch die Minister Seiner Kaiserlichen Majestät spezifiziert, abgezeichnet und beschlossen worden ist."

Dieses Verzeichnis ist bislang nicht ermittelt worden. Zwei Quellen erlauben jedoch eine exakte Übersicht über den Umfang und die Pracht der Aussteuer. Dem Ehepakt für die Verheiratung Friedrich Ludwigs von Mecklenburg-Schwerin mit der Großfürstin Jelena Pawlowna liegt das Verzeichnis bei. Nach allen Voraussetzungen dürfte die Aussteuer für Maria Pawlowna identisch gewesen sein. Dafür spricht auch die Beschreibung des „Trousseaus" – der Aussteuer – Marias, der nach seiner Ankunft in Weimar im Oktober 1804 öffentlich ausgestellt wurde.

Artikel III des Vertrags bestimmte in allgemeiner Form, daß der Hofstaat Marias in Weimar „nach den kaiserlichen Sitten und Bräuchen" eingerichtet werden mußte. Weniger großzügig war die Formulierung, nach der alle Kosten für den Hofstaat vom Erbprinzen zu bezahlen waren, „ohne daß sie in irgendeiner Weise zu Lasten der Schatulle Ihrer Kaiserlichen Hoheit" gehen durften. Der Großfürstin stand überdies das Recht zu, „diejenigen, die in ihren Diensten stehen, abzuweisen, zu entlassen und wieder zurückzurufen, wie es ihr beliebt".

Der Vertrag war nicht in jedem Punkt logisch oder folgerichtig aufgebaut, und die inhaltlichen Festlegungen flossen bisweilen ein wenig durcheinander. Der Artikel IV ging plötzlich dazu über, festzulegen, welche finanziellen Sicherheiten Maria erhalten würde, sollte sie vorzeitig Witwe werden. Für diesen Fall hielt man sich einerseits an die innerhalb des Hauses Sachsen-Weimar geltenden Regelungen. Das bedeutete, daß sie im Stand der Erbherzogin 12.000 sächsische Taler und als Herzogin 16.000 Taler jährlich bekommen würde. Andererseits wären auch in diesem Falle ihre im Artikel II geregelten Eigentumsverhältnisse nicht berührt worden.

Artikel V kam noch einmal auf das Witwenproblem zurück. Nach Artikel II wurden der Staatskasse Sachsen-Weimars wie oben dargelegt 500.000 Rubel übergeben. Die Zinseinnahmen daraus standen jedoch der Großfürstin zu. Der Herzog hatte ihr dieses Geld „genau und ohne Abzüge" regelmäßig auszuzahlen. Das galt auch für den Fall, daß sie Witwe werden würde, sich erneut verheiraten oder ihren Wohnsitz entweder in Weimar oder in Rußland oder in einem dritten Land nehmen würde. Sie besaß dafür die volle Freizügigkeit. In diesen Fällen wurde zwar das erste Viertel der Mitgift in Höhe von 250.000 Rubel aus den Staatsfinanzen herausgelöst und direkt an das herzogliche Haus übergeben. Aber die Schuldverschreibung des Amtes Allstedt und die Zinseinnahmen daraus sowie weitere Einkünfte, die zur Sicherung des Kapitals verwendet wurden, blieben davon unberührt.

Selbstverständlich erwartete man aus der Ehe Kinder. Nach dem Artikel VI fiel deren Erziehung und Unterhalt „zu Lasten der Schatzkammer des Herzogs, niemals aber der Ihrer Kaiserlichen Hoheit". Falls Maria Pawlowna Witwe werden sollte, mußten ihre Kinder aus öffentlichen Mitteln unterhalten werden. Selbst die Mitgift dieser Kinder hatte die öffentliche Hand zu tragen. Im Unterschied zur finanziellen Sicherung fiel im Falle der Witwenschaft Maria Pawlownas die Rolle des Vormundes über ihre Kinder an die Kaiserinmutter Maria Fjodorowna in St. Petersburg, die sich „nach den geläufigen Sitten und Bräuchen des Hauses Sachsen-Weimar richten" würde. Es war eine merkwürdige Verfügung, die im Grunde darauf hinauslief, daß der ganze Vertrag eher eine Hilfe zur Selbsthilfe für den Weimarer Hof war, bei dem jedoch der größere Nutzen immer wieder bei Maria Pawlowna und in St. Petersburg lag. Man kann auch sagen, Rußland schuf sich auch in Sachsen-Weimar eine feste Kapitalanlage.

Doch damit noch nicht genug. Falls Maria ihren Gemahl überleben sollte, stand ihr ein bewohnbarer und gut ausgestatteter Palast nach eigener Wahl zur Verfügung. Artikel VII legte fest, daß die Kosten für den Palast nicht aus den im Artikel IV aufgeführten Mitteln zu bezahlen waren. Das herzogliche Haus hatte dafür aufzukommen. Nur wenn Maria ein zweites Mal heiraten sollte oder ihren ständigen Wohnsitz in einem anderen Land nehmen würde, verfiele das Recht auf den Witwenpalast. Wolzogen hatte in den Verhandlungen keinen konkreten Palast genannt, und so wurde im Vertrag auch keine Festlegung getroffen.

Sämtlicher Schmuck, alle Andenken, Geschenke und weiteren Kostbarkeiten, die aus der Mitgift resultierten, die sie jedoch auch während ihrer Ehe erhalten würde, gingen in den festen Besitz der Großfürstin über. Sie durfte nach dem Artikel VIII völlig frei darüber verfügen, durfte diese Gegenstände testamentarisch vererben, verschenken oder anderweitig verwenden.

Sollte der Fall eintreten, daß ihre Ehe mit Carl Friedrich kinderlos bliebe und daß Maria nach dem vorzeitigen Hinscheiden ihres Gatten eine zweite Ehe einginge, würde von den 500.000 Rubel Mitgift, die beim Herzogtum Sachsen-Weimar angelegt waren, die Hälfte an das herzogliche Haus gehen. Die andere Hälfte in Höhe von 250.000 Rubel müßte jedoch innerhalb eines Jahres ohne Abzüge an Maria zurückerstattet werden. Sollte das herzogliche Haus die Summe nicht fristgerecht auszahlen können, müßte es bis zur vollständigen Begleichung der Schuld zusätzlich fünf Prozent Zinsen an Maria zahlen. Die Hypothekenlasten aus der Schuldverschreibung, die zur Sicherheit Marias eingerichtet werden sollte, wurden dadurch jedoch nicht berührt. So legte es der Artikel IX fest.

Weitere Forderungen an das Herzogtum würden entstehen, wenn aus ihrer Ehe mit Carl Friedrich Kinder hervorgingen, Maria sich aber dennoch zu einer zweiten Ehe entscheiden würde. Dann könnte sie über ihre gesamte Mitgift (500.000 Rubel) und all ihr Eigentum an Geld, Sachwerten, Geschenken und Immobilien frei verfügen. Die andere Hälfte der Million Rubel bekäme aber nicht das Herzogtum, sondern diese sollte den Kindern aus der Ehe mit Carl Friedrich gehören. Der Herzog von Sachsen-Weimar-Eisenach kam in diesem Fall lediglich um die Zahlung der Witwenbezüge herum. Alle persönlichen Dinge Marias, gleich, ob sie aus der Mitgift stammten oder von Carl Friedrich in der Ehe zur Verfügung gestellt wurden, blieben ihr uneingeschränktes Eigentum, über das sie nach eigenem Gutdünken verfügen durfte.

Es wurden auch die Möglichkeiten berücksichtigt, daß Maria vor ihrem Gatten sterben könnte, daß sie nach ihrem Gatten stürbe, ohne wiederverheiratet gewesen zu sein, und daß aus ihrer Ehe Kinder erwachsen wären. Diese Probleme wurden im Artikel XI geregelt. Im ersteren Fall gingen alle Nutzungsrechte an den Gemahl über, bis etwaige Söhne volljährig wurden bzw. Töchter verheiratet würden und mit einer Mitgift auszustatten wären. Im zweiten Fall würden die Kinder Alleinerben des gesamten Vermögens.

„Artikel XII. Falls aber im Gegenteil Ihre Kaiserliche Hoheit zu Lebzeiten ihres Gemahls dahinscheiden sollte und sie keine in dieser Ehe gezeugten Kinder hinterließe, würde das in der Mitgift eingebrachte Vermögen zur Verfügung Seiner Durchlauchtigsten Hoheit, des Prinzen Carl Friedrich Erbprinz von Sachsen-Weimar, ihrem Gemahl, auf Lebenszeit zur Verfügung bleiben, ohne daß davon Zinsen gezahlt würden. Aber nach seinem Tode wird das Vermögen zurückerstattet, einschließlich der 250.000 Rubel, die dem herzoglichen Haus Sachsen-Weimar überlassen worden sind." Erst wenn alle Verbindlichkeiten erfüllt worden wären, könnten auch die Schuldverschreibungen aufgehoben werden. Sofort nach dem Hinscheiden Marias sei ein ausführliches Inventar über all ihre Vermögenswerte aufzustellen und dem russischen Kaiser zu übergeben. Der verwahrte Inventar und Gegenstände. Erst nach dem Tod des Kaisers war der gesamte ausgelagerte Besitz wieder Carl Friedrich zu überlassen – es sei denn, der Kaiser verfügte darüber nicht auf andere Weise: durch sein Vermächtnis, Testament, Spende oder Schenkung.

Sollten aus der Ehe zwischen Maria und Carl Friedrich hervorgehende Kinder ohne Erben versterben, dann fiele ebenfalls der gesamte Besitz aus der Mitgift Marias wieder an den russischen Kaiserhof zurück.

Der Ehevertrag umfaßte neben der Präambel insgesamt 16 Artikel. Die Artikel II bis XIII beschäftigten sich ausschließlich mit den Vermögensfragen. Die Grundrichtung war ganz eindeutig und vollkommen normal für damalige Verhältnisse: Die Braut und deren Kinder wurden für alle denkbaren Lebenslagen finanziell abgesichert. Das russische Kaiserhaus sorgte dafür, daß ihm nicht ein einziger Rubel verlorenging. Das herzogliche Haus trug die Last und die Verantwortung für die Einhaltung des Vertrags. Die Verbindung zum russischen Kaiserhaus war Ehre genug. Nur in dem Idealfall, daß Maria Pawlowna lange lebte, nach ihrem Gatten starb und zahlreiche gesunde Kinder zur Welt brachte, konnte Sachsen-Weimar-Eisenach auf lange Sicht gewinnbringend mit der Mitgift arbeiten und das Vermögen anreichern. Trotz der ab 1806 folgenden Kriegs- und Besatzungsjahre, trotz der stets bescheidenen Mittel Weimars – die Rechnung ging für das Herzogtum auf. Der vertraglich vereinbarte Reichtum Maria Pawlownas trug in Jahren der Not zum Erhalt Weimars bei. Die Förderung von Kunst, Wissenschaft und Kultur sollte ohne sie unmöglich werden. Was am Anfang recht russisch-egoistisch aussah, wandelte sich endlich zum Segen Weimars – und auch St. Petersburgs.

Der Vertrag enthielt nicht nur finanzielle Regelungen. Gegen Ende, im Artikel XIV, kam die Religion zu Wort. Maria durfte in keiner Weise an der Ausübung ihres russisch-orthodoxen Glaubens gehindert werden. In sämtlichen Schlössern, die sie bewohnte, waren ihr russisch-orthodoxe Kapellen einzurichten. Die Priester und Meßdiener hatte sie selbst zu unterhalten. Die Geistlichen sollten die gleichen Rechte besitzen wie alle anderen Personen des Hofstaates Marias. Andererseits wurde Maria verpflichtet, ihren Gatten zu allen für den Hof notwendigen protestantischen Veranstaltungen zu begleiten.

Nicht uninteressant war auch der Artikel XVI. Rußlands Kaiser Peter I. hatte im Jahr 1722 verfügt, daß allein der Imperator für die Thronfolge verantwortlich sei. Diese Regelung, die in der Praxis kaum wirksam geworden war, wurde durch Kaiser Paul I. bei seiner Krönung aufgehoben. Er bestimmte erneut die natürliche Erbfolge vom Vater auf den Sohn. Maria Pawlowna mußte sich in dem Ehevertrag ausdrücklich verpflichten, die Festlegung ihres Vaters anzuerkennen und sich dieser zu unterwerfen. Weder sie selbst noch ihre Erben durften jemals Ansprüche auf den russischen Kaiserthron geltend machen. Es war dies nach den Erfahrungen der Geschichte Rußlands durchaus keine formale Frage.

Der Vertrag war unter Dach und Fach. Wenn es auch inhaltlich keinen Unterschied zu dem Abkommen mit Schwerin gab, fällt doch eine gravierende Differenz sofort ins Auge. Beim Mecklenburger Kontrakt bildeten Unterzeichnung und tatsächliche Vermählung nahezu eine zeitliche Einheit, während im Weimarer Fall drei Jahre zwischen dem Abschluß und der Hochzeit Carl Friedrichs und Maria Pawlownas vergingen. Diese drei Jahre und die mit ihnen verbundenen Aktivitäten zwischen Weimar und St. Petersburg boten wahrhaftig ein interessantes Spektrum an politischen und geistigen Entwicklungen in Rußland, in Deutschland und in Thüringen. Die angestrebte dynastische Verbindung stand von Beginn an mit den grundlegenden politischen, militärischen, geistigen – und natürlich auch den wirtschaftlichen – Problemen in den beiden Herrschaftsgebieten im Zusammenhang. Die Interessenlagen waren unterschiedlich, aber in den Jahren von 1801 bis 1803 verbanden sie sich intensiver miteinander. Als im Sommer 1803 die Verhandlungen wieder forciert wurden und Carl Friedrich endlich nach Petersburg reiste, gab es bereits eine ganze Reihe von Gemeinsamkeiten zwischen den beiden Fürstenhöfen, die sowohl aus der allgemeinen politischen Situation auf dem Kontinent und in Deutschland als auch aus den spezifischen Stärken in Kunst, Literatur und Kultur resultierten.

Es waren damals unruhige Jahre. Europa brodelte. Die Kämpfe der Zweiten Koalition gegen Napoleon gingen zwar zu Ende, aber im Jahr 1803 konnte jederzeit wieder ein neuer Krieg ausbrechen. Rußlands Kaiser Alexander I. fühlte sich durch die Freundschaft zu Preußen gestärkt, verstand aber, daß er selbst Anstrengungen zur Festigung der russischen Militärmacht unternehmen mußte. Der Kaiser schuf neue Ministerien, setzte ein Ministerkomitee zur Koordinierung von Regierungsaufgaben ein, ernannte den Grafen Alexander Woronzow zum Außenminister und Kanzler und berief seinen alten Freund General Alexei Araktschejew zum Generalinspektor der Artillerie. Alexanders „liberale" Reformen beschränkten sich auf strukturelle Veränderungen in der zentralen Administration. Er erwarb sich Verdienste um den Ausbau des Bildungswesens, legte jedoch die äußeren Zeichen eines liberalen Reformwillens ab. Rußland rüstete zum Krieg, um selbst zum Herrn über Europa zu werden.

Diese Formulierung mag etwas apodiktisch erscheinen. Sie charakterisiert indes die Wandlungsprozesse Rußlands an der Wende zum 19. Jahrhundert. Sollen nicht Kriege oder spektakuläre Revolten zur Demonstration dieses Tatbestandes herangezogen werden, so kann der Name eines Mannes als Symbol für Rußlands Weg in das 19. Jahrhundert genannt werden: Michail Michailowitsch Speranski. Er war Rußlands letzter Staatsmann vom Geist eines aufgeklärten Absolutismus und wurde der erste zaristische Reformbeamte. Seiner Erfolge wegen als „Spion des Westens" denunziert, verbannt und doch wieder an den Hof zurückgeholt, verbindet sich mit seinem Namen die erste moderne Gesetzessammlung des Reiches. Speranski, der über eine umfangreiche theologische, humanistische und naturwissenschaftliche Ausbildung verfügte, trat 1797 in den Staatsdienst ein. Er diente zunächst in der Kanzlei des Fürsten Alexander Kurakin – jenes Kurakin, mit dem Wolzogen im Sommer 1801 verhandelte. Kurakin galt als einer der mächtigsten Männer Rußlands. Als die Gespräche mit Wolzogen 1801 abgeschlossen wurden, arbeitete Speranski bereits in der Kanzlei des Staatssekretärs. 1802 wechselte er in das Außenministerium. Die außenpolitischen Probleme interessierten ihn aber nicht sonderlich. Er richtete sein Augenmerk vielmehr auf die Reichsgesetzgebung. Im Jahr 1802 veröffentlichte Speranski das bedeutende Werk „Über die grundlegenden Gesetze des Staates". In dieser Schrift wurde zum ersten Mal über die Notwendigkeit einer gebildeten, sich aus dem aufgeklärten Adel rekrutierenden Administration für Rußland gesprochen. Speranskis Gedanken reflektierten unverkennbar Einflüsse des westeuropäischen Staatsdenkens aus der Zeit der Aufklärung. Seine Ideen konnten neben den militärpolitischen Entwicklungen eine solide Basis für enge Verbindungen nach dem kleinen Weimar werden.

Am St. Petersburger Hof entdeckte man zur selben Zeit interessiert erste Gemütsschwankungen beim Kaiser. Alexanders I. Geliebte Maria Naryschkina gebar dem Kaiser ein Kind. Das Eheleben Alexanders war kompliziert und wenig vorbildhaft – auch nicht für die heranwachsenden Geschwister. Letztlich

fand das Kaiserpaar im versöhnenden Gespräch wieder zu einer Einigung, und
der Verdacht, daß Alexanders erstes Kind, die 1799 geborene und 1800 verstorbene Maria, eine Frucht des Freundes Adam Czartoryskis gewesen sei, wurde
nicht weiter aufgerührt. Depressionen und Streit paßten nicht in eine Zeit, in der
kriegerische Wolken am Horizont aufzogen.

Alexander war sich ohnehin unsicher, wie er in dem 1803 erneut aufgebro-
chenen französisch-englischen Konflikt eine Rolle als europäischer Ratgeber
oder gar Gebieter spielen sollte. Zu seiner eigenen Überraschung kam der Hand-
lungsanstoß von Napoleon. Der Korse bat um die Vermittlung im Krieg gegen
England. Alexander kam unverhofft in die Lage, seine europäische Konzeption
darstellen zu müssen. Die von ihm am 19. Juli 1803 angebotenen Vermittlungs-
vorschläge riefen in Paris blanke Ablehnung hervor. England sollte Malta an russische Truppen übergeben und dafür die Insel Lampedusa besetzen; Frankreich
wurden die natürlichen Grenzen und eine Dominanz im nördlichen Italien zu-
gesichert; ein Gürtel neutraler Staaten sollte Napoleons Vormacht eindämmen.
Die Vorschläge liefen natürlich auf einen russischen Machtzuwachs hinaus. In
Frankreich und in England war man empört. Bonaparte hatte Alexander nicht
eingeladen, die französischen militärischen Eroberungen neu zu verteilen. Seit
dem Sommer 1803 avancierte der russische Kaiser bei Napoleon zu einem argwöhnisch beobachteten Konkurrenten. Den Vorschlag Alexanders wies Napoleon brüsk zurück.

Als Napoleon im Jahr 1804 zum Kaiser der Franzosen proklamiert wurde,
lehnte Alexander diese Anmaßung ab. Für ihn kam jetzt nur noch eine Koalition
mit Österreich und Preußen in Frage. Vielleicht ließ sich sogar England darin einbinden. Die neue außenpolitische Option machte erstmals deutlich, worin die
eigentlichen Ziele Alexanders bestanden. Es ging ihm keineswegs lediglich um
ein pragmatisches Militärbündnis gegen den Usurpator aus Frankreich. Alexander selbst wollte Europa politisch neu ordnen und dem Kontinent das Gesetz seines eigenen Handelns aufzwingen.

Dagegen waren die politischen Ansprüche des Herzogs Carl August von
Sachsen-Weimar-Eisenach wesentlich bescheidener, obwohl auch er hochflie-
gende Pläne besaß. Im Grunde verfügte der Herzog wie die anderen Fürsten
deutscher Kleinstaaten seit der Mitte der neunziger Jahre des 18. Jahrhunderts
nur über geringe politische Spielräume. Er mußte sich mehr oder weniger am
Lauf der von den Großmächten bestimmten Entwicklungen orientieren und versuchen, daraus das Beste für sich und das eigene Herzogtum zu gewinnen. Als
mit der Abtretung des linken Rheinufers zwischen 1795 und 1802 die Säkulari-
sierung geistlicher Staatswesen greifbar wurde, erhoffte sich Carl August nicht
nur Besitzrechte auf die Herrschaft Blankenburg, die 1794 an Kurmainz gefallen

war, sondern vor allem auf das kurmainzische Erfurt. Wie groß war die Enttäuschung in Weimar, als Preußen 1802/03 als Sieger aus dem Besitzstreit hervor-
ging!

Carl August stritt jedoch nicht nur um Land und Einfluß in Thüringen. Er
darf mit Fug und Recht als jener ernestinische Fürst betrachtet werden, der unter
den „kleinen" den wichtigsten Anteil an der großen Politik besaß. Carl August
wurde nach dem Jahr 1801 mehr und mehr bewußt, daß der 1795 vereinbarte
Frieden von Basel für sein eigenes Land zwar segensreich war, daß die anhaltende preußische Neutralität dem Ringen der Koalitionsmächte gegen Napoleon
jedoch keinen guten Dienst erwies. Er nahm den Jahre zuvor unterbrochenen
Dienst als preußischer General wieder auf und näherte sich jener Gruppierung
um die Königin Louise, den Prinzen Louis Ferdinand und den Freiherrn vom
Stein an, die sich im tragischen Jahr 1806 in der preußischen Kriegspartei zusam-
menfand.

Die existentielle Sorge um Weimar, Preußen und Deutschland darf als wichtiges Motiv für die Intensivierung der Kontakte nach St. Petersburg gewertet
werden, ganz dem Gedanken verbunden, den Carl August in seinem Brief an
Kaiser Paul I. im Jahr 1799 ausgedrückt hatte. Selbst unter Berücksichtigung der
Tatsache, daß dieses politische Motiv in den Verhandlungen nicht direkt zum
Tragen kam, schwang es unterschwellig stets mit. Wenn die Heiratsverhandlun-
gen vom Vertragsabschluß im August 1801 bis zur Reise Carl Friedrichs im Sommer 1803 keine erregenden Wellen schlugen, so bedeutete das keinen Stillstand
in dem Bemühen des Herzogtums um eine engere Bindung an Rußland. In diesen Jahren zahlte sich die geistig-literarische Blüte Weimars als besonders förderlich für den Aufbau von breitgefächerten kulturellen Beziehungen nach Osteuropa aus. Es wäre verfehlt, wollte man einen ausschließlichen zielgerichteten
politischen Sinn in den Weimarer Musenhof konstruieren – namentlich im Hinblick auf die erstrebte dynastische Verbindung. Unbestreitbar bleibt jedoch, daß
das literarische Weimar die Sympathien des russischen Kaiserhofes besaß und
daß Maria Pawlowna mit ihren künstlerischen Ambitionen in Weimar ein frucht-
bringendes Feld erblicken konnte. So verwundert es nicht, daß die geistigen und
literarischen Verbindungen zwischen Ilm und Newa in den Jahren nach 1801
besonders eng wurden. Der Name Goethes war in besonderer Weise mit dem
Ruf verbunden, das stetige Auseinanderdriften von geistiger und politischer
Kultur zumindest aufzuhalten. Die Verbindungen zwischen Weimar und
St. Petersburg liefern für die Jahre zwischen 1801 und 1804 einen anschaulichen
Beleg für die seltene Erscheinung, daß Kunst und Literatur als unmittelbares
Instrumentarium für dynastische Beziehungen, die aus militärischen und politi-
schen Erwägungen hergestellt wurden, nutzbar gemacht werden können.

Im konkreten Fall stand Goethe nicht allein. Er war vorerst nicht einmal der Spiritus rector in dem sich anbahnenden Kulturkontakt. Wie schon in den Jahren vor 1801 besaß der deutsche Dichter und russische Staatsmann Friedrich Maximilian Klinger besonderen Anteil am Kulturex- und import zwischen Weimar und St. Petersburg. Klinger hatte noch am Abend vor dem Mord an Paul I. von der Verschwörung erfahren und in großen Gewissensqualen keinen Ausweg für die eigene Position gefunden. Er lehnte Paul als Persönlichkeit ab. Aber dessen gewaltsamen Tod hielt Klinger für absurd. Er setzte große Hoffnungen in Alexanders Reformfähigkeit. Klinger befürwortete den starken und zugleich aufgeklärten Selbstherrscher, der die sozialen Ungleichheiten durch eine allmähliche Verbreitung von Bildung und Aufklärung beseitigte. Er stand dem Kaiser über viele Jahre in herausgehobenen Positionen der Bildung und Erziehung zur Seite.

Durch die langjährige Freundschaft mit Friedrich Schiller gerieten Klingers bildungspolitische und gesellschaftsgestaltende Intentionen in einen direkten Bezug zum Weimarer Hof. Wilhelm von Wolzogen sollte sich nicht nur als geschickter Diplomat in den unmittelbaren Vertragsverhandlungen erweisen, sondern auch eine bedeutende kulturpolitische Mittlerrolle zwischen Klinger, Schiller, Goethe und ganz allgemein den beiden Fürstenhöfen übernehmen. Wolzogens und Klingers Informationen über die innerrussischen Vorgänge nach 1801 ergänzten und bereicherten einander. Namentlich bei den vielfältigen Wünschen des russischen und des Weimarer Hofes zum Austausch von Kunstwerken, literarischen Arbeiten, Autographen oder Münzen mußten Wolzogen und Klinger ganze Arbeit leisten. Aber es lohnte sich – nicht nur im engeren Sinn der beabsichtigten Eheschließung. Schiller drückte bereits im November 1803 – als Carl Friedrich in Petersburg weilte – seine Freude darüber aus, daß man in Rußland von seinen Stücken Notiz genommen hatte.

Man bereitete sich in Weimar seit 1801, vor allem jedoch nach 1803, als der Ehe nun wirklich nichts mehr im Wege stand, intensiv auf die dynastische Verbindung und die Ankunft Maria Pawlownas vor. Schiller hatte sich zwar stets für Rußland interessiert, es war jedoch weder Zufall noch dichterische Laune, daß der Freund Christian Gottfried Körner im September 1803 anfragte, ob Schiller nicht einen dramatischen Stoff aus der russischen Geschichte bearbeiten wolle – um dem Kaiser Alexander „eine Galanterie" zu erweisen. Schiller wußte für den Moment keinen passenden Stoff, der der russischen Nation zur Ehre gereichen könnte. Aber er dachte über das Sujet nach. Er entdeckte den ersten Romanow-Zaren Michail Fjodorowitsch, der 1613 durch eine Reichsversammlung zum Herrscher gewählt worden war. Schiller fürchtete zunächst, daß man die politische Aktualität bei einem derartigen Stück zu deutlich spüren könnte. Wenige Wochen später begann er sich jedoch mit dem Demetrius zu beschäftigen.

Schiller arbeitete im Jahr 1804 – die Ankunft Maria Pawlownas in Weimar rückte näher – mit steigender Intensität an dem Stück und konnte es doch nicht vollenden. Der Tod riß ihm im Mai 1805 die Feder buchstäblich aus der Hand. Es lag doch eine gewisse Wahrheit in den Worten Körners. Schiller bot sich der neuen Herrin geschwind an.

Johann Wolfgang von Goethes Nachdenken über Rußland und die Ehe des Erbherzogs ließ sich von etwas anderen Motiven leiten. Sein unmittelbares Interesse an den russischen Angelegenheiten wuchs in einem generalisierenden Sinn erst mit der Ankunft und Anwesenheit Maria Pawlownas in Weimar. Als Staatsminister und Verantwortlicher für Kunst und Wissenschaft hatte er selbstverständlich von allen Phasen der Vorbereitung des Ehevertrags Kenntnis genommen. Der Dichter und Mensch Goethe erschloß sich die mit Maria Pawlowna in Weimar einziehende neue Welt Schritt für Schritt – als weiser und kluger Mensch, welcher der jungen russischen Großfürstin unendlich viel für deren eigenen Lebensweg geben konnte. Bis dahin hatte es jedoch noch etwas Zeit.

Im Sommer 1803 wurde die letzte Etappe auf dem Weg zur Hochzeit des Erbprinzen eröffnet. Carl Friedrich reiste endlich nach St. Petersburg. Zwei Jahre lag der Vertragsabschluß zurück. Das war eine lange Pause, in der sicherlich auch Carl Friedrich in menschlicher Hinsicht reifte. Er zählte nun 20 Jahre. Der Ehevertrag hatte vorgesehen, daß er vor der Verlobung 16 bis 18 Monate in St. Petersburg leben sollte, damit sich die jungen Leute aneinander gewöhnten. Maria Fjodorowna hatte dem Vertrag im August 1801 nur unter dieser Bedingung zugestimmt. Andererseits erscheint es wenig verständlich, warum man diese beiden Jahre in Weimar angesichts der sich verschlechternden militärpolitischen Situation in Europa und Deutschland nicht zu schneller und engerer Bindung an das russische Kaiserhaus nutzte. Im Februar 1803 hatte der Reichsdeputationshauptschluß 112 Reichsstände beseitigt und die Reichsverfassung derart verändert, daß das baldige Ende des Heiligen Römischen Reiches Deutscher Nation und damit der Existenz der mitteldeutschen Kleinstaaten drohte.

Unter allen Gründen, die dazu führten, daß Carl Friedrich erst im Sommer 1803 in die russische Hauptstadt fuhr, spielte das in Weimar fehlende Geld offenbar keine geringe Rolle. Diese Annahme erscheint plausibel, zieht man jene Dokumente heran, die Carl August am 30. Juni 1803 unterzeichnete und mit denen die Reise Carl Friedrichs nach St. Petersburg in die gehörige Form gebracht wurde.

Unter den Papieren fällt eine relativ kurze Urkunde besonders auf: „Nachdem von Sr. Königl. Majestät von Preußen auf mein geziemendes Ansuchen allergnädigst bewilligt worden, Mir durch die Königliche Seehandlungs Compagnie einen Credit von Einhundert Tausend Thalern für den 1. Oktober dieses

Jahres bis zum Monath März des künftigen Jahres in Petersburg dergestalt zu eröffnen, daß Ich Mich dagegen zu Fünf pro Cent Zinsen und zu solchen Bedingungen verstehen möge, welche die Königl. Seehandlungs Compagnie zu ähnlichen Geschäften zu machen pflegt: Als habe Ich hierauf Meinen an den Kaiserl. Hof zu Petersburg abgehenden Envoye extraordinaire, Geheimrath Baron Wilhelm von Wolzogen hierdurch bevollmächtigen wollen, mit der obgedachten Seehandlungs Compagnie, wegen der Bedingungen, die wegen der Wiederbezahlung jener 100.000 Thaler statt finden können, in Berlin das Nöthige zu verabreden und das Erforderliche festzusetzen, auch wenn solches erfolgt, den Creditbrief auf die bemerkten 100.000 Rth. statt Meiner in Empfang zu nehmen und darüber die nöthige Beglaubigung auszustellen, auch von diesem Credit zu Petersburg so weit es nöthig, Gebrauch zu machen. Ich werde alles das, was derselbe in diesem Geschäft statt Meiner verhandelt genehmigen, auch ihm, erforderlichen Falls, allenthalben schadlos halten."[19]

Mit anderen Worten, Carl August mußte zur Finanzierung der Reise seines Sohnes einen kurzfristigen Kredit in Preußen aufnehmen, über den Wilhelm von Wolzogen als Reisemarschall voll verfügen konnte. Ohne den Kredit wäre die Reise nicht möglich gewesen, denn es war nach allen Erfahrungen Wolzogens klar, daß sie erhebliche Mittel verschlingen würde. Äußerste Sparsamkeit war geboten, ohne daß der Eindruck entstehen durfte, der Weimarer Erbprinz wäre gleichsam ein armer Mann. Der Reiseverlauf sollte bestätigen, wie notwendig die Vorsorge des Herzogs war. Allerdings war ein Kredit von 100.000 Talern, zuzüglich der auflaufenden Zinsen im Vergleich zu der aus dem Ehevertrag zu erwartenden Summe ein hoher Preis. Dabei war noch nicht einmal die politische Seite berührt. Preußen war doch sicher neugierig, was die Weimaraner mit dem vielen schönen Geld in St. Petersburg anfangen wollten!

Unter dem gleichen Datum des 30. Juni 1803 erhielt auch Wolzogen selbst die für ihn bindenden Reiseinstruktionen. Es wurde nach dem bereits 1799 und 1801 bewährten Muster verfahren. Carl Friedrich wurde zunächst nach Schwerin geschickt, um sich am dortigen Hof über die aktuelle Situation in Petersburg zu informieren. Diese Reise besaß eine tragische Note, denn wenige Wochen später, im September 1803, starb die Schweriner Erbprinzessin Jelena Pawlowna, deren Verheiratung so vorbildhaft für Weimar war. Dennoch – oder vielleicht gerade aus diesem traurigen Anlaß – sollten die engen Verbindungen zwischen Weimar und Schwerin in den folgenden Jahrzehnten eine nicht unwichtige Rolle spielen.

Wolzogen traf mit dem Erbprinzen in Berlin zusammen. Von dort aus hatten sie die Reise gemeinsam so anzutreten, daß sie in St. Petersburg in den ersten Augusttagen eintreffen konnten. Das Reiseziel wurde präzise und eindeutig formuliert: „Über den Hauptzweck der Reise, nemlich die Einleithung der Voll-

ziehung der wirklichen Vermählung vorgedachten – Unsers ältesten Sohnes
Liebden mit der Großfürstin Marie von Rußland Kaiserl. Hoheit und Liebden in
Gefolg des mit Sr. Russisch Kaiserlichen Majestät unterm 16. Juli 1801 [bzw. am
16. August 1801 – Anm. des Autors] zu St. Petersburg abgeschlossenen Verlo-
bungs- und Ehe-Contracts bedarf Unser Abgesandter in so fern keiner nähern
Instruction, als derselbe nach besorgter Überreichung Unsrer ihm mitgegebenen
Familien-Briefe und Accreditierung nach seiner genauesten Kenntniß der
ganzen Angelegenheit überhaupt, ins besondere aber auch der dortigen Hof-
und Staatsverfassung, die besten Mittel und Wege einzuschlagen wissen wird,
um auf ehrenvolle Art dieses wichtige Geschäft zu beendigen."[20]

Obwohl mit diesem Auftrag dem Baron von Wolzogen alle Verhandlungs-
fäden in die Hand gegeben wurden, ist das Dokument auch deshalb interessant,
weil der Erbherzog darin zum ersten Mal seit dem Beginn der Werbung im Jahr
1799 als eine natürliche und aktiv handelnde Person in Erscheinung trat. Dennoch, und das lag im ganzen Charakter der Mission wie auch an den größeren
Lebens- und Wirklichkeitserfahrungen Wolzogens, blieben diesem die prägenden Entscheidungen überlassen. Der Geheimrat, Außerordentliche Gesandte
und Träger des russischen St.-Annen-Ordens hatte den Erbprinzen mit aufmerksamem Rat zu unterstützen, mit Überlegungen, die Carl Friedrich bei Wolzogen einzuholen hatte. Dem Prinzen war der Kammerherr und Major von Pappenheim zur Begleitung mitgegeben worden, der dem Herrn von Wolzogen
gleichfalls zu assistieren hatte. Obwohl die letzte Entscheidung rein formal
immer beim Erbprinzen bleiben mußte, besaß Wolzogen faktisch die Diszipli-
nargewalt über das gesamte Reisegefolge der Sekretäre, Kammerdiener, Boten
und Kuriere. Um ganz sicherzugehen und keine Unruhe bei den Kompetenzen
aufkommen zu lassen, verabschiedete der Herzog für das Gefolge eine spezielle
Dienstanweisung, nach der z. B. der Sekretär die Reisekasse zu führen hatte.

Überhaupt das Geld! Als Carl August über den Instruktionen saß, muß ihm
die ganze schwierige finanzielle Lage seines Herzogtums gegenwärtig geworden sein. Nachdem er in fünf Punkten über die inneren Disziplinarverhältnisse
in der Gesandtschaft geschrieben hatte, ging er etwas unmotiviert und ohne
Übergang zu den finanziellen Problemen des Ehevertrags und der Verheiratung
über. Er wird noch einmal in den Kontrakt gesehen und gedacht haben, daß vielleicht doch noch größere Gewinne erzielbar seien. Er beauftragte Wolzogen:
„In Ansehung der Dotal-Gelder, wovon der vierte Theil nach vollzogener Vermählung und der vierte Theil sechs Monathe darauf bezahlt werden soll, wird
Unser Gesandter zu seiner Zeit mit den Behörden solche Unterhandlungen und
Abreden vorgehen lassen, die den Vortheilen Unsers Fürstlichen Hauses am
angemessensten sind. So auch wegen des in dem Ehe-Pact versprochenen trous-

sau, auf dessen freye Transportirung insonderheit Bedacht zu nehmen seyn wird." Im Unterschied dazu sollten die Brautwerber mit den Geschenken, die notwendigerweise zu verteilen waren, möglichst zurückhaltend umgehen: „Wegen der Geschenke, die an die Kaiserliche Hof- und Staatsdienerschaft zu machen seyn werden, müssen Wir Unsern Gesandten die unter Beistimmung des Prinzen zu beobachtende Eintheilung und Proportion, so wie die Auswahl und den Einkauf, übertragen. Es wird hierbey auf Unsere Ehr zu sehen seyn, ohne eine verständige Oeconomie hintanzusetzen; worüber Wir auf Unsern Gesandten bey der hierüber schon bewiesenen Einsicht und erlangten Erfahrung, das vollkommenste Vertrauen setzen."

Carl August war sich bewußt, daß diese letzte Mission mehrere Monate in Anspruch nehmen würde, und rechnete nicht vor dem Frühjahr 1804 mit der Hochzeit. Er war in ernster Sorge. Die lange Zeitdauer und die aus Verlobung und Vermählung erwachsenden finanziellen Verpflichtungen würden die ohnehin kargen Mittel arg strapazieren. Und die kompensierenden Gegeneinnahmen waren erst nach der Vermählung zu erwarten. Im übrigen vertraute Carl August vollständig der diplomatischen Kunst Wolzogens und war überzeugt, daß dieser alle Kräfte anspannen werde, um die Mission auch in finanzieller Hinsicht, so effektiv es nur ging, zu Ende zu bringen. Allerdings war sich der Herzog seiner Sache nicht völlig sicher. Trotz diplomatischen Geschicks, trotz Ehevertrags und trotz der Reise Carl Friedrichs – noch immer rechnete er auch mit der Möglichkeit eines Scheiterns seiner Pläne. Er wies Wolzogen an, bei den geringsten Anzeichen eines Zauderns am kaiserlichen Hof einen Eilkurier mit exakter Lagebeurteilung nach Weimar zu senden. Gleichzeitig sollte Wolzogen in St. Petersburg geschickt und nachdrücklich darstellen, daß das fürstliche Haus Sachsen-Weimar-Eisenach durch den bisherigen Verlauf der langjährigen Verhandlungen und die Vorbereitungen auf die Hochzeit beträchtliche Mittel aufgewendet hat, die auch im Falle eines Scheiterns der Ehepläne kompensiert werden müßten. Man vertraue da ganz auf die Großmut des Kaisers. Dieser Ratschlag war nicht frei von einem gewissen faden Beigeschmack. Er kann im positiven Sinn jedoch als Hilferuf angesichts der bedrängten Lage und als Unterstützungsforderung für die Zukunftsabsichten des Herzogs interpretiert werden. Denn dieser erteilte Wolzogen im gleichen Zusammenhang drei Anweisungen, die über den finanziellen Aspekt der Eheschließung hinausgingen.

Der Außerordentliche Gesandte sollte bei weiterhin optimistischem Gesprächsablauf neue Wünsche Weimars vortragen. Carl August erwartete insbesondere deutliche Zuschüsse aus dem kaiserlichen Fonds, der den deutschen Universitäten zugute kam, für die Universität in Jena. So interessant diese Frage ist – sie bedarf weiterer Aufklärung. Ganz eindeutig war hingegen der massive

Wunsch: „Auf den Fall, daß aus dem erneuerten Kriege zwischen England
und Frankreich, auch in Deutschland die Kriegsunruhen sich ausbreiten und
zu neuen Veränderungen Anlaß geben sollten, wird Unser Gesandter ... die
Verwendung und Protection des Russisch-Kaiserlichen Hofes für die Erhaltung
und Sicherung Unserer Fürstlichen Besitzungen, in Anspruch ... nehmen ...“
Der 1799 formulierte, als ursprünglich entscheidendes Motiv für die Ehepläne
betrachtete Gedanke kehrte hier noch einmal wieder, allerdings nicht mehr in
Verbindung mit der Angst vor Revolutionswirren, sondern in einem gerade
entgegengesetzten Sinn. Der Ehevertrag und die russische Unterstützung sollten Sachsen-Weimar-Eisenachs Herzog aktiv helfen, „... einige Territorial-
Vorteile in Bewegung zu bringen ...“. Noch ehe die Hochzeit vollzogen war,
dachte Carl August an eine direkte russische Hilfe bei der Erweiterung seines
Herrschaftsgebietes. Das war eine Überlegung, deren Kalkül in Erfüllung ging,
wenn auch nur partiell und erst zwölf Jahre später – auf dem Wiener Kongreß im
Jahr 1815.

Derartige politische Ambitionen verlangten einen eigenen Residenten Wei-
mars in St. Petersburg. Das war eine durchaus delikate Frage. Rußland besaß
Gesandte in Preußen und in Sachsen. Diese übernahmen die Aufgaben für die
Verbindung zu den mitteldeutschen Kleinstaaten mit. Eine eigene russische
Gesandtschaft mit entsprechender Gegenvertretung in St. Petersburg hätte sich
Weimar vorerst vielleicht nicht leisten können. Das Thema stand jedoch zu
der Zeit überhaupt nicht zur Debatte. Der Verhandlungsverlauf hatte seit 1799
gezeigt, daß die weimarisch-russische Kurierpost stets so organisiert wurde,
daß man weder in Berlin noch in Dresden allzu exakte Kenntnisse über die
Gesprächsinhalte erlangen konnte. Wenn Weimar nun die russische Hilfe gar für
Gebietserweiterungen erstrebte, dann war das ein brisantes Thema, das Preußen
und Sachsen unter Umständen unmittelbar berühren konnte. Offizielle diplomatische Vertretungen hätten deren Mißtrauen hervorgerufen. Wolzogen erhielt
den Auftrag, eine geeignete Persönlichkeit zu finden, die unterhalb der diplomatischen Ebene als Informant, Deckadresse und Gesprächspartner die beiderseitigen Kontakte diskret und wirksam in die Hand nehmen konnte – unabhängig von der Tatsache, daß die beabsichtigte Eheschließung ohnehin neue Verbin-
dungsmöglichkeiten eröffnen würde. Ein gewisses Sicherheitsbedürfnis spielte
dabei durchaus eine Rolle. Sonst hätte Wolzogen nicht den Auftrag erhalten,
sich die zum künftigen Gefolge der Großfürstin Maria gehörenden Personen
genau anzusehen, Informationen über sie einzuholen und entsprechende beur-
teilende geheime Berichte in Weimar vorzulegen. Wolzogen sah sich um und
fand eine geeignete Person. Mit Johann Christoph Krieger verfügte Carl August
bereits vor der Eheschließung seines Sohnes über einen eigenen „Hofagenten" in

St. Petersburg. Krieger spielte jedoch keine erkennbare politische oder diplomatische Rolle.

So waren denn alle nur kalkulierbaren Probleme überlegt, die politische Konzeption bedacht und der Verhaltenskodex bestimmt. Die letzte Etappe konnte
beginnen. Es erscheint merkwürdig, daß die Person des eigentlichen Reise-
grundes, der Erbprinz Carl Friedrich, in den Gedanken und Plänen seines Vaters
nie eine aktive Rolle spielte. Dafür gab es verschiedene Ursachen. Carl Friedrich
heiratete nicht, er wurde verheiratet. Wenn es um die prekäre Geldfrage ging,
mußte er besonders beachtet werden. Aber Wolzogen oblag die Gesamtverant-
wortung für alle Ausgaben. Es ist für die Nachgeborenen kurios zu lesen, welches Regulativ Carl August bezüglich des Umgangs mit den Reisegeldern erließ.
Das Dokument ist gleichfalls auf den 30. Juni 1803 datiert:

„1. Der als Envoye extraordinaire und Ministre plenipotentain nach
St. Petersburg abgehende Herr Geheimrath Baron von Wolzogen empfängt zu
seiner Equipirung die Summe von eintausend Thalern. Doch wird die sich etwa
nöthig machende Galla, oder Staatl. Kleidung besonders vergütet.

2. Die Gesandten Gage des Herrn Geheimraths soll monathlich auf fünfhun-
dert Thaler fixiert seyn, vom 1. July dieses Jahres bis zur Rückkehr nach Weimar:
der Monath wird zu 30 Tagen gerechnet.

3. Da die Reisekosten nach St. Petersburg und zurück aus der Casse des
Herrn Erbprinzen von Sachsen-Weimar und Eisenach Durchl. bestritten werden,
so bedürfen nur der Reise-Aufwände, welche sich etwa außer der Suite nöthig
machen, eine Bestimmung, welche dahin gerichtet ist, daß wenn mit vier Pferden gereiset wird, für alles pro Meile zwey Thaler, 12 Groschen – auch gesetzt
wenn, aber hin und wieder mehr Pferde genommen werden müssen, für jedes
Paar Pferde Ein Thaler pro Meile dem Herrn Geheimrath vergütet werden.

4. Wegen der Bedienung ist ein besonderes Regulativ das Nöthige arrangiert
worden.

5. Von der Gesandten Gage werden die persönlichen und Privat Aufwände
bestritten, sofern solche nicht in die öffentlichen Geschäfte und den Etat Durchl.
Erb-Prinzens einschlagen."[21] Carl August hatte wirklich alles bedacht. Die peni-
ble Vorsehung in finanziellen Dingen war natürlich keine Marotte, sondern bit-
tere Notwendigkeit. Bereits die Reise nach St. Petersburg bewies, wie notwendig
es war, das Geld zusammenzuhalten. Der preußische Kredit öffnete keineswegs
das Tor zum Paradies.

Ende Juni ging die kleine Gesellschaft auf dem von Wolzogen zweimal
erprobten Weg auf die Reise. Man bemerkte sehr schnell, wie teuer das Ganze
kommen werde. Neben den täglichen Kosten für das Essen, die Pferde, die Über-
nachtungen, Zollgebühren und Reparaturen waren zahlreiche Dienstleistungen

in den exakt geführten Ausgabelisten zu vermerken. So wurde dem Kavalier, der den Prinzen durch Kurland geführt hatte, eine Uhr mit Kette verehrt, die 86 Rubel und 7 Dukaten gekostet hatte. Beschenkt wurden auch die Ehrenkavaliere, die den Prinzen durch Livland oder Ingermanland begleitet hatten. Der kaiserliche Feldjäger, der in Polangen ein Pferd bestellt hatte, erhielt eine Uhr. So ging es fort und fort und fand auch in St. Petersburg kein Ende. Am 22. Juli, nach der Namenstagsfeier für die Kaiserinmutter Maria Fjodorowna und für Maria Pawlowna, kam Carl Friedrich in St. Petersburg an. Noch am selben Abend fand ein öffentlicher Maskenball statt, an dem 4000 Menschen teilnahmen. Maria Fjodorowna bestand weiterhin darauf, daß der Heiratskandidat mindestens ein Jahr in Petersburg leben mußte, bevor die Hochzeit stattfinden könnte. Dem stand kein Hindernis mehr im Wege. Tatsächlich weilte Carl Friedrich länger als ein Jahr in der russischen Hauptstadt.

Zunächst hatte er sich seinem Rang entsprechend an die Ordnung und an die Sitten des kaiserlichen Hofes zu gewöhnen. Dazu gehörte, daß man ihm als künftigem Familienmitglied jene Ehrungen zuteil werden ließ, die seiner Stellung entsprachen. Carl Friedrich trat offiziell als Generalleutnant in russische Dienste. Er erhielt durch Alexander I. den St.-Andreas-Orden, den Orden des heiligen Alexander Newski und den Johanniter-Orden – Drapierungen, die wiederum 1000 Dukaten als Gegengabe nach sich zogen. Auch gegenüber dem Haus Mecklenburg-Schwerin war Dankbarkeit am Platz. Als Oberhofmeister von Lützow mit dem St.-Annen-Orden geehrt wurde, ließ ihm Carl Friedrich zusätzliche 100 Dukaten überreichen. Bei so viel Freigebigkeit konnte es nicht ausbleiben, daß selbst der kaiserliche Lakai, der die Ostereier gebracht hatte, mit 50 Rubel beschenkt wurde. Wolzogen hatte bereits 1799 erkannt, je näher man dem Hof stand, um so größere Dienste mußte man ertragen. Aber das alles war erst der Anfang des schönen Spiels.[22]

Carl Friedrich machte in St. Petersburg offenbar ein gutes Bild. Die langjährigen Vorbereitungen taten das Ihre, und die Brautleute verstanden einander gut. Ihrer beider Charaktere schienen recht unterschiedlich: Maria war ein sprühender Geist mit Tatkraft, Initiative und scharfem Verstand – Carl Friedrich ein junger Mann voller Pflichtgefühl und Treue. Die notwendige aristokratische Disziplin besaßen sie beide gleichermaßen. Das alles konnte sich künftig zu harmonischer Einheit ergänzen.

In Weimar wartete man voller Neugier auf die neuesten Nachrichten aus St. Petersburg. Manchmal konnte es geschehen, daß Gerüchte kolportiert wurden. Schiller berichtete bereits am 2. September 1803 an einen Bekannten, Carl Friedrich habe sich mit Maria Pawlowna verlobt. Eine Eilstafette habe just an jenem Tag die Nachricht gebracht. Die Freude war verfrüht, aber verständlich.

Schiller hatte erfahren, daß die russische Kaiserin Interesse an seinem Schauspiel „Die Braut von Messina" bekundet habe. Vorerst konnte er nur ein Exemplar des „Don Carlos" mit der Bitte an Wolzogen senden, dieses der Kaiserin zu übergeben. Die „Braut von Messina" werde folgen, sobald der Buchdrucker die Arbeit beendet habe. Außerdem teilte Schiller dem Schwager mit, die Arbeit am „Wilhelm Tell" gehe zügig voran. Er sei guter Hoffnung, das Stück werde fertig sein und könne aufgeführt werden, wenn die Großfürstin nach Weimar käme. Friedrich Schiller freute sich aufrichtig über das Glück des Erbprinzen und verlor dabei auch das eigene Wohl nicht aus den Augen. Am 24. November 1803 schrieb er an Wolzogen, er sei sehr glücklich, daß die kaiserliche Familie seine Stücke so wohlwollend aufnehme. Wenn Maria Pawlowna nach Weimar käme, wäre er, Schiller, ihr doch kein Unbekannter mehr und könnte mit um so größerem Erfolg um ihre Gunst werben. Wolzogen solle nur dafür sorgen, daß der Name Schillers in St. Petersburg bis dahin nicht in Vergessenheit gerate.

Friedrich Schiller stand mit seinen Wünschen und Hoffnungen keineswegs allein. Er darf vielmehr als symbolisches Beispiel für das Harren des ganzen Musenhofes gelten. Die Ungeduld sollte tatsächlich auf keine lange Probe gestellt werden. Am 1. (12.) Januar 1804 wurden Carl Friedrich und Maria Pawlowna im St. Petersburger Winterpalais miteinander verlobt. Es war ein fröhliches Fest mit Lustbarkeiten mancherlei Art. So fand am 3. (15.) Januar zu Ehren der Verlobung ein Maskenball statt, an dem sage und schreibe 13.000 Gäste teilnahmen. Es gab die üblichen Böllerschüsse, Feuerwerke, prächtige Essen und würdevolle Kirchgänge. Über die Gefühle oder Stimmungen der Verlobten schweigt die Hofberichterstattung. Vier Jahre zäher Verhandlungen, der Kaiserwechsel in Rußland und der aus Frankreich drohende Usurpator ließen wenig Anlaß für überschäumende Emotionen. Eine dynastische Verlobung war erfolgt. Die Sachinteressen standen im Mittelpunkt. Es gibt jedoch auch keinerlei Anhaltspunkte, daß Carl Friedrich und Maria Pawlowna in dem ganzen Spiel unglücklich gewesen wären. Sie fügten sich nicht nur in ihre Rollen, sondern füllten diese bewußt, diszipliniert und positiv aufgeschlossen aus. Liebe und Zuneigung stellten sich nach und nach ein.

Die äußeren Attribute sprachen dafür, daß der Weimarer Hof keine seiner kargen Mittel scheute, die reichen St. Petersburger Verwandten in spe gütig zu stimmen. Carl Friedrich beehrte seine Braut mit einem Verlobungsgeschenk, das ihn 18.500 Rubel kostete. Es bestand aus einem in Brillanten gefaßten Medaillon und einem bei dem berühmten Goldschmied Duval in Paris gefertigten goldenen Ring. Überhaupt war die Verlobung eine Gelegenheit zu vielfältigen Geschenken. Carl Friedrich gab aus diesem Anlaß unter anderem 28.220 Rubel,

720 Louisdor und 212 Golddukaten aus. Diese Zahlenangaben sind noch nicht einmal ganz exakt. Es wurden verschiedene Nachweislisten geführt, die einander widersprechende Angaben zu gleichen Gegenständen enthalten. Dennoch: Wertvolle Uhren, Ohrringe, Halsbänder und Tabakdosen wechselten die Besitzer. Die Braut erhielt obendrein noch einen Zuschuß von 3000 Rubel für ihre Garderobe. Das alles waren Summen, die durch den Ehevertrag mehr als kompensiert werden sollten. Die Geldaufwendungen waren auch nicht das aufregend Besondere an der Verlobung. Es war für den Weimarer Hof schwer, die Mittel aufzubringen. Man konnte einen bestimmten Standard jedoch nicht unterschreiten. Der kaiserliche Hof in St. Petersburg zählte nun einmal zu den wohlhabendsten und glänzendsten in ganz Europa.

Das Aufregende an der Verlobung waren nicht einmal die Persönlichkeiten der Brautleute. Es war die Tatsache, daß sich die Höfe von Weimar und St. Petersburg in einem Augenblick zu verbinden begannen, als sich der Schatten eines allgemeinen Krieges über Europa legte. Carl Friedrich war in ein Rußland gereist, das mehr und mehr in die feindselige Aufmerksamkeit Napoleons geriet. Gerade zu dem Zeitpunkt, als sich der Weimarer Erbprinz auf den Weg in die russische Hauptstadt begab, forderte Napoleon Alexander I. auf, in dem schwelenden englisch-französischen Konflikt zu vermitteln. Alexander, dem man seit einiger Zeit einen Hang zu übersteigerter Religiosität und Mystizismus nachsagte, sah die Stunde gekommen, da er Europa weise Ratschläge erteilen könnte. Napoleon lehnte die Vorschläge, die auch für England nicht akzeptabel waren, brüsk ab und begann von diesem Augenblick an, Rußland als seinen künftigen Gegner zu betrachten. Das war eine Schlußfolgerung, die das Leben Maria Pawlownas in Weimar noch unmittelbar berühren sollte. Den russischen Kaiser quälten noch andere Sorgen. Er war darüber entsetzt, daß Napoleon es im März 1804 wagte, den Herzog von Enghien – ein Mitglied des französischen Königshauses – aus Deutschland zu entführen und erschießen zu lassen. Rußland erkannte Napoleons Kaiserreich nicht an. Außerdem mischte sich Frankreich in immer stärkerem Maße in die russischen Interessen auf dem Balkan und in die Türkei ein. Besonders schockierte den russischen Zaren die durch Napoleon erzwungene Abdankung des Markgrafen von Baden: Das war ein direkter Angriff auf die Heimat der Gattin Alexanders und damit auf das russische Kaiserhaus. Die Schlacht von Austerlitz rückte näher.

Es hat den Anschein, als habe man das junge Brautpaar vorerst mit all diesen Querelen nicht behelligt. Carl Friedrich führte während seines St. Petersburger Aufenthalts ein ausführliches Tagebuch. Die entlarvendste Eintragung stammte vom 7. April 1804: „Der 7te verlief auf die gewöhnliche Art."[23] Carl Friedrich und Maria Pawlowna verbrachten die Tage in der Regel gemeinsam, am Hof, bei

Ausfahrten und bei der Kaiserinmutter. Der Erbprinz lernte viele Menschen kennen, darunter auch einflußreiche Politiker und Diplomaten, wie z. B. den wegen
seiner Brutalität und Konsequenz gefürchteten General Araktschejew. Die Tage-
bucheintragungen, die von solchen Begegnungen berichten, blieben ohne inhaltliche Aussagen. Man traf sich, speiste miteinander, spielte Karten oder ging spazieren. Carl Friedrich gab die Rolle eines ganz normalen Höflings, der zwecks
Aufstieg in die kaiserliche Familie von der künftigen Schwiegermutter aufmerksam beobachtet wurde. Eine aktive politische Rolle war ihm nicht zugedacht,
und er unternahm auch keinen Versuch, sie auszufüllen – trotz der kriegerischen
Gefahren und Konflikte, in die er und das durch ihn repräsentierte Herzogtum
langsam, aber sicher hineingerieten. Es ging friedlich und fröhlich in dem Leben
der beiden jungen Menschen zu.

Die gleiche Unbeschwertheit teilte man im Prinzip auch in Weimar. Friedrich
Schiller war sichtlich stolz auf die engen Beziehungen zu dem Verhandlungsführer Wolzogen. Schiller verbreitete stets als erster erfreuliche Neuigkeiten von
der Newa, selbst wenn sich diese wiederholt als unrichtig oder zumindest verfrüht herausstellten. Das war im Herbst 1803 der Fall gewesen, und im Januar
1804 prophezeite er die endgültige Eheschließung für den Februar des gleichen
Jahres. In seinem Eifer schrieb er immer wieder an den Schwager Wolzogen,
mahnte in Goethes Namen die erbetenen Münzen und Autographen an und
drängte auf die baldige Reise des hoffentlich demnächst verheirateten Paars
nach Weimar. Herzog Carl August bereitete sich und seinen Hof derweilen auf
die Rückkehr des verheirateten Erbprinzen vor. Im März 1804 schickte er den
Regierungsrat Voigt zur Unterstützung Wolzogens, zur Abklärung letzter Probleme und für die Organisierung der Heimkehr nach St. Petersburg. Eigentlich
stand dem großen Ereignis nichts mehr im Wege, und tatsächlich erschien in der
„Petersburger Hofzeitung" vom 6. (18.) August die nach Stil und Inhalt bedeut-
same Erklärung: „Von Gottes Gnaden Wir Alexander I. Kaiser und Selbstherrscher aller Reussen u. s. w. Thun allen Unsern getreuen Unterthanen kund:
Durch die Macht des Allgewaltigen durch seine weise Vorsehung, ist am 22. dieses Julius Monats a. St. (den 3. August n. St.) die Vermälung Unsrer geliebten
Schwester Maria Pawlowna, mit Sr. Durchlauchten dem Erbprinzen von S. Weimar und Eisenach, Carl Friedrich, nach den Gebräuchen der Morgenländischen
Kirche vollzogen worden. Wir laden alle treuen Söhne Rußlands ein, zugleich
mit Uns, Gott ihr Dankgebet darzubringen, und ihn zur Versüßung der so kostbaren Tage Unsrer allgeliebten, zärtlichen Mutter, der Frau Kaiserin Maria
Fedorowna, und zum Trost Unsers ganzen Hauses, um der Neuvermählten
Wohlfahrt, Frieden und Liebe, eifrigst anzuflehen. Gegeben in St. Petersburg,
den 24. Juli 1804. Im Vierten Jahre Unserer Regierung. Alexander."[24]

Was hier so steif und sowohl der Würde der Person als auch des Augenblicks geschuldet proklamiert wurde, besaß einen lebendigen Hintergrund. Carl Friedrich hielt sich an seinem Hochzeitstag genau ein Jahr in St. Petersburg auf. Die Namenstage für Maria Fjodorowna und Maria Pawlowna verraten es. Um 8 Uhr morgens verkünden fünf Kanonenschüsse von der Peter-Pauls-Festung das Ereignis. Gegen 11 Uhr fand die Trauungszeremonie in der Hofkapelle des St. Petersburger Winterpalastes statt. Der Metropolit Ambrosius und der georgische Erzbischof Waarlam vermählten das junge Paar. Der protestantische Generalsuperintendent Reinbott nahm daran teil. Fürst Alexander Kurakin, der mit Wolzogen den Ehevertrag ausgehandelt hatte, durfte gemeinsam mit Graf Nikolai Rumjanzew die Kronen über die Häupter des Paares halten, Carl Friedrich dankte es ihnen mit üppigen Geschenken. Bei dieser Gelegenheit trug Maria einen Schmuck, dessen Wert auf zwei Millionen Rubel geschätzt wurde.

Nach der feierlichen Trauung fand eine „große Tafel" statt, bei der jeder „anständig Gekleidete" zusehen durfte. Wurden Trinksprüche auf das Brautpaar oder den Kaiser ausgebracht, donnerten die Kanonen von den Wällen der Peter-Pauls-Festung und der Admiralität. Am Abend gab es selbstverständlich einen grandiosen Ball. Dem Betrachter bot sich ein eindrucksvolles Bild: „Es war ein schöner Abend und der Spiegel des stolzen Stroms stralte tausendfach den Glanz der Lampen zurück, der, einem Nordlichte gleich, den Horizont entflammte. Einem Feenschlosse gleich, stand die glänzende Veste dem staunenden Auge in glänzender Pracht gegenüber. Es war ein großes, höchstimponierendes Schauspiel!" Drei Tage lang wurden die Peter-Pauls-Festung und alle prächtigen Bauten der Hauptstadt in wechselnden Farben und Lichtanordnungen illuminiert. Die Gelegenheit war für politische Spiele günstig: Das Haus des englischen Gesandten zeigte ein Brillant-Feuerwerk, bei dem unter einem doppelten Adler die Wappen Rußlands und Englands miteinander vereinigt erschienen.

Am folgenden Tag besuchte die ganze kaiserliche Familie gemeinsam mit dem jungen Paar die Oper. Anschließend begann der familiäre Teil des Festes. Man reiste in den Vorort Peterhof und vernügte sich über mehrere Tage hinweg bei Spiel, Tanz, Maskeraden und Illuminationen. Es war ein wunderschöner Sommer, und die Kulisse der am Meer liegenden Schlösser und Parks so recht geeignet, Freude zu verbreiten. Nichts erinnerte mehr daran, daß sich in dieser Idylle im Sommer 1762 ein Teil jenes Putsches der Garde abgespielt hatte, durch den Katharina II. an die Macht gelangt war. Niemand wollte daran denken, daß die große Katharina in Peterhof ihre Intrigen gegen den Sohn Paul geschmiedet hatte. Friede lag über den Wasserspielen, Kanälen und Palästen. Ein Frieden, der hier nur dem jungen Paar gewidmet war. Der Chronist schwelgte voller Bewunderung: „Es ist an und für sich das Lokal von Peterhof schon prachtvoll und besonders seiner großen und vielfachen Wasserkünste wegen merkwürdig, die jetzt, durch die reiche große Beleuchtung so herrlich in die Augen fielen. Das ganze Schloß, und der Kanal bis an die See, so wie die drei Hauptplätze im Garten, waren dicht mit Glaslampen besetzt. In den Gängen brannten Lampen auf Gerüsten, in drei Reihen. Dergleichen Gerüste waren auch auf den Seiten des Kanals, der vom Schlosse durch den Garten, bis an die See läuft, von Entfernung zu Entfernung aufgeführt, die nach unten zu, sich bis auf die Wasserfläche hinzogen. Am Ende des Kanals leuchtete in beträchtlicher Höhe eine große Sonne, in deren Mitte man eine transparente ovale blaue Fläche sah, worinne sich eine Kaiser-Krone und eine Herzogs-Krone mit den Namen Chiffern der verwittweten Kaiserin und der hohen Neuverbundenen befanden. Die drei großen Gartenplätze waren gleichfalls sehr geschmackvoll erleuchtet."

Die allgemeine Freude über das junge Glück fand wie bei der Verlobung seinen Ausdruck in zahlreichen Geschenken und Gnadenbeweisen, an denen sich auch der Weimarer Hof beteiligte und die zweifelsohne nicht minder dem Protokoll geschuldet waren. Carl August erhielt den großen St.-Andreas-Orden, und Anna Amalia bekam den Orden der heiligen Katharina. Die offizielle Berichterstattung vermerkte an dieser Stelle ausdrücklich, daß die Herzogin Louise letzteren Orden bereits früher erhalten hatte. Ein Kurier wurde zur Übergabe der Auszeichnungen nach Weimar geschickt, denn aus der herzoglichen Familie hatte niemand an der Vermählung teilgenommen. Das war nicht üblich.

Carl Friedrichs Geschenke beliefen sich in ihrem Wert auf einige zehntausend Rubel. Das kostbare Kreuz, das der Metropolit bekam und das offiziell genannt wurde, besaß keineswegs den größten Wert. Die penibel geführten Ausgabelisten der kleinen Delegation aus Weimar verzeichneten sorgfältig alle Gaben an die Würdenträger des Kaiserhofes. Dieser wiederum zeigte sich ebenfalls nicht knausrig. Getreu ihrer Verantwortung für die öffentliche Wohlfahrt und für die materielle Unterstützung notleidender Menschen deponierte die Kaiserinmutter bei der St. Petersburger Kammer 10.000 Rubel in „Reichs Assignationen", von deren Zinsen jährlich am 22. Juli (3. August) „sechs arme, rechtschaffende Mädchen ausgesteuert werden" sollten. Das war ein anregendes Beispiel für die junge Braut, das in ihrem gesamten Leben eine große Rolle spielen sollte.

Über dem offiziellen Protokoll, den höfischen Zeremonien und der bedeutenden materiell-finanziellen Seite dieser Vermählung, über die politischen Voraussetzungen und Umstände hinweg, darf nicht außer acht gelassen werden,

Großfürstin Maria Fjodorowna (1759–1828), zweite Gemahlin Zar Pauls I. Marmorbüste, um 1785.

Großfürst Pawel Petrowitsch (1754–1801), ab 1796 Zar Paul I.

Ansicht von Petersburg. Lithographie von Galaktionov nach Vorobev.

Maria Pawlowna (1786–1859), Großherzogin von Sachsen-Weimar.
Lithographie nach H. Müller, undatiert.

Großfürst Nikolaus Pawlowitsch (1796–1855), ab 1825 Zar Nikolaus I.
Lithographie von Wildt nach F. Krüger.

Herzog Carl August von Sachsen-Weimar-Eisenach (1757–1828), seit 1815 Großherzog.
Pastell von Johann Josef Schmeller.

Herzogin Louise von Sachsen-Weimar-Eisenach (1757–1830), seit 1815 Großherzogin.
Öl auf Leinwand von Johann Ernst Heinsius, 1781.

Erbherzog Carl Friedrich von Sachsen-Weimar-Eisenach (1783–1853), seit 1828 Großherzog.
Öl auf Leinwand von J. F. A. Tischbein, 1805.

Hochzeitsmedaille
des Großherzogs
Carl Friedrich und
der Großherzogin
Maria Pawlowna.
Bronzemedaille von
Friedrich Tieck, 1804.

Ansicht von Weimar von der Nordseite.
Kolorierte Radierung von Theodor Götz, um 1800.

Die Huldigung der Künste – Titelblatt/Handschrift von Friedrich Schiller, 1804.

daß sich hier zwei junge Menschen für ihr ganzes weiteres Leben miteinander verbanden. Die langjährigen Vertragsverhandlungen hatten sie bekannt gemacht. Durch ihre Vermählung betraten sie das Licht des öffentlichen Interesses. Es waren zwei sehr unterschiedliche Menschen, die sich das Jawort gegeben hatten, in ihren Persönlichkeiten noch nicht vollständig entwickelt, aber reif genug, der dynastischen Verbindung bewußte Gestalt verleihen zu können. Maria war aktiv, klug, gebildet, weltoffen, von präzisem Verstand, geschäftstüchtig – ein aktiver und erfolgreicher Mensch. Im Vergleich zu Maria fehlte es Carl Friedrich etwas an Tatkraft und Initiative. In dem Jahr seines Aufenthalts in St. Petersburg blieb er trotz seiner Tagebücher und zahlreicher Berichte Wolzogens im wesentlichen gestaltlos. Allerdings muß zu seiner Ehrenrettung vermerkt werden, daß auch Maria in dieser Zeit eher Objekt der Beobachtung durch Dritte als agierende Persönlichkeit war. Das lag in der Natur der Sache. Man konnte erst nach ihrem Einzug in Weimar eine stärker akzentuierte Profilierung bei der Regierung des Herzogtums, bei der weiteren Ausgestaltung des Musenhofes und in ihrer Persönlichkeitsentwicklung erwarten. Vorerst feierten sie und waren zufrieden, nun einander zu besitzen.

In Weimar gingen die Meldungen über die Vermählung ein. Der Ankunftstag des Paares rückte näher. Voller Spannung bereitete man sich darauf vor. Wieland berichtete, daß er schon in der zweiten Septemberwoche an Übungen zur Vorbereitung des Empfangs für das Erbherzogspaar teilgenommen hatte. Friedrich Schiller unterstrich noch mehrfach in Briefen an Wolzogen, wie glücklich er sei, daß die Großfürstin Maria von seiner Person Notiz genommen habe. Das werde seinen Eifer künftig anstacheln. Man wartete allseits und mit Anspannung aller Kräfte auf das junge Paar. Die Geduld sollte nun nicht mehr auf eine lange Probe gestellt werden.

Am 5. Oktober wurde das diplomatische Korps in St. Petersburg von Maria Pawlowna zur Abschiedsaudienz empfangen. Rührend war auch der Abschied am Abend im französischen Theater. Es war die einzige Szene, in der der Chronist eine menschliche Regung der Brautleute vermeldete: „Am Ende des Schauspiels blieb die Frau Erbprinzessin allein in der Kaiserlichen Loge und grüßte das Publikum mit der ihr eigenen, bezaubernden Huld und Grazie, welche sie überall zur geliebten Beherrscherin eines glücklichen Volkes machen werden. Alles war gerührt, und unter den lautesten Beifallsbezeigungen rief man ihr bewegt ein Lebewohl! mit nassen Augen zu." Es war ein langer und gefühlvoller Abschied.

Am 7. Oktober gab es einen letzten gemeinsamen Gottesdienst mit der kaiserlichen Familie in der Kasaner Kathedrale auf dem Newski-Prospekt von St. Petersburg. Anschließend begann die Reise Maria Pawlownas und Carl

Friedrichs nach Weimar. Baron Wilhelm von Wolzogen hatte alle in ihn gesetzten Erwartungen erfüllt. Carl Friedrich fuhr nach Hause, in die Welt seiner Kindheit und Jugend. Maria hatte man viel über das Leben im kleinen Herzogtum und am Musenhof erzählt. Dennoch kam sie aus einem imperialen Leben und konnte nur ahnen, was sie in Weimar erwartete.

4. KAPITEL

Ein Triumphmarsch

Der Einzug in Weimar im November 1804

Bevor das Brautpaar am 9. November 1804 in Weimar einzog, kam der Braut-
schatz, der „Trousseau", der russischen Großfürstin an. Der Transport war nicht
ganz problemlos verlaufen. Der russische Zoll hatte bei der Ausfuhr Schwierigkeiten bereitet, und Maria Fjodorowna mußte sich in dieser Sache eigens an den
Außenminister Rußlands wenden. Letztlich ging jedoch alles gut. Die Ereignisse
und Geschichten um den „Trousseau" und um den triumphalen Einzug des erbherzoglichen Paares sind so recht geeignet, den Weimarer Hof und seine Bürgerschaft, die Freuden, Sorgen und Nöte am Musenhof nachzuzeichnen.

Der Troß mit der mobilen Aussteuer Marias kam vermutlich am 1. Oktober in
Weimar an. Die biederen Weimaraner, die sich seit jeher in relativ devoter
Distanz zu dem mehr oder weniger arroganten, aber dennoch mitten unter ihnen
lebenden Hof hielten, rieben sich die Augen, als die stolze, achtunggebietende
und einträglichen Besitzstand verratende Kavalkade durch die Tore einzog. Auf
etwa 80 Wagen, darüber differieren die verschiedenen Quellen, gezogen von
110 Pferden, kamen die Mobilien und Effekten der Frau Erbherzogin an. Die
23 Fuhrleute und Knechte waren in Petersburg, Moskau und Tula angeworben
worden. Zwei Unteroffiziere und der russische kaiserliche Staatsrat von Lüdecke
hatten den Troß von St. Petersburg an begleitet. An der weimarischen Landesgrenze hatte ein Husarenkommando die zusätzliche und ehrerbietige Sicherung
übernommen. Die Kolonne spannte vor dem Fürstenhaus, direkt gegenüber
dem Residenzschloß, aus, Pferde und Fuhrleute mußten noch den weiten Weg
zum Schloß Belvedere absolvieren, wo sie untergebracht und versorgt wurden.
Die Gäste aus dem Reich aller Reussen wurden als Exoten bestaunt: „Die eigne
Form der leichten Wagen, die fremden Trachten und charakteristischen Physio-
gnomien der Russen gewährten einen uns neuen malerischen Anblick."[25]

Am nächsten Tag packte man die Mitbringsel aus und verteilte sie auf zehn
Räume des Fürstenhauses. Es war eine schöne herzogliche Geste, daß die ganze

Ausstellung der Öffentlichkeit zugänglich gemacht wurde und von jedermann besichtigt werden durfte, bevor alles an Ort und Stelle eingeräumt wurde. Was da zu sehen war, atmete den Duft der großen weiten Welt, wurde von Herrn von Lüdecke vorteilhaft präsentiert, war skurril und exotisch und von wundersamer Neuigkeit, so ganz anders als die muffige Enge im bürgerlichen Weimar, die von dem um Goethe, Schiller, Herder, Wieland oder Knebel angefachten freien Geist nur wenig berührt worden war. Es war eine perfekt organisierte Schau und vorzügliche ideologische Einstimmung auf die Ankunft der Frau, die Weimars Ruf als Kunststadt durch das kaiserliche russische Geld mehren sollte. Die vollständige Inventarliste des Besitzstandes Marias umfaßt Dutzende eng beschriebener Seiten. Der Chronist schaffte es, den ganzen Reichtum auf neun Seiten des relativ kleinformatigen „Journals des Luxus und der Moden" zusammenzufassen. Selbst diese verdichtete Übersicht ist noch weitschweifig genug und wiederholt bei jeder Gruppe von Gegenständen überschwengliche Lobeshymnen: „Wir kommen zuerst in einen kleinen Saal, in welchem drei große Tafeln der Länge nach durchlaufen. Auf der ersten Rechts steht das reiche Silberservice zu 40 bis 50 Couverts. Die Russischen Gold- und Silberarbeiter sind berühmt, und dies beweißt auch die sehr geschmackvolle vortreffliche Arbeit an diesem Service. Die Terrinen, welches des bequemen Aufwaschens wegen, besondere vergoldete Einsätze haben, so wie die dreiarmigen und einfachen Leuchter sind nach schönen antiken Formen gefertigt, und alle Verzierungen daran matt gearbeitet. Ein kleines vergoldetes, oder sogenanntes Vermeil-Service, nimmt die Mitte der Tafel ein. Auf der zweiten Tafel steht das Dessert, dessen schöne Gruppen en Biscuit nach bekannten Antiken kopirt, wegen ihrer Größe und kunstvollen Behandlung unsere volle Bewunderung fordern. Sie stehen sämtlich auf kleinen Piedestalen oder Sockeln von grauem Marmor, mit einer Menge ähnlicher Vasen umgeben, als Verzierung auf den Spiegeln und Plats de menage. Unter vielen andern bemerke ich . . . die schönen Gruppen Amor und Psyche, die Aldobrandinische Hochzeit, Zephyr und Flora, und die schelmische Amorverkäuferin aus dem Herkulanum . . ."

Mit gleicher Andacht und Aufmerksamkeit bestaunten die Weimaraner ein einhundertteiliges Porzellanservice aus der Petersburger Kaiserlichen Porzellanfabrik, feinste Glasmalereien, Spiegelwände und Gobelins, Kronleuchter und Lüster aus Kristall und Bronze, Kaminwände aus russischem und italienischem Marmor. Ein ganzes Zimmer war mit Küchengeräten gefüllt. Es fehlte nichts, von den nationaltypischen Samowaren bis zur blechernen Kohlenschaufel – eine komplette „Küchenrüstkammer". In einem anderen Raum waren die Tafeltücher und Servietten gestapelt – wie der Staatsrat Lüdecke stolz betonte, alles aus eigener russischer Produktion, aus der Fabrik der Gebrüder Jakowlew in Jaroslawl –, und jedes Tuch trug das eingestickte Monogramm M. P. – Maria Pawlowna. Besonderes Aufsehen erregte in dem protestantischen Weimar die komplette Einrichtung einer russisch-orthodoxen Kirche oder, wie man damals und später sagte, der „Griechischen Kapelle". Alle heiligen Geräte waren aus massivem Gold gefertigt und standen einträchtig auf einer Tafel: „Obenan stehen zwei kleine Oelgemälde, nämlich das Bild des heiligen Alexander Newski und das Schweißtuch Christi, beide von einem Russischen Maler Janofsky sehr brav gemalt. Die massiv goldenen Rahmen sind mit Engelsköpfen und matten Laubwerk verziert, ein prächtiger großer Saphir, mit Stralen von Brillanten macht die Glorie über des Heiligen Haupte. Vor den Gemälden liegt das Evangelium in klein Folio-Formate in Russisch-Slawonischem Dialekte. Die massiv goldenen schweren Tafeln des Buches sind mit mehreren blau und weißen Emailegemalten, gleichfalls von einem Russischen Künstler gefertigt, verziert . . ." Das Kreuz, das Messer zum Schneiden des Brotes, alles, alles war aus purem Gold gefertigt, in geschmackvoller Gestaltung und Verzierung. Zur Ausstattung der Kapelle gehörten weiter die Gewänder für die Priester und Sänger sowie wertvolle Ölgemälde als Trennwände zur Abgrenzung der einzelnen Räume in der künftigen Kirche, die Maria entsprechend den Bestimmungen des Ehevertrags in Weimar einrichten durfte.

Die übrigen Ausstellungsräume waren mit vielerlei Möbeln und Einrichtungsgegenständen gefüllt. Natürlich erregte das prächtige großfürstliche Thronbett die Phantasie der Besucher, ebenso wie der Toilettentisch aus geschlagenem Silber mit goldenen Aufsätzen. Man war verzückt über die Vielzahl edler Materialien bei der Ausgestaltung des Speisezimmers und konnte die schönen Teppiche nicht genug bewundern. Ein ganzes Zimmer war mit den erlesensten orientalischen Stoffen gefüllt worden. Die gold- und silberdurchwirkten Materialien, die Atlas- und Samtstoffe ließen nicht nur das Herz jeder Besucherin höher schlagen, sie mußten zwangsläufig auch Neid hervorrufen. Ein weiterer Raum enthielt unzählige Vasen, Gläser und diverse Schalen aus Porzellan, Kristall und Halbedelsteinen, versetzt mit Gold, Silber und Edelsteinen – und alles aus der eigenen russischen Produktion. Wer sich noch nicht satt gesehen hatte, der durfte im siebenten Raum feinste Kleinmöbel und seidene Tapeten bewundern. Aber der pikante Höhepunkt für alle Voyeure folgte im achten Zimmer, das der Chronist mit ausgesuchter Diskretion behandelte: „Die schönste Leibwäsche nach vielen Dutzenden gerechnet und Weißzeug aller Art finden Sie im Achten Zimmer auf mehreren Tafeln gehäuft. Ich übergehe die Enumeration der überaus feinen, prächtigen Leibwäsche." Statt dessen machte sich für das neunte Zimmer der Hinweis gut, daß die dort vorgestellten Kleider der Großfürstin zum Teil von jungen russischen Mädchen aus dem St. Petersburger Findelhaus

genäht worden waren: „Das Findelhaus genießt so wie alle Armenversorgungs-
und Erziehungsanstalten in Petersburg der besondern Protektion der edlen Kaiserin Mutter, die wie ein allwaltender Genius jede dieser Anstalten dirigirt und
oft selbst besucht, jeden ihrer Schritte mit segenbringenden Wohlthaten für
Volkserziehung, Industrie und Unterstützung der Nothleidenden bezeichnet,
und so ihren Namen mit unsterblichen Zügen in Rußlands Annalen verewigt."
Das war natürlich ein deutlicher Hinweis auf die Erwartungen an die junge Erbprinzessin. Daß diese auf solche Weise ihre Kleider besonders preiswert erhalten
hatte, verschwieg des Chronisten Höflichkeit. Statt dessen bewunderte er mit
staunenden Augen die Pelze, die im zehnten Raum ausgestellt waren und die
Herr von Lüdecke geschmackvollerweise an Ort und Stelle mit ihren Geld-
werten präsentierte – die Summe muß sich auf einige hunderttausend Rubel
belaufen haben.

Die Weimarer Höflinge und Bürger müssen die Schau mit zwiespältigen
Gefühlen betrachtet und verlassen haben. Im Jahr 1774 war das Stadtschloß
bis auf die Grundmauern niedergebrannt. Seit nahezu 30 Jahren legte der Herzog Heller auf Heller, um das Schloß wieder bewohnbar zu machen. Erst im
Jahr 1800 war der Bau als Residenzschloß wieder bezogen worden. Noch war
vieles unvollendet. Nun konnte der vertraglich vereinbarte Segen aus Rußland
unmittelbar in Augenschein genommen werden. Die Hoffnungen in die Zukunft
stiegen, zugleich aber auch das Bewußtsein eigener Ärmlichkeit. Es gab sogar
einige Stimmen, die besorgt fragten, ob denn von der einen großen Lebens-
stil ohne Begrenzungen gewohnten russischen Prinzessin überhaupt das notwendige Verständnis für die spezifischen Weimarer Probleme erhofft und erwartet werden könnte. Ähnlich mag es den Bürgern ergangen sein. Der Weimarer Stadtbürger unterschied sich in seinem äußeren Habitus am Beginn des
19. Jahrhunderts zwar bereits deutlich von den Bauern umliegender Dörfer. Er
ahmte die am Hof dominierende französische Mode nach, kleidete sich hinreichend sauber und ordentlich – seinen bescheidenen Mitteln entsprechend.
Aber einen derartigen Reichtum an Kleidern und Möbeln hatte er noch nicht
gesehen. Das versprach einen Aufwind für das örtliche Handwerk, die eigene Reputation und war geeignet, das Ansehen aller Weimarer zu heben.
Man mußte das Beste aus der eigenen Stellung in der sozialen Hierarchie
machen.

Der Chronist war ein ganz geschickter Mann. Er lieferte den Bericht über den
„Trousseau" nicht umsonst für das vom Kunstfreund und Kaufmann Friedrich
Justus Bertuch herausgegebene Journal. Statt sich unangenehm langatmig und
schwelgend über äußeren und vergänglichen Glanz und Flitter zu verbreiten,
fand er einen Schluß, der geradezu programmatisch die von der Erbherzogin

erwarteten Leistungen und Grundeinstellungen formulierte: „. . . nachdem ich
alle Gemächer geblendet von aller Pracht und Reichthum durchgangen war,
blieb ich nachdenkend vor der letzten Seitenalcove des Neunten Zimmers
stehen, und mir däuchte hier erst die kostbarste aller Gaben, die uns Rußland
sendete, zu sehen. In bescheidner Entfernung stand nämlich hier die kleine aus-
erlesene Russische Hand-Bibliothek, die Harfe und das Fortepiano unserer
hochverehrten Frau Großfürstin: schöne Zeichen ihrer Liebe für Wissenschaften
und Künste. Diese werden auch an unserer jungen edlen Fürstin und ihrem vortrefflichen Gemahl gewiß eifrige Beschützer finden. Die edle Tochter der großen
Maria Feodorowna brachte uns die hohen Tugenden und Vollkommenheiten der
Kaiserlichen Mutter: kann sie dann anders als segnend und beglückend für uns
und unser Land wirken?"

Die Frage war nicht rhetorisch gestellt. Als der Chronist diese Zeilen nieder-
schrieb und veröffentlichte, war die Großfürstin bereits im Land. Man hatte erste
Eindrücke gewonnen und war froh, auf ein junges und weltoffenes, auf ein
unverbildetes und freundliches Mädchen gestoßen zu sein. Natürlich spielte
sich das alles nicht so geradezu und direkt ab, sondern war in alle nur denkbaren
Formen höfischer und landesüblicher Kultur und Verfassung gekleidet. Weimar
verlor seinen Gesprächsstoff über den Trousseau nicht so schnell, obwohl die
Fuhrleute unter Zurücklassung der Kutschen die Stadt bereits am 5. Oktober
wieder verlassen hatten. Mit um so größerer Spannung wartete man jetzt voller
Tatendrang auf die Herrin all dieser schönen Dinge. Es wurde gedichtet,
Begrüßungsadressen geschrieben, Geld für Geschenke gesammelt, Chöre ein-
studiert, Paraden exerziert – das ganze Herzogtum arbeitete für den Empfang.
Nur einer schien sich im Vorfeld großer Freuden zu sperren: Friedrich Schiller.
Er wollte sich an dem erwarteten Tumult nicht durch fade Begrüßungsreime
beteiligen, sondern war wohl der Meinung, sein Werk sei in St. Petersburg hinreichend bekannt. Darum schrieb er am 16. Oktober 1804 zornbebend an den
Verleger Friedrich Cotta: „An ein Gedicht auf unsre Erbprinzessin habe ich nie
gedacht und ich erstaune, wie man eine solche Lüge ohne aller Veranlassung
erfinden kann. Denn einen Zug des Baschus aus Indien zu dichten ist mir weder
bei dieser Gelegenheit noch sonst jemals in den Sinn gekommen. Überhaupt
möchte ich mich bei dieser Veranlassung, wo sich soviele schlechte Federn in
Bewegung setzen am allerwenigsten rühren."

Aber so ganz vernünftig erschien ihm diese rigoros ablehnende Position
dann wohl doch nicht. Am 22. Oktober 1804 ließ Schiller einen weiteren Brief an
Friedrich Cotta folgen. Er schrieb, Cotta möge ihm auf den „Wilhelm Tell" einen
Vorschuß zahlen. Schiller ging davon aus, daß ihn die baldige Ankunft Marias
zu außergewöhnlichen Geldausgaben veranlassen werde. Tatsächlich sollte er

die würdigste dichterische Leistung zu ihrer Begrüßung vollbringen. Der große Tag rückte näher und näher.

Es entsprach den damals üblichen Gepflogenheiten, daß die Eltern des Bräutigams an der Vermählung in St. Petersburg nicht teilgenommen hatten. Auch Katharinas II. Vater war im Jahr 1745 nicht zu der Hochzeit seiner Tochter eingeladen worden. Vielleicht war die Abwesenheit bei der Hochzeit ganz einfach eine Geldfrage. Nun kamen Carl Friedrich und Maria nach Thüringen. Herzog Carl August ritt dem Paar bis zur polnischen Grenze entgegen, während Herzogin Louise, mit Prinzessin Caroline und Prinz Carl Bernhard, in Naumburg auf ihren Sohn und die Schwiegertochter wartete. Am 9. November 1804 zogen alle gemeinsam in Weimar ein.

Auf dem Weg nach Weimar waren bereits eine rührige Organisation, strenge Planung und die durchaus ehrlich empfundene patriotische Naivität tätig gewesen. Land und Volk hatten alles getan, damit das Brautpaar – besonders natürlich die wohlhabende Gemahlin – den besten Eindruck vom ganzen kleinen Herzogtum erhielt. Von Naumburg aus war der Ehrenzug – so sagen es die akribischen Berichte im „Taschenbuch für Weimar" und im „Journal des Luxus und der Moden" aus – über das Amt Roßla, Oberroßla, Umpferstedt und das Süssenborner Feld nach Weimar geleitet worden. Ehrenbogen schmückten die Straße. Diese waren mit den charakteristischen Handwerkszeugen und Produkten des Landlebens geschmückt worden. Das Herzogtum hatte alles aufgeboten, was reiten und eine Uniform tragen konnte: Husaren, Postillione, Jäger, Schützenvereine, Departementsbeamte und die Kaufmannschaft, „geschmackvoll uniformiert, mit Janitscharenmusik", sogar „ein Zug junge Bauernburschen, wohlberitten und montirt, rückte von Amt zu Amt den Zug ein". An den Ehrenbogen wurde angehalten. Kinder überreichten mit strahlendem Lächeln kleine Geschenke, Gedichte, Blumen und Erfrischungsgetränke an die „Sehnlicherwarteten". Die aber dankten „huldreich" für die Glückwünsche, und „lauter Jubel mischte sich in das frohe Geleite". In Umpferstedt vereinigten sich die berittenen Korps, und gemeinsam ging der Zug in die Stadt Weimar hinein: „Bei dem Wachthause an der Kegelbrücke waren 40 Mann des Scharfschützenbataillons ins Gewehr getreten und mehrere Posten erhielten Raum und Ordnung auf der ganzen Straße des Zugs. Innerhalb der Stadt, auf dem Kegelplatze, hatte der Stadtrath und die hiesige Bürgerschaft einen Triumphbogen errichten lassen." In die Gestaltung dieses Triumphbogens hatte man außerordentliche Phantasie und Energien gesteckt und in einer Allegorie alles das zusammengefaßt, was, dem Geist der Zeit entsprechend, das Herzogtum Weimar zu bieten hatte, ersehnte und mit Maria Pawlowna erhoffte: „Die Façade dieses Triumphbogens ist 46 Fuß lang; die Seitenwand 20 Fuß. Auf dem hervorspringenden Sockel, der das Gebäude umläuft, erheben sich acht freistehende Korinthische Säulen. Ueber diese hin zieht sich ein Fries, verziert mit Genien und Adlern zwischen Festons, gemalt, so wie die Kollossalfiguren und Basreliefs, en Camayeux. Darüber, auf dem hervortretenden Gebälke, ruht die Attika. Diese zeigt auf der Seite des Eingangs die Inschrift: CARL FRIEDRICH UND MARIEN PAULOWNEN. DER RATH UND DIE BÜRGER. Auf der andern Seite liest man: DEN SEHNLICH ERWARTETEN. Auf der Attika selbst stehen auf den vier Seiten acht antike Dreifüße und zwölf Candelabern. Die sechs Felder der langen und schmalen Seitenwände des Triumphbogens zieren 4 stehende 10 Fuß breite und 2 liegende 10 Fuß breite Kolossalfiguren, und über denselben 6 Basreliefs. Im Durchgange des Bogens ist auf jeder Seite ein kolorirtes Gemälde befindlich. Des Bogens Schlußstein zeigt den mit Herzen umstreuten Löwen, das Wappen der Stadt Weimar.

Die Figuren des Triumphbogens sind auf der Morgenseite: der Genius von Weimar, die Stirn umkränzt mit einem Aehrenkranze, die Rechte ruhend auf dem Wappenschilde der Sachsen und des Landes, in der Linken des Ackerbaues und der Handlung Sinnbilder. Ihm gegenüber Rußlands mächtiges Bild, umgeben mit einer Löwenhaut, mit der Rechten gefaßt den siegreichen Speer, die Linke ruhend auf des großen Reiches Wappenschilde. – Auf der Abendseite steht rechts die Hoffnung, links der Friede. Die Seiten nach Süden und Norden zieren die Nymphen der Saale und der Ilm. Diese, das Haupt mit einem Lorbeerkranze umwunden, das Plectrum und die Lyra in den Händen, ruhend auf ihrer strömenden Urne, jene mit Weinlaub bekränzt. – Die Gemälde des Basreliefs liefern einen Cyclus der Kulturgeschichte des Landes. Priesterinnen führen den Zug an, der Ackerbau, die Gartenkultur, die Schafzucht folgen, und an sie an schließt sich der Jäger, der Fischer, der Bergmann. Traulich vereint wandeln einher der weibliche Fleiß, der Unterricht und die Erziehung der Jugend. Die komische und tragische Muse, von Genien geführt, schließen den Zug. – Auf den Gemälden der inneren Seitenwände des Triumphbogens, sehen wir einen jungen Fürsten, beglückt vom Hymens süßen Freuden, der die geliebte Gattin seinem Vaterlande zuführt. Er öffnet Cybele, der Städte Bewahrerin, die Thore, und der Genius der Stadt streut Blumen den wandelnden Glücklichen auf ihren Pfad. Das zweite Gemälde zeigt uns dieses glückliche Paar, nun angekommen, ruhend in der Ahnherrn hohen Hallen. Den Lorbeer und die Myrthe reicht ihm ihr Genius freundlich, und seine Begleiter leeren das Füllhorn, gefüllt mit Gaben, wie das Land sie beut."

Vom Schloßplatz, über die Jenaische Straße, bis fast hinauf an den kleinen Wald, den man Webicht nennt, hatten sich die Innungen und Zünfte mit Fahnen, Chören und Musikkapellen aufgestellt. Sie alle schlossen sich dem feierlichen

Zug an, der durch die Kutsche des Erbprinzenpaares, gezogen von acht Pferden, angeführt wurde. Unter dem Triumphbogen empfing der Magistrat von Weimar die Neuvermählten. Bürgermeister Schulze hielt eine kleine Rede, „und die vortrefflichste Frau Erbprinzessin dankte huldreich in den gnädigsten Ausdrücken".

Im Schloßhof endete der Zug: „Hier stiegen die hohen Herrschaften aus. Der Hof, die regierende Frau Herzogin Durchl., und die verwittwete Frau Herzogin Durchl. empfingen dieselben. In dem großen Saale wurden die Hrn. Ministers, Kavaliers und Räthe aus den Kollegien präsentirt, und dann traten die Neuvermälten auf den Balkon, wo von ihnen zu einem dreimaligen Vivatrufen, Ihr hohes Wohlgefallen zu erkennen gegeben wurde."

Es war ein stimmungsvoller Empfang, und an diesem Tag sollte kein grauer Schimmer die allgemeine Freude trüben. Napoleon und die preußische Armee waren weit weg. Die finanziellen Sorgen schienen zumindest teilweise erst einmal ausgestanden. Kleinlicher Hofklatsch, Intrigen und Erfolgsneid verschwanden unter dem Glanz des Augenblicks. Der Weimarer Hof zelebrierte eine Schau seiner besten Leistungen, hervorgebracht durch die Traditionen der Dichter und Philosophen, der Wissenschaftler aus Jena, durch die auf Initiative Bertuchs gegründete und seit über 20 Jahren erfolgreiche freie Zeichenschule sowie durch das unter Goethes Leitung stehende Theater und die Musikbühne. Eines der an Weimars Hof lebenden Fräulein von Göchhausen erlebte und beschrieb den Einzug des Erbprinzenpaars in die Residenz. Noch niemals, so lobte sie vorab, habe es in Weimar eine derart einmütige Auffassung gegeben: hier sei ein Engel herabgestiegen: „Ihr Einzug Nachmittages am 9. war prächtig durch die unglaubliche Volksmenge, die in geordneten Schaaren zu Pferde und zu Fuß festlich ihr entgegenwallten. Acht der schönsten Isabellen zogen ihren Wagen, Musik erfüllte die Luft und alle Herzen schlugen. Beim Aussteigen wurde sie mehr getragen als daß sie gehen konnte, und oben an der Treppe des Schlosses empfing sie Segen und Liebe in unsern beiden Fürstinnen. Nach einiger Ruhe führte man sie an der Hand ihres Gemahls auf den Salon des Schlosses. Sie grüßte mit der nur ihr einzig eignen natürlichen Grazie und Tausende mit Herz und Mund riefen ihr: Lebe lange, lebe hoch!"

Selbstverständlich gehörten auch Kinder zu den begrüßenden Menschen auf der Straße. Kein Geringerer als der bereits merklich gealterte Prinzenerzieher, Philosoph und Publizist Christoph Martin Wieland hatte es sich nicht nehmen lassen, eine kleine „Anrede" vorzutragen, deren Geist sich dem allgemeinen schmeichelnden Ductus anpaßte, vielleicht aber auch so empfunden wurde, wie sie formuliert war:

> Statt aller Töchter dieses Landes,
> Erhabne Fürstin, bringt Dir unsre kleine Schar
> Die frohe Huldigung gerührter Herzen dar.
> Verschmähe nicht den Unwert dieses Pfandes
> Der Treue, welche stets der Sachsen Erbgut war.
> Was Dir, Erhabne Frau, an diesem Wonnetag
> In unsrer Brust entgegenwallt,
> Vermag mein blöder Mund nicht auszudrücken.
> O! strahle Einen nur von Deinen holden Blicken
> Auf uns herab! Uns alle zu beglücken
> genügt ein Blick von Dir allein,
> und die Erinnrung voll Entzücken
> wird jedes Herz Dir ewig weihn
> Und ewig uns ein Reiz zu jeder Tugend sein!

Es war auch ein Festtag der Eitelkeiten, den Marias Anwesenheit in dem provinziellen Weimar hervorzauberte. Fräulein von Göchhausen schrieb angesichts dieses hübschen Begrüßungsverses mit spöttischer Ironie: „. . . auch unser Vater Wieland ist begeistert und macht wieder Verse." Sie vergaß nicht, hinzuzufügen, daß „Vater Wieland" bei dieser Gelegenheit sein Töchterchen Louise wohlfeil präsentierte. Fräulein von Göchhausen verkniff sich auch den nun schon boshaften Hinweis nicht, daß die Erbprinzessin keine Ahnung gehabt hätte, wer dieser wackere Verseschmied gewesen sei. Das entsprach freilich nicht den Tatsachen. Maria war, wie sich sehr schnell zeigen sollte, durch Wolzogen, Klinger und ihren Gemahl über das Weimarer Kulturleben gut informiert worden.

Die Ankunft Marias war für das Herzogtum ein bedeutendes gesellschaftliches Ereignis, nicht nur wegen der reichen Mitgift. Der Erbprinz hatte geheiratet! Überall in dem kleinen Mittelgebirgsland mit seinen romantischen Tälern, Wäldern, Burgen und Wasserläufen, mit den heimlichen Städtchen und erdverbundenen Dörfern, mit den rabiaten Jenenser Studenten wurde gefeiert. Es gab einen Anlaß. In Weimar selbst beeilte sich alles, was in Politik, Kunst und Literatur Rang und Namen besaß, der Tochter und Schwester zweier russischer Kaiser zu huldigen. Öffentlich und in zahllosen Briefen wurde das Loblied auf das 18jährige Mädchen gesungen. Jedermann war sich des Glücks bewußt, welches das kleine Weimar durch die Anbindung an den großen St. Petersburger Hof erhascht hatte, obwohl das Objekt der Freude – die Großfürstin – bislang noch durch keine Zeugnisse überragender Fähigkeiten auf sich aufmerksam gemacht hatte. Friedrich Schiller fand dennoch sofort nach der ersten Bekanntschaft ein rundes Urteil und faßte am 20. November 1804 in einem Brief an Gottfried Körner seine Erlebnisse zusammen: „Der Einzug war wirklich sehenswerth, denn alle Welt war auf den Beinen und die Bergstraße nebst der ganzen Anhöhe, woran Weimar sich lehnt, war von Menschengruppen belebt. Die herzogliche Jägerei, die Kaufleute und die Schützengesellschaft, alle in ihren Uniformen, holten die Herrschaften ein. Der Zug ging durch eine sehr schöne Ehrenpforte in edlem Stil. Bälle, Feuerwerk, Illumination, Musik, Komödie u. dgl. folgten 10 Tage auf einander. Das Festlichste aber an der ganzen Sache war die aufrichtige allgemeine Freude über unsre neue Prinzessin, an der wir in der That eine unschätzbare Acquisition gemacht haben."

Es wird kein Erstaunen hervorrufen, daß Schiller die größten Hoffnungen in die materielle Förderung der Musen durch die Erbherzogin setzte: „Gebe der Himmel, daß sie etwas für die Künste thun möge, die sich hier, besonders die Musik, gar schlecht befinden. Auch hat sie es nicht verhehlt, daß sie unsere Capelle schlecht gefunden." Angesichts des guten Rufs Weimars in jener Zeit mag das Urteil merkwürdig klingen oder einem gewissen Zweckpessimismus das Wort reden. Denn Weimar hatte doch nicht nur durch die künstlerischen Leistungen der großen Dichter aufhorchen lassen. Das 1781 gegründete „Hochfürstliche freye Zeicheninstitut" hatte unter der Führung und Anleitung von Christian Friedrich Schnauß, Johann Wolfgang Goethe, Georg Melchior Kraus und in zunehmendem Maße Johann Heinrich Meyer – dem engen Freund Goethes – mit beachtlichen Leistungen auf sich aufmerksam gemacht. Im Herzen der Residenzstadt waren liebliche und ansehenswerte Barockbauten entstanden. Seit im Mai 1791 das Hoftheater seine Pforten geöffnet hatte, erlebten unter anderem die Aufführungen der Werke Schillers eine nachhaltige Resonanz. Der 1799 zum Hofkapellmeister berufene Johann Friedrich Kranz formierte das Weimarer Musiktheater zu einem in Deutschland konkurrenzfähigen Ensemble. Das musische Engagement Anna Amalias hatte seine Früchte getragen und dem Hof selbst einen erhabenen geistig-kulturellen Habitus verliehen. Das Geld war immer knapp, und in diesem Sinne darf Schillers bedenkliches Wort eher als ein hoffnungsvoller Blick in die Zukunft gewertet werden.

Die Stimme Schillers entsprach im übrigen dem allgemeinen Bild, das die Weimaraner in jenen Tagen boten. Es herrschten allgemeine Freude, Erwartung und auch eine gewisse gesunde Skepsis, ob die junge Dame vom Newastrand die großen Hoffnungen tatsächlich erfüllen werde. Goethe und Schiller spürten den Zwiespalt der Gefühle. Auch Goethe wollte zunächst auf einen speziellen literarischen Willkommensgruß verzichten. Der Grund lag abermals in den zu geringen materiellen Mitteln, am Theater eine Begrüßungsinszenierung herauszubringen. Aber Goethe sah, wie sich alle Weimarer Institutionen auf den bevorstehenden Festtag vorbereiteten, und ihm wurde „angst, daß er allein sich auf nichts versehen habe". Schiller bemerkte, daß „Goethe seine Erfindungskraft umsonst anstrengte", und sah sich nun seinerseits trotz eigener Vorbehalte herausgefordert, dem Freund aus der Bedrängnis zu helfen, zumal man ihm jetzt von allen Seiten zusetzte, „etwas Dramatisches zu erfinden". Mit euphorischem Schwung und kurzentschlossen schrieb er zwischen dem 4. und dem 8. November – vor der Heimkehr des Brautpaares nach Weimar – die „Huldigung der Künste", die dann am 12. November als Prolog zu einem Theaterabend aufgeführt wurde und großen Beifall erntete. Schiller hatte die Arbeit in aller Eile gefertigt und verstand sie als einen Hymnus an den St. Petersburger Hof, an die russische Aufklärung und selbstverständlich an Maria Pawlowna, die den großen Geist, die Tradition und die Mittel St. Petersburgs nun nach Weimar bringen sollte.

Die „Huldigung der Künste" darf mehr als eine spontane Geste gegenüber der jungen Erbherzogin als eine tiefgründige Analyse russischer Lebensverhältnisse verstanden werden. Die Musen hätten Maria Pawlowna, so Friedrich Schiller, bereits in St. Petersburg begleitet und seien ihr hoffentlich auch nach Weimar gefolgt. Historisch nicht ganz exakt, betrachtete Schiller St. Petersburg als „zweites Rom". „Ein Paradies der Herrlichkeit und Größe" war die Stadt zweifelsohne, vor allem für den kaiserlichen Hof. Zu Recht rühmte Schiller die Architektur der zweiten russischen Hauptstadt und fand lobende Worte für den Flottenbau. Alexander I. galt dem Dichter als unbesiegbarer Heerführer – mit „Victoria" im Bunde: „Er macht den Sclaven frei und menschlich selbst den Wilden" – eine schöne Übertreibung, denn ein Jahr später erlitt Alexander bei Austerlitz eine schmähliche und sehr realistische Niederlage. Zudem, ein liberaler Reformer war er höchstens in eigenen unverdauten schwärmerischen Worten der Jugendjahre. Alles in allem: Eine Verbeugung, die Schiller im nachhinein durchaus kritisch bewertete, denn den letzteren Gedanken dämpfte er für den Druck ab: „Er schafft sich ein gesittet Volk von Wilden." Schiller fürchtete keinen Ärger am Weimarer Hof, sondern dachte, daß die Textpassage in Rußland „hätte anstößig werden können". Die hochgespannten Erwartungen, die Schiller mit der Ankunft Marias für den Weimarer Musenhof in dichterischer Freiheit stilisierte, stießen ohne Zweifel auf den kritischen Skeptizismus des Historikers Schiller. Aber was sollte das alles: Er lebte von seiner Dichtkunst, und der Musenhof war auch sein Werk.

Das Vorspiel rief selbstverständlich ein allgemeines Entzücken hervor. Nur das Fräulein von Göchhausen ließ auch in seinem Fall nicht von ihrer ironischen Kritik. In einem Brief vom 14. November 1804 berichtete sie: „Am Montage kam die Großfürstin zum erstenmal ins Theater. Sie können sich den klatschenden Jubel kaum denken. Ein Vorspiel von Schiller wurde gegeben. Die Musenkünste begrüßen die Gekommene. Das Stück begann mit Landleuten, die einen seltenen Baum pflanzen. Sie erflehen Segen vom Himmel für sein Gedeihen im fremden Boden usw., zart und schön behandelt. Herab von den Anhöhen kommen die Künste. Sie mischen sich unter die Leute des Landes, fragen nach ihren Festen und verneigen sich bescheiden in Bezug auf die Prinzessin zur allgemeinen Freude und ihrer Weihe. Das Ganze fand gerechten Beifall; es war wirklich schön und herzlich. Die Reden der Landleute eigneten sich oft zu Chören; dies allein hat einzeln misfallen, da Sie Einiger Misfallen an dieser Art zu reden kennen." Das Fräulein verstand sich auf die Kunst doppeldeutiger Formulierungen. Insgesamt war sie zufrieden: „Die Großfürstin beträgt sich mit so viel Verstand, Herzensgüte und Liebenswürdigkeit, daß sie wirklich Wunder tuth . . ." Ernsthafte kritische Meinungen reflektierte der Schauspieler Genast in seinem Tagebuch, als er schrieb: „Das Festspiel fand die tollste Anerkennung von Seiten des Hofes wie des Publikums, und doch gab es Einzelne, die bei manchen Andeutungen eine Liebedienerei Rußland gegenüber erblicken wollten. Jeder echte deutsche Mann wird gewiß einen Schiller davon frei sprechen. Solche Aeußerungen kamen aber auch nur von einer Partei her, die noch immer ihr Wesen in Weimar trieb." Leider nannte Genast die Partei nicht beim Namen.

Im übrigen war Schiller ja nicht die einzige Persönlichkeit, die der Russin zu eigenem Nutz und Frommen schmeichelte. Auch am Beginn des 19. Jahrhunderts galt das Wort Anna Amalias noch viel in Weimar. Gerade sie gab die Richtung an, in der mit Maria Pawlowna umgegangen werden sollte. Bereits am 28. November 1804 schrieb sie an Knebel in Jena, daß die neue Enkelin „ein wahrer Schatz" sei, den sie „unendlich" liebe und verehre: „Sie hat Glück und auch wohl den Segen dazu zu uns gebracht. Sie ist ohne kleinlichen Stolz, sagt Jedem was Gutes und Schmeichelhaftes und hat ein wahres Gefühl für das Gute und Schöne." Die Prinzessin liebe ihren Gatten, und beide gingen wie wahre Freunde miteinander um. Anna Amalia schloß voller Hingabe: „Ich kann mich auch schmeicheln, daß sie mich liebe. In meinen Enkeln werde ich also glücklich werden." Eine Kritik am Eheleben Carl Augusts verbarg sich dahinter wohl nicht. Was Wunder, daß sich die großen literarischen und philosophischen Geister am Weimarer Hof dieser Sprachregelung anschlossen. Ganz in diesem Sinne äußerten sich denn auch diejenigen, die durch ihre Dichtkunst den öffentlichen Auftakt zur Pro-Maria-Euphorie gegeben hatten – Wieland und Schiller.

Christoph Martin Wieland schrieb in einem Brief am 22. November 1804 voller Verzückung – und Hoffnung: „Ich danke dem Himmel, daß er mich lange genug leben ließ, um des beseligenden Anschauens eines solchen Engels in jungfräulicher Gestalt, noch in meinem 72. Jahre zu genießen. Mit ihr wird ganz gewiß eine neue Epoche für Weimar angehen. Sie wird durch ihren allbelebenden Einfluß fortsetzen und zu höherer Vollkommenheit bringen, was Amalia vor mehr als 40 Jahren angefangen hat." Schiller vergaß seinerseits über die Zukunftshoffnungen auch die Alltagsfreuden nicht. Wolzogen hatte ihm aus St. Petersburg einen „sehr kostbaren Ring" von der regierenden Kaiserin Elisabeth Alexejewna mitgebracht: „. . . ich hatte von dieser Seite her gar nichts erwartet." Es war der Dank der Kaiserin für ein Exemplar des „Don Carlos".

Tatsächlich hatte der „Don Carlos" auch im diplomatischen Gespräch eine wichtige Rolle gespielt. Das Stück war zur Zeit der Verlobung des Erbprinzen mit Maria in der russischen kaiserlichen Familie vorgelesen worden. Schiller arbeitete in jener Zeit – ausgerüstet mit Informationen vor allem von Wolzogen – bereits an dem Fragment gebliebenen „Demetrius" und interessierte sich in besonderer Weise für die Verbindungen nach Rußland, das er selbst besuchen wollte. Er schenkte nicht nur Maria Pawlowna, sondern auch der Kaiserinmutter eigenhändig abgeschriebene Exemplare von der „Huldigung der Künste". Als Friedrich Schiller im Mai 1805 starb, rührte sein Tod die russische Kaiserfamilie in besonderer Weise an. Maria Pawlowna hielt sich an dem Tag gerade in Leipzig auf. Als sie am 11. Mai abends zurückkehrte und von Schillers Ableben erfuhr, sprach sie der Witwe sofort Trost zu, schrieb die traurige Nachricht umgehend an ihre Mutter, die ihrerseits Klinger informierte und mit diesem ausführlich und kenntnisreich über Schillers Bedeutung für die deutsche und internationale Literatur sprach.

Aber bis dahin sollten noch einige Monate ins Land gehen, und einstweilen erfreute sich Schiller mit der Stadt und dem Herzogtum Weimar an der so angenehmen russischen Großfürstin. Ganz gleich, welche Briefe in jenen Tagen geschrieben wurden, sie bezeugten alle das gleiche Wohlwollen und die nämliche Zuneigung gegenüber Maria Pawlowna. Henriette von Knebel schrieb am 14. November 1804 an ihren Bruder: „Es ist sonderbar, daß unser Prinz gewiß unter den andern Prinzessinnen keine Gemahlin hätte finden können, die weniger stolz wäre und weniger Ansprüche machte als just diese. Man ist bei ihr ohne den geringsten Zwang und wir haben nach Tafel die fröhlichsten Stunden bei ihr im Zimmer zugebracht, recht in jugendlicher Fröhlichkeit, wie ich sie lange nicht erlebt habe." Nicht ganz so begeistert war Henriette von Knebel über die „Huldigung der Künste": „Schillers Vorspiel war wirklich schön und rührend, die fatalen Chöre ausgenommen, die sich immer schlecht ausnehmen." Dann erneut über die Großfürstin: „Sie hat jedem von denen, die sie anredeten, sehr artig und verbindlich gedankt. Die Art wie sie mit den Leuten, die sie bedienen, umgeht ist allerliebst und zeugt von wahrhafter Hoheit. Wer in ihrem Zimmer sich befindet, er sei Kammerherr oder Bedienter, wird freundlich von ihr angeredet und darf auch so mit ihr reden. Es ist ihr nur wohl, wenn sie andern wohl macht. Da ist sie aber auch vergnügt und lustig und lacht gerne ... Sie hat auch ihre hübschen Augen und ihre Ohren nicht umsonst und es entgeht ihr nichts."

Die Großfürstin Maria Pawlowna, die aus der glitzernden Welt eines der prunkvollsten europäischen Höfe kam, präsentierte sich „im stillen Thal bei armen Hirten" (so Schiller in der „Huldigung der Künste") als freundliche, aufmerksame und aufgeschlossene junge Frau. Allerorten begegnete man ihr wohlwollend, überwiegend natürlich schmeichelnd, und gleichzeitig voller Hoffnung, daß sie die Traditionen des Musenhofes weiterführen werde. Die ausschließliche Konzentration auf die Künste – als dem „Markenzeichen" des Weimarer Hofes – im Begrüßungsprogramm durfte als ein dringender Appell verstanden werden, die Erbherzogin möge sich bei ihrer künftigen Regierung um alle Belange des Herrschaftsgebiets kümmern. Ohne die literarischen und künstlerischen Genien und deren allseitige Förderung, so fürchtete man zu Recht, werde Weimar in die Bedeutungslosigkeit zurücksinken. Kunst und höfischer Wohlstand, Kultur, Wissenschaft und soziale Wohlfahrt für die Bürger waren im kleinen und armen Weimar eine untrennbar miteinander verbundene Lebensader, der die Großfürstin nun neue Impulse verleihen sollte – diese bange Hoffnung bewegte das ganze Land. Maria Pawlowna schien bereits in den ersten Tagen die Erwartungen zu bestätigen, und man atmete allgemein freier auf.

Schiller hatte es in der Huldigung verstanden, den Maria bereits aus St. Petersburg bekannten Geist der in Weimar versammelten Dichter und Denker als Synonym für den Charakter des Herzogtums auszudrücken:

> Mich hält kein Band, mich fesselt keine Schranke,
> Frei schwing' ich mich durch alle Räume fort.
> Mein unermeßlich Reich ist der Gedanke,
> Und mein geflügelt Werkzeug ist das Wort,
> Was sich bewegt im Himmel und auf Erden,
> Was die Natur tief im Verborgnen schafft,
> Muß mir entschleiert und entsiegelt werden,
> Denn nichts beschränkt die freie Dichterkraft.
> Doch Schönres find' ich nichts, wie lang ich wähle,
> Als in der schönen Form – die schöne Seele.

Ein Land, in dem so edle Verse entstehen konnten, in dem sich die großen Dichter dem Herrscher freundschaftlich verbanden und durch ihn und sein Mäzenatentum leben und dichten konnten, mochte das Land auch noch so klein sein, da konnte eine reine Seele wie Maria Pawlowna nur segensreich wirken. Die Botschaft wurde verstanden, schließlich war sie bei der Brautwerbung hinreichend vorbereitet worden. So kam es denn, daß der Einzug und die ersten Wochen Marias in Weimar aufmerksam beobachtet und kommentiert wurden, daß man sich allgemein durch verbale Huldigungen und Sachgeschenke bei der Erbprinzessin empfehlen wollte und daß sich die dem Hof nahestehenden Menschen aus Politik, Kunst und Wissenschaft sehr gezielt auf die Anwesenheit der jungen Dame einrichteten.

Es ist dagegen von penetranter Auffälligkeit, daß die Huldigungen den Erbprinzen Carl Friedrich stets nur in der zweiten Reihe erwähnten und ihm von Anfang an eine sekundäre Rolle zumaßen. Nun ja, die dominante Persönlichkeit Carl Augusts und die millionenschwere Eleganz Marias ließen dem freundlichen und stillen jungen Mann wohl wenig Möglichkeiten, seinen redlichen Geist strahlen zu lassen. Überdies gab es ein Protokoll, dem man sich zu fügen hatte. Für einige Wochen standen Maria und Carl Friedrich so sehr im Mittelpunkt des allgemeinen öffentlichen und jubelnden Interesses, daß reale persönliche Eigenschaften und Fähigkeiten zur Bewältigung der normalen und außergewöhnlichen Lebenssituationen keine Rolle spielten. Man präsentierte sich und wurde präsentiert, freundlich, gütig, allgegenwärtig und aufmerksam gegenüber jedermann. Den Feiertagen sollte ohnehin der Lebensernst auf dem Fuße folgen.

Vorerst gab es jedoch Sympathiebekundungen von allen Seiten. Anna Amalia und Schillers „Huldigung der Künste" beschrieben die gewünschte Richtung, und alle, alle schlossen sich an. In den ersten Wochen nach dem 9. November 1804 wurden unzählige Briefe geschrieben, von Goethe, von Henriette Knebel, von Karl Ludwig Knebel, von Christoph Martin Wieland, von Friedrich Schiller und vielen anderen Persönlichkeiten des Hofes und der Stadt Weimar. Sie alle sangen das Lob Maria Pawlownas, uneingeschränkt und im Hochschwang künftigen Glücks für die Kunst am Weimarer Hof – und auch für sich selbst. Die Eile war mitunter direkt kurios. Noch bevor die „Huldigung der Künste" aufgeführt worden war, sandte Schiller eine Kopie des Werkes an Wolzogen, der die Großfürstin auch in Weimar betreute, mit der Bitte, diese sofort an Maria zu übergeben und dafür zu sorgen, daß das Exemplar anschließend an die Kaiserinmutter nach St. Petersburg geschickt werde. Schiller hatte bereits am 11. November ein persönliches Gespräch mit Maria und war erleichtert: Alles, was sie gesagt hatte, sei „Geist und Seele" gewesen, und gottlob beherrsche sie die deutsche Sprache so gut, daß das Wort des Dichters von ihr verstanden werde.

Gelobt wurde von Henriette von Knebel auch die Demut, mit der sich Maria gegenüber dem Herzog und der Herzogin verhielt. Es war zunächst wohl mehr der Wunsch der Vater des Gedankens, wenn sie schrieb, Maria besäße einen veredelnden Einfluß auf Carl August. Dessen Gattin Louise betrachtete die Dinge ganz anders – und vor allem kritischer. Natürlich sparte auch sie nicht mit Lob über das nette junge Ding aus der großen weiten Welt. Aber am 15. November schrieb sie an ihren Bruder, den Prinzen von Hessen-Darmstadt: „Du weißt, daß ich nicht enthusiastisch bin, deshalb habe ich noch kein bestimmtes Urtheil über sie [über ihre Schwiegertochter Maria – Anm. des Autors]; ich kenne sie auch dazu noch nicht genug und gestehe Dir daher – aber nur Dir allein – daß ich sie nicht ganz verstehe und über sie nachdenke. Bis jetzt sind wir sehr gut zusammen und ich werde gewiß immer Dieselbe für sie bleiben . . . Sie hat hier alle Köpfe verdreht, besonders den des Herzogs, der ganz von ihr eingenommen ist . . ." Louise war eifersüchtig. Aus dieser Sicht ist auch der Satz Anna Amalias verständlich, daß sie nun nach der Ankunft Marias in ihren Enkeln weiterleben werde. Es gab innerfamiliäre Spannungen, diese wurden jedoch nicht nach außen sichtbar. Der Hof lebte die Harmonie vor. Gedichte, wie sie Knebel schrieb, waren ganz im Sinne des zwischen Hof und Volk demonstrierten ein-trächtigen Friedens:

> Neben einander stehn zwei holde Gestirn' an dem Himmel,
> Jugendlich zart und schön, beide verbunden durch Reiz;
> Ein Licht strahlet aus beiden und immer vereinet gewesen
> Scheinen sie, oder getrennt nur durch ein leichtes Geschick.
> Wenn im röthlichen Glanz das Eine heller emporstrahlt,
> zeiget im milderen Licht Jenes nicht minderen Reiz.
> Diesem möchte das Herz man vertrauen und Jenem sein Schicksal,
> Beide zusammen vereint bilden das glücklichste Loos.
> Eilt, ihr Kinder der Erde, dies Zwillingspaar der Gestirne
> Freundlich zu grüßen, damit eurem Kreisen sie nahn!
> Feiert Gelübde für sie! wenn einst als Sonnen sie glänzen,
> Daß sie den fröhlichen Tag senden mit himmlischem Licht.

Henriette tat, was ihr Bruder erwartet hatte: Sie trug die Zeilen sofort zu Maria Pawlowna und schilderte anschließend ihrem Bruder, wie die Großfürstin das Werk aufgenommen hatte: „Wie ein Röschen beschämt stand sie da, ich meine unser gutes Prinzeßchen, da sie sah daß von ihr auch die Rede sein könnte und Du auch an sie auf eine so feine Art gedacht hast. Sie ist sehr erfreut über dies schöne Denkmal von ihrem besten, liebsten Freund, wie sie sich ausdrückt, und läßt Dir aufs herzlichste Danken." Während Maria fein und höflich dankte, brach Carl Friedrich vor Glück in Tränen aus. Ein wenig überspannt war man schon in der ätherischen Luft Weimars.

In diesen erhabenen oder zumindest gefühlvollen Botschaften wird immer wieder deutlich, daß Maria bei all ihrer freundlichen Höflichkeit, die sie mitunter zur gestaltlosen Puppe verdammte, wie ein Sturmwind in Weimar eingebrochen war. Es waren nicht nur das Geld und ihre Weltoffenheit, es war auch das Bewußtsein, daß Maria im europäischen Adel nach Geburt und Rang weit über ihrem Gatten und weit über Carl August rangierte. Die Schwester des russischen Kaisers avancierte über Nacht zur wichtigsten politischen Persönlichkeit am Weimarer Hof. Schon nach wenigen Tagen zeigte sich, daß ihr Ausstrahlungsvermögen das der regierenden Herzogin Louise bei weitem überstieg – vielleicht wollte man es auch so sehen, denn zu einer reifen Persönlichkeit fehlte dem jungen Mädchen noch sehr viel. Auch das sollte sich bald zeigen, stand in ihren ersten Weimarer Tagen jedoch nicht zur Debatte.

Glückwünsche, Feierlichkeiten und Präsentationen rissen nicht ab. Was die großen Dichter so schön in Worte, Verse und Briefe setzten, veredelten der Bürger und der Bauer durch Sachgeschenke und alleruntertänigste Grußadressen. Lob, Nutz und Frommen standen in einer Reihe. Am 20. November 1804 übergaben z. B. die Vertreter der Stände, der Ritterschaft und der Städte aus den Mitteln der Landschaftskasse ein Präsent von 7000 Talern an das jungvermählte Paar. Das Geld sollte nicht für Freizeitvergnügungen ausgegeben werden, sondern diente als Darlehen für die Lösung landwirtschaftlicher Aufgaben.[26] Das ganze Herzogtum nahm in unterschiedlicher Weise an der Heimkunft des Erbherzogpaares teil, und jedermann wollte sich bleibend in Erinnerung bringen. So gingen die Tage im November 1804 dahin, und jene Menschen, die in der unmittelbaren Umgebung des Hofes lebten, besaßen selbst bei Bewahrung ihrer geradezu euphorischen Jubelstimmung die Möglichkeit, über die Person Marias und deren künftige Rolle in Weimar gründlicher nachzudenken. Ganz langsam begannen sich Stimmen aus dem hymnischen Chor zu regen, die den allgemein positiven Eindruck keineswegs dämpften, diesen jedoch mit steigender Sachlichkeit vermischten und natürlich auch die eine oder andere tiefgründigere Bemerkung einflochten. Selbst Friedrich Schiller, der dank Wolzogens Bemühungen von Anfang an wohl den engsten Kontakt zu Maria besessen hatte, schrieb am 21. November an seinen Verleger Cotta: „Mit unsrer neuen Prinzessin ist wirklich ein guter Engel bei uns eingezogen..." Daran im Anschluß: „Ich verspreche mir eine schöne Epoche für unser Weimar, wenn sie nur erst bei uns einheimisch wird geworden seyn." In den ersten Tagen und Wochen, auf dem Weg von Festen zu Empfängen, von Opernaufführungen zu Feuerwerken, konnte die junge Frau nicht heimisch werden. Der Druck auf sie war groß, stets und überall mit gleichbleibender weltfraulicher Gelassenheit aufzutreten. Aber der Alltag würde sich schon einstellen. Erste Anzeichen dafür gab es z. B. auch bei Friedrich Schiller selbst.

Schon in dem Brief vom 20. November konnte er mit heiter-ironischer Distanz an seinen Freund Gottfried Körner berichten, wie die „Huldigung der Künste" entstanden war, und obendrein ein beachtlich differenziertes Bild von der Erbherzogin zeichnen: „Sie hat sehr schöne Talente im Zeichnen und in der Musik, hat Lectüre und zeigt einen sehr gesetzten, auf ernste Dinge gerichteten Geist, bei aller Fröhlichkeit der Jugend. Ihr Gesicht ist anziehend ohne schön zu sein, aber ihr Wuchs ist bezaubernd. Das Deutsche spricht sie mit Schwierigkeit, versteht es aber, wenn man mit ihr spricht, und liest es ohne Mühe. Auch ist es ihr Ernst, es zu lernen. Sie scheint einen sehr festen Charakter zu haben, und da sie das Gute und Rechte will, so können wir hoffen, daß sie es durchsetzen wird. Schlechte Menschen, leere Schwätzer und Schwadronirer möchten schwerlich bei ihr aufkommen. Ich bin nun sehr erwartend, wie sie sich hier ihre Existenz einrichten und wohin sie ihre Tätigkeit richten wird."

Im Unterschied zu Friedrich Schiller blieb Christoph Martin Wieland bei seinem einmal eingeschlagenen Kurs einer erhabenen und relativ kritiklosen Verzückung, aber auch er schrieb, nachdem sich der erste Begeisterungssturm zu legen begann: „Mit ihr wird ganz gewiß eine neue Epoche für Weimar angehen. Sie wird durch ihren allbelebenden Einfluß fortsetzen und zu höherer Vollkommenheit bringen was Amalia vor mehr als 40 Jahren angefangen hat." Es war eine schöne Hoffnung, die Friedrich Schiller wenige Tage später indirekt mit dem Satz kommentierte: „Über unsere Erbprinzessin wollen wir nicht gern etwas voreiliges und verfälschtes sagen, bei einiger näheren Bekanntschaft wird sich das Gute schon von selbst darbieten . . ." Ein gewisser Überdruß an der Euphorie klang hier heraus. In der Tat mehrten sich im Dezember 1804 Stimmen, die den ganzen Empfang für die Erbprinzessin nachgerade als reichlich übertrieben empfanden, sich in die Zeit des Karnevals versetzt fühlten und hofften, alles möge nun bald ein glückliches Ende finden. Herzogin Louise stand in dieser Hinsicht nicht allein. Goethe hatte an allen Freuden des Empfangs artig teilgenommen, wahrte vorerst jedoch die seiner Person würdige durchgeistigte Distanz, unterstützt durch seine Mutter, die mehrfach auf ein baldiges Ende der Feierlichkeiten hoffte. Christiane Vulpius sprach das Wort vom Karneval aus. August, Prinz von Sachsen-Gotha, ohnehin kritisch und mokant gegenüber dem Vetter Carl Friedrich eingestellt, wollte sich nach den Feierlichkeiten in Ruhe mit Goethe treffen und verglich Marias Einzug in Weimar mit dem eines Pompejus oder Julius Caesar in das antike Rom. Minister Voigt, der seinerzeit in St. Petersburg Wolzogen unterstützt hatte, reagierte auf den Vorschlag der Stadt Allstedt, man solle doch anläßlich des Einzugs Marias eine goldene Medaille prägen, mit

der nüchternen Empfehlung, das Geld besser für die Ausbildung von zwei Wai-
senkindern zu verwenden. Vielleicht hatten die Deputierten aus Allstedt ihren
Vorschlag auch nur ironisch gemeint, denn ihnen war ja vertraglich die Last der
Schuldverschreibung auferlegt worden. Der Minister Voigt hatte das nur nicht
verstanden.

Die festlichen Tage mußten einmal zu Ende gehen, ohne daß die Freude über
die Anwesenheit der kunstsinnigen, selbstbewußten, hoffnungsvollen und in
ihren Wünschen und Ansichten konsequenten Großfürstin dadurch hätte leiden
müssen. Maria begann sich einzurichten und ihre Umgebung zu erforschen.
Allein, die Weimarer Idylle besaß auch etwas Trügerisches. Es sollten sehr
schnell Ereignisse eintreten, die das ersehnte Glück empfindlich störten und auf
Jahre hinaus verhinderten, daß die mit dem Ehevertrag gehegten Erwartungen
in Erfüllung gingen. Andererseits trug gerade dieser Vertrag wesentlich zur Rettung des Herzogtums bei – erfüllte sich die politische Motivation Carl Augusts,
die er 1799 in seinem ersten Vorstoß zur Anbahnung einer dynastischen Verbindung zwischen seinem und dem zaristischen Haus ausgesprochen hatte. In den
ersten beiden Jahren der Ehe Marias mit Carl Friedrich sollten die beiden
europäischen Kriegsgötter jener Zeit an die Tore Weimars klopfen: Kaiser Alexander I. von Rußland und Kaiser Napoleon Bonaparte.

5. KAPITEL

Eindrücke

Maria Pawlownas erste Jahre in Weimar bis zum Oktober 1806

Carl Friedrich und Maria begannen, sich als erbherzogliches Ehepaar in Weimar einzurichten. Das war sofort mit erheblichen Veränderungen in der gewohnten Weimarer Hofhaltung verbunden. Im Gegensatz zum Ehepakt standen in diesem Zusammenhang zumindest nach außen hin nicht die Geldfragen im Mittelpunkt. Der Kontrakt wurde quasi umgekehrt: Weimar erlebte nach dem Einzug der Großfürstin zuerst die Einrichtung der russisch-orthodoxen Kirche. Maria war sehr streng in ihrer Religion erzogen worden. Sie kam aus einem Land und aus einer Familie, in denen an den Grundsätzen von Autokratie, Orthodoxie und untertänigem russischen Volkstum ehern festgehalten wurde. Es entsprach daher nicht nur den Bedingungen des Ehevertrags, daß sie ihre Religion so schnell wie möglich in einer würdigen Kirche ausüben konnte. Für diese heilige Pflicht stand ihr der Erzpriester und Beichtvater Nikita Jasnowski zur Verfügung. Jasnowski sollte ihr von Beginn an in allen Glaubensfragen leitend, ratend und helfend zur Seite stehen. Der Priester war 1775 im Gebiet Tula, in der Familie eines Diakons geboren worden. Seit seinem zwölften Lebensjahr lernte Nikita am geistlichen Seminar in Kolomna. Ab 1790 bereitete er sich in St. Petersburg auf den Beruf eines Priesters und Lehrers vor. Die Ausbildung war ausgesprochen vielseitig und beinhaltete vor allem die Fächer Mathematik, Physik, Latein, Griechisch, Russisch, Deutsch, Rhetorik und natürlich Theologie. Ab 1799 übte er den Lehrerberuf aus. Nikita Jasnowski heiratete. Am 21. Mai 1801 – kurz bevor die Verhandlungen zwischen Wolzogen und Kurakin wiederaufgenommen wurden – wurde Nikita zum Priester geweiht. Der Dienst in einer St. Petersburger Kirchengemeinde sollte von kurzer Dauer sein. Die Kirchenleitung entschloß sich, den jungen, klugen und vielseitig gebildeten Priester ins Ausland zu entsenden. Zunächst war Paris vorgesehen, aber durch die Heirat Marias mit Carl Friedrich wurde der Plan geändert, und Vater Nikita, der sehr gut deutsch und französisch sprach, wurde auf Weimar vorbereitet. Am 5. September 1804 erfolg-

te die Weihe zum Priester in Weimar. Gemeinsam mit dem Diakon Alexei Jego-
row sowie mit dem Sänger und Psalmisten Nikolai Trubtschewski begab sich
Vater Nikita auf die Reise.

In Weimar angekommen, bestand für Jasnowski die erste Aufgabe in der Ein-
richtung der Griechischen Kapelle, so wie es der Ehevertrag verlangt hatte. Der
Erzpriester richtete zwei Hauskapellen ein: im Residenzschloß und im Haus der
Frau von Stein. Letztere war vor allem für die Gottesdienste in den Sommermonaten vorgesehen. Beide Hauskapellen wurden – wie auch die nach Maria
Pawlownas Tod über ihrem Grab errichtete Kapelle – zu Ehren der „Apostelgleichen Maria Magdalena", der Schutzheiligen Maria Pawlownas, geweiht. Die
Weihen erfolgten noch im Dezember 1804 in Gegenwart des gesamten Hofes.
Bereits am 5. Januar 1805 konnte Maria an den Metropoliten Ambrosius, der sie
getraut hatte, schreiben: „Meine Kirche ist vollkommen eingerichtet und in ihr
finde ich große Freude, meine Gebete zum Allmächtigen zu senden. Mit dem
Erzpriester bin ich sehr zufrieden, dafür danke ich besonders Euer Eminenz. Ich
hoffe, daß sein Brief Sie schon erreicht hat, in dem ich ihm befohlen hatte, Sie
über die Einrichtung der Kirche zu informieren."[27]

In der Literatur über Maria Pawlowna sind nicht in jedem Fall exakte Angaben über die Standorte und Ausstattungen der beiden Griechischen Kapellen zu
finden. Erzpriester Nikita Jasnowskis Nachfolger Sabinin hatte eine Tochter, von
welcher die Kapelle im Residenzschloß viele Jahre später so beschrieben wurde:
Sie war „im ersten Stock eingerichtet, in zwei großen Zimmern, im ersten standen immer wir und im nächsten befand sich die Bilderwand, dort standen auch
der Chor und die Großfürstin selbst".[28] Über die „Sommerkirche" schrieb Hans
Wahl im Jahr 1948 im Jahrbuch der Goethe-Gesellschaft: „Sie befand sich im Erd-
geschoß des Hauses der Frau von Stein, aus dem, wie man scherzhaft gesagt hat,
nach der Ablösung des Pferdegeruchs durch chemische Dünste nunmehr
Weihrauchdüfte nach oben drangen." Etwa 20 Personen umfaßte die russisch-
orthodoxe Gemeinde in jenen Jahren. Aber die Kapelle im Haus der Frau von
Stein war so klein, daß die Gläubigen während der Beichte auf die Vortreppen
hinaustreten und dort warten mußten.

Unabhängig von einzelnen Beschwernissen konnte Maria von Beginn an in
einer eigenen Kirche ihrer Religion nachgehen, unterstützt von ständig angestellten Priestern und einem eigenen Chor russischer Sänger. Maria besuchte,
das weisen alle einschlägigen Dokumente ihrer Hofhaltung akribisch aus, zeit
ihres Lebens regelmäßig die Kirche. Es gab keinen Feiertag, an dem das täglich
geführte Journal der Hof-Fouriere nicht für 9 oder 10 Uhr den etwa einstündigen
„Gottesdienst in der griechischen Kapelle" vermerkt hätte. Sowohl die Weimarer als auch russische Besucher beobachteten die Erbherzogin und spätere

Großherzogin aufmerksam bei ihren religiösen Handlungen und vermerkten achtungsvoll die Ernsthaftigkeit ihres Glaubens. Eine russische Dame schrieb: „Heute um 8 Uhr waren wir bereits in der Kirche. Bald nach uns kam die Großherzogin an, in ihrer Begleitung Frau Hopfgarten. Dann begann der Diakon die Gebete zu sprechen, darauf fing die Liturgie an. Vor der Kommunion küßte die Großfürstin unter tiefen Verbeugungen die Ikonen und verneigte sich voller Demut nach allen Seiten, dann stellte sie sich vor den Ambo und gab ein Zeichen mit der Hand, damit wir uns näherten. Als dann der Priester mit den Heiligen Gaben erschien, warf sie sich mit innerer Bewegung zu Boden, wonach sie mit Andacht Leib und Blut des himmlischen Königs empfing und sich dann wieder nach allen Seiten verneigte und auf ihren Platz zurückkehrte und alle gütig beglückwünschte, die von der Kommunion kamen und mit tiefer Verbeugung vor ihr verharrten." Der Erzpriester Nikita Jasnowski versah lange Zeit den Gottesdienst in Weimar, aber auch in Dresden. Jasnowski war gleichzeitig Beichtvater und Bibliothekar Marias und wurde als erster Übersetzer der ortho- doxen Liturgie aus der slawischen in die deutsche Sprache bekannt. Er war ein geselliger, humorvoller und weltoffener Mensch, der sich gut in den geistreichen Gedankenaustausch Goethes mit Maria Pawlowna einfügte und auch selbst sehr oft Gast im Haus Goethes war. Nach langer und ernster Krankheit starb Jas- nowski am 12. März 1837. Er wurde unter den Mauern der Jacobskirche in Wei- mar begraben. Das Amt des Erzpriesters und Beichtvaters übertrug der Heilige Synod in Petersburg an den Geistlichen Sabinin, der Maria Pawlowna bis zu deren Ableben in allen Glaubensfragen betreute.

Die Gewährung der Glaubensausübung war für die Großfürstin ein grund- legendes und natürliches Lebenselement. Nicht minder wichtig war die Organi- sierung der erbherzoglichen Hofhaltung. Obwohl Carl August dem jungen Paar das Schloß Belvedere erst im Jahr 1806 zur ständigen Wohnung übergab, lebte es dort seit dem Jahr 1804. Unabhängig vom konkreten Wohnsitz erhielt Maria – neben dem gemeinsamen Hof mit ihrem Gatten – einen eigenen Hofstaat, eine eigene Kanzlei und Schatullverwaltung. Diese Ehre geboten die Tradition, ihr Rang und die Tatsache, daß sie persönlich über ein ansehnliches Vermögen ver- fügte. Maria blieb sowohl hinsichtlich ihrer individuellen Wünsche, ihrer Talen- te und Neigungen sowie ihrer politischen und karitativen Aufgaben weiterhin mit Rußland und dem dortigen Kaiserhof verbunden. Sie hatte Pflichten gegenüber anderen europäischen und deutschen Fürstenhöfen, die dynastisch mit dem Hause Romanow liiert waren, zu erfüllen, z. B. gegenüber dem Her- zogtum Mecklenburg-Schwerin.

Marias Beamte – ihre Hofdiener – mußten unter der strengen Kontrolle durch die auch in Verwaltungsangelegenheiten konsequente Großfürstin reichhaltige und anspruchsvolle Aufgaben lösen. Allein der voluminöse Schriftverkehr mit russischen Verwandten, Persönlichkeiten, Ministerien, Verwaltungen, Stiftungen und verschiedenen Institutionen – meist in französischer, aber auch in russischer Sprache – stellte höchste Anforderungen an jeden Mitarbeiter. In Weimar sprach man deutsch und schrieb, was damals unter der deutschen Sprache ohne feste grammatikalische Regeln verstanden wurde. Maria Pawlowna führte die französische Sprache als gesellschaftsfähige Umgangsform ein.

Die Hofdiener besaßen die Obhutspflicht über das Abbuchen von Einnahmen und Ausgaben der Weimarer Privatschatulle sowie auch bei den kaiserlichen russischen Banken in St. Petersburg, bei denen allen Mitgliedern der Familie Maria Pawlownas, ihrem Gatten ebenso wie den Kindern, ansehnliche Guthaben eingerichtet wurden. Im Unterschied zur lückenhaft erhalten gebliebenen Korrespondenz Maria Pawlownas verwahrt das Thüringische Hauptstaatsarchiv in Weimar die Jahreskapitalabrechnungen der Großfürstin an russischen Banken – ebenso die Belege, Quittungen, Abrechnungslisten, Reisekosten und Nachweise sonstiger Einnahmen und Ausgaben.[29] Ausgehend von den Festlegungen des Ehevertrags weisen die persönlichen Besitzstände Marias allein für die Anfangsjahre 1804 bis 1806 an Assignaten im St. Petersburger Sicherheitsschatz einen Wert von etwa 190.000 Rubel aus.[30] Es war eine Stärke der Hofverwaltung Marias, daß über alle Einnahmen und Ausgaben penibel Buch geführt wurde. Der Wirtschaftshistoriker, der die Wirtschafts- und Sozialgeschichte des Herzogtums Sachsen-Weimar-Eisenach im 19. Jahrhundert schreiben will, darf sich allein aus dem Nachlaß Maria Pawlownas an Bergen von Quittungen, Rechnungsbelegen, Statistiken und Listen erfreuen, die das Leben dieser bemerkenswerten Frau zumindest in materieller und finanzieller Hinsicht sehr transparent erscheinen lassen. Daran besitzen ihre Hofbeamten mit der unverkennbaren Meisterleistung deutsch-russischer Vollkommenheitsliebe in der Bürokratie ein unbestreitbares Verdienst. Da wir aber weder ein billiges Sensationsbedürfnis befriedigen noch die Sparkassenbücher der Großfürstin veröffentlichen werden, wollen wir uns mit diesen allgemeinen Hinweisen bescheiden.

Allerdings erschöpfte sich die Tätigkeit der Hofdiener nicht im Putzen von Dukaten oder Zählen von Rubelbeträgen. Sie mußten alle amtlichen Vorgänge bei Geburten, Taufen, Eheschließungen, Todesfällen und in Testamentsangelegenheiten bearbeiten und führen. Die über Rußland, Deutschland und andere europäische Staaten verteilte Familie Romanow verlangte in dieser Hinsicht ganze Aufmerksamkeit – niemand durfte vergessen werden. Ein versäumter Namenstag der Kaiserinmutter hätte eine Katastrophe bedeutet! Die große Sippe der Wettiner besaß ebenfalls genügend Glieder, die in protokollarischer Hinsicht bedacht und betreut sein wollten und die Maria erst einmal kennenlernen mußte.

Trotz dieser wichtigen und umfangreichen Aufgaben blieb der Personalbestand des Hofstaats, der Kanzlei und der Schatullverwaltung relativ klein. Er entsprach den realen Bedürfnissen, durfte außerdem nicht viel kosten und hatte dementsprechend ein Höchstmaß an Effizienz zu erbringen. Die personelle Zusammensetzung war nicht durchwegs stabil und wechselte mehrfach. Das lag nicht an den Führungsqualitäten der Erbprinzessin, die zwar streng und aufmerksam, nichts nachlassend, aber gerecht und gleichbleibend freundlich mit ihren Mitarbeitern umgehen konnte. Es lag eine gewisse Logik in der Festlegung, daß zunächst Wilhelm von Wolzogen ihrem kleinen Hofstaat vorstand. Er kannte Maria seit 1799, hatte sie selbst studiert, das russische Leben kennengelernt, wußte um alle Festlegungen und Finessen des Ehepakts. Er besaß das unbedingte Vertrauen seines Herzogs und auch des russischen Kaiserhofs. Wolzogen hatte genügend eigene künstlerische und literarische Interessen. Er war zunächst der ideale Ratgeber für Maria und konnte sie besonders gut in die Feinheiten des Weimarer Hofes einführen. Außerdem war seine Berufung an die Spitze des Hofstaats Marias als Dank und Anerkennung für die lebensspendende Leistung, die er mit dem Ehevertrag vollbracht hatte, zu verstehen.

Mit der Person Wolzogen war ein weiterer interessanter Aspekt verbunden. Er zählte ohnehin als Geheimrat und Mitglied des Geheimen Consiliums zu den einflußreichsten und engsten Vertrauten des Herzogs. Carl August hatte ihn als Außerordentlichen Minister und Gesandten zu den Verhandlungen nach St. Petersburg geschickt. Diesen Titel behielt er nun bei. Weimar und St. Petersburg waren eine dynastische Ehe eingegangen. Eine formale diplomatische Beziehung war damit nicht automatisch verbunden. Lediglich Wolzogen wurde als weimarischer Gesandter in Petersburg geführt. Eine russische Gesandtschaft in Weimar gab es zu diesem Zeitpunkt nicht. Die Frage wurde ohnehin mit der Besetzung Sachsen-Weimar-Eisenachs durch napoleonische Truppen im Oktober 1806 und durch den Beitritt des Herzogtums zum Rheinbund hinfällig.

Baron Wilhelm von Wolzogen starb bereits im Jahr 1809, so daß er seine überragenden politischen und diplomatischen Fähigkeiten für Marias Leben in Weimar praktisch nur bis zum Oktober 1806 einsetzen konnte – dann verließ sie die Stadt wieder. Unbeschadet dessen wurde auch formal eine Änderung in der Besetzung der Sekretärsstelle vorgenommen. Während ihrer erzwungenen Wanderschaft zwischen 1807 und 1813 diente Michael von Lewandowski als Leiter des Hofstaats der Großfürstin.

Sekretär Wolzogens und gleichzeitiger Schatullverwalter wurde Julius Adolph Völkel. Er hatte ebenfalls an den Missionen in St. Petersburg teilgenommen und kannte das russische Finanz- und Verwaltungssystem. Seine buchhalterischen Fähigkeiten und seine Treue zu Maria ließen ihn bis zu seiner Pensionierung im Jahr 1846 in den Aufgaben des Schatullverwalters verbleiben. Dabei kletterte er in der Rangtabelle bis zum Geheimrat empor. Später, nachdem sich die Kriegswogen in Europa geglättet hatten, dafür jedoch politische Probleme bezüglich der Stellung des Großherzogtums in Deutschland auftauchten, die eine stärkere Rückendeckung aus Rußland erforderten, stellte Maria den russischen Kollegienassessor und späteren russischen Staatsrat Karl von Otto für ihre Verwaltung ein. Otto diente ihr bis 1851. Ihm stand bis 1846 der Kanzleiregistrator Gottfried Rudolph zur Seite. Im Laufe der Jahre wechselten die Mitarbeiter in der Kanzlei mehrfach. Meist kamen sie aus Deutschland, und neben Karl von Otto bleibt für die Jahre von 1851 bis 1859 nur der russische Staatsrat Robert von Fehleisen als Beamter mit einem russischen Titel zu erwähnen. Eine wichtige Rolle spielte der letzte Oberhofmeister Marias, der Freiherr von Vitzthum. Alle diese Staatsdiener leisteten ihre Arbeit. Eine Persönlichkeit mit prägendem Einfluß auf jene Bereiche, die Marias Stärke bilden sollten, die Kunst und Wissenschaft sowie die öffentliche Wohlfahrt, war vor allem Wilhelm von Wolzogen.

Kirche, Wohnung und Hofhaltung wurden nach und nach eingerichtet. Die elementaren Lebensbedingungen schienen sicher und gefügt. Die Hauptaufgabe bestand weiter im aufmerksamen Blick auf das Weimarer Leben – sich anzupassen oder dieses zu verändern. Maria mußte Land und Leute kennenlernen, die höfischen Sitten erfahren, Kontakte zu den großen Köpfen Weimars aufbauen und – dem herzoglichen Haus einen Thronfolger schenken. Alles floß zusammen, bildete eine Einheit, nichts geschah voneinander isoliert. Die leichteste Aufgabe bestand noch in den Huldigungsreisen durch das Herzogtum. Viel schwieriger war für die junge Frau eine akzeptable Einstellung zu den bedeutenden Dichterfürsten, die über eine reine Bewunderung hinausging. Das war bei Wieland besonders kompliziert, weil dieser selbst aus lauter Bewunderung für Maria bestand. Wieland, damals bereits über 70 Jahre alt, ließ nicht in seiner schwärmerischen Zuneigung nach, die von Maria Pawlowna durchaus erwidert wurde. Als sie im Februar 1806 krank war und für einige Zeit allein bleiben wollte, setzte sich Wieland sofort hin und schrieb folgende Zeilen, die aus purer Hingabe auch ganz spontan veröffentlicht wurden:

> Freundliche Geberinnen alles Guten,
> Was den Kindern der Erde aus der vollen
> Nektarquelle der Himmlischen spärlich zufließt,
> Holde Gracien hört, o, hört an diesem
> Festlichen Wonnetag die letzten Bitten

Eures greisen Priesters! Laßt die Wolken fliehen,
Die dem dürstenden Blick Maria's ach! so lange
Lang entbehrtes all' erfreu'ndes Anschaun rauben!
Und o Du, heilbringende Hygiea,
Weh', o gütige Göttin, wehe die Allgeliebte
Mit dem geistigen Duft' der ewig frischen
Blume der Jugend an, daß noch die Enkel
Unserer Kinder an Ihres himmlischen Auges
Milden Stralen das treue Herz erwärmen.

So lange Wieland lebte, verzichtete er niemals auf die hymnische Verehrung für Maria. Größere Anlaufprobleme ganz anderer Art besaß Goethe, der im Unterschied z. B. zu Schiller oder Wieland verantwortliche Aufgaben für das Herzogtum erfüllte. Er war ganz einfach ein sachlicher und überlegter Mann, der die Menschen und Dinge sorgfältig abwog und prüfte. Von Anfang an existierte bei ihm und bei Maria das ernste Bemühen um ein freundliches Verhältnis. Sie trafen einander nicht nur bei hofoffiziellen Gelegenheiten, sondern ebenso zu vertraulichem Gespräch. Mitte Januar 1805 schrieb Schiller in einer Notiz an Goethe, Maria habe in einer Unterhaltung berichtet, wie interessant ihre letzte Begegnung mit Goethe gewesen sei, und sie hoffe von diesem noch viel zu lernen. Goethe reagierte darauf mit einer Anspielung auf die materielle Situation der Kunst in Weimar und auf die Hoffnungen, die er in Maria setzte, indem er das bekannte Wort zitierte: „Wenn unsere junge Fürstin an dem was wir mitteilen können Freude hat, so sind alle unsere Wünsche erfüllt. Unser einer kann ohnehin immer nur mit dem Apostel sagen: Gold und Silber habe ich nicht, aber was ich habe, gebe ich im Namen des Herrn." Er beschäftigte sich unablässig mit dieser jungen Frau und suchte sie zu ergründen. Darüber schrieb er an viele Freunde und Bekannte, so z. B. im Januar und Februar 1805 an den Kanzler Müller oder auch an Charlotte von Stein.

Der Hof, das alltägliche Leben, sein Wissen und seine Menschenkenntnis schufen für Goethe einen Rahmen, in den Maria vorerst nur bedingt paßte. Gewiß, er hatte im Epilog zu Schillers „Glocke" auch auf den Einzug Marias in Weimar und auf die „Huldigung der Künste" angespielt. Aber Goethe gab sich nicht der schwärmerischen Begeisterung hin, die Schiller und vor allem Wieland unablässig an den Tag legten. Vielleicht bewegten ihn ähnliche Gedanken wie damals, als er 1775 nach Weimar gekommen und darangegangen war, den wilden Carl August zu bändigen. Goethe, das gefeierte Genie, besaß viele Verantwortungsbereiche. So mußte zwischen ihm und dem Herrscherpaar, bzw. auch gegenüber dem Erbprinzenpaar, viel „Geschäftliches" erledigt werden.

Das kostete Geld und Mittel, und damit waren stets Reibungspunkte verbunden. Aber Goethe war sich auch seines eigenen Wertes bewußt, und so ist in diesem Punkt der Satz aus einem Nachruf auf Maria Pawlowna aus dem Jahr 1859 mit Sorgfalt zu lesen: „Goethe, in welchem die Großfürstin nicht blos den großen Dichter, sondern auch den hochverdienten Staatsminister und den vertrauten, in vielen schwierigen Fällen bewehrten Freund und Rathgeber des regierenden Hauses verehrte, schätzte sich glücklich, den Erbprinzen und seine erlauchte Gemahlin in seinen alten Tagen unter seinen eifrigsten Zuhörern und Besuchern zu sehen und bei der letzteren überdies bei allen Wünschen, zu denen ihn seine eigenen Studien oder die Obliegenheiten seines Amtes veranlassen mochten, eine stets freundliche und stets willige Nachhülfe zu finden." Goethe schätzte sich glücklich, die junge Frau unter seinen Zuhörern zu wissen! Nicht er huldigte ihr, sondern sie lernte von ihm. In den Jahren 1804 bis 1806 stand man allerdings erst am Beginn einer viele Jahre anhaltenden Beziehung, die sich zum beiderseitigen Nutzen entfalten sollte.

Maria war noch unerfahren und manchmal sogar unreif, Eigenschaften, die ihrer Jugend geschuldet waren und die sie nach außen hin durch die trainierte höfische Disziplin überspielen konnte. Wenn sie jedoch ihre geheimsten Gedanken aussprach oder gar zu Papier brachte, dann offenbarte sie sich in einer anderen Sicht, als es die Höflichkeit auf Staatsempfängen ahnen ließ. Sie war bissig, ironisch, ungerecht und dennoch von scharfem analytischen Verstand. Maria war noch jung und vielleicht auch noch ein wenig von staunender Naivität, was sich da so alles hinter den sicheren russischen Grenzen im fernen Westen vollzog. Sie war innerlich vor allem unsicher, wie sie sich zu dem „eingespielten Team" am Weimarer Hof verhalten mußte. Goethe zählte damals 55 Jahre. Er war für die junge Frau ein alter und über allen niederen Dingen des Lebens stehender Mann, dem sich zu nähern trotz ihrer eigenen hohen Herkunft außerordentlich schwierig war. Die übrigen Menschen am Hof überschlugen sich in Liebedienerei. Andere, wie die Herzogin Louise, warteten kühl ab. Aus allen diesen Umständen ist es nicht verwunderlich, daß sich Maria gegenüber der ihr vertrauten Mutter so öffnete, daß all ihre Zuversicht, Unsicherheit, Selbstgefälligkeit und Zweifel ineinanderflossen.

Zu Beginn des Jahres 1805 schrieb die Kaiserinmutter Maria Fjodorowna an ihre Tochter, daß es doch sicher sehr viel Überwindung kosten würde, sich den drei großen Männern Weimars (trois beaux esprits de Weimar), Wieland, Schiller und Goethe, zu nähern. Sie selbst würde, falls sie einmal nach Weimar käme, davor eine gewisse Scheu haben. Tochter Maria, ihr Leben lang stark auf die Mutter fixiert, hätte diese lieber heute als morgen in Weimar an ihrer Seite gewußt. Also bemühte sie sich mit der ganzen Unbekümmertheit ihrer Jugend, die Bedenken der Mutter zu zerstreuen und ihr die Angst durch gewollt witzige Übertreibungen zu nehmen. Also schrieb sie: „Liebe Mama, was die Gelehrten betrifft, so sind gerade sie dermaßen verlegen, die guten Leute, daß es drollig ist. Allgemein gesprochen, haben sie den Grazien kein Opfer dargebracht. Der alte Wieland trägt ein Käppchen, was mich, als ich ihn zum ersten Mal sah, ihn für einen Juden halten ließ. Goethe hält seinen Hut ganz senkrecht dicht am Körper, als ob es ein Blumentopf sei, und Schiller, dessen Physiognomie schön, jedoch leidend ist, scheint sehr oft zu taumeln. Würden Sie, liebe Mama, es glauben, – diese drei Individuen bekommt man während drei Vierteln der Zeit kaum zu Gesicht: entweder sind sie krank oder sie richten sich darauf ein, eine gewisse Zeit, die sie bestimmen, ihre Behausung zu hüten . . ."[31] Letzteres war für eine Zarentochter natürlich vollkommen ungewöhnlich und gar unmöglich. Am Hof des russischen Kaisers war auch der höchste Aristokrat ein Diener und Untertan des Selbstherrschers und hatte zur Verfügung zu stehen, wann immer es der Majestät beliebte. Eigenwilligkeiten der Selbstentscheidung über den Tagesablauf hatte sich dort bestenfalls ein Fürst Potjomkin leisten können. Und der hatte die Krim für seine Kaiserin Katharina II. annektiert bzw. ganz Südrußland an das Reich angeschlossen . . . Aber Dichter und Denker? Doch Maria war nicht ungerecht. Nachdem sie ihrer Mutter die Angst vor dem Umgang mit den Weimarer Genies genommen zu haben glaubte, fügte sie hinzu, daß sich ihre Betrachtungsweise sofort ändern würde, sobald sie mit den Dichtern ins Gespräch käme. Dann bekäme man sofort ein ganz anderes Bild.

Diese Art, den Hof scharfzüngig zu analysieren, nicht selbst in den Hofklatsch hineinzugeraten und die Position des noch Außenstehenden mit dem guten Willen zur Eingemeindung zu verbinden, charakterisierte noch für eine Weile das Denken und Handeln Marias, die obendrein inzwischen schwanger geworden war und sich aus diesem Grund noch sensibler gegenüber ihrer Umwelt verhielt. In Weimar war ein Brief des Bruders Alexander I. eingetroffen, und auch der Kaiser hatte voller Ehrfurcht von Weimar als einem deutschen Athen gesprochen. Maria wollte erneut darlegen, daß man den großen Geist Weimars respektieren müsse, daß sich das Alltagsleben jedoch ganz anders darstelle. Darum schrieb sie am 25. April 1805 abermals an ihre Mutter: „Ich mußte lachen [nachdem sie den Brief Alexanders gelesen hatte – Anm. des Autors]. Würden Sie, liebe Mama, es für möglich halten, daß Weimar eine unglaubliche Mischung von Hohem und Niedrigem ist? Einerseits diese drei kapitalen Köpfe [Goethe, Schiller und Wieland – Anm. des Autors], außergewöhnliche Menschen, jeder von ihnen durch seine Eigenart von den anderen unterschieden und kenntnisreich . . ."[32] Für diese drei galten ihr, die sie durch Männer wie La Harpe oder den Dichter Shukowski beeinflußt worden war, die Kenntnis von den Sati-

ren Nowikows oder der Kampfschrift Radischtschews „Die Reise von Petersburg nach Moskau" besaß und die sich dem Willen ihres Bruders, zu herrschen
wie die große Katharina II., verpflichtet fühlte, besondere Maßstäbe. Der Herzog
und der ganze Weimarer Hof standen in der Adelshierarchie weit unter dem russischen Kaiserhaus. Darum erlaubte sie sich ihrer Mutter gegenüber Gedanken
und Urteile, die sie – obwohl die Bemerkungen durchaus den Kern trafen – in
der Öffentlichkeit niemals formuliert hätte – auch nicht gegenüber den „kapitalen Köpfen", auf die sie selbst bald verzichten würde. Herzog Carl August war
für Maria in dem Brief vom 25. April 1805 der „denkbar originellste Mensch, der
glücklich ist, wenn ihm ein Bonmot einfällt, das so amüsant ist, daß seine Zuhörer sich darüber totlachen". Ihm gegenüber legte sie auch die größte Unbefan-
genheit ab und wagte sogar, selbstbewußte und kritische Pfeile gegen seine Lieb-
schaften abzuschießen. Getreu den Spielregeln des Hofklatsches schrieb Caroline Bertuch in jener Zeit an Lotte Froriep: „Gestern ist die Jagemann abgereist;
ich glaube, sie thut wohl, jetzt ein wenig aus dem Wege zu gehen. Die Großfürstin soll so manche feine Spötterei über das Verhältnis anbringen, und da sie viel
Credit hat, ist es vielleicht die beste Cur. Als die Jagemann ich weiß nicht mehr
in welchem Stück blos eine Arie gesungen hat, so fragt die Großfürstin den Herzog, ob denn das diese Jagemann wär, von der er ihr gesagt hätte, daß sie gut sänge? Als er es bejahet, so sagt sie ihm, er solle doch nur aufmerken, sie sänge ja
entsetzlich falsch; da lehnt er sich weg und sagt kein Wort. Und seitdem hat sie
in zwei Opern gesungen und jedes mal ist die Großfürstin nicht in die Comedie
gegangen."

Respekt bewies Maria gegenüber der Herzogin Louise: „. . . gebildet, lie-
benswert, wenn man sie näher kennt, ehrwürdig, geistreich . . ." Es war eine
höchst exakte und scharfsinnige Bemerkung. Ihr Urteil über Anna Amalia
erscheint nicht minder treffend: „. . . die Herzoginmutter, die das bemerkenswerte Talent besitzt, daß Jung und Alt sie gerne aufsuchen und sich bei ihr wohl-
fühlen, die einen mit ihrer Weisheit, die anderen mit ihrer lärmenden Heiterkeit." Insgesamt war an diesen Bemerkungen rein sachlich nichts auszusetzen,
höchstens die Tatsache, daß sie überhaupt ausgesprochen wurden. Über ihren
Gatten Carl Friedrich verlor Maria kein Wort – sie liebte ihren Gemahl, seinet-
wegen war sie nach Weimar gekommen, er stand außerhalb der Kritik.

Im Unterschied zu den Bemerkungen über Menschen, die ihr nahestanden
oder die sie verehrte, besaß Maria über den gesamten Hof und über Weimar ein
gleichermaßen vernichtendes wie in seiner Pauschalität ungerechtes Urteil: „Auf
der anderen Seite, liebe Mama, – Männer und Frauen, die recht unbedeutend
oder geradezu unangenehm sind und unter denen man eine Menge Plattfüße
findet, um es nicht deutlicher auszudrücken; und schließlich, um das Ganze zu

krönen, – eine mittlere Sorte von Menschen, die sich nur in der Richtung bewegen, in die sie gestoßen werden, und die sich die Zeit vertreiben, daß sie gaffen oder die geistreichen Menschen beschauen und bestaunen, sowie auf die Dummköpfe achtgeben: und dies ist eben Weimar!" Erschreckt durch ihre eigene Kühnheit im Urteil hielt Maria inne: „Nur zu Ihnen wage ich derart zu sprechen und Ihnen meine Denkweise zu offenbaren." Danach beruhigte sie sich selbst: „Es ist aber ergötzlich, so viele schreiende Kontraste und gegensätzliche Dinge zu betrachten." Tatsächlich hatte Maria gar nicht so unrecht, ein Korn Wahrheit lag in ihren Ansichten. Sie sprach sie ja auch nicht öffentlich aus. Und schließlich: Mehr als ein halbes Jahrhundert sollte sie in Weimar heimisch werden – mit den kapitalen Köpfen, mit dem Hof und mit den „Plattfüßen". Am Ende würde sie auf ein solches Jugendurteil nicht wieder zurückkommen und alle würden gut über sie sprechen.

Der Jahrmarkt der Eitelkeiten verschwand nicht aus ihrem Leben. Wer gesehen hatte, wie Weimar die Ausstellung des Trousseaus gestürmt hatte, wie Maria empfangen worden war und mit welcher Heftigkeit selbst die großen Denker um sie warben, bekam davon eine Vorstellung. Am 2. April 1805 schrieb Schiller an Heinrich Eberhard Gottlob Paulus: „Durch die Erbprinzessin ist ein neues Leben in die Stadt gebracht. Sie ist sehr liebenswürdig, und erhält und erwidert die allgemeine Verehrung." Am selben Tag schickte Schiller ein Exemplar der „Huldigung der Künste" an Wilhelm von Humboldt und würdigte ganz bescheiden die eigene Leistung beim Empfang Maria Pawlownas. Friedrich Schiller hatte mit diesem Werk tatsächlich viel geleistet, um Maria ein gutes Gefühl für ihr künftiges Leben in Weimar zu vermitteln. Er hatte sich auf die Länge auch nicht jenem greisenhaften Überschwang hingegeben, den Wieland an den Tag legte. Während er intensiv an seinem russischen Stoff, dem „Demetrius", arbeitete, verfloß sein Leben.

„Demetrius", das war die Geschichte um den ersten „Pseudodmitri", einen entlaufenen Mönch, der sich als wahrer Sohn Iwans des Schrecklichen ausgegeben hatte, von Polen unterstützt mit einem Heer gegen Moskau gezogen war und in den Jahren 1605/06 als Usurpator auf dem Moskauer Zarenthron gesessen hatte. Demetrius war ein Kind der russischen Wirren am Beginn des 16. Jahrhunderts, und die Dramatik seines Lebens mußte für einen Dichter wie Friedrich Schiller faszinierend sein. Schiller verfügte zwar über kein abgerundetes Rußlandbild, hatte sich mit diesem Land und seiner Geschichte jedoch von Jugend an beschäftigt. Es ist durchaus möglich, daß er den Demetrius bereits im Jahr 1786 studiert hatte, als er eine „Geschichte der merkwürdigsten Rebellionen" plante. Schiller führte 1804/05 die Figur des Michail Fjodorowitsch Romanow in das Stück ein, obwohl der erst 1613 durch eine Reichsversammlung zum Zaren gewählt wurde und mit den Vorgängen um den falschen Demetrius in keiner Verbindung stand. Dadurch bekam die Figur im Drama eine herausgehobene Stellung. Die „reine, loyale, edle Gestalt, eine schöne Seele". Das Wort wiederholte jenes aus der „Huldigung der Künste" und zielte hier wie dort auf eine bessere Zukunft. In seinem Studienheft erwog Schiller sogar eine Vision des Michail Romanow, die bis zu Alexander I. weisen sollte. Er schrieb: „Romanow wird durch eine wunderbare himmlische Gewalt getröstet und von der blutigen Unternehmung gegen Demetrius zurückgehalten ... Diese Scene erhebt über das Stück hinaus und beruhigt das Gemüth durch ein erhabenes Ahnden höherer Dinge." Der Bezug zur damaligen Gegenwart war unübersehbar. Doch das wahre Schicksal des Dichters blieb unerbittlich. Schiller sollte das Werk nicht zu seinem glücklichen Ende bringen.

Am 30. April 1805 brach Maria gemeinsam mit ihrem Gatten und dessen Schwester, Prinzessin Caroline, zu einer kurzen Reise nach Leipzig auf. Sie verbrachten einige Wochen zu privaten Zwecken in der Messestadt und kehrten erst am Abend des 11. Mai nach Weimar zurück. Schiller war tot. Maria wurde von einer großen und echten Trauer erfaßt. Sie besaß außerordentlich starke Sympathien für den Menschen und den Dichter Schiller. Maria informierte umgehend ihre Mutter in St. Petersburg. Gemeinsam erinnerte man sich daran, wie im Familienkreis – zu Zeiten der Verlobung – der „Don Carlos" vorgelesen worden war. In jenen Tagen weilte der deutsche Dichter Johann Gottfried Seume in der russischen Hauptstadt. Er hatte gerade seine bekannte Arbeit „Spaziergang vor Syrakus im Jahre 1802" abgeschlossen und beobachtete nun das russische Leben. Später beschrieb er in seinem Buch „Mein Sommer 1805" ausführlich und eindrucksvoll, wie die Nachricht vom Tod Schillers in Rußland aufgenommen wurde: „Eben war ich mit meinem Wirth und Freunde in einer gemüthlichen und traulichen Unterhaltung, da trat ein großer, ernster, charactervoller Mann herein, mit finsterem fast mürrischem Gesichte, warf seinen Federhut und Stock nachlässig auf einen Seitentisch und schritt schweigend einigemal im Zimmer auf und ab. Der Mann war Klinger; er kam von der Kaiserin. Kinder, so sagte er mit dem Tone der tiefen männlichen Rührung: Schiller ist todt ... Die Großfürstin Maria von Weimar hatte mit den kleinsten Umständen und dem ganzen Ausdruck einer schönen Seele den Todesfall sogleich ihrer Mutter in Petersburg gemeldet; und nie ist wohl ein Nationaldichter so allgemein betrauert worden, als Schiller an der Newa." Seume wurde wenig später von Maria Fjodorowna in einer Audienz empfangen: „Die Kaiserin fragte mich viel über Schiller, dessen Tod noch das Gespräch der Stadt war, und sprach von seinen Schriften mit hoher Achtung und von manchen mit einer so feinen Kritik, daß auch Schiller, hätte er sie gehört, sie gewiß benutzt hätte ... Sie sprach noch Manches über unsere Lite-

ratur, und mit vieler Bestimmtheit und Klarheit und einer Kenntniß, die mich
vielleicht bald in Verlegenheit gesetzt haben würde: denn es ist natürlich, daß die
Kaiserin mehr Zeit und Mittel hat viel und gut zu lesen und sich zu unterrichten
als ich." An diesem Punkt waren Mutter und Tochter einander gleich.

Die Trauer um Friedrich Schiller hielt an. Sie war mit der Beerdigung nicht
abgeschlossen. Maria war stolz darauf, daß sie Schillers eigenhändige Abschrift
der „Huldigung der Künste" in ihrem Besitz hatte. Nun konnte sie nur noch sein
Andenken ehren und den Hinterbliebenen tätige Hilfe angedeihen lassen. Und
das Leben ging weiter. Maria hatte sich mit ihrem Gemahl noch immer nicht in
allen Landesteilen vorgestellt. Was Weimar recht war, mußte Eisenach selbstverständlich billig sein. Im Sommer 1805 wurde es höchste Zeit, den längst fälligen
Antrittsbesuch in Eisenach und im schönen Sommerschloß Wilhelmsthal zu
absolvieren.

Die Ankunft in Eisenach war für den 3. Juni 1805 anberaumt worden. Es war
in jenem Jahr der zweite Pfingstfeiertag. An der Grenze des Eisenacher Landes-
teils, auf dem Weg von Gotha nach Eisenach, hatte unter einer prunkvollen
Ehrenpforte das gesamte Korps der Fürstlich Eisenachischen Jägerei Aufstellung
genommen. Die Ehrenpforte war so geschickt aus Laub und Moos gebaut, daß
sie – zumindest aus der Ferne – einem marmornen antiken Triumphbogen ähnlich erscheinen konnte. Hier an der Grenze formierte sich ein Ehrenzug. An der
Spitze ritten Husaren. Ihnen folgte der Postmeister mit 20 Postillionen. Denen
schlossen sich aus den umliegenden Ämtern eine „ansehnliche Menge junger
Bauernpursche zu Pfertde" an, geführt von einer „Fürstlichen Amtsperson".
Hinter den „Bauernpursche" reihte sich die Jägerei ein, und dann kam die Kutsche mit den Gästen. Der Wagen wurde von 32 Marschällen der Bürgerschaft
umringt, die, nach Zünften und Innungen geordnet, mit wehenden Fahnen und
klingendem Spiel zu Fuß aus Eisenach gekommen waren. Mit diesem Ehrengeleit und umgeben von vielen Schaulustigen erreichten die „Sehnlicherwarteten" die Stadt Eisenach.

Auf dem kleinen Markt hieß der Stadtrat das Erbherzogspaar willkommen.
Auf den Straßen streuten „junge wohlgekleidete Bürgermädchen" Blumen. Der
Wagen erreichte das Eisenacher Schloß, und die Menge sammelte sich auf dem
großen Markt, dem Schlosse gegenüber, und wollte weiter an der allgemeinen
Freude teilhaben. Der Abend dämmerte herauf, die Stunde der Volks- und Rühr-
lieder nahte, und während sich das erbherzogliche Paar grüßend aus dem Fen-
ster beugte, erklangen von unten heroische Weisen wie diese – nach der Melodie
„God save the King" zu singen:

Heil dir, o Vaterland!
Froh an Maria's Hand
Kehrt Karl zu dir.
Neu um dich, Vaterland,
Schlingt sich des Segens Band,
Und voll von Lieb' und Dank
Frohlocken wir!

Alle sangen ergriffen mit und zogen sich anschließend frohlockend und geordnet in ihre Gassen und Winkel zurück. Eisenach begab sich zur Ruhe, „es folgte
eine heitere Nacht auf den glücklichen Tag". Allerdings hatte dieser glückliche
Tag erst das Vorspiel zu dem Volksfest geboten, das am folgenden Morgen zwischen Eisenach und Wilhelmsthal beginnen sollte. Das ganze Frauenthal, das zu
Ehren Marias nunmehr Marienthal heißen sollte, war von Menschen erfüllt. Man
tanzte, bildete Prozessionen und hatte geschmückte Rasenaltäre errichtet. Alles
zielte auf die Huldigung des erbherzoglichen Paares hin. So hat es auch Henriette von Knebel ihrem Bruder am 11. Juni aus Wilhelmsthal berichtet: „Der
Empfang der Erbprinzeß in Eisenach war wirklich recht hübsch. Noch schöner,
wegen der Gegend, war der Dienstag (heute sind es just 8 Tage), da wir Nachmittag hierher fuhren. Es gab wieder viele schöne Ehrenpforten, mit Musik
besetzt. Das ganze Frauenthal, jetzt *Marienthal* genannt, wimmelte von Menschen und die allgemeine Volksfreude hatte sehr was Rührendes. Auch war die
Erbprinzeß ganz angegriffen und sagte daß sie diesen Tag nie vergessen würde.
Sie hat viel Zauber die Menschen einzunehmen und gleichsam zu verjüngen. Die
Leute waren bis an die hohen Felsen geklettert. Unten im schönen Thal ward ein
ländlicher Tanz aufgeführt . . . Gestern Abend waren wir in der Rühl, wo es auch
ein Gedränge von Menschen gab. Die Erbprinzeß drückte vielen von den artigen
Kindern, die sich ihr näherten, Dukaten in die Hände und unterhielt sich viel mit
ihnen."

Mitten im Frieden, in üppiger Natur, feierten die Menschen mit naiv-fröhli-
cher Gelassenheit die Ankunft des Paares. Demütige Huld der Untertanen und
unbeschwerte Natürlichkeit flossen ineinander: Ein Chor verheirateter Frauen,
inszeniert durch die „geistreiche Frau von Bechtoldsheim", bot ein kleines Sing-
spiel, an dessen Ende Maria als „Sinnbild der frohesten Hoffnung" ein gestick-
tes kleines Kinderkleid erhielt – mit einer Kette von Lebensbaum, Myrthen und
Lorbeeren umwunden. Es bleibt zu hoffen, daß die Großfürstin, die sich bereits
im sechsten Monat ihrer ersten Schwangerschaft befand, als traditionsbewußte
und in sittlichen Fragen puritanisch erzogene Frau zumindest leicht errötet ist!
Aber mit dem schönen und beziehungsreichen Geschenk wurde sie auch schon

in die stille Einsamkeit des Schlosses Wilhelmsthal, in dem sie bis zum Ende ihres Lebens viele freundliche Sommer erleben sollte, verabschiedet. Sie durfte ihren eigenen Gedanken nachhängen und sich ausruhen.

Das Volk zog sich seinerseits in das Marienthal zurück, in dem man Zelte und eine mehrere hundert Personen fassende Laube aufgerichtet hatte. Man lachte, tanzte, aß und trank. Jedoch nicht so ausgiebig, daß es zu Schlägereien oder zänkischen Tumulten gekommen wäre. Der Eisenacher Rat Beyer hatte das Fest gut im Griff und verdiente sich damit die Anerkennung und Zufriedenheit der herzoglichen Familie. So hatte jeder seine Freude an dem frohen Ereignis. Auch die Armen der Stadt sollten nicht zu kurz kommen. Es hatte sich herumgesprochen, daß Maria viel für die Wohltätigkeit übrig hatte und daß die fürstliche Sorge um die Ärmsten der Gesellschaft zu den ständigen Aufgaben der Landesherrschaft gehörte. Bereits in diesem Jahr 1805 stellte Maria aus ihrer Privatschatulle das Geld für zwölf Zöglingsstellen in Weimarer Waisenhäusern zur Verfügung. Sieben geschickte Kaufleute aus Eisenach taten sich zusammen und nutzten die Ankunft des erbherzoglichen Paares, um 532 arme Familien mit Essen und Geld zu versorgen. Die Geste blieb höheren Orts nicht unbemerkt, und auch diesen selbstlosen Kaufleuten war der Dank des Vaterlandes gewiß.

Bei den Empfängen und Volksfesten, bei den Liedern und Tänzen blieben Maria und ihr Gatte stets gleichmäßig freundlich, „huldvoll" und gelassen. Das erwartete man von ihnen, und sie wußten, was sich gehörte. Sicherlich hatten sie auch ihre Freude an den Spielen, wenngleich diese für Maria reichlich strapaziös waren. Aber auf den geräuschvollen Empfang folgte ein Sommer voller Ruhe in Wilhelmsthal, in dem sie sich auf die Niederkunft vorbereiten konnte. Maria und ihr Gemahl genossen diese glückliche Zeit – es sollte für viele Jahre der einzige Friedenssommer in Wilhelmsthal bleiben.

Das Paar kehrte vor der Entbindung nach Weimar zurück. Am 25. September 1805 brachte Maria ihr erstes Kind zur Welt. Es war ein Sohn, der auf den Namen Alexander getauft wurde. Das Kind sicherte die weitere Thronfolge in Weimar, und der Name garantierte die Verbindung zum russischen Kaiserhaus. Obwohl selbstverständlich zwischen der politischen Entwicklung in Europa und der Gesundheit des Kindes kein Zusammenhang bestand, wirkte sein Schicksal auf abergläubische Menschen wie ein Symbol: Der kleine Alexander kränkelte, war ein Sorgenkind und starb nach einem halben Jahr.

Anfang November 1805 kam eine Persönlichkeit nach Weimar, die sofort jeglichen Schleier friedlicher Idylle vom Herzogtum riß – Kaiser Alexander I. besuchte seine Schwester und den kleinen Neffen. Mit ihm kam der Krieg. Nicht sofort und nicht direkt, aber unausweichlich.

Seit Maria und Carl Friedrich St. Petersburg verlassen hatten und nach Weimar gekommen waren, hatten sich in Europa, Rußland und Deutschland bedeutende militärpolitische Veränderungen vollzogen. Das Jahr 1804 hatte in den russisch-französischen Beziehungen wenig freundlich begonnen. Als Napoleon zum Kaiser der Franzosen proklamiert wurde, lehnte Alexander diese Anmaßung empört ab. Er erwog nur noch eine Koalition mit Österreich und Preußen. England konnte man vielleicht einbinden. Rußlands Diplomaten stellten in England einen Plan vor, der die neue Ordnung des Kontinents nach einem sehr idealistischen Konzept vorsah. „Gleichgesinnte Menschen, die unter sich ihre Zwistigkeiten bereinigen können", sollten nach dem Friedensschluß ein neues Völkerrecht schaffen. Der Krieg wäre dann nur noch ein äußerster Notfall. Englands Politiker reagierten mit dem ihnen eigenen Realismus. Premierminister Pitt bot Alexander ein Ultimatum an, mit dem Napoleon zum Frieden gezwungen werden sollte. Es war erneut nicht Alexander, der eine Übereinkunft zwischen England und Rußland erreichen sollte, sondern Napoleon selbst führte die Konkurrenten zusammen. Im Mai 1805 krönte er sich zum König von Italien. Der Korse annektierte Genua und die ligurische Küste. Das war für die europäischen Mächte eine Provokation, die nicht unbeantwortet bleiben durfte.

England, Österreich und Rußland schlossen sich in der Dritten Koalition zusammen. Sie einigten sich auf einen militärischen Operationsplan für das gemeinsame Vorgehen gegen Napoleon. Der Plan enthielt eine Schwachstelle: Preußen. Friedrich Wilhelm III. war militärpolitisch noch immer neutral. Russische Truppen mußten über das geteilte Territorium Polens marschieren, um an den Gegner zu gelangen. In St. Petersburg diskutierte man natürlich auch die Frage, wie ein von Rußland abhängiges Polen geschaffen werden könne. Alexander konnte sich in diesem Punkt vorerst nicht entscheiden und nahm Anfang August 1805 Verhandlungen mit dem Preußenkönig über die Durchmarschfrage auf. Die Kontakte verliefen für die Koalition günstig, zwangen aber auch zur Änderung der Operationspläne. Dadurch kam es zum Verhängnis: Österreich eröffnete in Bayern den Krieg gegen Napoleon, während die russischen Truppen noch nicht einmal eindeutige Marschbefehle besaßen. Konfusion machte sich breit und verhinderte ein entschlossenes Vorgehen. Zu allem Überfluß faßte Rußlands Kaiser Anfang September 1805 den allseits mißbilligten Entschluß, selbst an der Spitze seiner Armee ins Feld zu rücken – Sieg oder Niederlage mit den Soldaten zu teilen. Er glühte vor militärischem Eifer, wäre aber in St. Petersburg an der Spitze der Reichspolitik besser aufgehoben gewesen.

Acht Wochen benötigte Alexander I. für die Reise zu seinem Feldquartier. Inzwischen stand Napoleon vor Wien. Die Verhandlungen mit Preußen hatten sich in die Länge gezogen, weil Friedrich Wilhelm III. auf seinem Neutralitäts-anspruch, der auch den Frieden für die thüringische Staatenwelt garantierte, beharrt hatte. Abermals erzwang Napoleon die Entscheidung: Das französische Korps des Marschalls Bernadotte verletzte die Integrität der preußischen Enkla-ve Ansbach. So provoziert, gab der Preußenkönig die Zustimmung zum Durch-marsch russischer Truppen durch Schlesien. Alexander I. eilte nach Berlin. Am 25. Oktober – England hatte vier Tage zuvor die französisch-spanische Flotte am Kap Trafalgar geschlagen und dabei seinen Seehelden Admiral Nelson ver-loren – traf er dort ein. Man schwelgte im Vorgefühl des nahen Sieges über Napo-leon. Ein russisch-preußischer Geheimvertrag, den sowohl Österreichs Gesand-ter, Clemens von Metternich, als auch Alexanders Ratgeber und Freund Czar-toryski als „Unglück" bezeichneten, wurde abgeschlossen. Preußen wollte Frankreich Friedensvorschläge unterbreiten, die mit der Dritten Koalition abge-stimmt worden wären. Sollte Napoleon ablehnen, würde Preußen Ende 1805 der Koalition beitreten. Es war schon abzusehen, daß Napoleon dem Vorhaben ein Ende setzen würde, bevor überhaupt ein einziger preußischer Soldat an den Feind kam.

Bevor Kaiser Alexander I. am 5. November aus Berlin abreiste, zelebrierte er mit dem König und Louise von Preußen ein Schauspiel feinerer Art. Zu nächtli-cher Stunde stiegen die drei Monarchen unter Fackelschein in die Krypta der Garnisonskirche zu Potsdam. Vor dem Sarg Friedrichs des Großen umarmten sie sich, schworen einander ewige Freundschaft und wollten sich niemals wehe tun. Preußen und Rußland sollten nie wieder in Konflikt geraten. Das war ein Spektakel, so recht nach dem mystischen Geschmack Alexanders, obgleich die aktuelle Kriegslage und vor allem das geteilte Polen die Absurdität der Szene offenkundig machten. Napoleon wird sich die Seiten vor Lachen gehalten haben, als er davon erfuhr.

Der russische Kaiser fuhr nicht direkt auf den Kriegsschauplatz nach Mähren, sondern zunächst nach Weimar. Zwischen dem 5. und dem 18. Novem-ber 1805 verbrachte er mehrere Tage bei seiner Schwester Maria. Natürlich wird mit dem Herzog Carl August auch über Politik gesprochen worden sein, denn Sachsen-Weimar-Eisenach war in jeder Beziehung von der preußischen Haltung abhängig, nicht nur, weil Carl August nach wie vor als General in preußischen Diensten stand. Die Feldzüge Napoleons in Bayern hatten den Krieg bereits bis an die Grenzen Thüringens getragen. Mit der Dritten Koalition geriet Sachsen-Weimar quasi in eine Falle, deren Auf- und Zuschnappen in St. Petersburg, Ber-lin, London, Wien und in Paris bestimmt wurde. Die Anwesenheit Marias in Weimar konnte segensreich, aber auch schädigend werden. Die Entscheidung hing vom Ausgang des Koalitionskrieges ab.

Preußen hatte zwar nach dem Durchmarsch französischer Truppen durch Ansbach mobil gemacht, auch General Carl August wurde zu den Waffen gerufen, stand aber weitgehend ohne Verbündete da. Carl August hatte zu jenen Fürsten gehört, die auf ein offenes und reales preußisch-russisches Bündnis drängten, herausgekommen war nur der Geheimvertrag. Die wiederholten Mahnungen des Weimarer Herzogs an den preußischen König verhallten im Grunde ungehört. So bedeutete die Anwesenheit Marias im Jahr 1805 zunächst nur eine vage Hoffnung auf Sicherheit. Der Besuch Alexanders I. bestärkte diese Hoffnung. Entschieden wurde für Sachsen-Weimar-Eisenach damit in politischer Hinsicht nichts.

Das Gefühl eigener Hilflosigkeit lähmte zugleich das Engagement des herzoglichen Hauses für Reformen, für Kunst und Literatur. Ein Teil der Klagen, die bei der Ankunft Marias laut geworden waren, rührte aus der allgemeinen Lethargie, in die auch Carl August in jenen Jahren teilweise verfallen war. Gerade aus diesem Grund waren die Hoffnungen auf Maria Pawlowna so groß. Politik, Kunst und das ganze kleine Staatswesen erwarteten in ihr und durch sie neue Anstöße. Gegen Ende des Jahres 1805 konnten noch keine neuen Impulse erwartet werden. Der Krieg rückte immer näher, und das Jahr 1806 sollte sogar zur Katastrophe führen. Dennoch gab es auch hoffnungsvolle Signale. Sie bestätigten, daß die Ankunft Marias bereits in mancher Hinsicht belebend wirkte – auch in geschäftlicher Richtung. Am 4. November 1805 schrieb Louise von Göchhausen an Carl August Böttiger, einen Jenenser Gelehrten, der dem Hof nahestand. In dem Brief erwähnte sie, daß in Weimar ein halbfertiges Gebäude von der Gräfin v. H. und von Frau v. E. für 6000 Taler gekauft worden sei. Die beiden namentlich nicht genannt sein wollenden tüchtigen Damen ließen das Gebäude in ein Gasthaus umbauen. Nach der Ankunft Maria Pawlownas rechneten sie mit einem regen Zustrom ausländischer Gäste. Aus dem Gasthaus, das zunächst den Namen „Alexanderhof" trug, entstand das berühmte Hotel „Russischer Hof". Die Investition lohnte sich über die Jahre, und die Damen dürften auf ihre Kosten gekommen sein.

Alexander I. führte in Weimar erbauliche Gespräche mit den Verwandten, mit Goethe und Wieland. Derweilen wurde die französische Trikolore auf dem Schloß in Schönbrunn aufgezogen. Es war verständlich, daß die Österreicher verschnupft waren, als Alexander erst nach zweiwöchiger Reisezeit endlich im Feldquartier zu Olmütz eintraf. Die Verbündeten waren ins Feld gezogen, um gemeinsam Napoleon zu schlagen. Statt dessen mußte Österreich vor Ulm kapitulieren, und der russische General Kutusow, ausgeschickt, um die Donau zu sichern, war nicht bereit, zur Verteidigung Wiens auch nur einen Mann seiner Vorhuten zu opfern. In Olmütz traf Alexander auch Kutusow wieder. Alexander und Kutusow – das war immer ein diffiziles Paar. Der alte General entsprach nicht dem Idealbild eines Offiziers, wie ihn sich Alexander vorstellte: auf weißem Schimmel, mit geschwungenem Säbel, von Sieg zu Sieg eilend. Außerdem spürte Alexander jedesmal einen inneren Druck, wenn er Kutusow sah. In der Nacht vor Pauls Ermordung hatten sie gemeinsam beim Kaiser zu Abend gegessen. Nun standen sie in Mähren und wollten gegen Napoleon kämpfen.

Noch einmal versuchte Alexander einen friedlichen Ausgleich mit dem Kaiser der Franzosen. Sie wechselten Briefe und wollten sich treffen. Der Plan schlug fehl, weil Alexander nicht die Rolle eines unterlegenen Bittstellers spielen konnte. Die Schlacht der drei Kaiser am 2. Dezember 1805 bei Austerlitz war nicht mehr aufzuhalten. Den Oberbefehl über die Koalitionstruppen führte der österreichische General Weyrother. Sein Operationsplan war vorzüglich – vorausgesetzt, Napoleon handelte so, wie man es von ihm erwartete. Bonapartes militärisches Genie bestand jedoch gerade darin, die Absichten des Gegners zu erkennen, sie zu durchkreuzen und selbst so flexibel zu handeln, daß der Gegner in der Regel den kürzeren zog.

Um 6 Uhr morgens, in tiefer Dunkelheit, bei Frost und dichtem Nebel, griffen die Österreicher und Russen an. Um 8 Uhr trat die Sonne heraus und beschien ein Bild, das auf der Koalitionsseite von einiger Verwirrung geprägt war. Den ganzen 2. Dezember währte die Schlacht. Alexander und Franz ritten an zahlreiche Zentren des Kampfgeschehens und setzten sich mehrfach tödlicher Gefahr aus. Russische Militärführer wie Kutusow, Bagration, Miloradowitsch, Großfürst Konstantin oder Buxhöwden boten mit ihren Offizieren und Soldaten Beispiele an Kampfgeist, Einsatzwillen und Tollkühnheit. Dennoch unterlagen sie der napoleonischen Kriegskunst und ihrem eigenen unkoordinierten Verhalten. Am Abend war die Schlacht für die Koalition verloren. Man mußte sich unter großen Verlusten vom Schlachtfeld zurückziehen. Alexander war verzweifelt, weinte, bekam Fieber, suchte seine versprengten Truppen und die Nähe zu Kaiser Franz. Trotz der vielen Opfer verfügte er noch über eine starke Armee, und er hoffte auf das Eingreifen der Preußen. Die Österreicher gaben alles verloren. Kaiser Franz II. erbat bei Napoleon einen Waffenstillstand und Separatfrieden.

Alexander I. eilte zurück nach St. Petersburg. Er wollte den Krieg bis zu einem ehrenvollen Frieden fortsetzen. Er schickte den Fürsten Alexander Dolgoruki nach Berlin und forderte Friedrich Wilhelm III. zum vereinbarten Kriegseintritt auf. Der hatte den Schwur über dem Grab Friedrichs des Großen vergessen und schloß am 15. Dezember ein Abkommen mit Napoleon, das ihn in den Besitz von Hannover brachte. Der gemeinsame Krieg mit Rußland war kein Thema mehr. Für Alexander war erst jetzt das Ende der Schlacht von Austerlitz gekommen. Er resignierte. Niemand empfing ihn in St. Petersburg mit Vorwürfen, obwohl die Opfer groß waren – 20.000 Mann an Gefallenen, Verwundeten und Gefangenen. Alexander vergaß und vergab diese schmähliche Niederlage niemals.

Austerlitz brannte wie eine offene Wunde, weil die Niederlage Alexanders Hoffnungen auf eine sittliche Botschaft an Europa vorerst begrub. Er war ausgezogen, Europa eine neue Ordnung zu geben. Wenn nicht mit Napoleon, dann gegen Napoleon. Er wollte und konnte den Österreichern nicht die Schuld an der Blamage geben – auch nicht den Preußen, obwohl die Verbitterung über den Treuebruch tief saß. Alexander mußte erleben, daß man im eigenen Land und in der eigenen Familie nach den Ursachen der Niederlage fragte. Der Zustand der Armee, die politischen Berater und die Unentschlossenheit des Zaren wurden kritisch hinterfragt. Alexander mußte sich von Maria Fjodorowna und von seinem Bruder Konstantin unangenehme Dinge sagen lassen. Die Analyse über Austerlitz mündete in eine Regierungskrise, die auch durch eine schwindende Popularität des Kaisers gekennzeichnet war. Er zog sich in sich selbst zurück, war lustlos und klammerte sich daran, wie seine Vorgänger auf dem Thron autokratisch zu regieren.

Alle diese Ereignisse mußten sich auch auf Sachsen-Weimar auswirken. Selbst wenn in den Briefen und Tagebuchaufzeichnungen Marias keine gezielten militärpolitischen Kommentare zu finden sind, blieb ihre Anteilnahme am Schicksal Rußlands, Preußens und Weimars wach. Das war ihr eigenes Schicksal und das der neuen Familie. Ihre Aufgabe bestand nicht in einer aktiven politischen Rolle. Die spielte sie überhaupt relativ selten, wenn diese Rolle als die eines direkten Entscheidungsträgers definiert wird. Allein ihre Anwesenheit in Weimar war ein Politikum. Das sollte sich im Herbst 1806 auf sehr drastische Weise bestätigen. Vorerst studierte sie weiterhin das Leben am Hof und im Land. Sie kümmerte sie sich um ihr krankes Kind und suchte intensiv die Nähe zu dem weisen und klugen Ratgeber Goethe. Es gab auch konkrete praktische Aufgaben. Im Jahr 1806 stellte Carl August dem erbherzoglichen Paar Schloß und Park Belvedere bei Weimar zur freien Verfügung. Der Entschluß erfolgte seitens des Herzogs nicht ganz uneigennützig. Die ganze Anlage befand sich am Beginn des 19. Jahrhunderts in keinem vorbildlichen Zustand. Da gab es viel zu sanieren, und Marias Geld würde das schon bewerkstelligen. Anna Amalia hatte sich nur für den Park in Tiefurt und Carl August für den Park an der Ilm interessiert. Maria zeigte bereits im ersten Jahr ihrer Anwesenheit in Weimar, daß sie sich für die Landschaftsgestaltung, den Obstbau und die Pflege der natürlichen Umwelt verwenden wollte. Sie begann unverzüglich mit der Umgestaltung des Parks von Belvedere. Es gab damals zwar noch die Gärtnerei und die Orangerie, aber deren Besetzung und Zustand waren schlecht. Maria war voller Pläne, aber vorerst zwang der Krieg notgedrungen zum Einhalt bei den Arbeiten. Sie sollten 1813/14 mit umso größerem Eifer wiederaufgenommen werden.

Der Umgang mit dem Land war ein alltäglicher Prozeß. Schwieriger war die Sorge um das Kind. Der kleine Alexander war nicht stark genug. Er starb im Frühjahr 1806. So groß der Kummer war, die Sorgen um das Land überschatteten das persönliche Leid. In dieser Situation erwies sich Goethe als ein reifer und guter Freund, der beruhigend auf die junge Frau einwirkte. Viele Jahre später schrieb der russische Schriftsteller Iwan Turgenjew, der Autor des berühmten Romans „Väter und Söhne", als Fazit seiner Besuche in Weimar: „Jeder der zu Maria Pawlowna als Gast kam, war gleichsam auch bei Goethe zu Gast und ebenso umgekehrt." Der Grundstein für diese persönliche und geistige Vertrautheit wurde im Frühjahr 1806 gelegt. Maria Pawlowna hinterließ in ihrem Tagebuch zahlreiche Aufzeichnungen über die Begegnungen mit Goethe. Sie geben Auskunft, wie Goethe in den gefahrvollen Monaten jenes Jahres die sittliche Festigkeit Marias prägte und vervollkommnete. Es gehörte zu den Eigenheiten Marias, in Briefen und Aufzeichnungen stets das russische und das deutsche Datum anzugeben. An dieser Gewohnheit hielt sie als Zeichen enger Verbundenheit mit der Heimat bis an ihr Lebensende fest. So notierte sie unter dem 29. Dezember 1805 (10. Januar 1806) den schlichten Satz: „Heute morgen bin ich bei Goethe gewesen." An Hand der in Goethes Haus stehenden Minerva-Statue sprachen sie über Skulpturen aus der Antike und deren Ästhetik. Goethe zeigte und erklärte von ihm gesammelte Medaillen und Zeichnungen und las anschließend Gedichte vor. So oder ähnlich verliefen viele persönliche Begegnungen. Am 14. (26.) Januar 1806 war Goethe bei Maria zu Besuch. Goethe erklärte die Geschichte des Herzogtums Weimar. Sie betrachteten alte Rüstungen und plauderten über die Kunst. Unauffällig und auf ganz natürliche Weise formte Goethe Bildung und Charakter Marias. Viele derartige Begegnungen schufen eine normale Umgangsform, die in den Jahren nach dem Krieg zum alltäglichen Bedürfnis wurde. Maria erwies sich von Beginn an als gelehrige Schülerin, die vor keinem Wissensgebiet zurückschreckte, ganz gleich, ob ihr Goethe die Farbenlehre, den Magnetismus, die Literatur, das Theater oder die antike Kunst erklärte. Maria zeichnete ihr neu erworbenes Wissen sorgfältig auf und erwies sich dank der enzyklopädischen Kenntnisse Goethes bald als eine Frau, die es selbst verstand, im Herzogtum Geist, Kunst und Wissenschaft sachkundig zu fördern. Niemals sprach man über die aktuelle Politik. Selbst Goethes Erörterungen über die Kanonade von Valmy, an der er 1792 teilgenommen hatte, standen mit den aktuellen Problemen in keinem Zusammenhang. Zumindest berichtete Maria nichts davon. Noch im September 1806, als der Krieg vor den Toren stand, erzählte sie von einer Unterhaltung mit Goethe und Wieland im Schloß Tiefurt lediglich, daß man über das Theater gesprochen habe.

Es ist belanglos, ob Tradition, Disziplin oder mangelndes Interesse Maria hinderten, Aussagen über die militärpolitische Situation zu artikulieren, das Unheil kroch an die Tore Weimars heran, und es ist im höchsten Grad unwahrscheinlich, daß ein Drama, dessen Akteure Napoleon, Alexander I. und Friedrich Wilhelm III. waren, am Hof zu Weimar nicht debattiert wurde. Zumal Carl August direkt in den Strudel hineingerissen wurde.

In St. Petersburg mußte man über das Frühjahr und den Sommer 1806 hinweg vielfältigen militärpolitischen Realitäten Rechnung tragen. Die Türkei witterte nach Austerlitz eine günstige Gelegenheit, den nördlichen Nachbarn Rußland mit französischer Hilfe zu schwächen. 1806 ließ Alexander I. seine Truppen in die Donaufürstentümer einmarschieren. Es begann ein russisch-türkischer Krieg, der Rußland mehr als fünf Jahre belasten sollte. Gleichzeitig gab Preußen keine Ruhe. Die preußische „Kriegspartei" um die Königin Louise und den Prinzen Louis Ferdinand wollte den Krieg gegen Frankreich, wenn man nur auf russische Hilfe rechnen konnte. Aber Rußland, durch Austerlitz geschwächt und im Konflikt mit der Türkei, konnte vor dem Winter oder Frühjahr 1807 nicht in Deutschland aktiv werden. Gleichzeitig war Rußland im Unterschied zu Österreich und Preußen nicht bereit, mit Frankreich einen Friedensvertrag abzuschließen. De facto ging der Krieg, der in Austerlitz einen blutigen Höhepunkt erreicht hatte, im Jahr 1806 weiter.

Im Juli 1806 verschärfte sich die Situation in Mitteleuropa. 16 deutsche Fürstentümer schlossen sich unter dem Protektorat Frankreichs zum „Rheinbund" zusammen und lösten sich vom Reichsverband. Kaiser Franz II. zog die Konsequenzen. Am 6. August 1806 dankte er als römisch-deutscher Kaiser ab. Er blieb als Franz I. Kaiser von Österreich. Das war das Ende des Heiligen Römischen Reiches Deutscher Nation. Preußens Isolierung wurde offensichtlich. Der Rheinbund verstärkte den Druck auf Preußen. Um weiteren Demütigungen und Beleidigungen zu entgehen, setzte sich in Preußen die „Kriegspartei" gegen den schwankenden König Friedrich Wilhelm III. durch. Der König richtete im September 1806 in maßloser Selbstüberschätzung und unrichtiger Beurteilung der Lage ein Ultimatum an Frankreich. Kaiser Napoleon machte sich über diesen merkwürdigen Entschluß lustig. Der Vierte Koalitionskrieg begann, und Europa sah Frankreich gegen Preußen, das zwangsverpflichtete Kurfürstentum Sachsen, Braunschweig und – gegen das Herzogtum Sachsen-Weimar-Eisenach zu Felde ziehen.

Kaiser Napoleon hielt mit der Gründung des Rheinbundes alle militärpolitischen Trümpfe in Mitteleuropa in der Hand. Der einzige bemerkenswerte Gegner blieb Preußen. Da der preußische König im Sommer 1806 zwischen West und Ost taktierte, einmal mit den Franzosen, einmal mit den Russen verhandelte, und andererseits Persönlichkeiten wie der Freiherr vom Stein öffentlich die Charakterlosigkeit des Königs angriffen, beschloß Napoleon, das Problem Preußen militärisch zu lösen. Eine wesentliche Komponente für diesen Entschluß war der offensichtliche Unwille Rußlands zu einem Friedensabkommen. Napoleon ging von der irrigen Voraussetzung aus, Rußland und Preußen befänden sich in einer geheimen Absprache für den Krieg gegen Frankreich.

Herzog Carl August hatte nicht nur vergeblich auf ein preußisch-russisches Bündnis gedrängt, sondern auch seine Bemühungen waren gescheitert, die sächsischen Staaten in letzter Stunde irgendwie miteinander zu verbünden. Er stand jedoch, als der Vierte Koalitionskrieg begann, treu zu seinen Pflichten als preußischer Generalleutnant. Es war ihm zu diesem Zeitpunkt jedoch eher eine Pflicht denn eine Freude. Weder Napoleon noch der preußische König beabsichtigten, die Auseinandersetzung auf dem Boden des Herzogtums Sachsen-Weimar-Eisenach auszutragen. Die Schlacht bei Jena und Auerstedt am 14. Oktober 1806 war vielmehr das Ergebnis des Zusammenwirkens vieler Zufälle und lag dennoch in der Logik des gesamten Kriegsverlaufs.

Am 1. Oktober 1806 erhielt die französische Regierung das auf den 8. Oktober befristete preußische Ultimatum: Napoleon sollte sich hinter den Rhein zurückziehen, ungehindert einen norddeutschen Bund unter preußischer Führung zulassen und verschiedene Festungen herausgeben. Derweil sammelte sich die preußische Armee bei Magdeburg, Naumburg und Dresden. Napoleon erhielt das Ultimatum am 7. Oktober 1806 in Bamberg. Seine höhnische Reaktion gegenüber Marschall Berthier: „Marschall, man gibt uns ein Stelldichein für den 8.: Niemals hat ein Franzose dabei gefehlt. Aber da, wie man sagt, eine schöne Königin Zeuge des Kampfes sein wird, so seien wir ritterlich und marschieren den Preußen, ohne zu rasten, bis nach Sachsen entgegen." Der Auftakt zu den dramatischen Tagen in Thüringen war gegeben.

Am 25. September 1806 hatte Napoleon Paris verlassen. Drei Tage später erteilte er in Mainz dem Generalstab erste Befehle, damit die Marschälle ihre Korps nahe Thüringens konzentrierten. Am 2. Oktober kam Napoleon in Würzburg an. Am 6. Oktober fuhr er nach Bamberg ins Hauptquartier. Inzwischen näherten sich seine Truppen den Grenzen Thüringens und des Vogtlandes. Am 8. Oktober verließ Napoleon Bamberg in Richtung Kronach. Wie ein riesiger Lindwurm drangen seine Armeen von drei Richtungen her in Thüringen ein.

Am Nachmittag kam es bei Saalburg zu ersten Kampfhandlungen. Der Krieg hatte begonnen!

Inzwischen war Napoleon in Kronach eingetroffen und schlug dort sein Hauptquartier auf. Der Kaiser der Franzosen war in höchster Eile. Nordhalben, Lobenstein, Ebersdorf und Saalburg waren seine nächsten Stationen. Hier hörte er von Scharmützeln bei Schleiz und befahl den sofortigen Angriff auf die Stadt. Am späten Nachmittag des 9. Oktober überzeugte er sich von dem Berg Lohmen aus von dem sich abzeichnenden Sieg seiner Truppen und begab sich zurück in sein Nachtquartier, in das Residenzschloß des Fürsten von Reuß-Ebersdorf. Hier verfaßte er den Aufruf „An die Völker Sachsens". Am Mittag des 10. Oktober verließ Napoleon Ebersdorf in Richtung Schleiz, wo er Quartier im Schloß des Fürsten Heinrich XLII. bezog. Kaum 40 Kilometer entfernt, bei Saalfeld, war inzwischen bei weiteren Gefechten der preußische Generalleutnant Prinz Louis Ferdinand vom Degen des französischen Quartiermeisters Laurant Guindey durchbohrt worden.

Der Aufmarsch französischer und preußisch-sächsischer Truppen unmittelbar vor den Toren Weimars war in der Residenz mit wachsender Angst und Sorge verfolgt worden, zumal sich der Herzog nicht in der Stadt befand. Der preußische Generalstab hatte in Erfurt tagelang ohne Sinn und Ziel beraten. Es ging ihm nicht anders als Napoleon: Keine Seite kannte die genauen Standorte der gegnerischen Armee. Entschlossen sich die Preußen zu einer energischen Handlung gegen die aus Bayern anrückenden Franzosen, ging der Schlag ins Leere, weil Napoleons Eilmarsch die Lage bereits wieder verändert hatte.

Herzog Carl August hatte sein Scharfschützenbataillon und 40 Husaren vertragsgerecht dem preußischen Kommando unterstellt. Er selbst erhielt den Befehl über ein Korps, das er gegen den Main nach Süden entfalten sollte. Seine Handlungen kamen zu spät. Am 13. Oktober erreichte Carl August Ilmenau. Am Abend des 14. Oktober war er in Arnstadt. Die große Schlacht war ohne ihn geschlagen worden! In der Nacht erreichten ihn erste Nachrichten von der Niederlage. Seine lakonische Reaktion wurde von der Geschichte zum geflügelten Wort erhoben: „Herzog von Weimar und Eisenach wären wir einstweilen gewesen."

Die Existenz des Herzogtums stand tatsächlich in jeder Hinsicht zur Disposition, und lange Tage vor der Schlacht wurde am Hof über das Schicksal der regierenden Dynastie nachgedacht. Vor allem Maria Pawlowna war gefährdet. Als Schwester des russischen Kaisers, der sich mit Frankreich im Krieg befand, konnte sie sehr schnell zu einem Pfand in Napoleons Händen werden. Sowohl Carl August als auch Alexander I. rieten zu sofortiger Flucht, sobald der Krieg in die Nähe Weimars kommen würde. Am 11. Oktober schien der Zeitpunkt gekommen. Maria verließ Weimar. Sie floh über Allstedt, Göttingen und Berlin nach Schleswig – nach Dänemark –, weit entfernt von dem drohenden Zugriff durch die Franzosen. Die Flucht erfolgte in enger Abstimmung mit dem Haus Mecklenburg-Schwerin.[33] Am 14. Oktober, dem Tag der Schlacht bei Jena und Auerstedt, folgten der Erbprinz Carl Friedrich, die Herzoginmutter Anna Amalia und Prinzessin Caroline bis Göttingen nach. Letztere kehrten zum Monatsende wieder zurück. Maria aber blieb ein Jahr lang in Dänemark, obwohl Napoleon mehrfach ihre Rückkehr nach Weimar verlangte.

Napoleon vermutete am 11. Oktober starke Verbände des Gegners bei Gera und verfaßte im Schleizer Schloß entsprechende Marschbefehle an seine Marschälle. Am 11. Oktober verließ er morgens das Schloß in Richtung Auma inmitten seiner Großen Armee. Auf halbem Weg überschritt er bei Tegau die Landesgrenze zu Kursachsen und traf nach schnellem Ritt in Auma ein. Die in Gera vermuteten gegnerischen Verbände ließen ihm keine Ruhe, so daß er noch am Nachmittag zu einem Erkundungsritt nach Gera aufbrach. Gegnerische Soldaten fand er nicht vor. Die Preußen und Sachsen befanden sich links der Saale, was Napoleon zu diesem Zeitpunkt allerdings nicht wußte. Zurückgekehrt nach Auma, wurde es in mitternächtlicher Stunde zur Gewißheit: Seine Truppen standen zwar fast auf gleicher Höhe mit dem Feind, aber viel zu weit östlich. Napoleons Kundschafter hatten die preußisch-sächsischen Truppen um Erfurt, Weimar und Jena gesichtet. Es galt, die Marschrichtung der Armee schnell zu verändern.

In jener Nacht vom 11. zum 12. Oktober ordnete Napoleon in Auma den Linksschwenk seiner Armee an, bei dem Zehntausende französischer Soldaten unvermittelt und in kürzester Zeit in westliche Richtung umgruppiert wurden. Diese Entscheidung sollte für den Sieg ausschlaggebend werden. Zunächst begab sich Napoleon am 12. Oktober wieder auf den Weg nach Gera. Die ganze Nacht über wurden Befehle erteilt, Kundschafter empfangen, Bulletins verfaßt. Napoleon hatte sich entschieden: Alle militärische Aktivität war auf Jena zu richten, zugleich aber mußte der Gegner von Naumburg-Apolda her umgangen, eingeschlossen und in einer Generalschlacht vernichtend geschlagen werden. Für Napoleon bedeutete das, sich unverzüglich zum Ort des kommenden Geschehens nach Jena zu begeben. Am 13. Oktober ritt er gegen 10 Uhr in Gera los und gelangte am Nachmittag über Köstritz, Klosterlausnitz und Bürgel nach Jena.

Über die alte steinerne Camsdorfer Saalebrücke kam er durch das Saaltor in die Stadt, ritt kurz in den Hof des Schlosses und galoppierte durch das Johannistor in Richtung auf den Landgrafenberg, auf dessen Plateau er den Feind vermutete. Tatsächlich sichtete er feindliche Truppen bei Lützeroda, Closewitz und um den Dornberg. Mit einbrechender Dunkelheit bemerkte er auch Lagerfeuer um Kapellendorf. Das führte Napoleon zu dem Trugschluß, die gesamte preußisch-sächsische Armee stehe vor ihm. Er blieb in der Nacht vor der Entscheidungsschlacht bei den Soldaten am Jenaer Windknollen. Am Dienstag, dem 14. Oktober 1806, erteilte Napoleon um 6 Uhr morgens vom Jenaer Windknollen aus den Befehl zum Angriff. In den nächsten zehn Stunden folgte die Doppelschlacht bei Jena und dem etwa 50 Kilometer entfernten Auerstedt. Napoleon war an allen Brennpunkten der Schlacht um Jena und Vierzehnheiligen zu finden. Erst gegen Abend, als der Sieg der Franzosen endgültig und die Flucht der Preußen und Sachsen in vollem Gange war, verließ er das Schlachtfeld und ritt in das Jenaer Schloß.

Napoleon war im Verlauf des Tages klar geworden, daß er sich nicht mit der preußischen Hauptarmee auseinandersetzte. Weder den preußischen König noch den Herzog von Braunschweig, den Oberbefehlshaber, hatte er zu Gesicht bekommen. Die preußische Hauptstreitmacht war am Abend des 13. Oktober in der Gegend von Auerstedt eingetroffen. Sie sollte bei Freiburg die Unstrut überqueren und von dort aus in nördlicher Richtung die anmarschierenden Franzosen erwarten. Der preußische General von Hohenlohe-Ingelfingen, bei Jena geschlagen, hatte eigentlich nur die Aufgabe, diesen Abzug zu decken.

Als die Bataille bei Jena begann, bewegte sich die preußische Armee von Rannstedt und Auerstedt in Richtung auf die Dörfer Gernstedt und Taugwitz. Zu diesem Zeitpunkt marschierte das III. französische Korps unter Marschall Davout, das am 12. Oktober Naumburg eingenommen hatte, über den Kösener Paß. Es sollte den bei Jena zu schlagenden Hauptfeind durch einen Marsch auf Apolda in den Rücken fallen. Der Marsch ging in Richtung Hassenhausen. Auch Marschall Davout irrte sich. Er wußte nicht, daß er auf die preußische Hauptarmee treffen würde. Andererseits unterschätzte auch der preußische Generalstab die bei Naumburg stehenden französischen Kräfte.

Zunächst stießen in den frühen Morgenstunden preußische Dragoner bei Poppel und Taugwitz auf französische Kavalleriepatrouillen. Aus dem Scharmützel entwickelte sich das große Gefecht. Marschall Davout besetzte mit einer Division Hassenhausen und entfaltete die Soldaten nördlich und südlich des Dorfes. Der preußische General Blücher attackierte den rechten Flügel vergeblich. Der Herzog von Braunschweig hielt den linken Flügel der Franzosen für schwächer und entsandte Scharnhorst und Boyen zum verstärkten Druck dorthin. Davout reagierte sofort mit Verstärkungen. Nachdem der Herzog von Braunschweig tödlich verwundet worden war, ernannte Friedrich Wilhelm III. keinen neuen Oberbefehlshaber, so daß die Armee nicht mehr einheitlich geführt wurde. Die Franzosen entsandten schneller Reserven in das Gefecht und entschieden die Schlacht zu ihren Gunsten. Entscheidend war dabei auch, daß sich der preußische König weigerte, die 18.000 Mann der Reserve unter General Kalckreuth in die Schlacht zu führen. Am Nachmittag schließlich ordnete der König den Rückzug an – auch diese Schlacht ging für Preußen und Sachsen verloren –, damit lag ganz Preußen offen vor Napoleon.

Am nächsten Tag, dem 15. Oktober gegen Nachmittag, verließ Napoleon Jena in Richtung Weimar. Die kaiserliche Kutsche fuhr durch das Mühltal, gelangte auf die sich in Windungen aufwärts ziehende alte Landstraße, die „Schnecke", und über Kötschau und Umpferstedt vor die Tore Weimars. Die Kutsche erreichte über die Kegelbrücke das Weimarer Schloß. Dort kam es zur ersten Begegnung Napoleons mit der allein zurückgebliebenen Herzogin Louise. Die herzogliche Familie hatte Louise allein auf ihrem Posten belassen. An ihrer Seite waren jedoch die tatkräftigen Minister und Räte Wilhelm von Wolzogen, Voigt, Friedrich Müller und auch Goethe verblieben. Im Treppenhaus des Ostflügels stieß der vor Ärger brennende Napoleon auf die Herzogin: „Auf dem Schloß war große Bewegung, und bald füllte sich die Haupttreppe. Von beiden Seiten stiegen hohe Militärs herauf und andere in den glänzendsten Uniformen, mit Orden geschmückt, entblößten Hauptes, und an deren Spitze ein Mann von Mittelgröße, ganz einfach gekleidet, ohne alle Abzeichen, in einem graudunklen langen Überrocke mit schwarzen Aufschlägen und auf dem Haupte einen kleinen dreieckigen Hut mit einer unscheinbaren Kokarde: der Kaiser Napoleon. In diesem Augenblick war auch die Herzogin Louise, begleitet von ihren Hofdamen und dem Minister von Wolzogen, aus ihren Zimmern tretend, oben an der Treppe erschienen. Als der Kaiser noch etwa 4 oder 5 Stufen vor sich hatte, nahm er den Hut ab und blieb vor ihr stehen. Diese, in gemessener Haltung sich neigend und vorwärts beugend, sprach Worte der Begrüßung. ‚Je vous plains, Madame' (Ich bedaure Sie, Madame) antwortete der Kaiser, sie starr ansehend, und ging dem Saale zu."

Napoleon hatte seine ganze Wut, seine Verachtung darüber, daß das Herzogtum Sachsen-Weimar-Eisenach es gewagt hatte, ihm die Stirn zu bieten, in diesen Satz gelegt. Er war fest entschlossen, Weimar nicht nur zur Plünderung freizugeben, sondern das Herzogtum zu vernichten. Louise war schockiert. Ein derart grobschlächtiges Benehmen war ihr im Leben noch nicht begegnet. Es ging jedoch um das Herzogtum. Also nahm sie ihren ganzen Mut zusammen. Sie wußte zwar ebensowenig wie Napoleon, wo sich der Herzog gerade befand, aber sie wollte das Herzogtum retten. Am nächsten Morgen bat sie den Kaiser um eine Audienz. Die Herzogin berichtete über das Gespräch: „Er empfing mich sehr barsch und sagte mir sehr viel Herbheiten für mich und den Herzog. Ich antwortete ihm mit Freimut und versuchte mich so gut ich konnte herauszuwickeln. Er drohte heftig, sprach von Fehlern, die wir gegen ihn begangen hätten usw." Drei Monate später ergänzte Louise: „Er ist ein furchtbares Wesen! Ich finde, daß er zwar Furcht einflößt, aber er hat gar nichts Achtung Einflößendes; ... Als ich ihn zu sprechen verlangte, empfing er mich mit einem äußerst zornigen Gesicht und sagte: ,Was wollen Sie? Ihr habt den Krieg gewollt, nun habt Ihr ihn! Gegen meinen Willen zwingt Ihr mich, Kaiser des Abendlandes zu werden! Ich werde Euch alle unter meinen Fuß zwingen! Ich werde die Welt erobern, wenn ich nur will!'" Der Wutausbruch gipfelte in dem Vorwurf: „Wie konnte Ihr Mann so toll sein, mit mir Krieg zu führen?" Luise nahm alle Kraft zusammen und entgegnete fest: „Der Herzog, mein Gemahl, steht seit 30 Jahren in preußischen Diensten, er hat nur seine Pflicht als preußischer General getan. Wie würde Eure Majestät über einen Ihrer Verwandten gedacht haben, wenn er Sie beim Ausbruch des Krieges im Stich gelassen hätte? Würden Sie ihn nicht ehrlos genannt haben?" Napoleon war sprachlos. Die Worte klangen logisch und vernünftig. Außerdem hatte er ohnehin gewonnen, und der Mut der Herzogin imponierte ihm. Es gab natürlich einen weiteren Grund, sich zu mäßigen: Maria Pawlowna. Obwohl die Schwester des russischen Kaisers nicht in seine Hände gefallen war, wollte sich Napoleon zu diesem Zeitpunkt mit Rußland gerade nicht überwerfen. Dennoch: Herzogin Louise hatte viel erreicht. Selbst die Weimarer Minister wurden nun gnädig vom Kaiser empfangen. Nur einer nahm an diesem Empfang nicht teil – Goethe. Der Herr Geheimrat hatte gehofft, Napoleon werde dem Haus am Frauenplan zumindest die Ehre erweisen. Napoleon kam nicht. Statt dessen plünderten französische Offiziere den geheimrätlichen Weinkeller und bedrängten Goethe sogar physisch. Nur dem beherzten Verhalten seiner „kleinen Freundin" Christiane Vulpius durfte Goethe die eigene Rettung verdanken. Er reagierte großartig. Vier Tage später war Christiane die Frau Geheimrat Goethe. Da den Dichter auch in dieser prekären Situation der Sinn für geschichtliche Größe nicht verließ, beauftragte er den Juwelier, die Hochzeitsringe mit dem Datum des 14. Oktober 1806, dem Tag der Schlacht von Jena und Auerstedt, zu versehen. Aber zu Napoleon ging er nicht.

Napoleon unternahm vor seiner Abreise aus Weimar bei der Herzogin eine Gegenvisite: „Am Abend machte er mir Besuch und blieb lange bei mir, aber unterließ es nicht, mich mit Sarkasmen gegen den Herzog zu überschütten. Ich versuchte, mich nicht aus der Fassung bringen zu lassen ..." Des Kaisers großer Zorn war verraucht, und man konnte sich unterhalten: „Der Krieg, Madame, ist aus dem Willen der Vorsehung, glauben Sie mir, ich bin nur Werkzeug." – „Und wir die Opfer ...?" – „Nein. Um Ihretwillen sei Ihrem Gemahl verziehen, so wenig er selbst taugt. Er mag Herzog seines Landes bleiben, wenn er, wohlgemerkt, binnen 24 Stunden die preußische Armee verläßt und hierher zurückkehrt. Wenn nicht, ist seine Absetzung erfolgt."

Napoleon war zwar der Meinung, Louise sei eine Frau, „die selbst vor unseren zweihundert Kanonen keine Furcht hat", aber sein Entschluß war leichter ausgesprochen als erfüllt. Wo war der Herzog? Immerhin, eine Sofortwirkung gab es. Am selben Tag verbot der Kaiser bei Strafe des Todes jegliche weitere Plünderungen in Weimar, das ebenso wie Jena und alle anderen Städte und Dörfer, die an der Straße des Krieges gelegen hatten und noch lange liegen würden, furchtbare Schäden davongetragen hatte.

Inzwischen begann die Suche nach dem Herzog. Die Verhandlungen zogen sich hin. Immer wieder mußte Friedrich Müller in zähen Gesprächen um Aufschub des Ultimatums nachsuchen. Carl August verletzte die Pflichten gegenüber seinem König nicht. Mit den preußischen Truppen zog er sich nach Norden zurück. Bis in die Prignitz führte ihn der Weg. Zwischen dem kleinen Ackerbürgerstädtchen Sandau an der Elbe und der lieblichen alten deutschen Bischofstadt Havelberg fiel die Entscheidung. In einem bemerkenswerten Brief schrieb er seiner Gemahlin am 27. Oktober 1806 aus Havelberg, daß er den König gebeten hätte, ihn aus dem Kommando zu entlassen. Er rechtfertigte seinen Dienst unter den preußischen Fahnen, untertrieb dabei ein wenig die propreußische Affinität und legte sich die Argumente zurecht, mit denen er Napoleon überzeugen wollte, ihm das Herzogtum nicht zu nehmen. Seiner Gattin, die er über all die vorausgegangenen Jahre wenig ehrerbietig behandelt hatte, gestand der Herzog: „Über das, was Du für Weimar getan hast, die Standhaftigkeit und der Mut, mit dem Du die Drangsale trugst, gibt es nur eine Stimme. Einzig Dein eigenes Bewußtsein kann Dir völlig lohnen. Du hast Dir einen Ruhm erworben, würdig der vergangenen Zeiten. Die Vorsehung segne Dich und lasse Dich die Frucht Deiner guten Handlungen ernten."

Es war auch eine gewisse Abbitte für sein eigenes Eheverhalten. Schwerstarbeit mußten auch die Geheimen Räte Wolzogen, Voigt und Müller leisten. Carl August beorderte von Havelberg aus seinen Sohn Carl Friedrich zurück nach Weimar. Maria Pawlowna blieb in Schleswig. Der Herzog selbst eilte, nachdem er seine Entpflichtung erhalten hatte, nach Berlin. Napoleon bekam er dort nicht zu Gesicht. Statt dessen vollzog Friedrich Müller einen wahren Wettlauf, um Napoleon auf den Fersen zu bleiben und die Rettung des Herzogtums durchzusetzen. Müller war ob seiner Taktlosigkeit und geringen Diplomatiefähigkeit weder bei Carl August noch bei Napoleon besonders angesehen. Aber er war tatkräftig, dynamisch und ließ sich nicht abschütteln – auch nicht vom Kaiser der Franzosen. Durch ein Geldgeschenk Carl Augusts an den einflußreichen französischen Diplomaten Talleyrand in Höhe von 80.000 Franken konnte dessen Interesse für Weimar gewonnen werden. Nachdem Anfang Dezember 1806 der sächsische Kurfürst von Napoleon die Königswürde erhalten hatte, konnte Sachsen-

Weimar-Eisenach neben den anderen thüringischen Kleinstaaten am 15. Dezember einen Friedensvertrag mit Napoleon schließen. Das Herzogtum blieb erhalten. Es mußte 2,2 Millionen Franken an Kriegskontributionen zahlen und dem Rheinbund beitreten – entsprechende Kriegsdienstverpflichtungen waren für das ohnehin bereits ausgeplünderte Land die Folge. Erst Ende Dezember 1806 kehrte Herzog Carl August in sein blutendes Land zurück und konnte überlegen, wie er die Lasten des Krieges bewältigte. Es blieb nur ein Trost: Weimar und sein Musenhof, die literarische Perle Deutschlands, waren nicht von der politischen Landkarte getilgt worden. Später würde man weitersehen. Maria Pawlowna, die Erbherzogin, verfolgte die Ereignisse vorerst aus der Ferne.

6. KAPITEL

Unstet durch Europa

Die Großfürstin in den Jahren der Napoleonischen und Befreiungskriege 1806 bis 1815

Maria Pawlownas Situation war nicht einfach. Preußen, Sachsen und auch Sachsen-Weimar-Eisenach waren geschlagen. Rußland setzte den Krieg gegen Frankreich fort. Das Weimarer Herzogtum unternahm große Anstrengungen zur Wahrung seiner Existenz. Der Krieg hatte das Land bereits verwüstet. Nun bedeuteten der erzwungene Frontwechsel auf die Seite Napoleons und die Besetzung des Herzogtums neue Lasten. Maria aber saß fernab vom Geschehen, herausgerissen aus einem Umfeld, in das sie gerade erst hineinzuwachsen begonnen hatte. Sie mußte still und geduldig abwarten, bis eine militärpolitische Gelegenheit zur Rückkehr kam. Die Entscheidung lag nicht in Weimar. Grundsätzlich, jenseits etwaiger subjektiver Wünsche durch Napoleon, war an eine Rückreise nach Weimar erst zu denken, wenn Frankreich und Rußland ihre Konfrontation beendet hätten. Die Ereignisse drängten im Frühjahr 1807 auf eine Entscheidung.

Nach der Schlacht bei Jena und Auerstedt marschierte Napoleon in Berlin ein, unterwarf Preußen und ging noch einen Schritt weiter. Er proklamierte in Berlin die Kontinentalsperre gegen England. In Berlin beging er noch eine weitere Ungeschicklichkeit. Die Beamten Napoleons fanden schriftliche Beweise über die zärtliche Leidenschaft Alexanders I. für die Königin Louise. Napoleon trat die delikaten Neuigkeiten zynisch in der Öffentlichkeit breit. Friedrich Wilhelm III. und Alexander I. reagierten erregt. Alexander wollte nunmehr auch seinerseits einen Krieg „für die vornehmste und gerechteste Sache" der Welt führen. Er ließ offen, worin er den Inhalt des großen Wortes sah, stockte seine Armee aber sehr schnell auf 600.000 Mann auf. Die Affäre konnte bestenfalls der Anlaß, niemals jedoch der Grund für das Aufflammen des französisch-russischen Krieges sein. Napoleon besetzte Warschau, und Alexander stimmte sein Volk ideologisch auf die kommenden Schlachten ein. Er ließ den Heiligen Synod eine Erklärung verbreiten, die den französischen Kaiser zum Antichrist, zum

Hauptfeind der Menschheit erklärte. Währenddessen kämpften sich die Gegner in den Winter hinein, abwartend und verhalten die Franzosen, drängend die Russen. Am 26. Dezember kam es bei Pultusk zu einem ersten größeren Treffen, in dem General Bennigsen einen Teilerfolg erzielte, der in St. Petersburg zu einem großen Sieg stilisiert wurde. Die Truppen beider Armeen zogen durch Ostpreußen und trafen im Februar bei Preußisch Eylau zufällig aufeinander. Es war die sinnloseste und blutigste Schlacht des ganzen Krieges. Über 50.000 Franzosen, Russen und Preußen wurden bei rasendem Wintersturm von blutgetränkten Schneemassen begraben. Selbst Napoleon, nie um ein großes Wort für die Geschichtsbücher verlegen, sagte still: „Solch ein Anblick sollte jeden Herrscher dazu bewegen, den Frieden zu lieben und den Krieg zu hassen." Der Krieg ging weiter.

Im April 1807 schlossen Rußland und Preußen den Vertrag von Bartenstein. In dem Abkommen versicherten sich die beiden Monarchen nicht nur erneut ihrer ewigen Freundschaft. Sie träumten auch ihre schönen Visionen von der künftigen christlichen Gestaltung Europas. Nur einen Haken besaßen die blauen Tage von Bartenstein. Napoleon hielt ganz Deutschland besetzt, und was die Österreicher, Engländer oder Schweden von den Visionen hielten, war nicht bekannt.

Die Realitäten sollten nicht lange auf sich warten lassen. Beiden Seiten war bewußt, daß eine Feldschlacht um den Besitz Königsbergs unvermeidbar war. Dort residierte der preußische König. Die Eroberung Königsbergs wäre für Napoleon ein Symbol der völligen preußischen Niederlage gewesen. Alexander beurteilte die Dinge nicht anders. Er konzentrierte sein Heer um die kleine Stadt Tilsit am Njemen. Der russische Kaiser fühlte sich nicht wohl in seiner Haut. In seiner unmittelbaren Umgebung gab es genügend Persönlichkeiten, die, wie seine Mutter Maria Fjodorowna, vor einem zu hohen Einsatz für die Preußen warnten. Am 14. Juni 1807 kam es bei der Stadt Friedland zur Entscheidungsschlacht. General Bennigsen konnte lediglich 5000 Mann über den Njemen retten. Napoleon hatte erneut gesiegt, nicht nur in einer Schlacht, der Krieg war entschieden.

Für Kaiser Alexander und für Rußland war die Niederlage bei Friedland weit endgültiger als jene bei Austerlitz. Alexander verfiel dennoch nicht in Depressionen. Er entschloß sich zum sofortigen Friedensschluß. Er zog sich in das Dorf Olita zurück, während Napoleon in Tilsit einzog und sofort den russischen Parlamentär, den Fürsten Lobanow-Rostowski, empfing. Zwei Tage später, am 21. Juni, war ein vierwöchiger Waffenstillstand unterzeichnet. Die russische und die französische Armee standen einander am Njemen und Bug gegenüber. Auch Napoleon wollte den Frieden. Deutschland, Italien und England, das waren seine unmittelbaren Ziele und Interessengebiete. Er hielt es für möglich, die beiderseitigen Einflußsphären durch die Weichsel zu begrenzen.

So kam es am 25. Juni 1807 zu der ersten denkwürdigen Begegnung der beiden Kaiser auf einem Floß mitten im Njemen. Die Imperatoren zogen sich zu einem Vieraugengespräch zurück. Der preußische König wartete mit der Suite Alexanders am Flußufer. Über das Gespräch existieren keine konkreten Aufzeichnungen. Offensichtlich wurde in der beiderseits erklärten Gegnerschaft zu England die Grundlage für das künftige Übereinkommen gefunden. Das legendäre Floß wurde bald wieder abgerissen. Über Nacht entstanden Brücken brüderlich-kaiserlicher Liebe. Eine Woche lang folgte Freundschaftsbeweis auf Freundschaftsbeweis. Die Kaiser tauschten gestickte Taschentücher, brüteten über großflächigen Landkarten, aßen, tranken und redeten, redeten, redeten . . .: Über sich selbst, Europa und die Welt – wie es sich für große Kaiser geziemt. Im nachhinein ist schwer zu ermitteln, wo die taktische List endete und die wahre Begeisterung zueinander begann. Der preußische König durfte manchmal mit an der Tafel sitzen.

Im Grunde störte er jedoch nur mit seiner penetranten Sorge um das kleine Preußen. Der Franzose und der Russe waren jedesmal froh, wenn der ewige Nörgler wieder weg war und sie ihre großen weltpolitischen Visionen ausbreiten konnten. Für Napoleon war Friedrich Wilhelm einfach lästig, Alexander besaß ein unangenehmes Gefühl. Einerseits gab es den Schwur von Potsdam und das Abkommen von Bartenstein. Andererseits erhielt Alexander von der Schwester Katharina auf seine euphorischen Schwärmereien die nüchterne Antwort: „Solange ich lebe, kann ich mich einfach nicht mit dem Gedanken befreunden, daß Du Tage mit Bonaparte verbringst . . . All die Schmeicheleien, mit denen er dieses Land überschüttet hat, sind nur Betrug, denn der Mann selbst ist eine Mischung aus List, Ehrgeiz und Anmaßung . . ." Derartig scharfe Worte sind von Maria Pawlowna nicht überliefert, aber Katharina repräsentierte in diesem Falle mehr oder weniger die gesammelte Familienmeinung der Romanows.

Die Ergebnisse des Treffens riefen zwiespältige Reaktionen hervor. Man hatte über die Möglichkeiten für einen Frieden mit England, über deutsche Grenzen, die Zukunft Polens und der Türkei gesprochen. In der englischen Frage war Rußland zur allseitigen Unterstützung Frankreichs bereit – bis hin zum Krieg. Alexander beging für sein eigenes Land einen verhängnisvollen Fehler, als er sich in Tilsit heimlich für den Beitritt zur „Kontinentalsperre" gegen England entschied. In den deutschen Problemen blieb Alexander widerspenstiger. Er votierte für das Königreich Westfalen, aber eine umfassende Vernichtung des preußischen Staates erlaubte er nicht. Preußen wurde dadurch gedemütigt, daß sein Schicksal allein in den Händen Alexanders und Napoleons lag, aber

Preußen blieb unter erheblichen Gebietseinschränkungen bestehen. Eklatante Fehler beging Alexander in der polnischen Frage. Es war ihm peinlich, ehemals preußische Gebiete anzunehmen, er ließ jedoch ein Großherzogtum Warschau von Napoleons Gnaden zu. Dieses wurde offiziell vom König von Sachsen regiert, aber eine kampfstarke französische Garnison demonstrierte die realen Machtverhältnisse und rief bei den Russen den Argwohn hervor, hier sei eine französische Ausgangsposition für den möglichen Konfliktfall gegen Rußland geschaffen worden. Im Mittelmeer einigte man sich auf die Beibehaltung des französischen Besitzes an allen eroberten Gebieten. Dafür wollten Frankreich und Rußland nun gemeinsam gegen die Türken auf dem Balkan vorgehen.

Am 7. Juli wurden die Verträge unterzeichnet. Ein russisch-französischer Friedensvertrag stand im Mittelpunkt. Während Napoleon und Alexander nach abschließenden Paraden, gegenseitigen Ordensverleihungen und ausgedehnten Essen ihren Hauptstädten in West und Ost zueilten, reiste das preußische Königspaar betreten nach Memel zurück. Nach Berlin wollten sie nicht, dort regierte die französische Armee.

Alexander fuhr nach Petersburg. Es war heißer Sommer. Über der blauen Newa leuchtete golden die Spitze der Peter-Pauls-Kathedrale. In den Palästen herrschte Eiseskälte. Lediglich Kaiserin Elisabeth und der Minister Graf Nikolai Rumjanzew unterstützten die Ergebnisse von Tilsit. Maria Fjodorowna empfing ihren Sohn nur für eine Minute. Alter und neuer Adel verweigerten die Zustimmung zur Freundschaft mit Napoleon. Der Pakt mit Napoleon, dem Thronräuber in Paris, war ebenso unpopulär wie das nahe Verhältnis zum preußischen König. Die Kontinentalsperre rief den Ärger des exportierenden Adels, der Unternehmer und Kaufleute im Baltikum und in den angrenzenden Gouvernements hervor. Alexander war gekränkt. Er hatte nach den Niederlagen von Austerlitz, Preußisch Eylau und Friedland erreicht, daß kein russisches Territorium abgetreten werden mußte. Der Frieden war ehrenvoll. Der Kaiser hatte als Autokrat gehandelt und entschieden. Er setzte seine Auffassung trotz aller inneren Widerstände durch. Das verschaffte ihm keine Popularität, aber Respekt.

Der Kriegsverlauf und der Frieden von Tilsit waren auch für Carl August, Sachsen-Weimar-Eisenach und für Maria Pawlowna von außerordentlich großer Bedeutung. Nachdem am 28. Dezember 1806 im Rathaus zu Weimar der Abschluß des Friedens mit Frankreich bekanntgegeben worden war, ging man daran, die Kriegsschäden zu besichtigen. Bis Ende Januar 1807 wußte man, daß dem Land an barem Geld bislang etwa 1,750.000 Taler geraubt worden waren. Dazu kam der Wert von 655.000 Talern an Mobilien und eine halbe Million Taler an Kriegskontributionen. Es war eine nicht unbegründete Vorsichtsmaßnahme, die sowohl mit dem Geist des Ehevertrags als auch mit der französischen Besetzung korrespondierte, daß Maria Pawlowna im Jahr 1807 einen Teil ihrer persönlichen Wertsachen von Weimar nach Rußland auslagern ließ. Darunter befanden sich wertvolle Möbel, kostbares Geschirr, Schmuck, Wäsche und diverse andere Einrichtungsgegenstände, die Jahre zuvor bei der öffentlichen Ausstellung des Trousseaus Aufsehen erregt hatten. Die Gegenstände wurden erst nach dem Wiener Kongreß im Jahr 1815 aus der sicheren Verwahrung in Rußland wieder nach Weimar zurückgebracht.[34] Allerdings – die Devotionalien der Griechischen Kapelle waren bei Kriegsbeginn heimlich in der Erde Weimars vergraben worden. Die einfachen Menschen waren schon froh, als Carl August Ende Januar endgültig nach Hause zurückkehrte. Dafür mußten Anfang März 1807 die 800 Soldaten und Offiziere des Weimarer Bataillons nach Ostpreußen in den Krieg ziehen. Manche Mutter wird ihren Sohn nicht wiedergesehen haben. Tiefe Trauer herrschte in Weimar auch, als am 10. April 1807 Anna Amalia starb. Ihr Ableben war ein Einschnitt in der Geschichte Weimars. Sie wurde in einem großen Begräbnis unter Anteilnahme des ganzen Herzogtums beigesetzt. Anna Amalia war bereits zu ihren Lebzeiten eine Legende, und es war außerordentlich bedauerlich, daß sie und Maria Pawlowna lediglich in der kurzen Zeit zwischen November 1804 und Oktober 1806 Gelegenheit zu gemeinsamem Gedankenaustausch besessen hatten. Um so erstaunlicher war das Ergebnis. Maria sollte in späteren Jahren die Inhalte und Formen der geistigen Tätigkeit und Erbauung, die Anna Amalia gepflegt hatte, wiederbeleben, fortsetzen und erweitern. Im Grunde genommen wurde Maria Pawlowna mit der tatkräftigen Unterstützung durch Goethe zur wahren Erbin Anna Amalias. Sie hatte vielleicht nicht deren großen Geist. Das konnte jedoch durch das reichhaltige Mäzenatentum kompensiert werden. Der Vergleich ist aus einem anderen Grund gerechtfertigt. Anna Amalia hatte den Musenhof und das „klassische" Weimar initiiert. Nach Goethes Tod im Jahr 1832 benötigte der Musenhof einen neuen Inhalt. Allein die Traditionspflege bewahrte ihn nicht. Es wurde Maria Pawlownas Verdienst, die neuen Inhalte zu bestimmen, nicht so sehr in der Literatur, sondern in der schönen Einheit von Musik, Architektur, darstellender und bildender Kunst.

Daran war vorerst allerdings noch nicht zu denken. Anna Amalia war gerade gestorben, und Weimar litt unter dem Krieg. Im Juni 1807 mußten weitere 160 Soldaten rekrutiert werden. Um die eigenen Landeskinder zu schonen, warb man auch in Weimar gegen ein Handgeld fremde junge Männer an. In der Stadt wurde der Kriegsverlauf in Ostpreußen aufmerksam verfolgt, und als der Frieden in Tilsit geschlossen worden war, gab es verständlicherweise auch in Weimar allgemeine Erleichterung. Der Herzog konnte darangehen, neben den allgemeinen Landesproblemen auch die Frage einer Rückkehr Marias nach Weimar zu lösen. Dazu boten sich zwei Gelegenheiten. Am 18. Juli 1807 traf Carl

August in Dresden auf Napoleon. Die Begegnung verlief frostig, Carl August machte aus seiner Abneigung gegen die französische Besatzung keinerlei Hehl. Fünf Tage später, am 23. Juli, kam Napoleon durch Weimar, und der Herzog mußte ihm wohl oder übel das Ehrengeleit geben. Da er den Kaiser bis nach Eisenach begleitete, wird auch manches Wort über das Schicksal Weimars und Maria Pawlownas gefallen sein. Ein konkreter Beleg ist dafür zwar nicht ermittelt, es war jedoch unwahrscheinlich, daß Napoleon wegen Maria die neue Freundschaft mit dem russischen Kaiser durch einen Schatten verdunkelt hätte. Außerdem hatte Maria die unverheiratete Schwester Katharina, und wer weiß, vielleicht könnte man etwas arrangieren, denn Napoleons Gattin Josephine blieb leider immer noch kinderlos . . .

Maria lebte noch in Schleswig. Sie hatte dort interessante Bekanntschaften gemacht und notierte bemerkenswerte Gedanken. Sie schrieb in ihr Tagebuch: „Ich habe im November 1806 in Schleswig einen achtzigjährigen alten Mann gesehen, der den Namen Wischmann trug. Mit Vornamen hieß er tatsächlich Maurizero (?). Er ist ein Sohn der Großfürstin Anna von Rußland und des berühmten Marschalls von Sachsen. Das Leben dieses alten Mannes ist wie ein richtiger Roman; ich denke, daß alles das, was er über den russischen Hof und die Staatsstreiche sagt, die es dort gegeben hat und deren Zeuge er teilweise gewesen ist, nicht bestritten werden kann. Er kennt kleinste Details und handelnde Personen zu gut; seine Berichte stimmen absolut mit dem überein, was uns aus der Geschichte der Umstürze und dem Charakter der Menschen, die daran beteiligt gewesen sind, bekannt ist. Seine Aussagen stimmen auch mit dem überein, was ich oft von gebildeten Menschen, aber auch von älteren Leuten, die das Leben am Hofe entweder selbst oder aus den Erzählungen ihrer Eltern kennen, gehört habe. – Dieser interessante alte Mann will seine Memoiren schreiben: er lebt in Riga und ist nach Lübeck gekommen. Ich habe eine seiner Töchter gesehen, die nach Lübeck übergesiedelt ist und, wie er selbst, von den Franzosen vollkommen ruiniert worden ist."[35] Diese Eintragung verdeutlicht zumindest, daß Staatsstreiche für Maria ein beachtenswertes Thema waren, ohne daß sie sich aus dem gegebenen Anlaß hinreißen ließ, auch nur eine einzige Bemerkung über das Schicksal ihres Vaters zu machen. Der letzte Satz läßt außerdem ahnen, daß sie mit der Ablehnung Bonapartes durch ihre Mutter vollkommen übereinstimmte.

Im übrigen enthielt sie sich wohlweislich gezielter politischer Aussagen oder Handlungen. Sie lebte praktisch im Exil und wartete auf die baldige Rückkehr nach Weimar. Auch in Schleswig war der Grundtenor ihres Ansehens – wie der ihres Gatten, der sie besuchte – überaus freundlich. Am 17. März 1807 schrieb der dänische Kronprinz Friedrich, der 1808 den Thron als Frederik VI. bestieg, an

Herzog Friedrich Christian von Schleswig-Holstein-Sonderburg-Augustenburg, daß Maria und Carl Friedrich am Vortag aus Kiel abgereist seien. Mit dem damaligen Holsteiner-Deutsch, das sich doch erheblich von dem durch Goethe in Weimar geschriebenen Deutsch unterschied, bemerkte der Kronprinz: „. . . es ist würchlich zwei sehr gute Personen sie ist ein warer Engel von Güte, wen Sie ihr Einmal seen werden, so hoffe ich daß Sie ihr das nehmliche Uhrteil geben werden . . ." Voller Neid blickte der Kronprinz auf die jungen Leute aus Weimar und wünschte sich, daß sein eigener Sproß Christian nur ein Zehntel von den guten Eigenschaften Marias haben möge.

Die Berichte aus Schleswig, Lübeck, Kiel oder Eutin, aus allen Orten, an denen sich Maria in jenen Monaten aufgehalten hat, sprechen bezüglich ihres Auftretens und Charakters eine einheitliche Sprache. Sie wird stets als freundlich, ausgeglichen und maßvoll geschildert. Die Gräfin Louise von Stolberg berichtete in einer Aufzeichnung vom 15. April 1807 aus Schleswig besonders eindrucksvoll über einen Nachmittag mit Maria. Die Gräfin brachte neben der Schilderung über den angenehmen Umgang mit Maria einen wichtigen Grundzug in deren Verhalten zum Ausdruck: die Sehnsucht nach Weimar. Man hatte Maria, die damals im Bielkeschen Palais zu Schleswig lebte, vorgeschlagen, nach Kopenhagen zu gehen. Das wollte sie nicht, weil sie sich dadurch noch weiter von Weimar entfernt hätte. Die „Weimaraner" sammelten sich um Maria und sprachen intensiv über ihre Heimatstadt, die sie so bald wie möglich wiedersehen wollten.

Für die Psyche Marias war es wichtig, daß auch in den Monaten des Exils die Bindung nach Weimar nicht verlorenging. Dazu trugen nicht nur die Anwesenheit Carl Friedrichs in Schleswig bei, sondern vor allem die Beweise reger Anteilnahme aus Weimar selbst. Niemand konnte den Wunsch nach einer baldigen Rückkehr liebevoller und schwärmerischer ausdrücken als Christoph Martin Wieland, der Maria im Februar 1807 die Zeilen nach Schleswig sandte:

> Vergebens wendet sich die Sonne wieder
> Zu uns, vergebens schwingt der Friedensengel
> Den Oelzweig über dies bedrängte Land,
> Vergebens lächelt uns, den goldnen Becher
> Gefüllt im Lethe in der Hand,
> Die Trösterin, die Hoffnung bessrer Zeiten,
> So lange *Sie* uns fehlt, die schon so lange
> Vermißte, schon so lang' Ersehnte,
> *Sie*, deren Anschaun selbst an diesem Wonnetage,
> Der *Sie* der Welt geschenkt, ein fremder Himmel

Uns vorenthält, *Sie*, die mit Einem Blicke
In jedes Herz Entzücken strahlen würde
O *Allgeliebte*, kehre, kehre wieder,
Entziehe Deinem treuen Volk nicht länger
Den Segen *Deiner* Gegenwart! Mit *Dir*
Kehrt uns ihr traurig abgewandtes Antlitz
Die Freude wieder zu; der starre Winter
Er würde *Dir* in Frühling sich verwandeln
Und alles um *Dich* her zum Paradies erblühen.
O warum liegt nicht Alquiß Zauberstab
In Deines alten Dichters welker Hand!
In diesem Augenblicke ständest *Du*
In unsrer Mitte, lägen alle wir,
Du *Angebetete*, zu *Deinen* Füßen.

Gottlob wurde Wielands Geduld nur noch auf eine Probe von acht Monaten gestellt, unabhängig davon, daß diese Zeitspanne in seinem Lebensalter bereits von Gewicht war. Unmittelbar nach dem Abschluß des Tilsiter Friedens reiste Herzogin Louise mit ihrer Tochter Caroline zu Maria Pawlowna nach Schleswig. Gemeinsam bereiteten sie die Rückkehr vor und drängten zur Eile. Um das Königreich Dänemark zogen sich düstere Gewitterwolken zusammen. Das Land hatte sich bis dahin politisch und militärisch neutral verhalten. Mit fortschreitendem Krieg wuchs der Zwang, sich für eine der streitenden Parteien zu entscheiden: entweder für England oder für Frankreich. Dänemark, zu dem damals auch Schleswig und Holstein gehörten, wurde von Christian VII. aus dem Haus Oldenburg regiert. England beschleunigte die Entscheidung: Am 5. September 1807 nahmen britische Truppen nach dreitägigem Bombardement die Hauptstadt Kopenhagen ein und beraubten Dänemark seiner Flotte. Das so gedemütigte Land geriet damit zwangsläufig an die Seite Frankreichs und hielt Napoleon bis zum Jahr 1814 die Treue. So erlaubte nicht nur der Frieden von Tilsit Marias Rückkehr nach Weimar, sondern der Dänemark drohende Krieg forderte überdies gebieterisch ihre Abreise in das nun bereits heimatliche Thüringen.

Am 12. September 1807 zog Maria Pawlowna mit ihrem Gatten zum zweiten Mal feierlich in Weimar ein. Den von Napoleon erhaltenen Paß hatte sie verächtlich mit Füßen getreten. Wieland schrieb aus dem Anlaß ihrer Heimkehr spontan die Zeilen an Maria: „Gnädigste Frau! Die grenzenlose Freude über Ihrer Kaiserlichen Hoheit glückliche Zurückkunft, die ich mit einem ganzen Volke, von welchem Sie angebetet werden, theile, konnte nur durch die zufälli-

gen Umstände verbittert werden, die es mir unmöglich machten, auch das so
lang entbehrte Glück Ihre Kaiserliche Hoheit zu sehen mit den vielen Tausenden,
denen es vergönnt war, theilen zu können. Der erste Tag wo eine mildere Luft
mir erlauben wird, die wenigen Werste, welche Belvedere von Weimar trennen,
zurückzulegen, wird auch derjenige sein, da ich mir die Gnade erbitten werde,
Ihro Kaiserlichen Hoheit mich persönlich zu Füßen zu legen. Geruhen Sie indessen, Gnädigste Frau, für das mir so eben, durch Uebersendung Ihres gnädigsten
Grusses und eines Briefs von meinem Sohn Reinhold, ertheilte huldvolle Zeichen Höchstdero Andenkens meinen demüthigsten, gefühlvollsten Dank zu
genehmigen und mich noch ferner mit der Erlaubniß zu begünstigen, in tiefster
Ehrfurcht mich nennen zu dürfen Ihro Kaiserlichen Hoheit unterthänigsten und
getreuesten Diener Wieland." Mit rührender Aufmerksamkeit hatte Wieland
sogar das russische Entfernungsmaß „Werst" statt des deutschen Begriffs Meile
verwandt. Es ist durchaus vorstellbar, daß es ihm große Pein bereitete, nicht persönlich am zweiten Einzug Maria Pawlownas beteiligt gewesen zu sein. Jeder
wußte, wie sehr er die Großfürstin verehrte. Zum anderen wurde er nun nicht
Zeuge, wie großartig und geschickt Goethe die Gunst der Stunde für die Kunst
in Weimar und auch für sich selbst nutzte.

Beim ersten Einzug Maria Pawlownas in Weimar im Jahr 1804 hatte Schiller
durch die „Huldigung der Künste" brilliert, während Goethe bewußt ein wenig
in den Hintergrund getreten war. Schiller lebte 1807 nicht mehr, und der Erfolg
hatte seinen überstürzten Bemühungen im Jahr 1804 recht gegeben. Wie einst
Friedrich Schiller verfaßte Goethe nunmehr ein neues und eigenes Vorspiel zur
Huldigung an Maria Pawlowna, das am 19. September 1807 aufgeführt wurde.
Goethe feierte etwas voreilig die Wiederherstellung des Landesfriedens und
fragte wenig nach dem Preis. Die Großfürstin würdigte er vollkommen berechtigt als eine Hoffnung für das ganze Land und dessen besserer Zukunft:

> Tausend Blumen aus den Kränzen,
> Aber tausend aus Gehängen
> Blickend, mögen ihrer Blüthe
> Lieblichkeit nicht überscheinen.
> Und wie um die frische Rose
> Jede Blume sich bescheidet
> Sich im bunten Strauß zu fügen;
> Also diese Welt von Zweigen,
> Blumen, Bändern, Alten, Jungen,
> Dieser Kreis von frohen Blicken,
> Alles ist auf sie gerichtet,

Sie, die lieblich würdige!
Wie sie an der Hand des Gatten,
Jung wie er und Hoffnung gebend,
Für sich selber Freude hoffend,
Segnend uns entgegentritt.

Es war eine Erwartung in unruhiger Zeit, und wenn Goethe vielleicht wie viele
andere Weimaraner gedacht haben mag, daß die Anwesenheit Marias dem Herzogtum unter französischer Vormundschaft Schutz verleihen würde, mußte er
bald erkennen, daß dies nur im Rahmen des trotz der stolzen Reden in Tilsit labi-
len französisch-russischen Verhältnisses möglich war. Überdies beschwerten
Maria noch andere, ganz persönliche Probleme. Sie kam aus Schleswig in der
frohen Erwartung eines zweiten Kindes zurück. Nach dem Tod des ersten Sohnes waren ihre Hoffnungen und Spannungen verständlicherweise besonders
groß. Dennoch und gerade aus diesem Grund wurde Maria im September 1807
ebenso freundlich von Weimar aufgenommen wie im November 1804. Der Chronist „aus dem Volke", Franz David Gesky, notierte unter dem 12. September:
„Der Einzug war glänzend. Drei Tage zuvor wurden vom Schloß an, durch die
Breite Gasse [die heutige Marktstraße – Anm. des Autors] bis an das Erfurter Tor,
alle Häuser mit Girlanden und Kränzen geschmückt. An den Ecken der Straßen
hingen Ehrenbogen und an vielen Häusern waren die Namen der Hohen Herrschaften angebracht. Besonders zeichnete sich das Haus des Hofschneiders Heu-
singer in der Breiten Gasse aus, wo die Namen der Herrschaften in Scharlach-
tuch mit Gold gestickt waren. An der Wand hingen schöne Gemälde. Sodann das
Haus des Kaufmanns Knöstler, wo nebst den gezierten Namen ein Bild mit den
Versen hing: Gleich wie Dunkel und Grauen Aurorens erneuerter Aufgang
schnell zu der finsteren Nacht trauriger Wohnung schwebt, also kehrest auch
Du, siegprangend, o Tochter des Frührots, wieder, des werdenden Tags hohe
Verkünderin. Weil Du nun, am erquickenden Strahl der mildesten Sonne, trinke
das Heilige Licht göttlichen Doppelgestirns.

Mittags ein Uhr ritten aus dem ganzen Land sämtliche Oberförster, die hiesige Schützenkompanie, das Husarenkorps, die Kaufmannschaft, 80 Mann an
Stärke, entgegen. Dann kam der Stadtrat nebst den Handwerkern mit Fahnen
und Musik, und 150 junge Mädchen, alle weiß gekleidet mit roten Leibbändern,
paarweise. Jedes hatte eine Girlande in der Hand und alle hatten Blumenkörb-
chen. Noch an der Straße hielt der Wagen mit der ankommenden Herrschaft an,
wo ein Carmen überreicht wurde . . ." Der zweite Empfang war schön wie der
erste, und es wird dem erbherzoglichen Paar nicht schwergefallen sein, sich
sofort wieder heimisch zu fühlen. Im Vergleich zum November 1804 gab es

natürlich einen gravierenden Unterschied. Der Krieg hatte alles verändert. Damals war eine glückliche und reiche junge Braut voller Erwartung an den bescheidenen, aber weitgerühmten Musenhof gekommen. Nunmehr kehrte die Emigrantin in ein vom Krieg in Mitleidenschaft gezogenes und ausgeplündertes Land zurück, in dem sogar die Existenz des Musenhofes in Frage gestellt war. Es ist verständlich, daß die Menschen in Weimar jetzt nicht so sehr aus dem Wunsch heraus, die Kunst zu fördern, auf die heimkehrende russische Großfürstin blickten. Das schiere Überleben stand auf der Tagesordnung. In der Tat, der Charakter ihrer karitativen Leistungen veränderte sich. Wohltätigkeit für die Armen war ein fürstliches Prinzip, und Maria praktizierte diesen Grundsatz mit Hingabe. Im Jahr 1807 galt ihre Aufmerksamkeit in Weimar vor allem sowohl den von Verwahrlosung bedrohten Kindern, für die sie sechs Heimstellen stiftete und finanzierte, als auch den Soldaten. Es war für Maria sicherlich nicht leicht, mitansehen und erleben zu müssen, daß Sachsen-Weimar-Eisenachs Soldaten in Ostpreußen gegen Russen in die Schlacht zogen. Als die malträtierten, verwundeten und geschundenen Scharfschützen Weimars im Dezember nach Hause kamen, schenkte Maria jedem Soldaten zwei Taler und eine Flasche Wein – der Unteroffizier erhielt sogar vier Taler. Es war eine symbolische Geste, denn von den insgesamt 960 ausgezogenen Söhnen kehrten 450 in die Vaterstadt zurück. Weitere 180 lagen noch verwundet in Jena. Die restlichen 330 waren zwischen Preußisch Eylau und Friedland in ostpreußischer Erde geblieben.

Maria tat, was sie konnte. Sie dachte voraus, an eine friedliche Zukunft sowie an das Glück der Familie, Rußlands und Weimars. Ende 1807 war sie bereits hochschwanger und bereitete sich auf die baldige Entbindung vor. In diesen Wochen kehrte sie auch zu den in den Vorjahren geübten Bestrebugen zurück, von den großen Geistern Weimars zu lernen und eins zu werden mit dem kunstbeflissenen Musenhof. Wieland hatte sie schwärmerisch begrüßt, und Goethe gab sich alle Mühe, ihren Wissensdurst zu stillen. Er suchte jetzt die Nähe der jungen Frau, umso mehr, als er spürte, daß sie durch die Kriegserlebnisse reifte. Der Wille zum gemeinsamen Gedankenaustausch beruhte auf Gegenseitigkeit. Maria widmete in jenen Wochen viele Zeilen ihres Tagebuchs den Gesprächen mit und bei Goethe. Im Dezember 1807 traf sie bei Goethe mehrfach den Dichter und Dramatiker, Priester und berühmten Kanzelredner Zacharias Werner. Goethe sollte 1810 in Weimar das Stück Werners „Der vierundzwanzigste Februar" aufführen und damit einen wichtigen Beitrag zur Popularisierung des romantischen Schicksalsdramas leisten. Maria äußerte sich über die Sonette Werners sachkundig und fand sie insgesamt zu mystisch. Sie interessierte sich für Werners Dichtungen und Dramen, z. B. für „Die Kinder des Tals" oder „Das Kreuz auf der Ostsee", weil diese die ältere und jüngere Geschichte Preußens

und Rußlands berührten und überdies einen Bezug zur aktuellen Geschichte der
Auseinandersetzung mit Kaiser Napoleon herstellten. Maria beschäftigte sich
mit den Arbeiten Werners nicht nur aus theoretisch-ästhetischen Gesichtspunkten heraus, sondern weil diese ihre eigene Erlebniswelt reflektierten.

Bis kurz vor ihrer zweiten Entbindung besuchte Maria Goethe und unterhielt
sich mit ihm über literarische und gesellschaftliche Probleme. Wenn Goethe z. B.
aus einem Werk Calderóns in der Übersetzung durch Schlegel vorlas, notierte
Maria einzelne Szenen mit exakter Personen- und Inhaltsangabe. Es war dies
eine Übung für ihr eigenes Gedächtnis sowie für die geistige Verarbeitung neuen
Wissens – eine Methode, deren Beherrschung sie in späteren Jahren selbst von
den Damen ihres Hofes verlangen sollte. Maria lernte ständig. Fleißig und eisern
befaßte sie sich nicht nur mit literarischen Fragen. Es war geradezu phänomenal:
Einen Monat nach der Entbindung war sie schon wieder bei Goethe und sah zu,
wie er gemeinsam mit einem Wissenschaftler der Jenaer Universität chemische
Experimente durchführte, bei denen heftige Reaktionen im Spiel waren . . .

Am 3. Februar 1808 wurde Maria von ihrem zweiten Kind entbunden. Drei
approbierte Mediziner aus Weimar und Jena sowie zwei Hebammen aus Weimar
und Stadtbürgel brachten das Kind unter Glockengeläut und festlicher Musik
zur Welt. Es war ein Mädchen, das zwei Wochen später im Schloß vom General-
superintendenten Dr. Vogt auf den Namen Maria Louise Alexandrine getauft
wurde. Der Taufakt war öffentlich, und anschließend gab es einen Ball im Stadthaus. Die Glocken läuteten wieder, und es war für Weimar ein beglückender Tag,
obgleich infolge der französischen Besetzung die Preise für Nahrungsmittel
unaufhörlich in die Höhe kletterten. Die Feierlichkeiten fanden am 20. März
ihren Abschluß, als die Erbherzogin Maria Pawlowna zum ersten Mal nach der
Niederkunft wieder zum Gottesdienst in die Kirche ging. Maria, das hatte die
Sorge um den verstorbenen Sohn Alexander gezeigt und das galt auch für die
Zukunft, liebte ihre Kinder sehr und kümmerte sich um diese mit Hingabe. Das
schloß nicht aus, daß die Kinder von Beginn an in die Obhut von Ammen,
Betreuern und Erziehern gegeben wurden. Im Laufe des 18. Jahrhunderts hatte
sich unter den Frauen der russischen Aristokratie der Brauch herausgebildet, die
tagtäglichen Notwendigkeiten des Familienlebens – und damit auch die Versor-
gung der Kinder – in den Hintergrund zu drängen. Da adelige Frauen in Rußland schlechthin vom staatlichen Dienst der Männer ausgeschlossen waren, floß
in ihren Händen alles zusammen, was sich mit den Bereichen der Wohlfahrt und
der Kultur verband. Nicht nur Bälle, Koketterien oder galante Liebhaber
bestimmten den Tagesablauf, sondern seit den siebziger Jahren griff eine intensive Hinwendung zur musischen und literarischen Sinngebung um sich. Diese
Erscheinung beschränkte sich nicht nur auf Rußland. Maria Pawlowna war in

dieser Tradition erzogen worden und mußte ihre diesbezüglichen Ansichten in Weimar nicht ändern. Sowohl die kleine Tochter Maria als auch die nachfolgenden Kinder Augusta und Carl Alexander wurden sofort nach ihrer Geburt der Frau Batsch in Jena anvertraut.

Sophia Caroline Amalie Batsch, geborene Pfündel, lebte von 1786 bis 1851. Sie war die zweite Frau des Professors Batsch, der nach 1787 an der Universität Jena Biologie, Medizin und auch Philosophie gelesen hatte. Er war im Jahr 1802 verstorben. Frau Batsch war eine bemerkenswert treue und zuverlässige Dame. Sie hinterließ darüber selbst ein interessantes Zeugnis. Beginnend mit dem 5. Juni 1808, bis zum Jahr 1843, gab sie regelmäßig über den Gesundheitszustand der Kinder schriftlichen Bericht an Maria Pawlowna ab. Mindestens wöchentlich, bisweilen täglich, auch, als die Töchter bereits nach Berlin verheiratet waren und Frau Batsch mitnahmen, schrieb sie ihre Berichte. Alle diese Briefe sind erhalten geblieben. Maria Pawlowna war stets über den Gesundheitszustand und das Leben ihrer Kinder im Bilde, selbst wenn sie ohne diese auf Reisen ging. In einem solchen Zusammenhang stand auch das Datum des 5. Juni 1808.

Fünf Tage zuvor war Maria mit ihrem Gemahl in Begleitung des Kammerherrn von Ziegesar und des russischen Geistlichen Jasnowski nach St. Petersburg gefahren. Fast vier Wochen währte die Reise. Maria war nahezu vier Jahre nicht bei ihrer russischen Familie gewesen. Es war zunächst ein rein persönlicher und innerfamiliärer Besuch ohne politische Hintergründe. Die kamen später hinzu und sorgten dafür, daß Maria erneut fast ein ganzes Jahr Weimar fernblieb. Alle freuten sich über das Wiedersehen. Man besuchte Gottesdienste und Paraden, erfreute sich an der hinreißenden Schönheit des Finnischen Meerbusens und zog zwischen St. Petersburg und Pawlowsk hin und her. Inzwischen kamen auch die ersten Nachrichten aus Weimar an. Mit ihrem Schreiben vom 5. Juni 1808 prägte Frau Batsch den Stil, den sie ihr Leben lang beibehalten sollte. Sie eröffnete alle ihre Briefe mit der stets gleichbleibenden Formel: „Gnädigste Großfürstin Durchlauchtigste Erbprinzeß [später ersetzt durch Erbgroßherzogin und Großherzogin – Anm. des Autors] und Frau!"[36] Alle ihre Briefe begannen mit einer rundweg positiven und optimistischen, vielfach variierten Formel: „Möchten doch alle meine Nachrichten, die ich Ihro Kaiserliche Hoheit über das Befinden des lieben Prinzeßchens mitzutheilen habe, so beruhigend ausfallen, wie diese erste, denn das geliebte Kind befindet sich außerordentlich wohl, und ist beinah noch muntrer, als es bei der Abreise Ihro Kaiserlichen Hoheit war. Mit jedem Tag entwickeln sich neue Fertigkeiten, so gibt das Prinzeßchen jetzt ihre Freude über den kleinen Wagen, worinnen es spazieren gefahren wird, lebhaft zu erkennen ..." Daran schlossen sich die Details des damals noch recht einfachen Wohlbefindens und allenfalls die Beschreibung kleiner täglicher Sorgen an. Maria Pawlowna konnte in jedem Fall beruhigt sein – ihre Tochter war in guter Obhut und wuchs umsorgt heran.

Statt dessen ließen größere politische Probleme Europas die Zarenfamilie nicht zur Ruhe kommen. Rußland hielt sich an die Abmachungen von Tilsit. Es begann einen Krieg gegen Schweden. Der führte zur Einverleibung Finnlands in das Russische Reich. Als Napoleon einen gemeinsamen Feldzug über Konstantinopel nach Asien vorschlug, war Rußlands Kaiser begeistert und schlug ein neues Treffen vor, um die Welt untereinander aufzuteilen. In der Praxis zeigte sich bald, von welch starken realistischen Komponenten der russisch-französische Pakt beeinflußt wurde.

Napoleon wollte seinen kaiserlichen Freund mit einer prachtvollen Gala aller Rheinbundstaaten überraschen. Preußen und Österreich waren nicht erwünscht. Bis zum geplanten Termin blieb nicht mehr viel Zeit, und Napoleon begab sich am 22. September 1808 auf die Reise. Die politische Situation hatte sich seit Tilsit verändert. Alexander mußte nicht mehr um einen günstigen Frieden nachsuchen. Er hatte sich in Rußland trotz aller Widersprüche behauptet. Napoleon war dagegen in Not geraten. Auf der Iberischen Halbinsel brannte ein Volksaufstand gegen die französischen Eroberer. Österreich und Preußen schöpften neue Hoffnung. Alexander hatte es verstanden, Napoleon über die innerrussische Ablehnung des Friedens von Tilsit im unklaren zu lassen. Der Kaiser der Franzosen ging mit einem falschen Bild nach Erfurt. Er glaubte, es sei ein leichtes Spiel, Alexander erneut auf seine Seite zu ziehen.

Bis zum letzten Tag vor seiner Abreise nach Erfurt mußte Alexander I. kämpfen, und Maria wurde zumindest stumme Zeugin der Auseinandersetzungen. Die Tatsache, daß sie nicht nach Weimar zurückkehrte, war eine Folge der Ablehnung, die der kaiserliche Hof Napoleon entgegenbrachte. Alexander selbst reiste ernüchtert nach Erfurt – und Weimar. Ruhig und zielbewußt entgegnete er jetzt seinen Kritikern: Rußland „braucht eine gewisse Zeit, um frei atmen zu können, damit es in dieser Atempause seine Mittel und Kräfte sammeln kann. Wir sind gezwungen, in tiefster Stille zu arbeiten und keiner darf von unseren Rüstungen und Vorbereitungen wissen. Auch derjenige, den wir herauszufordern gedenken, darf öffentlich und laut nicht angegriffen werden . . . Wenn es der Wille Gottes sein wird, können wir in aller Ruhe seinen Sturz abwarten . . . Die Weisheit der Politik liegt im Abwarten, um dann im geeigneten Augenblick zu handeln." Er überzeugte seine Widersacher zwar nicht, ließ sich jedoch auch von seinem Tun nicht abhalten.

Auf der Reise nach Erfurt besuchte Alexander Friedrich Wilhelm und Louise in Königsberg. Es war die alte Klage Friedrich Wilhelms, der russische Kaiser sollte sich doch für die Verbesserung der Lage in Preußen einsetzen. Die franzö-

sischen Truppen sollten aus Berlin verschwinden. Alexander weckte vage Hoffnungen, wie er das stets tat. Wesentlich tiefer beeindruckte ihn die Begegnung
mit dem Freiherrn vom und zum Stein. Der Reichsfreiherr nahm kein Blatt vor
den Mund. Trotz des Tilsiter Abkommens forderte er Kaiser Alexander auf, mit
Preußen und Österreich einen neuen Krieg gegen Frankreich zu eröffnen. Alexander hüllte sich in Schweigen.

Es war vorgesehen, den Weimarer Hof in das Programm des Fürstentages
einzubeziehen. Auch darin lag ein Grund für die Abwesenheit Maria Pawlow-
nas. Herzog Carl August hatte nach dem Frieden von Tilsit versucht, seine
Abneigung gegen die französische Besetzung irgendwie mit den Realitäten in
Übereinstimmung zu bringen. Im zweiten Halbjahr 1807 war eine weimarische
Gesandtschaft in Paris eingerichtet worden. Die Mission hatte nichts bewirkt.
Wilhelm von Wolzogen blieb bis April 1808 als „bevollmächtigter Minister" in
Paris, ohne irgendwelche positiven Ergebnisse für Weimar zu erreichen – abge-
sehen von der merkwürdigen Geste, daß Napoleon die Patenschaft für Maria
Pawlownas kleine Tochter Maria übernahm! Aber auch dadurch ließ sich die
Erbherzogin nicht zur Rückreise nach Weimar überzeugen. Sie wußte, daß der
Weimarer Hof, ihr Gatte Carl Friedrich, der natürlich zurückreisen mußte, und
besonders Carl August als Mitglied des Rheinbundes nicht umhin kommen
würden, vor Napoleon die pflichtschuldige Demut zu demonstrieren. Die notwendige Demut widersprach jedoch der Rolle, die ihr Bruder Alexander I. in
Erfurt zu spielen gedachte.

Am 27. September 1808 trafen Napoleon und Alexander zwischen Weimar
und Erfurt, bei dem Dorf Mönchenholzhausen aufeinander. Sie ritten gemeinsam nach Erfurt zurück. Die nächsten Tage verliefen scheinbar in der gleichen
Harmonie wie jene von Tilsit. In Erfurt war der Rahmen noch glänzender und
prächtiger. Napoleon schwamm im Glück. Er merkte nicht einmal, was für ein
guter Schauspieler sein vermeintlicher Bewunderer Alexander war. Aus Weimar
schrieb der an die Schwester Katharina: „Napoleon hält mich für einen Narren,
aber derjenige, der zuletzt lacht, lacht am besten." Napoleon erwachte erst, als er
erkennen mußte, daß sich Alexander einer gemeinsamen Militäraktion zur Ent-
waffnung Österreichs widersetzte. Er wurde laut und unbeherrscht, aber der
russische Kaiser blieb gelassen: „Sie sind zu hitzig und ich bin starrköpfig. Bei
mir richtet man mit Wut nichts aus. Es ist besser, wenn wir uns unterhalten und
die Sache besprechen – andernfalls werde ich abreisen." Alexander nutzte die
Konflikte zwischen Napoleon und dessen ehemaligem Außenminister Talleyrand, der nicht an einer Zerstörung Österreichs interessiert war und gegen seinen Kaiser intrigierte. Dabei goß er Öl auf das Feuer des europäischen Sen-
dungsbewußtseins Alexanders und stärkte dessen Position.

Es war unter dieser Voraussetzung nicht verwunderlich, daß der am 12. Oktober 1808 in Erfurt vereinbarte russisch-französische Geheimvertrag keinen einzigen Paragraphen enthielt, der zu den großen europäischen Problemen konkrete Maßnahmen festgeschrieben hätte. Weder gegenüber England noch bezüglich Österreichs oder der Türkei. Von einem gemeinsamen Marsch nach Asien war keine Rede mehr. Der Leidtragende war wieder Preußen: Die französischen Garnisonen blieben bestehen. So geriet die glänzende Machtdemonstration, die sich Napoleon von dem Erfurter Fürstentag versprochen hatte, im Ergebnis eher zwielichtig, und daran hatte Rußland den entscheidenden Anteil.

Napoleon mußte gegenüber Alexander auch aus einem höchst persönlichen Grund vorsichtig operieren. Seit längerer Zeit trug er sich mit dem Gedanken einer Trennung von Josephine. Der erhoffte Thronfolger war ausgeblieben, und bei der Suche nach einer neuen Partnerin wurde auch Alexanders Schwester Katharina ins Spiel gebracht. Die Frage hatte in Tilsit schon eine Rolle gespielt. Aber in diesem Fall war Alexander mit seiner Mutter Maria Fjodorowna und der ganzen Familie völlig einig: Eine Romanow kam als Gemahlin für einen Bonaparte nicht in Frage. Das Thema war für Alexander so abwegig, daß er in einem abschließenden Gespräch mit Napoleon ganz allgemein formulierte, der Kaiser der Franzosen werde sein Lebenswerk sicherlich noch mit einer neuen Ehe und der Begründung einer Dynastie krönen. Katharinas Name fiel nicht einmal. Um allen weiteren Nachfragen aus dem Weg zu gehen, wurde bald nach dem Erfurter Treffen offiziell mitgeteilt, sie werde in absehbarer Zeit den Prinzen von Holstein-Oldenburg heiraten. Auf diese Weise wurde auch Maria Pawlowna nicht die Schwägerin Napoleons!

Am 14. Oktober, dem zweiten Jahrestag der Schlacht von Jena und Auerstedt, fuhren die beiden Kaiser wieder nach Mönchenholzhausen. Äußerlich schien die Stimmung gut, und man ging freundlich miteinander um. Innerlich wußten sie, die kurze Zeit des französisch-russischen Fühlings, da man gemeinsam eine europäische Neuordnung entwerfen wollte, war vorbei. Tatsächlich sahen sie sich niemals wieder, hatten in den folgenden Jahren aber noch viel miteinander zu tun. Für das Herzogtum Sachsen-Weimar und für Maria zogen weitere dunkle Wolken herauf.

Der Fürstentag war für die ganze Region zwischen Erfurt, Jena und Apolda ein derart faszinierendes Spektakel, daß zumindest einige Episoden so, wie sie sich dem Bürger Weimars vermittelt haben und im „Journal des Luxus und der Moden" berichtet wurden, festgehalten werden sollen – auch wenn Maria Pawlowna in jenen Tagen nicht persönlich in Weimar war. Ihr Gemahl war auf jeden Fall sehr aktiv. Carl Friedrich war in größter Eile aus St. Petersburg angereist und traf alle seitens des Hofes notwendigen Vorkehrungen für den in

Aussicht stehenden hohen Besuch. Er empfing am 24. September im Weimarer
Schloß gemeinsam mit der Herzogin Louise seinen Schwager, den Großfürsten
Konstantin. Carl August reiste nach Eisenach, um Napoleon zu empfangen. Für
Großfürst Konstantin war abends im Theater „Die schöne Müllerin" angesetzt
worden. „Seine Kaiserliche Hoheit" befanden sich jedoch unwohl und mieden
die Vorstellung.

Unterdessen hatte man Wilhelm von Wolzogen und den Kammerherrn von
Ziegesar dem Kaiser Alexander nach Leipzig entgegengesandt. Als der russische
Kaiser am 25. September abends in Weimar eintraf, wurde er vom gesamten Hof,
zahlreichen fürstlichen Gästen und der Bevölkerung groß empfangen. Es war
bemerkenswert, daß sich in der Begleitung Alexanders nicht nur der Außenminister Golizyn befand, sondern auch Mitglieder der berühmten aristokratischen Familien Tolstoi, Gagarin, Trubetzkoi oder Wolkonski. Neben dem engen
Freund und Ratgeber des Kaisers, General Araktschejew, gehörte auch der Mann
zur Suite, der zu den bemerkenswertesten Persönlichkeiten der russischen
Geschichte des 19. Jahrhunderts zählte: Michail Speranski. Beim Erfurter Fürstentag erregte er dank seiner Klugheit, Umsicht und Gelassenheit selbst die
Aufmerksamkeit Napoleons.

Bei der allgemeinen jubelvollen Begrüßungszeremonie versäumte es Carl
Friedrich nicht, dem Schwager seine kleine Tochter Maria zu präsentieren –
Alexander I. war schließlich der Onkel des Mädchens. Abends gab es ein fest-
liches Essen im Schloß. Am folgenden Tag ritten Carl Friedrich und Alexander
zum Schloß Belvedere, und Carl Friedrich zeigte voller Stolz, welche Veränderungen seine Gemahlin bereits in der kurzen Zeit zur Verschönerung der Anlagen eingeleitet hatte.

Am 27. September folgte dann das Treffen der beiden Monarchen bei Mönchenholzhausen, und alle Aufmerksamkeit richtete sich zunächst auf den Ablauf
des Kongresses in Erfurt. Die Stadt verwandelte sich für einige Tage zum politischen Mittelpunkt Europas. Der Chronist hielt die feinsten Details der damit verbundenen gesellschaftlichen und öffentlichen Höhepunkte fest. Er versäumte
nicht, ganz neutral mitzuteilen, daß sowohl der österreichische Feldmarschall
Baron von Wicent als auch der preußische Prinz Wilhelm den Kaisern die herz-
lichsten Grüße ihrer Monarchen überbrachten. Die Kaiser luden beide Vertreter
der geschmähten Souveräne mit nicht minderer Herzlichkeit zum gemeinsamen
Essen ein! Über das von Goethe seit dem Oktober 1806 erwartete Treffen mit
Napoleon hieß es dagegen in einer Mitteilung vom 2. Oktober lediglich schlicht:
„Der Kaiser Napoleon ließ sich diesen Morgen in dem Audienzzimmer seines
Palais Messe lesen. Vorher, nach dem Lever, wurde Hr. Geh. Rath v. Goethe
während des Frühstücks bei dem Kaiser eingeführt, der seine Bekanntschaft

wünschte, und gestern unsern großen Dichter durch den Staats-Secretair Maret dazu hatte einladen lassen." Aber der Kongreß war ja noch nicht zu Ende, und Weimars große Stunde sollte noch schlagen.

Am 6. Oktober 1808 war es soweit: Die Kaiser und Fürsten folgten einer Einladung Carl Augusts zur Jagd auf dem Ettersberg. Eine „wogende Menge" von Schaulustigen begleitete die erlauchten Jäger: „Wohl 4000 Menschen und 400 Wagen standen umher, und es war ein Leben und Treiben, bei dem es ein Wunder blieb, daß kein Unfall geschah." Lange bevor die Kaiser erschienen, war der König von Sachsen im Jagdgebiet eingetroffen, damit ihm nichts entgehen konnte. Es war jedoch gut, daß er so früh angereist war, denn seine Pferde schafften es nicht, den Wagen den Berg hinaufzuziehen, und brave Bürger mußten zur Hilfe in die Speichen greifen. Vor den Augen der Kaiser hätte die Situation leicht als Schwäche Sachsens interpretiert werden können. Mittags kamen die Kaiser in Begleitung Carl Augusts an. An ihrer Seite waren die Könige von Bayern, Württemberg und Sachsen, der Fürstprimas, Fürst Neuchâtel (Berthier), der Herzog von Oldenburg, der Erbprinz von Mecklenburg-Schwerin, die Marschälle Soult und Lannes, die Herzöge von Friaul (Duroc), Rovigo (Savary), und Vicenza (Caulaincourt). Der König von Westfalen und Großfürst Konstantin hatten sich krank gemeldet.

Die Jagd dauerte etwa vier Stunden und kostete den Ettersberger Forst 47 Hirsche, fünf Rehböcke, drei Hasen und – einen Fuchs. Keiner der Jäger war zu Schaden gekommen, und um 5 Uhr abends kamen alle Fürsten unter Glockengeläut wohlbehalten wieder in Weimar an. Eine Stunde später begann das Diner, und selbst Prinz Wilhelm von Preußen durfte an der kaiserlichen Tafel Platz nehmen. Er bekam auch im anschließenden Schauspiel ein Fauteuil unmittelbar neben den Kaisern zugewiesen. Man gab sinnigerweise die „Ermordung Caesars" von Voltaire. Anschließend fand ein rauschender Ball statt, bei dem sich sowohl Alexander als auch Napoleon mehrfach und angeregt mit Wieland und mit Goethe unterhielten.

Der 7. Oktober war jener denkwürdige Tag, an dem die Fürsten das Schlachtfeld bei Jena besichtigten. Es war der Wunsch Napoleons. Auf dem Windknollen bei Jena, jenem Punkt, von dem aus Napoleon am 14. Oktober 1806 die Schlacht eingeleitet hatte, war unter Leitung des Professors Sturm und des Hofrats Eichstädt ein klassisch-antik anmutender Tempel errichtet worden. Unterhalb des Windknollen in Richtung Jena befindet sich ein kleines Plateau. Dort hatte Napoleon inmitten seiner Garde die Nacht zum 14. Oktober 1806 verbracht, und an diesem Platz waren jetzt mehrere Zelte für die Festtafel errichtet worden. Die fürstlichen Gäste versammelten sich, speisten miteinander in geselliger Runde, empfingen Abgeordnete der Stadt und der Universität Jena, und Napoleon ließ sich vor dem Tempel durch Carl August eine Landkarte vorlegen, auf der er mit dem Blick in die herbstliche Natur den Verlauf der Schlacht erklärte. Anschließend ritten alle zur Jagd in die Apoldaer Forste, um sich am späten Nachmittag wieder nach Erfurt zu begeben.

Die folgenden Tage vergingen in Erfurt mit politischen Gesprächen, Gottesdiensten, Paraden und den Vorbereitungen auf den Abschluß der Konferenz. Weimar und der Musenhof traten am 12. Oktober wieder sichtbar in Erscheinung. Der französische Minister-Staatssekretär Maret eröffnete dem weimarischen Geheimen Regierungsrat von Müller, daß Napoleon Wieland und Goethe angesichts deren großer Verdienste um die deutsche Literatur den Orden der Ehrenlegion verliehen habe. Die beiden so geehrten Persönlichkeiten wurden durch freundliche Schreiben informiert. Es waren überhaupt die Tage des Abschieds und der Orden. Kaum einer der russischen und französischen Politiker und Diplomaten blieb ohne Auszeichnung. Die schönen Gesten änderten jedoch nichts am mageren Ausgang des Treffens.

Die Tage von Erfurt waren Geschichte, in Weimar gab es ein Nachspiel. Nachdem sich Alexander endgültig von Napoleon verabschiedet hatte, ritt er wieder nach Weimar. Die Stadt hatte den Oktober 1806 nicht vergessen, und Alexander I. erschien für einige Tage wie ein Schutzschild über der leidgeprüften Stadt. In Weimar betrachtete man es als politisches Symbol, daß er von den Großherzögen aus Hessen und Baden begleitet wurde. Es gab die üblichen Tafeln, Bälle und Theateraufführungen sowie eine demonstrative Auszeichnung. Nachdem Wieland und Goethe das Kreuz der Ehrenlegion erhalten hatten, wollte der russische Kaiser nicht zurückstehen und überreichte beiden den Orden der heiligen Anna. Am folgenden Tag reiste Alexander ab, und in Weimar kehrte wieder der Alltag mit seinen lastenden Sorgen ein.

Zu diesen Sorgen gehörte auch, daß das französische Besatzungszentrum in Erfurt, getrieben von der Aversion Napoleons gegen den unruhigen und wenig botmäßigen Carl August, den Weimarer Hof scharf überwachte. Die lange Abwesenheit Maria Pawlownas wurde von der Besatzungsmacht mit steigendem Unwillen betrachtet. Es kamen viele Gesichtspunkte zusammen: Carl Augusts Ruf als Gegner Napoleons, der im Jahr 1809 erneut auflebende französisch-österreichische Krieg, die steigenden Kriegslasten Weimars und der Wille des Herzogs, in seinem Land Reformen im Sinne einer ständischen Verfassung durchzuführen – das alles waren bestimmende Momente für eine baldige Rückkehr der Erbherzogin. Sie verließ tatsächlich im Mai 1809 St. Petersburg und traf am 15. Juni in Weimar ein. Der Chronist Gesky vermerkte, daß sie „in aller Stille" kam. Anders als 1804 oder im Jahr 1807 bestand kein Anlaß zu allgemeinem Jubel. Nicht einmal die übliche Reiseroute über Dresden war infolge des Krieges

möglich. Maria mußte den Weg über Querfurt und Weißensee nehmen. Die
Österreicher hatten wenige Tage zuvor Dresden eingenommen. Im Juni 1809 war
kein Ende der Unwägbarkeiten für Weimar abzusehen – im Gegenteil. Das
Abwerfen der napoleonischen Besetzung stand noch ebenso bevor wie die große
russisch-französische Auseinandersetzung.

Um so bemerkenswerter war die Tatsache, daß das geistige und künstlerische
Leben am Weimarer Musenhof auch unter den schwierigen Besetzungsbedin-
gungen nicht zum Erliegen kam. Neue Wege wurden in der Kunst beschritten,
und die interessierte Suche der Familie Maria Pawlownas nach Bildung und
künstlerischer Selbstbestätigung erscheint als der beste Beweis für schöpferische
Kreativität – und nicht als ein Mittel, die anhaltende politische Zwangslage
lediglich durch musische Aktivitäten zu kompensieren. Weimar hatte seinen Ruf
als literarische Metropole Deutschlands unter friedlichen Bedingungen aus-
geprägt – der allzulang währende Krieg konnte diesen Ruf nicht mehr zerstören,
obwohl mit Herder und Schiller bereits zwei der besten Köpfe gegangen waren.
Trotz des Krieges und der Wunden von 1806 – auf der Stadt lag eine moralische
Pflicht. In Deutschland regten sich erste Stimmen, der Unterdrückung und
Besetzung durch die Erben der Französischen Revolution die deutsche Natio-
nalstaatsidee entgegenzusetzen. Reformen, nationale Einheit und die verant-
wortungsvolle Rolle einer intellektuellen Avantgarde, das waren Gedanken,
denen man auch in Weimar nicht abhold war, selbst wenn diese Dreifaltigkeit
nicht als Losung und Plakat formuliert wurde.

Die Verpflichtung Weimars kam dem aufgeklärten Kunstverständnis Maria
Pawlownas ganz automatisch entgegen. Die Russin machte sich in geduldiger
Lernarbeit den humanistischen Geist von Weimar zu eigen, und im Prozeß ihres
individuellen Reifens verlieh sie dem Hof tragende Impulse – durch ihr Geld
und durch ihren Verstand. Dabei war sie sich der Unterstützung durch die
besten Geister gewiß. Seit dem Jahr 1806 leitete der aus der Schweiz stammende
Maler und Goethe-Freund Heinrich Meyer die Weimarer Zeichenschule und
deren Ausstellungen. Goethe und Meyer kümmerten sich besonders seit dem
Jahr 1809 darum, daß der vorhandene Besitz an Gemälden, Zeichnungen und
Stichen systematisiert und so zusammengefaßt wurde, daß daraus der Grundstein für das spätere Weimarer Kunstmuseum gelegt werden konnte. Diese
Arbeit mag den unmittelbaren Anlaß dafür gegeben haben, daß sich Maria seit
dem Sommer 1809 durch eigene Studien zur Kunstgeschichte an dem Projekt
beteiligte. Meyer, ein gebildeter, kenntnisreicher und zugleich bescheiden geblie-
bener Theoretiker und Praktiker in Sachen Kunst, genoß das uneingeschränkte
Vertrauen sowohl der herzoglichen Familie als auch Goethes. Maria konnte kein
besserer Lehrmeister für die bildende Kunst zur Verfügung stehen. Sie lud ihn

ein, und Meyer vermittelte ihr einen kompletten Kurs zur Kunstgeschichte. Da Bildung nie schaden kann, durften auch der Erbprinz und Prinzessin Caroline den Vorlesungen lauschen. Dreimal in der Woche, vom Sommer 1809 bis Ostern 1810, breitete der Winckelmann-Schüler Meyer sein reiches Wissen aus. Die aufmerksame Schülerin verfertigte ein Konspekt, das so exakt und vorbildstreu angefertig wurde, daß es schließlich eine wundersame Metamorphose erlangte. Meyer lehrte die Kunstgeschichte. Maria schrieb mit. Ihre Aufzeichnungen benutzte Meyer später – auf den Rat Marias hin – zu seiner umfassenden Kunstgeschichte, und Maria redigierte obendrein deren ersten Band – der ihr selbstverständlich gewidmet wurde! Es gibt in der Geschichte kaum ein schöneres Beispiel dafür, zu welch vollendeter Harmonie Kunst und Macht gelangen können, wenn sie einen sinnvollen Gegenstand ihres Ehrgeizes finden.

Meyers Vorlesungen für die erbherzogliche Familie und die daraus erwachsende Kunstgeschichte waren nicht die einzigen Zeugnisse jener fruchtbaren Studien. Diese erfuhren im Jahr 1810 eine gewisse Einschränkung und Unterbrechung, weil Prinzessin Carolines Verheiratung mit dem Erbgroßherzog von Mecklenburg-Schwerin vorbereitet wurde und Caroline anschließend nach Schwerin zog. Maria und Caroline mochten einander sehr und besaßen viele gemeinsame Interessen. Die Vorbereitungen zur Hochzeit Carolines waren lange vorher angelaufen. Es ist nicht auszuschließen, daß bei dem Arrangement der Ehe zwischen Caroline und dem Erbprinzen von Mecklenburg-Schwerin einige interessant anmutende Gesichtspunkte eine Rolle gespielt haben könnten. Bei dem Gemahl Carolines handelte es sich um jenen Friedrich Ludwig, der im Jahr 1799 Marias Schwester, die russische Großfürstin Jelena, geheiratet hatte, die jedoch im Jahr 1803 gestorben war. Nunmehr wurde das Haus Mecklenburg-Schwerin, möglicherweise auch mit einiger Nachhilfe Marias, über Prinzessin Caroline wieder in den Großverband der russischen kaiserlichen Familie eingeschlossen. Und da – wie die Kaiserinmutter Maria Fjodorowna zu sagen pflegte – die jungen Leute einander „konvenierten", war das Glück vollkommen. Weil die finanziellen Bestimmungen der seinerzeitigen Eheverträge für Weimar und Schwerin auch Regelungen im Fall der Witwenschaft und Wiederverheiratung des männlichen Ehepartners vorgesehen hatten und die deutschen Ehemänner russischer Großfürstinnen in St. Petersburg zu gewichtigen Bankkonten gelangten, dürfte sich die neue Verbindungslinie im Dreieck St. Petersburg–Weimar–Schwerin auch pekuniär nicht gerade schädlich ausgewirkt haben – was weiter zu untersuchen, aber nicht zu moralisieren wäre. Beckmesserei ist vollkommen fehl am Platz, denn zumindest das Herzogtum Sachsen-Weimar-Eisenach litt unter chronischer Finanznot, und der Krieg hatte die Armen ohnehin noch ärmer gemacht.

Die finanziellen Belange besaßen auch keinen Einfluß darauf, daß Maria Pawlowna unter den Vorzeichen einer baldigen Trennung für Caroline ein Geschenk anfertigen ließ, das an die gemeinsamen kunsthistorischen Studien erinnern sollte. Daß es sich um eine zwischen den beiden jungen Damen abgesprochene Sache handelte, geht daraus hervor, daß auch Caroline für Maria ein Geschenk vorbereiten ließ. Keine Geringeren als Meyer und Goethe persönlich wurden damit befaßt. Meyer schrieb am 16. September 1809 – kurz nach dem Beginn seiner Vorlesungen – an Goethe: „Die Großfürstin will der Prinzessin Caroline zum Andenken ihrer gemeinschaftlichen Studien über die Kunstgeschichte einen Stein, der als Armband gefaßt seyn soll, von Facius schneiden lassen. Weil aber die Erfindung eines solchen Stücks schwierig ist, die Kunst des Künstlers, der es ausführen soll, sehr begrenzt, so habe ich in solcher Noth Folgendes vorgeschlagen [Zwei verschlungene Hände über einem aufgeschlagenen Buche, worüber eine Feder gelegt ist]. Nun möchte aber die Großfürstin, daß oben über den Händen irgend ein bezügliches griechisches Motto stünde und da [Joh.] Schulze täglich zu mir kommt um den Text von Winckelmanns Kunstgeschichte durchzulesen und berichtigen zu helfen, so hat er mir vorgeschlagen EYMIIONEIN KAY EYΔXAIPEIN, welches heißen soll Zusammenarbeiten und sich zusammen freuen. Der Sinn ist passend genug. Wenn indessen etwas Kürzeres zu machen wäre, dürfte solches vorzuziehen seyn. Aber die Prinzessin Caroline will auch der Großfürstin ein solches Andenken geben, welches in einem eleganten Dintenfaß und Petschaft bestehen soll, wozu mir, denke ich, die Erfindung besser gelungen ist. Es soll die Gestalt eines alten Rython bekommen, welchem drei Bücher zur Base dienen. Auf den Büchern steht Winckelman, Plinius, Pausanias. Der Deckel ist doppelt und das Petschaft steckt in demselben. Da wäre es hübsch, wenn oben über dem Zierrath des Rhyton ein gehaltreicher griechischer Spruch eingegraben stünde, welches, da keine der Prinzessen von dem Geschenk weiß, welches die andere ihr machen will, ein sehr artiger Scherz werden würde, indem eine der anderen griechische Sinnsprüche giebt. Seyn Sie doch so gütig und denken ein wenig an die Sache. Es braucht eben nicht eilig zu seyn, da ich erst die Zeichnungen mache und die Schriften eingegraben werden können, wenn alles andere fertig ist."

Nein, die Großen Weimars waren sich auch für die manuelle künstlerische Arbeit nicht zu schade. Wenn es um den Dienst ging, wartete Goethe nicht lange ab. Dieses war ein Dienst. Bereits zwölf Tage später schickte er seinem Freund Meyer „einige Einfälle" zu dem „Armband und Siegel". Tatsächlich wurden die Entwürfe von Meyer und Goethe wie beschrieben in die Praxis umgesetzt. Das Armband nahm Maria Pawlowna nach dem frühen Tod Carolines im Jahr 1816 wieder in ihren Besitz. Sie bewahrte es gemeinsam mit dem Tintenfaß bis zu ihrem Tod auf. Die von Meyer und Goethe inspirierten Geschenke waren nur ein Beispiel dafür, welch große Aufmerksamkeit die Eheschließung Carolines in Weimar genoß. Die Prinzessin verlobte sich am 14. Januar 1810 mit dem Erbprinzen Friedrich Ludwig. Die Hochzeit wurde am 1. Juli 1810 mit dem entsprechend würdigen Aufwand begangen, obwohl die Zeiten nach wie vor ernst waren und ein Krieg Napoleons unter Einschluß der Rheinbundstaaten gegen Rußland in ständig greifbarerer Nähe rückte. Die neue dynastische Verbindung zwischen Rußland, Sachsen-Weimar-Eisenach und Mecklenburg-Schwerin wird nicht dazu beigetragen haben, das Mißtrauen der Franzosen gegen Carl Augusts kleines Reich zu mildern.

Die Feierlichkeiten inspirierten Goethe, Wieland und auch Knebel zu neuen Versen. Knebel berichtete darüber in den Briefen an seine Schwester Henriette ausführlich. Goethe arrangierte einen Maskenzug der „romantischen Poesie", und er wiederholte diesen sogar zum Geburtstag Maria Pawlownas am 16. Februar 1810, wobei er ihn aus diesem Anlaß durch einen Maskenzug der „Völkerwanderung", dessen besondere Attraktion in der schmucken Darstellung russischer Völkerschaften bestand, erweiterte. Das ganze wurde durch hübsche Gedichte von Knebel, Gries und Louise Herder untersetzt. Goethe versäumte nicht, diese zu sammeln und noch im selben Jahr unter dem Titel „Völkerwanderung" veröffentlichen zu lassen. Seinen persönlichen Beitrag nahm er als „Maskenzug russischer Nationen" in die eigenen Werke auf.

Das war durchaus legitim.

Der Maskenzug mag als harmloser Spaß zur Freude des Tages gewertet werden. Bei Lichte besehen war er ohne Übertreibung eine gemäßigte, geistvolle und gelungene Provokation gegen die französische Besatzungsmacht. Zwischen Rußland und Frankreich herrschte noch Frieden. Rußland konzentrierte sich auf die Regelung seiner Beziehungen zu Schweden sowie auf die anhaltenden Kriege gegen Persien und die Türkei. Frankreich hatte gerade den Tiroler Aufstand unter Andreas Hofer niedergeschlagen und mit Österreich Frieden geschlossen. Außerdem waren das die Monate, da Napoleons persönliche Krise offen ausbrach. Die Ehe mit Josephine wurde für ungültig erklärt, und im April 1810 heiratete Napoleon die Erzherzogin Louise, die Tochter des österreichischen Kaisers Franz I. – gegen deren Willen. In Deutschland aber las man bereits Johann Gottlieb Fichtes „Reden an die deutsche Nation", in denen er dazu aufgerufen hatte, sich auf die deutschen Traditionen zu besinnen.

Wenn Maria und Caroline in Weimar im Februar 1810 bei einem Maskenzug als mittelalterliche deutsche Kaiserinnen auftraten, die Herren im Kleid altdeutscher Fürsten erschienen und der Erbherzog Carl Friedrich sogar als ungarischer König herausstaffiert war (hatte Carl August nicht einst mit diesem Titel gelieb-

äugelt?), dann handelte es sich nicht mehr um eine beziehungslose Gaukelei. Der
Maskenzug selbst, bestehend aus 60 Personen, war nicht lediglich ein Hymnus
an Maria Pawlowna. Er symbolisierte die Kraft und die Einheit des Völkerreich-
tums im Russischen Reich. Goethes Festlied ließ dann auch keinen Zweifel über
den Sinn der Aussage aufkommen, wenn es mit den Worten begann:

> Rasch herein und nicht gezaudert!
> Nicht getrotzt und nicht geschaudert!
> Nicht gekos't und nicht geplaudert!
> Hier ist Ernst bei Scherz.

Am Ende hieß es dann:

> Hier bedarf es keiner Sichtung,
> Alle zieht vereinte Richtung.
> Trage Wahrheit, trage Dichtung
> Diesen Tag empor!

Es war keine vordergründige politische Agitation und keine Aufforderung zum
Kampf. Es war der kulinarisch verpackte Geist der Zeit, der durch Goethes Verse
ging, und eine russische Großfürstin klatschte gemeinsam mit den von Franzosen bedrängten Weimaranern begeisterten Beifall. Es war eine Zeit, in der jedes
leichte ironische Wort zum Symbol patriotischen Gefühls stilisiert werden konnte. Gerade in jenen Tagen des Februar 1810 drängten zahlreiche französische
Regimenter durch Weimar und belasteten die ohnehin schmalen Vorräte der
Stadt: Am 11. Februar setzten sich 150 Mann vom Stab eines Kavallerieregiments
in Weimar fest. Für jeden Offizier oder Soldaten mußte die Stadt täglich zusätzlich eineinhalb Pfund Brot und ein halbes Pfund Fleisch aufbringen.

Auch Wieland verehrte der Frau Großfürstin aus Anlaß ihres Geburtstags ein
neues hymnisches Gedicht unter dem etwas mystisch erscheinenden Titel: „Mer-
lins weissagende Stimme aus seiner Gruft im Walde Brosseliand am 16. Februar
1786" – dem Tag der Geburt Maria Pawlownas. Wieland bemühte die Ritter der
Tafelrunde, um seine Ängste vor den Schrecken der anhaltenden Kriege und
Belastungen auszudrücken, bestätigte der Großfürstin jedoch am Ende: „Ein glo-
rienvolles Loos ist Ihr bestimmt . . ." Auch das war eine Allegorie auf die mit
Rußland verbundenen Hoffnungen. Wenige Tage später, am 22. Februar, schrieb
Wieland einen Brief an Maria. Sie hatte ihn gebeten, ihr einige Exemplare des
Gedichts zu überreichen. Er konnte dem leider noch nicht nachkommen, weil
ihm der Arzt bei der strengen Kälte verboten hatte, auf die Straße zu gehen.

Auch Goethe kümmerte sich in jenen Tagen rührend und anteilnehmend um Maria. Ende März sandte er ihr eines seiner vielen Billetts: Die Krankheit seines Sohnes verhinderte im Moment persönliche Begegnungen. Er bedankte sich für eine ihm zugegangene schriftliche Huldbezeugung durch Maria und hoffte, daß die bereits zur Gewohnheit gewordenen Donnerstagsbegegnungen in seinem Hause bald wieder fortgesetzt werden könnten.

Der Trost Goethes und Wielands kam gerade recht. Maria war bereits mehrfach vor Napoleon geflohen. Auf Weimar lastete der Druck des Bündnisses mit dem Kaiser der Franzosen, und obendrein erkrankte die kleine Tochter Maria in Jena so schwer, daß sich Maria Pawlowna vom 5. Juni bis zum 24. Juli in der Universitätsstadt am Fuß der Kernberge aufhalten mußte. Die Ärzte hatten das Kind bereits aufgegeben, aber wie durch ein Wunder kehrte die Gesundheit zurück, und die kleine Maria erholte sich zur Freude ihrer Eltern, aber auch Meyers und Goethes. Goethe hielt sich damals gerade in Karlsbad auf und wurde durch einen Brief Meyers vom 2. Juli umgehend über die Besserung im Gesundheitszustand der kleinen Maria informiert. Die Mutter nahm das Kind mit nach Weimar. Am 14. August 1810 konnte Frau Batsch, die selbstverständlich mit nach Weimar gekommen war, wieder in der bekannten Weise an ihre Herrin berichten: „Alles geht sehr gut, Prinzeßchen befindet sich vergnügt und wohl. Gestern Mittag 11 Uhr trug ich Prinzeßchen in (den) Park, wo wir bis nach 12 Uhr blieben ... Prinzeßchen schien sich zu freuen, alle die bekannten Gegenstände wieder zu sehn ..."[37] Die persönliche Krise war vorüber – die in Staat und Gesellschaft blieb.

Dennoch nutzte Maria Pawlowna die Zeit ihrer Anwesenheit in Weimar zu nützlicher Bildungsarbeit. Die Kunststudien bei Meyer fanden bis zu dreimal wöchentlich im Schloß statt und dauerten mit der Unterbrechung im Sommer 1810 bis Ostern 1811 an. Gleichzeitig betrieb Maria intensive Studien in Logik, Philosophie und Geschichte. Außerdem besaß sie ständig einen herausragenden Musiklehrer, mit dem sie die bereits in St. Petersburg erworbenen musikalischen und kompositorischen Fähigkeiten vervollkommnete.

Im Mai 1810 wurde der berühmte Thomaskantor August Eberhard Müller als Hofkapellmeister nach Weimar verpflichtet – trotz der Kriegs- und Notlage. Dessen Berufung war vordringlich den finanziellen Möglichkeiten Marias zu danken. Zu Müllers Aufgaben gehörte denn auch, der Großfürstin den individuellen Musikunterricht zu erteilen und sie in allen Fragen der Musikentwicklung Weimars zu beraten.

Mit den Vorträgen zur Kunstgeschichte wie auch in den anderen Wissenschaftsdisziplinen und mit ihrer musikalischen Arbeit setzte Maria nicht nur die Traditionen Anna Amalias fort. Sie zollte damit auch nicht so sehr dem Bildungsideal junger adliger Damen ihren Tribut. Sie legte, obgleich noch mehr oder weniger unbewußt und wenig zielgerichtet, den Grundstein zu einer neuen Tradition, die sie ihr ganzes Leben lang in Weimar pflegen sollte, die jedoch erst in den dreißiger und vierziger Jahren zu voller Blüte gelangen würde, als sie selbst ihre literarischen Abende durch den Minister Schweitzer organisieren ließ. An diese konkrete Arbeit war im Jahr 1810 noch lange nicht zu denken.

Trotz aller Beschwernisse und im Vergleich zu dem Zeitraum zwischen 1806 und 1808 verlief das Leben in Weimar im Jahr 1810 und auch noch 1811 relativ ruhig. Für Maria Pawlowna bedeutete dieses Leben die Fortsetzung ihrer künstlerischen und geistigen Studien inmitten des nach wie vor lebendigen Musenhofes. Die anregenden Gespräche mit Goethe gewannen zunehmend an Vertrautheit. Den Juni und Juli 1811 verbrachte die Familie im idyllischen Wilhelmsthal – nur scheinbar fernab vom waffenklirrenden Europagetriebe. Und nicht zuletzt: Maria erwartete ihr drittes Kind und bereitete sich intensiv darauf vor.

Die in Mitteldeutschland waltende relative Ruhe war nur partiell und trog obendrein. Die Zeit großer Prüfungen stand unmittelbar bevor. Der Konflikt zwischen Frankreich und Rußland mußte unweigerlich kommen, und es war abzusehen, daß Maria und das Herzogtum direkt hineingezogen werden würden.

Für Rußland blieben Napoleon und der europäische Krieg auch nach dem Fürstentag von Erfurt das zentrale Thema. Frankreich kämpfte gegen Österreich, und Rußland mußte dazu eine Position beziehen. Kaiser Alexander blieb zwar den in Tilsit und Erfurt gesprochenen Worten treu, in der Praxis betrieb er eine ausschließlich den eigenen Interessen dienende Politik. Höflich und zuvorkommend ging er mit den Franzosen um, wiegte sie in seiner Bündnistreue und – führte eigene erfolgreiche Kriege gegen Schweden und die Türkei. Eine geradezu antinapoleonische Demonstration war die Einladung König Friedrich Wilhelms III. und Louises nach Petersburg. Königin Louise beschwor Alexander, „die Interessen des Königs, das zukünftige Glück meiner Kinder und ganz Preußens" in seine Hände zu nehmen. Ein unmittelbares politisches Ergebnis besaß die Visite nicht.

Ganz anderen Gesichtspunkten unterlag das Verhältnis zu Österreich. Als der Krieg zwischen Frankreich und Österreich wieder ausbrach, erklärte Rußland, zu den Beschlüssen von Erfurt zu stehen, hielt sich mit seinen Truppenbewegungen aber so lange zurück, bis Napoleon den Krieg gewonnen hatte und wieder in Wien einmarschierte. Der Kaiser der Franzosen hatte allen Grund, das Wohlwollen Rußlands vorerst zu erhalten. Noch war England nicht geschlagen.

Erste konkrete Konflikte taten sich in Polen auf, das beide Seiten für sich beanspruchten. Außerdem verschlechterte sich Rußlands wirtschaftliche Lage nach dem Beitritt zur Kontinentalsperre zusehends. Das Land wurde mit französischen Luxusgütern überschwemmt, aber die lebensnotwendigen Dinge konnten weder ex- noch importiert werden.

Kaiser Alexander I. kämpfte einen schweren Kampf zwischen Selbsterhaltung und Bündnistreue. Seine fähigsten Ratgeber, allen voran Michail Speranski, rieten zur Aushöhlung der restriktiven Handelsbestimmungen. Es bedurfte eines politischen Affronts Napoleons, um Alexander zu einem Entschluß zu bewegen. In Petersburg wurde bekannt, daß Napoleon das Herzogtum Holstein annektieren wollte. Kaiser Peter III. stammte aus dem Haus Holstein, Maria hatte dort 1806/07 Zuflucht gesucht, und erst kürzlich hatte Großfürstin Katharina mit Georg Peter einen weiteren Holsteiner geheiratet. Am letzten Tag des Jahres 1810 erließ der Kaiser von Rußland einen Ukas über den Zolltarif. Nach dem Ukas wurden nur noch alle auf dem Landweg eingeführten Waren mit hohen Importzöllen belegt. Exportzölle gab es nicht mehr, und die verschifften Waren konnten ebenfall ohne Zollerhebungen gelöscht werden. Das bedeutete de facto den Austritt aus der Kontinentalsperre, und Alexander war sich durchaus bewußt, daß er mit dem Ukas eine grundsätzliche Entscheidung gegen sein damaliges Verhältnis zu Napoleon und Frankreich, aber auch über das Schicksal Rußlands getroffen hatte.

Für Alexander gab es im Falle Napoleons keine Alternative zum Schlachtfeld. Er bewegte kühne Pläne. Rußland konnte eine Armee von 100.000 Mann mobilisieren. Man mußte nur Österreich und Preußen gewinnen. Gemeinsam würde man Napoleon zurückdrängen. Alexander ließ den Überlegungen sofort die Tat folgen. Er beorderte fünf kampfstarke Divisionen vom türkischen Kriegsschauplatz zurück, machte den Polen Avancen für ihre Unabhängigkeit und eine liberale Verfassung, und er teilte Friedrich Wilhelm III. und Franz I. seine geheimen Absichten mit. Die Initiative zeigte keine Erfolge. In Polen, Österreich und Preußen wollte sich zum Augenblick niemand für die Idee begeistern. Napoleon, der natürlich informiert war, traf zwar einige militärische Gegenmaßnahmen, glaubte aber nicht ernsthaft an einen Präventivschlag durch St. Petersburg. Wirklich erschreckt war Napoleon durch Rußlands Austritt aus der Kontinentalsperre. Das Ausscheren Rußlands mußte unweigerlich zu weiteren politischen und wirtschaftlichen Problemen in Frankreich selbst führen. Deshalb warb Napoleon in einem direkten Schreiben an Alexander um Entspannung. Die Situation entschärfte sich. Man sprach von einer Nivellierung des russischen Zolltarifs, von neuen Verhandlungen und von den guten Perspektiven, die noch im beiderseitigen Verhältnis steckten.

Das war im Grunde lediglich ein diplomatisches Nachbeben. Tilsit, Erfurt und der Zollukas hatten die entscheidenden Eckpunkte in einer absteigenden Linie im russisch-französischen Bündnis markiert. Im Mai 1811 war sich Kaiser Alexander bereits bewußt: „Sollte der Kaiser Napoleon mit mir Krieg anfangen wollen, so ist es möglich, sogar wahrscheinlich, daß wir geschlagen werden. Aber dies wird ihm trotzdem keinen Frieden bringen ... Wir werden niemals einen Kompromiß unterzeichnen; wir haben ein weites Hinterland, und wir werden eine gut organisierte Armee zu behalten wissen ... Ich werde nicht der erste sein, der das Schwert zieht, aber der letzte, der seinen Degen in die Scheide steckt ... Lieber ziehe ich mich nach Kamtschatka zurück, als daß ich auch nur eine einzige Provinz aufgebe oder meine Unterschrift in meiner eroberten Hauptstadt unter einen Vertrag setze, der nichts anderes wäre als ein Waffenstillstand." Napoleon glaubte nicht an Alexanders Entschlossenheit. Als ihm der französische Gesandte in Rußland, Caulaincourt, die Ansprache Alexanders übermittelte, sagte er noch: „Es bedarf nur einer erfolgreichen Schlacht, und Sie werden das Ende der guten Vorsätze Ihres Freundes Alexander erleben – natürlich auch das Ende seiner aus Sand gebauten Schlösser." In diesem Punkt irrte der große Napoleon. Für die Niederlage Napoleons im Rußlandfeldzug mag man viele militärtaktische Ursachen anführen – im Grunde war es die Arroganz des sieggewohnten Usurpators, die das Unternehmen von 1812 bereits im Ansatz scheitern ließ. Er gab sich nach dem Zollukas keine sonderliche Mühe mehr, zu einem neuen Bündnis mit Rußland zu kommen oder Verhandlungen über die strittigen Fragen zu führen. Im Gegenteil. Im August 1811 ordnete Napoleon alle notwendigen Vorbereitungen zum Angriff auf Rußland im folgenden Jahr an.

Auch Rußland unterhielt in Paris Spione und Informanten. Ende 1811 berichtete und warnte der Gesandte Kurakin: „Die Zeit ist nicht mehr fern, in der wir mit Mut und Entschlossenheit unser nationales Erbe und unsere derzeitigen Grenzen schützen müssen." Im Dezember 1811 nannte Alexander Napoleon bereits eine „teuflische Kreatur, die der Fluch der ganzen menschlichen Rasse ist". Rußland rüstete zum Krieg.

Die beiderseitige Tendenz zur militärischen Auseinandersetzung zeitigte für das Herzogtum Sachsen-Weimar-Eisenach sehr konkrete Auswirkungen. Sie sollten bald nach der Geburt der Prinzessin Augusta wirksam werden. Am 15. August 1811 hatte man in Weimar noch den Geburtstag Napoleons gefeiert. Der Marktplatz wurde festlich illuminiert, und Musikkapellen spielten auf. Ansonsten hielt sich die Festtagsstimmung in gemäßigten Grenzen. Die Erbherzogin erwartete ihr Baby. Am 30. September war die Ungeduld zu Ende. Mitten in der Nacht wurde sie von einem gesunden Mädchen entbunden. Um 3 Uhr früh ertönten die Glocken, und vom Stadthaus erklang Musik. Nur auf die sonst üblichen Böllerschüsse verzichtete man. Eine Woche darauf, es war Sonntag, der 6. Oktober, wurde das kleine Mädchen um 7 Uhr morgens auf die Namen Maria Louise Augusta Katharina getauft. Die Patenschaft übernahm Prinz Carl Bernhard, der Bruder des Kindesvaters – ein Mann, der sich durch seine Klugheit, seinen Charme und die ausgesprochene Weltläufigkeit beträchtlich vom später als Großherzog regierenden Bruder Carl Friedrich unterschied. Maria Pawlowna unterhielt in den folgenden Jahren, folgt man allein dem umfangreichen Briefwechsel, zu ihrem Schwager Carl Bernhard enge und freundschaftliche Kontakte. Auch die kleine Augusta wurde der Frau Batsch in Jena zur Betreuung übergeben.

Selbstverständlich wurde das freudige Ereignis unverzüglich und in den schönsten Worten durch Schreiben an Kaiser Alexander I. und an die Kaiserinmutter Maria Fjodorowna in Petersburg mitgeteilt. Carl August unterzeichnete die Briefe. An Alexander schrieb er: „. . . Unsere Freude über dies hohe Ereignis ist sehr groß und wird noch durch die angenehme Hoffnung erhöht, daß Ew. Maj. einen wohlwollenden Antheil daran nehmen werden. Diese huldvollen Gesinnungen, wovon die sprechendsten Beweise uns überzeugt haben und zu welcher wir auch die Neugeborene Ew. Maj. zu empfehlen wagen, werden von unserer Seite durch die größte Verehrung und die unwandelbarste Ergebenheit erwiedert, womit wir unter den aufrichtigsten Wünschen für das beständige Wohl Allerhöchstdero K. Hauses zu Erweisungen bleiben." Es waren höfliche und herzliche Worte, die der Herzog – auch an Maria Fjodorowna – fand. Gleichzeitig war nicht zu überlesen, in welch starkem Maß Carl August die Nähe Weimars zu St. Petersburg betonte. Das war nicht nur seine persönliche Sicht. Die aber war in jenen Tagen mit einem beträchtlichen Risiko behaftet.

Es war ein besonderes gesellschaftliches Ereignis in und für Weimar, daß Maria am 10. November, begleitet von ihrem Gemahl, den Schwiegereltern und dem Herzog von Sachsen-Coburg-Gotha, zum ersten Mal nach der Niederkunft wieder die Kirche besuchte. Es war eine der offiziellen Gelegenheiten, von denen der Ehevertrag gesprochen hatte. Sie absolvierte den Gottesdienst in der evangelisch-lutherischen Kirche außerhalb des Schlosses: Das wurde in der Einwohnerschaft Weimars wohlwollend vermerkt und stärkte gemeinhin das öffentliche Bewußtsein für eine sympathische Haltung zu Rußland.

Dabei wurde die Situation für Weimar gegen Ende des Jahres 1811 politisch immer komplizierter. Napoleon war klug. Er begriff, daß die geistige Größe Weimars in einer sich zunehmend stärker national emanzipierenden deutschen Welt von beachtlichem Gewicht sein konnte. Dazu kam die unübersehbare Verdichtung der Beziehungen Weimars zu Rußland – zu jenem Land, das nun neben

England zum Hauptgegner geworden war. Das alles war Grund genug, in Weimar in doppelter Richtung aktiv zu werden. Das Herzogtum mußte stärker überwacht und gleichzeitig in eine kompromittierende Position gebracht werden. Napoleon veranlaßte Ende 1811, daß in Weimar zum Zeichen seiner „besonderen Achtung" eine französische Gesandtschaft für alle thüringischen Kleinstaaten eingerichtet wurde. Die Rechnung des Kaisers der Franzosen ging zunächst vollkommen auf.

Man wählte mit dem Baron von Saint-Aignan einen kulturvollen und gebildeten Aristokraten für Weimar aus, der Interesse und Aufmerksamkeit für den Musenhof besaß und auch bereitwillig versprühte. Der Baron wurde nicht müde, beharrlich Weimars Ausnahmestellung in der europäischen Geisteswelt zu betonen – was sollten da dynastische Bindungen an das barbarische Rußland? Er erlangte das Vertrauen des großen Goethe. In dem schweren Jahr 1812 nahm er manches Ungemach von dem Herzogtum. Aber mit dem gleichen Eifer diente er der Strategie seines Kaisers: Die Berichte an das französische Außenministerium waren mit Beispielen über die antinapoleonische Widerborstigkeit Carl Augusts gespickt, und der Baron sah auch deutlich, mit welchen konjunkturellen Wendungen das Herzogtum seinen Hals aus der Schlinge des kommenden Krieges ziehen wollte. An den Waffenpflichten Weimars für die Große Armee gab es ohnehin nichts zu rütteln. Als Carl August im Mai 1812 mit Napoleon in Dresden zusammentraf, kam die gesamte widersprüchliche Problematik zur Sprache. Einerseits versuchte Napoleon, der um die engen Bindungen Weimars an Rußland natürlich sehr exakt Bescheid wußte, seinen Angriff und kommenden Feldzug nach Osteuropa zu rechtfertigen. Andererseits konnte Carl August eine gewisse Bewunderung für Napoleon nicht verbergen. Er versuchte im eigenen Interesse zu vermitteln und damit indirekt zu verhindern, daß Weimars Soldaten gegen die Russen in den Krieg ziehen mußten. Aber alle Bemühungen um einen Frieden waren vergeblich.

In dieser Vorkriegssituation mußte Maria Pawlowna zwangsläufig verunsichert sein. In den Jahren 1806 und 1808 war sie quasi vor Napoleon geflohen. Jetzt, da jeden Tag mit dem Krieg gegen ihr Vaterland gerechnet werden mußte, war die Lage für sie persönlich weit kritischer als in den Vorjahren. Es gab jedoch einige Punkte, die sie etwas beruhigen konnten. Sie vertraute selbstverständlich auf die Abwehrkräfte ihrer Heimat und war überzeugt, daß Rußland jedem Angreifer widerstehen konnte. Für Maria war besonders wichtig, daß in den Wochen angespannter Nervosität die Huldbeweise und freundschaftlichen Gesten der ihr in Weimar nahestehenden Menschen nicht nachließen. Tatsächlich umgab sie besonders Goethe mit seiner Fürsorge. Zum Geburtstag Maria Pawlownas im Februar 1812 schrieb er die Zeilen:

> Die Blumen in den Wintertagen,
> Versammeln froh sich hier zu Hauf,
> Mit heitern Blicken uns zu sagen:
> An *Ihrem* Fest blüht alles auf.

Er spielte damit auf die Freude Marias, die sie gegenüber der Natur im allgemeinen und den Blumen im besonderen empfand, an und fügte in einem zweiten Vers außerdem hinzu:

> Wer Marmor hier und Erz und Elfenbein erblickt,
> Und was noch sonst von Stoff die edle Kunst beschickt,
> Der denkt: wie möchten wir mit emsigem Fleiß
> Und treuem Sinn das alles umgestalten!
> In tausend Bildern *Ihren* hohen Preis
> Und unsre Liebe zu entfalten.

Goethe kam immer wieder auf dieses Blumenmotiv zurück. Zum gleichen Geburtstag schrieb er an Maria: „In tausend Bildern Ihrem Fest blüht alles auf." Goethe ließ, so lange er lebte, kaum ein Jahr vergehen, in dem er Maria nicht in herzlichen Worten zum Geburtstag gratuliert hätte. In diesem Jahr 1812 mag sie seine Worte mit besonderer Dankbarkeit aufgenommen haben, zumal im gleichen Februar 1812 weimarische Truppen einrücken mußten, um sich auf den Feldzug gegen Rußland vorzubereiten.

Auch Christoph Martin Wieland, damals bereits 81 Jahre alt, bewahrte die aufrichtige Treue zu Maria. Ende März 1812 informierte er sie aus Jena über den Tod des bekannten Theologen Griesbach – dessen Haus später große Bedeutung für die Kinder Marias erlangen sollte – und nutzte die Gelegenheit, der Großfürstin für deren finanzielle Hilfe gegenüber der Universität zu danken: „Der lebhafte Antheil, den Ihro Kais. Hoheit an den Schicksalen der guten Stadt Jena und ihrer einst, besonders auch durch Griesbachs seltne Verdienste so berühmten und blühenden Universität nehmen, ist allein schon hinlänglich mich gewiß zu machen, daß dieser für Jena so wie für die ganze christliche und gelehrte Welt unersetzliche Verlust Ihro K. Hoheit keineswegs gleichgültig sein werde." Wieland sah mit Schmerzen, daß die große Zeit der Jenaer Universität der Vergangenheit angehörte – um so wichtiger war die Hilfe der Erbherzogin, der Frau, die er in seinen alten Tagen liebte und verehrte.

Es gehörte auch zu den Aufgaben des französischen Gesandten, Maria Pawlowna in Sicherheit zu wiegen. Von französischer Seite war niemand daran interessiert, daß sie vorzeitig aufgeschreckt wurde und vielleicht sogar wieder die Flucht ergriff. Später, in Abhängigkeit vom Kriegsverlauf, konnte man jederzeit andere Entscheidungen fällen. Die Gewitterwolken wuchsen drohend an. Maria Pawlowna wurde in Weimar trotz aller gutgemeinten Trostworte immer unsicherer. Im Juni 1812 fiel Napoleon schließlich mit der Großen Armee in Rußland ein. Das Kontingent des Herzogtums Sachsen-Weimar-Eisenach mußte an dem Feldzug teilnehmen. Maria war für den Augenblick wohl nicht persönlich gefährdet, obwohl sich ihre neue Heimat offiziell an Napoleons Seite im Krieg mit Rußland befand. Sie blieb vorerst in Weimar und verfolgte die Kriegsereignisse aus der Ferne. Ihr Verbleib mag in bestimmtem Maße auch dem Verhalten des französischen Gesandten, Baron von Saint-Aignan, zu danken gewesen sein. Zumindest Goethe schrieb am 30. September 1812 zu diesem Problem an seinen Freund Meyer: „. . . Während des Krieges mit Rußland, dessen anfängliche Erfolge das Herz der Erbprinzessin Großfürstin so tief verwunden mußten, wußte sein richtiger Tact Alles sorgsam zu vermeiden, was einer russischen Prinzessin die Anwesenheit eines französischen Gesandten peinlich machen konnte; daher er denn auch unter allem Wechsel der Ereignisse stets im Besitz ausgezeichneter Achtung des herzoglichen Hofes blieb, der ihn unausgesetzt aufs zutraulichste behandelte." Was sollte der Hof auch tun, wohin sollte sich Maria Pawlowna wenden?

Sie saß in Weimar fest, und der Krieg überrollte ihre Heimat. Als Carl August im Mai 1812 in Dresden auf Napoleon gestoßen war, hielten sich auch König Friedrich Wilhelm III. und Kaiser Franz I. in der Elbmetropole auf. Sie alle zogen an Napoleons Seite in den Krieg gegen Rußland.

Von Dresden aus entsandte Napoleon den Grafen Louis de Narbonne zu Alexander I. Rußland sollte der Kontinentalsperre wieder beitreten. Gleichzeitig marschierte die Große Armee nach Osten. Narbonne übergab am 18. Mai Napoleons Friedensangebot und stieß auf Ablehnung. Alexander erklärte: „Falls Kaiser Napoleon sich für Krieg entscheidet und das Glück unsere gerechte Sache nicht begünstigt, so wird ihn die Jagd nach einem Friedensvertrag bis an das äußerste Ende der Welt führen." Das Tafeltuch von Tilsit war endgültig zerschnitten. Napoleon reiste von Dresden an die russische Grenze.

Der Krieg wurde zur unwiderlegbaren Tatsache. Der französische Einfall erfolgte über Kowno und Tilsit. Die russischen Truppen waren weit auseinandergezogen und ohne feste Verbindung. Während Alexander I. bei der ersten Armee unter Barclay de Tolly in Wilna verharrte, stand die zweite Armee unter Bagration 160 Kilometer südwestlich von Wilna. General Tormassow konzentrierte die dritte Armee in den Pripjetsümpfen, und Kutusow weilte noch an der fernen Moldau. Erste Lagebeurteilungen ergaben eine nicht erwartete französische Übermacht. Alexander I. richtete an Volk und Armee Manifeste und rief zum Kampf auf, bis der letzte feindliche Soldat russischen Boden verlassen hätte. Ein Sturm patriotischer Begeisterung antwortete ihm, ein Sturm, den Maria in Weimar ohne Zweifel unterstützt haben dürfte.

Drei Tage später rückten Marschall Murats Kavalleristen auf Wilna vor. Eilig verließ der Zar die Stadt und verlegte sein Feldquartier in östliche Richtung. Barclay de Tolly räumte Wilna. Rußland schlug den traditionellen, schon von Peter I. gegenüber Karl XII. von Schweden praktizierten Weg ein und lockte den Feind tiefer und tiefer in das Landesinnere – um ihn irgendwo in einer Feldschlacht zu stellen. Zwischen 1709 und 1812 gab es jedoch einen Unterschied. Alexander hatte den „Vaterländischen Krieg" proklamiert, und eine patriotische Begeisterungswelle hatte seinen Willen, an der Spitze der Armee zu stehen, gestützt. Niemand in Rußland verstand, warum er nach wenigen Tagen als erster Soldat den Rückzug antrat.

Allein die in jenen Tagen tobenden schweren Gewitterstürme verhinderten, daß der Rückzug einer wilden Flucht gleichkam. Ein Operationsplan nach dem anderen wurde verworfen. Man wußte nicht, welches Napoleons nächste Ziele waren. Persönliche Animositäten und Verdächtigungen zwischen Bagration, Barclay de Tolly, Araktschejew und anderen militärischen Befehlshabern vergifteten die Atmosphäre zusätzlich. Es wurde erkennbar, daß Alexanders Anwesenheit im Hauptquartier eine Last war. Das Reich blieb unregiert, und sein militärischer Dilettantismus schadete nur. Schließlich faßten sich einflußreiche Männer – unter ihnen Araktschejew, der zum militärischen Sekretär des Zaren avanciert war – ein Herz und baten Alexander um die Abreise in die Hauptstadt.

Der Kaiser war enttäuscht und verbittert. Erst hatte man ihn bei Austerlitz gedemütigt, und nun hielten ihn die eigenen Generäle für überflüssig. Aber er fügte sich und reiste in Richtung Moskau ab. Zunächst erschreckten die Russen. Alexanders Fahrt nach Moskau erschien ihnen wie ein Signal für die drohende Niederlage. Dann zeigte sich, daß der Kaiser keinen klügeren Entschluß hatte fassen können. Moskau, das war das ewige Rußland, der Hort wahren vaterländischen Geistes. Seine Anwesenheit in der alten Hauptstadt stimulierte zum Widerstand gegen den räuberischen Usurpator: Innerhalb von nur vier Wochen stellte der Kaiser sieben neue Regimenter auf. Anfang August kehrte er nach St. Petersburg zurück und regierte wieder das ganze Rußland.

Die Nachrichten über den Kriegsverlauf wurden für die kaiserliche Familie immer beunruhigender, sowohl hinsichtlich des französischen Vormarschs als auch der nicht endenden Streitereien unter den russischen Befehlshabern. Schließlich entschloß sich der russische Kaiser zu einem radikalen Schnitt. Nach eingehender Beratung mit sechs Generälen – darunter Araktschejew und Saltykow – entschied er sich, Kutusow trotz der unliebsamen Erinnerungen an

Paul I. und Austerlitz zum Oberbefehlshaber zu ernennen. Bennigsen wurde Generalstabschef und die Kampfhähne Bagration und Barclay de Tolly Armeebefehlshaber (letzterer blieb zugleich Kriegsminister). Der Entschluß erfolgte in höchster Not. Die Große Armee hatte Wjasma erobert. Sie stand 240 Kilometer vor Moskau. Unter Barclays Oberbefehl waren die russischen Soldaten 800 Kilometer zurückgewichen. Kutusow traf Ende August im Feldquartier ein, und seine erste große Operation in diesem Krieg war sofort mit historischem Ruhm verbunden. Am 7. September 1812 stellte er die Franzosen bei dem Dorf Borodino zur offenen Feldschlacht – 110 Kilometer westlich von Moskau.

Es war eine verheerende Schlacht, bei der über 70.000 Russen, Franzosen und Verbündete ihr Leben lassen mußten. Beide Seiten konnten sich als Sieger betrachten. Napoleon, weil seine Soldaten in die russischen Linien eingebrochen waren, Kutusow, weil die Russen die Straße nach Moskau hielten. Kutusow beging nicht den Fehler, die am ersten Tag unentschieden ausgehende Schlacht am zweiten Tag wiederaufzunehmen. In nächtlicher Dunkelheit nahm er die Reste seiner Armee auf Moskau zurück – und marschierte durch Moskau hindurch. Die Franzosen folgten nach und besetzten die alte russische Hauptstadt. Napoleon Bonaparte ließ sich im Kreml nieder. Seit der Vertreibung der Polen, seit 200 Jahren, stand erstmals wieder ein fremder Eroberer im Herzen Rußlands.

Die Nachrichten über Verlauf und Ergebnisse der Schlacht von Borodino erreichten den Kaiser in St. Petersburg nur langsam und stückweise. Zunächst schwelgte man in Euphorie über einen grandiosen Sieg. Als die Wahrheit schärfere Konturen annahm, machte sich Entsetzen breit. Wo der Zar sich sehen ließ, stand er einer schweigenden, auf sein Wort wartenden Menge gegenüber. Dem Patriotismus folgte die zeitweilige Erstarrung. Friedensangebote Napoleons wies der Kaiser zurück. An den schwedischen Kronprinzen Bernadotte, einst Marschall in Napoleons Armee, schrieb Alexander: „Mehr denn je ist mein Volk mit mir verbunden und wir ziehen es vor, unter den Ruinen vernichtet zu werden, als mit diesem modernen Attila Frieden zu schließen." Die Konsequenzen dieser Haltung bestätigten Alexander. Napoleon hatte keinen Sieg errungen. Er war in eine Falle gelaufen. Verzweifelt streckte der Korse Friedensfühler zu Alexander und zu Kutusow aus. Er erhielt keine Antwort.

Ende Oktober begannen an drei neuralgischen Punkten erste russische Gegenoffensiven. Kutusow attackierte Moskau, Kosaken und Partisanen überfielen die langen französischen Nachschublinien, und das Korps Wittgenstein griff im Westen bei Polozk an. Es wirkte wie ein Fanal, als am 27. Oktober die Nachricht in St. Petersburg eintraf: Napoleon mußte sich aus Moskau zurückziehen. Die Stadt war wieder in russischer Hand. Der Kaiser der Franzosen sah sich keineswegs militärisch geschwächt. Er wollte seine Kräfte umgruppieren und im Frühjahr 1813 auf St. Petersburg marschieren. Schon nach wenigen Tagen zerstoben Napoleons Illusionen in der Schlacht bei Malojaroslawez. Der Sieg ging zwar an die Franzosen, sie konnten ihn nicht ausbauen und waren nicht in der Lage, Kutusows ausweichende Hauptarmee zu stellen. Die Marschälle Napoleons drängten: Nach Moshajsk, nach Smolensk, raus aus Rußland, so schnell wie möglich! Napoleon fügte sich und führte die Große Armee in den Untergang.

Die ersten Kriegserfolge, Napoleons Rückzug, die früh hereinbrechenden Winterstürme und der Hang zum Mystizismus weckten in Alexander erneut den Wunsch, die Armee zu kommandieren. Man konnte ihn noch aufhalten, bis die Franzosen nach dem Übergang über die Beresina geschlagen und fluchtartig das Land verließen. Napoleon war bereits auf dem Weg nach Paris.

Auf dieser Flucht kam der Kaiser der Franzosen auch durch Weimar. Der Chronist Gesky vermerkte unter dem 15. Dezember 1812: „Der Kaiser Napoleon reiste in aller Stille durch Weimar: Bei ihm war der Großstallmeister und sein Mameluke nebst zwei Mann Sächs. Garde. Von Eckartsberga bis Weimar ist des Kaisers Schlitten zerbrochen. In der Post kam der Kaiser und die Kasse in einen Wagen." Napoleon traf mit den ersten Nachrichten über die französische Niederlage in Weimar ein. Die Legende berichtet, daß Maria Pawlowna (Lily von Kretschman spricht von der Herzogin Louise) an jenem trüben Dezembermorgen aus ihrem Fenster zwei französische Offiziere beobachtet habe, die bei der am Kegeltor gelegenen Post die Pferde gewechselt hätten. Das seien Napoleon und dessen Begleiter Caulaincourt gewesen. Tatsächlich kam Napoleon durch Weimar und tatsächlich sandte er aus Erfurt über Saint-Aignan Grüße und Empfehlungen an den herzoglichen Hof. Warum soll Maria Pawlowna das geschlagene „Ungeheuer" also nicht gesehen haben? Ein gewisser Zweifel über die Wahrhaftigkeit der Geschichte bleibt indes. Es liegt zu viel Symbolik in der Episode. Ausgerechnet Maria, die russische Großfürstin, soll als einziger Mensch den aus ihrer Heimat flüchtenden Kaiser gesehen haben? Für die Glaubwürdigkeit spricht nur ein einzelner Fakt: Maria pflegte gewöhnlich sehr früh aufzustehen! Das ist jedoch kein schlüssiger Beweis für die Richtigkeit der Anekdote. Von bewegendem oder gar historischem Interesse ist sie ohnehin nicht.

Unabhängig von dieser Episode war Maria über die im Dezember aus Rußland eingehenden Nachrichten außerordentlich froh. Noch am 30. September 1812 hatte Goethe in einem Brief an Meyer geschrieben, daß er sich angesichts der Kriegsereignisse in Rußland große Sorgen um Maria mache. Er bat Meyer, ihn zu besuchen und mit ihm über die Seelenlage Marias zu sprechen. Beide wirkten beruhigend auf die Großfürstin ein und versuchten, auch den französischen Gesandten Saint-Aignan in diesem Sinne zu beeinflussen. Wenn Friedrich von Müller in der Erinnerung an jene Tage später schrieb: „Während des Krieges mit Rußland, dessen anfängliche Erfolge das Herz der Erbprinzessin Großfürstin so tief verwunden mußten, wußte sein [Saint-Aignan – Anm. des Autors] richtiger Tact Alles sorgsam zu vermeiden, was einer russischen Prinzessin die Anwesenheit eines französischen Gesandten peinlich machen konnte", dann scheinen die Bemühungen Goethes zumindest äußerlich nicht ohne Erfolg geblieben zu sein. Saint-Aignan war Diplomat, zudem ein Freund Talleyrands. Ihm war die antinapoleonische Einstellung des Weimarer Hofes bekannt, und die Zeitspanne des französischen Kriegsglücks währte in Rußland wahrlich nicht sehr lange. Der französische Gesandte in Weimar besaß alle Gründe für eine zuvorkommende Haltung gegenüber der russischen Großfürstin. Wer konnte schon die Zukunft erahnen?

Unter all diesen schrecklichen kriegerischen Ereignissen neigte sich das Jahr 1812 seinem Ende entgegen. Vor Europa, Deutschland und Sachsen-Weimar-Eisenach standen im Jahr 1813 Entwicklungen, die das Leben am Weimarer Hof außerordentlich stark beeinflussen und verändern sollten. Der Krieg kehrte nach Deutschland zurück. Rußland und Thüringen – St. Petersburg und Weimar sollten auf eine nicht gekannte Art und Weise miteinander verbunden werden. 1813 wurde für Deutschland und Weimar in vieler Hinsicht ein Jahr großer Wandlungen.

Etwa in jenen Tagen, da der geschlagene Napoleon Weimar und Thüringen auf dem Fluchtweg passierte, reiste Rußlands Kaiser aus seiner Hauptstadt mit der Zielrichtung Wilna ab. Der Zar kehrte an den Punkt zurück, an dem er den Ausbruch des Krieges erlebt hatte. Jetzt nicht mehr in Sorge um sein Reich, sondern in dem hohen Gefühl, die Stunde sei gekommen, da er zum Retter und Herrn über ein neues Europa aufsteigen könne. Die Franzosen mußten jetzt nach Mitteleuropa hinein verfolgt und endgültig geschlagen werden. Er hatte Glück. Am 30. Dezember 1812 schlossen General Ludwig Graf York von Wartenberg, bislang preußischer Befehlshaber in französischen Diensten, und der russische General Diebitsch bei Tauroggen in Ostpreußen eine Neutralitätskonvention ab. Die Auswirkungen waren gravierend. Das preußische Kontingent setzte den Russen keinen weiteren Widerstand entgegen. Die französischen Soldaten mußten Königsberg und Ostpreußen auf schnellstem Wege räumen. Alexander I. erkannte seine Chance. Über den Freiherrn vom Stein und General von Boyen forderte er Friedrich Wilhelm III. auf, unverzüglich mit den Franzosen zu brechen und das Volk zum Aufstand gegen Napoleon zu mobilisieren. Er verließ Wilna am 9. Januar 1813 und ließ seine Armee den Njemen überschreiten.

Innerhalb von zehn Wochen rückten russische Soldaten bis an die Elbe vor. Preußen und Schweden erklärten Frankreich den Krieg. Österreich zog sich von

Napoleon zurück. Alexander I. wiegte sich in einem religiösen Rausch. Der apo-
kalyptische Rachegott flog über Europa: „Meinen ganzen Sieg weihe ich dem
Fortschreiten der Herrschaft unseres Herrn Jesus Christus." In Kalisch schloß er
mit Friedrich Wilhelm III. einen Bündnisvertrag. Preußen sollte seine Grenzen
von 1806 wiedererhalten, und: „Die Stunde hat geschlagen, in der man Verpflichtungen einhalten muß, mit dem religiösen Glauben heiliger Unverletzlich-
keit, der die Macht und Beständigkeit von Nationen zusammenhält." In diesem
tiefen inneren Bewußtsein drang Alexander bis nach Dresden, bis nach Berlin
vor.

In Weimar beobachtete man die Entwicklung der Dinge mit Aufmerksamkeit
und wachsender Angst, je näher der Krieg den eigenen Landesgrenzen rückte.
Die Prüfungen des Jahres 1813 standen bevor. Am 20. Januar 1813 starb der von
Maria Pawlowna außerordentlich geschätzte und geliebte Christoph Martin
Wieland. Sein Tod wirkte damals wie ein Vorbote für kommendes Unheil. Nicht
nur Rußlands Soldaten marschierten nach Westen. Nicht nur in Preußen begann
der allgemeine Aufruhr eines nationalen Befreiungs- und Volkskrieges gegen die
Besatzungsmacht. Auch in den Rheinbundstaaten, die vorerst noch zum Bündnis mit Napoleon standen, verbreitete sich wachsende Unruhe. Im Jahr 1813,
sofort nach seiner Rückkehr, rüstete Napoleon eine neue Armee aus. Die Koalitionstruppen sammelten sich auf deutschem Boden – die deutschen Staaten
wurden zum Kriegsschauplatz. Über das Jahr hinweg schwankten die Fronten
hin und her, und die Schlachten von Magdeburg, Lützen, Bautzen oder Dresden gingen in die Geschichte ein, bis im Oktober 1813 die Völkerschlacht bei
Leipzig die Entscheidung zugunsten der Alliierten brachte und die Rheinbundstaaten nunmehr in Scharen von Napoleon abfielen – auch Sachsen-Weimar-
Eisenach.

Wie alles im Leben besaß auch dieser Entschluß seine Vorgeschichte, die
verworren wie der Krieg selbst war. Es war im Jahr 1813 nicht mehr die Anwesenheit Marias in Weimar, die Napoleon ärgerte und als Bedrohung empfand,
sondern die Tatsache, daß deren kaiserlicher Bruder mit geballter Heeresmacht
nahte und daß sich der Herzog Carl August unter dem relativen Schirm Marias
und vor allem der russischen Armee Freimütigkeiten erlaubte, die dem Fürsten
eines Rheinbundstaates nach Napoleons Ansicht nicht zustanden, im konkreten
Fall jedoch toleriert werden mußten.

Das Weimarer Truppenkontingent war während des Rußlandfeldzuges in
das Regiment „Herzöge zu Sachsen" integriert worden. Das Regiment erlitt
erhebliche Verluste und geriet in russische Gefangenschaft. Diese Tatsache veranlaßte Maria Pawlowna, sich um Hilfe für die Gefangenen an den Grafen
Araktschejew zu wenden. In einem bei Durylin zitierten Brief schrieb sie: „Mit

großem Vergnügen habe ich Ihren Brief vom 22. August erhalten und danke Ihnen sehr für Ihre Bemühungen um das Schicksal der Weimarer gefangenen Offiziere, die auf eine Veränderung ihres Geschicks in zukünftiger Zeit dort warten müssen, wo sie sich jetzt befinden; inzwischen bitte ich Sie, mich im Voraus zu benachrichtigen, wenn etwas geschieht zu ihrem Vorteil; ich werde Ihre Aufmerksamkeit auf deren Schicksal natürlich als Beweis besonderer Gefälligkeit meiner Person gegenüber auffassen." Ein kleiner Teil der Soldaten und Offiziere erreichte unter dem Kommando des Obersten von Egloffstein im Januar 1813 Danzig. Die Lage seiner Soldaten, die Flucht Napoleons und die Konvention von Tauroggen ließen Carl August mutiger werden. Als im April preußische Truppen für eine Woche Weimar besetzten, verhehlte der Herzog seine Sympathie nicht. Am Ende des gleichen Monats kam Napoleon durch Weimar, und Carl August sprach mit ihm. Er war sehr erstaunt, in welcher Offenheit und mit welchem Vertrauen Napoleon ihm gegenüber weltumspannende Ideen entwickelte, hielt jedoch nichts davon, blieb skeptisch und vollzog bald darauf mit einem Brief an Alexander I. seinen persönlichen Frontwechsel. Im übrigen wartete Carl August die Entwicklung in den böhmischen Ländern ab. Er übte sich gegenüber Napoleon in höhnischer Servilität, während Soldaten des Lützower Freikorps Thüringen durchstreiften, Studenten wie Professoren der Jenaer Universität offen für die Freiheit und Einheit des deutschen Vaterlands Partei ergriffen – der Historiker Heinrich Luden las über die deutsche Geschichte – und Weimar mit immer neuen Kriegslasten belegt wurde – darunter die Einberufung eines 800 Mann starken Bataillons.

Es ist nicht einfach, in dieses turbulente Jahr, in dem sich der europäische Krieg auf so vielfältige und schnell wechselnde Art mit dem Schicksal Weimars und des dortigen herzoglichen Hauses verband, eine systematische oder wenigstens chronologische Ordnung zu bringen, die obendrein das persönliche Schicksal Maria Pawlownas gebührend würdigt. Ihr Leben wurde wie das aller Weimaraner hin und her geworfen. Außergewöhnliche Situationen und alltägliche Gewohnheiten vermischten sich in aufregender Weise.

Das Ableben Wielands hatte tiefe und ehrliche Trauer mit sich gebracht – Anna Amalia war noch einmal gestorben. Aber der Geburtstag Maria Pawlownas am 16. Februar 1813 wurde wieder in großer Pracht und Herzlichkeit gefeiert, als läge sorgenfreier Friede über dem Land. Der Schein trog. Der Geburtstag der Erbprinzessin, wie in jedem Jahr mit Konzerten und Tableaus gewürdigt, erwies sich bei näherem Hinsehen als Politikum ersten Ranges, ganz der komplizierten Lage Weimars in jenen Wochen entsprechend. Goethe und Meyer hatten abermals die Regie übernommen. Sie schufen eine Inszenierung, die höchsten diplomatischen Ansprüchen genügen konnte. Den Höhepunkt markierten

während der Feierlichkeiten die „Bilder-Scenen mit Gesang", die im Schloß aufgeführt wurden. Der Musenhof präsentierte sich natürlich mit reiner Kunst –
ganz unpolitisch. So hatten Goethe und Meyer drei berühmte Gemälde ausgewählt, die, untermalt durch Gedichte und Musik, von lebenden Personen
dargestellt wurden. Es waren dies die Gemälde „Phädra und Hippolyt" von
Guérin, „Belisarius" und „Der Schwur der Horatier" von David sowie eine freie
Komposition unter dem Titel „Arkadien". Die Berichte über die Präsentation
erschöpften sich wohlweislich in Betrachtungen über die Geschichte und die
Ästhetik figürlicher Darstellungen berühmter Gemälde.

Aufschlußreicher sind die Lebenswege der Künstler, die sich Goethe und
Meyer zum Vorbild genommen hatten. Jean Guérin war ein bekannter französischer Porträtmaler, der sowohl Bilder von Marie Antoinette und Ludwig XVI.
als auch von dem unter Napoleon aus dem Volk aufgestiegenen Revolutions-
general Kléber geschaffen hatte. Jacques Louis David, gleichfalls französischer
Maler, hatte 1784 mit dem „Schwur der Horatier" den Durchbruch zum Klassi-
zismus erzielt. Davids pathetische Historienbilder propagierten nahezu unverhüllt den politischen Anspruch des Bürgertums auf Macht und Besitz. Der Maler
genoß bei den Jakobinern große Popularität und wandelte sich ganz ungeniert
zum Hofmaler Napoleons I., dem er Porträts malte, die zum unvergänglichen
Kunstschatz der französischen Nation gehören. So hatten denn die Veranstalter
der Geburtstagsfeier alle wichtigen künstlerischen und politischen Richtungen aus der jüngsten französischen Geschichte beieinander – ein ausgewoge-
nes Programm, an dem auch der Gesandte aus Paris keinen Anstoß nehmen
konnte.

Es ging jedoch um den Geburtstag Maria Pawlownas. Die Ost-West-Balance
mußte gewahrt bleiben, die allzeit beschworene Antike erkennbar sein. Dafür
gab es das Bild „Arkadien". In diesem lebenden Bild „erschien auf und an einem
Hügel Apollo nebst allen Musen, in einer gedrängten großen Pyramidal-Gruppe
. . . in der Mitte der Scene, war Wasser angedeutet, auf dem, in einer großen, von
Schwänen gezogenen Muschel, ein rosenbekränzter kleiner Amor oder Genius
fuhr; der verehrte Name der Königin des Festes glänzte in goldner Schrift auf der
Muschel." Allein der Musenaufmarsch und die namentliche Erwähnung Marias
erinnerten lebhaft an Schillers „Huldigung der Künste" aus dem Jahr 1804. So
schloß sich der Kreis voller Symbolik, wurde aber durch die Gedichte, die Hofrat
Prof. Riemer geschaffen hatte, und durch die Musik aus der Feder des Hofkapellmeisters Müller weitergeführt. Riemer hatte zu dem „Schwur der Horatier" die Verse geschrieben:

Dem Vaterland, dem Vaterlande
Gebühret Neigung, Pflicht, Gefühl!
Es knüpft die zarten, starken, Bande
Und setzt der Kraft gemessen Ziel.
Was in der Weite nur zerfällt
Das Vaterland zusammenhält.

Das Vaterland in seinem Schoose,
Nährt jede Tugend jede Kraft:
Ihm dient der Kleine wie der Große,
Wenn er für sich in's Ganze schafft:
Zu jedem Opfer gern bereit,
Wenn es das Vaterland gebeut.

Das war unverkennbar eine Spiegelung der allgemeinen Stimmung im deutschen Volk, ohne daß sich das herzogliche Haus in irgendeiner Weise vulgarisiert oder vom vaterländischen Pathos hätte hinreißen lassen. In Ergänzung dazu erschien das arkadische Musenland, verbunden mit dem Namen Maria Pawlownas als ideale Heilswelt. Es war ein sorgfältig versteckter höfischer Protest. Es war ein edles Wort, dem Ruf der Alliierten und des Volkes zu folgen. Schließlich zogen in jenen Wochen die uniformierten Lindwürmer Napoleon verpflichteter Truppen wiederholt durch Weimar, quoll das beänstigende Kriegsgeschrei wie im Jahr 1806 bis über die Mauern des Musenhofes.

Maria Pawlowna mußte inmitten der sich auf deutschem Boden austobenden Kriegswirren erneut um ihre Sicherheit fürchten – und sie benötigte Trost und Zuspruch. Letztere gab ihr einmal mehr Goethe in einem Gedicht, das er Mitte März 1813 in eine Brieftasche Marias, einem Geschenk des Fürsten Alexander Kurakin, legte. Er schrieb die zauberhaften Verse:

Zu würdiger Umgebung Deines Bildes,
Wie es mir immerfort im Geiste waltet,
Wählt' ich in Tagen wo der Frühling schaltet
Des Gartens Blumen, Blumen des Gefildes . . .

Allein die rauhe Wirklichkeit verlangte nach mehr als dem liebevollen Trost. Es ging offenbar auf eine Weisung des Petersburger kaiserlichen Hauses zurück – und war ein Gebot der Vernunft –, daß Maria Weimar am 7. April 1813 verließ, kurz bevor Napoleon die Stadt durchquerte, und sich unter den direkten Schutz der russischen Armee, stets in der unmittelbaren Nähe zum Bruder Alexander I., begab. Sie nahm ihre kleine Tochter Maria auf die ungewisse Reise mit. Auch ihre Schwester Katharina Pawlowna, die im Jahr 1809 den Erbprinzen Georg Peter von Oldenburg geheiratet hatte, floh unter den Schutz der russischen Streitkräfte. Katharina besaß wesentlich stärkere politische Interessen als Maria und beriet ihren kaiserlichen Bruder direkt. Auf diese Weise wurde Maria in den folgenden Monaten, die sie gemeinsam mit Katharina je nach der aktuellen Kriegslage zwischen Prag, den böhmischen Bädern und Wien verbrachte, wesentlich stärker in die politische Meinungsbildung einbezogen, als das in Weimar unter gewöhnlichen Bedingungen der Fall war. Sichtbare eigenständige politische Überlegungen oder Handlungen erwuchsen daraus vorerst jedoch nicht. Noch regierten die Muskete, der Säbel und die Kanone. Das diplomatische Parkett lag im Sommer 1813 relativ weit entfernt. In Weimar aber sehnte man sich inmitten der die Stadt durchquerenden Militärkolonnen nach der Kraft und der Ruhe Maria Pawlownas. Das waren die Wochen, in denen Caroline, die Witwe Wilhelms von Wolzogen, für das Stammbuch Marias die Verse schrieb:

> Wer einmal in der Schönheit zartem Leben
> Beglückt geathmet und es tief empfunden,
> Den faßt ein Sehnen, ein unendlich Streben
> Nach jenes Anschauns wonnevollen Stunden.
>
> Vom Sternenlicht, vom Sonnenglanz umgeben,
> Von der Erinnerung Rosen hold umwunden,
> Wird ihr erhabnes Bild ihn stets umschweben,
> Dem innern Sinn für ewig ists verbunden.
>
> So bleibt das Herz auf immer Dir geweihet,
> Geliebte Fürstin, das Dein Bild umfaßt,
> Gestärkt zur Kraft, die hohe Tugend leihet.
>
> Vom Zauberhauch der Schönheit hold erfreuet,
> Ein guter Engel stehst Du in des Lebens Last
> Der müden Seelen Stärk' und Lebensmuth erneuet.

Angesichts des damals auf deutschem Boden donnernden Krieges erscheint das Gedicht aus ferner Sicht geradezu unwirklich, auch für das Befreiungsjahr 1813. Aber die Verse waren die Weimarer Wirklichkeit: Tradition, Kunst, Literatur und die lenkende Hand des Hofes – alles floß ineinander. Außerdem war die Nähe der Wolzogens zur Großfürstin Maria nur zu verständlich. Wie ein Symbol wirkte es auch, daß die kleine Tochter Maria gerade in jenen Monaten mit ersten Eintragungen in ihr Tagebuch begann – überwiegend in der französischen Sprache den kindlichen Alltag reflektierend, aber auch mit deutschen Gedichten oder Zusatzbemerkungen der Erzieherinnen, die das Kind als fleißig und aufmerksam erkannten.[39]

Unter Sturmgeläut, Truppenbewegungen und Schlachten zwischen Mitteldeutschland und Böhmen mit wechselndem Kriegsglück gingen der Sommer und der Herbst 1813 dahin, bis zur großen Entscheidungsschlacht – der Völkerschlacht bei Leipzig vom 16. bis zum 19. Oktober 1813. Es war eine Begegnung, bei der die überlegene Masse der Koalitionstruppen mit gewaltigem Kriegsmaterial den Kaiser der Franzosen zwang, wollte er nicht eine vernichtende und endgültige Niederlage, sich mit den Resten seiner geschlagenen Streitkräfte vom Schlachtfeld zurückzuziehen. Vor, während und nach dieser Schlacht zerfiel der Rheinbund endgültig. Seine Mitglieder – auch Sachsen-Weimar-Eisenach – schlossen sich, da sie sahen, Napoleon konnte keinen Widerstand mehr leisten, den Koalitionsmächten an. In letzter Stunde fanden sie den Weg an die Seite der längst wieder für die Befreiung Deutschlands kämpfenden preußischen Soldaten und der Kriegsfreiwilligen aus vielen deutschen Landen.

Auch in Weimar verband sich das Ende der Besetzung mit dem Krieg. Nicht nur die Tatsache, daß geschlagene und siegreiche Soldaten ihre Spuren in der Stadt hinterließen, beeindruckte die Bewohner. Die Kriegsgötter erschienen persönlich. Am 18. Oktober kamen zum ersten Mal Kosaken in die Stadt und lagerten auf dem Marktplatz. Bei ihrem Abzug kam es nahe dem Dorf Umpferstedt zu einem Gefecht mit Franzosen. Für Weimar selbst spitzte sich die Lage am 22. Oktober zu. Am Jacobstor lieferten sich Franzosen und ungarische Husaren ein Reitergefecht. Auf der Altenburg wurden Kanonen aufgestellt, und den Husaren gelang ein Sieg, der nach wenigen Stunden durch einmarschierende Russen und Preußen gesichert werden konnte.

Den Höhepunkt bildete der kurzzeitige Aufenthalt des Hauptquartiers der Alliierten in Weimar. Kaiser Alexander I. kam am 24. Oktober an die Ilm – seine Schwestern hielten sich zu diesem Zeitpunkt in Wien auf. Österreichs Kaiser Franz folgte einen Tag später. Nach einem weiteren Tag waren sie bereits wieder verschwunden. In der kurzen Zeit ihrer Visite trafen sie eine wichtige Entscheidung, die mit der geschickten und vertrauenswürdigen Tätigkeit des französischen Gesandten Saint-Aignan in Verbindung stand. Saint-Aignan wurde zwar mehrfach verhaftet, jedoch immer wieder freigelassen. Am 26. Oktober erteilten ihm die Kaiser in Weimar den Auftrag, unverzüglich mit der gegnerischen Seite Friedensverhandlungen einzuleiten. Später beorderte ihn Metternich über Prag nach Frankfurt am Main und rüstete ihn mit ausführlichen Instruktionen für die Verhandlungen aus.

In Weimar gaben gekrönte Häupter in den folgenden Tagen einander die Klinken in die Hand, getrieben vom Krieg. Ihnen folgten die Politiker und Beamten, die das gequälte kleine Land in den neuen Rahmen der Koalition einpaßten, auf den Fersen – allen voran der Freiherr vom und zum Stein. Carl August war aus der Kontinentalsperre ausgetreten, aber der Beitritt zur Konvention von Leipzig verlangte weitere und größere Opfer. Weimar wurde nicht nur Nachschubbasis für die unentwegt fließenden Truppenströme. Das Land mußte erneut Soldaten stellen – etwa 2000 Mann! Carl August nutzte die Gunst der Stunde zu patriotischen Deklamationen und rief zur Gründung einer „Schar der Freiwilligen" auf. Hintergrund für den Appell war die geheime Zuversicht, Weimar könnte sich zum Mittelpunkt oder gar Oberhaupt der thüringischen Kleinstaaten erheben. Maria Pawlowna hatte in den ersten Novembertagen Wien verlassen und kehrte am 10. November nach Weimar zurück. Nur wenige Tage informierte sie sich über die aktuelle Situation und erfuhr wohl aus dem Mund des Ministers Voigt von dem Sehnen nach einem „Großherzogtum Thüringen". Das war ein Gedanke, der in erster Linie den Vorstellungen Carl Augusts entsprach, aber noch keine reale Grundlage besaß. Maria reiste neun Tage später mit der Post nach Frankfurt am Main ab. Dort hielt sie sich bis zum 16. Dezember auf und nahm an der Krönung von Franz I. zum österreichischen Erbkaiser teil.

Ob ihrer Reiseaktivität schrieb Goethe, der über die durch Weimar ziehenden „wilden Horden" entsetzt war und die durch den Frontwechsel entstehenden neuen und höheren Belastungen erkannte, an Knebel, daß die Großfürstin doch eigentlich eine „Friedensfürstin" genannt werden müsse, obwohl sie sich auch unter den Kriegsbedingungen mannhaft bewege und bereits manches vermittelt habe. Sie hatte Goethe von der langen Reise sehr „hübsche und nützliche Sachen sowohl für hier als auch für Jena mitgebracht". „Hübsche Sachen", das waren für Goethe in erster Linie Ausrüstungsgegenstände für das künstlerische und wissenschaftliche Leben, das trotz der Kriegsereignisse nicht unterbrochen wurde. Es war ohnehin ein erstaunlicher Zug im Wesen Marias, daß sie ihre Interessen und Pflichten während der erzwungenen Reisen zwar einschränken mußte, aber niemals aufgab. Es mag Verwunderung hervorrufen, daß Goethe am 15. November 1813 auf Anweisung Marias ein „Unterthänigstes Promemoria" verfaßte. Darin unterbreitete Goethe sieben Vorschläge für eine bildliche Darstellung der Kirchenruine von Paulinzella. Die Bilder sollten durch einen Aufsatz über die Geschichte und die Baugeschichte Paulinzellas zusammengefaßt werden. Goethe schrieb: „Die zu dieser Arbeit anzustellenden Künstler würden um ein billiges Honorar arbeiten." – was sicherlich die Freigebigkeit der Großfürstin vergrößerte. Ein Verweilen gab es nicht. Während Carl August als Kommandeur des 3. Deutschen Armeekorps, in dem er nicht nur Befehlshaber über Soldaten aus Weimar, Gotha und Schwarzburg, sondern auch aus den anhaltinischen Herzogtümern war, ins Feld zog, kehrte Maria nach Weimar zurück und begann mit ganz praktischen Maßnahmen den Aufbau und die Stabilisierung Weimars. Während den Herzog der Siegeszug durch Belgien und die Niederlande bis nach Paris führte und er in den folgenden Monaten intensive Gespräche mit Alexander I. und dem Freiherrn vom Stein über die Zukunft Sachsen-Weimar-Eisenachs führte – die er selbst sich nur im Rahmen einer bedeutenden Rangerhöhung auf der Grundlage eines wesentlichen Gebietszuwachses vorstellen mochte –, legte Maria Pawlowna weitere Grundsteine für ihre Tätigkeit in den folgenden Jahrzehnten. Im eigentlichen Sinne konnte sie erst jetzt, da sich nach sieben schweren Jahren endlich ein wirkliches Kriegsende andeutete, mit einer systematischen Arbeit zum Wohle des Herzogtums beginnen.

Unter den Kriegsbedingungen hatten Weimarer Frauen – aber auch Frauen in Eisenach und Jena – spontan Hilfsorganisationen ins Leben gerufen, in denen der karitative Dienst für die Kriegsopfer im Mittelpunkt stand. Das ging zunächst ganz unspektakulär vor sich, und die Hilfsmittel flossen allein aus der Barmherzigkeit von Privatpersonen. Es war eine Stunde, in der Maria Pawlownas Erziehung, die Traditionen des Zarenhauses, die Verpflichtungen zur sinnvollen Anlage des eigenen Vermögens und das individuelle Gefühl, Not lindern zu müssen, ineinanderflossen und sich in einer gezielten Aktion verdichteten. Maria stellte sich an die Spitze eines spontan entstandenen Frauenvereins aus Vertreterinnen aller Stände, der sich bemühte, Kranken und Verwundeten sowie durch den Krieg in Not geratenen Menschen zu helfen: mit Verbandszeug, Kleidung, Essen, Unterkunft oder auch mit dem so dringend benötigten Rat für die Zukunft. Nach und nach, über mehrere Jahre hinweg, formierte sich aus den Anfängen eine Organisation, deren Arbeitsinhalt und ethisches Ziel die Hilfe zur Selbsthilfe für arme Menschen werden sollte. Das „Patriotische Institut der Frauenvereine" wurde später, nach Jahren umfangreicher Vorbereitungen, zu einer der Säulen für die Arbeit Maria Pawlownas im Dienste der öffentlichen Wohlfahrt des Landes.

Es gab neben den Anstrengungen zur Pflege von Kunst und Kultur, neben dem karitativen Dienst ein weiteres Gebiet, dem sich die Großfürstin bereits in diesem Kriegsjahr 1813 – sofern sie in Weimar war – mit Fleiß und nachweisbarem Erfolg zuwandte: die Garten- und Landschaftspflege. Alles begann mit dem Park des Schlosses Belvedere, dem ständigen Wohnsitz des erbherzoglichen Paares. Der Park war – schlicht gesagt – verwahrlost. Es gab zwar noch das Gärt-

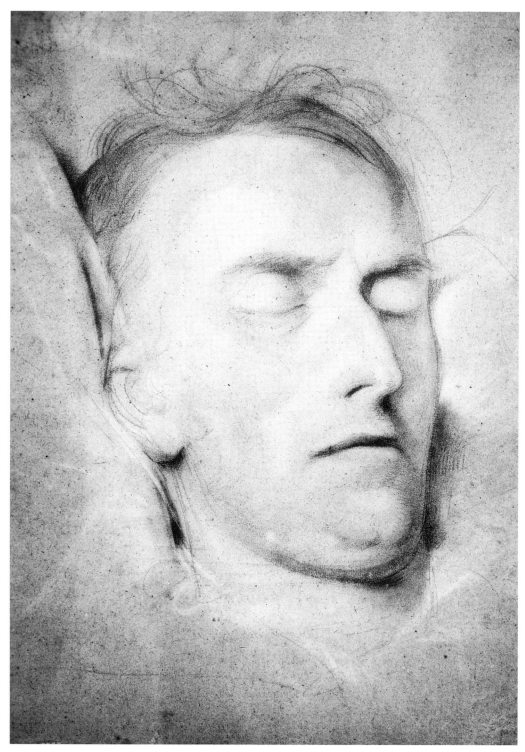

Friedrich Schiller auf dem Totenbett. Handzeichnung von Ferdinand Jagemann, 1805.

Abendgesellschaft bei Herzogin Anna Amalia (1739–1807).
Aquarell von Georg Melchior Kraus, 1795.

Das großherzogliche Residenzschloß in Weimar. Kolorierter Stich von Eduard Lobe, undatiert.

Wielands Begegnung mit Napoleon.
Kolorierter Stich von Schnorr, 1809.

Napoleon in Weimar.
Radierung von unbekannt, undatiert.

Ansicht von Weimar von der Nordseite. Stich von Eduard Lobe, undatiert.

Prinzessin Auguste von Sachsen-Weimar-
Eisenach (1811–1890).
Stahlstich von unbekannt, undatiert.

Prinz Carl Alexander von Sachsen-Weimar-
Eisenach (1818–1901), seit 1853 Großherzog.
Zeichnung von Carl Vogel, 1824.

Das Schloß Belvedere bei Weimar. Kolorierte Radierung von unbekannt, undatiert.

Großherzogin Maria Pawlowna.
Medaillon von Angelica Facius.

Großherzog Carl Friedrich.
Wachsrelief von L. Posch, undatiert.

Das Jagdschloß Wilhelmsthal bei Eisenach. Kolorierte Radierung von G. M. Kraus, 1806.

Johann Nepomuk Hummel (1778–1837),
Hofkapellmeister in Weimar.
Lithographie von M. Gauci, 1831.

Clemens Wenzeslaus Coudray (1775–1845),
Oberbaudirektor in Weimar.
Kreidezeichnung von Josef Schmeller, 1825.

Johann Heinrich Meyer (1760–1832),
Maler und Kunsthistoriker.
Kreidezeichnung von Josef Schmeller, 1824.

Carl Ludwig von Knebel (1744–1834),
Prinzenerzieher in Weimar.
Pastell von F. Ries, 1833.

Johann Wolfgang von Goethe (1749–1832).
Öl auf Leinwand, Kopie von Caroline Bardua nach Kügelgen, 1810.

Haus der Frau von Stein an der Ackerwand in Weimar.
Tuschzeichnung vermutlich von Karl von Stein, undatiert.

Schloß und Park Wilhelmsthal bei Eisenach. Aquarell von unbekannt, um 1810.

nerehepaar Sckell, aber wer hatte in den vorausgegangenen Jahren schon Zeit und Muße gehabt, ein so geldintensives Unternehmen wie die Sanierung eines ganzen Landschaftsparks in Angriff zu nehmen? Jetzt wagte sich Maria an das kühne Unternehmen. Sie ließ als erstes die gerade auf das Schloß zuführende Straße einebnen und eine neue Zufahrtsstraße anlegen, die das Schloß dem direkten Einblick entzog und in einem geschwungenen Bogen darauf zuführte – bis heute ist diese Straße vorhanden. Es existieren aus den Anfangsjahren der Parkgestaltung keine umfassenden Unterlagen, die es ermöglichten, Plan und Realität zu rekonstruieren. Das betrifft auch den künstlich angelegten „Russischen Garten" und vor allem den vielbestaunten „Irrgarten" hinter dem Schloß. Die Geschichte der Landschaftsgestaltung in Belvedere wäre eines eigenen Kapitels würdig, wenn nicht Maria Pawlowna diesen Bereich ihrer Tätigkeit über das ganze Land ausgedehnt hätte. So bleibt das durch intensive Forschungen gestützte Resümee: Marias Vorstellungen, ganze thüringische Landstriche in Naturparks umzuwandeln, gingen nicht in Erfüllung. Sachsen-Weimar-Eisenach verfügte nicht über die geographischen Weiten des nördlichen Rußland. Belvedere ist ein vorbildlicher Landschaftspark geworden. Der „Russische Garten" erschien erst im Jahr 1822 – neun Jahre nach dem Beginn der Arbeiten – auf einem Lageplan. Er ist in seiner ganzen Anlage mit großer Präzision dem Privatgarten der russischen kaiserlichen Familie im Schloß Pawlowsk bei St. Petersburg nachempfunden und nachgestaltet worden – ein reales Stück heimatlicher Gefühle Marias, die Blumen über alles liebte. In dieser Zeit um 1832 wurde auch das „Grüne Theater" dem Garten hinzugefügt. Aber der „Irrgarten" wurde erst im Jahr 1844 angelegt. Das war bereits in einer ganz anderen Zeit. Stets aber zog Maria Pawlowna für die Park- und Gartengestaltung berühmte Gartenbauer heran, so z. B. den Fürsten Pückler, dessen Schüler Eduard Petzold oder auch den Forstrat Gottlob König.

So ging das für die deutsche und europäische Geschichte bedeutende Jahr 1813 zu Ende, und mitten im Krieg hatte Maria wesentliche Felder ihrer künftigen Aufgaben und Interessengebiete abgesteckt, in Angriff genommen oder zumindest überlegt. Noch aber belasteten der Krieg und dessen Folgen das Land. Carl Friedrich stand ebenso wie der Herzog und Prinz Carl Bernhard im Felde. Noch immer mußte Maria befürchten, die Niederlage des „Usurpators" sei noch nicht endgültig gewesen. Vier Monate blieb die Erbherzogin erst einmal in Weimar, bis auch dort die Nachrichten über den Einzug der Verbündeten in Paris und über die Abdankung Napoleons eintrafen. Das Völkermorden schien zu Ende zu gehen. In Weimar veranstaltete man ein großes Fest.

Am 9. April 1814 kam der als Ordonnanzoffizier beim Herzog Carl August dienende Professor Jagemann aus Brüssel in Weimar an und teilte den Einzug der Alliierten am 31. März in Paris mit. Die Leute strömten auf dem Weimarer Markt zusammen. Boten eilten in alle Winkel des Landes. Die Freude war riesengroß. Die Menge sang bewegt „Nun danket alle Gott", die Kirchenglocken läuteten, und vor dem Schloß wurde mehrfach ein dreifaches „Lebe hoch" ausgebracht. Das war gerecht, richtig und befreiend. Völlig unverständlich war nach diesen sieben Kriegsjahren allerdings, daß der Stadtrat den Bürgern zwischen 10 Uhr morgens und 24 Uhr erlaubte, ihre Gewehre aus lauter Freude abzufeuern, „was auch ununterbrochen dauerte bis des Nachts 12 Uhr, wo der erste Ostertag eintrat". Am nächsten Morgen zog man in die Kirche und las Psalmen! Im August des Vorjahres hatte man noch den Geburtstag Kaiser Napoleons festlich begangen, jetzt, im Jahr 1814, erinnerten sich die frommen Menschen auf ganz andere Weise an das Osterfest: „Da war es, wo nach muthigstem Kampf in den Straßen von Weimar die kleine tapfre Schar der Preußen unter Oberst Blücher der großen Uebermacht der Franzosen weichen mußte, wo hierauf der rohe Septembisirer Souham mit seinen Horden einzog und uns durch Gewalttätigkeiten jeder Art mit bleibendem Abscheu erfüllte. Ein leidenvolles Jahr der Prüfung folgte, doch dieses schloß sich jetzt auf so glorreiche Weise. Weg daher mit allen trüben Bildern der Vergangenheit!" Diese Schlußfolgerung dürfte für die deutsche Geschichte allerdings nicht typisch sein!

Es folgten Bälle, Empfänge und Festlichkeiten verschiedener Art, die ihren Höhepunkt erfuhren, als Wilhelm von Wolzogens Sohn, Leutnant bei der sächsischen Kürassier-Garde, am 13. April die Nachricht von der Kapitulation und Thronentsagung Napoleons überbrachte. Das war eine schöne Gelegenheit für die Bürger Weimars, sich glücklich zu schätzen, daß Herzog Carl August, „dessen deutscher Sinn in den letzten verhängnißvollen Jahren nie wankte, nach muthigem Kampfe außer persönlicher Gefahr" war. Damit die Welt vollkommen von der deutschen Gesinnung Weimars überzeugt werden konnte, schrieb man ein Trinklied, das am zweiten Osterfeiertag öffentlich vorgetragen wurde. Alle anwesenden Bürger sangen wieder einmal nach der Melodie „God save the King" mit und erfreuten sich an so geschmackvollen Reimen wie diesem:

> Dir, Alexander, gilt,
> Dir, Deutschland's Schirm und Schild,
> Das zweite Glas.
> Auf! Wer noch Freiheit ehrt!
> Auf Rußland's Wohlseyn leert,
> Und stoßet an.

Rußland hatte mit den Koalitionsmächten Europa von der napoleonischen Besatzung befreit. Aber Rußland als Hort der Freiheit? Das konnte nur der Stunde unkritischer Freude geschuldet sein. Ebensowenig darf der folgende Vers als Ironie verstanden werden, selbst wenn man die zum Teil schmähliche Rolle des Preußenkönigs in jenen vorausgegangenen Jahren kennt:

> Durch Preußen's Heldenmuth
> Geht alles leicht und gut;
> Dank, Preußen, euch!
> Dank, Friedrich Wilhelm, Dir!
> Dank, Vater Blücher, Dir!
> Lebt Beide hoch!

Damit nicht genug. Am Ende des Gesangs feierte man das Ergebnis: „Und unsre Fahnen wehn nun in Paris!" Weimar schloß sich dem allgemeinen Freudentaumel mit nationalistischen Überhöhungen an. Derweil „standen" die Herren nicht nur, wie es im Lied hieß, sie dachten bereits intensiv darüber nach, welche Ordnung nach dem Fall Napoleons in Europa einziehen sollte. Europa war so schnell nicht zur Ruhe zu bringen, und es war zu erwarten, daß auch in Weimar noch kein endgültiger Friede – oder gar bürgerliche Beschaulichkeit – einziehen würde. Für die herzogliche Familie stand eine neue Aufgabe bevor, und Maria Pawlowna konnte sich nach den ruhelosen Wanderjahren noch nicht ihrer eigentlichen Mission in Weimar zuwenden. Im Gegenteil. Es reifte der einzige Augenblick ihres Lebens heran, in dem sie tatsächlich zielstrebig und bewußt in die deutsche Politik einzugreifen gezwungen war.

Zu ihrem Geburtstag am 16. Februar 1814 hatte Goethe noch hoffnungsvoll geschrieben: „Dich unter uns als Bleibende zu schauen." Damit hatte er die Erwartung ausgesprochen, daß Maria nun endlich fest in Weimar bleiben werde. Heinrich Meyer sekundierte seinem Freund Goethe wenige Tage später durch einen Vers, den er Maria Pawlowna im wahrsten Sinn des Wortes in das Stammbuch schrieb:

> Aus Noth und Widerwärtigkeiten
> Hilft reiner Sinn, ein fester Muth.
> Wer tüchtig ist, gerad und gut,
> Sich selbst vertraut, das Rechte fröhlich tuth,
> Nicht zwecklos strebt, auch nicht zur Unzeit ruht,
> Mag sicher hin zum Ziele schreiten.

Meyer wußte, was er da geschrieben hatte. Er fügte ein getuschtes Blatt hinzu, das eine Landschaft mit freier Aussicht auf einen See zeigt. Am Horizont
waren ein verschlungenes A und M (Alexander und Maria) zu sehen, die in
einem Rosenkranz als Sonne aufgehen und mit ihren Strahlen die Wolken vertreiben. Die Symbolik war nach dem Krieg gegen Napoleon gemeinhin zu verstehen. Die freundlichen Mahnungen waren gut gedacht und Ausdruck für die
Hilfsbedürftigkeit, die Kunst, Wissenschaft und Literatur nach dem langen
Krieg verlangten. Die aber mußten noch warten. Vorerst galt es, ein höheres
Prinzip zu verwirklichen. Maria verließ Weimar bereits wieder am 2. Mai 1814
und hielt sich bis Ende August 1814 in dem böhmischen Franzensbad auf.
Dann kehrte sie nur für wenige Tage nach Weimar zurück und fuhr am 11. September über Leipzig, Dresden und Prag nach Wien. Dort nahm sie gemeinsam mit Herzog Carl August und dem Geheimen Legationsrat von Gersdorf
am Wiener Kongreß teil.[39] Es galt, für Sachsen-Weimar so viel wie möglich aus
dem großen Kuchen der deutschen Nachkriegsordnung herauszuschneiden –
mit Takt, Einfühlungsvermögen in das Machbare und unbeirrter Konsequenz.
Weimar sah Maria erst im Juni 1815 wieder – und wiederum nur für wenige
Tage.

An dieser Stelle ist daran zu erinnern: Für Maria Pawlowna war es ein erhe-
bendes Gefühl, ihren Bruder an der Spitze der Sieger zu wissen. Gleichzeitig fiel
eine gewaltige Last von ihren Schultern, denn die Tatsache, daß auch das Herzogtum Sachsen-Weimar-Eisenach und die anderen wettinischen Staaten gegen
Rußland Krieg geführt hatten, war für sie persönlich vollkommen unerträglich.
Herzog Carl August hatte zwar nie einen Zweifel daran aufkommen lassen, daß
er den Fahnen Napoleons lediglich unter Gewaltanwendung gefolgt war – aber
er hatte es getan. Für ihn genossen die Bindungen seines Hauses an Rußland,
Preußen und Sachsen Priorität. Aus dieser Grundhaltung wie aus den Wendungen des Krieges leitete er nun Ansprüche sowohl für Gebietserweiterungen als
auch für die Rangerhöhung seines Besitzes ab. Das alles sollte und konnte nun
auf dem Wiener Kongreß behandelt werden.

Es konnte für den Herzog von Vorteil sein, wenn Maria Pawlowna ihn nach
Wien begleitete. Sie nahmen beide vom September 1814 bis zum Juni 1815 aktiv
an den Beratungen teil. Ihre Mission geriet schwierig, denn Maria Pawlowna
wollte auf keinen Fall die Gebietserweiterung des Herzogtums auf Kosten des
Königreichs Sachsen durchsetzen. Mehrfach soll es in dieser Frage zu Meinungsverschiedenheiten zwischen Carl August, Gersdorf und Maria gekommen
sein. Maria verlangte eine Ausklammerung des Königreichs Sachsen aus den
Weimarer Plänen, weil im anderen Fall die russischen Pläne in bezug auf die
Zukunft Preußens, Sachsens und Polens gestört werden konnten. Die offiziellen

Weimarer Verhandlungsführer, Staatsminister von Gersdorf und General von Wolzogen, mußten all ihre diplomatischen Fähigkeiten aufbieten, ehe schließlich das Ziel erreicht wurde. Uneinigkeiten in der Meinungsbildung zwischen Maria und Carl August dürfen jedoch nicht überbewertet werden. Letztlich zogen alle gemeinsam an einem Strang. Sie erfreuten sich der uneingeschränkten russischen und preußischen Hilfe. Erweitert um etwa 80.000 Menschen, wuchs die Einwohnerzahl auf 190.000 an, und das Herzogtum wurde in den Rang eines Großherzogtums erhoben. Ein Teil des vormals Fuldaischen Gebietes (Dermbach und Geisa), Vacha aus Kurhessen und das Amt Frauensee kamen an Sachsen-Weimar, ebenso wie die Herrschaft Blankenhein, einige sächsische und Deutschordensenklaven und ein Teil des Amtes Tautenburg. Preußen trat die Ämter Azmannsdorf und Tonndorf, dazu Schloßwippach, Stotternheim und Schwerborn sowie den größten Teil des vormals kursächsischen Kreises Neustadt/Orla an Weimar ab. Das Staatsterritorium verdoppelte sich dadurch auf nahezu 66 Quadratmeilen. Carl August erhielt im April 1815 die großherzogliche Würde zugesprochen. Damit durfte sich die Großfürstin Maria nun Erbgroßherzogin nennen lassen.

Die neue Würde führte auch zu diplomatischen Konsequenzen gegenüber Rußland. Es erfolgte gewissermaßen eine offizielle diplomatische Anerkennung zwischen beiden Staaten, allerdings mit einem merkwürdigen Akzent. In Weimar wurde eine russische Gesandtschaft eingerichtet, deren Bestand die Jahrzehnte überdauerte. Als ersten Gesandten verzeichnete das „Staats-Handbuch" von Sachsen-Weimar-Eisenach im Jahr 1816 den russischen außerordentlichen Gesandten und bevollmächtigten Minister Generalleutnant Basil von Canicof. Er war mit einem Creditiv vom 30. Juli 1815 berufen worden. So lange Carl August lebte, versah Canicof seine Aufgaben – offenbar zur Zufriedenheit auch Maria Pawlownas. Ob der Gesandte sehr erfolgreich war, vermögen die Weimarer Akten nicht auszusagen, denn eine Weimarer Gesandtschaft in St. Petersburg gab es nicht. Alle Kontakte nach Rußland liefen entweder über den Hofstaat Maria Pawlownas oder über die russische Gesandtschaft. Das war für die allgemein üblichen Spielregeln diplomatischer Beziehungen eine sehr einseitige Regelung, charakterisierte jedoch das ungleiche Kräfteverhältnis der beiden Länder in der europäischen Politik.

Maria Pawlownas Einfluß dürfte in Wien nicht unerheblich gewesen sein. Kaiser Alexander I. konnte auf dem Kongreß zwar nicht alle Wünsche, z. B. hinsichtlich Polens, durchsetzen, aber er war der strahlende Held – während Österreichs Kanzler Fürst Metternich im Hintergrund die politischen Fäden zog. Wie die Kabalen auf dem tanzenden Kongreß auch verlaufen sein mögen, die Weimaraner erreichten ihr Ziel.

Rußlands Kaiser hatte im Frühjahr 1814 einen verhängnisvollen Fehler begangen, als er die Insel Elba zum Verbannungsort für Napoleon bestimmt hatte.
Im Frühjahr 1815 kehrte der Usurpator von dem nahegelegenen Eiland zurück
und bedrohte noch einmal die europäische Ordnung. Der Wiener Kongreß, der
bis dahin geruhsam getanzt und gestritten hatte, brachte nun in aller Eile seine
Verhandlungen zum Abschluß, und die gekrönten Häupter gingen erneut ins
Feld – gegen Napoleon. Es blieb ein Zwischenspiel. Bei Waterloo wurde Frankreichs Kaiser endgültig geschlagen, und die Verbündeten zogen ein zweites Mal
siegreich in Paris ein. Dieses Mal geführt durch den Herzog von Wellington und
Feldmarschall Blücher. Alexander I. hatte den Zenit seines politischen Lebens als
Neuordner Europas überstiegen, und seine „Heilige Allianz" wurde nur durch
die Formulierungskünste Metternichs zu einem akzeptablen und praktikablen
politischen Instrument. Für das neue Großherzogtum Sachsen-Weimar-Eisenach
begann eine Zeit friedlicher Aufbauarbeit, mit der an die Jahre zwischen 1795
und 1806 angeknüpft werden konnte und in der auch Maria Pawlowna ihre
Talente und Fähigkeiten erstmals voll entfalten konnte. Im September 1815 war
sie noch einmal für ein Jahr zu ihrer Mutter nach St. Petersburg abgereist, nicht
ohne sich vorher in Berlin noch bei der Firma C. T. Kerwitz mit 16 Wolfspelzen
und 16 schwarzen Reisemützen einzudecken, die dort im Vergleich zu den russischen Preisen vielleicht besonders günstig gekauft werden konnten.[40] Aber im
September 1816 kehrte sie an die Ilm zurück, und da erst begann ihre eigentliche
Tätigkeit für Weimar: zwölf Jahre, nachdem sie dort ihren ersten Einzug gehalten hatte.

7. KAPITEL

Vorbereitungen auf die Herrschaft

Schöpferische Jahre zwischen 1816 und 1828

Der Krieg war vorbei, der Frieden in Wien geregelt – so gut ihn die europäischen Mächte gesichert haben wollten. Wie ganz Europa und Deutschland hatte auch das Großherzogtum Sachsen-Weimar-Eisenach tiefe Wunden zu heilen. Carl August hatte im Grunde die Aufgabe, sein Herrschaftsgebiet neu aufzubauen. Politische, wirtschaftliche und materielle Dinge waren wieder ins rechte Lot zu bringen oder ganz und gar durch Reformen zu verändern. Damit verband sich die unübersehbare Frage, wie das Großherzogtum in der Zukunft mit seinem „klassischen" Kapital – der Literatur, Musik, Wissenschaft und Kunst – umgehen werde. Konnte es nach den schweren Kriegsjahren gelingen, an die wunderbaren, friedlichen Zeiten des klassischen Weimar anzuknüpfen? Von den wirklich bedeutenden Dichtern wirkte nur noch Goethe. Schiller, Herder und Wieland lebten in ihren Werken fort. Es mußte überlegt werden, bei allen Ehren für den weisen und alternden Goethe, neue Künstler und Dichter nach Weimar zu holen, die das „klassische" Feld erweitern und Weimar zugleich neuen Glanz verleihen konnten. Außerdem hatten sich die Rahmenbedingungen verändert. Deutschland war weiterhin ein Flickenteppich zahlreicher Kleinstaaten, aber die Idee der nationalen Einheit hatte im Krieg an Entschlossenheit gewonnen und vereinte sich mit dem Streben nach Liberalität und bürgerlicher Demokratie. Nach der ganzen Vorgeschichte waren das gute Ansätze für den weiteren Weg des deutschen musischen Zentrums in Weimar.

Der Musenhof hatte sich trotz höfischer Enge niemals lediglich als elitäre Insel verstanden. Die langen Kriegsjahre hatten den Aufbruch der Bürgergesellschaft, die notwendige Reformierung des Staatswesens und die Bedeutung wirtschaftlicher wie sozialer Fragen nachdrücklich an das Tageslicht landesherrlicher Aufmerksamkeit gebracht. So fiel die Zeit der erneuten Abwesenheit Maria Pawlownas von Weimar und ihres langen Besuchs in St. Petersburg vom September 1815 bis zum September 1816 in eine Zeit, die in Weimar von beacht-

lichen Neuanfängen und Veränderungen gekennzeichnet war – die jedoch auch
in Rußland zu neuen Entwicklungen nach dem langen Krieg führten, obwohl
sich auf dem innerrussischen Territorium keine derart gravierenden strukturellen Wandlungen vollzogen wie bei der Neuordnung der deutschen Staaten.

Rußlands Kaiser Alexander I. hatte am zweiten Frieden von Paris, der am
20. November 1815 geschlossen wurde und Frankreich schwere Lasten und eine
alliierte Besetzung brachte, nicht mehr teilgenommen. Monatelang reiste er
durch Frankreich, die Schweiz und Deutschland. Er war ausgezogen, Europa
eine neue christliche Ordnung zu bringen. Als er sich jetzt nach Hause begab,
war weder von der Vision noch von der Mission viel geblieben. Der Krieg und
politische Pragmatiker wie Metternich hatten die mystischen Visionen erheblich korrigiert und versachlicht. Sie hatten unter Alexanders Namen eine politische Ordnung für Europa geschaffen, die auf Jahrzehnte hinaus Bestand besitzen
sollte.

Alexander war jedoch dank des Wiener Kongresses König von Polen – Kon-
greßpolen – geworden. Er trat seine Herrschaft an, unterschrieb eine Konstitution, die lediglich dem Namen nach liberal gehalten war, und übertrug die voll-
ziehende Gewalt seinem Bruder Konstantin, der ihn auf allen Feldzügen begleitet hatte und auch in Weimar bestens bekannt war. Alexander kehrte nach Hause
zurück. Zehn Jahre hatte er Krieg geführt. Statt der althergebrachten Sieges-
paraden gab es jetzt feierliche Gottesdienste. Man erwartete, daß er mit Elan die
zahlreichen ungelösten Probleme im Landesinnern anpacken würde. Rußland
lag nach Krieg und Mißwirtschaft darnieder. Zudem hatten die russischen Offiziere und Soldaten das Leben in den westlichen Ländern kennengelernt. Sie hofften, daß nun auch in ihrer Heimat Ordnung, verbunden mit freiheitlichen Reformen, einkehren werde. Alexander war sich trotz zunehmender Depressionen
und religiöser Verklärungen der komplizierten Lage im „Heiligen Rußland"
bewußt. Nach zehn Jahren im Felde und als treuer Sohn seines Vaters konnte er
sich die Regelung der Probleme nur im militärischen Geist vorstellen. Er berief
den General Araktschejew zum obersten Koordinator aller zentralen administrativen Institutionen und stattete ihn mit umfassenden Vollmachten aus.
Araktschejew sollte in Rußland Disziplin und Ordnung herstellen.

Araktschejew war dem Zaren bedingungslos und treu ergeben, gleichermaßen wegen seiner Brutalität wie Unbestechlichkeit gefürchtet und gehaßt.
Nur Araktschejew war es zu verdanken, wenn überhaupt Kriegsschäden beseitigt und eine gewisse Modernisierung um sich greifen konnte. Gegen die Lethargie und Korruptheit der russischen Provinzverwaltung kämpfte auch er vergebens. Darum kam Zar Alexander auf die Idee, spezielle „Militärkolonien" zu
schaffen, in denen Soldaten kollektiv Landarbeit verrichteten, ihr eigenes sozia-

les Gefüge und spezielle Verwaltungen besaßen. Araktschejew richtete für etwa eine Million Soldaten solche Kolonien ein und – erntete nur Undank. Die Gutsbesitzer fürchteten die Konkurrenz, die Bauern wollten nicht militärisch gedrillt werden und die Soldaten liebten die Landarbeit überhaupt nicht. In Wirklichkeit scheiterte das Projekt, weil es nach obrigkeitsstaatlichen Gesichtspunkten und nicht nach wirtschaftlichen Erfordernissen gestartet worden war. Alexander hielt jedoch bis zum Lebensende an diesem untauglichen Versuch fest.

Der Kaiser handelte aus ehrlicher Absicht und dem Gedanken christlicher Nächstenliebe. Er gab sich Mühe, sein Gewissen zu entlasten, mit der Welt und Gott ins reine zu kommen. Er trug sich immer wieder mit Gedanken, seine Idee von der „Heiligen Allianz" mit Leben zu erfüllen. Er unterbreitete internationale Abrüstungsvorschläge und erklärte sich mit diplomatischen Gesprächsrunden einverstanden, in denen das Thema Europa diskutiert werden sollte. Einen Glanzpunkt bedeutete für ihn 1818 der Kongreß von Aachen. Alexander war erneut der strahlende Stern des Treffens. Noch einmal lebte die „Heilige Allianz" auf. Er war der Beschützer aller kleinen Staaten und trat für die Unabhängigkeit Frankreichs ein. Alexanders edle Vorschläge zur Abrüstung und zum Umbau Europas fanden keine praktische Anerkennung. Man respektierte ihn eigentlich nur äußerlich als den Herrn Europas. Wieder zu Hause, war er rastlos, unzufrieden, deprimiert, verschanzte sich hinter der Bibel und schien zu keiner staatsmännischen Entscheidung fähig. Man konnte den Eindruck gewinnen, daß er sich nach den vielen Kriegsjahren nicht mehr auf eine systematische innenpolitische Arbeit umstellen konnte.

Maria Pawlowna verfolgte diese bedenkliche Entwicklung ihres Bruders und des russischen Staatswesens in den ersten Ansätzen und aus nächster Nähe. Sie selbst nahm darauf keinen aktiven Einfluß. Ihr Besuch diente privaten Zwecken, politische Probleme figurierten am Rande. Unabhängig davon hatte die Reise erhebliche Kosten verursacht. Eine Aufrechnung der Ausgaben für den Aufenthalt und die Rückreise kam auf fast 93.000 Rubel. Den größten Posten mit nahezu 33.900 Rubel verschlangen Geldgeschenke und Trinkgelder, während die Rückreise mit einem Aufwand von 10.574 Talern abgerechnet wurde. Das entsprach bei den 25 Reisetagen einem Tagessatz von fast 423 Talern.[41] Bedenkt man, daß der große Musiker Franz Liszt in Weimar später ein Jahresgehalt von höchstens 1600 Talern bezog, erscheint die Reise in einem recht luxuriösen Licht. Gespart wurde nur bei den Bediensteten. Sie erhielten ganze 128 Rubel Lohn. Maria Pawlowna kehrte nach Weimar zurück. Sie hatte viel Geld ausgegeben, konnte es sich jedoch leisten. In Weimar bemerkte sie sofort, daß die Nachkriegsentwicklung dort eine ganz andere Richtung als jene eingeschlagen hatte, die sie in Rußland gerade noch erleben konnte.

Im Vergleich zu Rußland war Sachsen-Weimar-Eisenach auch schon vor der Französischen Revolution ein freies Land. Während des Krieges, nach dem Eintritt in den Rheinbund und dann etwa zeitgleich mit dem Erfurter Fürstentag begannen in Weimar unter französischem Einfluß neue Überlegungen zur Änderung der Landesverfassung. Nach langen Diskussionen, in denen sich Carl August trotz der ihm durch den Krieg auferlegten Zwänge zumindest flexibel zeigte, verabschiedete er am 20. September 1809 eine Konstitution, mit der die Landesteile Eisenach, Weimar und Jena vereint wurden. Die Landstände wurden durch Deputierte vertreten, die einmal im Jahr über die Staatsfinanzen beraten durften. Es war ein erster vorsichtiger Schritt zu einer konstitutionellen Ordnung, der in Rußland damals vollkommen undenkbar gewesen wäre. Rußlands Reformer Michail Speranski hatte zwar schon im Jahr 1802 entsprechende Vorschläge unterbreitet, aber als man in Weimar das Reformwerk in Angriff nahm, mußte er den Weg in die Verbannung antreten.

Der Befreiungskrieg und die preußischen Reformen beschleunigten auch in den mitteldeutschen Kleinstaaten den Prozeß einer langfristigen Orientierung auf bürgerlich-liberale Ordnungsprinzipien. Carl August trug dem in großzügiger Weise Rechnung. Er hatte im Juni 1815 – gerade als Maria Pawlowna vom Wiener Kongreß zurückkehrte – die Gründung der Jenaer Urburschenschaft als äußerlich sichtbares Signal für die Reformbereitschaft an der Jenaer Universität durchaus mit Wohlwollen unterstützt und begrüßt. Der nunmehrige Großherzog versprach darüber hinaus in dem Besitzergreifungspatent vom November 1815 eine Repräsentativverfassung. Minister von Gersdorf, der seine politischen Fähigkeiten auf dem Wiener Kongreß überzeugend unter Beweis gestellt hatte, arbeitete den Text aus. Er setzte zwei „Klassen der Staatsbürger" fest: die Gutsbesitzer und die „Handel und Gewerbe oder Ackerbau treibenden Bewohner". Beide Klassen sollten ihre Deputierten in freier Wahl bestimmen dürfen. Carl August bestand nicht darauf, über die Verfassung selbst und allein zu entscheiden. Er berief im Januar 1816 eine Beratungskommission ein, die nur wenige Wochen für ihre Debatten benötigte. Am 5. Mai 1816 unterschrieb der Großherzog das „Grundgesetz einer landständischen Verfassung für das Großherzogtum Sachsen-Weimar-Eisenach". Die Verfassung sah endgültig drei Landstände vor: Gutsbesitzer, Bürger und Bauern. Deren Vertreter waren frei wählbar. Der Landtag durfte Steuern bewilligen und die staatliche Finanzpolitik kontrollieren. Er konnte eigene Gesetzesvorschläge unterbreiten. Der Fürst erließ Gesetze nur nach Zustimmung durch den Landtag. Die Gerichte waren unabhängig. Die Kompetenzen der Minister wurden so erweitert, daß sich der Landesherr weitgehend aus der Politik zurückziehen konnte. Andere thüringi-

sche Staaten schlossen sich in den folgenden Jahren dem grundsätzlich vorbildhaft wirkenden Weimarer Beispiel an.

Die Verfassung besaß weitreichende Konsequenzen für den gesamten Ver-
waltungsapparat, die rechtlichen Strukturen und die Organisierung der exeku-
tiven Gewalt. Die Funktion des Staatsministers bekam eine übergreifende
Bedeutung. Großherzog Carl August benötigte Verbündete, die das Aufbauwerk
mit Mut und Risikobereitschaft anpackten und unterstützten. Aber die liberalen
und konstitutionellen Reformen Weimars stießen in Deutschland keineswegs
nur auf Zustimmung. Der Bundesrat in Frankfurt benötigte fast ein Jahr, ehe er
im März 1817 widerstrebend das Grundgesetz aus Weimar garantierte. Der liberale Gehalt der Verfassung hob Weimar über die anderen deutschen Staaten hinaus, und namentlich die darin festgeschriebene Pressefreiheit galt als Politikum
ersten Ranges – Begeisterung bei den Demokraten und in gleicher Weise Argwohn bei den restaurativen politischen Kräften weckend. Kanzler Friedrich von
Müller goß noch Öl in das Feuer der Diskussionen, als auf seine Veranlassung
hin im Dezember 1816 in Jena ein von den meisten thüringischen Staaten getra-
genes Oberappellationsgericht installiert wurde. Es sollte bei den kommenden
Auseinandersetzungen über die Pressefreiheit bereits im rechtsstaatlichen Sinne
wirksam werden.

In seiner Schwiegertochter Maria Pawlowna fand Carl August eine kluge,
kritische und gewitzte Partnerin, die sich ob des in Rußland anhaltenden autokratischen Vorbilds sowie nach Erziehung und Tradition zwar nicht direkt oder
sichtbar an den liberal-konstitutionellen Reformbestrebungen beteiligte, aber
durch die finanzielle und materielle Hilfe für die künstlerischen und wissenschaftlichen Einrichtungen und für die öffentliche Wohlfahrt einen spezifischen
Beitrag zu den Reformen leistete. Der Zusammenhang war ganz offensichtlich
und ist z. B. anhand der Universität Jena demonstrierbar. Nach dem Vertrag vom
10. April 1817 trugen Sachsen-Weimar-Eisenach und Sachsen-Gotha die alleinige Verantwortung für den Erhalt der Universität. Sachsen-Coburg und Sach-
sen-Meiningen verzichteten auf ihre weitere Mitträgerschaft. Eine Universitätsreform und die Etaterhöhung folgten daraus, verbunden mit einer wesentlich
schärferen materiellen Verantwortlichkeit und Rechenschaftslegung der Universität gegenüber dem Großherzog. Marias Spenden und Geschenke unterstützten
die Universitätsreform mit einer unübersehbaren Selbstlosigkeit. Entscheidender war jedoch, daß sie sich mit all ihren Aktivitäten und mit ihrer unverwech-
selbaren eigenen Note selbstherrschaftlicher Herkunft in den Gesamtprozeß
einer liberal-konstitutionellen Erneuerung des Landes und in die allgemeine
wirtschaftliche Neustrukturierung integrierte, ohne auf ihre eigenen autokra-
tisch-monarchischen Traditionsvorstellungen zu verzichten. Das äußerte sich

vorerst in zwei Richtungen, die in den folgenden Jahren und Jahrzehnten zu ganzer Blüte ausreiften: Im Jahr 1817 entstanden im ganzen Herzogtum mit tatkräftiger Unterstützung durch Maria die ersten Industrieschulen für Mädchen – ein Beitrag im Rahmen umfangreicher Zuwendungen für Bildung und öffentliche Wohlfahrt; im gleichen Jahr schloß Maria die Vorbereitungen für ihre effektivste und originellste Neuschöpfung – das „Patriotische Institut der Frauenvereine" ab, eine zentralistisch geführte und wirtschaftlich prosperierende Einrichtung, die hohe Gewinne abwerfen sollte.

Vorerst ist zu bedenken: Nach den vorausgegangenen, schier endlosen Jahren des Umherirrens konnte sich Maria nun vollends all den Aufgaben zuwenden, die ihrer Natur, ihrem Geist, ihrer Verantwortung und ihrem Willen entsprachen. Die Erbgroßherzogin leistete in den nachfolgenden zwölf Jahren eine anerkennenswerte und profitable Arbeit als Inspiratorin, Förderin und Mäzenin auf den Gebieten der öffentlichen Wohlfahrt. Volks- und Berufsbildung, Wirtschaft, Kunst, Wissenschaft, Literatur, Musik, Finanzwesen und die moralische Aufrichtung eines vom Krieg gezeichneten Volkes – nichts entging ihrer Aufmerksamkeit. Mit den ihr anvertrauten Mitteln verfuhr sie sparsam und überlegt, zum Nutzen der öffentlichen Wohlfahrt und des eigenen Gewinns für die Dynastien. Alle Aufgaben flossen ineinander, eines war nicht von dem anderen zu trennen, und zu keiner Zeit vernachlässigte Maria auch nur eine ihrer Pflichten. Unterschiede bei der Intensität der Hinwendung zu dieser oder jener Aufgabe resultierten vor allem daraus, daß sie in Weimar zwischen 1804 und 1816 einen oft unterbrochenen Prozeß des Eingewöhnens durchlebte, daß die Jahre nach 1816 sie im Status der Erbgroßherzogin sahen, daß sie zwischen 1828 und 1853 die Gattin des regierenden Großherzogs war und daß sie anschließend bis zu ihrem Tod im Jahr 1859 als Witwe ein zurückgezogenes Leben führte – ähnlich dem Vorbilde Anna Amalias. Obwohl sich Maria in all den Jahren nur selten mit eigenem politischen Profil in der Öffentlichkeit artikulierte, bestimmten die politische und wirtschaftliche, die soziale, geistige und kulturelle Entwicklung Rußlands, Deutschlands und Sachsen-Weimar-Eisenachs zu jedem Zeitpunkt ihr Leben und ihre Handlungen – selbst wenn das nicht in jedem Fall direkt zum Ausdruck kam.

Im Jahr 1816 stürmte sofort eine Fülle von Problemen auf die Frau ein und erlaubte ihr keine ausschließliche Konzentration auf nur wenige oder gar einzelne Probleme. Es entsprach den Minimalanforderungen durch die russische Reichspolitik, daß das Geflecht dynastischer Bindungen des kaiserlichen Hofes in Europa und Deutschland der neuen Rolle Rußlands als prägender Macht der „Heiligen Allianz" gepflegt und demonstrativ zum Ausdruck gebracht werden mußte. Rußland benötigte jenseits der Ideale christlich verbundener Fürsten exakte Übersichten über die politische Entwicklung in Mitteleuropa und Einfluß auf die politische Neugestaltung der deutschen und europäischen Staaten. Diesen Aufgaben trug Maria Pawlowna in den folgenden Jahren in umfangreichem Maß Rechnung, ohne daß sie dafür unmittelbare oder gezielte politische Handlungen inszenieren mußte. Der Weimarer Musenhof mit seiner geistig-kulturellen Tradition, mit dem großherzoglich erhöhten Selbstwertgefühl, den Sympathien für das militärpolitisch sehr schnell wieder aufsteigende Preußen und der hervorragenden geographischen Lage im Herzen Deutschlands besaß ideale Voraussetzungen für ein russisch-gesamtdeutsches Kommunikationszentrum. Maria mußte lediglich den kulturellen und intellektuellen Geist Weimars fördern und bereichern, ihr Verständnis von der patriarchalischen Verantwortung einer Landesherrschaft praktizieren und das Netz familiärer Bindungen des russischen Hofes in Deutschland enger knüpfen. Mehr nicht.

Gleichzeitig bedeutete das ständige aufmerksame Auge der russischen kaiserlichen Familie auf Weimar ein indirektes Regulativ in bezug auf den im konstitutionellen Sinne verhalten vorwärtsstürmenden Carl August. Eingegriffen wurde nicht, Maria Pawlowna war im Gegenteil sehr tolerant. Denn in Sachsen-Weimar-Eisenach wurde nicht nur eine für damalige deutsche Verhältnisse vorausschauende Verfassung verabschiedet, entstanden nicht nur die Wurzeln der deutschen Burschenschaften. Von Jena und Weimar aus drang die freiheitlich-nationale studentische Bewegung an die deutschen Universitäten vor und gipfelte vorerst im Oktober 1817 im Wartburgfest. Daran nahmen bedeutende Jenaer Professoren teil: der Jurist Schweitzer, der Mediziner Kieser, der Naturforscher Oken und der Philosoph Fries. Deren Auftreten auf der Wartburg trug in Übereinstimmung mit der dort veranstalteten Bücherverbrennung dazu bei, daß das klassische Weimar nun in der konservativen Presse als „kleine Brutanstalt des Jakobinismus" gescholten wurde. Es war bezeichnend für den Geist Weimars und für die Weltoffenheit Marias, daß sich alle vier Wissenschaftler in den folgenden Jahren eines hohen Ansehens am Hof erfreuen durften. Maria ließ sich auch nicht beeindrucken, als das offizielle Rußland – ebenso wie Preußen – in bezug auf das Wartburgfest heftige Angriffe gegen den Großherzog richteten.

Es kann jedoch keinen Zweifel geben, daß die Haltungen Marias und des Kaiserhofes aufeinander abgestimmt wurden. Zum ersten Mal nach dem Wiener Kongreß versammelte sich die ganze russische kaiserliche Familie wieder in Berlin, wo am 4. November 1815 Marias Bruder Nikolaus, der spätere Kaiser Nikolaus I., mit der Prinzessin Charlotte von Preußen verlobt wurde. Nach den Feiern zog der Familientroß nach Petersburg – neuen europäischen Verbindungen entgegen. Im Januar (24.) und Februar (21.) 1816 wurden die Schwestern

Marias, Katharina und Anna, mit dem Kronprinzen von Württemberg bzw. mit dem Kronprinzen der Niederlande verheiratet. Katharina war zuvor mit dem inzwischen verstorbenen Georg Peter von Oldenburg verheiratet.

Die Familienidylle wurde lediglich dadurch auf tragische Weise beeinträchtigt, daß am 20. Januar 1816 Caroline starb, die Erbgroßherzogin von Mecklenburg-Schwerin, mit der Maria sehr eng befreundet war. Den russischen Hof belastete dieses Unglück insofern, als Caroline die zweite Gattin Friedrich Ludwigs war, der in erster Ehe mit Marias Schwester Jelena verheiratet war. Es traten weitläufige erbrechtliche Konsequenzen für den Witwer und die Verwandten ein, die es geraten sein ließen, die Verbindungen zwischen Weimar und Schwerin aufrechtzuerhalten. Friedrich Ludwig hatte mit Caroline zwei Kinder gezeugt. Die Tochter, im Andenken an die erste Gemahlin auf den Namen Helene getauft – die spätere Herzogin von Orléans –, war in den folgenden Jahren ein in Weimar gern gesehener Gast und stand in außerordentlich freundlicher Beziehung zu Maria Pawlowna.

Die engen Bindungen innerhalb der Zarenfamilie fanden auch nach Marias Rückkehr aus Petersburg ihre Fortsetzung. Die Schwester Katharina besuchte mit dem Kronprinzen von Württemberg Weimar, ebenso Anna mit ihrem Gemahl. Ende Oktober 1816 weilte Großfürst Nikolaus auf der Reise nach England für drei Tage in Weimar. Als er im April 1817 nach Rußland zurückkehrte, machte er abermals an der Ilm Station. Im April 1818 besuchte Großfürst Michail Weimar. Den unbestreitbaren Höhepunkt in dieser Kette von gegenseitigen Familienvisiten sollte jedoch die Reise der Kaiserinmutter im Dezember 1818 nach Weimar bilden.

In all den Tagen und Wochen konnte sich Maria jedoch nicht nur mit dem Empfang ihrer Verwandten beschäftigen. Das Großherzogtum besaß als „Brutanstalt des Jakobinismus" einen relativ schweren politischen Stand in Deutschland. Der Weimarer Hof stellte sich schützend vor die aufgeregten Jenaer Studenten. Der lebenserfahrene Goethe versuchte mäßigend einzuwirken und schrieb im September 1816 die Zeilen:

> Nun aber Friede tröstend wiederkehret,
> Kehrt unser Sinn sich treulich nach dem Alten,
> Zu bauen auf, was Kampf und Zug zerstöret,
> Zu sichern, wie's ein guter Geist erhalten. –
> Verwirrend ist's wenn man die Menge höret:
> Denn jeder will nach eignem Willen schalten;
> Beharren wir zusamt in gleichem Sinne,
> Das rechn' ich uns zum köstlichsten Gewinne.

In der Sache verteidigte Goethe die Studenten und unterstützte die Haltung seines Großherzogs auch gegenüber dem österreichischen Gesandten Graf Zichy, der Weimar und Jena im Dezember 1817 gemeinsam mit dem preußischen Minister Hardenberg inspizierte. Carl August ging sogar noch einen Schritt weiter. Obwohl er aus dem russischen Kaiserhaus mehrfach gewarnt worden war, erlaubte er im Oktober 1818 ein großes Studententreffen in Jena und ermöglichte die Gründung der Allgemeinen Deutschen Burschenschaft.

Erst die Radikalisierung der Jenaer Studentenschaft durch den Gießener Privatdozenten Karl Follen im Winter 1818/19 erregte Bedenken, ob die Unterstützung freiheitlicher und nationaler Bestrebungen an der Jenaer Universität nicht zu weit gegangen sei. Die Überlegungen erfolgten – welch ein Zufall – zeitgleich mit dem Besuch Maria Fjodorownas in Weimar.

Eine Betrachtung der Beziehungen zwischen Maria Pawlowna und Goethe in dem Abschnitt zwischen 1816 und 1818 läßt allerdings keinen Raum für Spekulationen über etwaige Meinungsverschiedenheiten in bezug auf eine notwendige Reformierung des universitären Lebens oder für ein Engagement Marias gegen den ungestümen Freiheitsdrang an der Jenaer Universität. Die politischen Probleme waren nach den bekannten Zeugnissen nicht einmal Gegenstand ihrer beiderseitigen Erörterungen und Kontakte. Da Goethe und Maria in jenen Jahren bereits ein herzliches und vertrauensvolles Verhältnis miteinander verband, darf diese Erkenntnis durchaus als Beleg für die direkte politische Abstinenz der Erbgroßherzogin gewertet werden. Der politische Einfluß Rußlands auf Weimar wird dadurch jedoch keinesfalls in Frage gestellt.

Zu den Aufgaben Carl Augusts (und Marias) gehörte es nach 1815 auch, den Um- und Neubau des Residenzschlosses in Weimar zu forcieren. Noch in St. Petersburg, schickte Maria im Juni 1816 Zeichnungen mit Entwürfen für die Schloßsanierung an Goethe. Der hielt sich gerade mit seinem Freund Meyer zur Erholung in Bad Tennstedt auf. Von dort aus reagierte er auf Marias Brief und unterbreitete Vorschläge zur Verbesserung der ihm übersandten Vorlagen. Die Schreiben standen mit der Tatsache im Zusammenhang, daß Clemens Wenzeslaus Coudray seit 1816 Oberlandesbaudirektor in Weimar war. Eine seiner ersten Aufgaben bestand im Aufbau des Westflügels des Stadtschlosses. Coudray stellte dem noch barocken vierachsigen Ansatz im Norden einen Pavillon im Süden gegenüber. Zwischen beide spannte er den schlichten Westflügel. Sowohl Goethe als auch Maria kümmerten sich intensiv um den Fortgang der Arbeiten.

In anderen Briefen, die Maria und Goethe in jenen Monaten zwischen Weimar und St. Petersburg wechselten, befaßten sie sich mit Fragen der Kantschen Philosophie, Goethe gratulierte wie jedes Jahr sehr herzlich zu ihrem Geburtstag, und endlich taucht aus dem Dunkel der Geschichte auch ein Brief Goethes vom 7. Juni 1817 an Meyer auf, der Universitätsfragen berührte. Maria Pawlowna habe geäußert, sie wolle wieder einmal etwas „für unsere Anstalten" tun. Goethe schlug vor, ein Buch zur vergleichenden Anatomie (Spix Cephalogenesis, München 1815) anzufordern. Das sei sehr teuer und konnte darum bisher nicht angeschafft werden. Jetzt könne das durch die Großzügigkeit Marias ermöglicht werden.

Unbeschadet aller politischen Turbulenzen blieb ihr Verhältnis unverändert herzlich. Am 12. Januar 1818 schrieb Maria an Goethe, welche Sympathie sie für ihn empfinde und daß sie stets Wert auf seine Meinung lege. Wenige Tage später schickte sie ihm ein Gedicht, das er mit höchstem Lob kommentierte. Kein politischer Zwist trübte ihre gegenseitige Achtung. Maria konnte sicher sein, daß Goethe sich all ihren Unternehmungen gegenüber wohlwollend und letztlich zustimmend verhalten würde. Das betraf auch ihre karitativen und wohltätigen Bemühungen. Die mehrfache Abwesenheit von Weimar hatte Marias Überlegungen, die 1813 spontan gegründeten Hilfsorganisationen zu einem ordentlichen und stabilen Verein zusammenzuschließen, nicht unterbrochen. Auch 1817 waren die Kriegsschäden noch nicht getilgt, bedurfte es mehr denn je einer tätigen Gemeinschaft hilfswilliger Menschen zur Linderung öffentlicher und allgemeiner Not.

Es gab mehrere Motive für Maria Pawlowna, die Frage einer wohltätigen Hilfsorganisation in den Jahren 1816/17 energisch anzupacken. Zunächst folgte sie dem Beispiel ihrer Mutter und damit den ihr anerzogenen Normen aus der kaiserlichen Familie. Die Damen des herrschenden Hauses hatten öffentliche Wohlfahrt zu demonstrieren und zu praktizieren. Kaiser Paul I. hatte seiner Gattin Maria Fjodorowna sofort nach der Thronbesteigung das Protektorat über das Smolny-Institut für adelige junge Damen, Findelhäuser, Hospitäler, Hebammeninstitute, Lehrer- und Lehrerinnenseminare, Handelsschulen, Witwenhäuser, Irren- und Taubstummenanstalten, Gartenbauschulen u. a. übertragen. Die öffentliche Wohltätigkeit war für die Zarentöchter Grunderlebnis und integrierendes Element der Pflichten jeder monarchischen Familie gegenüber den Landeskindern. Maria Pawlowna handelte in Weimar nach eben diesem Vorbild. Da sie ihrer Mutter besonders eng verbunden war und diese zeitlebens einen großen Einfluß auf ihre Tochter in Weimar ausübte, bemühte sich Maria Pawlowna mit besonderem Fleiß. Andererseits erheischte die nach den langen Kriegs- und Besetzungsjahren extrem angespannte wirtschaftliche und soziale Situation außerordentliche Aktivitäten zur Hebung des minimalen Wohlstandes gerade der ärmeren Schichten, und Maria hatte vorher nur wenig Gelegenheit gehabt, sich um diese Fragen zu kümmern.

Schließlich besaß die nicht umsonst als „Patriotisches Institut" proklamierte Einrichtung eine unübersehbare politische Funktion. Carl August und die führenden Köpfe seines Hofes waren bestimmt tolerante Menschen. Das monarchische Prinzip blieb jedoch auch mit der Verfassung von 1816 unangetastet, und die Verantwortung des Herrschers für die öffentliche Wohlfahrt war in Weimar nicht unbekannt. Da sich aber gerade in diesem Großherzogtum der Geist des liberalen Konstitutionalismus und die freiheitlich-nationale Unbekümmertheit auftrumpfender Studenten besonders stark – auch lautstark – artikulierte, konnte es nach russischer Überzeugung nicht schaden, ein Exempel für den menschenfreundlichen Geist energischer Monarchen mit attraktiver Wirkung auf das gemeine Volk zu institutionalisieren. Es fällt zumindest auf, daß Maria Pawlowna ihre Bemühungen um das „Patriotische Institut" gerade zu jenem Zeitpunkt forcierte, da in Rußland die von Alexander I. erhofften Reformen endgültig versandeten und da in Deutschland die vom Großherzog tolerierten national-freiheitlichen Erregungen der Jenaer Studenten besonders scharf angegriffen wurden.

Marias Aktivitäten in den Jahren 1816/17 – und dann bis an ihr Lebensende – waren keinesfalls aufgesetzt oder urplötzlich erschienen. Bereits im Jahr 1805 hatte sie mit dem Minister Voigt über die Teuerung des Getreidepreises gesprochen und positiv auf Carl August eingewirkt, Getreide zu erschwinglichen Konditionen an das Volk zu verkaufen. Wohlfahrtsanstalten und Einrichtungen der Armenpflege wurden von Maria seit 1805 finanziell unterstützt. Sie bezahlte 18 Stellen für Zöglinge in einem Weimarer Waisenhaus bzw. für Kinder aus asozialen Familien. Schier unübersehbar waren ihre Reaktionen auf Bittschriften. Kein Mensch, der sich um Hilfe an die Erbgroßherzogin wandte, blieb unbeachtet. Allerdings übte sie eine strenge Kontrolle über ihre Gaben, Zuwendungen und Hilfeleistungen aus. Materielle Hilfe verstand sie stets als Mittel zur Selbsthilfe. Niemand konnte unter Ausnutzung ihrer Großzügigkeit darauf rechnen, für ewig und immer eine Unterstützung zu erhalten. Sie gab stets ausreichend nach den konkreten Bedürfnissen und machte weitere Hilfen von der Erfüllung erteilter Auflagen abhängig. Das war ein durchaus gesunder Standpunkt, der wirtschaftliche und soziale Initiativen unterstützen wollte und das eigene unnütze Ausbluten verhinderte. Dabei fand Maria stets den rechten Ton – sie konnte mit den Menschen in Weimar gut umgehen. Sie arbeitete systematisch, verwaltungstechnisch perfekt und achtete immer und vor allem auf den Gewinn aus allen Unternehmungen, der neue Zuwendungen ermöglichte.

All ihre Mühen, Erfahrungen und Wünsche legte sie in das „Patriotische Institut der Frauenvereine", das selbstverständlich seine konkrete Vorgeschichte besaß. Im November 1813 hatte Carl August zur Bildung einer Freiwilligenschar aufgerufen, die im Januar 1814 vereidigt wurde. Maria soll bei dieser Gelegenheit euphorisch ausgerufen haben: „Es schmerzt mich nichts mehr, als daß ich nicht auch den Degen ziehen kann." So hatte auch Kaiser Alexander I. empfunden, als ihm seine Generäle abgeraten hatten, die russische Armee selbst zu kommandieren. In Weimar wurde ebenfalls deutsch-russisches vaterländisches Bewußtsein demonstriert. Eine Deputation der Freischar empfing aus Marias Händen eine mit ihrem Namenszug bestickte Standarte. Die andere Seite des Tuchs zierten das Landwehrkreuz und der erhabene Spruch: „Mit Gott für Fürst und Vaterland". Maria sprach dazu „unvergeßliche" Worte.

In diesem ganzen Zusammenhang waren spontan Frauengruppen entstanden, die sowohl den Kriegsverwundeten als auch den Kriegsgeschädigten halfen. Eine spezielle Frauenkommission wollte für verwundete und kranke Offiziere der alliierten Truppen ein Hospital einrichten. Maria stellte sich tatkräftig an die Spitze dieser Gruppe – zu diesen hilfsbedürftigen Offizieren gehörten ebenso Deutsche wie Russen. Im Februar 1814 erweiterte sie die Gruppe zu einem Verein mit umfassenderen Zielen und Aufgaben. Schon zu diesem Zeitpunkt veranlaßte Maria einen Aufruf an alle Frauen, ein „Patriotisches Fraueninstitut" zu gründen. Der Aufruf bewirkte Bewegungen in dreierlei Richtung. Es meldeten sich bereitwillig Frauen zur Mitarbeit; aus allen Bevölkerungsschichten gingen Sachspenden, Geld und tätige Hilfebeweise ein, mit denen verwundeten Soldaten geholfen sowie die im Felde stehenden Landwehrmänner und vom Krieg betroffene Ortschaften unterstützt werden konnten; die Organisation griff auch nach Eisenach über. Als Napoleon im Frühjahr 1815 von der Insel Elba zurückkehrte und der Krieg erneut aufbrach, bewährten sich die so entstandenen Organisationen bereits auf einer festeren Basis.

Schon in jenen Monaten ging man in Weimar über die reine Fürsorge für Hilfsbedürftige hinaus und machte sich Gedanken, wie junge Mädchen besser auf die erforderlichen weiblichen Hilfsdienste und Tätigkeiten vorbereitet werden konnten. Aus den Überlegungen erwuchsen die Industrieschulen. 1816 wurden bis zu 150 Mädchen durch drei angestellte Lehrerinnen und freiwillige Mitglieder des Frauenvereins im Nähen, Wäschezeichnen, Stricken, Baumwolle- und Flachsspinnen sowie einzelne der Mädchen im Waschen, Bügeln und Kochen unterrichtet. Das Rohmaterial wurde kostenlos von Maria Pawlowna oder aus privater Hand zur Verfügung gestellt, und für die Spinnarbeiten wurde sogar ein Lohn in Geld oder Naturalien gezahlt.

Die Weimarer Initiative machte in der allgemeinen Notlage rasch Schule. Ähnliche Frauenvereine entstanden zur selben Zeit in Eisenach, Jena, Allstedt, Ilmenau, Ulrichshalben, Schwerstedt, Magdala und Stadtsulza. Das war jedoch nur der Anfang einer zunächst spontanen Bewegung, die aktiver, rentabler und profitabler gestaltet werden konnte, wenn man ihr einigende organisatorische Kraft verlieh. Abermals trat Maria als Initiatorin des nächsten Schritts auf und schuf mit großherzoglicher Billigung eine zentralistische Organisation, die in Anlage, Aufbau und Arbeitsweise jeglichem Versuch eines bürgerlichen Wirtschaftsliberalismus Hohn sprach – dafür aber der russischen autokratischen Tradition gut zu Gesicht stand. Im Jahr 1817 ergingen die „gesetzlichen Bestimmungen für das patriotische Institut der Frauenvereine in den Großherzoglich Sachsen-Weimar-Eisenachschen Landen". Der große Widerspruch war sofort evident: Keine andere Schöpfung Maria Pawlownas entsprach nach Aussagen von Zeitgenossen – z. B. des Staatsministers von Watzdorf – so sehr ihrem eigenen Charakter und Selbstbewußtsein wie das „Patriotische Institut". Obwohl es in seiner Grundtendenz auf einem strengen Zentralismus, der uneingeschränkten Autorität des Vorsitzenden und einer peniblen hierarchischen Rechnungsführung aufgebaut war, sollte es der Entwicklung wirtschaftlicher und sozialer Eigeninitiativen dienen. Im Sinne moderner betriebswirtschaftlicher Theorien durfte dieser Zwittergeist eigentlich nicht funktionieren. Es war jedoch das Gegenteil der Fall, und das ist vor allem daraus erklärbar, daß auch das Großherzogtum Sachsen-Weimar-Eisenach in der ersten Hälfte des 19. Jahrhunderts erst mit dem Übergang zur bürgerlichen Sozialgesellschaft begann.

Wie dem auch gewesen sei, Maria Pawlowna verfaßte die programmatische Einleitung und die Statuten für das Institut selbst. Die Einleitung ist eines der wenigen Dokumente, in denen sie eine politisch und sozial motivierte Meinung öffentlich aussprach, ohne sich hinter der Autorität des Regenten zu verbergen, und die sie staatsrechtlich in einem Gesetz fixieren ließ. Zudem kam einer derartigen Äußerung gerade in den kritischen Jahren 1817/18 eine nicht zu unterschätzende politische Bedeutung zu. Aus diesem Grund erscheint es gerechtfertigt, die Einleitung im vollen Wortlaut zu zitieren, so, wie sie Natalie von Milde 1904 in ihrem Lebensbild über Maria Pawlowna wiedergegeben hat:

„In dem großen Kampfe für deutsche Unabhängigkeit, da jeder sich aufgefordert fühlte, nach allen seinen Kräften zu dem allgemeinen Zwecke beizutragen, und keiner zurückstehen mochte, mußten auch die, welche von der Natur selbst bestimmt sind, das Haus zu hüten, sich berufen fühlen, ihre Tage nicht unnütz für die gute Sache verstreichen zu lassen. Die Fürsorge für die Streitenden, die Pflege der Verwundeten, die Unterstützung der Hinterlassenen von den im Felde gebliebenen waren die nächsten und wichtigsten Zwecke der vom Gemeingeist beseelten vaterländischen Frauen; und nicht ohne Erfolg für die allgemeine Sache waren die stillen Bemühungen im einzelnen. Einmal erweckt zur Wohltätigkeit und zur tätigen Mitwirkung an einem allgemeinen Staatszwecke, konnten, auch nach glücklich errungenem Frieden, die gegen die Vorsehung und

die aufopfernde Tätigkeit der Mitbürger dankbaren Frauen den Wunsch nicht
aufgeben, ferner zum allgemeinen Besten etwas beizutragen und die hohen
Gefühle von Vaterlandsliebe durch Sorge für sein Wohl, in der Fürsorge für einzelne zu erhalten und zu befördern, zumal da nach allen überstandenen Leiden
des Kriegs überall Mangel und Not, als dessen unmittelbare Folgen, sich zeigten.
So entstand zuerst in der Stadt Weimar der Gedanke eines Werkes, das damals
neu, sich nur auf die Überzeugung der Teilnehmer stützte, ohne daß dessen fest-
er Gesichtspunkt sich anders als aus der allgemeinen Not hätte fassen lassen
können. Es wurde ein Verein gestiftet zur Unterstützung der Notleidenden, zur
Beförderung edler patriotischer Gefühle; er hat sich seitdem gehalten und geleistet, was seine Kräfte und die Umstände erlaubten. Zugleich suchte man in den
übrigen Städten und in einzelnen Dörfern der Großherzoglichen Lande gleiche
Gesinnungen und Ansichten zu erwecken und bald merkte man, indem man bei
jenen Zwecken die möglichste Rücksicht gegen die Lokalverhältnisse beobachtete, daß es hauptsächlich not tat um die Verbesserung des praktischen Teils der
Erziehung der Jugend. Mit Freuden erfaßte man die Möglichkeit, durch diesen
wichtigen Zweig patriotischer Tätigkeit den bürgerlichen Wohlstand zu befördern, und so entstanden mehrere wohltätige Vereine in verschiedenen Städten
und auf dem Lande, wobei die Erziehung und der Unterricht der verlassenen
weiblichen Jugend immer mehr und mehr als der bei weitem wichtigste und
nützlichste Zweck erscheinen mußte."

Es ist interessant festzustellen, daß die grundlegende Erklärung Marias allein
den Kampf für die „deutsche Unabhängigkeit" in den Mittelpunkt stellte, die
seither vollzogenen liberal-konstitutionellen Reformen jedoch mit keiner Silbe
erwähnte. Ebenso spielte eine Motivation aus der Sicht der religiös-ethischen
Moral keine Rolle. Sie erkannte dagegen sehr wohl, daß der Bildung und Erziehung der Jugend im „vaterländischen" Sinne – ein Begriff, der in Rußland mit
dem autokratischen Prinzip verschmolz – erstrangige Bedeutung zukam. Die so
formulierten Ziele und Absichten wurden in den Statuten vom 3. Juni 1817 nicht
nur organisatorisch und praktisch untersetzt. Einleitung und Statuten erlauben
in ihrer konzeptionellen Einheit einen kritischen Blick auf das gesamte Unternehmen, so aktiv es in der Folgezeit auch für die allgemeine Wohltätigkeit wirken sollte.

Durch ein Staatsgesetz wurde verordnet, daß „Jedes Zusammentreten meh-
rer Frauen in einer Stadt oder auf einem Dorfe zu einem und demselben wohltätigen Zweck" als „Frauen-Verein" betrachtet werde. Jeder Mensch, der durch
Geld, andere Gaben oder durch Arbeitsleistungen für die wohltätige Sache wirkte, egal, ob männlich oder weiblich, wurde als Mitglied der Frauenvereine
betrachtet. Diese Art der Mitgliederwerbung war bereits ganz offensichtlich mit

autokratisch-diktatorischen Vorzeichen versehen. Noch weit weniger entsprach es dem Prinzip freiwilliger und selbstloser Wohltätigkeit, daß sich jeder Verein eines Dorfes oder einer kleineren Stadt dem Verein einer größeren Stadt anzuschließen hatte, um von diesem Rat, Unterstützung „und wenn ersterer es verlangt, Entscheidung zu erwarten". Für diese Unterordnung (und Disziplinierung) wurde ein starrer organisatorischer Rahmen geschaffen. Kleinere Einheiten durften sich größeren nicht etwa nach freier Wahl anschließen, sondern sämtliche Vereine im Gebiet Weimar, mit Ausschluß des Neustädter Kreises und der Ämter Jena, Bürgel, Allstedt und Ilmenau, hatten sich dem Zentralverein in Weimar unterzuordnen. Weitere Zentralvereine gab es in Neustadt (für die Ämter Neustadt und Weyda), Jena (für die Ämter Jena und Bürgel), Allstedt, Ilmenau, Eisenach (für das Eisenacher Unterland) und Lengsfeld (für das Eisenacher Oberland jenseits der Werra). Somit existierten neben einem flächendeckenden Netz von Lokalvereinen sieben überregionale Zentralvereine. Alle zusammen bildeten das „Patriotische Frauen-Institut", über das „die Erb-Großherzogin als Ober-Vorsteherin das Central-Directorium bildet, unter Zuziehung der Staatsministerin von Fritsch geb. von Wolffskeel zu Weimar, als Gehülfin und Stellvertreterin in jedem Behinderungsfalle, und des Präsidenten von Ziegesar". Maria Pawlowna hielt den Verein fest in der Hand und ließ keinen Zweifel an ihrer alleinigen Autorität und letztlichen Kompetenz zur Entscheidung aller Sachfragen aufkommen: Nach Paragraph 6 der Statuten durften nur Frauen das Vorsteheramt ausüben.

Von ähnlich „demokratischer" Qualität – gemessen an den damals in Weimar geltenden Verfassungsrechten – waren auch die Wahl- und Arbeitsgrundsätze des Instituts. Jeder Verein hatte mit einfacher Mehrheit eine oder mehrere Vorsteherinnen auf ein oder mehrere Jahre nebst „Gehülfin auf den Behinderungsfall" zu wählen. Die Vorschrift war verschwommen, exakt dagegen die Festlegung, daß die Wahl dem nächsthöheren Verein anzuzeigen war und daß bei der Entstehung neuer Vereine „nöthigen Falls die Vorsteherin vom Directorium ernannt werden" konnte. Maria behielt sich mit diesen Bestimmungen auch in den Personalfragen die letzte Entscheidung vor.

Es war charakteristisch, daß die Organisationsparagraphen keine klare Festlegung über die Tätigkeit „demokratischer" Beratungs- und Kontrollorgane enthielten. Im Gegenteil. Die dazu erlassenen Vorschriften muteten besonders antiquiert und als Rückgriff in die Zeit des Absolutismus an. Sie widersprachen jeglicher Forderung nach Frauenemanzipation, wenn Maria Pawlowna dekretierte, daß jeder Verein nach eigenem Ermessen einen oder mehrere Männer aufnehmen sollte, „welche das öffentliche Vertrauen genießen, zu Rathgebern und Gehülfen, auch allenfalls Rechnungsführern erwählen, und diesen alle wichti-

gen Schritte, welche der Verein zu thun gedenkt, vor der Ausführung zur Prüfung und Zustimmung mittheilen. Auf den Dörfern wird dazu in der Regel der
Geistliche oder Schullehrer des Orts am passendsten erscheinen."

Die Vereinsvorstände sollten zu ihren monatlichen Beratungen über Mittel
und Wege der Arbeit lediglich die auserwählten Männer und einige weitere
Mitglieder hinzuziehen, ohne daß diesen dadurch ein Stimmrecht verliehen
wurde. Die lokalen Vereine durften sich Satzungen für die eigene innere
Geschäftsordnung zwar selbst geben, hatten diese jedoch schriftlich zu fixieren
und dem übergeordneten Verein mitzuteilen. Auch durften sie die eigenen Satzungen nur mit ausdrücklicher Genehmigung durch das Zentraldirektorium
verändern.

Eine Rechenschaftspflicht der Lokalvereine über die Ein- und Ausgaben
sowie über die geleistete Arbeit bestand auch nicht gegenüber den eigenen Mitgliedern, sondern nur zu den übergeordneten Zentralvereinen und vor allem
dem Zentraldirektorium. Alle drei Monate war in einem persönlichen Anschreiben an deren Vorsteherinnen schriftlich Bericht zu erstatten. In allen von dieser
Norm abweichenden Anfragen, Hilfeersuchen oder außerordentlichen Maßnahmen war strikt der schriftliche „Dienstweg" einzuhalten. Lediglich in ganz
extremen Ausnahmesituationen durfte sich ein einfaches Mitglied „durch ein
besonderes Privatschreiben" direkt an eine Vorsteherin oder an Maria Pawlowna
wenden. Eine „demokratische" Note erfuhr die ganze Ordnung lediglich dadurch, daß die Zentralvereine angehalten waren, ihre Einnahmen und Ausgaben
wenigstens alle drei Monate öffentlich darzustellen. Das Zentraldirektorium
wurde dazu einmal im Jahr verpflichtet.

Ausgerüstet mit einer solchen rigiden Organisationsstruktur und Arbeitsordnung, die nicht gerade von der immer wieder beschworenen Sanftmut und
allseitigen Freundlichkeit der Initiatorin zeugten, sondern vielmehr auf eine
restaurativ orientierte autokratische politische Konzeption zielten, formulierte
Maria die Ziele der Organisation. An dieser Stelle ist ein historisch vorausschauender Blick auf das Rußland der Jahre nach 1861 erlaubt. Maria Pawlowna erlebte es nicht mehr, wie Rußlands Kaiser Alexander II. mit einem großangelegten
Reformprogramm, in dessen Mittelpunkt die Aufhebung der Leibeigenschaft
stand, in seinem Reich grundlegende Schritte in Richtung auf eine moderne
Industriegesellschaft – bei Bewahrung der kaiserlichen Selbstherrschaft – ging.
Mit dem Reformprogramm erfolgte im Jahr 1864 die Einführung von „Semstwos", ländlichen Selbstverwaltungsorganen des Adels, die sich neben den staatlichen Institutionen um soziale Fragen wie die Bildung, das Gesundheitswesen
oder die öffentliche Wohlfahrt zu kümmern hatten. Sie sprangen dort in die
Lücke, wo die Mittel des Staates versagten oder nicht ausreichten, und waren der

staatlichen Obrigkeit doch immer wieder ein Dorn im Auge, weil ihre Repräsentanten gewählt wurden.

Der Vergleich ist nicht linear zu ziehen, allein, weil es im Weimar des Jahres 1817 konstitutionelle Repräsentativkörperschaften gab, von denen man in Rußland auch 1864 nur träumen konnte. Eine gewisse Identität ist jedoch nicht von der Hand zu weisen, wenn das patriotische Ziel mit der Aufgabe ausgestattet wurde: „Im Allgemeinen ist Wohltätigkeit durch gemeinsames Zusammenwirken der einzelnen Kräfte und Beförderung des Fleißes, der Hauptzweck eines jeden Vereins. Derselbe hat sich jedoch als einen außerordentlichen Hülfs-Fondes zu betrachten, dessen Wirksamkeit nur in soweit eintritt, als die vom Staate eingerichteten Armen- und Erziehungs-Anstalten nicht auslangend sind, daher denn auch die bey diesen Anstalten bestehenden Vorschriften auf das strengste zu berücksichtigen sind, die Vorsteherinnen der Vereine mit den Armen-Commissionen oder Deputationen ihrer Orte stets Rücksprache zu nehmen haben, und alles sorgfältig vermieden werden muß, was bey öffentlichen Behörden zum Anstoß gereichen könnte."

Namentlich der letzte Gedanke erregt Aufmerksamkeit. Die öffentlichen Mittel langten zur Linderung der Not nicht aus, und der Staat war auf die private Initiative angewiesen. Im vorliegenden Fall hatte sich private Mildtätigkeit einer Staatsdisziplin mit verfaßten Grundlagen unterzuordnen, und dafür sprach auch die gesamte Organisationsstruktur des „Patriotischen Instituts" – ohne daß bis zu dieser Stelle die finanziellen Absichten und Ziele des Vereins überhaupt angesprochen worden wären.

Die Institutstätigkeit sollte sich auf fünf Kernbereiche erstrecken: die Unterstützung alter und zur Arbeit unfähiger hilfloser Personen; die Pflege verlassener Kranker; die schnelle Hilfe in dringenden und unverschuldeten Notfällen nach Bränden, Seuchen u. a. m.; die Beförderung der Arbeitswilligkeit und des „rechtmäßigen Verdienstes" arbeitsfähiger Menschen; die Erziehung und Unterrichtung verlassener weiblicher Kinder. Die Statuten formulierten allgemeine Arbeitsrichtlinien, die für jeden Bereich galten. Die Vereine sollten nur Projekte in Angriff nehmen, die ihren ideellen und finanziellen Möglichkeiten entsprachen, sich nicht zersplittern, sondern auf wenige Aufgaben konzentrieren. Jeder Einzelfall sollte hinsichtlich seiner Dringlichkeit genau geprüft werden. Fortdauernde Unterstützung durfte nur bei den zur Arbeit unfähigen, hilflosen Personen gewährt werden. Das System der Krankenpflege war weiter zu durchdenken. In dem speziellen Paragraph 22 wurde das Ziel formuliert, mit Hilfe der Vereine so viele Menschen wie nur irgend möglich wieder in den „normalen" Arbeitsprozeß einzugliedern. Die staatlichen Arbeitsanstalten sollten sich auf die Männer, die Vereine auf die Frauen konzentrieren. Deren Arbeiten „mögen entweder bloß mit Geld oder in besonders theuern und drückenden Zeiten zum Theil auch durch Speisen, wenigstens durch Brod bezahlt werden, wo dann mit einer solchen Arbeits-Anstalt eine Speise-Anstalt oder wenigstens eine Bäckerey in Verbindung zu setzen ist".

Als wichtigste Aufgabe legte das Statut die Erziehung und Unterrichtung weiblicher Waisenkinder und solcher Mädchen, deren Eltern durch Armut oder Nachlässigkeit für ihre Kinder nicht aufkamen, fest. Die Hilfe sollte für Kinder zwischen dem 5. und dem 17. Lebensjahr gewährt werden. Die Vereine sollten die betreffenden Mädchen zusammenfassen und im Spinnen, Nähen, Waschen, Bügeln und Kochen unterweisen. Das Statut legte genau fest, wie der Unterricht entsprechend den jeweiligen lokalen Gegebenheiten zu erfolgen hatte, daß die Rohmaterialien aus eigenem Besitz der Mitglieder oder durch Spenden aufgebracht werden müßten, daß die Produkte mit Gewinn verkauft bzw. die Kinder am Gewinn beteiligt werden sollten. In diesem Punkt verallgemeinerte Maria Pawlowna die Erfahrungen, die sie seit 1805 in den Industrieschulen für Mädchen gesammelt hatte. Der Unterricht diente gleichzeitig der moralisch-sittlichen Erziehung: Gebete, Gesang und das Vorlesen einzelner Kapitel aus der Bibel hatten die Lehrstunden zu begleiten. Alle Kinder wurden gleich behandelt und sollten in ihrem Selbstwertgefühl bestärkt werden. Aus diesem Grund wurde das Betteln der Kinder als besonders verwerflich betrachtet. Die Lehrerinnen durften die Kinder ohne Zustimmung durch die Vereinsvorsteherin nicht bestrafen, und diese durften nur Strafen aussprechen, die die „Moralität" der Kinder wecken halfen. Nur bei wiederholten Verstößen der Kinder konnte ein Ausschluß verfügt werden. Die Zentralvereine hatten die einzelnen Lokalvereine bei der Unterweisung der weiblichen Jugend auf jede Weise zu unterstützen, „damit der Staat auch von dieser Seite in seinen Grundpfeilern gestärkt und gefestigt werde".

Ein besonderes Kapitel befaßte sich mit der entscheidenden Frage, woher die Mittel für die durchaus nützlichen und verantwortungsvollen Aufgaben des Instituts kommen sollten. Das Statut sah einen ganzen Katalog von Personen, Aktionen und Institutionen vor, aus denen die Geld- und Materialquellen sprudeln sollten: die regelmäßigen und außerordentlichen Beiträge, Geschenke und Zuschüsse von seiten der ordentlichen Vereinsmitglieder; staatliche Zuwendungen durch die Landesbehörden; Erlöse aus den von den Kindern gefertigten Produkten; vom Großherzog speziell genehmigte Kirchenkollekten; der Gewinn aus den von Künstlern zugunsten des Vereins veranstalteten Konzerten, Theateraufführungen, Ausstellungen u. dgl. m.; Gelder aus von der Kirche selbst durchgeführten Kollekten; Zuwendungen aus den Zentralvereinen, die vom Zentraldirektorium angewiesen worden waren. Nur mit Zustimmung des Zentraldirektoriums durften außerordentliche Sammlungen oder Kollekten veranstaltet werden. Eine exakte Buchführung galt als festgeschriebene Voraussetzung für den wahrhaftigen Geschäftsbetrieb.

Bei den Einnahmequellen fällt auf, daß Wirtschaftsunternehmen nicht explizit als Ansprechpartner oder Sponsoren ausgewiesen wurden und daß die immer wieder beschworene finanzielle Großzügigkeit Marias als Hilfe zur Selbsthilfe in den Bestimmungen über die Geld- und Materialbeschaffung keinen ausdrücklichen Niederschlag fand, während sie hinsichtlich der Rechnungslegung und Kontrolle alle Fäden in der Hand hielt. Es war abzuwarten, ob und wie dieses „Patriotische Institut der Frauenvereine" tatsächlichen Einfluß auf die Linderung der Volksnot nehmen würde. Zunächst erschien es mit großherzoglicher Genehmigung quasi wie ein Gegenentwurf zur zeitgleichen Landesverfassung, und es darf trotz des Mangels an direkten Beweisen nicht ausgeschlossen werden, daß hier ein russischer kaiserlicher Hof auf sehr moralische Weise den Anfängen und Erscheinungen ihm überflüssig dünkender liberaler Anfänge entgegenwirkte.

Es ist jedoch durchaus möglich, daß die Gründung des Instituts in Wahrheit einen ganz anderen – rein kommerziellen Sinn hatte. Sofort mit der Gründung setzte eine fieberhafte Vereinsorganisation ein. Noch im Jahr 1817 wurden 22 Frauenvereine erfaßt, davon allein zehn in Weimar selbst. Die Vereine unterhielten 20 Industrieschulen, in denen 813 Schülerinnen ausgebildet wurden. Im Folgejahr stieg die Zahl der Vereine auf 30 mit 26 Industrieschulen und 855 Schülerinnen. Die von Natalie von Milde zusammengestellte Statistik reichte bis in das Jahr 1842 und wies am Ende 97 Vereine mit 108 Industrieschulen und 3809 Schülerinnen aus. Die quantitativen Schwerpunkte lagen in der gesamten Bilanzzeit in Weimar und im Eisenacher Oberland. Danach folgten abgestuft das Eisenacher Unterland, Jena, Allstedt, Ilmenau und Neustadt an der Orla. Angaben über die finanzielle Situation des Instituts wird man bei Frau von Milde leider vergeblich suchen, obzwar die Abrechnungen, Bilanzen und Belege über das Institut vollzählig aufbewahrt worden sind. Danach beliefen sich z. B. die Gesamtausgaben des Instituts im Gründungsjahr 1817 auf 28.171 Reichstaler, aus der Haupt- und Vorratskasse an die Zweigvereine angewiesen. Diese Zahl bezieht sich auf das gesamte Jahr 1817 und belegt das interessante Faktum, daß die Vereine seit 1813 kontinuierlich heranwuchsen, ehe sie 1817 in ihre endgültige organisatorische Gestalt gebracht wurden. Maria Pawlowna war nach mehrjährigen Erprobungen vom Erfolg ihrer Sache überzeugt.

Die materielle Lage des „Patriotischen Instituts" war nicht schlecht. Bereits im Jahr 1819 wurden die Statuten um einen erheblichen Zusatz bereichert:

„Capitalien sollen in der Regel aus den currenten Einkünften des Vereins nicht, und nur dann zum zinsbaren Ausleihen gebildet werden, wenn Schenkungen zu diesem Zwecke ausdrücklich geschehen sind. Sollte es möglich und räthlich seyn, aus den Ersparnissen von den currenten Einkünften der Casse dergleichen Capitalien zu bilden, so ist solches jedes Mal dem Central-Directorium mit Angabe der Gründe, warum die currenten Einkünfte nicht dem Zwecke des Vereins gemäß verwendet wurden, schriftlich anzuzeigen und von diesem dann zu entscheiden, ob die ersparten Gelder verzinslich angelegt werden sollen." Im dritten Jahr seiner Existenz arbeitete das Institut, das aus gemeinnützigen Absichten gegründet worden war, nicht nur profitabel, sondern es konnte Kapital bilden und dieses verzinsen lassen. Maria Pawlowna erwies sich mit ihrer zentralistischen Organisation im liberalen Weimar sehr schnell als eine erfolgreiche Jungunternehmerin, die das Geld aus wohltätigen Spenden zur Festigung der fürstlichen Herrschaft verwendete, denn: „Alle zinsbar anzulegenden Gelder sind in der Regel an die Großherzogl. Landschafts-Casse auszuleihen; eine andre Art des Unterbringens bedarf ebenfalls der vorherigen, ausdrücklichen Genehmigung des Central-Direktoriums" – also Maria Pawlownas. Außerdem bestimmte sie sich selbst als alleinige Aufsichtsperson: „Die Dokumente über die ausgeliehenen Gelder sind jedes Mal bey dem Central-Directorium zu deponieren, woselbst die selben sicher aufbewahrt und die nöthigen Gegenscheine an den betreffenden Verein, ausgefertigt werden sollen."

Wenn das „Patriotische Institut" im Jahr 1817 insgesamt 28.171 Taler ausgab, dann steht dem gegenüber, daß Maria Pawlownas Privatschatulle im selben Jahr 8627 Taler für „milde Stiftungen", d. h., nicht nur für das Institut verwendete. Diese Summe blieb in den Jahren 1816 bis 1819 in etwa stabil. Sie schwankte jährlich zwischen ca. 7000 und 8600 Talern. Unter der Annahme, daß die Gelder für „milde Stiftungen" gänzlich dem Institut zur Verfügung gestellt worden wären, hätte die Privatschatulle etwa 30 Prozent der wohltätigen Ausgaben gedeckt. Der Wert dieser Leistung kann jedoch erst in der Relation zu den jährlichen Sozialausgaben des Staates ermittelt werden. Er erscheint eher gering, wenn bedacht wird, daß Maria Pawlowna jährlich zwischen 3000 und 4000 Taler zur Finanzierung der Griechischen Kapelle bereitstellte.

Die finanziellen und wirtschaftlichen Aspekte des „Patriotischen Instituts" wären tatsächlich einer besonderen sozialhistorischen Forschungsarbeit würdig, allein um herauszufinden, welche Gewinne die Vereine mittels der Bekämpfung sozialer Not für das Großherzogtum erbrachten. Die für Literatur, Kunst und Wissenschaft vergebenen Gelder mußten schließlich erwirtschaftet werden. Allein aus den Zuwendungen vom russischen kaiserlichen Hof konnten sie nicht

gespeist werden, obwohl die russische Lombardkasse akkurat und rechtschaf-
fend laufende Mittel an das Institut überwies. Schon bald nach der offiziellen
Gründung des „Patriotischen Instituts" wurde deutlich – zum Schaden für die
großherzogliche Familie war die Neuschöpfung keinesfalls. Um so verwunder-
licher war die scharfe Kritik, die Louise an dieser Seite der Tätigkeit ihrer
Schwiegertochter übte. Louise schrieb an ihren Bruder: „Die Wohltätigkeit ist
zur Mode geworden. Liebst Du diese Frauen, diese coureuse de bienfaisance,
die die Menschen in Kontribution setzen und ihnen das Messer an die Gurgel
halten, um die Armen zu nähren und zu kleiden? Ich liebe sie nicht und ebensowenig den famosen Frauenverein, bei dem es Mitglieder gibt, die in die Häuser gehen und in allen Winkeln nach Dingen suchen, die sie für ihre edle und
rührende Wohltätigkeit brauchen können. So ist die Welt, wie wenig genügt, um
eine gute oder schlechte Reputation zu haben." An anderer Stelle nahm Louises
Sarkasmus noch an Schärfe zu: „Unser Frauenverein thut tausenderlei Dinge;
was thut man nicht, um Guthes zu thun? Was mich betrifft so würde mich all diese Unruhe und die Art des Wohlthuns mit Pauken und Trompeten, unbeschreib-
lich anekeln." Natürlich besaß Louise niemals ein überragend herzliches Verhältnis zu ihrer Schwiegertochter, und sie partizipierte selbstverständlich auch
an deren aufgeweckten Geldgeschäften. Es ist jedoch durchaus denkbar, daß die
mit wohltätigem Anstrich verbrämte und staatlich lizensierte Schnorrerei – nur
weil der Staat nicht in der Lage war, die sozialen Probleme der notleidenden
Menschen zu lösen – die Abscheu einer aristokratischen Seele wie Louise
erweckte. Letztlich befand sich auch das adelige, politische, wirtschaftliche und
geistige Sachsen-Weimar-Eisenach zu jener Zeit in einer starken Umbruchsitua-
tion, in der alte und neue Elemente hart gegeneinander standen. Wie sollte das
„Patriotische Institut der Frauenvereine" da eine Ausnahme bilden? Nur einen
Aspekt sollte man deutlich sehen: Die reine selbstlose und christliche Wohltätigkeit, das schiere Vermächtnis Maria Pawlownas war das Institut nicht und ist es
später nicht geworden. Zumindest aus ihrer Sicht diente es weniger der sozialen
Frauenemanzipation als der kaum realisierbaren Verwirklichung autokratischer
Prinzipien auf deutschem Boden. Dennoch hatte Goethe recht, wenn er festhielt,
daß Maria Pawlowna nur Gutes für das Land bewirkte und daß sie „eine
der besten und bedeutendsten Frauen unserer Zeit" war. Das eine schloß das
andere nicht aus, und es war eine Frage des Standpunkts, welche Seite in der
Wertigkeit dominierte. Maria Pawlowna kümmerte sich um die Wohltätigkeit,
um die öffentliche Wohlfahrt und dabei selbstverständlich auch um ihre eigene
Sicherheit – so, wie sie es gelernt hatte und verstand. Gerade das Großherzogtum Sachsen-Weimar-Eisenach erwies sich als ein Land mit ausgeprägter Expe-
rimentierfreude auf politischem Gebiet. Das kam ihr entgegen, und sie nutzte es

im patriarchalischen Sinne. Allerdings – so ist abermals zu unterstreichen – darf bei der Betrachtung des „Patriotischen Instituts" der Zusammenhang zwischen der demonstrativen Freigeistigkeit des Großherzogs, den restaurativen politischen Tendenzen in ganz Deutschland und dem massiven Aufmarsch großer Teile der russischen kaiserlichen Familie in der zweiten Jahreshälfte 1818 in Weimar nicht aus den Augen verloren werden.

Im Jahr 1818 hatte das Großherzogtum mannigfache Gelegenheit, sich von seiner glänzenden Seite, die jahrelang unter Krieg, Besatzung und Not zu kurz gekommen war, zu zeigen. Alle Festivitäten standen mehr denn je direkt und unmittelbar mit der Familie Maria Pawlownas im Zusammenhang. Die Feiern begannen im Februar. Die Geburtstage Carl Friedrichs und Maria Pawlownas am 2. und am 16. Februar hatten stets zu den Höhepunkten im höfischen und geselligen Leben ganz Weimars gezählt. Die Kriegswirren hatten die Tradition gelegentlich unterbrochen, und nun – 1818 – konnte man die hohen Feiertage endlich wieder in fröhlicher Gelassenheit begehen. Es schien wie in den alten Vorkriegszeiten, da mit und in Maria die Weimarer Musen paradierten. Bälle, Konzerte, Theateraufführungen, Deklamationen und szenische Darstellungen mit hinreißend-kleinstädtischer Antikeverehrung wechselten in bunter Folge, vereinten Hof und Bürger, Dichter und Diener. Das bekannte „Journal des Luxus und der Moden" druckte lange Balladen, Gesänge und Gedichte, die alle letztlich in verzweifelten Huldigungen mündeten, so wie etwa in „Die Nymphe von Belvedere an ihren Beschützer":

> Wo bin ich! ist mir doch im Glanz der Kerzen,
> Als ob ich hier nicht heimisch wäre.
> Ach werde Du nie fremd in Belvedere!
> Ich biete stille Freuden Deinem Herzen!
> Es blühe Dir, dem Vater und dem Gatten,
> An eines Engels, an Mariens Seite!
> O ruhe noch als Greis in Deiner Bäume Schatten,
> umringt von Liebenden wie heute.

In diesem Fall war Carl Friedrich gemeint. Zu Marias Geburtstag – sie trug zu diesem Zeitpunkt wieder ein Kind unter dem Herzen – bemühte man die Genien mit einer Pantomime, und ein deftiger Maskenball in dem Saal des Stadthauses sicherte jene Popularität, die Maria für ihr „Patriotisches Institut" benötigte. Carl Friedrich und Maria demonstrierten russisches Geschichtsbewußtsein und erschienen als Großfürst Dmitri Donskoi und dessen Geliebte – Dmitri Donskoi, Fürst von Wladimir und Moskau, hatte im Jahr 1380 die Mongolen auf dem Kulikowo polje (Schnepfenfeld) vernichtend geschlagen. Die Weimarer besaßen den richtigen Blick. In der Verkleidung des erbgroßherzoglichen Paares blieb die Harmonie gewahrt: „Asiens Prachtliebe war mit europäischem Geschmack verbunden ..." Überdies: In ihrem Gefolge zitterte der in Fesseln geschlagene Mongolenfürst Mamai um sein Leben. Die Regie bewies eine glückliche Hand für das Happyend und Maria schenkte dem grauen Bösewicht selbstlos Leben und Freiheit. Der eigentliche Höhepunkt war dann der von Meister Goethe selbst geschriebene und inszenierte Aufzug von Figuren seiner Stücke und Dichtungen, versehen mit eigenen Versen des Dichters. Goethe nahm allerdings selbst an den Feiern nicht teil. Er weilte in Jena.

Waren die Geburtstagsfeierlichkeiten im Februar schon ein bemerkenswerter Höhepunkt mit mehrtägigen Festivitäten, so bildete die vierte Niederkunft Maria Pawlownas den Ausgangspunkt und Auftakt für mehrmonatige, aufregende Ereignisse. Nach Maria im Jahr 1808 und Augusta im Jahr 1811 wurde Maria Pawlowna am 24. Juni 1818 von einem gesunden und sehr kräftigen Jungen entbunden. Der erste Junge, Alexander, war gestorben, und so ruhten nun alle Hoffnungen darauf, daß der neue Knabe der künftige Großherzog sein werde. In Weimar wurde sofort eine Medaille mit der Inschrift geprägt: „Es ist ein Prinz geboren / Gott bescheer uns mehr." Dieser Wunsch ging zwar nicht in Erfüllung, aber der eine Prinz erfüllte später alle Erwartungen.

Damals lebte der russische Fürst Kurakin in Weimar, im Haus des Generals von Seebach, das unter dem Namen „Altenburg" in die Geschichte eingegangen ist. Kurakin hatte seinerzeit mit Wolzogen den Ehevertrag ausgehandelt. Für ihn war es wie eine Erfüllung seiner Mission, daß er jetzt einen Eilboten nach St. Petersburg schicken konnte. Der so lange erwartete Thronfolger war angekommen. Als hätte er nur auf diesen Moment gewartet, starb Kurakin am 4. Juli. Er erlebte nicht einmal mehr mit, daß der Knabe am folgenden Tag auf die Namen Carl Alexander August Johannes getauft wurde. Selbst dieses Ereignis wurde zum Politikum. Carl August hatte die Landstände und die Jenaer Studenten als Taufzeugen eingeladen. Die entsandten auch ihre Abgeordneten zur Taufe und zur anschließenden Festtafel. Am Abend vereinten sich 400 Studierende aus mehreren deutschen Ländern zu Nachtmusik und Fackelzug. Der Hof bewirtete sie mit kalten Speisen und Wein, was die Studenten wiederum zu „anständigem und moderaten Betragen" veranlaßte.

Maria erholte sich. Sie nahm ihre Begegnungen mit Goethe und vielen anderen Persönlichkeiten aus Deutschland und Rußland wieder auf. Außerdem konnte Maria Pawlowna die unterbrochenen wissenschaftlichen, sprachlichen und künstlerischen Studien fortsetzen. Sie entwickelte großen Fleiß und bewundernswerte Ausdauer. Über acht Jahre hinweg, zwischen 1815 und 1823, ließ sie sich von Professor Riemer in griechischer Literatur unterweisen. Ihre Aufzeichnungen und Mitschriften haben die Zeiten überdauert und charakterisieren den Fleiß und die ehrfürchtige Sorgfalt vor dem Gegenstand ihrer Interessen. Währenddessen wurde der kleine Carl Alexander ebenso wie die Schwestern Maria und Augusta in die Pflege zur Frau Batsch gegeben, die in jenen Wochen mit den Kindern im Weimarer Schloß wohnte. Frau Batsch schloß den Prinzen in ihre mit der Präzision eines Uhrwerks abgelieferten Berichte ein, und Maria konnte sich auf die Pflege vollständig verlassen. Sie durfte ebenso sicher sein, daß sich namhafte Köpfe um alle drei Kinder bemühten. Die beiden Mädchen waren inzwischen zehn bzw. acht Jahre alt und wuchsen zu aufgeweckten kleinen Damen heran. In ihren Tagebüchern[42] beschrieben sie eifrig ihre Lernerfolge, Spiele, kleinen Sorgen und – wie ernsthaft sich die „Onkel" Goethe und Meyer um sie kümmerten. Goethe und Meyer hatten schon 1816 mehrere Monate mit den Prinzessinen in Jena verbracht und offensichtlich viel Freude gehabt. Meyer schrieb an Maria Pawlowna: „Prinzessin Maria zeichnet alle Tage ein wenig, wir verfertigen Jenaische Gartenhäuser im Gothischen Geschmack, wie auf dem Wege nach Zwätzen gebaut sind. Auch auf der Cunitzburg sind wir gewesen und haben in Cunitz selbst den Studenten das Lied ‚Ein freies Leben führen wir' abgelernt. Eines Abends empfahl sich Goethe dadurch, daß er allerlei Merkwürdiges aus dem Orient berichtete und der Prinzessin Chinesisch und Arabisch vorschrieb, ein andermal ich mit gar sinn- und geistreichen Bettlergeschichten. Nächstens werden Ceylanische Märchen von Schlangen unsre Unterhaltung seyn, worauf Goethe schon seit ein Paar Tagen studirt und die gehörigen Quartanten nachgeschlagen hat. Prinzessin Auguste ist wie immer recht lieb und wohnt hier neben mir im Schloß."

Wenn Maria Pawlowna auf Reisen war, so 1816 in St. Petersburg oder 1817 in Bad Ems, korrespondierte sie mit Goethe und Meyer über deren Mühen um die Kinder. Aus Ems an der Lahn dankte sie Goethe am 18. Juli 1817 für die Sorge um ihre beiden Mädchen. Sie machte sich Gedanken um das Griesbach-Haus in Jena. Maria hatte gehört, daß es vielleicht sogar verkauft werden sollte. Sie bat Goethe, zu erkunden, was das Grundstück kosten sollte. Bisher hatte man von 6000 Talern gesprochen. Der Preis schien ihr übertrieben. Sie war bereit, der Witwe des Pfarrers Griesbach ein sicheres jährliches Einkommen zu gewähren, das insgesamt zwischen 3000 und 4000 Talern liegen könnte. Goethe wurde zu dem Problem um seine Meinung gebeten. Letztendlich kaufte der Weimarer Hof das Gelände im Jahr 1818, und das Haus ist als Prinzessinnen-Palais in die Geschichte eingegangen, weil hier die Kinder Maria Pawlownas Jahr für Jahr unter sicherer Obhut lernten und spielten. In diese Welt voller Harmonie und

Kunstsinn sollte nun auch Carl Alexander hineinwachsen. Vorerst lag er noch im Kinderbett, und die Mutter gewöhnte sich nach der Geburt Schritt für Schritt wieder an ihre Pflichten.

Dazu gehörte zunächst der erste offizielle Kirchgang nach der Entbindung. Maria ging zuerst und allein zum Gottesdienst in die Griechische Kapelle, ohne daß davon in der Öffentlichkeit besondere Notiz genommen worden wäre. Das war nicht typisch. In der Regel fanden zu allen hohen Feiertagen und Festen des Herzogtums Gottesdienste sowohl in der lutherischen als auch – aus Achtung vor Maria Pawlowna – in der orthodoxen Kirche statt. Mitglieder des Hofes wie hohe Gäste waren angehalten, an beiden Gottesdiensten teilzunehmen. Orthodoxe Feiertage wurden auch in der protestantischen Stadtkirche Weimars mit einem kurzen Gebet gewürdigt. Am 9. August 1818 erfolgte der erste offizielle Kirchgang nach der Geburt des Sohnes. Maria verhielt sich ihr gesamtes Leben lang in Weimar gegenüber den Menschen und Einrichtungen der protestantischen Kirche offen, freimütig, achtungsvoll, freundlich und freigebig. Sie nahm an vielen protestantischen Gottesdiensten teil. Das hier war ein gesellschaftliches Ereignis, das am Hof und in der Bevölkerung höchste Priorität genoß: „Die Bürgerschaft der Residenzstadt begleitete die Fürstlichen Wagen, mit den Fahnen ihrer Zünfte, unter dem Geläute aller Glocken zur Kirche, und zwölf Jungfrauen mit Kränzen umgaben den Wagen. Ein Zug, den man nicht ohne erhebende Gefühle sich vorbeibewegen sah . . ." Abermals begleiteten Blumen, Gedichte, feierliche Tafeln und Tanz das Fest – so, wie die Geburt Carl Alexanders begrüßt worden war. Stadtrat und Innungen beteiligten sich an den Feiern. Im Schloßhof wurden Kosakentänze aufgeführt, ein ländlicher Tanz und ein Bauernzug folgten. Abends war die ganze Stadt festlich beleuchtet. Das schönste Bild aber war: „Es erschien zuerst ein Zug von Inwohnern der Stadt beiderlei Geschlechts – in der Tracht der vielerlei Völker, die dem Russischen Scepter in dem unermeßlichen Reiche gehorchten; als kämen sie aus diesen Gegenden zum Glückwunsch. Russen, Donische Kosaken, Baschkiren und andre mehr aus Gegenden, wo die Aernte unbekannt ist, und aus andern, wo Feige und Traube wächst, in täuschender Aehnlichkeit kamen, zu Pferde und auf Kibiken, mit Musik in den Schloßhof gezogen, wo sich eine unzählbare Menge des Schauspiels erfreute . . ." Das Volk von Weimar hatte sich zur Huldigung seiner Fürstin recht schnell mit russischen Sitten und Gebräuchen vertraut gemacht, ebenso der Hof. Die demütigen Huldigungsverse blieben dabei nicht aus und knüpften an die naiv-fröhliche Qualität des Jahres 1804 an:

Der fernen Heimath sehnsuchtsvoll enteilet,
Siehst Du, o Fürstin! uns zu Deinen Füßen;
Damit des Herzens-Drang uns werd' geheilet
Dein holdes Kind herzinnig zu begrüßen;
Und, wenn der Freudeblick auf ihm verweilet,
Die Augen, Wonne weinend, sich ergießen . . .

Man tat im Sommer des Jahres 1818 in Weimar gut daran, die russische Lebensweise zu üben. Die Geburt Carl Alexanders – mehr aber wohl noch die politische Entwicklung Sachsen-Weimar-Eisenachs und die deutschlandpolitischen Interessen Rußlands – zogen alsbald eine Kette nicht abreißender Visiten der kaiserlichen Familie nach sich, in deren Schweif bedeutende Repräsentanten der führenden deutschen Fürstenhäuser folgten. Alles lief unter dem Schirm familiärer Begegnungen, und nichts drang über Gesprächsinhalte nach außen. Es darf jedoch keinen Zweifel geben, daß die über Monate währende Reisediplomatie des Zarenhauses auch das Ziel verfolgte, den Großherzog Carl August im Interesse konservativer Reichsdisziplin zu beeinflussen, denn Sachsen-Weimar-Eisenach war in jenen Monaten zum bevorzugten Schlachtfeld eines grundsätzlichen Kampfes zwischen liberal-demokratischen regionalen Tendenzen und einer restaurativen Reichspolitik – geführt vom Fürsten Metternich und dem russischen Kaiserhof – geworden.

Nicht nur die Studenten brachten Unruhe, sondern auch deren Hochschullehrer. Mit Persönlichkeiten wie dem Historiker Heinrich Luden oder dem Philosophen Lorenz Oken ging eine scharfzüngige politische Publizistik einher, die sogar Goethe zu Bedenken gegen die obwaltende Pressefreiheit führte. Zeitschriften mit Namen wie „Nemesis", der „Neue Rheinische Merkur", der „Volksfreund", „Isis" oder das „Oppositionsblatt" provozierten sowohl am Weimarer Hof als auch in ganz Deutschland und Rußland scharfe Auseinandersetzungen um den freiheitlich-liberalen und nationalen Fortschritt. Metternich charakterisierte den Großherzog verächtlich als „Altburschen", und aus ganz Deutschland ertönten Vorwürfe über die mangelnde fürstliche Solidarität. Besonders schweres Geschütz aber fuhr der Zarenhof auf.

Nicht nur persönliche Visiten bestimmten das Bild politischen Drucks aus St. Petersburg. Der Schlagabtausch hatte im Januar 1818 begonnen. Heinrich Luden veröffentlichte in der „Nemesis" einen Geheimbericht, den August von Kotzebue, ein in Weimar lebender populärer Schriftsteller, der in russischen Diensten gestanden hatte und sich seither mit dem Titel eines russischen Staatsrats schmücken durfte, für Alexander I. verfaßt hatte. Der Bericht enthielt üble

Schmähungen zur aktuellen politischen Situation in Weimar und besonders in Jena. Die Studenten rebellierten, es brach ein wahrer Pressekrieg aus, und Kotzebue, dessen Bücher bereits 1817 auf der Wartburg verbrannt worden waren, galt den Studenten sehr schnell als extremster Feind deutscher nationaler Freiheiten.

Einen guten Monat nach Marias erstem Kirchgang und mitten hinein in die erregten Debatten kam Kaiser Alexander I. persönlich nach Weimar. Er hielt sich mehrere Tage an der Ilm auf. Als er abreiste, begleitete ihn Maria Pawlowna bis nach Gotha. Auch bei seiner Rückkehr vom Aachener Kongreß besuchte er am 4. (bis 8.) Dezember wieder Weimar, Jena und Coburg. Zwischenzeitlich war Maria nach Karlsbad geeilt, um dort ihre Mutter zu begrüßen. Maria Fjodorowna blieb noch einige Wochen in Karlsbad, ehe sie am 1. Dezember 1818 zu einem dreiwöchigen Aufenthalt nach Weimar kam. Diese Tage wurden mit großem Aufwand verbracht. Man wußte, wie einflußreich und bedeutend die Kaiserinmutter war, welche Wirkung sie auf ihre Tochter ausübte und daß sie an der Reichspolitik teilhatte. Maria Pawlowna bat ihren Freund Goethe darum, für die Mutter einen Maskenzug zu organisieren und dafür zu sorgen, „daß dabei einheimische Erzeugnisse der Einbildungskraft und des Nachdenkens vorgeführt und auf die vieljährig und mannichfaltig gelungenen Arbeiten des Weimarischen Dichterkreises beispielsweise hingedeutet werden möge". Johann Wolfgang von Goethe verstand den Sinn der Anregung und nahm die Vorbereitungen persönlich in seine Hände. Der Maskenzug vereinte die klassischen Dichter und gelehrten Köpfe und ließ sie, jeden für sich, in den Worten ihrer Werke auferstehen. Es war eine Demonstration der wahren und edlen Werte Weimars: Nicht die rebellischen Studenten und nicht die außer Rand und Band geratene politische Presse um Luden, Oken oder Kotzebue bestimmten den Nimbus Weimars, sondern der Geist dieser Stadt wuchs aus seinen großen Dichtern und Denkern. Goethe inszenierte im Jahr 1818 noch einmal die literarische und geistige Geschichte des ganzen klassischen Weimar – wie er sie sah und wie sie die russische Kaiserinmutter sehen sollte. Er vergaß selbstverständlich dabei diejenige nicht, die Weimar neben anderen zur Ehre seines Ruhms verholfen hatte – Maria Pawlowna:

> Man hält mit jedem Stoffe sich geschmückt,
> Wenn er ein Landerzeugniß. Mag der beste
> Dem Ausland bleiben. Eigner Fleiß beglückt
> Und eignet sich dem Anschaun höchster Gäste.
> So sagte jene, die uns angeregt,
> Selbstthätig weiß uns alle zu beseelen.

Für Goethe war das noch keine Götterdämmerung. Maria Fjodorowna konnte stolz auf ihre Tochter sein, und die Tochter war in jener Minute glücklich, ihrer Mutter zeigen zu können, in welcher achtunggebietenden Welt sie lebte, trotz aller gefährlicher Unruhen. Doch damit noch nicht genug. Die Damen inspizierten die Weimarer Frauenvereine, die Eigenschöpfung der Erbgroßherzogin. Gemeinsam besuchten sie die Universität Jena – man wollte doch persönlich sehen, was die aufmüpfigen Studenten dort so trieben, wo der geistige Streit um die Pressefreiheit tobte und wo die großen Traditionen der Alma mater jenensis geblieben waren. Damit die Kaiserinmutter aus Rußland – und die Tochter Maria in Weimar – auch künftig fördernd und wachsam die Jenaer Wissenschaften begleiten konnten, erbaten sie sich höflich vom Herrn Geheimrat Goethe eine vollständige Liste aller Jenaer Professoren mit deren Tätigkeitsgebieten. Konkrete oder zumindest sichtbare Folgen erwuchsen daraus nicht, obwohl sich die politischen Dinge in Jena – und in ganz Deutschland – nach der Abreise Maria Fjodorownas weiterhin erheblich zuspitzten. Als die Kaiserinmutter wegfuhr, begleiteten Maria und Carl Friedrich sie noch bis Berlin, wo man am preußischen Königshof in aller Ruhe die familiären und politischen Probleme deutsch-russischer Beziehungen erörtern konnte. Es war die Ruhe vor dem Sturm.

Das „Patriotische Institut" war gerade seine ersten Schritte erfolgreich gegangen. In Jena hatte eben erst eine weitere soziale Gründung, die Knabenarbeitsschule, ihre Arbeit aufgenommen, der Baumeister Coudray begann sich in Weimar bei der Schloßerweiterung heimisch zu fühlen, und die Kaiserinmutter war gerade abgereist. Da traten die politischen Auseinandersetzungen in eine entscheidende Phase. Am 23. März 1819 ermordete der ehemalige Jenaer Burschenschafter Karl Ludwig Sand in Mannheim August von Kotzebue. Fürst Metternich sah den lang gesuchten Anlaß gekommen, die mißtrauisch und argwöhnisch beobachteten freiheitlich-nationalen Erhebungen von Liberalen und Demokraten in die Schranken zu weisen. Trotz erster Sanktionen durch den Bundestag in Frankfurt am Main hielt Carl August jedoch an der Grundauffassung, die Universitäten seien Stätten freier Forschung, Lehre und Meinungsbildung, die keinen politischen Zwängen oder gar Verfolgungen ausgesetzt werden dürften, fest. Erst als im Herbst 1819 die Karlsbader Beschlüsse zum Bundesgesetz erhoben wurden und Weimars Minister von Fritsch durch Metternich ostentativ zu deren Unterzeichnung aufgefordert wurde, zog der Geist der Unfreiheit auch an Jenas Universität ein. Obwohl sich Carl August um eine Schadensbegrenzung bemühte, konnte er die Auflösung der erst 1818 in Jena gegründeten Allgemeinen Deutschen Burschenschaft nicht verhindern. Es war das endgültige Ende einer großen Epoche Jenaer Geistes- und Wissenschaftsgeschichte, und die Universität stagnierte fortan in einer akkuraten Landeshochschule. Dennoch sollten die materiellen und geistigen Hilfestellungen durch den Weimarer Hof und besonders durch Maria Pawlowna auch in Zukunft nicht ausbleiben. Carl August gewährte jene geistige Freiheit, die ihm im engen Rahmen der aufgezwungenen Gesetze möglich war. Die Universität blieb auch in ihrer zunehmenden Provinzialität eng mit der Residenz verbunden. Alle Bemühungen konnten nicht darüber hinwegsehen, daß mit dem Gesichtsverlust der Jenaer Universität ein weiteres ansehnliches Stück vom Ruhm des aufgeklärten und klassischen Weimar unwiederbringlich verlorengegangen war. Die Verantwortung trug dafür die restaurative Reichspolitik Metternichs im trauten Verein mit dem russischen Kaiserhaus. Was an freiheitlicher und liberaler Substanz blieb, verteidigten Carl August und Carl Friedrich gegenüber der deutschen und Maria Pawlowna gegenüber der russischen Reichspolitik. Es war ein Vorgeschmack auf die Haltung, die das Fürstenhaus in der Revolution von 1848/49 einnehmen sollte.

Es gab trotz aller politischer Bedrängnisse für Geist und Wissenschaft bestimmte Hoffnungen, daß Weimars Stern als deutsche Metropole von Kunst und Literatur nicht untergehen würde, daß das Bild des klassischen Weimar in einem langwierigen Erneuerungsprozeß um weitere kräftige Farben bereichert werden könnte. Weimar hatte in der Vergangenheit auf musikalischem Gebiet Höhen und Tiefen erlebt. Oper und Konzert spielten bei schmalen Kassen und vor allem unter dem dominanten Wirken der Dichtkunst eine eher zweitrangige Rolle. Carl August förderte die Jagemann nicht um der Musik willen. Als Maria Pawlowna 1804 nach Weimar kam, äußerte sie sich bekanntlich sofort kritisch über die Qualität des Musiklebens. Die Musik war ein Teil ihres Lebens. Es war zu erwarten und zu erhoffen, daß sie sich um diesen Kunstbereich kümmern würde. Im Mai 1810 war der Thomaskantor August Eberhard Müller als Hofkapellmeister nach Weimar berufen worden, dank der Initiative und durch das Geld Maria Pawlownas, die dem Musiker einen großen Teil seines Gehalts (800 von 1600 Talern Jahreseinkommen) bezahlte und ihm überdies zahlreiche Sonderposten zukommen ließ. Krieg und Nachkriegszeit hatten die Erweiterung des Musiklebens behindert, und im Dezember 1817 starb Müller. Dennoch waren zu seiner Zeit u. a. der Hoftheaterchor – die „Singakademie" – gegründet oder auch im September 1816 Beethovens „Fidelio" erstaufgeführt worden.

August Müllers Tod wurde von Maria Pawlowna nicht als Tragödie, sondern als Chance begriffen, dem Weimarer Musikleben durch die Auswahl eines geeigneten Hofkapellmeisters ein solches Profil zu verleihen, daß die Musik als eigenständige Größe neben die Dichtkunst treten konnte. Goethe lebte noch. Es war abzusehen, daß das klassische Weimar über kurz oder lang eines künstlerischen Impulses bedurfte. Die Erinnerung an die klassische Zeit allein konnte für die

Zukunft nicht tragend sein. Außerdem war es gerade in einer Zeit politischen Drucks von außen notwendig, die traditionellen Werte, die das Selbstachtungsgefühl Weimars bildeten, zu stärken und zu erweitern.

Allein die universale Persönlichkeit Goethes gewährte die Auswahl eines qualitätvollen Nachfolgers für August Müller. Carl Maria von Weber wurde in die engere Auswahl einbezogen, Peter von Lindpaintner und – Johann Nepomuk Hummel. Letzterer erhielt den Zuschlag. Er galt als einer der bedeutendsten Pianisten seiner Zeit und leistete am 23. Februar 1819 den Amtseid als Hofkapellmeister. Es war für Hummel nicht einfach, sich in dem gewachsenen Machtverhältnis durchzusetzen, denn nach wie vor übten Frau von Heygendorf (Jagemann) und deren Oberdirektor Stromeyer die Herrschaft über die Opernbühne aus. Maria Pawlowna stand deren Diktat, das selbst Goethe zum Rücktritt von der Leitung des Opernhauses gezwungen hatte, ablehnend gegenüber. Aber auch Hummel war ein energischer Mensch. Er verschaffte sich weitgehende Freiheiten und Vollmachten im musikalisch-künstlerischen Bereich, die vor allem dadurch gestützt wurden, daß ihm Maria Pawlowna das Gehalt von 1800 Talern im Jahr aus ihrer Privatschatulle zahlte. Solange Carl August lebte, mußten Maria Pawlowna und Hummel freilich dessen Willen weitgehend respektieren. In den zehn Jahren bis 1828 schuf Hummel bedeutende eigene Kompositionen, wie die fis-Moll-Klaviersonate. Er begründete im Jahr 1821 mit der Aufführung der „Iphigenie in Aulis" die kontinuierliche Rezeption der Werke Christoph Willibald Glucks in Weimar. Dank der Verbindungen Goethes besuchte Felix Mendelssohn Bartholdy die Stadt, und 1822 erfolgte hier die Erstaufführung der Oper „Der Freischütz" von Carl Maria von Weber. Obwohl die Musik von jeher zum Bild des Weimarer Musenhofes gehört hatte, gewann sie erst durch Johann Nepomuk Hummel den Rang einer prägenden und eigenwilligen Größe – in besonderem Maße gefördert und finanziert von Maria Pawlowna. Es war bereits im Jahr 1819 und durch die Anstellung Hummels zu erahnen, daß die Musik, sollte Maria eines Tages Großherzogin werden, eine ganz entscheidende Säule am Weimarer Musentempel werden würde. Selbst wenn es die Zeitgenossen noch nicht sehen konnten: Die Anstellung Hummels war der Beginn einer Neuorientierung für den Musenhof, eines Neubeginns zu Lebzeiten Goethes, inmitten extremer politischer Querelen, der sich über viele Jahre erstrecken sollte.

Vorerst konnte Maria zufrieden sein, daß sie Johann Nepomuk Hummel gewonnen hatte. Die politischen Anspannungen waren erregend genug, und Hummel bedeutete Lebensfreude – Maria Pawlowna zog sich vom Mai bis zum August 1919 erst einmal zur Erholung nach Bad Ems zurück. Sie hatte mit Hummel eine wichtige Entscheidung herbeigeführt und entging für einige Monate dem politischen Ärger – die Zeit würde die geschlagenen Wunden schon wieder heilen. Carl August mußte sich, ob er wollte oder nicht, der Übermacht des Bundes deutscher Fürsten beugen, bis er resignierend zu der Erkenntnis gelangte, daß er nun auch zu den Herrschern zu rechnen war, „welche unglücklicherweise Akademien zu versorgen verdammt sind". Im übrigen standen damals wichtige Handels- und Wirtschaftsfragen auf der Tagesordnung.

Großherzog Carl August konzentrierte sich in seinen letzten Lebensjahren mit besonderem Eifer auf die Zoll- und Handelspolitik. Das war keine persönliche Marotte, sondern nach der Gründung des Deutschen Bundes eine dringende Notwendigkeit. Er setzte sich in Übereinstimmung mit seinen politischen und geistigen Prinzipien für größtmögliche Freiheiten im Handel ein. Er hatte sich immer wieder preußischen Vorstößen zur Erreichung der Zolldominanz zu widersetzen. Sachsen-Weimar-Eisenach beteiligte sich an den vornehmlich durch kleinere deutsche Staaten getragenen Darmstädter Zollkonferenzen von 1820 bis 1823 und war sich bewußt, daß eine Zollunion auf dieser Ebene nur eine Voraussetzung zu künftiger deutscher Wirtschaftseinheit sein konnte und durfte. Im Dezember 1822 schlossen alle thüringischen Staaten – mit Ausnahme von Reuß – einen Zollvertrag, der sich bewußt als Vorform für ein gesamtdeutsches Handelsabkommen verstand. Dem Vertrag blieb zwar die Ratifizierung versagt, aber er wirkte wie eine Initialzündung, nun mit den großen Nachbarn Preußen, Bayern, Kurhessen oder Sachsen handels- und zollpolitische Einigungen zu erzielen. Der Weg zum Deutschen Zollverein war noch weit und sollte erst im Jahr 1834 abgeschlossen werden.

Man kann nicht behaupten, daß Carl August in der ersten Hälfte der zwanziger Jahre eine zentrale Persönlichkeit im Ringen um die deutsche wirtschaftspolitische Einheit gewesen wäre. Er betrieb das Geschäft jedoch mit Eifer und Ambitionen – bisweilen ohne die notwendige strategische Fernsicht. Entscheidender für den Großherzog war jedoch, daß ihm die Wirtschafts- und Handelspolitik Spielräume eröffnete, mit denen er den politischen „Verriß" im Deutschen Bund kompensieren konnte. Eine aktive Wirtschaftspolitik ließ sein Ansehen auch in russischen Augen wachsen, festigte den eigenen Herrschaftsbereich, erschloß zusätzliche Mittel für Wissenschaft, Kunst und Literatur, ließ Pläne zu einer stärkeren Anlehnung an Preußen wachsen und – bestimmte auch den Handlungsrahmen des erbgroßherzoglichen Paares. Dieser Gesamtzusammenhang war im Wirken Maria Pawlownas während der folgenden Jahre unübersehbar.

Noch immer standen die unmittelbaren persönlichen und politischen Begegnungen mit der russischen Familie im Mittelpunkt der Aufmerksamkeit. Im Januar 1819 war die Schwester Katharina, inzwischen Königin von Württemberg, gestorben. Ihr Gatte sollte auch in den folgenden Jahren oft nach Weimar kommen und die ständige Verbindungslinie zum Hof in St. Petersburg stärken. Auch die Kontakte zum kaiserlichen Bruder wurden wieder und wieder betont. Als Alexander I. im Jahr 1820 zum internationalen Kongreß der Alliierten nach Troppau fuhr, wurde er dort von Maria Pawlowna und deren Gatten Carl Friedrich besucht. Der Kongreß von Troppau bestätigte noch ein letztes Mal die durch Rußland initiierte Einmütigkeit der europäischen Mächte, bei der Niederschlagung von Revolutionen, wie sie in Spanien, Italien und Griechenland ausgebrochen waren, ihr gemeinsames Interventionsrecht wahrzunehmen. Aber die Koalition bröckelte – Frankreich und England unterschrieben nicht einmal mehr das gemeinsame Protokoll. Nur Rußland, Preußen und Österreich standen in der Verfolgung revolutionärer und demokratischer „Aufrührer" eng beieinander.

Es war dies eine Zeit, in der der müde werdende Alexander I. ernsthaft darüber nachdachte, wie er die Thronfolge im Russischen Reich regeln sollte. Seinem jüngeren Bruder Nikolaus erklärte Alexander, daß der natürliche Thronfolger Konstantin am Thron desinteressiert und entschlossen sei, die Thronrechte auf Nikolaus und dessen Kinder zu übertragen. Nikolaus war konsterniert und hörte obendrein von seinem Bruder Alexander ungewohnte Worte: „Ich bin nicht mehr der Mann, der ich war, und ich glaube, daß es meine Pflicht ist, mich zum richtigen Zeitpunkt zurückzuziehen." Er nannte keinen exakten Termin, aber Nikolaus konnte später nicht sagen, man habe ihn nicht rechtzeitig informiert. Alexander beließ es nicht bei Worten. 1820 nahm er seinen Bruder Nikolaus nach Troppau mit. So kam es in Troppau nicht nur zum Treffen Alexanders mit Maria, sondern auch der künftige russische Kaiser war anwesend. Nikolaus sollte auf internationalem Parkett agieren lernen. Aber weder in Troppau noch auf der 1821 nach Laibach verlegten Konferenz konnte Alexander seine europäische Idee weiterhin voll durchsetzen. Statt dessen führte der Aufstand im italienischen Turin zu einem erneuten Einsatz russischer Truppen an der Seite Österreichs. Ganz kompliziert wurde für ihn die Situation, als der in russischen Diensten stehende General Ypsilanti 1821 den Aufstand gegen die Osmanen nach Griechenland trug. Damit war die orientalische Frage wieder ins Spiel gebracht. Alexander konnte nur noch dem Fürsten Metternich versichern, daß Rußland keineswegs auf dem Balkan aktiv werden würde, und eilte in das heimische St. Petersburg. Anfang Juni 1821 erreichte er sein Ziel an der Newa. Drei Monate später folgte ihm Maria Pawlowna nach und blieb gemeinsam mit ihrem Gatten länger als ein halbes Jahr – bis zum Juni 1822 in der russischen Hauptstadt.

Sie erlebte mit, wie sich die Dinge zuspitzten. Der Aufstand in Griechenland nahm an Schärfe zu. Alexander I. wand sich in psychischen Qualen. Der militäri-

sche Einsatz Rußlands gegen das Osmanische Reich wurde in Europa allgemein
erwartet und gefürchtet. Alexander entschloß sich nicht zum Eingreifen. Er wollte den Konflikt friedlich und mit politischen Mitteln auf einer weiteren Konferenz der „Heiligen Allianz" in Wien und in Verona lösen. Die Konferenzen
brachten kein ihn interessierendes Ergebnis. Er war krank, fühlte sich verbraucht, von Todesahnungen gequält und depressiv. In langsamen Etappen fuhr
er wieder nach Hause, als meide er die Heimat. Erst im Februar 1823 kam er in
St. Petersburg an.

Inzwischen war Maria Pawlowna längst wieder nach Weimar zurückgekehrt.
Sie leistete dort die ihr zukommende Arbeit für das politische und wirtschaftliche Ansehen des Großherzogtums sowie für die geistige Erneuerung des klassischen Weimar. Gerade in den Jahren um 1820 waren die Beziehungen zu
Goethe besonders intensiv – zahlreiche Briefe, Notizen und Berichte bestätigen
ihre permanenten Kontakte in künstlerischen, wissenschaftlichen und natürlich
auch administrativ-materiellen Fragen. Immer wieder bat Goethe Maria Pawlowna um Gesprächstermine, war er traurig, wenn ihn die Gesundheit an einer
Begegnung hinderte und drängte er auf ihre gewöhnlichen Donnerstag-Treffen.
Maria dankte ihm diese Anhänglichkeit durch gesteigerte Aufmerksamkeiten,
und es war kein Ausdruck für übersteigerte Liebedienerei, wenn Goethe am
22. Januar 1821 in einem Billett an Maria kurz und bündig schrieb: „Das theure
fürstliche Paar heute bey mir zu verehren macht mich sehr glücklich; einen
längst gehegten Wunsch sehe ich dadurch erfüllt. Den erfreulichen Augenblick
erwartend unterthänigst J. W. v. Goethe." Es war auch kein Zufall, daß durch
Maria Pawlowna eben in dieser Zeit der Gedanke verwirklicht wurde, Goethe
bereits zu seinen Lebzeiten ein Denkmal zu errichten. Sie betraute Heinrich
Meyer mit der Ausführung, und das bis auf den heutigen Tag erhaltene Monument wurde im Jenaer Griesbachgarten, nahe dem Prinzessinnen-Schlößchen
aufgestellt. An diesem Ort darf es als ein besonderer Beweis für die Dankbarkeit
Marias gelten, die sie nicht nur gegenüber dem Dichter und Staatsmann Goethe
bewies, sondern auch gegenüber einem warmherzig befreundeten Menschen,
der sich in besonderer Weise um die Bildung und Erziehung ihrer Kinder verdient gemacht hatte. Goethe, der natürlich von dem Denkmal erfahren hatte, gab
sich am 9. Oktober 1821 in einem Brief an Meyer freudig überrascht und nicht
ohne Augenzwinkern ein wenig ironisch: „Ich dachte das projektirte Monument
sey noch nicht aufgestellt und der Ort wo es hinkommen sollte problematisch. In
der schönsten Mittagsstunde komme ich in den Prinzessinnen Garten, erfreue
mich der herrlichen Aussicht, des reinlichen ruhigen Zustands wie man ihn selten findet, und sehe dann das Bild und die Unterschriften. Mögen Sie wohl auf
die geziemendste Weise meinen gefühltesten Dank aussprechen."

Seinen „gefühltesten Dank" konnte Goethe wenige Tage später durch besondere Aufgeschlossenheit unter Beweis stellen, als der Dichter Wassili Shukowski,
einer der Begründer der russischen romantischen Literatur und seinerzeitiger
Erzieher des Großfürsten Alexander, zum ersten Mal nach Weimar kam. Nur
zwei Tage blieb er an der Ilm, aber er kam wieder, auch als Goethe nicht mehr
lebte. Es waren zwar jedesmal nur kurze Visiten, aber sie wiederholten sich 1827,
1833, 1838 und 1840, so daß Shukowski mit Fug und Recht zu den ständigen
Gästen am Weimarer Hof gerechnet werden durfte. Als er Ende Oktober 1821
erstmals Weimarer Boden betrat, kannte ihn nur Maria Pawlowna persönlich.
Für Goethe war Shukowski kein völlig unbekannter Dichter mehr, denn im gleichen Jahr war in englischer Sprache die erste Anthologie russischer Lyrik herausgegeben worden: Spezimen of the Russian Poets (John Bowring). Der Band
enthielt auch fünf Gedichte von Shukowski. So lernte Goethe den Dichter zwar
zuerst durch die doppelte Brechung von Übersetzungen in die englische und
deutsche Sprache kennen, aber er hatte durch Maria Pawlowna schon viel über
ihn erfahren und wußte auch von Wilhelm Karlowitsch Küchelbecker, daß Shukowskis einfühlsame Nachdichtungen Goethes Verse in Rußland bekannt
gemacht hatten. Was lag also näher als ein vertrautes Gespräch unter Dichter-
kollegen. Man sprach über die „Wahrheit" der Märchen und der Phantasie und
freute sich über das gegenseitige Kennenlernen. Aber während Shukowski seiner hymnischen Begeisterung freien Lauf ließ, blieb Goethe reserviert und – wie
es der Kanzler Friedrich von Müller beobachtete – „viel zu kalt". Er kritisierte an
Shukowskis Lyrik die sentimentale Weltflucht, den orientierenden Blick auf das
Gewesene. Shukowski erschien ihm weltfremd. Es war Goethes harsches Urteil
gegenüber der gesamten damaligen Romantik, änderte jedoch überhaupt nichts
an der Tatsache, daß sich hier in den Jahren 1821 und 1827 zwei begnadete
Dichter von Weltbedeutung in Weimar begegneten, die noch vollkommen in
den klassischen Traditionen standen. Ihr Bindeglied war neben der Dichtung
vor allem Maria Pawlowna, die Shukowski von Kindesbeinen an kannte und
verehrte. Letztlich war diese beispielhafte Verbindung auch ein Politikum.
Shukowski öffnete nicht nur Goethes Augen für das Genie Puschkins. Er sorgte
durch seine Übersetzungen nicht nur dafür, daß Schiller quasi in den Rang eines
russischen nationalen Dichters erhoben wurde. Shukowski stand auch treu zur
autokratischen Monarchie. Das war im Jahr 1821 ein für den Besuch in Weimar
nicht zu unterschätzendes Moment.

So trug Marias eigenes Engagement in der Reisediplomatie und bei der Ausgestaltung des literarischen Weimar ganz unauffällig dazu bei, den politischen
Druck vom Großherzogtum zu nehmen. Ganz leise konnten die liberalen Auf-
brüche Carl Augusts und der Jenaer Studenten in gemäßigt-konservative Bah-

nen gelenkt werden. Zumindest wurde der Anschein erweckt, das regierende fürstliche Haus folge den Spuren deutsch-russischer aristokratisch-restaurativer Solidarität. Überdies setzte die Erbgroßherzogin ihre Möglichkeiten und Mittel ein, um den wirtschaftlichen Intentionen des Landes zu folgen. Damit unterstützte sie die allgemeinen zoll- und handelspolitischen Vorstellungen, die mehr oder weniger schleppend auf eine Zollunion hinausliefen. Ein einiges deutsches Zollgefüge konnte für den russischen Außenhandel nur günstig sein. Marias persönliche Einkünfte wuchsen mit jedem Jahr, und sie setzte einen Teil ihrer Mittel nicht nur im Rahmen des „Patriotischen Instituts" für die Wohltätigkeit ein.

Die Arbeit des Instituts stand natürlich weiterhin im Zentrum ihrer Aufmerksamkeit. So öffnete im Jahr 1820 in Weimar die erste Arbeitsanstalt für Erwachsene – die in Jena und Eisenach sollten erst in den fünfziger Jahren folgen. Es konnte auch als Erfolg gewertet werden, daß das Institut in der Lage war, seit dem Jahr 1821 Prämien und Auszeichnungen für ehemalige Absolventen der Industrieschulen zu vergeben, die sich bei der Berufsausübung hervorgetan hatten.

Gleichzeitig erschloß Maria sich als einen neuen Wirkungskreis die Park- und Landschaftsgestaltung. Der großherzogliche Hof strebte mit den Initiativen Maria Pawlownas mehrere Ziele an. Arme oder verwaiste Knaben und Mädchen erhielten eine gesunde fachliche Ausbildung. Die damals wichtigsten Wirtschaftszweige im Handwerk wurden mit geeignetem Nachwuchs versehen. Sozial unterprivilegierte Menschen erhielten Anreize für ihre Leistungsmotivation. Das Herrscherhaus leistete aktiven Beistand für die allgemeine Landeskultur. Baumschulen dienten nicht nur dem Obstanbau. Sie leisteten einen nicht zu unterschätzenden Beitrag für die Anpflanzung von Laub- und Nadelwäldern und für ausgedehnte, parkartige Landschaftsgestaltungen. Maria Pawlowna, die aus ihrer Kindheit und nachmaligen Besuchsreisen die großartigen Parks von Peterhof und Gatschina bestens kannte, sorgte sich um diesen Bereich besonders intensiv. Wo die Landschaft bewußt gestaltet wurde, da entstanden auch schattige Straßen und Wege, wurden Brunnen angelegt. Mit modernen Worten ausgedrückt: Das wirtschaftliche Bewußtsein und das soziale Engagement waren bei Maria Pawlowna aus ethischem und rationalem Bewußtsein mit einem ausgeprägten ökologischen Verständnis verbunden. Weimar bekam durch ihren Einfluß und durch ihre aktive Arbeit neue Parks, Baumgruppen, Straßenbepflanzungen, Brunnen und schattige Inseln. Nicht nur Weimar verdankte seine grüne Lunge der russischen Großfürstin. Sie kümmerte sich um Wald- und Parkanlagen bei Eisenach, in Wilhelmsthal und Ilmenau. Der Park von Belvedere bestand zwar schon, als die Großfürstin aus Rußland in ihre neue Heimat kam.

Aber der ausgedehnte Charakter und die vielfältige Schönheit dieses Parks in seiner heutigen Gestalt wären ohne das Wirken Maria Pawlownas nicht denkbar. Die Parkanlagen sind zu jedem Zeitpunkt für die Öffentlichkeit zugänglich gewesen.

Der Historiker Leopold von Ranke schrieb in seinen Lebenserinnerungen: „Das Erste, was an der Großfürstin auffällt, ist, daß sich eine russische Prinzessin so ganz zu dem Begriff der deutschen Landesmutter erhoben hat. – Die Weinstöcke, die man an den Dorfhäusern sieht, hat sie großenteils den Besitzern geschickt, sie schenkte junge Stämme, um zu Anpflanzungen aufzumuntern: Wir wollen, sagte sie mir, das ganze Land zu einem Park machen." Dieses Ziel – wörtlich verstanden – war zwar weder erstrebenswert noch realisierbar, aber die Formulierung charakterisierte immerhin die Leidenschaft ihrer Bemühungen. Auch dürfen die Ausgangspositionen nicht vergessen werden. Im Jahr 1818 war der Platz vor dem Residenzschloß in Weimar noch immer die beste Abstellgelegenheit für Pferdewagen und Ackergeräte! Ziegelgedeckte Wohnhäuser bildeten die Ausnahme. Besaß die Stadt auch ein ärmliches Aussehen, so sollte die Natur mithelfen, Lebensfreude zu verbreiten. In Weimar durfte ohne Marias Einverständnis kein Baum gefällt oder ausgeschnitten werden! Sie reglementierte streng und stets für die natürliche Umwelt. Da standen z. B. in der berühmten Ackerwand, in der Verbindungsstraße zwischen dem Haus Goethes am Frauenplan und dem der Frau von Stein wunderschöne alte Kastanien. In deren Ästen hatte man Laternen aufgehängt. Der Stadtrat richtete ein Gesuch an Maria Pawlowna: „Wahr ist es, daß die überhängenden Äste der Kastanien die Wirkung der dort hergestellten Straßenbeleuchtung sehr unterbrechen und die Erhellung dieser Straße fast unmöglich machen; und da diese überhängenden Äste überdies noch den Nachteil herbeiführen, daß hochbeladene Wagen nur mit Mühe die Ackerwand passieren und selbst die Hofkutscher über die herabhängenden Zweige, besonders bei Regenwetter, häufig klagen, so haben wir's für Pflicht gehalten, Ew. K. H. hiervon in Kenntnis zu setzen." „Ihro Kaiserliche Hoheit" antwortete recht radikal: Von einer Verstümmelung der Bäume könne keine Rede sein, gerade jene Bäume hätten sich besonders prächtig entwickelt. Die Ackerwand eigne sich ohnehin nicht als Fahrstraße, die Kommune solle sich eine andere Beleuchtung einfallen lassen, und die Hofkutscher hätten gefälligst langsamer zu fahren. Die Presse nahm sich des hochpolitischen Falls an. Im „Grenzboten" verwies man auf das Beispiel Eisenachs. Dort hatte man „Schwebelaternen" an Stricken aufgehängt. Die konnten nach Bedarf von den Fuhrleuten hochgezogen und herabgelassen werden. Marias praktischer Verstand gewann die Oberhand: Verkehrsprobleme konnten organisatorisch gelöst werden – ein Baum benötigte Jahre und Jahrzehnte, ehe er die Stadtkultur berei-

cherte. Goethe wußte wohl, warum in jedem seiner alljährlichen Glückwünsche
zu Marias Geburtstag in irgendeiner Weise das Blumenmotiv wiederkehrte!

Die Weimarer strengten sich an und dachten intensiv über eine bessere
Straßenbeleuchtung nach. Verschiedene Versuche wurden gestartet. 1825 sollte
eine Gasbeleuchtung eingeführt werden. Das Vorhaben scheiterte, allerdings
nicht an der Frage, ob man die Gasflammen nur in dunklen Nächten ohne Mond-
schein oder auch in dunklen Mondscheinnächten entzünden dürfe, sondern aus
Angst vor Unfällen und der nicht unbegründeten Explosionsgefahr.

Währenddessen reiste Maria durch das Land, sah die baumlosen Straßen und
kahlen Dörfer. Namentlich in diesen zwanziger Jahren kaufte und verteilte sie
eine schier unzählbare Menge von Stecklingen und jungen Bäumen. In einem
einzigen Jahr wurden allein im Weimarischen und im Neustädter Kreis 78.000
Obstbäume gepflanzt. In Übereinstimmung mit der Philosophie des „Patriotischen Instituts" blieb es nicht bei den Schenkungen. Im Jahr 1822 wurden in
Creuzburg, Gerstungen, Berka an der Werra und in Eisenach gut organisierte
Baumschulen mit Einrichtungen für die Ausbildung von Fachleuten in der Gar-
tenpflege eingerichtet. In Eisenach bezog man Seminaristen in den Unterricht
ein, in der Hoffnung, die künftigen Lehrer würden ihre Kenntnisse später in
ihren Einsatzgemeinden verbreiten. Auch die Kirche nahm sich dieser Form der
Landschaftskultur an. Der Superintendent von Creuzburg regte in neun Dörfern
seiner Diözese die Gründung von Baumschulen an. Nicht jeder Versuch glückte.
Bodenbeschaffenheit und Klima setzten Grenzen. Man schreckte nicht vor Expe-
rimenten zurück, indem z. B. russische Obst- und Gemüsesorten eingeführt und
Weimarer veredelte Pflanzen nach Rußland geschickt wurden. Der Versuch, mit
dem Gemüseanbau in eine ernsthafte Konkurrenz zur Erfurter Gemüsekultur
treten zu können, scheiterte allerdings. Insgesamt erwies sich die landeskultu-
relle uneigennützige Arbeit Maria Pawlownas als fruchtbar und tragfähig. Die
Schulen warfen nach und nach Gewinne ab, gingen teilweise in den Besitz der
Gemeinden über und wurden zu einem beachtlichen Wirtschaftsfaktor für das
Großherzogtum.

Das wache finanzpolitische und wirtschaftliche Verständnis der Erbgroßherzogin kam auch in dem vielzitierten Beispiel der Einrichtung von Sparkassen
zum Ausdruck. Soziale Fürsorge und Volkserziehung verlangten Voraussetzungen in der produktiven Sphäre. Sie erheischten eine gesunde finanzielle Basis,
die nicht nur im reichen Besitz der Erbgroßherzogin liegen konnte. Das Volk war
im besten aufklärerischen und klassischen Sinne zur Verantwortung für sein
eigenes Schicksal, zur Arbeit und zur Kapitalsammlung anzuhalten. Aus diesem
Grund wurde Maria Pawlowna auch bei der Einrichtung von Sparkassen im
Großherzogtum aktiv. Die Sparkassen entstanden zu jener Zeit in ganz Deutsch-

land. In den Jahren 1817/18 hatten sie in vielen deutschen Ländern Anklang gefunden. Sachsen-Weimar-Eisenach zählte zwar nicht zu den Vorreitern, aber Maria Pawlowna drängte seit 1820 darauf, auch in Weimar eine Sparkasse zu gründen. Gemeinsam mit einsichtigen und finanzerfahrenen Männern entwarf und verabschiedete sie die Statuten. Zu ihrem Geburtstag eröffnete am 16. Februar 1821 in Weimar die erste Sparkasse. In dem Gründungsdokument wurde ausdrücklich betont: „Die offenkundigen Erfahrungen hierüber (über den guten Erfolg, den solche Anstalten in andern Teilen von Deutschland gefunden hatten und über die Richtigkeit der bei ihrer Begründung befolgten Grundsätze) sowie der immer rege Sinn für Menschenwohl und die milde Fürsorge für die Armen bewogen unsre hochverehrte Frau Erbgroßherzogin Kais. H. die Unterzeichneten zu einer Vereinigung zu solchem Zweck unter Höchstihrer besondern Aufsicht, Leitung und Beschützung zu veranlassen und aufzufordern." Maria Pawlowna zeichnete nicht nur einen Betrag von 300 Talern als Grundstock für die Kasse. Sie schenkte auch Geldbeträge und schrieb ihre gesamte Dienerschaft in die Sparkasse ein. Von Weimar aus breiteten sich die Sparkassen nach und nach über das ganze Großherzogtum aus. Zunächst entstanden sie als Filialen des Weimarer Mutterhauses, später wurden sie selbständige kommunale Einrichtungen, gleich ob in Eisenach, in Neustadt a. O. oder in anderen Städten. Stets aber erfreuten sich die Sparkassen der Hilfe und Unterstützung durch Maria Pawlowna. Das galt auch für die später gegründeten Sparkassenvereine, z. B. in Weimar. Eine kritische Sicht darf allerdings den Gedanken nicht ausschließen, daß sich Maria Pawlowna bei den Sparkassen eine ähnliche zentrale Oberhoheit verschaffte wie sie im „Patriotischen Institut" seit Jahren praktiziert wurde. Bewegten sich Institut und Kassen auch außerhalb des staatlichen Budgets, so wurden sie doch beide Investitionsquellen für die Gesamtwirtschaft des Landes und damit in den allgemeinen Wirtschaftskreislauf eingeschlossen. Ihre Aktivitäten und Kapitalquellen paßten sich in die vom Großherzogtum während der zwanziger Jahre vorrangig betriebene Zoll- und Handelspolitik ein.

Marias Wirkungskreis beschränkte sich in den Jahren, da sie sich mit ihrem Gatten auf die Übernahme der Großherzogswürde vorbereitete, weder auf die Befriedigung der russischen politischen Wünsche an Weimar noch auf das „Patriotische Institut" oder die allgemeine Landeskultur und Wirtschaft. Sie war sich sehr wohl bewußt, daß die Pflege der geistig-kulturellen Traditionen einen hohen Stellenwert besitzen mußte. Die Zeichenschule, die Kunstsammlung, die Bibliothek, der mit dem Namen Hummels verbundene Aufschwung in der Musik, aber auch die Sammlungen und Laboratorien an der Jenaer Universität forderten ständige und ungeteilte Aufmerksamkeit. Nach der 1816 ergangenen

Verfassung gebot Carl August nicht mehr völlig allein über das Kammervermögen. Er war mehr und mehr von der Zustimmung durch den Landtag abhängig,
und der hatte besonders in Zeiten allgemeiner Teuerungen das Gesamtwohl des
Staates nicht aus den Augen zu verlieren. Damit ging an Maria ganz automatisch
eine höhere Verantwortung für die Finanzierung von Einrichtungen der Kunst
und Wissenschaft über. Wo der Staat nichts leisten konnte, mußte das private
Mäzenatentum einspringen. So reflektierten denn in den Jahren 1822 bis 1824 die
Briefe und Notizen, die Goethe und Maria wechselten, ihre gemeinsame Sorge
um die „Oberaufsichtlichen Geschäfte in Weimar und Jena". Es wäre jedoch
übertrieben, wollte man in dieser Richtung eine Flut von Initiativen vermuten.

Trotz aller Sorgen und trotz der anhaltenden zollpolitischen Bemühungen
gegenüber Preußen und Sachsen – die von Carl August zunehmend an die Minister seiner Regierung übertragen wurden – blieb für das erbgroßherzogliche
Paar genügend Zeit zum Reisen und Erholen. Den Sommer verbrachten Maria
und Carl Friedrich im Schloß und Park von Wilhelmsthal bei Eisenach. Das Ritual wiederholte sich in fast jedem Jahr, und die Erinnerungen des Hoffräuleins
Jenny von Pappenheim (der späteren Frau von Gustedt) waren zeitlos: „Die
Sommer in Wilhelmsthal sind mir in freundlicher Erinnerung geblieben. Dort in
der herrlichen Luft und reizenden Umgebung schien alles Unnatürliche von
selbst von uns abzufallen. Wir vergnügten uns mit heiteren Spielen, besonders
das Federballwerfen war sehr beliebt, machten Spaziergänge, lasen und schrie-
ben entweder im Schatten der schönen alten Bäume oder in unseren einfach-
ländlichen Stübchen. Dabei kamen so mancherlei Phantasien, Gedanken und
Verse zu Papier, die nicht unser Geheimnis blieben, denn die liebe Großfürstin
interessierte sich lebhaft für jedes Glied ihres Hofstaats und hörte mit gütiger
Nachsicht, aber auch mit scharfem Urtheil der Vorlesung unserer Schreibereien
zu . . ." Das deutsche Biedermeier, vermischt mit russischem Sentimentalismus
und autokratischer Kontrolle, zog in Wilhelmsthal ein, ohne die natürliche und
unbefangene Lebensfreude negativ zu beeinflussen oder dieser gar zu schaden.

Vom Ende des Jahres 1821 folgte bis zum Sommer 1822 die bekannte Reise
nach Rußland. Vom Dezember 1822 bis zum Januar 1823 fuhr Maria in das
böhmische Pilsen. Den Sommer 1823 verbrachte sie wieder in Wilhelmsthal und
in Bad Ems. Ihre Aktivitäten um das öffentliche Wohl und die Gesundung der
wirtschaftlichen Lage Weimars sowie ihre verstärkte – politisch motivierte – Rei-
selust führten andererseits zu Defiziten in den gewohnten und zur alltäglichen
Normalität gewordenen Freuden. Das bekam auch der alternde Goethe zu
spüren. Mit den Jahren litt sein Gesundheitszustand. Ihm fehlte der erregende
Umgang mit der von ihm verehrten jungen Frau. Am 1. Januar 1824 sprach er
seine Wünsche und Leiden, gekleidet in die gewohnt ehrfurchts- und respekt-

vollsten Worte, ganz offen aus: „Wenn auch die körperlichen Leiden, die mich länger als billig in diesen letzten Wochen gefangen hielten allenfalls durch standhafte Geduld zu übertragen waren, so mußten doch die geistig-gemüthlichen Entbehrungen welche meine schönsten Aussichten auf das vergangene Vierteljahr verdüsterten unerträglich zu nennen seyn: denn wenn ich die aus der Ferne herangekommenen Freunde nur durch den trüben Schleyer einer verdüsterten Gegenwart begrüßen konnte, so fehlte mir dagegen ganz und gar die erquickliche Nähe meiner jungen gnädigsten Herrschaften, an deren gesundem Lebensmuth, geregelter Thätigkeit und unschätzbarem Wohlwollen ich mich von Zeit zu Zeit aufzuerbauen das Glück hatte." Goethe klagte nicht, er war voller Hoffnung und setzte fort: „Doch blieb ich auch in dieser Entbehrung nicht ohne tägliches Zeugnis huldreicher Theilnahme, und ein ersehnter Genuß brachte mich nach und nach in den Zustand zurück, wo ich das frühere Heil einer unschätzbaren Gegenwart abermals hoffen darf." Er mußte jedoch Geduld üben. Gewiß, in der ersten Jahreshälfte 1824 stand ihm Maria in Weimar zur Verfügung – rege und betriebsam wie zuvor. Im Herbst reiste sie wieder nach St. Petersburg und blieb gemeinsam mit ihrem Gatten und den beiden Töchtern für mehrere Monate, getragen von nicht geringen Sorgen um das künftige Schicksal der eigenen Dynastie.

Während sich in Deutschland und Österreich unter der Aufsicht Metternichs die politische Reaktion ausbreitete (besonders die demokratischen und liberalen Universitätsprofessoren und die demokratisch gesinnte Presse hatten darunter zu leiden), gleichzeitig jedoch die allgemeine Situation in Preußen stabiler wurde und die Anstrengungen zu einer neuen deutschen Einheit auf zoll- und wirtschaftspolitischer Grundlage unübersehbar gerieten, ging in Rußland die Ära Alexanders I. mehr und mehr ihrem Ende entgegen. In den Jahren von 1823 bis 1825 regierte Alexander kaum noch selbst. Er hatte seinen Mythos als Befreier und Heilsbringer Europas überlebt, und die russische Regierung nahm die Geschäfte mehr und mehr in ihre eigenen Hände. Alexander fertigte im Sommer 1823 ein Papier aus, in dem er den jüngeren Bruder Nikolaus zum rechtmäßigen Thronfolger bestimmte. Das Schriftstück war absolut geheim. Es wurde dem Metropoliten von Moskau übergeben, und weder Konstantin noch Nikolaus wußten von der Existenz dieses Dokuments. Diese Geheimniskrämerei, die nur aus der Geschichte russischer Thronwechsel und aus dem Bestreben verständlich war, keine politische Unruhe im Lande zu stiften, sollte im Jahr 1825 negative politische Folgen nach sich ziehen.

Alexander legte in seinen letzten Lebensjahren außerordentlich großen Wert auf die Regelung offener Familienangelegenheiten. Er machte sich um seine drei Brüder Konstantin, Nikolaus und Michail Sorgen: Konstantin lebte als kaiserlicher Statthalter in morganatischer Ehe in Warschau und war den Polen verhaßt; Nikolaus sollte Thronfolger werden, hätte jedoch am liebsten sofort den Krieg gegen die Türkei eröffnet, den Alexander in den letzten Jahren unter Beachtung der Revolution in Griechenland und der Haltung der westlichen europäischen Mächte vermieden hatte; Michail interessierte sich nur für die glänzenden Seiten des Militärs. Das schwierigste Problem war für Alexander jedoch das Verhältnis zu seiner Gemahlin Elisabeth. Ihre Ehe war einst aus dynastischen Vernunft-gründen geschlossen worden. Elisabeth hatte ihrem Mann wider alle Anfech-tungen eine freundschaftliche Treue bewahrt. Er hatte ihr diese Zuneigung sel-ten vergolten. Alexander war ein Lebemann und liebte die Frauen. Jetzt glaubte er sich alt und verbraucht. Er fühlte sich wieder zu dem schützenden Hafen sei-ner Frau hingezogen, und sie dankte es ihm mit aufrichtiger Liebe. Er erkrankte schwer. Seine Frau pflegte ihn aufopferungsvoll. Aber auch Elisabeth litt an einem undefinierbaren Fieber. Nach langen Überlegungen entschloß sich das kaiserliche Paar, noch vor dem Herbst 1825 nach Taganrog am Asowschen Meer zu fahren.

Alle diese Entwicklungen erlebte Maria unmittelbar mit. Vom Oktober 1824 bis zum September 1825 blieb sie ein ganzes Jahr in der russischen Hauptstadt. Offiziell galt der Besuch der Mutter und besaß rein familiären Charakter. Carl Friedrich und die beiden Töchter Maria und Augusta gehörten zur Reisegesell-schaft. Der private Rahmen war indes durch die politische und dynastische Ent-wicklung Alexanders und durch dessen Thronfolgeentscheidungen bestimmt worden. In allen innerfamiliären Angelegenheiten besaß die Kaiserinmutter das letzte Wort. Der Familienrat mußte die Lage analysieren und Überlegungen für die Zeit nach Alexander I. anstellen. Es war natürlich, daß Maria und der in rus-sischen Diensten stehende General Carl Friedrich an den Besprechungen teil-nahmen. Und die Töchter? Die kamen in ein heiratsfähiges Alter und hatten sich am St. Petersburger Hof zu präsentieren. Vielleicht gab es dort bereits Optionen, denn der Thronfolger hieß nun Nikolaus und der war mit einer preußischen Prinzessin verheiratet. Außerdem konnten sich die Prinzessinnen bei dieser Gelegenheit an Ort und Stelle davon überzeugen, daß ihnen der kaiserliche Hof bereits einen hübschen Spargroschen gutgeschrieben hatte.[43]

Maria Pawlowna nahm nicht nur am allgemeinen Familienrat in Sachen Thronfolge teil, sondern sie glänzte auch bei dieser Visite mit dem gebildeten und geistvollen klassischen Weimar. Mit den Prinzessinnen Maria und Augusta reiste ein akademischer Lehrer, der Jenaer Universitätsprofessor Ferdinand Gott-helf Hand, der im gleichen Jahr wie Maria Pawlowna im vogtländischen Plauen geboren worden war. Professor Hand war Lehrer für alte Sprachen und seit 1818 als Prinzessinnenerzieher in Weimar angestellt. Später, im Jahr 1842, sollte er

Redakteur der „Neuen Jenaischen Allgemeinen Literaturzeitung" und 1849 sogar Professor für Beredsamkeit in Jena werden.

Ferdinand Hand führte während der Reise nach St. Petersburg ein umfangreiches Tagebuch, von dessen Existenz lediglich die Tatsache selbst und einige wenige Bruchstücke aus Publikationen des 19. Jahrhunderts bekannt geworden sind. Es gehört zu den ungelösten Rätseln um den Nachlaß Maria Pawlownas (und auch Ferdinand Hands), daß das Tagebuch Professor Hands, das in Form von Briefen an seine Ehefrau Wilhelmine geschrieben wurde, nicht ermittelt werden konnte. So wissen wir nur, daß er sich in seinem Unterricht sehr intensiv mit Psychologie, Literatur und Kunstgeschichte beschäftigte. Es mag in St. Petersburg einen großen Eindruck hinterlassen haben, daß Hand neben dem Unterricht für die Prinzessinnen ein Buch über „Kunst und Altertum in St. Petersburg" erarbeitete, in dem er die in der Ermitage gesammelten Kunstwerke mit schier unglaublicher Akribie erfaßte und beschrieb. Ein geplanter zweiter Band erschien ebensowenig, wie das Manuskript des Tagebuchs heute verfügbar zu sein scheint.

Immerhin zitierte Lina von Morgenstern in ihrer biographischen Studie über Maria Pawlowna einige aufschlußreiche Bruchstücke über die Aufnahme in Gatschina und über den Unterricht selbst: „Die Prinzessinnen logirten vortrefflich. Erst ein kleiner Saal, dann Wohnzimmer und Schlafzimmer. Die Möbel von weißem Pappelholz und grün beschlagen, was sich vorzüglich ausnimmt. Herrliche Glasvasen, geschmackvolle Gardinen, prächtige Plafonds, Oelgemälde, die Copien guter Meisterwerke. Die Toilette ist brillant eingerichtet. Es fehlt auch nicht das Geringste. Die Wäsche ruht in einem großen Deckelkorb, der mit den schönsten Kunstblumen verziert ist. In dem einen Zimmer ist Toilettentisch und Stuhl ganz von Stahl. Die Kaiserin hat den beiden Enkelinnen geschmackvolle Gürtel und Shawls geschenkt. Der erste und zweite Tag ist nur mit Begrüßungen hingegangen, am dritten fuhren sie zum Kaiser nach dem Lustschloß Zelskoi Selo. – Gestern Abend gab ich eine Stunde und sprach früher mit den Prinzessinnen." Es ist verständlich, daß sich Hand ganz auf die beiden jungen Damen konzentrierte. Ihnen galt seine eigentliche Mission, und in ihrer Umgebung hatte er sich zu bewegen.

In den gleichen Rahmen stellte er auch die Begegnungen mit dem Kaiserhof: „Eines Tages kam die Kaiserin-Mutter in die Lehrstunde, sprach zutraulich mit mir, wie es mir gehe und gefalle. Sie scheint die Enkelinnen sehr lieb zu haben und diese sich zärtlich an sie anzuschließen." Maria Fjodorowna besuchte den Unterricht mehrfach und überzeugte sich dabei ausführlich und aufmerksam vom Bildungsstand, der Erziehung und dem Verhalten der beiden Prinzessinnen. Niemandem entging, daß die Kaiserinmutter bereits alt und krank war. Als der kleine Hofstaat von Gatschina in die Residenz von Peterhof übersiedelte, konnte auch Hand feststellen, daß Kaiser Alexander „leidend" war. Außerdem wurden Maria und Augusta von Heimweh geplagt.

Während des Besuchs ereignete sich eine Naturkatastrophe. St. Petersburg und die gesamte Newamündung hatten alljährlich unter dem Hochwasser zu leiden. Die zweite russische Hauptstadt war ohnehin an einer sehr ungesunden und sumpfigen Stelle errichtet worden. Wenn stürmische Winde das Wasser vom Finnischen Meerbusen in die Newa drückten, standen die Uferstraßen sehr schnell unter Wasser. Alle am östlichen Rand des Meerbusens liegenden Städte, Dörfer und Schlösser wurden betroffen. Am 19. November 1824 erlebte Professor Hand die Flut so: „In der Nacht wehte ein Sturm und früh stieg der Fluß so schnell, daß der Schloßhof sich mit Wasser füllte, welches aus dem Kanal ausgebrochen war. Um 8 Uhr waren bereits alle Straßen mit Wasser erfüllt, das bis 1 Uhr zum ersten Stockwerk der Häuser in ganz Petersburg reichte. Die Newa schlug sehr hohe Wellen. Die Aussicht von der Eremitage aus, wo Maria Paulowna mit ihren Kindern weilte, war fürchterlich. Da kam der Teil eines Hauses, dort ein Heuboot, hier eine Masse Holz geschwommen. Man konnte das Haus nicht verlassen. Alle Keller, alle Parterreräume standen unter Wasser; in den Höfen versanken vor den Augen der erschrockenen Zuschauer am Fenster – zwei Offiziere.

In der Beletage, wo der Hofmarschall wohnte, steht sein Pferd, ein anderes auf der kaiserlichen Treppe, acht in den Stuben. Laut braust die Fluth und der Sturm, – doch todtenstill ist's in den Straßen. Zwei Schildwachen ertranken im Nu! Das Schrecklichste war ein Wagen mit vier Pferden und Vorreiter, die vor dem Schlosse versanken und mit Mühe gerettet wurden." Es war für alle Beteiligten ein schlimmes und nicht zu vergessendes Erlebnis, auch für Maria Pawlowna und deren Töchter, die so unmittelbare Zeugen der Gewalt des Meeres und des Flusses geworden waren. Ihnen allen, gläubigen und abergläubischen Menschen, erschien die Flut wie eine Vorahnung auf kommende schwere Ereignisse.

Im fernen Weimar reflektierte Goethe die Katastrophe. Er war bestürzt und mußte zudem im Februar 1825 vermelden, daß Carl August und die Großherzogin Louise erkrankt waren. Nur eine freudige Nachricht gab es: Der daheim gebliebene kleine Carl Alexander gedieh vorzüglich, und wie schon bei den Prinzessinnen mühten sich Goethe und Meyer in geradezu rührender Weise um den Jungen. Goethe hatte jedoch noch andere Sorgen. In einer ausführlichen Bittschrift ersuchte er Maria Pawlowna, sich um das Schicksal seines Sekretärs Eckermann zu sorgen. Eckermann erschien ihm für das literarische Leben in Weimar unersetzlich, und er fürchtete um einen Weggang Eckermanns, falls man ihn nicht ausreichend entlohnen würde. Goethe bezahlte einen Teil des Unter-

halts für Eckermann aus seiner eigenen Kasse, war jedoch gezwungen, die Erbgroßherzogin um weitere Gelder zu bitten. Die Bittschrift war gefühlvoll und
anteilnehmend gehalten. Am Ende verfehlte sie ihre Wirkung nicht.

So gingen die Monate des Jahres 1825 dahin, und die erbgroßherzogliche
Familie mußte eine Entscheidung über die Dauer ihres Aufenthalts in Rußland
treffen. Es gab drei Umstände zu berücksichtigen: Man mußte abwarten, bis Kaiser Alexander eine Entscheidung über seinen weiteren Aufenthaltsort getroffen
hatte. Die war im Sommer gefallen, als er sich entschlossen hatte, mit seiner
Gemahlin für längere Zeit zur Erholung nach Taganrog zu gehen. Die kaiserliche
Familie war voller Hoffnung. Für den Herbst standen in Weimar wichtige Feste
bevor: Carl August und Louise feierten ihr 50jähriges Jubiläum in der herzoglichen bzw. großherzoglichen Würde, und auch Johann Wolfgang von Goethe
weilte seit einem halben Jahrhundert in Weimar. Das waren genügend Gründe
für eine rechtzeitige Heimkehr. Überdies hatte die Reise beträchtliche Mittel verschlungen.⁴⁴ Am 2. August 1825 begab sich Maria Pawlowna mit ihrer Familie
auf die Heimreise nach Weimar und konnte dort ungestört zwischen September
und November an den Jubelfeierlichkeiten teilnehmen. Die Jubiläen waren auch
ein Anlaß, sich ernsthafter mit der Zeit nach Carl August zu beschäftigen und
darüber nachzudenken, was es bedeutete, selbst die Würde, Last und Bürde
eines großherzoglichen Paares zu tragen. Alle diesbezüglichen Überlegungen
wurden zum Augenblick von einem Ereignis mit weitreichenden Folgen überschattet.

Maria Pawlowna war erst wenige Wochen zuvor aus St. Petersburg abgereist,
als Alexander I. und dessen Gattin in den Süden aufbrachen. Sie fuhren getrennt.
Elisabeth sollte langsamer fahren und sich schonen. Der Kaiser bewältigte die
Strecke von St. Petersburg bis Taganrog in 13 Tagen. Seine Gemahlin traf zehn
Tage später, am 5. (17.) Oktober 1825 ein. Es hielt Alexander nicht lange an einem
Ort, er fand nicht die erhoffte Ruhe. Auf Einladung seines Adjutanten, des Generals Diebitsch, besuchte er für zwei Wochen die Krim und erlebte die Naturschönheiten der Halbinsel. Am Ende fühlte er sich gesundheitlich schlecht. Er
fuhr in aller Eile nach Taganrog zurück. Das Fieber stieg und fiel – unerbittlich.
Alexanders Ende war unaufhaltsam. Am 19. November (1. Dezember) 1825 starb
Kaiser Alexander I. von Rußland in Taganrog am „Krim-Fieber".

Die Todesnachricht erreichte Weimar am 15. Dezember. Drei Tage wartete
man, ehe der Erbgroßherzogin die traurige Nachricht mitgeteilt wurde. Maria
brach zusammen. Sie hatte mit ihrem Bruder von Kindheit an so viel Freud und
Leid geteilt, daß sie dessen Ende – um das damals und später so viele unbegründete Legenden gesponnen wurden – nur unter Aufbietung aller Kräfte
ertragen konnte. Der Hof erlebte ihren Schock: „Ihre Ohnmachten waren so

furchtbar, daß man erwartete, der Schlag werde sie rühren. Das Gesicht glühend
rot, Hände und Füße in Todeskälte erstarrt erwachte sie aus dieser stundenlang
dauernden Bewußtlosigkeit zu den heftigsten Brustkrämpfen, bis ihr Gott endlich den lindernden Trost der Tränen gewährte." Für den Hof wurde eine ein-
jährige Trauer angeordnet. Während Carl August und Louise bitterlich weinten,
bewahrte Carl Friedrich standhaft seine Fassung. Der Erbherzog, den viele Zeitgenossen angesichts der geistig überragenden Gattin nicht für voll nahmen,
mochte in der Schrecksekunde als einziger überlegt haben, welche Folgen für
Rußland, für Europa und auch für Sachsen-Weimar-Eisenach aus dem tragischen Tod Alexanders I. erwachsen konnten. Der Retter Europas, der geistige
Vater der „Heiligen Allianz" lebte nicht mehr, und wer war Nikolaus, der nun
auf dem russischen Thron folgte? Er hatte Weimar besucht, er hatte eine preußische Prinzessin geheiratet, und weiter? Die ersten Nachrichten, die jetzt
aus Rußland nach Weimar drangen, verhießen wenig Gutes. So schwer der
Verlust für Maria persönlich war – das eigentliche staatspolitische Drama folgte
später.

Nikolaus war der dritte Sohn Pauls I. 1796, kurz vor dem Tod Katharinas der
Großen, wurde er geboren. Der Vater legte großen Wert auf die militärische Disziplinierung seiner Kinder. Nikolaus sollte nicht anders als seine Brüder erzogen
werden. Dennoch gab es zwei Unterschiede. Bei Nikolaus übte die einstmals aufgeklärte Großmutter keinen Erziehungs- und Bildungseinfluß mehr aus, und der
Junge wurde nicht auf die Rolle des Thronfolgers vorbereitet. Dadurch erschien
er kaum in der Öffentlichkeit. Einige russische Zaren beriefen sich zeitlebens zur
Erklärung ihrer Willkür auf schreckliche Kindheitserlebnisse. Nikolaus stand so
im Schatten, daß nicht einmal bekannt ist, wie er als fünfjähriges Kind auf den
Tod des Vaters reagierte. Zeitzeugen vermitteln, daß der kleine Nikolaus mut-
willig, ängstlich und feige war, dann aber wieder in unmotivierten Jähzorn ausbrach.

Nach dem Tod des Vaters gehörte der Junge ganz der einflußreichen Zaren-
witwe, seiner Mutter Maria Fjodorowna. Wenn Alexander I. bis zu seinem
Lebensende in allen Familienangelegenheiten auf das Wort seiner Mutter hörte,
dann darf vorausgesetzt werden, daß ihr Einfluß auf den jüngeren Nikolaus
noch größer war. Sie ließ sich in dessen Erziehung nicht hineinreden, und Alexander I. kümmerte sich nicht um seinen Bruder. Nikolaus war fast 20 Jahre jünger als Alexander. Maria Fjodorowna hatte stets zu ihrem Ehegatten Paul gehalten. Sie hatte dessen Sucht nach Soldaten und Paraden toleriert. Das Erbe Pauls
wirkte nach, und obendrein waren es die Jahre, in denen Alexander I. über Europas Schlachtfelder ritt und Rußland an den Koalitionskriegen gegen Napoleon
beteiligte. Die Stimmung im Land war patriotisch, und die Zarenfamilie bildete

da keine Ausnahme. Sie ging dem Volk in der Erziehung ihrer Kinder mit gutem Beispiel voran!

Aber niemand berücksichtigte ernsthaft, daß der präsumtive Thronerbe Konstantin Pawlowitsch keinerlei Interesse zeigte, seine Aufgaben als möglicher Nachfolger Alexanders I. wahrzunehmen. Außerdem dachte Konstantin an eine Scheidung von seiner Ehefrau, Großfürstin Anna, die ihn verlassen hatte. Das war grundsätzlich zwar kein Hindernis für die Anwartschaft auf den Thron, unterstützte jedoch seine Abneigung, in die Fußstapfen des Vaters zu treten. Es dachte auch kein Mensch daran, daß Alexanders Ehe noch keinen Thronerben hervorgebracht hatte. Lag es nicht nahe, an einen Prätendenten Nikolaus zu denken? Offenbar nicht, denn Nikolaus wurde lediglich zu einem disziplinierten Soldaten ausgebildet. Eine gründliche Allgemeinbildung, gar eine spezielle Vorbereitung auf den Staatsdienst, erhielt der Junge nicht. Sein Wissensniveau war erschreckend niedrig.

Auslandsbesuche sollten den Horizont erweitern. Er bereiste Deutschland – dabei auch das kunstsinnige Weimar – die Schweiz, England und Teile Frankreichs. Der Atem europäischer Geschichte beeindruckte den jungen Nikolaus nicht in der erwarteten Weise. Sofern die Visiten nicht mit militärischen Schauspielen verbunden waren, interessierten sie ihn nicht. Die Leidenschaft besaß jedoch ihre Tücken. Nikolaus liebte das Militär auf Paradeplätzen und im Manövergelände. Soldat sein, das war Ordnung, Disziplin und die patriotischpathetische Liebe zum Vaterland. Die Schrecken des „Vaterländischen Krieges" und der europäischen Befreiungskriege hatte er nicht wirklich erlebt. Seine Vorliebe für das Militär war persönliche Haltung und Leidenschaft – nicht Verantwortungsbewußtsein für Rußland. Auch Europa bereiste er erst, nachdem das große Blutvergießen gegen Napoleon bereits vorüber war.

Nikolaus besuchte Potsdam und Preußen. Louise und Friedrich Wilhelm III. hatten eine hübsche Tochter namens Charlotte. Alexander I. hatte sie bei seinen Besuchen kennengelernt und war von dem Gedanken angenehm berührt, das Mädchen für seinen Bruder zu gewinnen. Maria Fjodorowna hatte sich gegenüber Alexanders Beziehungen zu Preußen stets skeptisch verhalten. Bei Charlotte war das anders. Hier stimmte sie sofort zu. So wurden der „hübscheste Prinz von ganz Europa" und die schöne Charlotte miteinander verlobt. Nikolaus, der außerhalb der familiären Atmosphäre als kalt, arrogant, verkniffen und brutal galt, vereinte gegenüber seiner Verlobten angenehme Manieren mit Herzlichkeit und Fröhlichkeit. Sein Verhalten stand ganz im Gegensatz zu seinem Fanatismus beim militärischen Dienst. Die Kameraden haßten und fürchteten ihn. Er war das leibhaftige Ebenbild seines Vaters. Niemals gab er eigene Fehler zu, niemals verstand er einen Scherz, niemals konnte er sich einfach gehenlassen. Alexander hatte sich zu einem charmanten Liebhaber mit oft undurchdringlicher Physiognomie entwickelt. Konstantin war ein zynischer Sarkast. Nikolaus blieb lange ein Kind, verklemmt und grausam in der Öffentlichkeit, hingebungsvoll zärtlich bei seiner Verlobten und in der Familie, die 1817 entstand, nachdem er Charlotte (sie nahm den orthodoxen Namen Alexandra Fjodorowna an) geheiratet hatte. Im April 1818 kam mit Alexander Nikolajewitsch der erste Sohn und spätere Kaiser Alexander II. zur Welt.

Nikolaus wurde mit Charlotte vermählt, weil der Kaiser die Möglichkeit seiner Thronfolge früher als alle anderen ernsthaft erwog. Zumindest mußte er sich gegenüber den Preußen so geäußert haben, denn Prinz Friedrich Wilhelm von Preußen gab darüber Zeugnis. Bei dem vertrauten Verhältnis Alexanders zu Louise erscheint der Gedanke nicht abwegig, daß der in Rußland nachfolgende Kaiser direkt durch Familienbande mit Preußen verbunden werden sollte.

Im Jahr 1819 traf Alexander eine konkrete Aussage. Im Januar war seine Schwester Katharina in Württemberg gestorben. Der Kaiser verfiel in Depressionen, wollte abdanken und raffte sich um seiner selbst willen zu einer Entscheidung auf. Er besuchte Nikolaus und Alexandra im Sommer in Krasnoje Selo, unweit von St. Petersburg. Dort stand das von Nikolaus befehligte Ismailow-Garderegiment. Alexander lobte den Bruder für seine Pflichtauffassung, „denn auf ihn würde eines Tages die Bürde der Verantwortung fallen". Alexandra hielt die Szene fest: „Er hielt ihn [Nikolaus] für die Person, die sein Nachfolger werden sollte. Dies würde sich viel rascher ereignen, als irgend jemand es sich heute vorstellen könne, denn es würde noch zu seinen Lebzeiten eintreten. Wir saßen wie zwei Statuen da, mit offenem Mund und ganz benommen. Der Kaiser fuhr fort: ‚Ihr scheint erstaunt, aber laßt mich euch erklären, daß mein Bruder Konstantin, der sich nie um den Thron gekümmert hat, fest entschlossen ist, ihn abzulehnen, er ist deshalb bereit, seine Rechte an seinen Bruder Nikolaus und dessen Kinder abzutreten. Was mich betrifft, so habe ich mich entschlossen, mich meiner Pflichten zu entledigen und mich von der Welt zurückzuziehen . . .' Als er sah, daß wir den Tränen nahe waren, versuchte er, uns zu trösten und versicherte uns, es würde sich nicht sofort ereignen und es könne vielleicht noch einige Jahre dauern, bis er seinen Plan durchgeführt habe. Dann ließ er uns allein, und man kann sich vorstellen, in welchem Gemütszustand wir uns befanden."

Es blieb dem jungen Paar genügend Zeit, sich in die neue Situation hineinzufinden, aber zu wenig Möglichkeiten, sich darauf wirklich vorzubereiten. Aber die Monate und Jahre vergingen schnell. 1820 wurde Konstantin geschieden. Er heiratete seine polnische Geliebte in Warschau, die Gräfin Joanna Grudzinska, und schied endgültig als Thronfolger aus. Nikolaus freundete sich langsam mit seiner neuen Rolle an. Kaiserin Elisabeth schrieb in jenen Tagen, daß er nichts anderes mehr im Kopf habe, „als zu regieren". Die Weichen stellte Alexander. Im Januar 1822 erhielt er von Konstantin einen Brief mit der zweifelsohne mehrdeutigen Notiz, daß er auf die „hohe Stellung, auf die er durch die Geburt ein Anrecht hatte, verzichtete". Die Floskel war allgemein gehalten, aber durchaus im Sinne des Thronverzichts interpretierbar. Der Kaiser ließ sich viel Zeit. Erst nach mehr als anderthalb Jahren schrieb er die bekannte Entscheidung fest. Er bestätigte den freiwilligen Thronverzicht Konstantins und die rechtmäßige Thronfolge für Nikolaus.

Die Nachricht vom Tod Alexanders in Taganrog erreichte St. Petersburg nach einer Woche. Die Familie war gerade in der Kapelle des Winterpalais, als der Kurier eintraf. Zunächst entstand Verwirrung. Die Kaiserinmutter fiel in Ohnmacht. Nikolaus faßte sich schnell. Unter Mitwirkung des Priesters legte er sofort den Treueid auf Konstantin als neuem Imperator ab. Diese Handlung war formal logisch. Man sprach zwar seit Jahren von seiner Thronfolge. Aber Alexanders Geheimpapier lag nicht zugänglich vor, und Konstantin hatte sich offiziell nur gegenüber Alexander erklärt. Am Tag der Nachricht aus Taganrog hielt Nikolaus kein Schriftstück über die Thronfolge in den Händen. Er war jedoch ein treuer Sohn seines Vaters. Paul I. hatte die Thronfolgeregelung Peters des Großen ausdrücklich außer Kraft gesetzt und der Primogenitur wieder zu ihrem Recht verholfen. Daran hielt sich Nikolaus strikt.

Der Eidesleistung folgte ein Ruf der aus ihrer Ohnmacht erwachten Maria Fjodorowna: „Aber Niki, was hast du getan? Du wußtest doch, daß du der Erbe unseres Engels bist . . ." Nikolaus reagierte erregt: „Wir alle wissen, daß mein Bruder Konstantin unser Gebieter, unser legitimer Souverän ist. Wir haben unsere Pflicht erfüllt, möge kommen, was da wolle." Konstantin war zunächst ganz offiziell russischer Kaiser. Nikolaus mußte sich gegen einen Schwall von Vorwürfen zur Wehr setzen und erklärte schließlich, er sei bereit, die Krone zu tragen, falls Konstantin abdanke. Kuriere eilten nach Warschau und brachten die lapidare Antwort Konstantins, er könne nicht abdanken, da er seinen Verzicht erklärt und mithin kein Kaiser wäre. Der „Großmutstreit" nahm groteske Formen an. Nikolaus ordnete die Vereidigung der Verwaltungsbeamten auf Konstantin an, stornierte den Befehl dann aber bis zur Rückkehr Konstantins aus Warschau: „Ich erwarte, daß er Polen sofort verläßt." Konstantin kam nicht. Ihm übersandte Staatspapiere gingen ungeöffnet nach St. Petersburg zurück. Er schrieb, es sei Alexanders Wille gewesen, Nikolaus auf den Thron zu setzen, und so solle es geschehen. Drei Wochen hielt das Interregnum an und schien unauflösbar.

Ein äußerer Anlaß löste den Knoten. Die Dekabristen-Offiziere entschlossen sich in der Verwirrung um den Thron zum Aufstand. Nikolaus mußte eine Information von der geplanten Aktion erhalten haben. Da war die befürchtete Offiziersverschwörung! Todesahnung ergriff ihn, eine Furcht, die im tragischen Ende des Vaters begründet lag. Ein Feigling war Nikolaus nicht. In einer Versammlung der Gardeoffiziere erklärte er ohne Pathos: „Sollte ich nur eine Stunde lang Kaiser sein, werde ich mich der Ehre würdig erweisen." Er ging in den Senat und erklärte mit tonloser Stimme, er sei zur Annahme des Throns gezwungen. Der Streit war entschieden.

Am 14. Dezember 1825 – die Nachricht vom Tod Alexanders hatte Weimar wenige Tage zuvor erreicht – sollten die Beamten, der Senat und die Armee den Treueeid auf den neuen Kaiser Nikolaus I. leisten. Diesen Tag wählten die Dekabristen für ihre Erhebung. Sie waren junge Idealisten, erstrebten, angefacht durch die Revolutionen in Spanien, Italien und in Griechenland, für Rußland eine konstitutionelle Monarchie oder gar eine Republik. Die Ziele waren edel, für Rußland jedoch unrealistisch. Ihre Organisation war mangelhaft, und eine soziale Basis gab es für die Insurrektion überhaupt nicht. Nur wenige geistige Köpfe, wie der Dichter Rylejew, vermochten strategische Ziele zu formulieren. Am 14. Dezember marschierten die von den Dekabristen kommandierten Regimenter auf dem Petersburger Senatsplatz auf und verweigerten den Treueid auf Kaiser Nikolaus.

Nikolaus hielt sich im nahen Winterpalast auf. Er ritt zum Senatsplatz. Er überwand die Furcht. Die Menge sollte sich zerstreuen. Niemand hörte auf ihn. Nikolaus ließ regierungstreue Regimenter aufmarschieren. Sein Leben war bedroht, der General Miloradowitsch, der bei Austerlitz gegen Napoleon gekämpft hatte, wurde von den Aufständischen erschossen. Nikolaus bewahrte die Nerven und wich nicht vom Platz. Erst als er keinen anderen Weg mehr sah, befahl er den Einsatz der Artillerie. Wenige Salven genügten, und die Insurgenten stoben in alle Himmelsrichtungen auseinander.

Der Aufstand der Dekabristen war die erste Offiziersverschwörung in Rußland, die nicht das Ziel verfolgte, einen Herrscher durch einen anderen zu ersetzen. Die aristokratischen Offiziere wandten sich gegen das Herrschaftssystem der Autokratie. Am Tag des Aufstands war lediglich der Ruf nach Konstantin erklungen. Nikolaus konnte daraus schließen, daß die Aktion seiner Person und seinem Leben galt – wie bei seinem Vater Paul I. Er ritt beherrscht in den Winterpalast zurück. Kaiser Nikolaus hatte die erste persönliche Bewährungsprobe seiner Herrschaft und seines Lebens bestanden.

Am selben Tag beging er den ersten gravierenden Fehler. Nikolaus leitete die Verhöre gegen die Dekabristen selbst. Er folterte nicht, aber seine Stimmung war wie jene Peters des Großen bei der legendären Ermordung der Strelitzen. Sie wechselte zwischen Wut und Grausamkeit. Es gab kein Erbarmen. Den schwersten Schock versetzte ihm die Tatsache, daß die Verschwörer fast ausnahmslos aus dem hohen Adel stammten. Die Angst vor weiteren Verschwörungen und vor revolutionären Ideen fraß sich in ihm fest, wurde bestimmend für seine gesamte Herrschaft. Vorerst verhängte er schwerste Strafen. Mehr als 600 Personen wurden verdächtigt. Fünf Todesurteile wurden vollstreckt. Hunderte von Menschen wanderten für Jahrzehnte in die Verbannung. Dennoch ließ Nikolaus die Materialien der Aufständischen sorgfältig nach ihrem politischen Gehalt analysieren. Durch ein „Komitee vom 6. Dezember" (1826) wollte er die sichtbar gewordenen Mängel beseitigen.

Wie sollte er nach dem Aufruhr regieren? Diese Frage legte sich Nikolaus I. vor. Er orientierte sich an jenen Persönlichkeiten, die nach seiner Auffassung russische Herrschaftsgeschichte geschrieben hatten. Das war einmal sein Vater. Die Freude am militärischen Drill bewahrte Nikolaus zeitlebens, und sie dominierte alle seine Tätigkeiten. Mit dem Vater verband ihn die Furcht vor neuerlichen Verschwörungen, darum urteilte er so hart gegen die Dekabristen. Das Ausland reagierte negativ und mit Vorwürfen über die grausamen Urteile. Das berührte Nikolaus wenig. In diesem Punkt fühlte er sich dem Erbe Peters des Großen verpflichtet. Er wollte nicht nur groß sein wie Peter, er wollte ihn durch die eigene Persönlichkeit überragen. Es sind Aussprüche wie dieser überliefert: „Aber ich muß ihn übertreffen, und ich kann es auch." Allein der Umgang mit den Dekabristen in der gleichen Art, die Peter gegenüber den Strelitzen praktiziert hatte, langte nicht aus.

Peter war der große despotische Träumer, dem für seine Ideen jedes Mittel recht war. Nikolaus war ein disziplinierter Soldat in einem Reich, das Peter der Große und Katharina II. an Europa herangeführt hatten. Strenge und Reform entsprangen dem Willen eines engmaschig denkenden und handelnden kleinen Despoten. Nikolaus fühlte sich zur Reformierung Rußlands berufen, und die ersten Schritte führten dazu, daß der im Volk bislang weitgehend unbekannte Zar an positiver Zustimmung gewann.

Nikolaus entließ Alexanders treuen Ratgeber, den General Alexei Araktschejew, und schloß die gefürchteten Militärkolonien. Er entließ extrem konservative Bildungspolitiker. Er holte Michail Speranski mit dem ausdrücklichen Auftrag aus der Verbannung zurück, eine Justizreform einzuleiten. Alexander Puschkin durfte das von Alexander I. befohlene Exil verlassen. Es wurde Nikolaus vorgeworfen, daß er trotz dieser Maßnahmen, trotz seines nahezu vorbildlichen Familienlebens, trotz seines immensen Arbeitspensums und trotz seiner militärischen Geradheit von Anfang an Züge eines beschränkten Despoten an den Tag legte. Zum Beweis wurden solche Aussprüche herangezogen: „Ich kann niemandem gestatten, sich meinen Wünschen, wenn sie einmal bekanntgegeben sind, zu widersetzen." Oder: „Da ich Autokrat bin, ist mein Wille Gesetz." Er war Autokrat – nicht minder als Katharina II. oder Paul I. Wenn Nikolaus allen Beamten eine Uniform aufzwang, folgte er dem Beispiel seines Vaters. Wenn er nur noch Geistlichen, Kaufleuten und Bauern einen Bart erlaubte, entsprach das dem Erbe Peters des Großen! Nikolaus I. unterschied sich von seinen Vorfahren nicht durch einen höheren Grad an autokratischer Despotie. Der Unterschied lag darin, daß er die autokratisch-despotischen Methoden von Peter I. bis Alexander I. nach Bedarf schlecht kopierte und keine eigenen Ideen in seine Tätigkeit für Rußland einbrachte. Nikolaus I. war in seiner grenzenlosen Eitelkeit und Sucht nach Schönheit eine Karikatur von Peter I., dem er so gerne nacheifern wollte.

Peter I. und Katharina II. waren für Nikolaus I. vor allem große Vorbilder, weil sie durch Macht und Stärke die Ostsee und das Schwarze Meer gewonnen hatten. Diesem Pfad wollte auch er seinen Ruhm in der Geschichte verdanken. Nikolaus rüstete die Flotte auf. Es mag dahingestellt bleiben, ob er ernsthaft an eine Neuauflage früherer Träume gegen Konstantinopel dachte. Tatsache ist, daß er sehr schnell seine Blicke in den Süden des Reiches richten mußte. 1826 fiel Persien in Transkaukasien ein. Der Feldzug ging für Rußland zwar insgesamt glücklich aus, aber Nikolaus gab sich hinsichtlich der russischen Stärke Illusionen hin. Persien unterdrückte die gegen Rußland rebellierenden transkaukasischen Völker, und die Muslime erklärten Rußland den „Heiligen Krieg", der über mehrere Jahrzehnte anhielt. Der Kaiser hätte bemerken müssen, daß sich seine Armee seit den Kriegen gegen Napoleon stark verändert hatte. Der Drill auf dem Paradeplatz war kein Äquivalent für eine hohe Gefechtsbereitschaft. Dennoch wagte der Imperator den Krieg gegen die Türkei.

Nikolaus setzte seine Truppen in Marsch. Über die Donaufürstentümer drangen sie bis nach Warna vor und besetzten Adrianopel. Bis 1828/29 zog sich der Krieg hin. Er endete mit dem Frieden von Adrianopel. Nikolaus setzte die Orientpolitik seiner Großmutter fort und bestätigte sich als Romanow mit expansivem Drang über das Schwarze Meer und die Meerengen hinaus. Der Krieg gegen die Türkei verlief für Rußland günstig. Später, 1833, gelang sogar durch den Vertrag von Unkiar Selessi ein Abkommen mit der Türkei, das Rußlands Positionen auf dem Balkan festigte.

Die nikolaitische Außenpolitik verfolgte bis zum Krimkrieg am Beginn der fünfziger Jahre das Ziel, die russische imperiale Vormachtstellung weiter zu festigen und auszubauen. Dieses Ziel demonstrierte Rußland nicht nur in der Niederschlagung der polnischen Aufständischen am Beginn der dreißiger Jahre, nicht nur durch den Einmarsch in die Donaufürstentümer und in Ungarn während der Revolution von 1848/49, sondern auch in dem ständigen

Bemühen, in den Konflikten der italienischen und deutschen kleinstaatlichen Welt als Schiedsrichter und Aufseher zu fungieren. In dieses Ringen um die Prioritäten bei den deutschen Einheitsbestrebungen war das Großherzogtum Sachsen-Weimar-Eisenach in der vordersten Reihe eingebunden.

Für Maria Pawlowna war Alexander I. eine berechenbare politische Größe gewesen, weil sie ihn genau kannte und beide eine verständnisvolle Harmonie verband. Diese Einmütigkeit bestand zu Nikolaus I. nicht mehr in dem gleichen Maß. Andererseits unterwarf sie sich der kaiserlichen Haus- und Familiendisziplin – auch in wohlabgewogenen Überlegungen zu den Interessen Weimars. Maria Pawlowna, so sagte Minister Watzdorf nach ihrem Tod, habe sich nicht in die Politik der Weimarer Staatsregierung gemischt. Diese Meinung war nur im engeren Sinn richtig. Im weiteren Rahmen nahm sie entscheidenden Einfluß auf die Staatspolitik – bereits vor der Übernahme der großherzoglichen Macht. Bis zur Thronbesteigung durch Nikolaus I. ist kein Beispiel erkennbar, daß sich Maria in einen ernsthaften Gegensatz zum St. Petersburger Hof begeben hätte, um besondere persönliche oder Weimarer Interessen durchzusetzen. Nach dem Herrschaftsantritt von Nikolaus I. sollten die Beziehungen komplizierter werden und in ihrem Erscheinungsbild alle Varianten zwischen blindem Gehorsam und ostentativer Widersetzlichkeit gegenüber der russischen kaiserlichen Politik einschließen. Das war eine Entwicklung, die sich über Jahrzehnte erstreckte und nicht in jedem Fall offen erkennbar war.

Im Widerspruch zur offiziellen Trauer am Weimarer Hof stand die Tatsache, daß kein Mitglied der großherzoglichen Familie an die Newa reiste, um an den Beisetzungsfeierlichkeiten für Alexander I. teilzunehmen. Lediglich ein Major von Germer wurde am 23. Dezember 1825 als Kondolent in Marsch gesetzt. Germer kehrte schon Mitte Februar 1826 wieder zurück. Vorher hatte man sich besonnen und Ende Januar wenigstens den General von Egloffstein zur Begrüßung des neuen Kaisers nach St. Petersburg geschickt.

Der Verlauf der letzten Reise nach St. Petersburg, der Tod Alexanders I. und die Thronbesteigung durch Nikolaus I. trugen mit dazu bei, daß sich Carl Friedrich und Maria Pawlowna weitere und ernsthaftere Gedanken über ihre künftigen Aufgaben im eigenen Staatswesen machen mußten. Sie hatten in den vergangenen Jahren im Rahmen der ihnen zugestandenen Möglichkeiten an dem Gemeinwohl mitgewirkt. Die ständigen Reisen hatten einer kontinuierlichen Tätigkeit im Herzogtum nur eingeschränkten Raum gelassen. Der russische Thronwechsel und die Säkularfeiern in Weimar wirkten wie ein Katalysator eigener Ideenfindung, die vorerst noch unter dem Schirm Carl Augusts vor sich ging und außerdem den schwierigen und sich wandelnden politischen und wirtschaftlichen Bedingungen Weimars Rechnung tragen mußte.

Die von Verständigungswillen und Animositäten getragenen Auseinandersetzungen Carl Augusts mit Preußen um die günstigsten Bedingungen für einen
Mitteldeutschen Handelsverein oder eine von Preußen favorisierte größere Zollunion hielten an. Die Querelen sollten sich bis in das Todesjahr Carl Augusts
fortsetzen. Gleichzeitig prallten in der „Heiligen Allianz" die politischen
Gegensätze zwischen restaurativer Tradition und der Tendenz zum liberalen
Parlamentarismus aufeinander. Carl August hatte dem griechischen Freiheits-
kampf mit Sympathie gegenübergestanden. Bis in das letzte Lebensjahr verfolgte er die Ereignisse auf dem Balkan mit aufmerksamem Interesse. Die nationalen
Bestrebungen der Griechen betrachtete er im Zusammenhang mit der antitürkischen Expansion Rußlands. Ebenso wie er gerne geholfen hätte, die Türken zu
„schinden", war Carl August vom „reellen Gewinnst" Rußlands gegenüber der
Türkei überzeugt. Er hoffte, daraus eigenen Vorteil ziehen zu können. Prinz Carl
Bernhard, inzwischen zum niederländischen General und Gouverneur von Ost-
flandern avanciert, sollte, so hoffte Carl August, mit russischer und englischer
Hilfe zum König eines befreiten Griechenland proklamiert werden. Bernhard
war klug, erinnerte sich wohl daran, daß der Vater einst König von Ungarn werden wollte, und lehnte die Offerte dankend ab.

Unterdessen spann Carl August an einem weiteren kräftigen dynastischen
Faden. Das monarchische Prinzip, Preußens Dominanz, Rußlands Macht und
Weimars Größe – alle Gedanken mögen ihn bewegt haben. Er war im Spiel der
europäischen Mächte! Preußens König Friedrich Wilhelm III. bat im Jahr 1824
für seinen Sohn Karl um die Hand Marias, der Tochter Maria Pawlownas.
Das Datum macht noch einmal nachdrücklich darauf aufmerksam, warum
Maria und Augusta im gleichen Jahr 1824 mit nach Petersburg genommen wurden. Auch die Tatsache, daß Maria Pawlowna ihrem kaiserlichen Bruder zu dessen Geburtstag am 12. (24.) Dezember 1824 ein Bild beider Prinzessinnen überreichte, dürfte als Erinnerung und Gedankenstütze gedient haben. Rußlands
Rolle als europäische Großmacht und der Wiederaufstieg Preußens waren für
den Weimarer Hof verlockende Voraussetzungen, dem eigenen Staat in dieser
sich wandelnden Welt Festigkeit zu verleihen. Wie im Jahr 1799 setzte Carl
August wieder auf das dynastische Dreieck Rußland–Preußen–Weimar.

Im November 1826 kamen die beiden preußischen Prinzen Karl und Wilhelm
nach Weimar. Am ersten Weihnachtsfeiertag fand die Verlobung Marias mit Karl
statt. Wilhelm von Humboldt hielt sich damals gerade in Weimar auf und berichtete als Gast der Verlobungsfeierlichkeiten über seine Empfindungen und Eindrücke in einem Brief an den Freiherrn vom Stein, der sich damals bereits in das
Privatleben zurückgezogen hatte: „Auch Sie, theuerste Excellenz, wird gewiß
diese Verbindung sehr gefreut haben. Alle Umstände vereinigen sich, ihr Segen

und Gedeihen zu versprechen. Die Prinzessin ist nicht nur von sehr schönem Wuchs und sehr einnehmender Gesichtsbildung, sondern auch von dem sanftesten, besten Character, und besitzt außer den Kenntnissen und der äußern Bildung, die man in ihrem Stande voraussetzen kann, auch die innere deutsche, die sie gerade in Weimar vorzüglich gut erhalten konnte. Sie und der Prinz lieben sich wirklich und der erste Anlaß zur Verbindung war die eigene freie Wahl." Dieser Satz entsprach selbstverständlich nicht der ganzen Wahrheit, sondern der Höflichkeit. Er war auch nicht so bedeutend. Der folgende Satz ließ schon eher aufhorchen: „Die Schwester, die Prinzessin Auguste, soll schon in dieser frühen, kaum der Kindheit entgangenen Jugend noch einen festeren und selbständigeren Character haben. Ihr lebendiger und durchdringender Geist sprüht aus ihrem Blick, ihre Züge sind im höchsten Grade bedeutungsvoll und ihre Gestalt wird sich in einigen Jahren gewiß noch schöner als sie jetzt schon erscheint entwickeln." Prinzessin Maria war kaum dem preußischen Prinzen Karl anverlobt, da empfahl Wilhelm von Humboldt deren Schwester Augusta für Karls Bruder Wilhelm, der keineswegs von ungefähr mit nach Weimar gekommen war. Tatsächlich wechselten der Freiherr vom Stein und Carl August im Januar 1827 Briefe, in denen sie das Glück der Verbindung zwischen Weimar und Berlin betonten und damit einer politischen Linie gerecht wurden, die Weimars Minister von Gersdorf seit dem Wiener Kongreß verfolgte: Die künftige deutsche Einheit unter preußischer Führung, bei der Sachsen-Weimar-Eisenach eine bevorzugte Rolle spielen konnte.

Die ganze Geschichte besaß für Carl August bedenkenswerte Gesichtspunkte. Prinz Karl von Preußen verfügte über keine sonderlichen Aussichten, später einmal regieren zu dürfen. Vor ihm standen in der königlichen Erbfolge der Kronprinz Friedrich Wilhelm und der Bruder Wilhelm. Der Kronprinz war bislang kinderlos geblieben, und Wilhelm sollte eigentlich mit der polnisch-litauischen Prinzessin Elisa Radziwill verlobt werden. Eine polnische Prinzessin im preußischen Königshaus war nicht sonderlich nach dem Geschmack einer preußisch-russischen Verbindung. König Friedrich Wilhelm III. löste sich 1826 von dem Gedanken, und Humboldts Vorschlag führte zu einer ausgezeichneten Kombination. Neben der Verlobung Marias und Karls konnte Augusta für den Prinzen Wilhelm von Preußen vorgesehen werden. Das dynastische Dreieck war für die nächste Generation geschmiedet, und die Rechnung ging vollkommen auf. Maria und Karl heirateten im Mai 1827. Die Vermählung Augustas mit Wilhelm mußte noch verschoben werden, weil Carl August im Jahr 1828 starb. Aber letztlich wurde Augusta preußische Königin und nach 1871 deutsche Kaiserin. Im Jahr 1799 hatte sich Wilhelm von Wolzogen mühsam den Weg nach St. Petersburg gebahnt. Aus seiner Mission erwuchs über Jahrzehnte hinweg ein dynasti-

sches Beziehungsgeflecht, das Sachsen-Weimar-Eisenach als tragenden Stütz-
punkt vor allem zwischen Romanows und Hohenzollern einband. Wenn das
kein politischer Erfolg war!

Vor diesem Hintergrund ging für Maria Pawlowna in den Jahren 1826/27 das
Alltagsleben weiter. Sie ordnete sich sinnvoll oder mitunter auch gegensätzlich
in die geistig-kulturellen und politischen Leitlinien des Weimarer Staatswesens
ein. Da wurde zwischen der russischen Fürstin Sinaida Wolkonskaja, Maria
Pawlowna und Goethe über eine russische Kantate auf Alexander I. verhandelt,
die Goethe in die deutsche Sprache übersetzen sollte – Goethe lehnte ab. Da kam
im März 1826 zum ersten Mal der den Dekabristen nahestehende Schriftsteller
und Publizist Alexander Turgenjew nach Weimar – spätere Besuche sollten 1827,
1829 und 1836 folgen und im Tagebuch Maria Pawlownas festgehalten werden.
Da folgten von Juni bis September 1826 die üblichen Sommeraufenthalte in Wilhelmsthal und in Bad Ems. Da berichtete am 25. September 1826 der später für
Weimars Baukunst so bedeutende Ludwig Schorn an den Kölner Galeristen und
Kunstsammler Sulpiz Boisserée über seinen Besuch in Weimar, bei dem ihn Kanzler Müller geführt hatte: „. . . dann nach Belvedere zum alten Meyer, der dort mit
der Großfürstin wohnt und sich von seiner schweren Krankheit im Frühjahr
wieder gut erholt hat." Dieser Besuch Schorns in Weimar stand mit den Bemühungen Maria Pawlownas in Verbindung, noch zu Lebzeiten Carl Augusts
geeignete Fachkräfte für die Staatsführung und für die gewünschte umfassende
Restaurierung des Schlosses zu gewinnen. In diesen Rahmen gehörte, daß der
Medizinalrat Ludwig Friedrich von Froriep seit 1826 als Inhaber des von Bertuch, seinem Schwiegervater, begründeten Landesindustriekontors in Weimar
lebte. Froriep zählte bereits zu der neuen Generation einflußreicher Persönlichkeiten in Weimar, die nicht mehr der „klassischen" Schule Carl Augusts oder
Goethes entsprangen und dennoch voller Verehrung für das Werk der Protagonisten blieben. Froriep wurde bis zu seinem Tod im Jahr 1847 ob seiner allseitigen Fähigkeiten von Maria Pawlowna geschätzt und zu vielen Aufgaben herangezogen.

Für das Jahr 1827 weisen die historischen Annalen Weimars nicht nur am
26. Mai die Hochzeit der Prinzessin Maria mit dem preußischen Prinzen Karl
aus. Es war auch nicht sonderlich bedeutsam, daß Maria Pawlownas Sohn Carl
Alexander am 15. August unter mütterlicher Aufsicht und angeleitet durch den
Oberbaudirektor Coudray in Belvedere von einem Maurer Schmidt in die Arbeit
der Maurer und Steinhauer eingewiesen wurde: „Der Prinz mußte mauern nach
der Zeichnung des Oberbaudirektors, mußte auch sein Werkzeug und Material
selber an Ort und Stelle tragen." Der Knabe war noch keine zehn Jahre alt –
geschadet hat ihm die Übung nicht. Daß Maria anschließend für vier Wochen

nach Karlsbad fuhr, besaß zu dieser Episode keinen Zusammenhang. Von größerem Interesse dürfte dagegen sein, daß Maria Pawlowna der großherzoglichen
Militärbibliothek 1827 aus russischen Beständen eine Sammlung von Landkarten zum Geschenk machte. Es waren insgesamt 40 Karten, die in den Weimarer Besitz wechselten. Darunter befand sich als kostbares Einzelstück eine im
Jahr 1805 gefertigte Karte mit dem Plan der Schlacht von Poltawa, in der Peter I.
im Jahr 1709 den schwedischen König Karl XII. geschlagen hatte.[45] Die Schenkung war Bestandteil der mehr oder weniger regelmäßigen Gaben an Büchern
und anderen wissenschaftlichen Materialien, die Maria der Universität, den
Bibliotheken und Sammlungen zur Verfügung stellte.

Während das Großherzogtum Sachsen-Weimar-Eisenach seine dynastischen
Bindungen nach Rußland und Preußen festigte, auf eine mitteldeutsche Wirt-
schaftsunion als Vorstufe künftiger deutscher Einheit unter preußischer
Führung zusteuerte und das geistige Leben unter Ehrenbezeugungen für Goethe
und die Klassik nach neuen Ausdrucksformen und Wegen zu suchen begann,
traten Ereignisse ein, die das Leben grundlegend veränderten. Im April 1828
fuhr Maria Pawlowna mit ihrem Gatten erneut nach St. Petersburg. Die Mutter
ging auf die Siebzig zu, und wer wußte schon, wie lange sie noch leben würde.
Nikolaus I. regierte seit mehr als zwei Jahren. Er konnte sich nach den Unter-
suchungen gegen die Dekabristen ein Bild über die inneren Zustände in seinem
Reich machen und bereitete eine Kommission vor, die Reformen zur politischen,
administrativen und wirtschaftlichen Veränderung in die Wege leiten sollte.
Nun galt es, Vorkehrungen für die Kaiserkrönung zu treffen und festzulegen,
welcher Wesenszug der Reichspolitik aus diesem feierlichen Anlaß besonders
betont werden sollte. Dazu bedurfte es familiärer Beratungen.

Mitten in den St. Petersburger Aufenthalt platzte die Nachricht, daß Großherzog Carl August am 14. Juni 1828 in Graditz bei Torgau überraschend gestorben war. Der bereits seit längerer Zeit kranke Fürst lebte damals in dem Bewußtsein, mit der Konstruktion des weimarisch-preußisch-russischen Dreiecks eine
historische Tat ausgeführt zu haben. Der restaurative Widerstand gegen die von
ihm praktizierte geistige Liberalität bedrückte Carl August, hinderte ihn aber
nicht, das Mögliche zur Förderung von Wissenschaft und Kunst zu tun. Die in
den handelspolitischen Gesprächen betonte Eigenständigkeit gab zusätzliches
Selbstbewußtsein. Ende Mai 1828 fuhr er nach Berlin und Potsdam. Die Geburt
des Urenkels Prinz Friedrich Karl von Preußen bot den willkommenen Anlaß
und Rahmen für handfeste politische Begegnungen. Auf der Rückreise ereignete
sich die nicht wiedergutzumachende Katastrophe.

Mit dem Ableben Carl Augusts wurde für Weimar das Ende einer Epoche
eingeläutet, deren tatsächlicher und unwiderruflicher Abschluß vier Jahre später

mit dem Tod Goethes folgte. Carl August war eine eigenständige Persönlichkeit, deren wesentliche Merkmale und Handlungen unter dem Einfluß Goethes gewachsen waren. Er war kein weltfremder Idealist oder kunstbesessener Phantast um der Kunst willen. Das klassische Weimar, von ihm entscheidend mitgeprägt, die Politik des kleinen Staates und dessen wirtschaftliche Gesundung folgten den übergreifenden Zeitläuften und versuchten, diesen einen eigenen Stempel aufzudrücken. In diesem Sinne und im wohlverstandenen eigenen Nutzen überragte Carl August manche seiner fürstlichen Zeitgenossen. Seine unbequeme Individualität, der Hang zum Ausbrechen aus den Konventionen seiner Gesellschaft und das Beharren auf der Monarchie – das alles war Carl August und prägte über ein halbes Jahrhundert die Geschichte Weimars. Mit seinem Ableben entstand die Frage, ob es eine Persönlichkeit schaffen würde – auch ohne einen Goethe an ihrer Seite –, Weimar ein ganz anderes und neues, aber nicht minder unbequemes und eigenständiges Profil zu verleihen, aufbauend auf der klassischen Tradition und doch ganz anders und ganz neu: für Weimar, für Deutschland und für die geistige Kultur Europas unter Einschluß des Russischen Reiches. Denn eines war bereits damals unübersehbar: Die historischen Rahmenbedingungen – in Deutschland, Rußland und Europa –, unter denen das klassische Weimar entstanden und gewachsen war, unter denen auch Maria Pawlowna in die Stadt gekommen war, hatten sich grundlegend verändert. Nach dem Zerfall des Heiligen Römischen Reiches stand eine neue deutsche Einheit auf der Tagesordnung der Geschichte. Wissenschaft, Technik und soziale Fragen ließen die Bürgergesellschaft mit jedem Jahre stärker hervortreten. Rußland war eine entscheidende europäische Ordnungsmacht. Konnte Weimar seine bislang unverwechselbare Rolle weiterspielen? Das Thronfolgerpaar stand vor vielen ungelösten Fragen, obwohl es sich über Jahre hinweg gut auf die kommenden Aufgaben vorbereitet hatte.

8. KAPITEL

Wohlfahrt, Wissenschaft und Kunst

Regierungsjahre zwischen 1828 und 1853

Carl Friedrich reiste im Eiltempo aus St. Petersburg ab und traf am 25. Juli in Wilhelmsthal ein. Dort hielt sich Großherzogin Louise mit dem Erbprinzen Carl Alexander auf. Maria Pawlowna kam zwei Tage später an. Selbst in der Windeseile ihrer Heimkehr kamen sie zu spät. Großherzog Carl August war am 9. Juli mit einem fürstlichen Staatsbegräbnis sowie unter großer Anteilnahme durch die Bevölkerung in der Weimarer Fürstengruft beigesetzt worden. Seine Gattin Louise überlebte ihn um wenige Jahre, sie starb am 14. Februar 1830. Am 12. August 1828 huldigten die Landstände dem neuen Großherzog Carl Friedrich. Damit war Maria Pawlowna zur Großherzogin geworden – verbunden mit zahlreichen neuen Aufgaben.

Carl Friedrich war bewußt, daß sein Vater eine überragende Persönlichkeit gewesen war. Die Bürde drückte ihn. Er tat den klügsten Schritt und versprach, ganz im Sinne des verstorbenen Großherzogs regieren zu wollen. Die ersten politischen Handlungen wirkten verheißungsvoll. Am 24. September 1828 wurde in Kassel der Gründungsvertrag für den „Mitteldeutschen Handelsverein" unterzeichnet. Alle thüringischen Staaten gehörten dem Verein an, Carl August hatte die Entstehung maßgeblich gefördert. Der Verein wurde 1831 wieder aufgelöst. Das war keinesfalls einer geringeren Ausstrahlungskraft Carl Friedrichs zuzuschreiben. Kurhessen hatte sich zollpolitisch an Preußen angeschlossen. Wenn Sachsen-Weimar-Eisenachs Einfluß in Thüringen und Deutschland in den folgenden Jahren und im Vergleich zu den Zeiten Carl Augusts zurückging, dann war das nicht so sehr der Persönlichkeit Carl Friedrichs geschuldet. Dafür gab es viele Ursachen. Es stand mit der industriellen und wirtschaftlichen Entwicklung der anderen thüringischen Staaten, die zum Teil schneller und effizienter auf die Erfordernisse von Handwerk, Industrie und Handel reagierten, sowie mit dem preußischen Prioritätsstreben und der gesamten deutschen Entwicklung im Zusammenhang. Mit dem Tod Carl Augusts und dem wenig späteren Ableben Goethes kam es zunächst zu einem Bruch in den geistig-literarischen Traditionen, die den Ruf Weimars begründet hatten.

Man konnte Carl Friedrich nicht nachsagen, daß er sich nicht bemüht hätte, den liberalen Geist des Vaters fortzusetzen. Im Jahr 1829 wurde der Theologe Karl August von Hase an die Universität Jena berufen. Hase, einst aktiver Burschenschafter, hatte wegen seiner liberal-nationalen Gesinnung eine Festungshaft auf dem Hohenasperg verbüßt und galt vorerst noch als Aufrührer. Trotz der weiterhin geltenden Karlsbader Beschlüsse wagte Carl Friedrich den mutigen Schritt und zog den verfolgten Hase in den nächsten Jahren eng an den Hof in Weimar heran. Er folgte dem väterlichen Beispiel. Carl August hatte den suspendierten Philosophen Fries wieder an die Universität geholt. In den Bemühungen um die Fortsetzung der liberalen Politik fand Carl Friedrich bei seiner Gattin nicht nur Unterstützung, sondern diese machte im Laufe der nächsten Jahre selbst eine erstaunliche Wandlung durch.

Das Hoffräulein Jenny von Pappenheim faßte Jahre später den Übergang zur Großherzoginnenwürde so zusammen: „Maria Pawlowna fühlte sich in ihrer neuen Stellung hoch erhaben und nur Gott gegenüber verantwortlich. Für sich selbst aber war sie demütig und anspruchslos; ihr ganzes Leben, Wirken und Sein gipfelte in der fürstlichen Pflicht des Beglückens. Sie übte die größte Strenge gegen sich; jede Stunde ihres bis zur Ermüdung ausgefüllten Tages hatte eine Wohltat oder eine Pflicht zum Ziel. Sie stand sehr früh auf, und wenn die letzte Pflicht des Tages, die Hofgeselligkeit an sie herantrat, war es denen, die das Glück hatten, ihr nahe zu stehen, rührend, wie oft die Müdigkeit des Körpers sie zu ihrem eigenen Schrecken übermannte. Nie klagte die russische Großfürstin über die kleinen Verhältnisse Weimars . . ." Maria haßte Formen steifer Etikette und bemühte sich gegenüber jedermann um Natürlichkeit.

Trotz der unübersehbaren Apologetik kam in dem Urteil die Erkenntnis zum Ausdruck, daß sich Maria, ganz der grundsätzlichen autokratischen Tradition ihrer Heimat verpflichtet, mehr und mehr auf ihre neuen Pflichten in Weimar konzentrierte. Zuvor war sie aufgrund der Umstände ständig zwischen Weimar und St. Petersburg gependelt und hatte in politischer Hinsicht eine Mittlerrolle zwischen den beiden Höfen gespielt. Das konnte sie, weil Carl August diesen politischen Faden gesponnen hatte, der für das Überleben Weimars und den Ambitionismus seines Fürsten wichtig war. Jetzt änderten sich die Verhältnisse. Die vor den Napoleonischen Kriegen eigenständigere Rolle der mitteldeutschen Kleinstaaten ging unter dem neuen preußischen Aufstieg und der Entwicklung von Industrie und Handel im nationalen Rahmen zurück. Maria blieb ihrer Heimat und ihrem Glauben das ganze Leben treu. Aber sie erkannte wohl als eine der ersten, daß sich die klassische Zeit Weimars in ihrem Abendlicht sonnte, daß es jetzt um die Erziehung der Jugend in einem neuen Geist und um neue Ideale ging, die erst gefunden und definiert werden mußten. Weimar brauchte auf lange Sicht einen neuen Inhalt, um seinen klassischen Ruf und seine künstlerische Größe zu bewahren. Das waren zu Lebzeiten Goethes und Meyers zunächst Gedankenspiele. Bildende Kunst, Musik und literarische Abende wurden ihr neben der verstärkten Wohltätigkeit zu Wirkungsbereichen, in denen sie ihre Ansichten über Weimars Rolle in der deutschen Kunst und Literatur, aber auch im politischen Leben Deutschlands weiterentwickeln konnte. Eines war bis dahin deutlich geworden: Maria Pawlowna theoretisierte nicht über den Weg Weimars in die Zukunft. Sie erschloß die praktischen Wege nach ihrem ureigensten Gefühl und Verstand.

Die persönlichen Bindungen Marias nach Rußland wurden in den folgenden Jahren lockerer. Die Abstände zwischen den Reisen vergrößerten sich. Die Pflichten im heimatlichen Weimar überwogen, und Maria wurde natürlich auch älter. Unbeschadet dessen blieb der Strom des russischen Finanzzuflusses als Lebensquelle für die Wirksamkeit der Großfürstin gleichbleibend erhalten. Marias Mutter starb am 14. Oktober 1828. Die Tochter versank nach dem Tod des Bruders Alexander zum zweiten Mal in tiefen Gram. Sie fuhr nicht zur Beisetzung nach St. Petersburg. Maria Fjodorowna hatte viele Jahre den eigentlichen Kern der Familie Romanow gebildet. Das war nun vorbei und bedeutete für Maria Pawlowna einen weiteren notwendigen Schritt zur eigenen Selbstverwirklichung. Nach dem Testament Maria Fjodorownas erhielt die Tochter Maria ein Legat in Höhe von 200.000 Rubel.[46]

Gleichzeitig wurden die diplomatischen Beziehungen insofern modifiziert, als ein neuer russischer Gesandter in Weimar eintraf. Mit Wirkung vom 31. Juli 1829 wurde der russische Wirkliche Staatsrat Andreas von Schröder ernannt. Eine Gesandtschaft Weimars in St. Petersburg stand weiterhin nicht zur Debatte.

Carl Friedrich und Maria Pawlowna wurden von Nachfahren und Historikern stets miteinander verglichen. Der Vergleich fiel immer zuungunsten des Großherzogs aus. Als sie im Jahr 1828 die Herrschaft über Sachsen-Weimar-Eisenach antraten, einte sie die liebevolle Zuneigung zueinander und zu ihren Kindern. Alle anderen Ausgangspositionen waren höchst unterschiedlich. Carl Friedrich mußte den übermächtigen Schatten seines Vaters, der mit Goethe und dem Ruf des klassischen Weimar weiterlebte, im positiven Sinn überwinden. Der Staat war arm, ob seiner liberalen politischen Grundsätze im Verruf und geriet wirtschaftspolitisch zunehmend in Schwierigkeiten. Das von Carl August sorgfältig und langfristig konstruierte Dreieck Weimar–Berlin–St. Petersburg sicherte dynastische Stabilität, erwies sich jedoch als kein Allheilmittel zur Staatssanierung. Maria Pawlowna trug nach wie vor den Nimbus ihrer mächtigen politischen Heimat und eines offenbar unbegrenzten Reichtums mit sich. Da war es nicht schwer, Freunde zu besitzen. Die persönlichen Eigenschaften der beiden Ehepartner verstärkten die unterschiedlichen Aufgaben und das Echo der öffentlichen Meinung.

25 Jahre lang sollten Carl Friedrich und Maria Pawlowna das Großherzogtum regieren. Sie bewältigten schwierige Situationen und Staatskrisen wie die Revolution von 1848/49. Sie gaben Weimar durch die Baukunst, die Musik und durch die bildende Kunst ein neues Profil, das an die Seite der Klassik treten durfte. Niemals hat man jedoch von inneren Krisen zwischen den Partnern gehört. Ihre Familie war nicht zerrüttet. Der Thronfolger Carl Alexander wurde vorbildlich erzogen auf sein künftiges Herrscheramt vorbereitet. In dieser großherzoglichen Ehe spielte jeder seinen Part, entsprechend den jeweiligen individuellen Möglichkeiten und Voraussetzungen. Geniale Persönlichkeiten sind in der Geschichte selten, und wer in Weimar das Los besaß, auf einen Goethe oder einen Carl August zu folgen, hatte nur geringe Chancen, als überragend in die Weltgeschichte einzugehen. Carl August wurzelte in den Traditionen der absoluten Monarchie. Carl Friedrich regierte im Geist der Verfassung von 1816 und hatte sein Land in die Industriegesellschaft mit ihren völlig neuen sozialen Problemen zu führen. Großherzogin Louise, verschreckt durch die egoistische Unbekümmertheit ihres Gemahls, vermochte lediglich im Oktober 1806 historische Größe zu zeigen. Maria Pawlowna überragte ihren Gemahl in der Publikumsgunst stets um Haupteslänge. Aber alle wichtigen Entscheidungen des Großherzogtums wurden zwischen 1828 und 1853 gemeinsam vom Großherzog, dessen Ministern und dem Parlament getroffen – und es sollten schwierige Entscheidungen werden. Summa summarum war das Urteil, das Leopold von Ranke im 19. Jahrhundert gab, Carl Friedrich sei ein Mann von „Gesinnung und Gedanken" gewesen, während Maria Pawlowna den Idealtyp einer „deutschen Landesmutter" verkörpert habe, weder gerecht noch den tatsächlichen Handlungen und Ergebnissen entsprechend richtig. Die Reduktion der Wirkung eines Herrschers auf dessen charakterliche Merkmale entspricht keinem modernen Geschichtsbild. Mag Carl Friedrich auch eine heitere Ruhe oder Nachgiebigkeit in sich getragen haben, mag er gerecht und gewissenhaft gewesen sein. Mag seine Herrschaft auch von den durch Carl August und Goethe geprägten Ministern Carl Wilhelm Freiherr von Fritsch, Ernst August Christian Freiherr von Gersdorf oder Christian Wilhelm Schweitzer verkörpert worden sein. Es ist kontraproduktiv, diesem Wesen lediglich die agile Fröhlichkeit und den Reichtum Maria Pawlownas entgegenzusetzen. Ihrer beider Herrschaft hat, sich gegenseitig ergänzend, das „Silberne Zeitalter" Weimars hervorgebracht und begründet.

In den ersten Regierungsmonaten bis 1830 zeigten sich die Vielfalt und Schwierigkeit, die ungeheure Aufgabenbreite, die von beiden Herrschern zu bewältigen waren. Die Geschichte des im September 1828 gegründeten „Mitteldeutschen Handelsvereins" bis zu dessen Scheitern von 1831 reflektiert die ganze Problematik der deutschen Einigungsbestrebungen. Niemals rissen die Gespräche sowohl zwischen den thüringischen Staaten als auch mit Preußen ab. Allein die Forderung aus Berlin, die Kleinstaaten sollten die preußischen Verbrauchssteuern übernehmen, schuf schier unüberwindliche Hindernisse. Ein Nachgeben hätte z. B. den Ruin der thüringischen Salzgewinnung mit sich gebracht. Die schwierigen Verhandlungen brachten zunächst keine Entscheidung und zogen sich bis in das Jahr 1833 hin.

Dazwischen lag der Alltag, entstanden neue belastende politische Probleme. Nach der Thronbesteigung fuhr Maria Pawlowna für fünf Wochen zur Erholung nach Karlsbad. Ihr Wohlfahrtsinstitut war inzwischen so gut organisiert, daß es auch während ihrer Abwesenheit funktionierte. 1828 wurde die erste Verwahranstalt in Weimar für kleine Kinder bedürftiger Mütter eingerichtet. Die Arbeit verlangte größere Mittel, und wie bei allen Wohlfahrtseinrichtungen gingen die Neugründungen nur langsam voran. Ähnliche weitere Einrichtungen folgten in Weimar 1830 und 1837, in Jena 1842, in Stotternheim 1844 und in Ilmenau 1853. Da konnte man schon von einem übergreifenden Netz sprechen. Am 16. Februar 1829 versicherte Maria Pawlowna den in Weimar entstandenen „Verein zur Beaufsichtigung und Besserung entlassener Sträflinge" ihrer Protektion und Unterstützung. Ab März 1829 beteiligte sie sich direkt an der Vorbereitung der „Großherzoglichen freien Gewerkschule". Es fanden in diesem Zusammenhang mehrere Gespräche auch Goethes mit ihr statt. Die Gewerkschule wurde nach umfangreichen Diskussionen und Vorbereitungen am 18. Oktober zum Geburtstag Carl Alexanders eröffnet, und Maria stellte aus ihrer Schatulle Geld für den Kauf von Unterrichtsmitteln zur Verfügung.

In diesem ersten Jahr ihrer Herrschaft begannen in Weimar auch die Arbeiten für das Gesamthospital und städtische Krankenhaus, die unter dem Namen Louisenstift bekannt geworden sind. Die Bauarbeiten und die Inbetriebnahme zogen sich bis zum Jahr 1834 hin und wären ohne die Zuwendungen Marias nicht zu vollenden gewesen. Seit 1829 wurden durch Maria auch Prämien für gute Leistungen von Angestellten ihres Instituts und für ehemalige Absolventen der dort installierten Bildungseinrichtungen gezahlt. Bei so viel Freigebigkeit, mit der immer eine Amortisationserwartung verbunden war, tauchte vielleicht hie oder da auch die bange Frage nach den Reserven Maria Pawlownas auf. Die Frage wurde verbal und öffentlich natürlich weder gestellt noch beantwortet – es sei denn durch das Faktum der freigebigen Spenden, Gaben und Zahlungen.

Sie hätte indes ruhig gestellt werden können, denn im Jahr 1828 besaß Maria
allein bei der St. Petersburger Sparkasse mehr als eine Million Rubel.[47] Sie war
eine überaus sparsame und geschäftstüchtige Dame, die jeden Rubel und jeden
Taler dreimal umdrehte, ehe sie sich vom Nutzen einer Ausgabe überzeugt hatte.
So wurde denn nach dem Herrschaftsantritt erst recht über jede Einnahme und
Ausgabe sorgfältigst Buch geführt. Das galt nicht nur für das „Patriotische Institut" oder jedwede andere Wohltätigkeit, sondern auch innerhalb der eigenen
Familie. Am Geburtstag Maria Pawlownas im Jahr 1829 durften sich die Tochter
Augusta und Preußens Prinz Wilhelm verloben. Ende Mai reiste Maria nach Berlin, um die Hochzeit vorzubereiten, und am 7. Juni 1829 fuhr das Brautpaar zur
Vermählung nach Berlin ab. Die guten Wünsche vom Weimarer Hof begleiteten
sie ebenso wie die milden Gaben der Großherzogin. Maria händigte dem preußischen Kurier bei der Abreise der Brautleute 3000 Taler aus, damit es jenen an
nichts mangele. Von diesem Zeitpunkt an führte Maria sorgfältig darüber Buch,
welche Geschenke den Weg nach Berlin und in die gestickten Beutel Augustas
nahmen – selbst wenn Augusta in Belvedere zu Besuch war, zahlte die Mutter
das Trinkgeld für die Dienerschaft aus ihrer Tasche.[48] Maria Pawlowna hatte mit
Augusta viel vor. Man sollte jedoch um der Gerechtigkeit willen annehmen, daß
die Tochter Maria nicht schlechter behandelt wurde, von Carl Alexander nicht zu
sprechen. Aber der war ohnehin der wichtigste Erbe.

Unter den vielen diesbezüglichen Rechnungen, Quittungen und Belegen
sind im Nachlaß Maria Pawlownas selbstverständlich auch die Einnahmen ver-
zeichnet, so z. B. die Anweisung des russischen Kaisers Nikolaus I. vom 21. September 1829, seiner Schwester Maria in Weimar die ihr jährlich zustehenden
10.000 Rubel auszuzahlen.[49] Einnahmen bewegten sich im Rahmen größerer
Summen. In ihrer Masse überwogen die Ausgaben, die bis zu kleinen und kleinsten Summen reichten und alle gesellschaftlichen Bereiche einschlossen. Maria
bemühte sich, in dieser Hinsicht die Kontinuität und Ausgewogenheit zu wahren und in der Geldpolitik keine Kampagnen zuzulassen. Unvorhergesehene
Soforthilfen sind im sozialen, kulturellen und wissenschaftlichen Bereich niemals auszuschließen. Wenn die Wohltätigkeit aus der Privatschatulle kein direk-
tes Element zum Ausgleich mangelnder Staatsfinanzen war, sondern großherzogliche finanzielle Hilfe und Budget einander in umfassendem Maß sinnvoll
ergänzten – wie es bei der damaligen Herrschafts- und Verfassungsstruktur
nicht anders sein konnte –, dann ließen sich die privaten Spenden auch länger-
fristig voraussehen. Aus der Ausgabenhäufung in einem bestimmten Bereich
und zu einer bestimmten Zeit war demnach nicht abzuleiten, daß sich Maria
gerade auf ein ganz konkretes Gebiet konzentrierte. Ihre Hilfe war allgegenwärtig und zeitlos, richtete sich nach den eigenen langfristigen Vorstellungen und

den notwendigen Erfordernissen: Hungerjahre sind nicht vorherzusehen, der
Aufbau einer eigenständigen Musikkultur schon eher.

Es war ganz natürlich, daß die Forderungen an das großherzogliche Paar
nach der Thronbesteigung zwingender wurden. Die Pflicht, seit Jahren geübt,
wandelte sich zur Selbstverständlichkeit mit größerer unmittelbarer Verantwortung. Carl Friedrich mußte sich mit entscheidendem Wort in die zoll- und handelspolitischen Querelen mit Preußen mischen. Maria Pawlowna trug die Liebe
zur Musik nicht länger als persönliche Leidenschaft in sich. Sie wurde für die
Musikkultur am Hof und im Land eigenverantwortlich. Dieser Wandlungs-
prozeß erfaßte nach und nach alle Lebensbereiche und stellte neue Aufgaben.

Natürlich unterstützte Maria auch weiterhin die von Goethe und Meyer
geleiteten wissenschaftlichen und künstlerischen Sammlungen in Jena und
Weimar. Am 16. Februar 1829 schrieb Goethe Maria einen innigen Geburts-
tagsglückwunsch, der die ganze Dankbarkeit des kranken, alten und „nachdenklich" gewordenen Dichters für die erwiesene Hilfe zum Ausdruck brachte:
„. . . Welchen lebhaften Danck habe ich daher Ew. Kaiserlichen Hoheit abzustat-
ten, daß Höchstdieselben das Wenige, was ich allenfalls noch zu leisten vermag
nicht zu verschmähen: sondern mir sowohl meine Kräfte zu erproben, als einen
rein gewiedmeten Willen darzuthun, gnädigste Veranlassung zu geben geruhen . . ." Wie zur Bestätigung legte Goethe am 7. Mai einen „Unterthänigsten
Antrag" bei Maria vor, in dem er um die Bewilligung von 177 Talern bat, damit
von diesem Geld Aktien für eine Expedition von Karlsruhe nach Brasilien erworben werden konnten. Auf diese Aktien konnte man später an den Ergebnissen
der Expedition beteiligt werden. Professor Voigt aus Jena hätte dann die Möglichkeit besessen, Naturalien für die Jenaer Museen zu erwerben. Am 8. November bedankt sich Goethe bei Maria dafür, daß sie seine umfangreiche Arbeit für
den Staat mit bleibender Aufmerksamkeit zur Kenntnis nahm. Drei Tage zuvor
hatte er ihr schon wieder eine Liste mit den in den letzten Monaten erworbenen
Kupferstichen, Büchern und Journalen für die großherzogliche Bibliothek zuge-
sandt, wohl wissend, daß sie sich an deren Finanzierung beteiligt hatte. Goethe
nutzte auch in seinem hohen Alter jede Gelegenheit, die junge Großherzogin zu
weiteren Leistungen zu stimulieren. Beide waren sie, neben anderen einflußreichen Angehörigen des Hofes, Mitglieder im Sächsischen Kunstverein zu Dresden. Da erfolgreichen Menschen ohnehin das Glück zufällt, gewann Maria
Pawlowna Ende 1829 bei einer Vereinslotterie zwei schöne Gemälde: die „Wall-
fahrtskapelle bei Graupen" von Croll und „Rebekka am Brunnen" von Richter.
Goethe beglückwünschte Maria zu diesem unerwarteten Losglück und wies
beziehungsvoll darauf hin, daß man in Dresden die Kunstförderung sehr ernst
nehme. Dieser Anspielung bedurfte es eigentlich nicht. Seit Jahren arbeiteten

beide vertrauensvoll zusammen und ermöglichten, was nur einigermaßen machbar war. Es mag sein, daß der reife Goethe es für notwendig hielt, immer einmal wieder zu guten Taten anzuspornen, aber er war nicht nur weise, sondern auch gerecht. Zum Geburtstag Marias schrieb er am 16. Februar 1830: „Ew. Kaiserliche Hoheit tragen mehr, als ich ausdrücken kann, zur Vollständigkeit meines Daseins bei. Denn welche Lücke würde in meinen Wochentagen erscheinen, wenn ich nicht das Glück hätte, Höchstdieselben zu geregelter Stunde verehren zu dürfen, und einer so höchst interessanten Unterhaltung in Höchstihro Gegenwart zu genießen. Die Fortsetzung der bedeutenden Beyhülfe, welche Höchstdieselben den mir untergebenen Anstalten zu widmen geruht, gereicht zu meiner größten Beruhigung. Denn wie Vieles müßte zurückbleiben, wie Vieles dürfte gar nicht unternommen werden, wenn ich ohne solche Theilnahme, jene, seit einigen Jahren mir zugewachsenen Anforderungen befriedigen sollte . . ." Der Dank schloß gleichermaßen die Kunstsammlungen, die Zeichenschule, die Gewerkschule, Bibliothek, Universität und wissenschaftliche Sammlungen ein. Wenige Monate später, im August 1830, fügte Goethe bilanzierend hinzu: „Ueber 50 Jahr bin ich dem Fürsten, dem hohen Hause, dem Lande angehörig und habe so manches Gelingen und Mißlingen gesehen durch Verdienst und Schuld der Personen, wie auch durch Einwirkung höherer Gewalten; dabei hat es mir an treuem Einwirken und an ernsten Wünschen nie gefehlt, deren Erfüllung ich nun mit inniger Freude vor mir sehe. Einsicht und Uebersicht, thätige Besonnenheit, reine Beharrlichkeit und wie viel andre treffliche Eigenschaften sehe ich nicht wirksam zu klarsten, edelsten Zwecken und genieße auch auf solche Weise eines Glückes, welches wohl selten einem Menschen zu Theil wird."

Wie zur Bestätigung dieser Worte, wie ein Vermächtnis Goethes und wie ein Blick voraus in die wissenschaftliche und kulturelle Zukunft Weimars stellte sich gerade in jenen Tagen der Theologe Karl von Hase erstmals persönlich bei der großherzoglichen Familie in Belvedere vor. Auch mit seinem Namen sollte in den kommenden Jahren ein wichtiger neuer Zweig in der umfangreichen Arbeit Marias verbunden werden: die literarischen Abende. Bis dahin sollte noch etwas Zeit vergehen, und sowohl Goethe als auch Heinrich Meyer war es vergönnt, bis in ihre letzten Lebenstage rege an der geistigen Kultur des Landes mitzuwirken.

Am 16. Februar 1831 dankte Goethe erneut für die regelmäßigen Zusammenkünfte und für die Unterstützung – dieses Mal bei der Vorbereitung und Finanzierung des Lesemuseums. Es hatte in Weimar lange und gegensätzliche Debatten über den Zweck und den Sinn eines Lesemuseums, einer Lesehalle für die gebildeten und einfachen Menschen Weimars gegeben. Einerseits konnte eine derartige Einrichtung das allgemeine Bildungsniveau erhöhen, andererseits befürchtete namentlich Goethe, daß eine zu starke Konzentration auf Journale oder Trivialliteratur nur zur Verzerrung des allgemeinen Literaturgeschmacks beitragen könnte. Letztlich überwog der positive Wille. Am 25. April 1831 fand das Stiftungsfest zur Gründung des Lesemuseums in Weimar statt. Die Initiative war von dem Oberkonsistorialdirektor Peucer ausgegangen, und Heinrich Meyer hatte die Statuten entworfen. Das Lesemuseum erhielt seine Räume im Fürstenhaus.

Gut eine Woche später, am 2. und 3. Mai, fand in Weimar die Einweihungsfeier eines anderen Museums statt. Kanzler von Müller hielt die Festrede und betonte, daß das Museum ohne die Unterstützung durch das großherzogliche Paar nicht möglich gewesen wäre. So reihte sich eine kulturelle Einrichtung an die andere, und Heinrich Meyer konnte eine allgemeine und anerkannte Wahrheit niederschreiben: „Die Güte Ew. Kais. H. wird immer als ein Nothanker betrachtet, auf welchen man in Stürmen und Widerwärtigkeiten des Lebens vertrauend seine Hoffnung setzt. Ich an meinem Ort bin mehr als Jemand zur Zeugschaft dessen so wie zur Dankbarkeit verpflichtet."

Da war gleichzeitig das Musikleben am Hof und in der Stadt. Johann Nepomuk Hummel hatte sich als ein Glücksgriff erwiesen. Das Musiktheater, die Hofkapelle und das gesamte Konzertleben profitierten von seiner Anwesenheit, gefördert durch Wandlungsprozesse im generellen deutschen Musikleben. Sinnvollster Ausdruck der Veränderungen war in den Jahren 1825 und 1826 die Aufführung der Opern „Semiramis" und „Der Barbier von Sevilla" von Rossini. Kurz vor dem Tod Carl Augusts wurde der 4. Satz aus Beethovens 9. Sinfonie in Weimar erstaufgeführt, und im Jahr 1829 gastierte der berühmte Geigenvirtuose Niccolò Paganini am Hoftheater. Im gleichen Jahr führte man Aubers Oper „Die Stumme von Portici" auf, und ganz im Sinne und mit Zustimmung Maria Pawlownas beschloß die Hofkapelle, einen Fonds für die Witwen und Waisen verstorbener Hofkapellmitglieder einzurichten, für den jährlich zwei Konzerte veranstaltet werden sollten. Maria Pawlowna subventionierte den Fonds jährlich mit 100 Reichstalern.

Bis 1828 hatte sich die Stellung Hummels unter dem Prorektorat Maria Pawlownas so gefestigt, daß er im Zusammenhang mit der Thronbesteigung eine Instruktion entwarf, in der er für sich selbst die absolute Entscheidungsfreiheit in allen Fragen des Musiklebens forderte. Carl Friedrich kam dem selbstwußten Künstler zwar einige Schritte entgegen, beließ die letzte Entscheidungsfreiheit jedoch beim Hofmarschallamt. Das galt sowohl für die Hofkapelle als auch für die Oper. Der von Maria Pawlowna sichtbar unterstützte Hummel konnte sich in dieser Frage nicht durchsetzen. Der Großherzog bewies Charak-

ter und Stärke. Am 7. November 1828 erließ er eine Instruktion, die Hummel, der
bisher trotz des Einflusses von Caroline Jagemann weitgehende künstlerische
Freiheiten genossen hatte, eher einschränkte als stimulierte. Franz Liszt sprach
später aus eigenen hochfliegenden Interessen heraus sogar davon, daß die
Instruktion Hummel „moralisch entmannt" hätte. Hummel war über die neue
Sicht seines Dienstherrn sehr verärgert und zeigte das auch öffentlich. Sein Interesse am Weimarer Musikleben ließ spürbar nach. Mehr und mehr betrachtete
er seine Arbeit eher als Broterwerb denn als Berufung. Den Schaden trug das
Musikleben in Weimar. Das Beispiel ist sehr erkenntnisreich. Es spricht davon,
daß die mit dem „Silbernen Zeitalter" verbundene Blüte des Musiklebens unter
der Herrschaft Carl Friedrichs nicht der Staatsführung, sondern mehr oder weniger den kulturellen Intentionen und finanziellen Möglichkeiten Maria Pawlownas zu verdanken war. Seit 1831 unterstützte ihre Schatulle die Hofkapelle
mit einem jährlichen Zuschuß in Höhe von 700 Talern. Damit konnten nur die
dringendsten Besetzungsprobleme gelöst werden. Hummel mußte einen ständigen harten Kampf um die Besoldung der Musiker führen. Er bemühte sich, die
Forderungen des Hofes nach neuen und interessanten Musikwerken zu erfüllen,
und verband dieses Bemühen mit der Sorge um die Existenz der Kapelle – trotz
seiner persönlichen Verärgerung. Das Beispiel zeigt aber auch, daß Marias Geld
allein noch keinen neuen Musenhof schaffen konnte und daß Carl Friedrich und
Maria bei aller Liebe und Harmonie durchaus unterschiedliche Ansichten besitzen und demonstrieren konnten. Im übrigen war die Enttäuschung Hummels
nicht so zu verstehen, daß das Weimarer Musikleben bis zu seinem Tod im Jahr
1837 einen eklatanten Niedergang erlitten hätte. Clara Wieck kam zu Konzerten,
Glucks Opern „Armide" und „Alceste" wurden aufgeführt, und im Jahr 1838
leistete man sich sogar den fragwürdigen Spaß, die Handlung der Oper „Der
Maskenball" von Auber und Scribe zu Ehren des Weimar besuchenden russischen Kaisers aus dem Schweden des 18. Jahrhunderts in eine mythische Sagen-
welt zu verlegen, weil man Nikolaus I. keine künstlerische Darstellung der
Ermordung König Gustavs III. zumuten wollte. Rußlands Kaiser war von der
Aufführung begeistert und nahm das Stück mit nach St. Petersburg.

Dieses Ereignis hatte allerdings weniger mit der Kunst als vielmehr mit der
Politik zu tun. In politischer Hinsicht wurde das großherzogliche Paar von
Anfang an belastet und gefordert, nicht nur durch die anhaltenden Versuche
Preußens, die kleinen Staaten zu vereinnahmen. Da konnte sich Maria schon
sehr standhaft zur Wehr setzen, wenn sie z. B. ihren preußischen Schwieger-
söhnen und deren Eltern klar machen mußte, daß Hochzeitstermine auch nach
dem Wohlwollen der Brauteltern festzulegen seien. In der Politik ging es um
weit gewichtigere Themen.

Es vergingen nach dem Regierungsantritt kaum mehr als zwei Jahre, da
schwappten im Jahr 1830 die Folgen der Französischen Julirevolution auch auf
Thüringen über. Zwar waren von den bereits abgeschwächten Rebellionen in
erster Linie ostthüringische industrielle Gebiete um Altenburg und Gera betroffen, aber in Jena kam es in diesem Zusammenhang und in Verbindung mit den
Forderungen nach einer demokratischen deutschen Vereinigung zur Spaltung
der Burschenschaft in einen radikalen (Germanen) und in einen gemäßigt-libe-
ralen Flügel (Arminen). Die Jenaer studentischen Auseinandersetzungen waren
derart gewalttätig, daß Militär einmarschieren mußte. Eine ganz andere Qualität
besaßen die Unruhen im Neustädter Kreis und in der Gegend um Eisenach. Sie
brachten den erwachenden und politisch akzentuierten Bürgersinn einer mit der
modernen Industrie verbundenen Bevölkerung zum Ausdruck. Das der deutschen Einheit gewidmete Hambacher Fest von 1832 und der Sturm auf die
Frankfurter Hauptwache im Jahr 1833 riefen jedoch in allen Staaten des Deutschen Bundes eine neue Welle bei der Verfolgung demokratischer und liberaler
Freigeisterei hervor – so, wie sie schon die Karlsbader Beschlüsse nach sich gezogen hatten. Die Folgen der Französischen Julirevolution mußten Maria Pawlowna noch aus einem anderen Grund interessieren. Diese Revolution führte
zum Aufstand um die Unabhängigkeit Polens von Rußland.

Kaiser Nikolaus I. konnte mit dem Beginn seiner Herrschaft zufrieden sein.
Eine Verschwörung war niedergeschlagen worden, innenpolitische Reformen
wurden eingeleitet, und er hatte zwei Kriege gegen die Türkei für Rußland günstig gestalten können. Nikolaus gab sich der Illusion hin, das Volk sei glücklich.
Er wurde aus seinen Träumen gerissen. Alexander I. hatte Polen eine Verfassung
gegeben, Polen war in Personalunion mit Rußland vereint, und Konstantin
sorgte als Vizekönig für Ruhe und Ordnung. Im Juli 1830 brachte die Revolution
in Frankreich den „Bürgerkönig" Louis Philippe auf den Thron. Die Bourbonen
wurden gestürzt. Nikolaus war über diesen Bruch dynastischer Traditionen
empört. Die revolutionäre Welle schwappte nach Holland über. Nikolaus I.
befahl dem Großfürsten Konstantin, polnische Rekruten auszuheben und nach
den Niederlanden in Marsch zu setzen.

Im polnischen Untergrund hatte sich die Bewegung der „Patrioten" gebildet.
Auf die erste Nachricht von den Zwangsaushebungen hin erhoben sie sich.
Die Rebellion weitete sich zu einem landesweiten Aufstand gegen die russische
Herrschaft aus. Kaiser Nikolaus I. setzte General Diebitsch mit 80.000 Mann
gegen Warschau in Marsch. Das war im Oktober 1830. Zwei Monate später
erklärte der Sejm Nikolaus zum „Usurpator der polnischen Krone" und proklamierte Polen zur unabhängigen Republik. Präsident wurde Adam Czar-
toryski, der Mann, der über viele Jahre hinweg versucht hatte, Alexander I.

zu einer liberalen und auf Unabhängigkeit gerichteten Polenpolitik zu bewegen.

General Diebitsch war seiner Aufgabe nicht gewachsen. Der russische Vormarsch verlief schleppend und wurde durch das polnische patriotische Heer immer wieder zurückgewiesen. Diebitsch mußte sich zurückziehen. Dabei starb er an der Cholera – wie auch der Großfürst und Vizekönig Konstantin Pawlowitsch. Nikolaus setzte daraufhin den General Paschkjewitsch in Marsch. Er sollte die demoralisierten russischen Truppen sammeln und den polnischen Aufstand niederschlagen. Dieses Ziel erreichte der General im Dezember 1831, als er in Warschau einfiel. Den Erfolg verdankte er sowohl der Brutalität seines Vorgehens als auch den in ihrem Schwung erlahmenden Insurgenten. Der Aufstand währte bereits zu lange, man war sich auf der polnischen Seite nicht einig und zersplitterte die Kräfte. Nikolaus erwies sich in dieser Situation des Namens würdig, den ihm die Geschichte verliehen hat – der „Gendarm Europas". Er bestrafte die Polen nicht, er übte Rache. Die Toten waren ebensowenig zu zählen wie die nach Sibirien Deportierten. Polen wurde seiner nationalen Eigenständigkeit beraubt. Es verwandelte sich in eine russische Kolonie. Nikolaus schaute befriedigt auf sein mittelalterliches Werk, mit dem er sich eines Iwans IV. des Schrecklichen würdig erwiesen hatte.

Was war in den letzten Jahren nicht alles auf Maria Pawlowna eingestürmt – und nun kam dieser Schlag, der ihren durch Alexander I. geprägten politischen Verstand erschüttern mußte. Sie war Alexanders Idealen gefolgt und geriet nun über die Rechtmäßigkeit des Vorgehens ihres Bruders Nikolaus in Zweifel. Mag sie auch heimliche Sympathien für die polnische Haltung empfunden haben – der kluge Adam Czartoryski war ihr als einstiger enger Freund Alexanders seit Kindesbeinen bekannt und vertraut – offen wird sie keinen Widerspruch gegen die kaiserliche Politik gewagt haben. Zudem beschäftigten sie genügend eigene Sorgen. Nach dem Tod Carl Augusts und der Mutter folgte im Jahr 1832 für Maria Pawlowna der nächste empfindliche Schicksalsschlag: Am 22. März 1832 starb Johann Wolfgang von Goethe.

Zu ihrem Geburtstag am 16. Februar hatte er wie üblich für die enge Gemeinsamkeit und für die großzügige Unterstützung seiner Staatsdienste gedankt. Es waren die letzten Zeilen, die Goethe an Maria Pawlowna richtete. Am 3. März sahen und sprachen sie einander noch einmal. Es war der letzte Tag, den Goethe gesund erlebte. Er war gesprächig, aufgeschlossen und mitteilsam. Dennoch, Goethe war alt und hatte in den letzten Jahren auch gegenüber Maria immer wieder von Leiden und Krankheiten gesprochen. Sie machte sich darum keine übertriebenen Sorgen, es könnte jetzt zum Schlimmsten kommen, als sie von erneuter Krankheit hörte. Umso schrecklicher war die unumkehrbare Tatsache. Mitte

April beschrieb Maria Pawlowna in einem Brief an die Gräfin Caroline von
Egloffstein ihre ganze Trauer und machte Goethe das größte Kompliment: Ihr
war bewußt geworden, daß sie in all den vergangenen Jahren keine einzige sach-
liche Entscheidung ohne seinen Rat getroffen hatte. Bei allem schuldigen
Respekt vor den großen geistigen Köpfen Weimars – mit Johann Wolfgang von
Goethe war die Zeit des klassischen Weimar endgültig vorbei. Maria Pawlowna
weinte um den Freund, den Ratgeber, um jenen Menschen, der ihr mehr als alle
anderen den Geist und Charakter Weimars erschlossen hatte. Seiner redlichen
und weisen Führung verdankte sie es in erster Linie, daß sie das Epochenende
begriff und aus der Erkenntnis die Schlußfolgerung ziehen konnte, Weimar
benötigte im Interesse des klassischen Erbes neue Impulse, neue Inhalte und
Ausdrucksformen, um auch in Zukunft das Recht zu bewahren, im Konzert der
geistigen Kultur Deutschlands und Europas ein gewichtiges Wort mitzuspre-
chen. Das würde sehr schwer werden, denn das Genie Goethes war unersetzbar.
Wie aber sollte man ihn ehren und gleichzeitig zu neuen Ufern gelangen? Maria,
die damals bereits 46 Jahre alt war und viel für das klassische Erbe geleistet hatte,
erschien es sinnvoll, den Vorschlag Varnhagen von Enses aufzugreifen und eine
„Goethe-Stiftung" ins Leben zu rufen, die das Erbe bewahren und neue Werte
schaffen sollte. Es war tatsächlich schwer. Trotz mehrerer Ansätze und der späteren eifrigen Unterstützung durch Franz Liszt konnte das Vorhaben zu Marias
Lebzeiten nicht verwirklicht werden. Dazu trug auch das Verhalten des „Jungen
Deutschland" bei. Eine Gruppe junger Literaten, zu der auch Ludwig Börne oder
Heinrich Heine gehörten, hatte Goethes Stellung in der deutschen geistigen Kultur und Literatur schon zu dessen Lebzeiten heftig angegriffen und dabei vor
persönlichen Diffamierungen nicht zurückgeschreckt. Es war ein Angriff gegen
die Weimarer Klassik, und Goethe war deren wichtigster Repräsentant. Sachsen-
Weimar-Eisenach war seit Jahren ob seiner Liberalität von rechts angegriffen
worden. Das „Junge Deutschland", Vertreter des literarischen Vormärz, operierte von links und beschuldigte Goethe einer unpolitischen Wirklichkeits-
fremdheit. Mit Formeln wie „Despotendiener" (Börne) und „in der Republik der
Geister zur Tyrannis gelangt" (Heine) suchten sie Goethe und Weimar, den Ort
„für Mumien", zu treffen. Die Kritiker bedachten in ihren antiklassischen Tira-
den nicht, daß sie selbst zu den Opfern der Demagogenverfolgung gehörten. Es
war im Vorfeld der Revolution von 1848 eine lang anhaltende Umbruchphase
erreicht. Bei allen Leistungen für die Wohltätigkeit, es war ein geradezu historisch zu nennendes Verdienst Maria Pawlownas – vollkommen unspektakulär
und vorerst nur in ersten personalpolitischen Entscheidungen erkennbar –, daß
sie diese Situation verstand und sich bemühte, Weimar ein neues Profil zu geben.
Namen wie Hummel, Schorn oder Hase sollten künftig nicht etwa lediglich an

die Stelle Goethes, Schillers oder Wielands treten, sondern unter Ausprägung eigener und neuer geistiger und ästhetischer Orientierungen mit den großen Dichtern zur Einheit des intelligenten Weimar verwachsen.

Dazu bedurfte es größerer Anstrengungen als der im Februar 1832 erfolgten Gründung eines „Mäßigkeitsvereins". Der verfolgte das Ziel, „allem schädlichen Übermaße im Genusse von Speisen und Trank überhaupt, besonders aber dem verderblichen regelmäßigen Gebrauche abgezogener geistiger Getränke kräftig entgegenwirken" zu wollen. Darüber berichtete die „Weimarische Zeitung", und wie bei allen Maßnahmen zur Wohltätigkeit wurde auch diese Gründung mit Maria Pawlowna in Verbindung gebracht. Bei den vielen aus der russischen Geschichte bekannten Kampagnen gegen den Alkoholismus erscheint der Gedanke gar nicht abwegig. Bis zum April hatte der Verein immerhin 278 Mitglieder, bis zum Juni kamen noch 149 Mitglieder aus umliegenden Dörfern hinzu. Aber eine längerfristige Resonanz war der edlen Neugründung nicht beschieden. Das war auch keine Organisation, die den Geschmack Goethes getroffen hätte. Sie entstand einfach zeitgleich mit dem Ableben Goethes und forderte unbeabsichtigt auf derb-rustikale Art den Gedanken heraus: Das Leben geht weiter, neue Aufgaben verlangen nach unkonventionellen Lösungen.

Tatsächlich ging das künstlerisch-literarische Leben auch nach Goethe weiter. In Weimar lebte zudem noch der Freund und Wegbegleiter Johann Heinrich Meyer, der ein nicht minder enges Verhältnis zu Maria besaß. Meyer hatte im Jahr 1807 die Leitung der Zeichenschule übernommen. Er hatte mit Goethe die Kunstsammlungen begründet und Maria in Kunstgeschichte unterrichtet. Heinrich Meyer besaß zwar kein mustergültiges Organisationstalent – er war Künstler –, aber unter seiner Leitung hatte die Zeichenschule 1816 neue Räume in dem großen Jägerhaus in der Marienstraße bezogen. Meyers Verdienste um die bildende Kunst sind für Weimar ebenso unverzichtbar wie das Werk der großen Dichter. Für Maria Pawlowna besaß Meyer noch eine andere Bedeutung. Menschlich stand er ihr auf eine ganz andere Art näher als Goethe. In den letzten Lebensjahren war Meyer nahezu täglicher Gast im Hause Maria Pawlownas – wenn er nicht ganz und gar bei ihr wohnte. Bisweilen entsteht sogar der Eindruck, Goethe und Meyer hätten um die Gunst der Großfürstin gewetteifert. Maria reiste viel und gern – Meyer nicht minder. Gegenseitig informierten sie sich über Neuigkeiten daheim und in der Ferne, über Land und Leute und über den genialen Goethe. Meyer war für Maria Pawlowna nicht nur verehrter Ratgeber oder väterlicher Freund. Er war ein Hausfreund im besten Sinn des Wortes. Nach Goethes Tod bedeutete er für die Großherzogin eine wirkliche moralische Stütze als ein letzter lebender Akteur aus der klassischen Zeit. Aber auch Meyers Lebensuhr war abgelaufen. Am 11. Oktober 1832 folgte er seinem über-

ragenden Freund Goethe ins Grab. Meyer vermachte seine Bücher und Kunst-
gegenstände den öffentlichen Sammlungen Weimars. Mit einem Teil seines Gel-
des wurde die „Meyer-Amalien-Stiftung" gegründet, die seinem Andenken und
dem seiner Frau gewidmet war. Heinrich Meyer bestimmte Maria Pawlowna ob
ihres erfolgreichen wohltätigen Engagements zur Herrin und Beschützerin über
diese Stiftung, die ihre Mittel vorrangig für die Kranken- und Altenpflege
verwenden sollte und auf diese Weise eng mit dem „Patriotischen Institut der
Frauenvereine" und mit dem Louisenstift wie auch der gesamten gemeinnützigen Krankenpflege kooperieren konnte. Auch das Geld der „Meyer-Amalien-
Stiftung" kam auf diese Weise in Marias Hände.

So war Meyers Tod der sehr menschliche und praktische Schlußstrich unter
ein erfülltes Leben, das sich harmonisch in das klassische Weimar und in die
deutsche Kunstgeschichte eingefügt hatte. Meyer gab keinen Anlaß zu abgrund-
tiefer Trauer über ein unersetzbares irdisches Dasein, sondern weit eher den
fröhlichen Mut zu traditionsverbundenem Neubeginn – und das auf eine sehr
praktische Weise, die Maria und das kunstsinnige Weimar beflügelten und
anregten. Im September 1832 erschien das letzte der von den Weimarer Kunst-
freunden aus Goethes Nachlaß herausgegebenen Hefte der Zeitschrift „Über
Kunst und Alterthum". Die Ausgabe wurde Maria Pawlowna gewidmet, weil
alle Hefte nur dank der Zuneigung und Hilfe des großherzoglichen Paares möglich gewesen waren. Ganz in diesem Sinne hatte auch Meyer seine „Geschichte
der bildenden Künste bei den Griechen" Maria zugeeignet und dabei ihren
Anteil an der Entstehung des Werkes gewürdigt.

Im Jahr 1832 näherten sich die Gespräche über eine wirtschaftliche Verbindung der deutschen Staaten einer Entscheidung. Ein gesamtdeutscher Zollverein würde, das war abzusehen, das wirtschaftliche, kulturelle und auch politische Leben möglicherweise verändern. In Weimar ließ man sich zur selben Zeit
von der Pflicht leiten, neue schöpferische Gedanken und Menschen für die Stadt
zu werben. So mancher Kandidat wurde für eine Berufung in die Musenstadt
geprüft und zur Begutachtung eingeladen. Es blieb nicht aus, daß der kritische
Blick von Außenstehenden mitunter schärfer als erwartet geriet. Maria Pawlowna hatte es mit ihrem erklärten Streben nach Erneuerung nicht leicht. Einer
der Prätendenten für die verwaiste Leitung der Kunstsammlungen und der traditionsreichen Zeichenschule war der Kunstwissenschaftler Ludwig Schorn. Er
kam im Sommer 1832 zum zweiten Mal nach Weimar, nachdem er bereits 1826
dort gewesen war. Er schrieb einen ausführlichen Bericht an den Kölner Freund
Sulpiz Boisserée: „Alles was Kunstpflege betrifft, ist trotz Goethe und Meyer hier
in eine Art Verkommniß geraten." Er klagte, daß Meyer – obwohl dieser zum
Zeitpunkt des Besuchs noch lebte – die Zeichenschule regelrecht verschlampt

habe. „Im übrigen werde ich wohl mit einiger Philisterey und Beschränktheit zu kämpfen haben." Nur eine Person konnte nach seiner Erkenntnis wirklich helfen: „. . . das meiste wird wohl auf die Großfürstin zukommen, von der man mir alles Gute prophezeit." Und an einer anderen Briefstelle: „Auch scheint die Großherzogin mancherley im Sinne zu haben. Als ich mich in Wilhelmsthal bei ihr beurlaubte, sagte sie: ‚Es wird Ihnen schwer werden, aus dem großen Kreis, den Sie verlassen haben, in unserm kleinen Cirkel einzugewöhnen, aber ich hoffe, es wird sich auch da manches gestalten lassen, was Ihnen Freude macht. Wir müssen die großen Verluste, die wir erlitten, auf andere Weise zu vergüten suchen, und dazu sollen Sie uns nun helfen!' Sie hat auch die Mittel dazu; das Land ist verschuldet und daher von den öffentlichen Kassen nichts zu hoffen." Ludwig Schorn wird bei dieser Sicht auch gegenüber der Großfürstin aus seiner Meinung keinen Hehl gemacht haben. Offensichtlich imponierte gerade dieser Umstand Maria Pawlowna besonders: Ludwig Schorn wurde noch im selben Jahr zum Direktor der Kunstsammlungen und der Zeichenschule bestellt. Unverzüglich ging er gemeinsam mit dem Stadtbaudirektor Coudray an den Ausbau und an die Ausgestaltung des Stadtschlosses in Weimar.

An dem Residenzschloß wurde nicht zum ersten Mal saniert und gebaut. In diesem Falle sollte Maria Pawlowna persönlich eingreifen und dafür Sorge tragen, daß die Architektur stärker als in den vorausgegangenen Zeiten zu einer arteigenen und anerkannten neuen Kunstrichtung im Großherzogtum avancieren konnte. Schorn und Coudray erwiesen sich neben vielen anderen Vertretern einer neuen Generation des Musenhofes als integre, respektable und durchsetzungsfähige Männer. Als Ludwig Schorn später eine adelige Dame heiratete, gab es einen Skandal, der nun dadurch gelöst wurde, daß man ihn selbst in den Adelsstand erhob. Den Titel nahm er gern an, aber einen Rest von bürgerlicher Opposition bewahrte er sich doch. Maria Pawlowna hielt sehr wohl auf Standesunterschiede. Im Hoftheater war eine Empore für den Hof und den Adel, die andere für die Bürger vorbehalten. Schorn betrat niemals die Adelsempore, auch nach der Nobilitierung mischte er sich zum Kunstgenuß weiter unter die Bürger, und seine Gattin Adelheid, die zwei für ihre Zeit fabelhafte Bücher über das nachklassische Weimar geschrieben hat, tat es ihm gleich!

Zurück zu den Jahren 1833/34. Nach zähen Verhandlungen und preußischer Vermittlung wurde am 10. Mai 1833 der „Zoll- und Handelsverein der Thüringischen Staaten" Wirklichkeit. Einen Tag später schloß er sich dem Deutschen Zollverein, der mit Wirkung vom 1. Januar 1834 in Kraft trat, an. Es war ein einheitlicher thüringischer Wirtschaftsraum entstanden, der in einem gesamtdeutschen Wirtschaftsgebiet aufging. Dem in Erfurt ansässigen Thüringer Zollverein oblag die gemeinschaftliche Verwaltung der Zölle und indirekten Steuern für alle thüringischen Staaten. Aus objektiver und vernünftiger Sicht mag das ein politischer Fortschritt gewesen sein. Der Bürger beobachtete den Anschluß damals mit keiner geringen Skepsis. Der Thüringer mußte, ob er wollte oder nicht, aus seiner kleinen und engen Staatenwelt hinaustreten und die in Handel und Wandel liebgewordenen Normen abstreifen. Es war verständlich, daß eine Frau wie Maria Pawlowna, die aus einem zentralistisch geführten Riesenreich kam und deren wohltätiges Engagement ohnehin auf soziale Probleme fixiert war, weniger Berührungsängste gegenüber derlei Neuerungen besaß. Tatsächlich mußten die thüringische Industrie und das Handwerk nach bisher nicht gekannten Wegen und Möglichkeiten für den Bezug und Absatz von Waren suchen. Das war außerordentlich schwierig und mit Nöten verbunden. Getreide und Tuchwaren wurden an vielen Orten produziert. Die Übernahme der preußischen Verbrauchssteuern war nur selten von Vorteil. Im Grunde verlangte der Beitritt zum Zollverein einen radikalen Umbau der kleinstaatlichen Wirtschaftsstrukturen, der jedoch mit den schmalen finanziellen Möglichkeiten des Staates und der Unternehmer nur sehr langsam verwirklicht werden konnte. Das in Sachsen-Weimar-Eisenach durch Maria Pawlowna geknüpfte Netz sozialer Mildtätigkeit konnte äußerste Nöte lindern, die Probleme jedoch nicht lösen, zumal der Zollverein die politischen Verhältnisse weder innerhalb noch zwischen den beteiligten Staaten im Sinne liberaler Wirtschaftsdemokratie wirksam veränderte. Wirtschaftliche Integration und politische Restauration reichten einander die Hand und schritten gemeinsam in die deutsche Zukunft. Ob in dieser Zukunft jemals ein deutscher Nationalstaat liegen würde, mußte angesichts der Vereinigungsmechanismen bezweifelt werden.

Unter diesen Voraussetzungen veränderte sich das Weimarer Hof- und Landesleben in der Praxis nur wenig. Es kam vorerst zu keinen staatspolitischen oder strukturellen Belastungen. Maria Pawlowna konnte mit dem Gatten ihre Politik zur behutsamen Erneuerung des alltäglichen kulturellen und geistigen Lebens fortsetzen. Sie gaben sich mitunter patriarchalisch, wenn z. B. Carl Friedrich und Maria bei einem Brand in der Weimarer Schloßgasse persönlich an den Löscharbeiten mitwirkten. Die parlamentarische Demokratie zeitigte deutliche Kinderkrankheiten. Karl von Hase berichtete, daß 1834 die Absicht bestanden habe, ihn für die Stadt Jena in die Landstände zu wählen: „Ich habe das abgelehnt wegen Kleinheit der Verhältnisse, zumal nach den Bundestags-Ordonnanzen von 1832 in unserm kleinen Lande unter dem redlichen Fürsten der Landtag nur eine stille Rechnungskammer sein konnte."

Die redlichen Fürsten beschäftigten sich mit Kunst und Kultur und erweiterten sowohl ihren Bildungsstand als auch das geistige Leben. Ein Bücherverzeichnis gibt darüber Auskunft, daß Maria Pawlowna zwischen August 1831 und Juni 1833 für 2663 Rubel russische Bücher eingekauft hat.[50] Auch sonst gab es manche mitunter spaßige Erinnerung an das heimatliche Rußland. Als z. B. im Februar 1834 der „Barbier von Sevilla" aufgeführt wurde, traten plötzlich in einer Pause 22 russische Hornisten auf die Bühne und intonierten zu Ehren Maria Pawlownas die Ouvertüre zu Mozarts „Figaros Hochzeit". Originell sollte dabei wirken, daß jeder Musiker jeweils nur einen oder zwei Töne spielte und sie einander ständig ablösten. Ganz im Stile des Programms des russischen Sommertheaters folgten darauf russische Volkslieder und Märsche. Der Großfürstin mag es gefallen haben. Sie quittierte die Darbietungen ganz ernsthaft. Mit solchen Einlagen erschöpfte sich natürlich das Interesse am Musikleben nicht. Im Zeichen der Wohltätigkeit und einer demonstrativen liberaleren Bürgernähe plädierte Maria Pawlowna für mehr öffentliche Konzertveranstaltungen statt der elitären Hofkonzerte. Besuchten berühmte Virtuosen Weimar, gaben sie sowohl vor den Mitgliedern der Hofgesellschaft als auch in der Öffentlichkeit Proben ihres Könnens. Die Großfürstin verteilte dafür schöne Geschenke. Maria nahm ständig eigenen Musikunterricht, und sowohl im Residenzschloß als auch in Belvedere standen ihr spezielle Musikzimmer zur Verfügung.

Selbstverständlich gingen die Arbeiten des „Patriotischen Instituts" weiter, ebenso wie die Industrie- und Gewerkschulen, die Spitäler, Lesehallen oder die Landschaftspflege. Im Jahr 1834 entstand die Landesbaumschule. Natürlich übernahm Maria das Patronat. Die Volksfürsorge, Gesundheitspflege und Bildung armer Menschen machten alle Jahre einen wesentlichen Teil der Tätigkeit der Großherzogin aus, und es ist müßig, stets und ständig nur auf diese Arbeit zu schauen, die so verdienstvoll für das ganze Großherzogtum war. Für die Großfürstin war die Arbeit ein Akt selbstverständlicher monarchischer Pflicht und eine moralische Tugend, für die sie nicht jeden Tag erneut gelobt werden wollte. Außerdem entstellt eine überproportionale Würdigung der wohltätigen Maria die Sicht auf die ganze Persönlichkeit dieser Frau im deutsch-russischen Spannungsfeld und auf die Entwicklungsprobleme des Großherzogtums.

Im Jahr 1835 trat ein weiterer Zweig in den Interessen Marias deutlicher sichtbar hervor. Das war ein Gebiet, das mit der Berufung Schorns in Angriff genommen worden war. 1835 wurde der von Maria maßgeblich beeinflußte Anbau im Stadtschloß vollendet. Es war im Westen ein ganz neuer Schloßflügel entstanden. Über Ludwig Schorn hatte sich Maria Pawlowna am 11. Juli 1835 an Carl Friedrich Schinkel um Hilfe gewandt: „Unsere Frau Großherzogin ist seit geraumer Zeit voll des lebendigsten Kunst-Interesses mit Auszierung des neuen Schloßflügels beschäftigt. Außerdem daß sie für einen großen Saal eine Reihe von Ölbildern, historische Landschaften in Bezug auf die Landesgeschichte, und Ansichten aus dem Lande enthaltend, bey zweyen unserer Maler bestellt hat,

wünscht sie auch ein oder mehrere Zimmer in der neuen enkaustischen Weise
ausmalen zu lassen, und hat zu diesem Behuf im vorigen Frühjahr den Maler
Preller und einen Ornamentisten [Hütter] von hier nach München geschickt um
dort diese Technik zu erlernen." Gleichzeitig wurden zwei Reliefs aus dem
Palast Grimani in Venedig angekauft. Durch die Arbeiten Coudrays und Schorns
entstanden im neuen Westflügel die dem Andenken Goethes, Schillers, Wielands
und Herders gewidmeten „Dichterzimmer". Carl Friedrich Schinkels Beitrag
fand in der mit einer Flachtonne überwölbten „Goethe-Galerie" seinen praktischen Niederschlag. Am 10. Oktober 1835 übermittelte Schorn den ausdrücklichen Dank Maria Pawlownas an Schinkel für dessen Hilfe bei der Ausgestaltung
des neuen Schloßflügels. Die „Dichterzimmer" waren für sie weit mehr als nur
ein neues Schmuckelement oder eine farbige Bereicherung der Schloßarchitek-
tur. Sie bedeuteten ihr eine sinnfällige Brücke von der Klassik in die damalige
Moderne. Entgegen den Schmähungen von seiten der Dichter des Vormärz hielt
sie an der Klassik fest und verband diese mit ihren eigenen Vorstellungen von
der Rolle der Architektur und bildenden Kunst bei der künftigen künstlerischen
Gestaltung Weimars. Es war kein Anflug reaktionären Beharrens auf vergangenen Werten, sondern die Bereitschaft, Tradition und Voranschreiten so miteinander zu verbinden, daß die geistige Erhabenheit des Musenhofes auch künftig seine Ausstrahlungskraft nicht verlieren würde. Es war die Hoffnung auf eine
Zukunft, deren Konturen sich in der bildenden Kunst, Architektur, Musik und
Literatur erst abzuzeichnen begannen.

Nicht nur in der Wohlfahrt, Kunst und Kultur, sondern auch bei der Unterstützung des wissenschaftlichen Lebens legte Maria Pawlowna neue Züge an
den Tag, die über das bekannte Maß an finanzieller Leistung hinausgingen. Die
Erinnerung an das Jahr 1836 ist besonders geeignet, auf die über viele Jahre
gepflegten literarischen Abende Maria Pawlownas einzugehen. Diese Abende
dürfen mit Fug und Recht als Gradmesser für Marias eigenes Bildungsbedürfnis,
für die geistigen Interessen des Weimarer Hofs nach dem Ableben Goethes und
als Maß für die Orientierung und Unterstützung der wissenschaftlichen Arbeit
und Leistung durch den Hof betrachtet werden.

Im September 1836 fand in Jena ein großer Kongreß deutscher Ärzte und
Naturforscher statt. Koryphäen aller möglichen naturwissenschaftlichen Diszi-
plinen kamen an die mittlere Saale, allen voran Alexander von Humboldt. Die
Gelehrten nutzten den Kongreß zu Besuchen in Weimar und beim großherzoglichen Paar in Belvedere. Das waren nicht nur Ausflüge in die prachtvolle Natur,
und die Visiten verfolgten nicht ausschließlich den Zweck, die eigene Reputation beim Landesfürsten aufzupolieren. Maria Pawlowna verfolgte die Inhalte
der Versammlung aufmerksam, unterhielt sich ausführlich mit den Gästen und

lud einige von ihnen zu Vorträgen ein. Karl Wilhelm Göttling, Professor für Philologie und Universitätsbibliothekar in Jena, vermittelte die Kontakte. Die Vorträge befaßten sich in jenen Tagen mit geologischen und mineralogischen Fragen: Wie sind die Gesteine im Verlauf der langen Erdgeschichte entstanden, durch welche chemischen und physikalischen Prozesse haben sich große Gesteinsmassen und Gebirge gebildet? Alexander von Humboldt mußte nach dem Kongreß noch einige Tage in Weimar bleiben, um der Großherzogin auf alle Fragen die mögliche Antwort zu geben. Dennoch blieb sie unbefriedigt. Sie wertete den Kongreß mit dem Jenaer Professor für Anatomie Emil Huschke gründlich aus und gestand freimütig ein: „Es war mir fast Alles neu, man verschließt diese Entdeckungen vor uns mit einer Aengstlichkeit, als könnten sie Schaden bringen, und doch scheint es mir, als ob die Zukunft der menschlichen Erkenntniß auf ihnen beruhe." Die Einsicht war grundsätzlich richtig. Interessant ist sie vor allem deshalb, weil der kaiserliche Bruder Nikolaus I. zu etwa der gleichen Zeit die Moskauer Universität besichtigte und auf die Präsentation zur wissenschaftlichen Arbeit befähigter Studenten mit der ernüchternden Bemerkung reagierte: „Ich benötige keine Klugscheißer, sondern treue Untertanen." Von einer derartigen Enge, die auch ein Kaiser Alexander I. nicht geteilt hätte, war Maria weit entfernt.

Sie lud vom Herbst 1836 an Professor Huschke, der aus Weimar stammte und vor seiner Rückkehr nach Jena in Berlin und Wien studiert hatte, der ein bekannter Arzt und anerkannter Anatom war, des öfteren zu Vorträgen und angeregten Gesprächen ein. Durch den Kongreß der Naturforscher erlebten die literarischen Abende eine Intensität und Gezieltheit, die über Jahre anhielt und zum ständigen Bestandteil des geistig-wissenschaftlichen Lebens im Großherzogtum, bei Hof und an der Universität Jena wurde. Die Abende selbst hatten früher begonnen. Sie gehörten bereits zur Tradition des klassischen Weimar. Adelheid von Schorn berichtete: „Während des Aufenthalts in Weimar versammelten die literarischen Abende am Hofe eine große Anzahl bedeutender Gelehrter. Wir hörten Vorträge von Humboldt, Schleiden, Apelt, Froriep, Schorn, Schöll und vielen anderen, die uns weit mehr bildeten, als es dicke Bücher getan hätten. Dabei gewöhnten wir uns daran, das Gelernte aufzuschreiben, was auch in Wilhelmsthal fortgesetzt wurde, sobald Interessantes uns auffiel. Die Anregung zu diesem geistigen Leben ging von Maria Paulowna aus; sie wußte, daß darin Weimars Größe lag und immer liegen würde, deshalb erzog sie auch ihre Kinder in diesem Gedanken und hob uns in ihre Atmosphäre, die allem Kleinlichen fernab war, die eine belebende Kraft ausströmte . . ."

Die von Adelheid von Schorn erwähnten Namen beziehen sich auf die Jahre nach 1836. Die Tradition der literarischen oder auch „gelehrten" Abende war schon von Anna Amalia begründet worden. Die Sitzungen der „gelehrten Gesellschaft" Anna Amalias hatten sich im engen Rahmen der Hofgesellschaft durch bemerkenswerte Toleranz und geistigen Freisinn ausgezeichnet. Sie fanden an jedem ersten Freitag im Monat statt. In einem speziellen Statut vom 5. Juli 1791 hieß es u. a.: „Eines Jeden Urtheil ist überlassen, was er selbst beitragen will, es mögen Aufsätze sein aus dem Felde der Wissenschaften, Künste, Geschichte oder Auszüge aus literarischen Privatcorrespondenzen und interessanten neuen Schriften, oder kleine Gedichte und Erzählungen, oder Demonstrationen physikalischer und chemischer Experimente." Jedes Mitglied präsidierte – nach Losentscheid – jeweils eine Sitzung. Spätestens eine Woche vor der jeweiligen Zusammenkunft mußten alle Mitglieder dem Präsidenten Vorschläge einreichen, welches Thema sie vortragen wollten. Der Präsident befand über die Auswahl und die Reihenfolge der vorzutragenden Themen. Die Autoren erhielten ihre Manuskripte nach dem Vortrag zur weiteren Bearbeitung zurück. Jedes Mitglied durfte nach vorheriger Anmeldung beim Präsidenten den einen oder anderen Gelehrten von der Universität Jena als Gast mitbringen. Jeder Abend dauerte drei Stunden, von 5 bis 8 Uhr. Der Präsident hatte Sorge zu tragen, daß die Vorträge abwechslungsreich angeordnet und durch praktische Experimente bereichert wurden – damit kein Zuhörer müde wurde oder gar einschlief. Doch das kam auch vor.

Diese Gefahr bestand bei Goethe sicherlich nicht. Goethe hatte die Vortragsabende weiterentwickelt und auf seinen Genius zugeschnitten. Die weltläufigen Belehrungen fanden auch nicht nur an Abenden statt. Maria Pawlowna orientierte sich an den Vorbildern Goethes und Anna Amalias. Sie setzte deren Gründungen fort und behielt diese in ihren inhaltlichen Grundrichtungen bei. Ein eigenes Statut erarbeitete Maria Pawlowna für diesen Zweck nicht. Mit den literarischen Abenden waren ja auch keine Geldgeschäfte verbunden, wie im Falle des „Patriotischen Instituts". Das Grundmuster der von Anna Amalia geschaffenen Abende blieb mit schöpferischen Variationen erhalten.

Eine weitere Quelle bildeten die Zirkel für private Bildung und Geselligkeit, die Maria Pawlowna zum eigenen Studium nutzte, ehe sie Großherzogin wurde. Das waren die Vorträge und Diskussionen mit Goethe, Meyer, Riemer und anderen Persönlichkeiten, die in erster Linie für den Kreis der herzoglichen Familie und deren Gäste gehalten wurden. Dazu kam nach 1828 – und besonders nach dem Kongreß der Naturforscher von 1836 – der in den Jenaer „Rosen-Vorträgen" gesammelte Fundus geistiger Wissensvermittlung und Erbauung.

In Jena gehörte Professor Göttlings Haus zu den Zentren des geistigen Lebens. Göttling hatte als erster öffentliche Vorträge organisiert. Diese fanden gewöhnlich im traditionsreichen Gasthaus „Zur Rosen" statt. Die aus den Vor-

trägen erzielten Einnahmen verwendete man als Finanzhilfe für die zahlreichen
Sammlungen der Universität. Karl von Hase hat dazu eine schnörkellose und
zugespitzte Bemerkung hinterlassen: „Göttling hatte für sein Museum von Gips-
abgüssen Vorlesungen zusammengetrommelt, die jeden Mittwoch des Winters
im Saale der Rose gehalten wurden; insofern nicht ganz leicht, als für ein dreifaches Publikum: Damen, Professoren und Studenten. Ich den 4. Februar [1846 –
Anm. des Autors] über Savonarola, wozu der Erbgroßherzog [Carl Alexander –
Anm. des Autors] mit dem ich einige Wochen vorher ein aristokratisches Fest in
Drakendorf durchgemacht hatte, nach seiner Verheißung kam. Indem auch die
Frau Großfürstin für ihre ‚gelehrten Abende' solche Vorlesungen einrichtete, wo
im kleinen Kreise vorher Thee getrunken, dann an kleinen Tischen gesessen wur-
de, ist mir dadurch fast unbewußt ein Literaturzweig entstanden, für den sich
meine kirchenhistorische Anschauung nicht übel schickte . . ." Diese Art einer
Verbindung von Kunst, Wissenschaft und Sponsoring war ein Prinzip, das bei
Maria Pawlowna auf hilfreiches Verständnis stieß. Die Vorträge erregten über
Jena hinaus Aufsehen, und manche von ihnen wurden dann auch bei den literarischen Abenden in Weimar gehalten. Göttling ging mit gutem Beispiel voran. Er
sprach u. a. „Über die politischen Elemente des römischen Volkes" oder über
„Das griechische Theater".

Die Großherzogin bündelte alle diese Traditionen auf der Suche nach einem
neuen geistigen Profil miteinander und initiierte eine bunte Mischung von
Natur- und Geisteswissenschaften, Literatur, Kunst und Politik, an der die nam-
haften Persönlichkeiten des Großherzogtums aktiv teilhatten. Die Abende fanden alle zwei Wochen statt, entweder dienstags oder freitags. Sie wurden im
Stadtschloß, in Belvedere oder in der Bibliothek Maria Pawlownas durchgeführt.
Sie fanden für den Hof statt und wurden durch zahlreiche ständige oder gerade
in Weimar anwesende Gäste bereichert. Das Ritual war in der Regel gleich.
Zunächst wurde tatsächlich – wie Hase ein wenig spitzbübisch bemerkt hatte –
Tee gereicht, danach folgte der Vortrag, anschließend ein kleines Abendessen,
und dann setzte man sich in kleinen Gesprächsgruppen zusammen und sprach
über das Gehörte. So konnte sich jeder frei bewegen und seine Meinung äußern,
ohne durch den Zwang, im „Plenum" sprechen zu müssen, genötigt zu werden.
Vielleicht entwickelte sich ja hie und da aus den individuellen Gesprächen auch
eine übergreifende Debatte.

Die Vortragsmanuskripte wurden von Maria Pawlowna eingesammelt, sorgfältig durchgelesen und notfalls auch mit korrigierenden Marginalien versehen.
Das war keine Zensur, sondern russische Lebensgewohnheit. Sie vertiefte mit
dieser Handlungsweise nicht nur ihr eigenes Wissen, sondern hielt auch die
Damen und Herren ihres Hofes an, sich mit den Vorträgen auseinanderzusetzen

– und das wurde kontrolliert! Für die Auswahl der Vortragenden und die Organisation der Abende war Minister Schweitzer verantwortlich. Er hielt jedoch auch selbst Vorträge zu unterschiedlichen wissenschaftlichen Gegenständen, denn Christian Wilhelm Schweitzer war von 1810 bis 1818 Professor der Rechtswissenschaften in Jena. Als Staatsminister diente er in Weimar von 1842 bis 1848, und in jenen Jahren lag auch die intensivste Zeit der literarischen Abende. Das war kein Zufall, denn damals unternahm Maria Pawlowna generell besonders große Anstrengungen zur Erweiterung des geistig-künstlerischen Lebens in Weimar. Es waren die Jahre des Vormärz, in denen der Disput zwischen Tradition und Erneuerung besonders scharf aufeinanderprallte, in denen der Kampf um die deutsche nationalstaatliche Zukunft zu einer Entscheidung drängte, in denen sich die sozialen Konflikte extrem verschärften und in denen der Weimarer Hof alle Anstrengungen unternahm, den genialen Franz Liszt für das eigene Musikleben zu verpflichten.

Eine große Welt drängte herein, noch aber triumphierte die kleine Freude. Wenn Jenaer Professoren zu Vorträgen eingeladen wurden, holte man sie mit einem Hofwagen in Jena ab und fuhr sie auch wieder zurück. Nach Vortrag und Debatte gingen die Herren gewöhnlich noch in den „Erbprinzen". Dort wird es mitunter recht lustig gewesen sein, und es ist vorstellbar, daß auch die Heimfahrten kurzweilig gerieten.

Es ist dem vorliegenden Buch nicht angemessen, auf die ganze Vielfalt von Persönlichkeiten und Themen, die den literarischen Abenden Gestalt verliehen, einzugehen. Wir verdanken es der administrativen Akkuratesse am Weimarer Hof sowie dem Wissensdurst und den Lebensgewohnheiten Maria Pawlownas, daß die Manuskripte bis auf den heutigen Tag im Thüringer Hauptstaatsarchiv erhalten geblieben sind und auf ihre wissenschaftshistorische Edition und Würdigung warten. Es können hier nur einzelne ausgewählte Beispiele und, wo das möglich ist, deren Hintergrund nachgezeichnet werden. Das geschieht zudem in unsystematischer und nicht exakt chronologischer Aneinanderreihung, weil nicht erkennbar ist, daß Maria Pawlowna ein spezielles Wissensgebiet favorisierte oder darauf achtete, daß inhaltliche Schwerpunkte gewählt wurden, deren Erörterung im Zusammenhang mit der allgemeinen Entwicklung des Großherzogtums vielleicht besonders notwendig gewesen wäre. Es ging um eine allseitige geistige Bereicherung jenseits politischer Tagesprobleme.

Wenn nach einem herausragenden Aspekt der Bildungsabende gefragt wird, dann war es der Gesichtspunkt der Toleranz. Trotz der Karlsbader Beschlüsse, trotz der Demagogenverfolgungen und des wachsenden preußischen Einflusses: Bei Maria Pawlowna kamen auch Professoren zu Wort, deren weltanschauliche Grundüberzeugungen und politische Ansichten nicht in jedem Fall mit den

damaligen offiziellen politischen Doktrinen übereinstimmten, die politische Ver-
folgungen erlitten hatten oder einfach unbequeme Geister waren. Allein dieser
Aspekt verlieh den literarischen Abenden für Thüringen eine unikale historische
Größe.

Hier wurden geistige Kommunikationen gepflegt, die im adelsintellektuellen
Leben Rußlands zu jener Zeit vollkommen unmöglich gewesen wären. Maria
Pawlownas Bemühungen um die geistige Vervollkommnung und Erneuerung
des Weimarer Hofes fielen zwar in die selben Jahre, in denen in Rußland die
Intellektuellen ihren großen theoretischen Streit um die Zukunft der Heimat
begannen, in denen der Philosoph Peter Tschaadajew überhaupt erstmals die
Frage nach einem modernen Rußland aufwarf. Damals, in den dreißiger und
vierziger Jahren, stritten „Westler" und „Slawophile" erbittert darüber, ob Rußland den Anschluß an Westeuropa benötigte oder ob es sich auf die altmoskowi-
tischen Werte zurückbesinnen sollte. Bedeutende russische Schriftsteller und
Geistesschaffende tauchten in Weimar auf und berichteten über den russischen
Ideenstreit. Das war jedoch etwas ganz anderes, als Maria Pawlowna im Sinn
hatte.

In ihrem kleinen Zirkel herrschte eine geistige Freiheit, die an die besten Traditionen Anna Amalias und Carl Augusts anknüpfte. Hier wurden wissenschaftliche Neuigkeiten mitgeteilt, das ästhetische Empfinden geschult und
nicht daran gedacht, Weimars Existenz in den Grundfesten zu erschüttern.
Die literarischen Abende implizierten keine Weltverbesserung. Sie waren ein
adäquater Ausdruck des Strebens der Großherzogin, Weimars Platz in der geistigen Kultur Deutschlands zu bewahren und zu erneuern. Wenn dem überhaupt ein politischer Aspekt innewohnte, dann der, auf sehr unpolitische Weise
die politischen Verdikte, die über Weimar verhängt worden waren, zu zerstreuen. Es war eine beachtliche Reihe gelehrter und talentierter Köpfe, die da in
den großherzoglichen Salons vortrugen und diskutierten.

Da war der Philosoph Jakob Friedrich Fries. Im Jahr 1816 hatte man den
Wahlheidelberger nach Jena geholt, weil er die Petition für eine Badener Verfassung, ähnlich der in Weimar angenommenen, unterschrieben hatte. Carl August
ernannte ihn zum Hofrat, und Maria Pawlowna empfing den jungen Demokraten. Wegen seiner Beteiligung am Wartburgfest mußte er zwangsweise die Universität Jena verlassen. Der Attentäter Sand hatte bei Fries Vorlesungen gehört,
und sofort zählte auch Fries zum Kreis der Verbrecher. Carl August bot ihm Tiefurt als Wohnsitz an und zahlte sein Gehalt weiter. 1824 wurde er vom Großherzog als Professor für Mathematik und Physik wiederberufen. Natürlich wußte
Maria Pawlowna um die Vergangenheit und das Denken von Fries. Jakob Friedrich Fries, der Tradition der Herrnhuter Brudergemeinde entwachsen, hatte

bereits als junger Student in Jena Aufsehen erregt, als er sich in der Streitschrift „Reinhold, Fichte und Schelling" gegen die Allmacht der philosophischen Größen empörte. Gegen Hegel wandte er sich in bisweilen grober Manier: „Hegels metaphysischer Pilz ist nicht in den Gärten der Philosophie, sondern auf dem Misthaufen der Kriecherei gewachsen" – schrieb Fries emotional und leider auch wenig überzeugend. Denn Fries war ein beschlagener Mensch, konnte anregend und überzeugend sprechen und hielt mit seiner Meinung nie hinter dem Berg. Er erfreute sich von seiten der Weimarer Minister Gersdorf und Schweitzer großer Sympathien – die Deckung durch den Hof war ihm gewiß. Das Vorleben und die philosophische, auf Kant orientierte Parteilichkeit sicherten ihm natürlich auch genügend Feinde, die sich in den „Hallischen Jahrbüchern" – dem gleichen Organ, das auch gegen das Genie Goethe Front machte – über Fries' Ignoranz in bezug auf Fichte, Schelling und Hegel mokierten. In Jena besaß Fries dagegen gute Freunde. Es waren dies vor allem die akademischen Lehrer Göttling, Karl von Hase und Schwarz sowie Apelt, Mirbt und Schleiden.

Gerade diese Professoren bildeten den Kreis der von Maria Pawlowna mit besonderer Vorliebe eingeladenen Jenaer Wissenschaftler. Sie verkörperten in der Mitte des 19. Jahrhunderts jenen stabilen Stamm der ihr Leben in Jena verbringenden Gelehrten, um den sich diejenigen, die kamen oder gingen, sammeln konnten. Diese Gruppe bildete gleichsam ein Bindeglied zwischen dem Weimar Goethes und Carl Augusts und jenem Weimar, das Maria Pawlowna für die Zukunft im Sinn hatte. Darum waren sie, abgesehen von ihren individuellen Fähigkeiten und Kenntnissen, für die literarischen Abende unverzichtbar. Jeder war und blieb eine auf seine Art unbequeme Individualität. Sonst hätten sie sich auch nicht als Wissenschaftler geeignet.

Eine solche Persönlichkeit war auch Karl Wilhelm Göttling, Sohn des von Goethe verehrten Chemikers Johann Friedrich Göttling. Dem verdankt die Nachwelt die überzeugenden Berichte über die gelehrten Abende Anna Amalias. Karl Wilhelm Göttling, gebürtiger Weimarer, hatte ein langes und abwechslungsreiches Studienleben in Berlin, Neuwied und Paris hinter sich gebracht, ehe er, gefördert und unterstützt durch Goethe, zu einer Professur als Philologe nach Jena kam. Er reiste weiterhin oft zu den Stätten der antiken Kultur und harmonierte in produktiver Weise mit Goethe. In Jena und Weimar hieß es damals: „Man konnte Göttling in keiner belebteren und glücklicheren Gemüthsstimmung haben, als wenn man ihn von Griechenland, Italien und Goethe sprechen hörte." Da seine Leidenschaft der politischen Entwicklung bei den antiken Kulturvölkern galt, teilte er sich auch in den literarischen Abenden vornehmlich zu den unterschiedlichsten Aspekten dieses Gegenstandes mit und fand dabei reges Interesse. So schloß sich der Kreis zu den „Rosen-Vorträgen" und zu der berühmten Sammlung von antiken Gipsabgüssen, die Göttling begründet hatte und die durch Maria Pawlowna großzügig unterstützt wurde.

Es ist nicht ganz eindeutig, ob die „Rosen-Vorträge" zuerst bei den literarischen Abenden präsentiert wurden, ob es umgekehrt war oder ob die Veranstaltungen sich zeitlich und inhaltlich vermischten. Letztlich ist die Klärung dieser Frage nicht so wichtig. Denn wie es auch gewesen sein mag: Das geistig-wissenschaftliche Leben in Weimar und in Jena – zwischen Hof und Universität – war über Inhalte und Persönlichkeiten miteinander verbunden. Maria Pawlowna und der um Göttling versammelte Kreis waren gleichermaßen Initiatoren. Selbst in den Sommermonaten, wenn die „Rosen-Vorträge" nicht stattfanden, kamen die gelehrten Freunde in Göttlings Weinberg zusammen, um den herrlichen Blick über das Saaletal zu genießen – falls sie nicht gerade gemeinsam zu einem fröhlichen Nachmittag bei Maria Pawlowna in Belvedere unterwegs waren. Es lag ein Hauch von Idylle über der damaligen gelehrten Jenaer Männerfreundschaft, eine Harmonie jenseits von Anfeindungen oder gar existenziellen Verfolgungen. Die gegenseitige Achtung und der Respekt vor der wissenschaftlichen Leistung und dem Kollegen waren für den schöpferischen Geist der Gelehrten unverzichtbar. Dabei waren diese wahren Wissenschaftler durchaus nicht in jedem Fall immer einer Meinung. Es gab hitzige Dispute zu den einzelnen Gegenständen, und auch nach Charakter und politischer Überzeugung stießen unterschiedliche Ansichten aufeinander, ohne daß daraus ein ohnehin an Maria Pawlowna abprallendes Denunziantentum erwachsen wäre.

Zu dieser akademischen Solidargemeinschaft gehörte auch der seit 1839 in Jena wirkende Botaniker Matthias Jacob Schleiden – ab 1846 besaß er die Botanik-Professur. Maria Pawlowna schätzte diesen Mann sehr, und er hielt vorwiegend in den vierziger Jahren zahlreiche Vorträge in Weimar. Es waren zum Teil spezielle, aber in das allgemeine Bild passende Themen „Über den inneren Bau der Pflanzen" oder „Über die Milchsäfte der Pflanzen". Schleiden absolvierte ein umfassendes Vortragsprogramm und zog daraus sicher auch Gewinn für die Spendenfreudigkeit der Großherzogin gegenüber den botanischen Einrichtungen der Universität.

Neben Fries waren weitere Philosophen Gäste bei den Vortragsabenden. So z. B. Ernst Siegmund Mirbt, ein Schüler von Fries. Mirbt war ein unorthodoxer Philosoph und warb ganz ungeniert für seine weltoffenen und demokratischen Ansichten. Im Vorfeld der Revolution (Mirbt starb 1847) waren seine Ansichten für Maria Pawlowna interessant genug, angehört zu werden.

Interessant schien ihr auch der Philosoph und Mathematiker Ernst Friedrich Apelt, gleichfalls ein Schüler von Fries und seit 1840 Professor in Jena. Apelt war ein universal gebildeter und interessierter Mensch, der zu zahlreichen Themen sprechen konnte. Er polemisierte energisch gegen alle „Phantasie über Erschaffung der Welt von Gott oder Göttern, über Entstehung der Dinge aus dem Chaos, oder einem Urelement". Er sprach über den „Einfluß der geographischen Entdeckungen auf den Gang der Kulturgeschichte", „Über die Entdeckung Amerikas" oder auch ganz einfach über den Sternenhimmel. Maria Pawlowna durfte ihm auf sehr persönliche Art danken. Die nahe St. Petersburg gelegene Sternwarte von Pulkowo verwahrte den Briefwechsel zwischen Kepler und Fabricius. Sie machte diese Korrespondenz für Apelt zugänglich, und der veröffentlichte sie in seiner „Reformation der Sternkunde" – selbstverständlich widmete er dieses Buch der Großherzogin und Großfürstin Maria Pawlowna.

Es sprach der Philosoph Christian Ernst Gottlieb Reinhold, ein Hegelianer, der seit 1824 eine Professur in Jena hatte. Reinhold war ein Enkel des großen Wieland und allein aus diesem Grund für die Großfürstin interessant. Reinhold referierte u. a. über den „Begriff der Philosophie und über die Gegensätze ihrer Systeme". Besonderer Beliebtheit erfreute sich der seit 1846 in Jena wirkende Professor für Philosophie Carl Fortlage. Der gesellige und unterhaltsame Mann wurde oft nach Weimar eingeladen, und offenbar mangelte es ihm nicht an Witz, denn er verband seine Erzählungen über die Universität Jena mit Darlegungen über den „Begriff des Wunders" – ohne daß ein Zuhörer daran Anstoß nahm.

Nicht nur die Naturwissenschaftler und Philosophen der Universität trugen in Weimar vor, auch die Theologen kamen gehörig zu Wort. Unter ihnen der Kirchenhistoriker Danz, ein Schüler Herders, oder auch der Superindendent Schwarz. Besonders bemerkenswert waren die Auftritte des Theologen Karl von Hase, eines herausragenden Menschen und Wissenschaftlers mit durchaus unkonventioneller Vergangenheit. Allein die Berufung Hases als Professor nach Jena war ein Merkmal liberaler und toleranter Wissenschaftspolitik im Großherzogtum Sachsen-Weimar-Eisenach. Hase ging am Hof ein und aus. In den „Annalen meines Lebens" bekannte er freimütig über Maria Pawlowna: „Sie ist mir immer das Ideal einer Fürstin gewesen." Hase war ein sehr gebildeter Mensch. Er konnte ebenso über Savonarola wie über die Jungfrau von Orléans oder über den heiligen Franz von Assisi sprechen. Die Arbeit über Jeanne d'Arc hatte er aus reiner Liebhaberei geschrieben und dabei auch den rechten Ton für einen Vortrag in Weimar getroffen. Die Arbeit war lediglich ein wenig zu lang geraten. Als Hase das Manuskript im Februar 1851 vortragen wollte, bereits schuldbewußt wegen der Längen, nahm ihn zu allem Überfluß Großherzog Carl Friedrich zur Seite: Er habe Glaubersalz genommen, könne nicht lange still sitzen und bat um eine möglichst kurze Behandlung des Themas. Hase wußte in seiner Not keine andere Lösung, als mitten im Manuskript abzubrechen. Alle

Anwesenden waren überrascht, nur Carl Friedrich lächelte dankbar – und verschwand. „. . . die Großfürstin, der ich wie üblich die Handschrift übergab, sagte in ihrer Freundlichkeit: ‚Nun, Sie lesen uns ein andermal den Schluß.' Wirklich im Mai zum Geburtstag des abwesenden Herzog Carl Bernhard beschied sie mich wieder und übergab mir das Manuskript; sie habe den anwesenden Damen, der Herzogin Bernhard mit ihrer Tochter und der Stiefmutter der Herzogin von Orléans dasselbe gegeben, aber mit dem von ihnen genommenen Versprechen nicht weiter zu lesen als bis zur Gefangennehmung, da also hatte ich fortzufahren." Maria führte mit energischer Hand Regie! Das bekam Hase auch bei einer anderen Gelegenheit zu spüren, die möglicherweise erst auf das Jahr 1856 datiert werden kann: „An einem ihrer gelehrten Abende, wo ich nur als Gast war, hatte ich ihrer holdseligen Art mich zu einer demnächstigen Vorlesung zu bestimmen mannhaft widerstanden, so daß sie schließlich zu Göttling, der dabei stand, sagte: ‚Nun Sie hören, er hat uns nichts versprochen, aber reden Sie ihm auf dem Heimwege zu, vielleicht tuth er's doch!' Göttling schalt hernach über meine Hartnäckigkeit, daß ich solcher Bitte solcher Frau widerstehen könnte. Ich wußte aber in der That nichts Passendes für diesen Kreis, die Fichte-Absetzung wollte sich in das Weimarische Schloß nicht recht schicken. Als wir in der Nacht heimfuhren, recht im Wunsche jenen Wunsch zu erfüllen, ist mir der H. Franciscus plötzlich eingefallen in der Erinnerung an Assisi", das Hase besucht hatte. Daraus erwuchs schließlich eine der wichtigen Schriften Hases. Freilich, nicht jeder Vortragende war so souverän, seine Verbindung zum Hof mit Anekdoten ausschmücken zu können.

Gäste in Weimar waren der Orientalist Stickel, der in Jena mit Unterstützung Goethes und danach auch Maria Pawlownas das Münzkabinett einrichtete; der Sprachwissenschaftler August Schleicher, der ob seiner Kenntnisse in den slawischen Sprachen Marias besondere Aufmerksamkeit genoß. Dank ihres Einflusses wurde er zum „Korrespondierenden Mitglied" an der St. Petersburger Akademie der Wissenschaften berufen. Schleicher wurde zwar erst 1857 nach Jena geholt, aber in der kurzen Zeit, die noch bis zum Tod der Großfürstin verging, war ihr Kontakt ernst und fest. Schleicher las Maria die von ihm gesammelten litauischen Märchen vor.

Mit und nach Schleicher wären weitere Namen von Wissenschaftlern der Jenaer Universität zu nennen, die nicht nur die Spenden der Großherzogin als wohlfeile Unterstützung ihrer Arbeit annahmen, sondern bereit waren, dafür dem Hof direkt etwas zu geben: ihr Wissen und ihre Fähigkeiten. Die literarischen Abende hätten ihren Namen jedoch nicht verdient, wären sie allein auf den Gedankenaustausch mit Gelehrten beschränkt geblieben. Universitätsprofessoren bildeten nur eine Säule der praktischen Wissensbereicherung. Eine andere gewann durch Mitglieder des Hofes und Persönlichkeiten des Weimarer öffentlichen Lebens selbst Gestalt. Verantwortliche Staatsminister und Beamte, die an und für sich administrative Aufgaben im Großherzogtum erfüllten, sowie Publizisten beteiligten sich mit unterschiedlichsten Themen an den Gesprächen.

Einen ganz entscheidenden Part spielte der Kanzler Friedrich von Müller. Auch Müller repräsentierte in gewisser Weise ein Bindeglied zwischen den Zeitaltern Goethes und Maria Pawlownas. Dafür sprachen sowohl seine praktischen Erfahrungen bei der Leitung des Staatswesens als auch seine intensive Beschäftigung mit dem Erbe Goethes. Er hielt bei den literarischen Abenden mehrere Vorträge über das klassische Weimar und reagierte ausgesprochen aufmerksam, wenn Neuerscheinungen über Goethe und Schiller, über Herder oder Wieland erschienen. Zu diesem Thema – Goethe und Schiller – sprach er immer wieder. Müller spannte den Bogen in der Vortragsfolge von der Wissenschaft und Politik zu dem geselligen Leben und der Kunstfreudigkeit in Weimar. Das alles vereinte er in Geschichte und Gegenwart mit seiner eigenen Person.

Ein weiterer ständiger Gast war Stephan Schütze, der lange Zeit den „Almanach für Liebe und Freundschaft" und das von Bertuch begründete „Journal des Luxus und der Moden" herausgegeben hatte. Er informierte über die von der Hofrätin Schopenhauer in Weimar eingerichteten Gesprächsrunden, erklärte sich zur Geschichte der schönen Künste, würdigte deren Bedeutung für Weimar und äußerte Gedanken zu einem Gebiet, das eine immer größere Rolle in Weimar spielte und noch spielen sollte: die Musik. Schütze schrieb sogar eine eigene Oper, die er der Großherzogin widmete und der er den Titel „Die entwaffnete Rache" gab.

Ein ganz anderer Typ war in der vielseitigen Skala bedeutender Persönlichkeiten der Medizinalrat Ludwig von Froriep. Er galt in literarischen Fragen als Berater Marias und hielt ihr Privatvorträge über literarische Entwicklungen und Probleme. Froriep der Ältere war ein universal gebildeter Mensch, wirkte nicht nur bei der Leitung des Staatswesens mit, er konnte sich in Vorträgen über die unterschiedlichsten Gegenstände äußern: über die menschliche Mimik ebenso wie über den Bernstein oder über die Telepathie. Sein Sohn, der Medizinalrat Robert Froriep, trat in jeder Hinsicht in die Fußstapfen seines Vaters und äußerte sich im Rahmen der literarischen Abende z. B. „Über den Einfluß der Naturkunde auf die bildende Kunst".

Zu den bedeutenden Weimarer Persönlichkeiten mit Einfluß gehörte neben Müller oder den Frorieps auch Ludwig Schorn. Er wurde außerordentlich geschätzt und erwarb sich nicht nur über seine Vorträge in den literarischen Abenden, auf denen er über kunsthistorische Themen sprach, bleibende Verdienste, sondern auch durch seine praktische Kunstpolitik und bei der architek-

tonischen Ausgestaltung des Stadtschlosses und anderer Bauten. Die Persönlichkeit Ludwig Schorns weist bereits auf jene dritte Gruppe von Vortragenden
hin, von denen die literarischen Abende gestaltet wurden: die Künstler und Literaten, die in ihrer Universalität freilich nur schwer von den Persönlichkeiten des
öffentlichen Lebens zu trennen waren.

Ludwig Schorn hatte Archäologie studiert und war als Professor für Kunstgeschichte nach München berufen worden. Da Schorn ein Mann mit überragenden wissenschaftlichen und organisatorischen Fähigkeiten war, der aufgrund
seiner vielen Aufgaben nie dazu gekommen war, eine umfassende Kunstgeschichte zu schreiben, hatte er in Bayern an der Universität, im Königshaus,
bei Zeitschriften und in der Öffentlichkeit derartig viele Aufgaben zu lösen, daß
sie bald überhand nahmen. Der Ruf nach Weimar war mit seiner Hoffnung verbunden, etwas Ruhe zu gediegener Publizistik zu finden. Er war jedoch ein derart aktiver Mensch, daß er sich auch in Weimar in zahlreiche Arbeiten stürzte.
Die Schloßsanierung war nur eine davon. Dieser Mann entsprach genau dem
Wunsch Maria Pawlownas, verkörperte die neue Generation der Weimarer
Kunstgesellschaft, und folglich erfreute er sich ihres höchsten Wohlwollens.
Schorn legte die Grundlagen für alle späteren Entwicklungen Weimars auf den
verschiedenen Gebieten der bildenden Kunst. Die von Goethe und Meyer
begründeten Kunstsammlungen konzentrierte er zunächst im Jägerhaus und
anschließend im Fürstenhaus. Er öffnete sie einem breiten Publikum. Er refor-
mierte die traditionsreiche Zeichenschule zu größerer Wirklichkeitsnähe und
bereicherte sie durch seine eigenen kunsthistorischen Vorträge. Schorn
beherrschte sein Metier so gut, daß er stets frei sprach und die Nachwelt leider
nur über wenige schriftliche Zeugnisse seiner Vortragskunst verfügt. Kanzler
von Müller setzte ihm ein bleibendes Denkmal: „Die Anmuth seiner geselligen
Eigenschaften, der stets frische Gehalt seiner häufigen Vorlesungen in den literarischen Abendkreisen der Frau Großherzogin fand gerechte Anerkennung, verschaffte ihm fortwährend die ehrenvollsten Auszeichnungen. Bald war es die
Geschichte der alten Baukunst, die Theorie einzelner Kunstgebiete oder die
Erklärung der vorzüglichsten Kunstdenkmäler des Alterthums, bald die Charakteristik ruhmwürdiger Meister, eines Raphael, Michel Angelo, A. Dürer,
L. Cranach, die er sich zur Aufgabe wählte, und da er ganz frei, mit voller Klarheit und Präcision vortrug und seine Darstellungen durch eine reiche Auswahl
der besten Abbildungen zweckmäßig zu beleben wußte, so hinterließen solche
Abende stets einen tiefen Eindruck, gleich belebend wie auf das Heiterste anregend. Einzelne dieser Vorlesungen sind gedruckt erschienen, z. B. der Umriß
einer Theorie der bildenden Künste, der sich durch Reinheit und Schärfe der
Begriffe wie durch beseelten Ausdruck ungemein auszeichnet." Es war sehr

bedauerlich, daß Ludwig von Schorn bereits im Jahr 1842 starb – nicht einmal zehn Jahre waren ihm für seine rastlose Arbeit in und für Weimar vergönnt.

Nachfolger Schorns wurde Gustav Adolf Schöll, ein ausgesprochen faszinierender und geistvoller Mensch. Schöll blieb viele Jahre in Weimar und sammelte einen großen Künstlerkreis um sich. Für die Arbeit in Weimar gab er eine Professur an der Halleschen Universität auf. Aus den archivalischen Quellen sind allein fünf Vorträge bekannt, die er bei den literarischen Abenden hielt: „Erinnerungen aus Athen", „Die Medea des Euripides", „Shakespeares Sommernachtstraum", „Die Anwendung und Bestimmung der kleinen Bronzefiguren bei Griechen und Römern", „Die Bedeutung der Landschaftsmalerei". Schöll besaß das volle Vertrauen Maria Pawlownas und setzte das Werk Schorns unbeirrt fort. Auch Gustav Schöll rundete die große Gruppe kunstsinniger Freunde, die durch Maria Pawlowna an den Weimarer Hof gezogen wurden, noch lange nicht ab. Hermann Sauppe kam 1846 als Direktor des Gymnasiums nach Weimar. Er sprach bei den literarischen Abenden u. a. über die „Euminiden" bei Aischylos. Nach dem Tod des Oberbibliothekars Riemer trat Ludwig Preller 1847 an dessen Stelle. Er setzte bei Maria Pawlowna die literarischen Privatvorträge Frorieps fort. Weitere Namen wären zu nennen. Alle geben darüber Auskunft, daß es Maria Pawlowna bei den literarischen Abenden nicht um ein leichtes, geselliges Ereignis ging, das man seiner Reputation schuldig gewesen wäre. Sie liebte die ernste Kost in guter Form und gewöhnte ihre Umgebung daran. Sie leistete gesunde und vielfältige Bildungsarbeit auf dem in Weimar höchstmöglichen Niveau und bezog alle jene Persönlichkeiten aus der Region ein, die Rang und Namen besaßen. Die literarischen Abende waren zugleich ein Mittel, ihren Einfluß auf Wissenschaft, Kunst und Politik zu stärken und diesen im Sinne der musischen Erneuerung Weimars zu nutzen. Aber die auf anderen Gebieten demonstrierte Bürgernähe kam in diesem Fall nicht zum Tragen. Die Vorträge waren und blieben elitär, beschränkten sich stets auf den kleinen Kreis vertrauter Menschen, denen man sich in Harmonie zuwandte. In diesem Sinn waren die literarischen Abende in ihrer Form eher der Tradition des klassischen Weimar, in ihren Inhalten jedoch bereits dem geistigen Neuanfang verbunden.

Bei allen Betrachtungen über die literarischen Abende und die mit diesen einhergehende geistige Selbstbetätigung des Hofes darf nicht außer acht gelassen werden, daß in der gleichen Zeit im Theater, der Oper, dem Konzert und auch in der Literatur weitere Anstrengungen zu eben dieser Erneuerung unternommen werden mußten. Gerade als die literarischen Abende begannen, zu einer geistigen Institution zu werden, kam es im Musikleben Weimars zu einem schwerwiegenden Einschnitt. Im Jahr 1837 starb Johann Nepomuk Hummel. Es war nicht sein Ableben allein, das ein Schlaglicht auf die chronisch miserable materielle und Finanzlage im Bereich der musikalischen Unterhaltung warf. Die literarischen Abende waren relativ kostengünstig auszurichten. Die Professoren waren dankbar, wenn sie bei Hofe vortragen durften, die Staatsminister und Beamten leicht zu verpflichten, und viele sahen darin ihr Sendungsbewußtsein bestärkt. So mancher sprach aus rein ideeller Liebe zur Sache, und alle hofften auf die Gunst Maria Pawlownas. Die wenigen Nebenkosten für Transport, Tee und ein bescheidenes Abendessen fielen bei dem kleinen Kreis nicht so sehr ins Gewicht. Anders in der Musik. Maria Pawlowna finanzierte Hummel, aber die übrigen Musiker darbten. Es war noch das Bittschreiben des Hofkapellmitglieds Friedrich Wollweber vom Mai 1831 an den Oberhofmarschall in Erinnerung. Flehentlich hatte der Musiker um die Erhöhung von Rang und Gehalt nachgesucht, weil er trotz elterlicher Unterstützung mit dem vorhandenen Geld keine Familie gründen konnte und der in Aussicht genommene Schwiegervater – ein Malermeister – bereits darüber nachdachte, dem Musiker die Tochter zu verweigern.

Wollweber war kein Einzelbeispiel. Nach dem Tod Hummels, der einen weiteren Rückgang in der Qualität der Musikkörper nach sich zog, sahen sich die Mitglieder der Hofkapelle 1837 und dann wieder 1842 zu Kollektiveingaben veranlaßt, mit denen sie um die Verbesserung ihrer trostlosen und jammervollen Lebenslage ansuchten. Oberhofmarschall von Spiegel reagierte außergewöhnlich scharf ablehnend. Hummel hatte ein gutes Gehalt von Maria Pawlowna bekommen. Außerdem besaß sein Name als Komponist, Virtuose und Lehrer einen international guten Ruf, der ihm auch genügend Geld einbrachte und Möglichkeiten eröffnete, die ein einfacher Musiker der Hofkapelle in Weimar nicht besaß.

So nahm der von Hummel getragene Ruf des Weimarer Musiklebens nach dessen Tod deutlich ab, und es war auch ein Ausdruck für die schwierige Finanzlage, daß sich der Hof bei der Neuberufung eines Nachfolgers außerordentlich schwer tat. Man gab sich durchaus Mühe, für Hummel einen geeigneten Nachfolger zu finden, verhandelte gar mit so bedeutenden Musikern und Virtuosen wie Felix Mendelssohn Bartholdy, Sigismund Thalberg oder Friedrich Kalkbrenner, die sich um den Posten beworben hatten. Es vergingen jedoch mehr als drei Jahre, ehe eine Entscheidung getroffen wurde, und die war dann nicht mehr als eine Verlegenheitslösung.

Im Juli 1840 wurde André Hippolyte Chélard für den verstorbenen Johann Nepomuk Hummel als Hofkapellmeister nach Weimar berufen. Der französische Komponist hatte in Paris und Neapel studiert und wirkte nach 1816 als Violinist an der Pariser Oper. 1827 erhielt er Rang und Stellung eines Bayrischen Hofkapellmeisters. Er lebte zwischen 1830 und 1835 in München und anschließend in Augsburg. Die Bewerbungen mehrerer anderer guter Musiker wurden

Großherzog Carl Friedrich von Sachsen-Weimar-Eisenach. Kreidezeichnung von Luise Seidler.

Großherzogin Maria Pawlowna von Sachsen-Weimar-Eisenach.
Öl auf Leinwand von Lauchert, 1854.

Johann Wolfgang von Goethe.
Punktierstich von Afanassjeff nach Jagemann,
1817.

Franz Liszt (1811–1886), Komponist und
Hofkapellmeister in Weimar.
Öl auf Leinwand von Scheffer, 1838.

Die Wartburg. Lithographie von unbekannt, 1836.

Prinzessin Auguste von Sachsen-Weimar-
Eisenach.
Stich von Franz Krüger, undatiert.

Großherzog Carl Alexander von Sachsen-
Weimar-Eisenach. Miniatur auf Porzellan von
unbekannt, undatiert.

Das Stadtschloß in Weimar. Stich nach Eduard Reuße, 1850.

Franz Liszt. Kohlezeichnung von Vogel von
Vogelstein, um 1840.

Richard Wagner (1813–1883),
Komponist.
Lithographie von C. Stockar-Escher,
undatiert.

Entwurfzeichnung für die Russische Kapelle in Weimar von Streichhan, 1859/60.

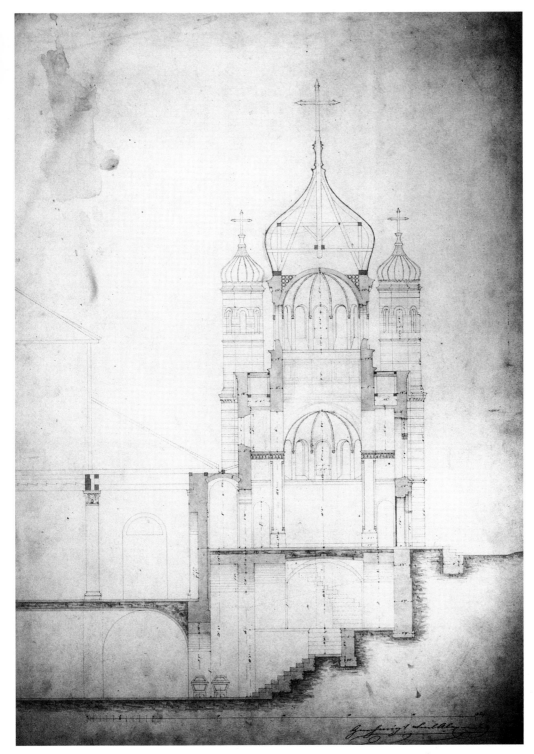

Entwurfzeichnung für die Russische Kapelle in Weimar von Streichhan, 1859/60.

Großherzogin Maria Pawlowna von Sachsen-Weimar-Eisenach.
Gipsbüste von A. Donndorf, 1859.

abgelehnt. Der von Chélard erwartete Aufschwung im Theater- und Konzertleben Weimars konnte leider nicht erreicht werden. Maria Pawlowna, deren
ganze Liebe der Musik galt, die sich von den besten Lehrern unterrichten ließ,
war mit der Berufung des Franzosen nicht einverstanden. Es war wohl das einzige Mal, daß sie sich demonstrativ gegen eine Personalentscheidung ihres
Gatten auf künstlerischem Gebiet aussprach. Im Unterschied zur Hilfsbereit-
schaft gegenüber Hummel zahlte sie für Chélard keinen einzigen Taler aus ihrer
Privatschatulle. Sie wartete weiter darauf, daß sich eine Musikerpersönlichkeit
finden würde, die, noch stärker als Hummel, ihren Vorstellungen vom Weimarer
Musikleben entsprechen konnte. Das Warten sollte sich lohnen.

Die Großherzogin war über den Tod Hummels betrübt, obwohl jener in den
letzten Lebensjahren mehr dem eigenen denn dem Wohle Weimars gelebt und
gearbeitet hatte. Im selben Jahr 1837 starb mit dem Erzpriester Jasnowski ein
weiterer ihr nahestehender Mensch. Jasnowski hatte seit 1804 an ihrer Seite
getreulich auf die Einhaltung der orthodoxen Religion geachtet. Er kannte ihre
innerste Seele – Beichtvater, Vertrauter und ein Stück der Heimat war er ihr.
Nikita Jasnowski wurde in Weimar bestattet.

An seine Stelle trat der Erzpriester Stefan Sabinin. Er war am 31. Januar 1789
in dem Dorf Bolota, nahe Woronesh, als Sohn eines Geistlichen geboren worden.
Nach dem Besuch des Priesterseminars und der Petersburger Geistlichen Akademie wurde der durch Gelehrsamkeit und Sprachenkenntnis auffallende Sabinin 1823 zum Priester geweiht und in die Kirche der russischen diplomatischen
Mission in Kopenhagen geschickt. Dort befaßte er sich neben seinen seelsorgeri-
schen Pflichten mit Forschungen zum Alten Testament und interessierte sich für
die Geschichte Islands. 14 Jahre blieb Sabinin in Dänemark. Nach dem Tod Jasnowskis empfahlen ihn der Heilige Synod, das kaiserliche Hofministerium und
das russische Außenministerium für die Stelle des Erzpriesters in Weimar. Sabinin stellte sich bei Maria Pawlowna erfolgreich vor und übersiedelte noch im selben Jahr mit seiner Familie nach Weimar.

Dort erwies er sich nicht nur als gelehriger Schüler, der den geistigen Reichtum der Klassik in sich aufsog, sondern er betätigte sich aktiv als Mittler deutsch-
russischer Kulturbeziehungen. Eine deutsche Puschkin-Ausgabe war dafür nur
ein bemerkenswertes Zeugnis. Das Büchlein erschien im Jahr 1840 in Jena. Sabinin setzte seine Bibelforschungen in Weimar fort und befaßte sich weiterhin mit
den skandinavischen Sprachen. Es gehörte zu seinen dienstlichen Obliegenheiten, für Maria Pawlowna Gutachten zu den von ihr erwünschten oder erworbenen Büchern anzufertigen. Dafür war es nicht nur notwendig, die Bücher zu
besorgen und zu lesen, sondern der Rezensent schuf persönliche Kontakte zu
Autoren, wissenschaftlichen Einrichtungen und Verlagen. In diesem Zusam-

menhang erregt ein Detail Aufmerksamkeit, das für Sabinin und auch für dessen Vorgänger Jasnowski gleichermaßen gelten darf.

Die These ist unbestreitbar und nahezu eine Binsenweisheit, daß die Anwesenheit Maria Pawlownas die deutsch-russischen Beziehungen auf politischem und geistig-kulturellem Gebiet außerordentlich belebte. Zahlreiche russische Besucher aus dem Herrscherhaus und der Politik, Schriftsteller und Künstler besuchten Weimar. Die Ländergrenzen überschreitenden Korrespondenzen, so fragmentarisch sie auch erhalten sind, unterstreichen den regen Informations- und Gedankenaustausch. Die literarischen Köpfe Weimars wandten sich unter dem Einfluß der Persönlichkeit Maria Pawlownas der bislang wenig oder kaum gepflegten russischen Thematik enthusiastisch zu. Goethe und Schiller, für sie wurde der Gedankenaustausch mit und über Rußland zum Teil ihres Lebensinhalts. Die literaturkritische Publizistik Weimars gewann durch die regelmäßige Aufmerksamkeit für die russische Poesie und Dichtung. Das alles ist in vielen Darstellungen zum Leben Herders, Wielands, Goethes und Schillers, aber auch Shukowskis, des russischen Reisenden Karamsin, Gogols oder Turgenjews beschrieben worden. Nicht zuletzt durch den Aufklärer des 20. Jahrhunderts, Lew Kopelew, sind Rahmen und Inhalte des Rußlandbildes bzw. des Deutschlandbildes bei den deutschen und russischen Dichtern aus Weimar und St. Petersburg bekannt geworden.

Maria Pawlownas Priester und Beichtväter Jasnowski und Sabinin spielen bei den Darstellungen zum Rußlandbild der deutschen Klassik und Nachklassik gemeinhin eine untergeordnete oder gar keine Rolle. Es ist schon darauf hingewiesen worden, daß Jasnowski oftmals Gast im Haus Goethes war. Erzpriester Sabinin hielt – soweit die Kenntnisse reichen – wohl keinen Vortrag bei den literarischen Abenden Maria Pawlownas. Jedoch seine ganze wissenschaftliche, publizistische und gedankliche Tätigkeit integrierte sich in den Geist Weimars, war Ausdruck und Spiegelbild eines intellektuellen Umfeldes, das zu großen Ideen anregte. Jasnowski und Sabinin waren nicht schlechthin die Beichtväter der Großfürstin. Sie waren Dichter und Wissenschaftler, die zwischen Deutschland und Rußland Brücken schlugen, indem sie eigene wissenschaftliche Leistungen vorlegten, Maria Pawlowna auf wichtige geistige Leistungen hinwiesen und sie zur Stimulierung ihrer Suche nach einem neuen geistig-kulturellen Profil für das Land der Klassiker anregten. Sabinins Gemeinschaftsarbeit mit dem Jenaer Wissenschaftler Tröbst zur Edition von Novellen Puschkins war nur ein Anfang. Es dürfte für Weimar nahezu einmalig gewesen sein, daß sich ein gelehrter Mensch gleichzeitig mit der skandinavischen Kultur, dem Alten Testament, den Forschungen Herders und der vergleichenden Sprachwissenschaft im weltumspannenden Sinn beschäftigte.

Wie Goethe oder Maria Pawlowna – wie viele geistvolle Menschen seiner Zeit – suchte Erzpriester Sabinin einen inhaltsreichen Kontakt zu bedeutenden Persönlichkeiten. Er unterhielt zum Sekretär der Moskauer Gesellschaft für Geschichte und Altertümer, Professor Pogodin, enge Beziehungen. Pogodin kam nach Weimar und sah die Familie Sabinins: „. . . die Frau malte mit der älteren Tochter ein Ölgemälde, das in jeder Akademieklasse einen ehrenvollen Platz finden würde; die andere Tochter übte am Piano beharrlich Mozartsonaten; die Söhne studierten lateinische Dichter und der Vater las eine katholische Zeitschrift." Diese Szene hätte auch im Haus Maria Pawlownas, bei Wieland oder dem Kanzler Müller stattfinden können! Sabinin kannte Ján Kollár. In seinem Haus waren die Musiker Anton Rubinstein und Franz Liszt, die Schriftsteller Gogol, Tolstoi und Wjasemski. Varnhagen von Ense und Sabinin waren einander Freunde und Gesprächspartner.

Sabinin integrierte sich unter Wahrung seines Priesteramtes in die Weimarer gebildete Gesellschaft. Er tat es aus eigenem wissenschaftlichen Interesse und religiöser Überzeugung. Demut, Verschwiegenheit und Zurückhaltung vor vordergründigem Glanz gehörten dazu. Er war ein Mann der Kirche und erstrebte keine öffentlichen oder gar politischen Ämter und Würden. Maria Pawlowna achtete darauf, daß sein äußeres Erscheinungsbild diesem Wesen entsprach. Mit prunkvollen Gewändern während des Gottesdienstes in der Griechischen Kirche – mit schlichtem bürgerlichen Anzug in der protestantischen Öffentlichkeit. Niemals durfte Sabinin auf Weimars Straßen im orthodoxen Priesterornat erscheinen. Als Großherzog Carl Friedrich im Jahr 1853 starb und selbst der katholische Dekan im Meßgewand zum Begräbnis erschien, stand Sabinin im Frack zwischen den anwesenden Geistlichen. Diese unauffällige Bescheidenheit besaß zwei Gründe. Maria Pawlowna wollte nicht, daß ihre für Weimarer Verhältnisse exotische Gläubigkeit öffentliches Aufsehen erregte. Das war sehr klug gedacht. Zum anderen hatte es einen besonderen Vorfall gegeben. Sabinins Amtsvorgänger in Kopenhagen hatte in seiner Priesterkutte einen Stadtrundgang gewagt. Böse dänische Knaben hatten ihm dabei die Kutte zerschnitten. Der Fall kam vor den Heiligen Synod, die oberste russische staatliche Kirchenbehörde, der Synod entschied: Russische Geistliche hätten beim Auslandseinsatz Zivil zu tragen! Auch in Weimar. Sabinin schien diese Festlegung nicht unangenehm zu sein, und nach allen Kenntnissen führte er – ohne damit irgendeinen Zweifel an der Ernsthaftigkeit seiner inneren Berufung zu verbinden – das ganz normale Leben eines gebildeten und klugen Weimarer Hofmitgliedes. Weder Jasnowski noch Sabinin verdienten bei den geistigen Leistungen des klassischen und nachklassischen Weimar vergessen oder geringgeschätzt zu werden. Ihrem Auftreten war es mit zu verdanken, daß Weimar ein Beispiel ökumenischer Toleranz werden konnte.

Natürlich hingen die Priester, ihre Familien, die Diakone, Psalmisten und Kirchensänger an ihrer Heimat und damit auch an Maria Pawlowna. Wer die emotionale Bindung eines russischen Menschen an sein Vaterland kennt, wird verstehen, daß die Besucher aus Rußland unter Weimars Russen besondere Aufmerksamkeit erregten – vor allem, wenn es bekannte Dichter oder Mitglieder der kaiserlichen Familie waren.

Im Jahr 1838 bestand reichlich Gelegenheit, den russischen Geist in Weimar hochleben zu lassen. Maria Pawlowna hielt sich in jenem Jahr vom April bis zum Juni bei ihren Töchtern in Berlin auf. Am 19. September reiste sie erneut für einen Monat nach Potsdam und Berlin. Kaiser Nikolaus I. hielt sich im September für etwa zwei Wochen in Weimar auf. Daraus erwuchs ein großes Familientreffen, bei dem die Verwandten aus ganz Deutschland und Rußland anreisten. Die Jahre seit 1804 hatten den Beweis erbracht, daß die kaiserliche Familie niemals ohne politische Hintergründe an der Ilm erschien. Für die Visiten im Jahr 1838 fällt die sachlich-politische Begründung schwer. Preußen, Rußland und Österreich hatten zwischen 1833 und 1835 ihre Beziehungen und Bindungen auf den Konferenzen von Münchengrätz, Berlin und Teplitz nicht nur gefestigt, sondern sich erneut und demonstrativ zur Restaurationspolitik der „Heiligen Allianz" bekannt. Dementsprechend wurde die Innenpolitik betrieben und schwankten die Stimmungen der Völker zwischen Reform und Revolution. Aber seit der Niederschlagung des polnischen Aufstands war es ruhiger geworden, auch in den deutschen Kleinstaaten. Die Verachtung über die Verfolgung demokratischer und liberaler Kräfte glomm in jenen Jahren mehr oder weniger unter der Oberfläche. Rußland hatte 1829 seinen letzten Krieg gegen die Türkei gewonnen und betrieb gerade keine militärischen Konflikte. Der nächste dämmerte jedoch bereits herauf – die orientalische Krise. Rußland unterstützte ab 1839 gemeinsam mit England den türkischen Sultan gegen das mit Frankreich verbündete Ägypten. Wohin die Krise führen würde, war noch nicht abzusehen.

In dieser Hinsicht gab sich der Kaiser hinreichend unbedarft. Wenn er z. B. die Schlacht von Borodino als „einen Sieg über die frechen Feindeshorden" feierte, dann provozierte er das nach dem Wiener Kongreß entstandene europäische Bündnissystem. Er ließ sich auch zu solchen Bemerkungen hinreißen wie: „Ich muß immer an Pech und Schwefel denken, wenn ich mit Metternich zu tun habe." Das war zumindest höchst undiplomatisch. Man warf Nikolaus vor, in der Außenpolitik konzeptionslos gewesen zu sein. Das war sicher nicht falsch, wenn man nach dem Realitätsgehalt seiner außenpolitischen Konzeption fragte. Die Annäherung an die Türkei war nur ein Vorwand. Nikolaus fuhr viele Schlingerkurse, um seine Maxime durchzusetzen: „Die Oberhoheit über den Bosporus soll mir gehören . . ." Er verfing sich in seinen eigenen laufenden Kursänderungen.

Rußland war in Europa trotz aller positiv scheinenden Ansätze isoliert. Der Kaiser hatte sich zwischen alle diplomatischen Stühle gesetzt. Selbst zu dem dynastisch verbundenen Preußen wuchs die Distanz. Nikolaus tat wenig, die Spannungen zu mildern. Im Gegenteil. Je erregter in den dreißiger und vierziger Jahren in den europäischen Staaten liberale und demokratische Strömungen nach einem neuen gesellschaftlichen Aufbruch riefen, um so belehrender wurde er. Er beschimpfte die Regierungen, ihre eigene Nachgiebigkeit gegen die revolutionären Ideen triebe sie in eine Sackgasse, und fügte schulmeisterisch hinzu: „Diese Gefahr wird bei mir nie eintreten." Sollte er bei dem Familientreffen von 1838 auch gegenüber der Schwester Maria so aufgetreten sein, ist ihm der Mißerfolg sicher gewesen. Es existiert jedenfalls kein Anzeichen, daß sie irgendwie gegen den liberalen Geist in Weimar aktiv geworden wäre.

Innerhalb Rußlands regten sich unter den adeligen Intellektuellen die Diskussionen über Geschichte, Gegenwart und Zukunft Rußlands ständig lebhafter, die „Philosophischen Briefe" Peter Tschaadajews hatten einen geistigen Schneeball ins Rollen gebracht, der sich unaufhaltsam auf den Weg machte: Wohin steuerte Rußland? Eine Antwort gab es noch nicht. Es war jene Zeit, in der Nikolaus I. – nicht als Reaktion auf erregte Debatten in illegalen Adelszirkeln, sondern in konsequenter Umsetzung eigener Herrschaftsvorstellungen über die Erneuerung Rußlands – Reformen in Gang setzte. Unter der Stabführung durch seinen fähigen Minister Pawel Dmitrijewitsch Kisseljow war im Mai 1838 ein erster Entwurf für eine Reform vorgelegt worden, die die Lage der Staatsbauern erleichtern sollte. Im übrigen schritt der Ausbau der von Nikolaus befohlenen außerordentlichen und obersten Staatsbehörde, „Seiner Kaiserlichen Majestät Höchsteigene Kanzlei", zügig voran. Die Kanzlei war in sechs Abteilungen unterteilt. Die zweite Abteilung leistete mit der russischen Gesetzeskodifizierung durch Michail Speranski vorbildliche Arbeit; die dritte Abteilung errang dafür eine um so traurigere Berühmtheit. Sie begründete die Organe des politischen Staatssicherheitsdienstes in Rußland.

Nikolaus I. hatte 1834 auch den Minister für Volksaufklärung Sergei Semjonowitsch Uwarow berufen. Der hatte sich als einstiger Kurator der St. Petersburger Universität für liberale Lehrinhalte und -methoden eingesetzt. Das hatte ihn das Amt gekostet und ließ ihn noch einmal nachdenken. Unter dem Einfluß der Französischen Revolution von 1830 und dem darauf folgenden Aufstand in Polen änderte Uwarow seine Ansichten. Nikolaus I. verbot damals Auslandsstudien, die Autonomie der russischen Universitäten wurde weitgehend besei-

tigt, und den Professoren wurde verboten, in ihren Vorlesungen die Leibeigenschaft oder die öffentliche Ordnung überhaupt zu erwähnen. Nikolaus griff
gegenüber der akademischen Freiheit zu ähnlichen Mitteln wie seine deutschen
Kollegen, zu Mitteln, denen man sich in Sachsen-Weimar nur partiell und wider-
willig beugte. Uwarow war inzwischen zu der Überzeugung gelangt, daß die
westlichen Einflüsse nicht anders als schädlich sein konnten, besonders für die
Erziehung der russischen Untertanen zu „treuuntertäniger Liebe zur bestehenden Ordnung". Uwarow war überzeugt, solche Haltung mußte verbunden sein
„mit tiefer Überzeugung und wahrem Glauben an die echtrussischen schützenden Grundlagen der Orthodoxie, der Autokratie und das treueste Unterpfand
der Macht und Größe unseres Vaterlands". Im In- und Ausland machte man sich
schon in den dreißiger Jahren über die „unheilige Dreieinigkeit" von Autokratie,
Orthodoxie und russischem Volkstum lustig. Maria Pawlowna ließ ihren Popen
in Weimar gar im Frack umherstolzieren! In Rußland aber galten das Wort Uwa-
rows und das Gesetz des Kaisers.

Es ist kaum anzunehmen, daß Nikolaus I. im Jahr 1838 ein Familientreffen in
Weimar anberaumte, um die Verwandtschaft auf Autokratie, Orthodoxie und
russisches Volkstum einzuschwören. Gegenüber den Auslands-Romanows ließ
man Milde walten und sie entsprechend den Gegebenheiten in der neuen
Heimat gewähren. Es sei denn, grundlegende russische Interessen standen auf
dem Spiel. Maria Pawlowna war dafür das beste Beispiel. Ebensowenig ist auszuschließen, daß das Weimarer Treffen auf den Grundlagen der russischen Tradition die Familienbande festigen sollte. Maria war im Jahr 1828 zum letzten Mal
in St. Petersburg gewesen. Das war zehn Jahre her. Dennoch ging es bei der
Begegnung um die Rolle Rußlands in Europa. Nikolaus I. suchte Kontakte mit
England.

Wie überall brachten Charme und Eleganz dem Romanow in den Londoner
Salons gute Noten ein. Königin Victoria ließ sich jedoch nicht blenden: „Der
Ausdruck seiner Augen ist furchtbar ... Er bietet das Bild eines Mannes, der
nicht glücklich ist und auf dem die Last seiner Macht ... schwer und qualvoll
liegt ... Er lächelt selten." Der Besuch war ein Mißerfolg. Nikolaus wollte den
Engländern die Dardanellen zubilligen. London lehnte den Plan zur Aufteilung
der Türkei ab. Nach der Abfuhr tat es gut, die Familie um sich zu sammeln und
sich zu vergewissern, daß das Zarenhaus auf dem Kontinent über sichere dynastische Positionen verfügte. Daß Familienglück und Politik nicht in jedem Fall
harmonierten, war eine Sache, die man auch einmal vergessen durfte.

Der Kaiser war so zufrieden, daß er im Jahr 1840 erneut nach Weimar kam,
zwar nur für wenige Tage, dafür jedoch mit Gemahlin und Tochter Olga. Die
Visiten im Juni und August 1840 waren sinnfällig begründet. Für den Sohn und

Thronfolger Alexander Nikolajewitsch wurde die Eheschließung mit Maximi-
liane Wilhelmine Auguste Sophie Marie von Hessen-Darmstadt vorbereitet.
Natürlich war auch Maria Pawlowna eine brave Schwester und gute Tante. Kurz
nachdem Alexander seine Gattin im April 1841 heimgeführt hatte, reiste Maria
für zwei Monate nach St. Petersburg, machte dem jungen Paar ihre Aufwartung,
verteilte Gaben und Geschenke an die Armenhäuser und Hospitäler, überprüfte
die eigenen Geldreserven und ließ sich auch aus der Ferne fleißig berichten, wie
die Geschäfte im „Patriotischen Institut" weiterliefen. Dann zog es sie wieder
nach Mitteldeutschland. Dort stand ein großes Ereignis bevor, das für die
Zukunft des Großherzogtums und für Maria von fundamentaler Bedeutung
werden sollte. Nach Weimar wurden die kaiserlichen Verbindungen auch insofern verstärkt, als die dortige russische Gesandtschaft im April 1841 mit einem
zusätzlichen Geschäftsträger, dem russischen Kollegienrat Franz Friedrich
Appolonius von Maltitz, ausgerüstet wurde. In St. Petersburg gab es weiterhin
keine Vertretung Weimars.

In jenen Monaten schrieb Maria Pawlowna einen Brief an Ferdinand Freili-
grath. Sie fand lobende Worte über den literarischen und künstlerischen Geist
von Weimar und sprach den Wunsch aus, selbständig dazu beitragen zu wollen,
die Traditionen Weimars fortzusetzen und dadurch das deutsche Geistesleben
zu beflügeln. Sie fand eine ausgezeichnete Gelegenheit.

Am 26. November 1841 gab der begnadete Komponist und Virtuose Franz
Liszt sein erstes Konzert in Weimar. Er spielte für den kleinen, erlesenen Kreis
der großherzoglichen Familie. Zwei Tage später folgte ein großes Hofkonzert,
und am 29. November schloß ein Wohltätigkeitskonzert im Theater den Reigen
brillant vorgetragener Musik. Der Erlös von 500 Talern ging an das „Patriotische
Institut" – Initiatorenschaft und Regie Maria Pawlownas waren unübersehbar.
Liszt spielte die „Aufforderung zum Tanz" von Weber, seine eigene „Don Juan
Phantasie", das „Hexameron", den „Erlkönig" und den „Chromatischen
Galopp". Die Zuhörer waren begeistert. Wie sollten sie es auch nicht sein, Franz
Liszt galt als der genialste Virtuose seiner Zeit, und die Konzertsäle in aller Welt
rissen sich seit Jahren um seine Kunst.

Liszt war am 22. Oktober 1811 im ungarischen Raiding als Beamtensohn
geboren worden. Der Vater liebte die Musik und erteilte seinem Sohn den ersten
Klavierunterricht. Der alte Liszt vererbte dem Sohn nicht nur die Liebe zur
Musik, sondern auch das Talent und die Genialität. Mit acht Jahren schrieb Franz
erste eigene Kompositionen. Mit neun Jahren gab er öffentliche Konzerte – bis
hin nach Preßburg. Ungarische Magnaten, überzeugt von der Musikalität des
jungen Franz, finanzierten die Ausbildung. 1821 übersiedelte die Familie nach
Wien, und Franz durfte u. a. bei Antonio Salieri studieren. Im folgenden Jahr gab

Franz Liszt sein erstes öffentliches Konzert in Wien. Der Aufstieg war grandios, rasant und einmalig. 1824 ging die ganze Familie nach Paris, und Liszt unternahm Konzerttourneen durch Frankreich und England. Im Jahr 1826 entstand seine erste bedeutende Komposition: „Études en douze exercises". Das Leben verlief wie in einem Rausch. Liszt jagte von Konzert zu Konzert und verausgabte Begabung und Kräfte bis zur völligen Erschöpfung und religiösen Krise. Erst als der Vater 1827 starb, hielt er inne. Er ging nach Paris und gab vorerst Klavierstunden. In eine seiner Schülerinnen, Caroline de Saint-Cricq, Tochter des französischen Innenministers, verliebte er sich. Der Vater lehnte die Verbindung ab, und Liszt erkrankte zum zweiten Mal ernsthaft an der Seele und am Körper. Die Rückkehr in das Pariser Leben war lang und qualvoll, mit vielen religiösen und weltanschaulichen Zweifeln verbunden. Die Wende kam durch die Musik. Liszt lernte Hector Berlioz kennen und hörte dessen „Phantastische Sinfonie". Aber das virtuose Spiel des Niccolò Paganini zwang ihn zu einem Neuansatz. Liszt nahm sich vor, eine ähnliche Klaviertechnik auszuarbeiten. Er schloß enge Freundschaft mit Frédéric Chopin und verband seine eigene musikalische Arbeit für kurze Zeit eng mit dem Schaffen des Hector Berlioz. 1834 lernte er nicht nur George Sand kennen, er begann auch eine Liebesaffäre mit der Gräfin Marie d'Agoult. Gemeinsam gingen sie in die Schweiz, und erst 1836 kehrte Liszt nach Paris zurück. Er wollte beweisen, daß sein Spiel dem des Klaviervirtuosen Sigismund Thalberg überlegen war. Er gab mehrere Konzerte, komponierte und fuhr mit Marie d'Agoult, die ihm bis dahin zwei Kinder geboren hatte, für längere Zeit nach Italien. Als Ungarn 1838 von Überschwemmungen heimgesucht wurde, reiste Liszt allein nach Wien und sammelte mit mehreren Konzerten Geld für die Hochwasseropfer. Er kehrte nach Italien zurück. Obwohl noch ein drittes Kind geboren wurde, wuchsen die Unstimmigkeiten mit der Gräfin, und sie trennten sich. Liszt fuhr zum ersten Mal seit vielen Jahren wieder in die ungarische Heimat. Er wurde mit allen nur möglichen Ehren überschüttet und dankte mit seiner Musik. Er gab Konzerte über Konzerte, die ihn von Budapest aus durch ganz Deutschland und einen großen Teil Europas führten. In allen bedeutenden kulturellen Zentren Deutschlands gastierte er – auch in Weimar.

Es war Liszts erste persönliche Berührung mit der Klassikerstadt. Er hatte schon nach 1837 mit dem Gedanken gespielt, nach Weimar zu gehen. Damals war die mit Hummels Ableben vakante Stelle des Hofkapellmeisters zu vergeben gewesen. Die Nähe zu Goethe hätte ihn sicher gereizt. Auch mit dem Konkurrenten Sigismund Thalberg wurde verhandelt. Das wäre für Liszt ebenfalls ein Motiv gewesen. Die Affäre mit Marie d'Agoult war offensichtlich prägender. Aber nun war er in Weimar. Er sah die Enge der Stadt, er bemerkte philiströse Engstirnigkeit und er sah Goethe und Schiller, die Begeisterung und Weitsicht des großherzoglichen Paares. Maria Pawlowna ergriff die Gelegenheit beim Schopf: Sie beschenkte Franz Liszt mit einem wertvollen Brillantring (Carl Friedrich tat den Falkenorden hinzu) und verpflichtete ihn auf das nächste Jahr. Wenn der Erbgroßherzog Carl Alexander seine Braut, eine Prinzessin der Niederlande, heimführen würde, sollte der große Liszt den musikalischen Rahmen setzen. Der versprach es und – hielt sein Versprechen.

Die Musik in Weimar krankte. Chélard, seit gut einem Jahr Hofkapellmeister, hatte nicht den von Maria Pawlowna erhofften musikalischen Durchbruch geschafft. Jetzt bot sich mit Franz Liszt eine einmalige, nie wiederkehrende Chance, nicht schlechthin das Weimarer Musikleben zu verbessern, sondern dem Hof in Gestalt eines genialen Musikers jenen kulturellen Stellenwert zurückzugeben, den er einst mit der Berufung Goethes gewonnen hatte. Die Vergangenheit konnte nicht zurückgeholt werden. Das Erbe der großen Dichter und ein glanzvoller Neubeginn durch die Musik – das war eine Vision, mit der namentlich Maria Pawlowna ihre gleichermaßen romantischen wie ehrgeizigen und pragmatischen Träume verwirklichen konnte. Liszt mußte an Weimar gefesselt werden – koste es, was es wolle.

Dazu bot die Hochzeit des Thronfolgers eine psychologisch günstige Gelegenheit. Am 8. Oktober 1842 heiratete Carl Alexander die Prinzessin Sophie der Niederlande. Jenseits aller persönlichen Eigenschaften des Brautpaars dürfte an dieser Stelle bereits interessant sein, daß die Prinzessin Sophie der Niederlande die Tochter der 1795 geborenen Schwester Maria Pawlownas, Anna Pawlowna, war. Maria Pawlowna war demnach die Tante ihrer Schwiegertochter bzw. Sophie die Nichte ihrer Schwiegermutter! Auch das war ein Beispiel, wie sich das Netz der Romanows über Europa ausbreitete.

Am 22. Oktober zogen Carl Alexander und Sophie, aus Den Haag kommend, in Weimar ein. Karl von Hase gehörte zur Abordnung der Universität Jena bei der Begrüßung des jungen Paares. Nach seinen Worten sagte er dabei zu der jungen Erbgroßherzogin unter Anspielung auf den Einzug Maria Pawlownas im Jahr 1804 etwas ironisch und doppelsinnig: „Weimar hat keine Huldigung der Künste mehr für seine junge Fürstin, aber noch immer die Huldigung eines treuen Volksstammes." Das war nicht ganz falsch, im vorliegenden Zusammenhang jedoch despektierlich. Prinzessin Sophie der Niederlande dürfte für Sachsen-Weimar-Eisenach von nicht geringerem Gewinn gewesen sein als Maria Pawlowna – sowohl hinsichtlich ihrer Fähigkeiten als auch bezüglich der Mitgift. Hase lernte auch Franz Liszt persönlich kennen. Hase schrieb sogar, daß Liszt „in Weimarischen Landen ein Konzert nicht geben wollte", aber zu etwas Gemeinnützigem bereit war. Deshalb habe er, Hase, Liszt nach Jena „gelockt", um für eine Kleinkinderbewahranstalt zu spielen, die erst noch gegründet werden sollte. Nach dem Konzert sei man noch beieinander gesessen und dabei sei der Tisch zusammengebrochen!

Ein solches kleines Malheur konnte in Weimar nicht geschehen. Alles war bestens vorbereitet. Liszt präsentierte bei der musikalischen Umrahmung der Hochzeits- und Einzugsfeierlichkeiten sein ganzes Können und erhielt als Dank die schriftliche Berufung zum „Großherzoglichen Hofkapellmeister in außerordentlichen Diensten". Das war keine Überrumpelung, denn Chélards Stellung wurde dadurch nicht berührt. Natürlich besaß die großzügige Berufung positive Folgen für Weimars Musik- und Kunstleben. Liszt verpflichtete sich, jährlich zu den Geburtstagsfeierlichkeiten für Carl Friedrich und Maria Pawlowna in Weimar festliche Konzerte zu geben. Daran hielt er sich, schließlich bekam er dafür auch jeweils 1000 Taler Jahressalär aus Maria Pawlownas Privatschatulle. Liszts Anwesenheit und Wirken in und für Weimar zog andere bedeutende Musiker wie Hector Berlioz, Anton Rubinstein oder Giovanni Battista Rubini in die Stadt. Zwischen Franz Liszt und dem Erbgroßherzog Carl Alexander entwickelte sich eine Vertrautheit, die zugleich einer engeren Bindung Liszts an Weimar diente. Dieses Ziel wurde von beiden Seiten betrieben. Liszt schrieb beispielhaft am 6. Oktober 1846 an Carl Alexander: „... Ich werde nie die schmeichelhaften Ermutigungen Ihrer Königlichen Hoheit der Frau Großherzogin vergessen, die sie damals und seitdem meinen schwachen Bemühungen zuteil werden ließ, und die Güte, mit der sie meinen Wunsch erriet, meine Kräfte der großen Tradition Weimars bescheidentlich zu widmen. Indem sie mir einen Posten anvertraute, der mich mehr und mehr an Ihr fürstliches berühmtes Haus fesselt, erfüllte sie einen Wunsch, der für meinen Künstlerstolz fast der höchste war, und belohnte dadurch weit über Verdienst einige gute Vorsätze und fleißige Versuche ..."

Liszt, der nach wie vor quer durch Europa von Konzert zu Konzert eilte, begann langsam der Strapazen müde zu werden. Er sehnte sich nach einem den eigenen künstlerischen Interessen entsprechenden Ruhepol, wollte vorher jedoch die Welt noch auskosten. Carl Alexander beherrschte das Spiel zwischen Schmeicheln und Locken nicht minder. Im Dezember 1846 schrieb er ganz geschickt an Franz Liszt: „Entschädigen Sie mich etwas durch Ihre Briefe für den Verlust, den Ihre Abwesenheit mir bringt, und erleuchten Sie mir die Welt durch Ihr Licht, damit ich durch Ihre Augen sehen kann und nicht auf eine einseitige Art urteile ..." Bescheiden fügte er hinzu, daß die aristokratische Herkunft in einer modernen Welt kein Privileg mehr in sich berge, und brach dann, erschreckt wie ein Kind, jäh ab: „Das wissen Sie alles tausendmal besser als ich" um, fortfahrend, unerbittlich auszuführen, wie wohl sich Goethes ehemaliger Sekretär Eckermann und der Märchendichter Hans Christian Andersen in Weimar fühlten, wie miserabel die Literatur geworden wäre und wie aufmerksam man in Weimar auf gute Nachrichten von Liszt warte: „... wenn Sie irgendeinem ausgezeichneten Mann begegnen, auf den ich meine Blicke werfen soll, so teilen Sie es mir mit; wenn Sie ein bemerkenswertes Werk finden, sprechen Sie davon, und besonders vergessen Sie nie Weimar ..." Letzterer Wunsch war bitter notwendig. Trotz des Wirkens und der Resonanz Franz Liszts gelangte das Weimarer Musikleben bis zur Mitte der vierziger Jahre in eine Krise, die mit den unzureichenden Qualitäten Chélards in Verbindung stand. Sie besaß ihre Ursachen aber auch in den unzulänglichen finanziellen Mitteln des fürstlichen Hauses.

Währenddessen war Franz Liszt auf seinen unermüdlichen Konzertreisen in den Donauländern und in der Ukraine angelangt. Im Februar 1847 lernte er in Kiew die Fürstin Carolyne von Sayn-Wittgenstein kennen und verbrachte längere Zeit auf deren Gut Woronice. Mit dieser Liebe wurde der letzte Anstoß für eine endgültige Übersiedlung nach Weimar gegeben. Als er im Jahr 1848 endlich die Stelle des Kapellmeisters in Weimar antrat, verdankte die Stadt diesen Umstand sowohl dem Drängen Maria Pawlownas und Carl Alexanders als auch dem Ruhebedürfnis Franz Liszts und dessen Wunsch nach geistiger Nähe zu Goethe und der Klassik sowie der Tatsache, daß die Fürstin von Sayn-Wittgenstein hoffte, hier Unterstützung für die Lösung ihrer verzwickten Ehe- und Liebesprobleme zu finden.

Bevor sich Maria Pawlowna diesen höchst unerfreulichen Querelen widmen konnte, hatte sie zunächst ganz andere Sorgen zu bewältigen. Auch im Großherzogtum Sachsen-Weimar-Eisenach brach im Frühjahr 1848 die Revolution aus. In all den Jahren seit 1841, da man um Franz Liszt und dessen gewaltige Kunst warb, hatten sich in Weimar politische und wirtschaftliche Veränderungen vollzogen, die hier wie in ganz Deutschland zu einer staatspolitischen Erschütterung führten.

Der Anschluß an den Deutschen Zollverein brachte wirtschaftliche Konsequenzen mit sich, wie sie überall in Deutschland zu beobachten waren. Es lag in der Logik der gesamtdeutschen Entwicklung, daß im Dezember 1841 zwischen Preußen, Sachsen-Weimar-Eisenach, Sachsen-Coburg und Gotha sowie Kurhessen ein Staatsvertrag über den Bau einer Eisenbahnstrecke durch Thüringen unterzeichnet wurde. Die Strecke sollte von Weißenfels über Apolda, Weimar, Erfurt, Gotha und Eisenach nach Bebra führen und damit mehrfach Weimarer Gebiet berühren. Der Bau wurde der privaten, aber staatlich geförderten „Thüringischen Eisenbahngesellschaft" übertragen und auch tatsächlich in der vorgeschlagenen Streckenführung realisiert. Der Schienenbau erreichte Weimar im Dezember 1846. Bis Juni 1847 wurde er bis Eisenach vorangetrieben, und bis zum September 1849 war der Anschluß an das hessische Streckennetz in Bebra erreicht. Der Eisenbahnbau stimulierte die Industrie, das Handwerk und den Warenaustausch. In den Jahren einer schnellen industriellen Entwicklung in ganz Deutschland bedeutete die Eisenbahn sehr viel für Sachsen-Weimar-Eisenachs wirtschaftliche Perspektive. In diesem allgemeinen Sog und als Vorbote einer neuen Zeit mochte es auch positiv wirken, daß der aus Weimar stammende Carl Zeiss im November 1846 in Jena ein „Mechanisches Atelier" eröffnete. Gefördert von dem Professor für Botanik und Mitbegründer der Zellenlehre, Matthias Schleiden, dem häufigen Gast bei Maria Pawlownas literarischen Abenden, konzentrierte sich Zeiss auf den Bau von Mikroskopen. Wer konnte damals schon ahnen, daß damit im Großherzogtum eine Wiege der modernen maschinellen Großproduktion und wissenschaftlich-produktiver Effizienz im Entstehen begriffen war?

Diese und andere Neuerungen änderten vorderhand nichts an der durchgehenden Agrarstruktur des Großherzogtums. Sie konnten auch nicht die Hungersnöte in den Jahren nach 1846 bannen. Maria Pawlownas „Patriotisches Institut" arbeitete dem Mangel und der Teuerung bei den Lebensmitteln nach besten Kräften entgegen. Sie ließ in den am härtesten betroffenen Gebieten des Eisenacher Oberlandes und des Neustädter Kreises zusätzliche Suppenküchen einrichten, nachdem derartige Küchen zuvor in Weimar, Jena, Ilmenau, Eisenach und anderen Orten entstanden waren. Die Not konnte dadurch gelindert, die Probleme nicht gelöst werden.

Der Hunger und die Teuerungen riefen interessante Reaktionen hervor. Karl von Hase, damals Prorektor der Jenaer Universität, suchte einen Ausweg: „Bei der schweren Theuerung habe ich einen Verein auf Aktien gegründet, der wöchentlich 8000 Pfund Brot zu ermäßigtem Preise verkaufte. Durch gute Einkäufe und von der Großherzoglichen Kammer etwas unterstützt haben wir nicht einmal etwas dabei geopfert." Als im Juli 1847 der Kornpreis von 13 auf 9 Taler fiel, beging die ganze Stadt Jena das Ereignis wie einen Festtag.

Nicht nur die soziale Not erregte die Menschen. Der seit den Karlsbader Beschlüssen bestehende Mangel an geistiger und politischer Freiheit konnte selbst durch den liberalen Großherzog Carl Friedrich und dessen freimütige Gattin nicht kompensiert werden. Prorektor Hase versuchte 1847 die Fesseln der Karlsbader Beschlüsse zumindest für die Jenaer Universität etwas zu lockern, stieß aber sofort auf den Widerstand des Weimarer Wissenschaftsministers Schweitzer. Als im Mai des gleichen Jahres der berühmte Historiker Heinrich Luden zu Grabe getragen wurde, erinnerte sich jedermann an dessen einstiges furchtloses Eintreten für geistige Freiheiten und einen liberal-demokratischen deutschen Gesamtstaat. Ludens Traum war bislang nicht in Erfüllung gegangen.

Umso schmerzlicher wurde der Verlust empfunden. Alle Anzeichen signalisierten erregenden Aufruhr, aber mit einer Revolution rechnete niemand.

Die Revolution von 1848/49 besitzt in Thüringen ihre eigene Geschichte. Wie in ganz Deutschland kam es in den thüringischen Staaten nach den ersten Nachrichten über die im Februar 1848 in Frankreich ausgebrochene Revolution zu Unruhen und Demonstrationen, vor allem in den Hungergebieten des Thüringer Waldes und der Rhön. Mit dem Hunger und den radikalen Demonstrationen regte sich die bürgerlich-liberale Opposition. In Petitionen an die Landesherren forderte sie Verfassungen für die bislang altständisch organisierten Staaten, modernere und demokratische Verfassungen, das allgemeine Wahlrecht, Rede-, Presse- und Versammlungsfreiheit, die Aufhebung überkommener sozialer Lasten auf dem Land, eine Änderung der Jagd- und Forstgesetze, die Überführung der Domänen in Staatseigentum und die Entlassung besonders wenig angesehener Beamter. In der Regel verhielten sich die Thüringer Fürsten gegenüber diesen Forderungen liberal und nachgiebig. Dadurch nahmen sie den aufgeregten Menschen die Initiative aus der Hand. In Weimar ließ es Carl Friedrich zu, daß Mitglieder der Opposition in die Regierung aufgenommen wurden. Man erließ Landtagswahlgesetze, die dem allgemeinen Wahlrecht nahe kamen. Die Presse konnte zunächst nahezu ungehindert erscheinen, und neue Zeitungen schossen wie Pilze nach einem warmen Regen aus dem Boden. Auch Thüringen entsandte insgesamt 23 Abgeordnete in die Frankfurter Paulskirche, das deutsche Revolutionsparlament. Sie waren in ihren politischen Ansichten liberal-demokratisch – in verschiedenen rechten und linken Varianten.

In Sachsen-Weimar-Eisenach strebte man danach, die Ereignisse für einen engeren Zusammenschluß zumindest der Thüringer Staaten zu nutzen. Für den Mai 1848 regte der weimarische Staatsminister von Watzdorf eine gemeinsame Ministerkonferenz aller ernestinischen Staaten in Gotha an. Weitere derartige Konferenzen aller thüringischen Fürstentümer folgten bis zum Januar 1849. Sie tagten vor dem Hintergrund der im Frankfurter Parlament diskutierten Absicht, die deutsche Einheit über eine Auflösung der kleinen Staaten voranzubringen. Das Königreich Sachsen nutzte die Gunst der Stunde und wollte sich die ostthüringischen Kleinstaaten einverleiben: Sachsen-Altenburg und die Reußischen Fürstentümer. Aber das Frankfurter Parlament ließ diese Ideen fallen und machte die Verhandlungen in Thüringen überflüssig.

Der Einheitsgedanke verschwand damit nicht. Auch die Radikaldemokraten nahmen sich dieser Idee an. Der aus Erfurt stammende Hermann Alexander von Berlepsch organisierte mehrere „Thüringer Volkstage", auf denen er sogar eine einheitliche „Thüringische Republik" forderte. Inzwischen wurde auch in Thüringen über den Sommer 1848 hinweg das politische Leben radikaler, so daß

sich die Regierungen in Weimar, Altenburg und Meiningen an die Frankfurter
Reichsregierung mit der Bitte um militärische Hilfe wandten. Im Oktober 1848
rückten sächsische und bayrische Truppen in Altenburg, Weimar, Jena und Hild-
burghausen ein. Der Reichskommissar Ludwig von Mühlenfels erlangte durch
eine geschickte Doppeltaktik von militärischer Drohung und politischen Zu-
geständnissen innerhalb weniger Wochen sein Ziel ohne Blutvergießen. Die
Oppositionellen wurden entwaffnet und verhaftet, sofern sie nicht rechtzeitig geflohen waren. Sehr viel Widerstand leisteten die Thüringer ohnehin nicht.
In den Thüringer Kleinstaaten war die Revolution im Oktober 1848 faktisch
zu Ende. 1849 traten überall die nach dem allgemeinen Wahlrecht gewähl-
ten Landtage zusammen. Zum Teil wurden sie von den Landesherren aufgelöst, oder sie beendeten ihre Tagungen regulär – so auch in Weimar. Dennoch gab es Ergebnisse. Die von der Paulskirchenverfassung proklamierten
Grundrechte fanden 1849 Eingang in die neu erlassenen Verfassungen der Kleinstaaten.

Gleichzeitig wurden 1849 umfangreiche Gesetzeswerke zur Reformierung
der Verwaltungen erlassen. Sachsen-Weimar-Eisenach leitete die Modernisierung mit der am 25. September 1849 veröffentlichten „Verordnung, die Aufhebung der Verwaltungsmittelbehörden und die neue Organisation des Staatsministeriums betreffend" ein. Die bisher nebeneinander bestehenden Verwaltungen, wie die Kammer, das Oberkonsistorium, das Landschaftskollegium
oder die Landesdirektion, wurden aufgelöst und im Staatsministerium zu einer
einheitlichen Verwaltungsbehörde vereint. An der Spitze stand der nunmehr all-
gewaltige Staatsminister, flankiert von seinen Departementschefs. Alle Thüringer Kleinstaaten, außer Reuß ältere Linie, schlossen sich nach und nach diesem
Modell an. Damit wurden gleichzeitig Voraussetzungen für die Überarbeitung
der bestehenden oder neuer Verfassungen gelegt. In Sachsen-Weimar-Eisenach
erging die neue Verfassung am 15. Dezember 1850.

In dieser allgemeinen Richtung und im Hinblick auf die öffentliche Wohlfahrt
war auch die in Sachsen-Weimar-Eisenach am 22. Februar 1850 erlassene
Gemeindeordnung von grundlegender Bedeutung. Die Bürger der Gemeinden
durften von nun an zur Wahrung ihrer Interessen Gemeindevertreter (Räte) und
diese Gemeindebeamte (Vorstände) wählen. Die aktive Mitarbeit an Gemeinde-
angelegenheiten wurde zu einem Bürgerrecht erklärt, das freilich ein bestimmtes Steueraufkommen voraussetzte. Landräte oder Bezirksdirektoren beaufsich-
tigten die Gemeindevertreter, bzw. größere Städte wurden direkt vom Staatsministerium angeleitet und kontrolliert.

Aber dieser „demokratische Frühling" war nur von kurzer Dauer, obwohl
z. B. der Weimarer Großherzog Carl Friedrich gemäß den Weimarer Traditionen

keineswegs ein orthodoxer Reaktionär gewesen sein dürfte. Am 23. August 1851 setzte der Bundestag des Deutschen Bundes die „Grundrechte des deutschen Volkes" wieder außer Kraft. Alle demokratischen und liberalen Verfassungselemente in den Einzelstaaten wurden für „bundeswidrig" erklärt, und er verlangte deren Abschaffung. Die meisten thüringischen Staaten folgten dem „Bundesreaktionsbeschluß". Bis 1854 wurde überall (mit Ausnahme Coburg-Gothas) das allgemeine und gleiche Wahlrecht wieder abgeschafft. Die Domänen wurden wieder in den Besitz der herrschenden Dynastien zurückgegeben. Die Revolution hatte Ansätze zur deutschen Einheit und zu einer Liberalisierung des staatlichen und gesellschaftlichen Lebens mit sich gebracht. Das Sozialwesen war dadurch kaum berührt worden. Für die öffentliche Wohlfahrt hatte sich nichts geändert. Nach wie vor lebten die Ärmsten der Armen von den Zuwendungen der Herrscher.

Das war der allgemeine historische Rahmen, der die grundlegenden Entwicklungen während der Revolution in Thüringen bestimmte. Die Geschichte besitzt viele Gesichter und Variationen. Historische Rahmen können den Alltag und die Wirklichkeit im konkreten Fall nur partiell erfassen und sind geneigt, das geschichtliche Detail in eine Zwangsjacke zu pressen, in die es eigentlich nicht gehört. Das gilt für die Geschichte Sachsen-Weimar-Eisenachs ebenso wie für die Beurteilung Maria Pawlownas. Es gehört zu den Phänomenen der Geschichte, daß selbst in Zeiten höchster sozialer Erregung – während der Revolutionen – die menschlichen Gewohnheiten und der Alltag in ihren eigenen Bahnen verlaufen und dennoch nicht losgelöst von den übergreifenden Spannungen erscheinen. Im Großherzogtum Sachsen-Weimar-Eisenach wurde durch das regierende Haus und durch die Öffentlichkeit der eingeschlagene Weg zu politischer Liberalisierung und geistiger Erneuerung des klassischen Weimar zugespitzt fortgesetzt und zeitigte Ergebnisse, die in Zeiten evolutionärer Entwicklungen nur über längere Fristen hinweg gereift wären. Maria Pawlowna beging Handlungen, die resolut und risikovoll den politischen Doktrinen in ihrer Heimat widersprachen. Diese Thesen bedürfen des Beweises.

Das Jahr 1848 begann in Weimar mit zwei Ereignissen, die so recht den Interessen und Wünschen Carl Friedrichs und Maria Pawlownas entsprachen. Rechtzeitig zu den Geburtstagen des Herrscherpaars kehrte Franz Liszt nach Weimar zurück. Er trat nicht nur als Virtuose, sondern erstmals auch als Operndirigent mit Flotows „Martha", Schmidts „Prinz Eugen" und einer Neueinstudierung von Beethovens „Fidelio" hervor. Stolz schwenkte Liszt den mit Smaragden besetzten wertvollen Taktstock. Es war ein Geschenk der Fürstin Sayn-Wittgenstein, auf die er, der jetzt fürs erste in Weimar blieb, wartete, denn sie besaß die Absicht, sich hier niederzulassen.

Das zweite wichtige Ereignis war die Feier zum 300jährigen Bestehen der Universität in Jena. Der Senat dieser Universität hatte sich erst nach langen Überlegungen durchgerungen, das Jubiläum der ursprünglichen Gründung durch den Kurfürsten von Sachsen zu feiern. Was dann im Jahr 1858 – dem 300. Jahrestag der Bestätigung durch den Kaiser – folgen sollte, lag in weiter Ferne. So fand sich denn am 27. Februar 1848 eine Universitätsdeputation beim Großherzog ein und beriet mit diesem das festliche Ereignis bei einer ausgedehnten Tafel. Man kam auch auf die Nachrichten aus Frankreich zu sprechen. Durch einen Brief an Liszt war die Abdankung Louis Philippes bekannt, und niemand in der Runde zweifelte daran, daß es Rückwirkungen auf Deutschland geben würde. Die französischen Ereignisse besaßen in Weimar einen ganz persönlichen Aspekt. Helene, die Tochter der früheren Prinzessin Caroline, der Schwester Carl Friedrichs, hatte ihren Gatten, den Herzog von Orléans, 1842 durch einen Sturz aus dem Wagen verloren. Als im Februar 1848 Louis Philippe abdankte, übte Helene die Regentschaft aus und versuchte, ihren ältesten Sohn, den Grafen von Paris, als König von Frankreich anerkennen zu lassen. Der Plan mißlang, und die Fürstin mußte aus Frankreich fliehen. Sie zog sich nach Sachsen-Weimar – nicht nach Mecklenburg-Schwerin – zurück und lebte von da an zurückgezogen im Schloß zu Eisenach.

Es gab nicht nur die persönlichen Sorgen. Der Aufruhr in Berlin ließ Maria Pawlowna um ihre preußisch gewordenen Töchter zittern. König Friedrich Wilhelm IV. dämpfte die Revolution zwar durch geschickte Nachgiebigkeit, aber ausgerechnet der Schwiegersohn Wilhelm handelte sich den Haß der Volksmassen ein. Er wollte die Berliner März-Barrikaden mit Artillerie zusammenschießen lassen. Das Volk nannte ihn darauf höhnisch den „Kartätschenprinz". Er mußte aus Berlin fliehen, und die Aufständischen erklärten Wilhelms Palais zum „Nationaleigentum". Maria Pawlowna gab sich argen Ängsten hin, die Chancen Augustas, Königin von Preußen zu werden, könnten sich auf ein Minimum zusammendrängen oder gar in nichts auflösen. Die Furcht war angesichts der gewalttätigen, bewaffneten Auseinandersetzungen in Berlin nicht unberechtigt. Dagegen ging es in Weimar relativ gemächlich zu. Die Revolution nahm Anfang März ihren Lauf.

Am 3. März 1848 richtete der Stadtrat von Weimar eine Petition an Carl Friedrich. Die Bürger baten um die Gewährung von Pressefreiheit, wünschten eine allgemeine Volksbewaffnung und Geschworenengerichte. Carl Friedrich erwies sich als sehr flexibel und folgte darin dem Vorbild des preußischen Königs. Unverzüglich und brav begann der Landtag darüber zu beraten. Es blieb jedoch nicht bei der Petition. Schon am 8. März riefen demokratische Kräfte die Bauern der umliegenden Dörfer zu einer Versammlung nach Weimar auf den Markt.

Carl Friedrich hatte am gleichen Tag die Pressefreiheit und die Gleichheit aller
Bürger vor dem Gesetz gewährt und das Kammervermögen dem Staatshaushalt
zugeführt. Vom Rathaus wurden die revolutionären Errungenschaften lautstark
verkündet. Die Bürger waren es zufrieden, die Bauern nicht. Sie forderten die
Jagdfreiheit und die Aufhebung aller Zinsleistungen. Als sie merkten, das Kammervermögen werde nicht sofort ausgezahlt, gingen sie verärgert nach Hause.
Den Ministern Watzdorf und Gersdorf warf man die Fensterscheiben ein. Das
war aber auch schon die Spitze des Tumults. Die Versammlung genügte, um die
sittsamen Bürger auf den Plan zu rufen. Spontan bildeten sie eine Bürgerwehr
und bewachten das Residenzschloß. Carl Friedrich vertraute ihnen, kam heraus,
sprach leutselig mit seinen Untertanen, versicherte die Einhaltung aller Rechte
und Pflichten und verabschiedete sich wohlwollend mit den Worten: „Ich hoffe,
daß ihr alle so gut schlafen werdet, wie ich." Die Menge ließ ihn hochleben.

Drei Tage verstrichen. Der Großherzog mahnte noch einmal zu Ruhe und
Zusammenhalt. Der Landtag sollte alle aufgeworfenen Probleme beraten und
Lösungsvorschläge unterbreiten: „Halten wir fest zusammen in Eintracht und
gegenseitigem Vertrauen." Natürlich wollte Carl Friedrich seine Herrschaft nicht
einbüßen, aber er hatte entsprechend den liberalen und geistvollen Traditionen
seines Hauses auch nichts gegen die Erfüllung berechtigter Forderungen seiner
Untertanen. Nur – in Ruhe und Sachlichkeit sollte alles ablaufen. Die behäbige
Friedfertigkeit und Gelassenheit Carl Friedrichs, für seine Gegner ein steter
Makel, erwiesen sich in der zugespitzten revolutionären Situation als Vorteil.
Maria Pawlowna stand fest an seiner Seite, teilte seine Sorgen und unterstützte
ihn so gut sie konnte – bis zu öffentlichen Demonstrationen ihres friedlichen Ver-
ständigungswillens. Das war gewiß notwendig, denn am 11. März kam es selbst
in Weimar zu Gewalttätigkeiten, provoziert durch Jenaer Studenten. Karl von
Hase, Augenzeuge des Geschehens mit der Absicht, die aufrührerischen Studenten zu mäßigen, hat einen eindrucksvollen Bericht hinterlassen: „Die burschenschaftlichen Verbindungen beschlossen den 11. März nach Weimar zu
ziehn, wie sie sagten, um eine verkündete Volksversammlung mit anzusehn . . .
In Weimar sah es fast bang und kriegerisch aus, die aufgestellte Bürgergarde und
Gymnasiasten waren nur mit weißen Binden bewaffnet. Doch als wir im Schloß
den Minister Schweizer besuchten, der sehr bewegt von der Gefahr mit uns
sprach, fanden wir im Innern bewaffnetes Militär. Nach Tisch versammelte sich
eine große Masse Landleute, dazwischen die rothen Mützen der Studenten, auf
dem Markte. Der liberale Redner des Landtags, Advocat v. Wiedenbruck haran-
guirte vom Altan des Rathauses die Masse. Stimmungen und Meinungen wog-
ten umher, wie es schien noch ohne bestimmtes Ziel, als ein Student, Koch aus
Sonneberg, mein fleißiger Zuhörer, ein gutmüthiger Schwärmer, auf den Schul-

tern der Bauern emporgehoben, im Namen des Volkes die Verjagung des Ministers Schweizer forderte. Ich drängte mich durch und rief ihm zu: ‚Vielleicht ist's eine Nothwendigkeit, das Schweizer falle, aber durch einen jenaischen Studenten soll er nicht gestürzt werden, das hat er nicht um die Universität verdient.' Der Student hörte auf mich und sprang von seiner lebendigen Rednerbühne herab, aber die Bauern vermerkten meinen Einspruch übel und drohten auf mich herein. Ob es zum Schlagen gekommen ist, wußte ich wunderlicher Weise selbst nicht sicher, nur daß ich meinen Hut verlor, einen Augenblick nicht fest auf den Füßen stand ohne den Kopf zu verlieren, als Studenten, welche die Gefahr sahen, die Bauern bei Seite drängten und mich aus dem Getümmel brachten. Die Studenten regierten offenbar die Herzen der Bauern, vereinigten dieselben zur Forderung gegen Schweizer und als dessen Entlassung vom Großherzog bewilligt war, forderten sie Wiedenbruck zum Minister, der aus diesem burschenschaftlichen Kreise hervorgegangen ist. Als auch dies bewilligt war, hatte die Masse, die sich unterdeß in den Schloßhof gezogen hatte, nichts Bestimmtes mehr zu fordern, allerlei unsinnige Wünsche Einzelner wurden laut, es war doch zu befürchten, daß die willenlose Masse, als es Abend wurde, sich zuletzt auf irgendeinen Unsinn stürzen würde. Wir besprachen uns mit den Führern der Studenten, die nur nicht wußten, wie die Bauern wieder heraus und aus einander zu bringen seien. Da kam uns der Einfall: die Studenten stellten sich in Reih und Glied, sangen ein munteres Marschlied und zogen zum Schloßhof hinaus. Die Bauern zogen nach, das eiserne Gitter schloß sich hinter ihnen, auf dem Markt angekommen, rief man einander ein munteres Lebewohl zu, und jedermann ging nach Hause. So endete dieses Duell der Weimarischen Revolution."

Das „Duell" endete vielleicht auf diese Weise, die Revolution nicht. Großherzog und Regierung sahen sich zu weiteren Abwehrmaßnahmen gegen den Aufruhr veranlaßt. Alle Minister außer Watzdorf und Wiedenbruck wurden entlassen. Die Bürgergarde bewaffnete sich. Sie schneiderte ihre Uniformen selbst: grün-schwarz, mit goldenen Knöpfen und grauen Hosen. Auf der Wiese vor Goethes Gartenhaus im Park an der Ilm wurde fleißig exerziert. Weimars Bürger schauten begeistert zu. Es wurden Stände mit Bratwurst und Bier aufgebaut. Das großherzogliche Paar kam aus dem Schloß und nahm wohlgefälligen Anteil an dem Spektakel.

Am 14. März verkündete Carl Friedrich in einem Erlaß: Alle seit dem 8. März begangenen politischen Vergehen sollten straffrei bleiben. Dennoch sei er willens, Gesetz und Ordnung gegen alle Übergriffe zu schützen, und baute auf die Mitwirkung der Bürger. Er erließ für vier Wochen ein „Aufruhr-Gesetz". Das war ein Ausnahmegesetz, um „Ruhe und Ordnung" wiederherzustellen. In Frankfurt war inzwischen das Vorparlament zusammengetreten. Weimar war

durch mehrere Persönlichkeiten vertreten: Landmarschall von der Gabelenz und
Ober-Appellationsgerichtsrat Schüler sowie die Landtagsabgeordneten Hagen-
bruch, Markscheffel, Henß, Martini und Kieser. Carl Friedrich bemühte sich weiterhin um Schadensbegrenzungen. Das Militär leistete den Eid auf die Verfassung, während der Großherzog dem Land 30.000 Taler für Kunst und Kultur
schenkte. Am 11. April kam es schließlich zu einer sonderbaren Demonstration:
Die großherzogliche Familie schenkte der Stadt und den Bürgern Weimars eine
schwarz-rot-goldene Fahne, zu der Maria Pawlowna und Hofdamen Wimpel in
den Landesfarben gestickt hatten – als Zeichen der Verbundenheit zwischen
Herrscher und Volk. Die Fahne wurde zwei Tage später in einem gemeinsamen
feierlichen Akt eingeweiht und auf dem Rathaus aufgezogen.

Trotz aller ostentativ zur Schau gestellten Einmütigkeit und des liberalen Ver-
haltens von Herrscher und Bürgern war auch Weimar während der Revolution
keine weltfremde Idylle. Die Unruhe im Volk blieb erhalten, und demokratische
wie soziale Forderungen wurden weiter offen erhoben. Franz Liszt schrieb zwar
Ende März 1848 in einem Brief an Carolyne von Sayn-Wittgenstein: „In diesem
letzten Monat habe ich häufig die Ehre gehabt, die Frau Großherzogin zu sehen,
die durch alle diese Ereignisse hindurch die bewundernswerteste Beständigkeit
an Charakter und Güte bewahrt. Die Verehrung, die ich ihr seit mehreren Jahren
gewidmet hatte, hat sich während dieser zwei Monate noch verstärkt." Aus
einem Brief an Shukowski wird deutlich, daß Maria im Innern durchaus nicht
jenes Maß an Festigkeit empfand: „. . . Meine Zuflucht ist einzig der Glaube und
das Vertrauen auf die Vorsehung, die uns oft auf dunklen Wegen zu guten Zielen führt."

Als hätte sie noch nicht genug familiäre, soziale und politische Probleme,
kam etwa im Mai 1848 Carolyne von Sayn-Wittgenstein nach Weimar – von
Franz Liszt sehnlichst erwartet, von Maria Pawlowna eher mit zwiespältigen
Gefühlen beobachtet. Carolyne war Franz Liszts damalige große Liebe, und
am Weimarer Hof war man sich offensichtlich der Tatsache bewußt, daß der
große Musiker, der Weimar auch inmitten der Revolution neuen Glanz verleihen
sollte, ohne Frau von Sayn-Wittgenstein nicht zu halten gewesen wäre. Die Probleme dieses Paares waren außerordentlich verwickelt und sollten für Maria
Pawlowna, den Hof und die Stadt Weimar Segen und Fluch zu gleichen Teilen
mit sich bringen.

Elisabeth Carolyne von Sayn-Wittgenstein war 1819 im Gouvernement Kiew
geboren worden. Die Eltern trennten sich bald nach ihrer Geburt, und sie wuchs
vorwiegend unter den Fittichen des Vaters Peter von Iwanowski, einem polnischen Großgrundbesitzer, heran. Iwanowskis große Leidenschaft waren Bücher
und Zigarren – beide konsumierte er in Unmengen. Die Tochter übernahm diese

Leidenschaften und behielt sie bei. In den Sommermonaten reiste Carolyne mit der Mutter durch Europa. Sie besuchten vornehme Aristokraten und gebildete Salonbesitzer – die Welt der Schönheit und der Kunst. Carolynes Kindheit blieb jedoch kurz. Mit 17 Jahren vermählte man sie mit dem russischen Fürsten Sayn-Wittgenstein. Er war ein fröhlicher Rittmeister von fragwürdigem Charakter. Aus der Ehe ging eine Tochter, Maria, hervor. Dann zerbrach die eheliche Gemeinschaft wieder. Jeder ging seiner Wege. Carolyne hatte von ihrem Vater nach dessen Tod ein sehr reichhaltiges Vermögen geerbt. Zu ihrem Besitz, dessen Zentrum in Woronince lag, gehörten allein 30.000 Leibeigene, die den riesigen Grundbesitz bewirtschafteten. Carolyne leitete das Unternehmen mit Courage. Ihre Geschäfte führten sie oft nach Kiew, und dort lernte sie 1847 Liszt kennen, dem sie nun nach Weimar folgte – Revolution hin oder her. Abgesehen davon, daß es im April oder Mai 1848 für sie schwer gewesen sein wird, den Ablauf einer später in die Geschichtsbücher eingehenden Revolution zu erkennen, in Polen herrschte nahezu Ruhe, nachdem die freie Krakauer Republik 1846 aufgehoben und zu Galizien geschlagen worden war. Im Russischen Reich regte sich keine Revolution, und die Nachrichten aus Berlin flossen in der Ukraine spärlich. Weimar? Das war ein kleines Land, in dem der geliebte Franz Liszt lebte. Weimar? Dort regierte die Großfürstin Maria Pawlowna, die Schwester des russischen Kaisers.

Der Ortswechsel besaß einen guten Grund. Frau von Sayn-Wittgenstein war eine kunstversessene, heißblütige und geschäftssinnige Dame. Sie wollte Liszt heiraten und mußte dazu von ihrem Fürsten geschieden werden. Sie hatte durch Liszt erfahren, wie sehr sich Maria Pawlowna darauf versteift hatte, ihn nach Weimar zu bekommen. Dafür konnte die Großherzogin auch ruhig etwas tun, um Carolyne bei der Scheidung von ihrem Mann zu helfen. Mit großherzoglicher Hilfe nahmen Frau von Sayn-Wittgenstein und deren Tochter in der „Altenburg" Quartier. Das war ein schönes Gebäude, auf einer Anhöhe jenseits der Ilm und an der Straße nach Jena errichtet. Der Oberstallmeister von Seebach hatte das Haus erbauen lassen, und die Nachkommen vermieteten das Parterre und den ersten Stock an die Fürstin. Es währte nicht lange und der Hof kaufte das ganze Gebäude. Das sah so aus, als wollte man sich arrangieren. Der Kauf diente jedoch vor allem dem sinnvollen Zweck, die Altenburg zu jenem Zentrum der Musik, Kunst und Literatur werden zu lassen, das den Ruf eines neuen Weimar begründen sollte.

In der Ehefrage gab Maria Pawlowna den Wünschen nicht nach. Sie setzte sich nicht für die Scheidung Carolynes ein, wiewohl sich Maria Pawlowna ständig über den Gang der Dinge unterrichten ließ. Sie wollte nicht zwischen zwei Feuer geraten, denn auch die Familie des Fürsten Nikolaus von Sayn-Wittgenstein wandte sich an Maria Pawlowna und klagte, daß Carolyne „alle Regeln der Wohlanständigkeit beiseite gelegt habe". Das mochte wohl aus der Sicht der Schwiegereltern stimmen, Kaiser Nikolaus I. lehnte 1849 das Scheidungsgesuch ab. Tatsächlich heirateten Franz Liszt und Carolyne von Sayn-Wittgenstein niemals, sie trennten sich später sogar wieder. In den nach 1848 folgenden zehn Jahren war ihr gemeinsames Leben in der Weimarer Altenburg jedoch einer der Glanzpunkte in der kulturellen Geschichte der Stadt. Gleichzeitig wurde die Altenburg durch Liszt und Carolyne für die Weimarer Bürger eine Stätte permanenter Ärgernisse – und Maria Pawlowna stand von nun an ständig vor der Wahl, entweder mit Liszts genialer Begabung und Exzentrik Weimar einen neuen Ruf als Kunststadt zu verleihen oder den Philistern nachzugeben und das Lotterpaar aus der Altenburg zu vertreiben. Grundsätzlich entschied sie sich für den ersten Weg, es mußten jedoch Kompromisse eingegangen werden.

So stand die russische Großfürstin in Weimar während der Revolution von 1848/49 vor einem künstlerischen Neuanfang, der bedachtsam befördert und gepflegt sein wollte und der auch eigene Konsequenzen forderte, die sehr sorgfältig überlegt werden mußten. Während die politische Revolution in Deutschland voranschritt und bald ihren Niedergang erlebte, unternahm Liszt energische Maßnahmen für die künstlerische Revolutionierung Weimars. Man folgte in Weimar den ersten öffentlichen Landtagssitzungen, schmiedete Pläne für eine Vereinigung der thüringischen Kleinstaaten und begrüßte die Eröffnung der Frankfurter Nationalversammlung mit Freudenfeuern. In Jena feierten im Juni 1848 Professoren und Studenten den 300. Jahrestag ihrer Universität. Karl von Hase hielt die Festrede. Er bekannte sich stolz zur Einheit von Fürst und Volk, polemisierte gegen eine Vormachtstellung Preußens oder Österreichs und sprach sich für ein einiges Deutschland sowie für den Reichsverweser Erzherzog Johann von Österreich aus. Anschließend formulierte er seine Gedanken über Deutschlands Zukunft und Gefahren, die ganz dem seinerzeitigen Aufbruch in der Urburschenschaft verhaftet waren und in dem utopischen Vorschlag mündeten, Monarchen aus Preußen und Österreich sollten jeweils alternierend die Kaiserkrone tragen. Im August kam es dann zu neuen Unruhen, zu deren Bekämpfung Militär und Bürgerwehr eingesetzt wurden.

Franz Liszt aber begann, das nach wie vor bescheidene Musikleben in Gang zu bringen und mit seinen eigenen Ideen umzugestalten. Einer der ersten Schritte führte ihn nach Dresden zu Richard Wagner, und Wagner stattete im August 1848 einen Gegenbesuch in Weimar ab. Liszt war der Auffassung, daß die Opern Wagners, die bislang weder in Dresden noch in anderen deutschen Städten besonders erfolgreich waren, eine überragende Bedeutung für die Weiterentwicklung des Musiktheaters besaßen. Liszt und Wagner einigten sich darauf, in

Weimar den „Tannhäuser" aufzuführen. Diese Oper – der Sängerkrieg auf der Wartburg – besaß zur Geschichte des Weimarer Fürstenhauses eine innere Beziehung, und natürlich sollte sie im Februar 1849, zum Geburtstag Maria Pawlownas, aufgeführt werden. Es gab auch Gegenstimmen, geführt vom Staatsminister Watzdorf, die das Werk selbst für zu kühn hielten, dieses Argument jedoch vor allem gegen einen Richard Wagner benutzten, dessen revolutionäre Leidenschaften damals mehr bekannt waren als seine Opern. Der „Tannhäuser" wurde programmgemäß und mit außerordentlichem Erfolg aufgeführt. Franz Liszt legte damit einen Grundstein für den Durchbruch Wagners und für die Begründung einer neuen und glanzvollen Musiktradition in Weimar.

Franz Liszt schrieb im Jahr 1882, als er Weimar längst im Zorn verlassen hatte, in einem Brief an Lina Ramann, daß in den schweren Jahren 1848/49 die Großfürstin als einziger Mensch „meine Idee des künstlerischen Fortdauerns Weimars verstand und gnädigst unterstützte". Tatsächlich sicherte sie auch unter widrigen Bedingungen die Grundlagen seiner Existenz – Carolyne von Sayn-Wittgenstein, deren Reichtum in ihrem russischen Grundbesitz bestand, verfügte nicht über die erforderlichen Gelder. Maria Pawlowna zahlte das Gehalt für Franz Liszt. 1848 erschien in den Kassenposten ihrer Schatullenverwaltung erstmals der Betrag von 1500 Talern „Honorar dem Kapellmeister Liszt, u. a. für die Ihrer Kaiserlichen Hoheit geleisteten Beihilfe, bei höchstdero musikalischen Studien". Für 1849 findet sich in den „Spezialnachweisen" über die jährlichen Ausgaben Marias nur einmal die Angabe „330 Reichsthaler Geschenk für Hofkapellmeister Liszt für eine Komposition, Unterricht und dergleichen". Im Jahr 1850 wurden 1295 Taler für Liszt angewiesen, 1851 waren es 1330 Taler, für die Jahre 1852 bis 1858 jährlich 1660 Taler in Raten von 1000 (für öffentliche Konzerte) und zweimal je 330 Taler. Nach 1853 wurde auch von der neuen Großherzogin Sophie Geld gezahlt.

Die finanzielle Hilfe war jedoch nur die eine Seite der Medaille. Maria Pawlowna tat mit ihrem Mut und ihrer Großzügigkeit weit mehr. Richard Wagner nahm im Mai 1849 aktiv an dem damaligen revolutionären Aufstand in Dresden teil. Er mußte nach dessen Niederschlagung aus Sachsen fliehen und wurde in den deutschen Staaten steckbrieflich gesucht. Auf seiner Flucht in die Schweiz berührte er auch Weimar und wandte sich an Franz Liszt um Hilfe. Liszt versteckte den Flüchtenden in der Altenburg und in dem kleinen Dorf Magdala. Er ließ ihn sogar heimlich an einer Probe für den „Tannhäuser" teilnehmen. Minister Watzdorf ahnte wohl die geheime Anwesenheit Wagners, aber er griff nicht zu. Die Zurückhaltung mag auch aus Rücksicht auf Maria Pawlowna geschehen sein, denn es kam zu einem merkwürdigen und nicht aufgeklärten Zwischenspiel.

Aus den Nachweisen über die Hofhaltung ist bekannt, daß Maria Pawlowna am 16. Mai 1849 für einige Tage nach Eisenach fuhr. Andererseits: In einem Brief an Robert Schumann schrieb Liszt damals, daß auch Richard Wagner in jenen Tagen in Eisenach gewesen sei. Es gibt keinen Beleg, ob sich die Großfürstin und der geflohene Komponist dort trafen. Es wäre auch ein zu schönes Bild, wenn sie sich auf der Wartburg begegnet wären, vielleicht, um über die Revolution oder den „Tannhäuser" zu plaudern.

Unabhängig davon barg allein die Gleichzeitigkeit der Reisen nach Eisenach ein großes politisches Risiko in sich. Man stelle sich einmal vor: Die Großherzogin und Schwester des russischen Kaisers traf sich illegal mit einem steckbrieflich gesuchten Barrikadenkämpfer, dessen Oper in Weimar von dem Ungarn Franz Liszt aufgeführt wurde! Gerade in jenen Wochen bereitete sich Rußland darauf vor, auf Bitten des österreichischen Kaisers Franz Joseph eine Armee in Ungarn einmarschieren zu lassen, um den dortigen nationalrevolutionären Aufstand niederzuschlagen. Obwohl es damals bereits zwischen Preußen und Rußland erhebliche Differenzen über die Modalitäten einer deutschen Reichseinigung gab, obsiegten die monarchische Solidarität und der gemeinsame Wille zur Niederschlagung der Revolution. Rußlands Kaiser galt, da die Revolution sein Reich nicht erfaßte, als Bollwerk gegen jede Form von Anarchie und Insurrektion. Nikolaus I. beschimpfte den preußischen König wegen dessen Nachgiebigkeit in den Märzkämpfen von 1848 und duldete auf seinem eigenen Territorium keinerlei liberales oder freiheitliches Gedankengut. Harmlose adelige Intellektuelle, zu denen auch Dostojewski zählte, die in illegalen Zirkeln über Rußlands Wege in die Zukunft diskutierten, wurden verhaftet und – zumindest symbolisch – zum Tod verurteilt, bevor man sie auf Jahre hinaus in die Verbannung schickte.

In dieser Situation mußte die Handlungsweise Maria Pawlownas wie ein Affront gegen das eigene Herrscherhaus in Rußland wirken. Objektiv ist ihr jedoch kein Vorwurf zu machen. Maria Pawlowna schrieb im Februar 1848 an den geliebten Dichter Shukowski, daß sie ihre Liebe zu den vaterländischen Dichtern bewahrt habe, daß sie ihn sehr schätze und daß ihm ein gleichwertiger Platz neben Goethe und Schiller gebühre. Rußland und das klassische Weimar, Liszt, Wagner und Shukowski – für die Großfürstin zählte Weimar als Zentrum deutscher und europäischer Kunst. Sie besaß Vertrauen in Franz Liszt und dessen Sachverstand. Sie ließ ihn gewähren. Das Vertrauen resultierte nicht nur aus einer kritiklosen Bewunderung für das musikalische Genie, sondern auch aus dessen Fähigkeit, die sachlichen und wirtschaftlichen Voraussetzungen im Amt des Hofkapellmeisters zu verstehen und zu beachten. Liszt hatte im Juli 1847 an Carl Alexander geschrieben: „Die Aufgabe des Intendanten ist also außer-

ordentlich verwickelt und schwer. Es braucht viel Takt, Geschmack, Lebens-
kunst, Fortschreiten, Bekanntschaften, Vorhersehen, Vernunft und Energie, um
nicht zurückzubleiben. Man braucht auch viel von dem Nerv für Krieg und Frieden: Geld, Geld, das heutzutage eigentlich über alles entscheidet." Liszt und
Maria Pawlowna – sie beförderten die Kunstszene über Höhen und Tiefen hinweg und sollten dabei so manches Mal aneinandergeraten.

Vielleicht setzte an diesem Punkt Watzdorfs Kritik nach Marias Tod an, als er
schrieb, sie hätte zum Teil falsche Freunde gehabt und sich die wirklichen
Lebensverhältnisse in Weimar nicht vorstellen können. Auf jeden Fall hintertrieb
Watzdorf die Wagner-Ehrung in Weimar und sprach sich für die Verhaftung
Wagners aus, wenn er ihn denn fassen könnte. Watzdorf konnte nach den
Förderungen Wagners und Liszts durch Maria und Carl Alexander auch nicht
verhindern, daß der „Tannhäuser" wieder und wieder in Weimar aufgeführt
wurde.

Franz Liszt besaß in seiner unangepaßten Energie tatsächlich viele produkti-
ve Ideen, wie klassisches Erbe und neue Kunst in Weimar zu einer harmonischen
Einheit verschmolzen werden könnten. Er war sich in seinem unbequemen Denken der „verständnisvollen Nachsicht" Maria Pawlownas sicher, und das war
für beide in diesen aufgeregten Jahren eine außergewöhnliche Leistung. In den
Revolutionsjahren schrieb er seine Gedanken in der grundlegenden Schrift „De
la Fondation-Goethe à Weimar" nieder. Liszt knüpfte mit dieser Schrift an eigene Vorstellungen an, die ihm seit 1841 im Kopf herumgingen. Er nahm sich
jedoch auch den Aufruf vom 5. Juli 1849 zum Vorbild, in dem Berliner Gelehrte
und Publizisten wie Alexander von Humboldt, der Komponist Peter Cornelius,
Schelling oder Varnhagen von Ense vorgeschlagen hatten, zum 100. Geburtstag
Goethes in Deutschland eine allgemeine Feier zu veranstalten. Die Idee sollte
keine Gegenposition zur politischen Revolution errichten, sondern im Wirbel
der Geburt eines liberalen und demokratischen deutschen Staates die humanistischen Ideale der Klassik und des Vormärz bewahren und mit der neuen Zeit
verbinden. Eine „Goethe-Stiftung" erwuchs daraus nicht. In Berlin entstand
zunächst ein Vorbereitungskomitee, dem über Carl Alexander auch die Vorschläge Liszts zugeleitet wurden: Jedes Jahr sollte zum 28. August abwechselnd
an ein bedeutendes Werk der Dichtkunst, der Malerei, der Bildhauerkunst oder
der Musik ein Preis verliehen und dieses der Öffentlichkeit zugänglich gemacht
werden. Die zustimmende Reaktion in Weimar und in Berlin beflügelte Liszt zu
seiner außergewöhnlichen Schrift. Er erinnerte an die künstlerischen und liberalen Traditionen Weimars, äußerte sich zum Zusammenhang von Kunst
und Gesellschaft und entwarf eine akribische Planskizze für den Aufbau, die
Tätigkeit und die Organisation einer „Goethe-Stiftung", deren Sitz Weimar sein

sollte: „Die Vergangenheit Weimars sichert diesem die Sympathien der übrigen Hauptstädte Deutschlands; aber es wäre ein törichtes Unterfangen, sich verhelen zu wollen, daß die Bedeutung Weimars ihre Hauptnahrung in der Pietät findet, die man Reliquien bewahrt . . . Vor allem fehlen Bewegung, Widerhall und Reflexe. Weimar ist gegenwärtig nur ein geographischer Punkt, ein Asyl, das geehrt wird, der Hoffnungen wegen die den glanzvollen Erinnerungen nachfolgen könnten, ein neutraler Platz, offen für eine Blütezeit, die sich dort entfalten sollte."

Die Vorsicht im Optimismus war durchaus berechtigt. Nach der ersten allgemeinen und euphorischen Zustimmung ging das Interesse an dem Projekt in den folgenden Jahren Schritt für Schritt zurück. Es wirkte wie ein Symbol, daß der von Liszt so geförderte Richard Wagner 1851 vorschlug, die große gesamtdeutsche Idee, die selbst über den Ambitionismus Maria Pawlownas hinausging, in eine Stiftung zur Förderung des Wagnerschen Musikdramas einzuengen. Es gab sogar Pläne, in Weimar ein Festspielhaus für Wagners Opern zu errichten.

Natürlich war Wagners Skeptizismus (bzw. sein Versuch, als Nutznießer der nicht vollendeten Pläne für eine „Goethe-Stiftung" aufzutreten) nicht die Ursache für das Scheitern der „Goethe-Stiftung", sondern vielmehr nur ein Ausdruck für verschiedene Ursachen. Die politische Entwicklung in Thüringen und Deutschland nach der Revolution von 1848/49, das Ende der Herrschaft Carl Friedrichs und Maria Pawlownas, mangelnde Geldmittel, die Ärgernisse um das ungezwungene Geschehen in der Altenburg und die wachsende Resignation Liszts, aus Weimar doch noch ein neues Zentrum deutscher und europäischer Kunst wachsen zu lassen – das alles trug in sehr differenzierter Weise zum damaligen Scheitern der „Goethe-Stiftung" bei.

Allein, vorerst war von diesen kommenden Entwicklungen noch wenig oder gar nichts zu spüren. Goethes 100. Geburtstag wurde im Jahr 1849 mit würdigen Erinnerungen an die große Zeit Weimars und an das Genie des Dichters begangen. Während sich die Revolution in der Reichsverfassungskampagne erschöpfte, richtete Maria Pawlowna in Jena-Zwätzen auf der Grundlage der dort bestehenden Erwerbschule eine neue Gartenbauschule ein. Dafür spendete sie 3400 Taler. Waisenknaben und Jungen unbemittelter Eltern sollten in landwirtschaftlichen Berufen ausgebildet werden. Die Großherzogin kaufte eine Hofstelle und pachtete zusätzliches Land vom Kammergut Zwätzen. Jahre später, 1858, erhielt die Einrichtung den Namen „Carl-Friedrich-Ackerbauschule".

Dieses Ereignis wäre angesichts der Revolution, des Kampfes um eine demokratische deutsche Einheit, des Ringens um die künstlerische Erneuerung Weimars und der vielfältigen wohltätigen Stiftungen und Gründungen Maria

Pawlownas nicht besonders erwähnenswert gewesen, wenn es nicht ausgerechnet am Ende der Revolution erfolgt wäre. Karl von Hase schrieb am Beginn des Jahres 1850 resignierend: „Das Versinken des Schatzes, der vielleicht nur alle hundert Jahre einmal gehoben werden kann, dieser zeitweilige Untergang eines großen einigen Vaterlandes lag trübe auf diesem und dem nächsten Jahre." Tatsächlich bestand auch in den thüringischen Staaten die Haupttendenz der folgenden Jahre darin, die demokratischen Errungenschaften abzubauen und mit mehr oder weniger sanftem Nachdruck die politischen Verhältnisse aus der Zeit vor der Revolution wiederherzustellen. In Sachsen-Weimar-Eisenach bedeutete das zwar auch, daß u. a. das allgemeine Wahlrecht wieder abgeschafft wurde, aber insgesamt hatten im Staat auch vor der Revolution politisch moderate bis freiheitliche Verhältnisse geherrscht.

Maria Pawlownas Neugründung in Jena-Zwätzen darf noch in einem anderen Licht gesehen werden. Carl Friedrich und Maria Pawlowna hatten die Revolution ohne Gesichtsverlust überstanden, obwohl es für beide aufreibende Jahre gewesen waren. Ihre Charaktere hatten ihnen sehr geholfen, das Staatsschiff nicht aus dem Ruder laufen zu lassen und trotz aller revolutionären Unwägbarkeiten und Veränderungen an ihren gewohnten Vorstellungen von Liberalität, Volkswohlfahrt und geistig-künstlerischer Erneuerung unbeirrt festzuhalten. Es war im Großherzogtum weder schwierig noch besonders reaktionär, an die vorrevolutionären Entwicklungslinien anzuknüpfen. Sie hatten inzwischen das 65. bzw. das 62. Lebensjahr erreicht. Ihr Sohn, der Erbgroßherzog Carl Alexander, war über 30 Jahre alt. Von Kindheit an hatte er eine vorzügliche Erziehung und Ausbildung erhalten, zum Teil noch von Goethe und Meyer selbst gestaltet. Er besaß ein freundliches und ausgeglichenes Verhältnis zu den Eltern, und diese hatten ihn seit langer Zeit in die Lösung ihrer Probleme einbezogen. Die ganze Geschichte der Schloßumbauten oder der Aufbau der langjährigen Verbindungen zu Franz Liszt wurde in Harmonie zwischen Maria Pawlowna und Carl Alexander bewerkstelligt. Die Mutter bezog den Sohn frühzeitig und langfristig in die künstlerische Erneuerung Weimars ein – der Vater Carl Friedrich führte ihn an die schwierigen Probleme während der Revolution 1848/49 heran und beteiligte ihn an der Regierung. Die Revolution führte dazu, daß die großherzogliche Wachablösung langsam und allmählich vollzogen werden konnte und daß Carl Alexander, als er 1853 die Herrschaft übernehmen mußte, mit all seinen Aufgaben vertraut war. Hier deutete sich schon in den Jahren 1848 bis 1850 ein Wechsel an, der sich von dem vorausgegangenen zwischen dem autoritären Carl August und dessen introvertiertem Sohn Carl Friedrich grundlegend unterscheiden sollte. Nur eine Gemeinsamkeit gab es: Carl Friedrich und Carl Alexander hatten beide sehr begüterte Frauen geheiratet!

Diese Gesamtentwicklung bewirkte auch, daß sich Maria Pawlowna nach den letzten stürmischen Jahren wieder stärker jenen Problemen zuwenden konnte, die in ihrer eigentlichen Verantwortung lagen: dem Musenhof, dessen Erneuerung und der öffentlichen Wohlfahrt. Nicht nur Franz Liszt und das Musiktheater, sondern auch die literarischen Abende genossen ihre ungeteilte Aufmerksamkeit – wie eben auch die Landwirtschaftsschule in Jena-Zwätzen. Die Bewältigung der damit verbundenen Aufgaben erfolgte keineswegs konfliktlos oder unabhängig von den obwaltenden politischen und regional-moralischen Rahmenbedingungen. Das wurde durch den Umgang mit Franz Liszt und Richard Wagner besonders deutlich.

Wagner unterlag in Deutschland noch immer dem politischen Verdikt. Er war in die Schweiz entkommen und bat Liszt von dort aus um die Aufführung der Oper „Lohengrin": „Führe sie auf, wo Du willst: gleichviel wenn es selbst nur in Weimar ist: ich bin gewiß, Du wirst alle möglichen und nöthigen Mittel dazu herbeischaffen, und man wird Dir nichts abschlagen." Die Hoffnung trog ihn nicht. Der „Lohengrin" erlebte im August 1850 seine Weimarer Inszenierung, und Maria Pawlowna hatte ihm mit 2000 Talern unter die Arme gegriffen. Sie tat das gern für die Musik und für „ihren" Franz Liszt, der ihr so viel Freude – und so viel Kopfschmerzen – bereitete.

Carolyne von Sayn-Wittgenstein hatte die Altenburg bezogen, draußen vor den Toren der Stadt. Liszt lebte vorerst brav in einem Zimmer des Hotels „Erbprinz" am Markt. Bis 1850 war die Trennung zur Farce geworden und Liszt übersiedelte zu Carolyne in den Seitenflügel der Altenburg. Der Weimarer Hof ignorierte den Ortswechsel, gab sich moralisch und schickte alle Einladungen an Liszt weiter in den „Erbprinz". Tatsächlich begann in der Altenburg auf Jahre hinaus ein Leben, das als Inkarnation für die neue künstlerische Blüte Weimars und als Beginn des „Silbernen Zeitalters" gelten darf. Für den Bürger wurde die Altenburg ein Sündenbabel und ein Sumpf, den man nur mit Gewalt trockenlegen konnte. Dazwischen stand Maria Pawlowna. Sie mußte ausgleichen, werben, locken und doch die Moral wahren. Es war der Tanz auf einem Drahtseil – als hätte es einen Goethe nie gegeben, der sich wahrlich in so mancher moralisch zu wertenden Frage keinen Zwang auferlegt hatte. Aber wer wußte noch im Jahr 1850, daß Goethe weiland 1775 mit dem Herzog Carl August auf dem Weimarer Marktplatz für Stunden mit Peitschen geknallt hatte?

Dabei war es gerade Franz Liszt, dessen Kunst die kulturelle Welt erstmals wieder nach Weimar lockte, der die Zeiten Goethes und Schillers wiederauferstehen ließ. Es kamen bis 1853 Hector Berlioz, Robert Schumann und Johannes Brahms, nicht gerechnet die von Jahr zu Jahr wechselnde Schar von Schülern, unter ihnen Hans von Bülow, Joachim Raff oder Peter Cornelius und viele andere. Die Gäste und Schüler wohnten gewöhnlich in der Altenburg, manche über Monate hinweg und nicht selten auf Kosten Liszts. Mit der Zeit veranstaltete Franz Liszt neben seinen Verpflichtungen für das Weimarer Theater- und Konzertleben auf der Altenburg Musikabende. Speziell dafür erhielt er bis 1853 jährlich eine Gratifikation von 300 Talern aus der Schatulle Maria Pawlownas. Nach 1853 zahlte sie noch die Hälfte, die andere Hälfte kam dann von der Großherzogin Sophie. Mit diesen Musikabenden wandelte sich die Altenburg endgültig in das damalige künstlerische Zentrum Weimars. Die Musikabende vereinten Liszts Virtuosität und Großzügigkeit mit dem Streben Carolynes nach ausufernden Gesellschaften – einer Mischung aus weltläufig verstandener Boheme und amüsantem Salongespräch. Literaten und Dichter wie August Heinrich Hoffmann von Fallersleben schwelgten begeistert: „Sie war geistreich, vielseitig gebildet, belesen, eine Kunstkennerin, hatte in vielen Dingen ein richtiges Urteil, war immer bereit, jedes edle Streben zu fördern, erwies sich gegen andere freundlich, teilnehmend, unterstützte Arme und Kranke und wußte diejenigen, die sie ehrte und liebte, bei allen Gelegenheiten auszuzeichnen." Die Charakteristik traf ebensogut auch auf Maria Pawlowna zu.

Es gab noch eine andere Seite in der Beurteilung Liszts und Carolynes: aufdringlich, neugierig, taktlos, schwach, einander hörig, nur auf die Wirkung des eigenen Tuns bedacht! Tatsächlich war die Fürstin von Sayn-Wittgenstein nach verläßlichen Aussagen sowohl klug als auch scharfsinnig und außerordentlich dominant. Mit ihrer spitzen Zunge und permanentem Zigarrenqualm verdammte sie manchen Widerpart zum Schweigen und erfüllte die biederen Weimarer mit unüberwindlichem Mißtrauen. Carolyne und Franz Liszt waren anders als der Weimarer Normalbürger. Die Altenburg führte ihr Eigenleben, losgelöst vom Hof und von der Stadt. Berührungen waren aber unvermeidbar – im täglichen und im musikalischen Leben. Während sich die Hofgesellschaft dank der Freundlichkeit Maria Pawlownas des distanzierten Wohlwollens der Bürger erfreute, wurden die Leute aus der Altenburg verachtet: fahrendes Volk, das ohne kirchlichen Segen in wilder Ehe lebte, bizarr gekleidet und obendrein arrogant – nein, so benahm sich kein Thüringer und schon gar kein Weimaraner.

Liszt gab es bald auf, die „Weimarer Esel" für seine kühnen musikalischen Vorstellungen zu gewinnen. Er konnte es sich leisten, weil er durch Maria Pawlowna (auch eine Zugereiste!) und durch Carl Alexander getragen wurde, die über manchen Skandal großzügig hinwegsahen. Auch über Goethes Eigenwilligkeiten hatte man seinerzeit Milde walten lassen. Es gab jedoch einen Unterschied. Als der Herr Goethe nach Weimar kam, erschloß er sich ein soziales Anwesen, das einen Hof besaß, ansonsten jedoch auf dem Weg vom Dorf zur Stadt war. Franz Liszt kam während einer bürgerlichen Revolution an einen sta-

bilen Hof und in eine Stadt von 12.000 Einwohnern, die an die Eisenbahn angeschlossen war und eine liberale Verfassung besaß. Das war sogar ein fundamentaler Unterschied. Liszt hatte die Wohltätigkeitskonzerte unterstützt und wußte,
daß die industrielle Welt und die soziale Großgesellschaft mehr denn je Geld für
den Kunstbetrieb benötigten. Da schloß sich der Kreis in seinem Denken. Die
personellen und künstlerischen Voraussetzungen waren in Weimar für die Stadt-
und Hofmusik schlecht. Chélard wurde zwar im April 1851 als Hofkapellmeister
entpflichtet. Liszt blieb dennoch weiterhin Hofkapellmeister in außerordentlichen Diensten, und sein Gehalt wurde nach wie vor aus der Privatschatulle
Maria Pawlownas bezahlt. Die Unbeliebtheit in der Öffentlichkeit mag dem
Künstler persönlich gleichgültig gewesen sein und seine Fähigkeiten als Komponist, Dirigent und Virtuose wenig beeinträchtigt haben. Tatsächlich gab es in
den Jahren zwischen 1850 und 1853 grandiose Aufführungen von Opern und
Konzerten in Weimar. „Tannhäuser", „Lohengrin", „Faust II" (Schumann), „Benvenuto Cellini" (Berlioz) oder Konzertreisen nach Holland, Frankreich, Belgien
und in die Schweiz Aber wenn er Geld für die großen Projekte benötigte,
brauchte er die öffentliche Hand, den Staat und die privaten Sponsoren. Hier
war mangelnde Popularität tatsächlich von Übel.

Hinzu kam die Konzeption Liszts, Weimar zur Bastion einer radikalen musikalischen Neudeutschen Schule wachsen zu lassen. Maria Pawlowna mochte
den musikalischen Visionen aufgeschlossen gegenüber gestanden haben – das
Publikum nicht. Es war das alte Lied vom Mißverständnis zwischen „klassi-
scher" und „moderner" Musik, das von jeder Generation neu gesungen wird,
sich unter Liszts atemberaubender Stabführung jedoch als geballte Ladung ent-
lud.

Er hatte so großartige Ideen, steckte voller Pläne und begeisterte mit einzig-
artiger Musik – er brach sich an den kleinen Realitäten Weimars. Was sollte er
tun? Er wandte sich an die Frau, die ihn verstand und unterstützte. An Maria
Pawlowna. Am 14. Januar 1852 schrieb Liszt eine Denkschrift für Maria Pawlowna, in die er seine Ansichten über die Lage und die Erfordernisse des Weimarer
Kunstlebens umfassend hineinformulierte. Sein Satz war scharf pointiert und
durchaus provokativ, wenn er auf das anhaltende Mißverhältnis von Kunst und
Geschäft hinwies: „. . . Was das Theater betrifft, so bin ich zu der Überzeugung
gekommen, daß es notwendigerweise einer der folgenden Gattungen angehören
muß: es ist entweder ein Geschäftsunternehmen, das aus der Kunst einen täglichen Gebrauchsgegenstand macht und seine Kunden anzulocken sucht und das
gewöhnlich den augenblicklichen Neigungen des Publikums Rechnung trägt,
den guten sowohl wie den schlechten, seinen Geschmacksverirrungen und seiner hergebrachten Unwissenheit – oder aber es ist eine königliche oder nationale

Einrichtung, die erkennen läßt, welches Maß von Schutz an hoher Stelle den schönen Künsten zuerkannt wird." Auch in seinen Schlußfolgerungen vermochte Liszt bereits bis an das Ende des 20. Jahrhunderts zu sehen: „Im ersten Falle ist es klar, daß sich die Ausgaben nach den Einnahmen richten und ihnen anpassen müssen. Im zweiten scheint es mir aber auch ganz einleuchtend, daß die Einnahmen durchaus nicht zurückwirken müssen auf die Wahl und Ausführung der Werke." Einen Kompromiß zwischen beiden Wegen sah Liszt nicht, jede Halbheit würde nur zusätzliche Kosten mit sich bringen und niemand befriedigen.

Sein Vorschlag gereichte den Grundsätzen eines modernen Industriemanagers zur Ehre. Er ging von der Erkenntnis aus: „. . . bis zu einem gewissen Punkte einen beträchtlichen Geldaufwand zu bewilligen, um auch beträchtlichere moralische wie materielle Vorteile zu erzielen. Eine Einlage, ein Grundkapital ist für jedes Einkommen und für jeden Geschäftsbetrieb unumgängliche Vorbedingung." Unter dieser Voraussetzung müßte entschieden werden, ob Weimar ein Hoftheater behalten oder ein „Privatunternehmen" gründen wolle.

Liszt sprach dem ortsansässigen Weimarer Publikum die Fähigkeit zu qualitätvoller Beurteilung der bislang aufgeführten Opern und Stücke ab. Ein wirtschaftliches Management müsse daher urteilsfähige Zuschauer von außen her anlocken, die ihre Begeisterung auf die Weimaraner übertragen sollten. Der Gedanke war weltfremd, ebenso wie der Glaube, das Hoftheater könne seinen Charakter nur bewahren, wenn es sich gegenüber den Wünschen der Zuschauer vollkommen gleichgültig verhalten würde.

Im Unterschied zu den überdenkenswerten Ausgangspositionen und den von diesen abweichenden, ein wenig abstrakten Lösungsvorschlägen war Liszts Anliegen hinsichtlich des Musiktheaters denkbar praktischer Natur: Zwei Kapellmeister könnten die Lösung sein und Weimar einen gediegenen und dauerhaften Ruf verschaffen! Selbstverständlich erinnerte Liszt daran, daß er als außerordentlicher Kapellmeister keinerlei Kompetenzen besaß. Mit diplomatischem Geschick, aber ohne Umschweife, suggerierte er der Großfürstin, sie möge dieses Problem lösen. Mit einer Analyse der „Lohengrin"-Inszenierung unterstrich er die dringendsten Mängel: Der Chor war zu klein, die Dekoration zerschlissen, die Kostüme ärmlich und die Möbel aus kahlen Brettern. Das Orchester genügte keinen modernen Ansprüchen, und das ganze Ensemble sei überaltert, versauert und mit einem sicheren Abendbrot zufrieden. Es seien Entscheidungen zu fällen, ob das dramatische Theater oder die Musikbühne stärker zu fördern sei. Indem Liszt die Großmütigkeit seiner Dienstherrin ebenso pries wie den eigenen Sachverstand, unterwarf er sich in untertänigen Formulierungen ihren Entschlüssen.

Maria Pawlowna beschäftigte sich ernsthaft mit dem Schreiben und war zur Hilfe bereit. Im gleichen Jahr bewilligte sie einen einmaligen Zuschuß von 8400 Talern. Die Summe half zwar, löste aber den generellen Widerspruch zwischen den hochfliegenden Plänen Liszts, dem Wunsch, Weimar erneut als geistiges Zentrum Deutschlands zu sehen, und den geringen materiellen Möglichkeiten zur ständigen Finanzierung der Projekte nicht. Da nützte es nichts, daß Hector Berlioz' Werk „Benvenuto Cellini" der Großfürstin gewidmet wurde oder daß zu ihrem Geburtstag am 16. Februar 1853 der „Fliegende Holländer" von Richard Wagner aufgeführt wurde. Noch am gleichen Tag reichte Franz Liszt beim Großherzog ein Entlassungsgesuch ein. Die mangelnde finanzielle Unterstützung für seine musikalischen Pläne und die wachsenden Querelen über die Lebensweise in der Altenburg deprimierten ihn. Ein Entlassungsgesuch am Geburtstag der Großfürstin war jedoch nicht schlechthin eine Taktlosigkeit, sondern zumindest eine grobe Unhöflichkeit. Zwar war seit dem Jahr 1848 im musikalischen Weimar viel erreicht worden – ihm genügte es nicht. Das Gesuch wurde abschlägig beschieden. Liszt war mehr denn je verärgert.

In diesen Jahren zwischen 1851 und 1853 beschäftigte sich Maria Pawlowna nicht nur mit den Problemen Liszts und der Musik, obwohl diese eine gewisse Priorität besaßen. Sie reiste viel, zu den Töchtern und zur Kur oder in die Ferien – aber nicht nach Rußland. Die Heimat schien in weite Ferne gerückt, unabhängig davon, daß die finanziellen Verbindungen reibungslos liefen. Die Großherzogin debattierte mit ihren Gästen bei den literarischen Abenden, kümmerte sich um die architektonische Verschönerung Weimars – auch der Beschluß zum Bau eines Aussichtsturms auf dem Kickelhahn bei Ilmenau ging auf ihre Initiative zurück. Es entstanden weitere Knabenarbeitsschulen, so 1850 in Gotha, und das Werk der landesmütterlichen Wohlfahrt nahm seinen Fortgang. Nach den stürmischen Revolutionsjahren kehrte eine gewisse provinzielle Ruhe in ihr Leben ein, die erst im Jahr 1853 auf tragische Weise unterbrochen wurde.

9. KAPITEL

Langer Abschied von St. Petersburg und Weimar

Die letzten Jahre bis 1859

Im Februar 1853 wurde Maria Pawlowna 67 Jahre alt. Sie hatte nichts von ihrer freundlichen Ausstrahlung verloren und sah in abgeklärter Heiterkeit dem Festtag des 25. Herrschaftsjubiläums entgegen. Wie in allen Jahren ihres Wirkens um Weimar nahm sie die Umwelt aktiv und schöpferisch auf. Die Feierlichkeiten fanden Mitte Juni in stiller Atmosphäre statt. Der Großherzog, bereits erkrankt, stand im Mittelpunkt der Aufmerksamkeit. Es war ein friedliches Fest, ganz in dem Geist, in dem die Landeskinder ihr Herrscherpaar sahen und sehen wollten. Kein Wort von den Revolutionsturbulenzen, aber auch kein Wort von einem neuen und glänzenden künstlerischen Aufbruch. Der Schatten Carl Augusts lag noch immer über dessen Sohn und Nachfolger. Carl Friedrich wurde als Mann des Friedens, verhaltener Freude und Treue zum klassischen Erbe gefeiert. Die streitbare Harmonie zwischen Carl August und Goethe, über Jahrzehnte gewachsen, hatte dem Land das Gepräge gegeben – ausdauernd und unaufgeregt, trotz der gewaltsamen Einbrüche in das friedliche Leben der Bürger, wie sie die Napoleonischen Kriege mit sich gebracht hatten. Jetzt, nach der Revolution, gab es diese überragenden Persönlichkeiten offenbar nicht mehr. Carl Friedrich und Maria Pawlowna hatten dem Land in Übereinstimmung mit allen äußeren Einflüssen Stabilität zu geben versucht, sich bemüht, das Erbe zu wahren, und nach neuen Wegen für den Musenhof geforscht. Aber jeder von beiden war in allen seinen Persönlichkeitsmerkmalen nicht von dem Charisma eines Carl August oder eines Goethe. Und Carl Alexander? Das blieb für die Zukunft abzuwarten. Er trug die Leidenschaft für Franz Liszt mit seiner Mutter gemeinsam. Und Franz Liszt selbst? Viel zu geräuschvoll, viel zu exzentrisch und ohne Geduld. Alles oder nichts! Das war nicht das klassische Erbe, nicht der Geist Goethes. Das Experiment Franz Liszt überforderte den Geist von Weimar. Die Klassik war nicht durch den geräuschvollen Sturmlauf einer kongenialen Einzelkraft geprägt worden. Das Experiment mußte früher oder später scheitern,

und man durfte nur hoffen, daß das drangvolle Wollen Franz Liszts tiefe Spuren
zum Nutzen einer bescheideneren Kontinuität hinterlassen würde. Noch war
nichts verloren, und die Anlagen Carl Alexanders versprachen, das Beste her-
auszuholen. Der Widerspruch war so offensichtlich, und es würde fraglos
schwerfallen, ihn zu bändigen. Die geniale Musik und das geniale Spiel, die Ausstrahlung auf die Musikwelt ganz Deutschlands und Europas – gegen den
unrealistischen Anspruch Liszts an Weimar, gegen seine Maßlosigkeit und
Ungeduld.

Nichts verloren? Doch. In der Nacht vom 7. auf den 8. Juli 1853 starb
Großherzog Carl Friedrich am Rotlauf. Bescheiden und zurückhaltend wie er
gelebt hatte, wurde er in der Fürstengruft beigesetzt. Der Trauerzug hatte auch
den Platz vor der Griechischen Kapelle passiert – eine besondere Ehrenbezeu-
gung vor der mustergültigen Ehe, die Carl Friedrich und Maria Pawlowna
geführt hatten. Carl Alexander trat die Thronfolge an. Maria Pawlowna trauerte
mit ihren Kindern und mit dem Hofstaat über den menschlichen Verlust, den sie
erlitten hatte. Carl Friedrich, im Leben oft verspottet oder zumindest belächelt,
hatte keine der vielen Untugenden seines großen Vaters besessen. Die historische Literatur über Carl August lebt von dessen vielfältigen Konflikten. Über
Carl Friedrich gibt es keine Eskapaden zu berichten. Die Ehe mit seinem Land
und mit seiner Frau war und blieb stabil. Die Zeit und die Geschichte beschworen Konflikte im kleinen Staat Carl Friedrichs herauf. Er selbst versuchte diese
zu glätten und fühlte sich stets für seine Untertanen verantwortlich. Sein bester
Verbündeter war die aus Rußland zugeführte Gemahlin. Es bestehen über die
Handlungsweisen Carl Friedrichs und Maria Pawlownas während der von
ihnen durchlebten und mitgestalteten geschichtlichen Situationen unterschiedliche Ansichten. Über ihre Ehe gab es keine Zweifel. Nun war diese menschliche
Gemeinschaft zu Ende, und es blieb die Erinnerung, die in den Kindern fortlebte.

Maria Pawlowna entschied sich wie so oft in ihrem Weimarer Leben für das
Vorbild Anna Amalias. Mit dem Tod Carl Friedrichs nahm sie ihren eigenen
Abschied aus der Staatspolitik. Sie blieb dem regierenden Sohn Carl Alexander
eine ehrliche Ratgeberin, und so manche Entscheidung, namentlich in den Bereichen der Kunst und Kultur, bereiteten sie weiter gemeinsam vor. Aber die Trennung war sauber und ohne Halbherzigkeiten. Wie es einst der Ehevertrag vorgesehen hatte, bezog Maria Pawlowna ihren Witwensitz, d. h. sie blieb im Schloß
Belvedere bei Weimar wohnen und durfte außerdem in gleicher Weise im Residenzschloß leben.

In den diplomatischen Beziehungen zu Rußland trat eine erstaunliche Wende ein. Seit Maria in Weimar lebte, hatte es niemals eine deutsch-weimarische
Vertretung in St. Petersburg gegeben. Drei Tage nach dem Ableben Carl Fried-

richs und eine Woche, bevor Maria ihren offiziellen Witwenstatus erhielt, wurde in St. Petersburg ein Generalkonsulat des Großherzogtums Sachsen-Weimar-Eisenach eingerichtet. Gottlieb Ludwig Freiherr von Hauff wurde zum General-konsul ernannt. Wenn es eines Beweises bedurft hätte, daß Maria Pawlowna auch die Herrin der weimarisch-russischen diplomatischen Beziehungen war – hier war er gegeben. Kaum war sie von der offiziellen politischen Bühne ab-getreten, erhielten die Kontakte den für alle Staaten gemeinhin üblichen Rah-men. Vorher war das nicht möglich.

Mit dem 18. Juli bekam Maria Pawlowna eine eigene Hofhaltung für den Wit-wensitz. Dafür wurde ein neues Fourierbuch angelegt, das von diesem 18. Juli 1853 bis zur Stunde ihres Todes getreulich jeden Tagesablauf festhielt. Leider beschränken sich die Angaben auf die rein formale Fixierung von Äußerlich-keiten:

„Belvedere, den 18. Juli 1853
Montag den 18. Juli
Großfürstl. Großherzogl. Tafel
Belvedere
Mittag – 3 Uhr
1. Ihre Kaiserliche Hoheit die Frau Großherzogin
2. Seine Königl. Hoheit der Großherzog
3. Ihre Königl. Hoheit die Frau Prinzessin von Preußen
4. Ihre Hoheit die Frau Herzogin von Altenburg
Marschalls Tafel
1. Frau Oberhofmeisterin Gräfin Fritsch
2. Hoffräulein von Beulwitz
3. Hoffräulein von Mandelsloh
4. Frau Oberhofmeist. von Vitzthum
5. Herr Kammerherr v. Ziegesar
6. Hofdame Fräulein von Grimmerstein
7. Herr Kammerherr Major v. Senbach
11 Personen
Abend
Thee und Souper
1. Ihre Kaiserl. Hoheit die Frau Großherzogin
2. Ihre Königl. Hoheit die Frau Prinzeß von Preußen
3. Frau Oberhofmeisterin Fräulein von Fritsch
4. Hoffräulein v. Beulwitz
5. Hoffräulein von Mandelsloh

6. Herr Staatsminister v. Watzdorff

7. Herr Kammerherr von Ziegesar

7 Personen

Herr Hofrath Riemann allein.

Herr Kammerherr und Oberhofmeister von Saldern als Herzogl.-Anhalt-Dessauischer Gesandt. hatte heute Mittag 12 Uhr Audienz bei Ihrer Kaiserl. Hoheit, der Frau Großherzogin.

Heute Mittag gegen 1 Uhr kamen Ihre Hoheit die Frau Herzogin von Altenburg nebst Hofdame und Cavalier zu einem kleinen Besuche hier an und reisten nach dem Diner wieder zurück nach Hummelshain."[51]

Das Leben Marias war reichhaltiger, als es die kargen Notizen befürchten lassen. Trotz Trauer und tatsächlich langsam umsichgreifender Einsamkeit bemühte sie sich, möglichst viele ihrer gewohnten Tätigkeiten fortzusetzen. Aus der Trauer heraus regte sich das verantwortungsbewußte Gewissen besonders stark für die anhaltend notwendigen Förderungen im sozialen Bereich ebenso wie für die Kunst und Kultur. Nach wie vor warteten die Menschen auf ihre Hilfe. Im Jahr 1854 konnte sich Maria Pawlowna in geradezu exemplarischer Weise davon überzeugen, daß sie dem Land noch etwas zu sagen und zu geben hatte. Das ganze Jahr 1854 stand für sie und ihre Umgebung im Zeichen des 50. Jahrestags der Ankunft in Weimar. Jubiläen der Fürsten, Regenten und Thronfolger waren stets Anlaß zu ausgedehnten Feierlichkeiten. Was sich zwischen Februar und November 1854 in Weimar ereignete, war keine allgemeine Huldigung für eine an und für sich beliebte Fürstin. Am Ende des 20. Jahrhunderts würde man von einem echten Popularitätstest sprechen. Maria Pawlowna konnte sehen, daß sie bei aller fürstlichen Distanz etwas für das Land und die Menschen geleistet hatte. Ihre Anwesenheit hat Spuren hinterlassen. Die Jubiläumsfeierlichkeiten erweckten den in der Geschichte seltenen Eindruck, daß die für das Gute leistungsbereiten Menschen durchaus bleibende Anerkennug finden können, ohne lediglich als hochmoralisches Beispiel zu dienen. Das Jahr 1854 hielt einem halben Jahrhundert weimarischer Geschichte den öffentlichen Festtagsspiegel vor das Gesicht, und jedermann konnte prüfen, ob der Spiegel nur die Schönste im Land zeigte oder ob er das wirkliche Leben reflektierte. Sicherlich waren dies auch Feiertage der Geschichte. Maria Pawlowna war jedoch ein kluger und durchaus rationaler Mensch. Sie konnte das echte Gold vom Talmi unterscheiden und nahm das in sich auf, was sie persönlich zu den bleibenden Werten Weimars zählte.

Gemäß den bewahrenswerten Traditionen familiärer Bindungen gratulierten die Kinder und der ganze Hofstaat mit Carl Alexander an der Spitze zum

Geburtstag. In der Loge der Freimaurer fand ein Festakt statt, auf dem die Weimarer Künstler ein Album mit Bildern und Grafiken überreichten. „An dem Souper bei S.(einer) Königlichen Hoheit dem Großherzog empfingen Ihro Kaiserliche Hoheit die von den Anwesenden hohen Verwandten die höchstderselben zum Geburtstag bestimmten Geschenke. Ihre Kaiserliche Hoheit begaben höchstsich mit den hier anwesenden hohen Freunden um 10 Uhr zum Gottesdienst in die griechische Kapelle im Schloß."[52] An dem Kirchgang nahmen zahlreiche Mitglieder der russisch-orthodoxen Gemeinde in Weimar teil, darunter auch Baron Appolonius von Maltitz, der damals russischer Geschäftsträger in Weimar war. Nach dem Gottesdienst überreichten Deputationen aller Stände und Regionen sowie Gäste von nah und fern die Glückwünsche zum Geburtstag.

Damit das Ereignis würdig an die Nachwelt vermittelt werden konnte, prägte man eine Medaille. Das Schmuckstück war von der Künstlerin Angelica Facius gestaltet worden. Die Vorderseite zeigte das Porträt Marias mit dem Namenszug. Die Rückseite wies unter einem Stern die Schrift aus: „Im fünfzigsten Jahre segensreichen Wirkens." Der Satz war von Lorbeer, Eichenblättern und Rosen umgeben, ein deutlicher Hinweis auf die auch von Goethe immer wieder betonte Liebe Marias zur Natur. So vereinte die kleine Medaille mit schlichten Mitteln wichtige Ideale der Jubilarin: die Kunst, der wohltätige, Glück verheißende Stern und die Pflege der natürlichen Umwelt. Es verbot sich überdies, der an diesem Tag geehrten Maria etwas anderes als Artigkeiten zu sagen oder an die Niederungen einer rauhen Wirklichkeit zu erinnern. Die Medaille war von den Landesbezirken finanziert worden, und deren Vertreter überreichten sie auch an Maria Pawlowna. Die Grußadresse aller Bezirke und Städte des Großherzogtums konzentrierte sich dementsprechend auf die Betonung der Leistungen in Bildung, öffentlicher Wohlfahrt, den „Bestrebungen des Bedarfs und Nutzens", der „Geisteserhebung in Wissenschaft und Kunst".

Die Universität Jena überreichte durch ihren damaligen Prorektor, Professor Stickel, eine Adresse, die sowohl die materiellen Leistungen Maria Pawlownas für die Ausstattung der Laboratorien, Institute und Sammlungen als auch bei der ideellen Förderung wissenschaftlicher Talente betonte: „Alle Zeit Wohlwollen, fürstliche Freigebigkeit, alle Zeit die gleiche Hoheit und Theilnahme." Die Wertschätzung war nur recht und billig.

Das Theater gab selbstverständlich aus gleichem Anlaß eine Festvorstellung mit dem „Orpheus" von Christoph Willibald Gluck. Damit wurde nicht nur die langjährige Ehrung Glucks fortgesetzt, sondern Vorspiel und Schlußmusik hatte eigens zu diesem Anlaß Franz Liszt komponiert. Es mag jedoch sein, daß das musikalische Interesse Maria Pawlownas in jenen Wochen des Frühjahrs 1854 schwächer wurde. Sie, deren große Liebe immer der Musik gegolten hatte, begann schwer zu hören, und die anhaltenden Querelen um die Altenburg und um Franz Liszt stimulierten die Lebensfreude ebenfalls nicht. Aber sie besaß eine hervorragende Disziplin und schien wie in all den Jahren zuvor aufmerksam und gleichmäßig freundlich. Ihr nahestehende Menschen sahen jedoch die Müdigkeit des heraufsteigenden Alters. Den ganzen Sommer erholte sich die Großfürstin auf mehreren Reisen. Sie besuchte wie so oft in den vorausgegangenen Jahren das böhmische Franzensbad, Wilhelmsthal und reiste zu den Töchtern u. a. nach Koblenz. Währenddessen liefen ihre Unternehmungen im „Patriotischen Institut" weiter. Sie wagte sich sogar an neue Aufgaben.

Am 8. Juli 1854, dem ersten Todestag ihres Mannes, stiftete die Witwe 30.000 Taler für das Damenstift unverheirateter adeliger und bürgerlicher Beamtentöchter. Es sollte im Schloß und Garten von Großkromsdorf untergebracht werden und den Namen „Großherzogliches Carl-Friedrichs-Damenstift" tragen. Diese Idee führte die Stifterin noch einmal mitten in das Leben hinein. Es gab viele Debatten um das Unternehmen. Die Frage, ob die Damen dort ständig und von der Welt abgeschlossen leben sollten oder ob sie das Stift lediglich als ihr Heim betrachten und sich ansonsten frei bewegen durften, erregte die Gemüter. Letztere Variante setzte sich dank der Weltoffenheit Maria Pawlownas durch.

Das Jahr 1854 ist gleichermaßen dazu angetan, die Arbeit des „Patriotischen Instituts" zu bilanzieren. Maria Pawlowna selbst zog eine derartige formale Bilanz nicht. Erstaunlicherweise wurde nicht einmal nach ihrem Tod im Jahr 1859 eine Generalabrechnung der Finanzen und Mittel vorgenommen. Dennoch wußte sie, daß sie mit ihrem Werk zufrieden sein konnte. Die Absicht, Wohlanständigkeit, öffentliche Wohlfahrt und finanzielle Unterstützung von Staat und Wirtschaft zu fördern, hatte sich erfüllt. Einnahmen und Ausgaben hatten nie die Balance verloren. Bis zum Jahr 1854 verfügte das „Patriotische Institut" über mehr als 30.000 Taler „Stammkapital". Davon waren etwa 10.000 Taler ständig bei den Sparkassen des Großherzogtums gut verzinst angelegt. Jede Einnahme, die ein Lokal- oder Zentralverein erzielte, und sei sie auch noch so klein gewesen, war in der Sparkasse einzuzahlen. Es ist in der historischen Rückschau auffällig, daß die Masse der Finanznachweise über das „Patriotische Institut" drei Kategorien besonders berücksichtigte: finanzielle Zuwendungen durch das Zentraldirektorium, Nachweise über Einnahmen und Ausgaben, Geldanlagen bei der Sparkasse.[53]

Über die Jahre hinweg waren alle wohltätigen Einrichtungen mit Zuwendungen bedacht worden. Der Zentralverein in Jena hatte z. B. in den Jahren 1843,

1847 und 1848 jeweils 100 Taler erhalten. Im Jahr 1836 waren es sogar einmal 718 Taler gewesen. Diese Größen wurden gegenüber allen Vereinen eingehalten. Allerdings flossen die meisten Mittel in die Region in und um Eisenach. Die Zuwendungswerte lagen weit über denen für andere Vereine und erreichten jährlich bis zu 500 Taler. Das Gebiet um Eisenach und das Eisenacher Oberland galten als besonders arm und hilfsbedürftig.

Das „Patriotische Institut" setzte seine Mittel vornehmlich für die Krankenpflege, für die Ausbildung des dazu erforderlichen Pflegepersonals und für die Unterstützung von Wöchnerinnen ein. Größere Geldmittel flossen in ländliche Regionen, die umfangreiche Unterstützung zur Einrichtung von Spinnstuben war dafür ein Beleg. Erst dahinter rangierten die Einrichtung von Gewerkschulen, Industrieschulen, Saatzuchtbetrieben oder Baumschulen und alle anderen Einrichtungen und Personen, die von Maria Pawlowna tat- und geldkräftig unterstützt wurden.

Die enge Verzahnung von „Patriotischem Institut" und Sparkassen ist unübersehbar. In beiden Einrichtungen besaß Maria Pawlowna entscheidendes Mitsprache- und sogar Entscheidungsrecht. Über diese Verbindung war das „Patriotische Institut" tatsächlich mit dem Wirtschaftskreislauf des Staates verbunden. Gemeinnützigkeit, Sanierung der Staatsfinanzen und der private Besitz des Fürstenhauses entwickelten sich in gegenseitiger Abhängigkeit. Auch in diesem Fall trugen die russischen Einlagen seit dem Jahr 1804 Früchte. Maria Pawlowna hatte in der Hinsicht niemals in ihren Kräften nachgelassen und verfolgte die Dinge auch im Jahr 1854 aufmerksam.

So verging das Jahr wie im Flug, und neue Feierlichkeiten warfen ihre Schatten voraus. Am 9. November 1854 fanden in Weimar würdevolle Veranstaltungen zum 50. Jubiläum des feierlichen ersten Einzugs statt. Maria Pawlowna nahm alle Huldigungen mit bescheidener und innerlich ergriffener Würde entgegen. Die Bürgermeister und Gemeinderäte von Weimar und Jena richteten Adressen an die Jubilarin. Im Namen des „Patriotischen Instituts der Frauenvereine" sprach Herr von Beaulieu-Marconnay. Es war keine Würdigung der Leistungen Marias, eine wahre Hymne klang aus dem Mund des Redners, und vielleicht war Maria in diesem Augenblick sogar froh, daß ihr Gehör immer mehr nachließ. Sie hörte angestrengt und aufmerksam zu.

Eine Idee des Geheimrats Adolf Schöll mag ihr besser gefallen haben. Aus Anlaß des Jubiläums wurde noch einmal Schillers „Huldigung der Künste" aufgeführt. Schöll hatte eigens einen Prolog und einen Epilog hinzugefügt und wandelte so auf Schillers und Goethes Spuren; freilich, das Niveau der Protagonisten erreichte er bei bester Absicht nicht:

> . . . Weil' unter uns, des Landes guter Geist,
> Die Schwachen Trost, die Würd'gen Vorbild heißt,
> Und die das Stammeln Aller Mutter preißt!
> Bleib' unser Glück! Ein heiß Verlangen schwingt,
> Dank schwingt und Flehn für Dich sich himmelhoch;
> Bleib unser Glück! Von Lieb' und Treu' umringt
> Im Segen Gottes lebe, lebe hoch!

Aber ein Kreis schloß sich. Maria Pawlowna, die gewöhnlich selbstbeherrscht in der Öffentlichkeit auftrat, war gerührt und weinte vor Freude. Die Klassik lebte! Und Liszt lieferte die Musik – vielleicht ging die Saat, mühsam zwischen Krieg, Armut, Kleinstaaterei und Revolution gelegt, doch einmal auf, irgendwann . . . Am Abend des 9. November fand die festliche Theateraufführung statt, bei der die „Huldigung der Künste" mit Prolog und Nachwort gegeben wurde. Dazu hatte Liszt die „Festklänge" geschrieben, und es wurde als Zeichen besonderer Aufmerksamkeit gegenüber der Jubilarin die Oper „Die sibirischen Jäger" von Anton Rubinstein aufgeführt.

So feierte das ganze Land mit und gestaltete ein umfassendes gesellschaftliches Ereignis. Karl von Hase erinnerte sich in seinen Annalen an die Feierlichkeiten zum 9. November 1854. Er gehörte zur Universitätsdeputation und sah die „Huldigung der Künste". Er rühmte das Werk als etwas Bleibendes und hielt es durch Maria Pawlowna für erfüllt. Er würdigte deren Wohltätigkeit für das Land. Am 10. November nahm Hase im Jenaer „Schwarzen Bären" an einer Feier zu Martin Luthers Geburtstag teil und brachte dort ein Hoch auf Maria Pawlowna aus. In der Erinnerung schrieb er die wohl schönste Wertschätzung über diese Frau: „Sie ist mir immer das Ideal einer Fürstin gewesen, so naturgemäß vornehm, und doch so freundlich sorgsam." Treffender konnte man die Großfürstin nicht charakterisieren, und Varnhagen von Enses Bemerkung über Marias letzte Lebensjahre unterstützten das Urteil Hases nur noch mehr: „Die Großfürstin Maria Pawlowna wohnt in Belvedere . . . Sie hat Geist, Würde, Feinheit und besonders Rechtschaffenheit. Sie nimmt als Witwe jetzt kein Geld vom Lande, sie begnügt sich mit ihren russischen Einkünften, jährlich 130.000 Thaler ungefähr; ihren Ueberfluß gibt sie den Töchtern und besonders den Armen, sie gibt und hilft an allen Enden."

Die Großfürstin mag von dem ganzen Trubel genug gehabt und sich nach Ruhe gesehnt haben. Sie stellte eine andere Überlegung an. Von allen Persönlichkeiten Weimars, die sie 50 Jahre zuvor begrüßt hatten, lebten nur noch drei Damen: die verwitwete Präsidentin von Ziegesar, Frau von Lyncker und die Witwe des Ministers von Fritsch. Mit denen kam sie jetzt regelmäßig zusammen, und sie lebten in den alten Erinnerungen auf. In dieser Hinsicht hatte sie nicht das Glück Anna Amalias, die bis zu ihrem Tod im Jahr 1807 außer Herder die besten Köpfe Weimars in Tiefurt versammeln konnte. Maria besaß ihre gelehrten Abende mit den ehrenwerten lokalen Referenten, aber Franz Liszt lebte mit der Fürstin von Sayn-Wittgenstein in der Altenburg sein eigenes Leben, zunehmend schmollend und abweisend.

So gingen für Maria persönlich aufregende Jahre vorüber. 1853 war Carl Friedrich gestorben, 1854 wurde sie ohne Ende gefeiert. Es war nur folgerichtig, daß eine Ruhezeit einkehren mußte. Indes, an Ruhe war nicht zu denken. So sehr sie sich seit 1853 aus dem aktiven Leben an der Staatsspitze zurückgezogen hatte, so sehr mußten sie die Nachrichten aus ihrer Heimat Rußland beunruhigen. Am 16. Februar 1855 feierte sie in großer Zurückhaltung ihren 69. Geburtstag. Zwei Tage später starb ihr kaiserlicher Bruder Nikolaus I. Seit Jahren hatten sie einander nicht gesehen, aber sie wußte natürlich, daß die Revolution von 1848/49 auch in Rußland Veränderungen mit sich gebracht hatte.

Als im Jahr 1848 in Frankreich die Revolution ausgebrochen war, erschreckte sich der Kaiser bis in seine tiefste Seele. Universitäten und Schulen wurden sofort der Polizeiaufsicht unterstellt. Es wurde eine Oberste Zensurbehörde geschaffen. Professoren verloren ihre Lehrstühle, weil sie verbotene Bücher gelesen oder „umstürzlerische" Vorträge gehalten hatten. Die Arroganz der Macht feierte Orgien. Die Werke der besten russischen Dichter – Puschkin, Lermontow, Turgenjew oder Gogol (einige besuchten regelmäßig Weimar) – verschwanden aus den Bibliotheken. Die Mitglieder eines Diskussionszirkels unter der Leitung des Literaten Petraschewski-Butaschewitsch wurden verhaftet, weil sie Schriften des utopischen Sozialisten Saint-Simon, des Philosophen Schelling und die Arbeiten des Literaturkritikers Wissarion Belinski gelesen und erörtert hatten. Das war ein bemerkenswerter Unterschied zum Wirken Liszts und Wagners in Weimar!

Das Problem der Revolution war für Nikolaus machtpolitischer Art. In Europa isoliert, wollte er den Dynastien die Festigkeit der russischen Autokratie demonstrieren. Rußland stand wie ein Fels in der Brandung. Wohl kaum ein anderer umriß die Sicht des Kaisers so präzise, wie der damalige Zensor im russischen Außenministerium, Tjutschew: „Schon lange gibt es in Europa nur noch zwei wahre Kraftzentren – Rußland und die Revolution ... Keinerlei Verhandlungen, keinerlei Verträge sind zwischen ihnen möglich, die Existenz der einen ist gleichbedeutend einem Todesurteil für die anderen." Rußlands militärisches Eingreifen von 1849 gegen die Revolution in Ungarn und die damit verbundene partielle Allianz Österreichs, Preußens und Rußlands schien noch einmal den Geist der „Heiligen Allianz" zu beschwören, versetzte ihr in Wirklichkeit aber

den Todesstoß, weil dadurch der Graben zu den westeuropäischen Verfassungs-
staaten nur noch tiefer wurde.

Das Russische Reich war gefestigt, die Finanzen stabil, die Erfolge auf dem
Weg zu einem modernen Gemeinwesen kaum noch zu übersehen. Das öffentliche Bewußtsein nahm Anteil an der Reichsentwicklung. Aber der Kaiser unternahm einen Versuch, zumindest in Rußland das Rad der Geschichte anzuhalten.
Er verstand nicht, daß gesellschaftliches Interesse und die Gefahr eines revolutionären Umsturzes zwei verschiedene Dinge waren. Nikolaus orientierte das
Reich auf die Werte Volkstum, Orthodoxie, Kaisertum und bemerkte nicht, wie
sehr er sich vom Leben in Rußland und Europa entfernte.

In Rußland begann das „finstere Jahrsiebend". Sieben Jahre, in denen die
öffentliche Meinung erstickt wurde, in denen es für die Intellektuellen nicht nur
notwendig war, Angst vor der Staatsmacht zu haben. Die Furcht mußte öffentlich demonstriert werden. Kaiser Nikolaus gab sich einem Trugschluß hin, wenn
er glaubte, Grabesstille über das Land zu decken. Auch die finsteren Jahre hielten das freiheitliche Denken nicht auf. Revolutionäre Intellektuelle verlagerten
ihr Wirkungsfeld ins Ausland: Alexander Herzen oder auch Michail Bakunin.
Westler und Slawophile stritten weiter, und die liberalen Intellektuellen arbeiteten unverdrossen an Plänen zur Reformierung Rußlands – auch zur Aufhebung
der Leibeigenschaft.

Gleichzeitig durchlebte Nikolaus den Tiefpunkt seiner Herrschaft. Er wurde
in den Krimkrieg hineingezogen. Dieser Krieg besaß einen komplizierten politischen Hintergrund. Öffentlich wurden die Freiheit und die Rechte der Christen
in der Türkei beschworen. In Wirklichkeit ging es um die Herrschaft über die
Meerengen und um den alten russischen Traum, Herr über den Bosporus zu
werden und die Türkei vom Balkan und von der politischen Landkarte zu tilgen.
Nikolaus war bei den Westmächten auf wenig Gegenliebe für seine antitürkischen Pläne gestoßen. 1853 sandte er einen Botschafter mit einem Ultimatum
zum Sultan nach Konstantinopel. Fürst Menschikow mußte ohne Ergebnisse die
Heimreise antreten. Rußland besetzte die Fürstentümer Moldau und Walachei.
Die Türkei protestierte, und Rußland erklärte der Hohen Pforte den Krieg. Nach
ersten Kämpfen im November 1853 eilten England und Frankreich dem Sultan
zu Hilfe.

Nikolaus' Verzweiflung saß tief. Nicht ein einziger europäischer Staat unterstützte den heiligen russischen Kreuzzug gegen die „Ungläubigen". Der Kaiser
redete die Niederlagen in positive Ergebnisse um und fand den Hauptschuldi-
gen: „Ich habe den Krieg eigentlich nicht begonnen. Er wurde durch britische
und polnische Intrigen provoziert." Der russische Kaiser hatte das Land in die
Ausweglosigkeit manövriert.

In seiner Ratlosigkeit fuhr Nikolaus Ende 1854 nach Gatschina, gerade, als die Schwester Maria in Weimar gefeiert wurde. Noch einmal kehrte er nach St. Petersburg zurück. Am 18. Februar 1855 starb Kaiser Nikolaus plötzlich und unerwartet. Kein Leiden, keine Krankheit, keine ahnungsvollen Visionen, kein Streit um die Thronfolge. Alexander Nikolajewitsch bestieg als Alexander II. den Thron.

Dadurch gab es für Maria einen Anlaß, sich noch einmal den russischen Problemen zuzuwenden. Es war nicht mehr wie in ihren frühen Weimarer Jahren eine Existenzfrage für das Großherzogtum. Rußland hatte zwar 1851 in der Olmützer Punktation Preußens Majoritätsanspruch gegenüber Österreich in der Nationalstaatsfrage deutlich zurückgewiesen, aber nach den Ergebnissen der Revolution von 1848/49 wurde der preußische Führungsdrang stärker und stärker. Andererseits besaß Rußland nicht mehr die herausragende Rolle einer Kontinentalmacht. Nein, um elementare politische Fragen ging es für sie persönlich nicht mehr. Maria war alt geworden und wollte noch einmal die Heimat sehen. Außerdem gehörte es sich, an der Krönung des neuen Kaisers teilzunehmen. Die aber zog sich wegen des Krimkriegs und der politischen Einstellung Alexanders II. zu diesem Krieg hinaus.

Zunächst beging Maria Pawlowna ihren 70. Geburtstag. Die offiziellen und üblichen Empfänge und Theateraufführungen waren unvermeidlich, der Festgottesdienst in der Griechischen Kapelle inneres Bedürfnis – ansonsten fehlte der Glanz früherer Jahre. Maria wollte es still und bescheiden haben. Sie war zwei Jahre zuvor genügend gewürdigt worden. Statt dessen unternahm Franz Liszt in jenen Tagen den erneuten Vorstoß zur Gründung einer „Goethe-Stiftung". Im Jahr 1854 hatte Carl Alexander den bekannten Lyriker Heinrich Hoffmann von Fallersleben nach Weimar berufen. Er sollte eine Akademie für deutsche Geschichte und Literatur einrichten und damit faktisch neben dem musikalischen Schaffen Franz Liszts eine weitere tragende Säule für den neuen Musenhof schaffen. Liszt nutzte die Gunst der Stunde. Er schrieb im Februar 1856 einen Brief an Carl Alexander. Er erinnerte an die „Fruchtbringende Gesellschaft", die im 18. Jahrhundert in Weimar deutsches Wesen gefördert hatte. Er erinnerte an den damit verbundenen „Palmenorden" und zeigte die Möglichkeit, gemeinsam mit einer „Goethe-Stiftung" den „Palmenorden" zu erneuern. Liszt bot sich selbst als Initiator und Ausführenden an. Er argumentierte in geschickter Übereinstimmung mit dem klassischen Erbe und mit den damals aktuellen politischen Zielen im deutschen Einheitsprozeß: „Wenn man aber annimmt, daß die Goethestiftung den Vorteil hätte, Weimar einen zentralisierenden Einfluß auf dem Gebiete der Literatur und der Künste zu geben, einen Charakter *deutscher Einheit*, der diese Stadt und den Staat, dessen Hauptstadt sie ist, berechtigen würde, für ganz Deutschland eine wohltuende Unabhängigkeit zu beanspruchen, selbst für den Fall, daß die Zahl der sechsunddreißig Staaten des Deutschen Bundes stark zurückginge, wenn Weimar mit einem Ansehen ausgestattet würde, das abgesehen von den hohen Verbindungen der regierenden Familien, ihm eine nationale, lebendige, wirkliche Volkstümlichkeit gäbe, die ganz natürlich in seiner Vergangenheit wurzeln und dem Enkel Carl Augusts gestatten würde, die Früchte der reichen Geistesblüte zu ernten, die man dem Genie seines Großvaters verdankt ..." Soweit war der Vorschlag diplomatisch, folgerichtig und klug formuliert. Liszt hatte selbst ja auch etwas geleistet. Im selben Jahr 1856 wurden die „Graner Messe" und die „Hungaria" uraufgeführt.

Erneut machte ihm der Gegensatz zwischen seinem musikalischen Genie und der Maßlosigkeit einen Strich durch die Rechnung. Liszt leistete sich zwei Unmöglichkeiten. In dem Brief an Carl Alexander versuchte er vollkommen unberechtigt und geradezu dumm, den Großherzog gegen dessen Mutter Maria Pawlowna auszuspielen. Liszt erinnerte an seinen Vorschlag aus dem Jahr 1849 und schrieb demagogisch, er hätte damals diese Ideen nicht entwickeln dürfen, dieses Recht hätte ihm nicht zugestanden, weil „deren bloße Erwähnung Ihre Kaiserliche Hoheit verletzt hätte, die schon durch die Ereignisse von 1848 so tief getroffen war". Wenn er damals so offen wie jetzt gesprochen hätte, wäre lediglich die „Empfindlichkeit" Marias, „die ihrem Lebensalter und ihrer hohen Herkunft" eigen war, gereizt worden. Als Liszt dann noch im selben Jahr gemeinsam mit Richard Wagner vorschlug, man solle in Weimar ein Festspielhaus für den „Ring der Nibelungen" Wagners errichten, waren nicht nur die Grenzen finanzieller Großzügigkeit seitens des Herrscherhauses sichtbar überschritten. Liszt hätte wissen müssen, daß Maria Pawlowna und Carl Alexander in künstlerischer und kultureller Hinsicht eine gemeinsame Sprache führten. Nicht zuletzt der auf Marias Anregung seit dem Jahr 1838 durch Carl Alexander realisierte Aus- und Umbau der Wartburg (der erst 1889 beendet wurde) legte davon beredtes Zeugnis ab. Entsprechend kühl war Carl Alexanders Reaktion gegenüber Liszt. Dabei hatten es weder er noch seine Mutter jemals an Verständnis und im Rahmen des Möglichen erwiesener Hilfeleistung fehlen lassen. Es war kein Zufall, daß sich im April jenes Jahres der englische Romancier William Thackeray über seinen Besuch in Weimar, der bereits 25 Jahre zurücklag, so äußerte: „Bei Hofe war die Unterhaltung außerordentlich freundlich, einfach und fein. Die Großherzogin, eine hochbegabte Dame, borgte Bücher von uns, lieh uns die ihrigen und ließ sich herab, mit uns jungen Leuten über unsern Geschmack und unsre Studien in der Literatur zu sprechen." Thackeray drückte mit der Erinnerung eine Erkenntnis aus, die Alexander von Humboldt einmal in den Satz gekleidet hatte: „Man braucht nur lange genug in Weimar zu bleiben, so wird man alle bedeutenden Leute sehen." Die dazu notwendigen Voraussetzungen waren jedoch nicht unbegrenzt – das Verhältnis Liszts zum großherzoglichen Haus kühlte sich weiter ab.

Im Moment wurden Marias Gedanken in eine andere Richtung gelenkt. Die Krönung Alexanders II. war auf den 26. August 1856 in Moskau festgelegt worden. Sie bereitete sich auf die Reise vor. Der Neffe war ihr bis dahin wenig bekannt. Er hatte Weimar lediglich im Jahr 1838 kurz besucht. 1818 war er geboren worden. Bei den drei Reisen Marias nach Rußland zwischen 1821 und 1828 war Alexander noch ein Kind. 1841 dauerte ihr Aufenthalt nur kurz. Der Junge war herangewachsen und hatte bereits im Vorjahr den Thron bestiegen. Das alles war Grund genug, die Situation durch eigene Anschauung zu überprüfen, denn bisher hatte sie nur schriftliche Berichte über die Lage auf dem Kriegsschauplatz erhalten, daraus die russischen Niederlagen geschlossen und entsprechend ihrer nationalen Pflicht Geld für in England, Frankreich und der Türkei lebende kriegsgefangene Russen gespendet.[54] Wer wußte schon, ob Maria noch einmal die Möglichkeit zu einer Reise nach Rußland erhalten würde? Als sie im Juli 1856 in ihr Vaterland kam, fand sie einen überaus interessanten, weil in sich widersprüchlichen neuen Selbstherrscher vor.

Alexander II. trug damals im Volk noch nicht den Namen „Befreierzar". Seine größte geschichtliche Leistung, das Reformwerk der sechziger Jahre mit ihrem Kernstück, der Aufhebung der Leibeigenschaft, stand noch bevor. Seine bewußte Kindheit hatte mit dem erschreckenden Aufstand der Dekabristen begonnen. Aus der friedvollen Atmosphäre seiner Spiel- und Lernzimmer wurde er wie in einem Mahlstrom bis zum Thron emporgerissen. Als der Dekabristenaufstand am 14. Dezember 1825 auf dem Senatsplatz von St. Petersburg begann, befand sich Alexander einige Kilometer entfernt im Anitschkow-Palais an der Fontanka. Am Abend zuvor hatte man ihn tief erschreckt. Sein Vater, der plötzlich zum Kaiser Nikolaus I. proklamiert worden war, hatte ihm mitgeteilt, daß er Thronerbe des Russischen Reiches sei. Einen Tag später hörte er den fernen Kanonendonner. Man brachte ihn zum Winterpalais. Er sah seinen Vater, wie der, wankend, atemlos und unbeugsam vom Senatsplatz kam, auf dem gerade die Kartätschen gegen die Dekabristen geflogen waren.

Alexander erlebte den Auftritt des zwei Meter großen Vaters in Galauniform. Er selbst wurde in eine Husarenuniform gesteckt. Man hängte ihm den St.-Andreas-Orden um, und ehe er zu Bewußtsein kam, stand er auf dem Hof: Das Gardebataillon der Palastwache huldigte dem Kaiser und dem Thronfolger. Alexander konnte diesen Eintritt in das offizielle Leben seines Reiches nie vergessen. Er zog jedoch andere Schlußfolgerungen, als das seine Vorfahren in ähnlichen Fällen getan hatten. Er übte keine Rache an den Verschwörern – das besorgte sein Vater. Alexander wählte moderatere Wege zur Lösung grundsätzlicher Probleme: die Reform.

Vor dem Vater empfand Alexander ängstlichen Respekt. Die Mutter liebte er zärtlich. Hauptmann Mörder war für sein Leben und seine Erziehung verantwortlich – ein Kriegsveteran, voll militärischer Disziplin, aber aufmerksam gegenüber den Sensibilitäten einer kindlichen Seele. Gut ein halbes Jahr nach den St. Petersburger Ereignissen trat Alexander zum zweiten Mal an die Öffentlichkeit, als der Vater Ende Juli 1826 in Moskau gekrönt wurde. Der achtjährige Thronfolger nahm an allen Feierlichkeiten fröhlich und selbstbewußt teil. Bei der Krönungsparade ritt er seinem Husarenregiment voran. Maria Pawlowna erlebte ihn dabei. Der Dichter Shukowski wurde zum Erzieher Alexanders bestellt. Shukowski hatte bereits bei der Geburt Alexanders eine Ode geschrieben: „Stets wisse, daß bei deiner hohen Sendung des Menschen Würde ist das höchste Gut . . . das eigne Wohl vergiß für das der andern." Nach diesem Motto erarbeitete er ein Erziehungsprogramm, und Nikolaus I. bestätigte es. Damit billigte der als kleingeistig geltende Nikolaus auch den Moralkodex für die Erziehung seines Sohnes: „Sei überzeugt, daß die Macht des Zaren von Gott stammt, aber dein Glaube daran soll so sein wie der von Marc Aurel. Auch Iwan der Schreckliche war dieser Überzeugung, aber er machte eine mörderische Verhöhnung Gottes und der Menschen daraus. Achte das Gesetz und bring den anderen durch dein Vorbild bei, es ebenfalls zu achten. Wenn du das Gesetz übertrittst, wird auch dein Volk ihm nicht gehorchen. Lerne die Bildung schätzen und trage zu ihrer Verbreitung bei. Achte auf die öffentliche Meinung . . . Liebe die Freiheit, d. h. die Gerechtigkeit . . . Freiheit und Ordnung sind ein und dasselbe. Wenn der Zar die Freiheit liebt, werden seine Untertanen den Gehorsam lieben. Die wahre Macht des Herrschers beruht nicht auf der Menge seiner Soldaten, sondern auf dem Wohlergehen seines Volkes . . ."

Das waren beachtliche Worte im Reich von Nikolaus I., und sie wurden befolgt. Leider mußte auch Alexander erfahren, daß sich das Leben nicht nur nach hohen moralischen Prinzipien richtet. Zunächst fielen die Grundsätze auf fruchtbaren Boden, zumal die um Shukowski versammelten Lehrer dem Jungen die beste Ausbildung vermittelten, die er in Rußland bekommen konnte. Die Erziehung folgte humanistischen Grundsätzen. Shukowski war auch geschickt genug, den militärischen Unterricht bei Mörder zu belassen, und er versäumte es nicht, den alternden und nunmehr erzkonservativen Michail Speranski heranzuziehen. Speranski belehrte den Zarewitsch in den Rechtswissenschaften. Sein oberstes Prinzip war: „Das Wort Autokratie bedeutet, daß keine Macht auf Erden weder im inneren noch im äußeren des Reichs der Macht des russischen Souveräns irgendwelche Grenzen setzen kann. Diese Grenzen werden ihm nach außen durch Verträge, im Innern durch das gegebene Wort gesetzt, diese Dinge sind unverrückbar und heilig." Auch für die religiöse Erziehung fand Shukowski in dem Pater Pawski einen aufgeschlossenen und vernunftbegabten Mystiker, dessen Berufung vom Klerus hintertrieben und der schließlich durch den opportunistischen Pater Bajanow ersetzt wurde.

Nikolaus beharrte auf der militärischen Ausbildung seines Sohnes. Der Vater führte den Sohn von einem Kommando zum anderen, von einem militärischen Rang zum folgenden und erreichte das Gegenteil seines Zieles. Alexander berauschte sich an Orden und Uniformen, übte die Kunst des Paradierens, aber das militärische Handwerk interessierte ihn nicht. Die Lehrer erkannten, daß Alexander ein weiches und gemütvolles Kind war, das sich an schönen Dingen erfreuen konnte. Militärischer Zwang machte ihn nervös. Natürlich konnte sich Alexander nicht den Erfordernissen notwendiger Disziplin entziehen. Er leistete im April 1834 willig den Treueid auf die Krone und auf die Armee. Ergriffenheit und Rührung schnürten ihm die Kehle bei jeder feierlichen Zeremonie zu.

Die schulische Ausbildung wurde bis zu Alexanders 16. Lebensjahr fortgesetzt. Dann entschied Nikolaus I., daß die Zeit gekommen sei, Rußland kennenzulernen. Der Zarewitsch eilte von Ort zu Ort, beschränkte sich auf die offiziellen Huldigungen und genoß das kaiserliche Dasein. Vom Leben und den Nöten des Volkes bekam er nichts zu sehen. Bleibende Eindrücke konnte die Reise bei Alexander nicht hinterlassen. Statt dessen erkrankte er, und die Eltern machten sich über den hoch aufschießenden Jüngling, der gern träumte, sensibel und gefühlsbetont war, Sorgen. Er war 20 Jahre alt, und langsam tauchte die Frage seiner Verheiratung auf. Alexander sollte eine Prinzessin aus deutschem Fürstenhause heiraten. Die gesundheitliche Schwäche und die Heiratsabsichten begleiteten ihn 1838 auf seiner Reise durch Europa. Über Schweden und Dänemark kam Alexander in das deutsche Bad Ems und unterzog sich einer ausgedehnten Kur. Anschließend fuhr er nach Weimar und Berlin zu den Verwandten, besah sich das Gelände der Völkerschlacht bei Leipzig, erreichte München und reiste dann nach Verona in Italien. Andere italienische Städte folgten: Mailand, Venedig, Florenz und Rom. Alexander war von der italienischen Kunst hingerissen. Auf der Rückreise erreichte er Wien und freundete sich mit Fürst Metternich und dessen Gemahlin an. Shukowski begleitete den Zarewitsch und faßte dessen Auftreten auf der Reise im März 1839 treffend zusammen: „Er ist bei allen beliebt, jedermann schätzt sein reines Herz, seinen klugen Verstand und die Würde, die er auf unmittelbarste und feinsinnigste Art zum Ausdruck bringt." Allgemein konnte niemand dem jungen Mann despotische Überheblichkeit, Grausamkeit oder rätselhafte Verschlagenheit nachsagen.

Ein wesentlicher Punkt der Reise war noch nicht erfüllt – der Zarewitsch sollte eine Braut wählen! Alexander gab sich mit kindlicher Freude allen möglichen Spielen und Vergnügungen hin. Er machte jedoch keine Anstalten, sich ernsthaft um eine Gattin zu kümmern. In St. Petersburg war ihm eine einschlägige Liste mit den Namen von Prätendentinnen in die Hand gegeben worden, und er fuhr auch brav nach Baden, nach Württemberg oder nach Darmstadt. Beim Großherzog Ludwig II. von Hessen-Darmstadt entdeckte er die Prinzessin Maria. Alexander verliebte sich in das 15jährige romantische Kind. Auf der Stelle war er bereit, sie zu heiraten. Shukowski nahm die Aufwallung nicht besonders ernst, und man reiste weiter nach Holland und England.

Nikolaus erteilte dem Sohn die Erlaubnis zu dieser Verbindung. Man sollte nur ein wenig warten, die Braut war allzu jung. Alexander eilte nach Darmstadt zurück. Am 4. April 1840 wurde die Verlobung gefeiert. Im September des gleichen Jahres kam Maria nach St. Petersburg, konvertierte, erhielt den Namen Großfürstin Maria Alexandrowna, und am 16. April 1841 schlossen die Brautleute den Bund fürs Leben. Was im siebenten Himmel begonnen hatte, sollte bald auf die Erde herabfallen und schließlich in der Kälte ersterben.

Maria bekam gleich im ersten Ehejahr die Tochter Alexandra – acht Kinder sollten es insgesamt werden. Nikolaus führte seinen Sohn in die verschiedenen Reichsinstitutionen ein. Der Thronfolger ging zu den Sitzungen des Reichsrats oder des Ministerrats und teilte in jedem Fall die Meinungen seines Vaters. Der Kaiser schickte ihn zu Repräsentationsveranstaltungen im In- und Ausland, ließ ihn Inspektionsreisen unternehmen und setzte seinen Sohn schwierigen Situationen aus. Im Kaukasus geriet Alexander in ein Gefecht mit tschetschenischen Aufständischen.

Die Beziehungen zwischen Vater und Sohn waren kompliziert. Alexander löste sich nicht aus dem Schatten des Autokraten. Ein vertrauliches Verhältnis gab es nicht, aber Alexander billigte rückhaltlos alle Entscheidungen und Handlungen des Vaters. Selbst als im Zuge der Revolution von 1848/49 die innere und äußere Reaktion extrem verschärft wurde, besaß Alexander keine Einwände. Als russische Truppen später erneut in die Donaufürstentümer einfielen und damit jene kriegerische Ereigniskette anlief, die als Krimkrieg in die Geschichte einging, war Alexander nur tief betrübt über die Demütigungen, die man seinem Land und seinem Vater zufügte.

Im Januar 1855 erkrankte Nikolaus I. und erholte sich nicht wieder. Auf dem Sterbebett riet er seinem Sohn: „Halte alles zusammen, halte alles zusammen!" Kaiser Alexander II. bestieg den Thron. In Europa wartete man auf ein schnelles

Ende des Krimkriegs, weil der neue Zar als versöhnlich und sanft galt. Die erste Erklärung Alexanders II. war jedoch nach allen Voraussetzungen logisch: „Gebe uns das Schicksal, daß wir, von ihm geleitet und geschützt, Rußland in höchstem Ruhm und größter Macht festigen, daß durch uns das Vermächtnis und der Wunsch unserer glanzvollen Vorgänger Peter, Katharina, des geliebten Alexander und unseres erhabenen Vaters, deren Gedächtnis unvergänglich ist, erfüllt werde." Dem diplomatischen Korps erklärte er: „Ich beharre auf den Prinzipien, die meinem Onkel und meinem Vater als Regel gedient haben. Diese Prinzipien sind die der Heiligen Allianz und, wenn die Heilige Allianz nicht mehr existiert, dann sicher nicht durch die Schuld meines Vaters; seine Absichten waren immer gerecht und legal, und wenn sie zuletzt von einigen mißverstanden worden sind, so hege ich keinerlei Zweifel, daß Gott und die Geschichte ihm recht geben werden. Das Wort meines Vaters ist heilig. Wie er, so bin auch ich bereit, meine Hand zu einem Bündnis zu reichen, dessen Bedingungen auch er anerkannt hätte. Wenn aber die Gespräche, die in Wien eröffnet werden sollen, nicht zu einem für uns annehmbaren Ergebnis führen, dann, meine Herren, werde ich an der Spitze meines treuen Rußland und meines ganzen Volkes tapfer in den Kampf ziehen."

Der treue Sohn Nikolaus' I. und Neffe Alexanders I. sah es als vollkommen unmöglich an, den Kampf gegen den französischen Kaiser Napoleon III., den Neffen Napoleon Bonapartes, aufzugeben. Das war eine Frage der russischen Ehre. Alexander II. befahl wider alle Erkenntnisse über das reale Kräfteverhältnis eine neue Offensive auf der Krim. Die Niederlage am Tschernaja-Fluß, die Rußland 8000 Soldaten kostete, gab ihm nicht zu denken. Sein Feldherr Alexander Gortschakow sandte verzweifelte Meldungen über das belagerte Sewastopol: „Wir können Sewastopol nicht mehr halten . . . Jeden Tag verlieren wir 2500 Mann." Im August 1855 mußten die Russen Sewastopol räumen. Es war eine Katastrophe, aber Alexander schrieb unbeirrt an Gortschakow: „Verlieren Sie nicht den Mut, denken Sie an 1812 und haben Sie Vertrauen auf Gott. Sewastopol ist nicht Moskau; die Krim ist nicht Rußland. Zwei Jahre, nachdem Moskau gebrannt hatte, sind unsere siegreichen Truppen in Paris einmarschiert." Daß damals viele jener Kräfte an Rußlands Seite waren, die nun gegen das Russische Reich standen, vergaß Alexander.

In Moskau beschloß der Kriegsrat, daß die Süd-Armee mit 100.000 Mann in Simferopol konzentriert werden sollte. Sie sollte eine erneute Landung von Alliierten verhindern. Alexander reiste selbst auf die Krim. Die in Sewastopol geschlagenen Soldaten paradierten vor ihm. Überall, wohin der Kaiser kam, begegnete ihm kämpferischer Optimismus – trotz der schweren Niederlagen – und beflügelte ihn, den Krieg nicht unter entehrenden Bedingungen zu beenden.

Immer wieder bezog er sich auf den Vaterländischen Krieg von 1812. Bekannt ist jedoch auch, daß die russische Regierung geheime Friedensfühler nach Sachsen, Bayern und Württemberg ausstreckte. Ungeachtet dessen setzte Alexander auf die Weiterführung des Krieges. Die Einnahme von Kars im Kaukasus durch russische Truppen beflügelte ihn. Der Weg zum Bosporus schien wieder offen. In dieser Situation forderte Österreich ultimativ von Rußland die Neutralität des Schwarzen Meeres, die Rückgabe von Moldawien und Bessarabien sowie nicht näher präzisierte Kriegsentschädigungen. Rußland machte einen Gegenvorschlag. Der wurde abgewiesen, und es drohte ein neuer, russisch-österreichischer Krieg. Um den Zaren bildete sich eine friedensbereite Mehrheit, und die empfahl die unverzügliche Annahme des österreichischen Ultimatums. Der Kaiser ging diesen Schritt.

Im Februar 1856 begannen in Paris die Friedensverhandlungen. Die russischen Unterhändler, Graf Brunow und Fürst Alexei Orlow, befanden sich in einer schwachen Position. Dennoch erreichten sie einen annehmbaren Friedensvertrag. Sewastopol blieb bei Rußland, die Türkei erhielt Kars zurück. Moldawien bekam die russischen Besitzungen im Donaudelta. Dadurch grenzte Rußland nicht mehr unmittelbar an das Osmanische Reich. Das Schwarze Meer erklärte man zur neutralen Zone. Kein Kriegsschiff durfte mehr die Dardanellen und den Bosporus passieren. Die türkischen Christen wurden dem Schutz aller Großmächte unterstellt. Das wichtigste Ergebnis bestand aber in einer vorsichtigen und langsamen französisch-russischen Annäherung.

Alexander II. war an einer Neuauflage der „Heiligen Allianz" seines Onkels nicht uninteressiert. Diesmal allerdings mit einem russisch-französischen Grundstock. Dafür schien ihm der Paris-Unterhändler Alexander Gortschakow gut geeignet und er stellte ihn an die Spitze des Außenministeriums. Der Frieden von Paris und die Ernennung Gortschakows dokumentierten einen neuen Zug an Alexanders Politik. Bisher war er den Spuren seines Vaters gefolgt, jetzt begann er als Autokrat Alexander II. zu regieren. Er sammelte Persönlichkeiten um sich, die seinen Intentionen folgten. Die Feindschaft zwischen Napoleon III. und Nikolaus I. war nicht mehr seine Sache, er hielt sie für ein „Mißverständnis".

Alexander verstand, daß mit dem außenpolitischen Kurswechsel eine Innenpolitik einhergehen mußte, die die Grundfesten des „nikolaitischen Systems" in Frage stellte. Er lockerte mit vorsichtigen Schritten die akademischen Freiheiten und die Pressezensur. Im April 1856, nach dem Pariser Frieden, verkündete er: „Jetzt, da ein glücklicher Friede Rußland wohltuende Ruhe schenkt, haben wir beschlossen, dem Beispiel unserer frommen Vorfahren zu folgen, die Krone aufzusetzen und die heilige Salbung zu empfangen. In diese Feierlichkeiten wird auch die geliebte Gemahlin Maria Alexandrowna einbezogen."

Das festliche Ereignis, zu dem Maria Pawlowna eilte, fand wie geplant im August 1856 in Moskau statt. Tradition und Moderne standen eng beieinander. Zum ersten Mal in der russischen Geschichte reiste ein Kaiser mit dem Eisenbahnzug zur Krönung! Wie alle seine Vorfahren auf dem Thron verharrte auch Alexander für einige Tage zur inneren Sammlung vor den Toren (im Schloß Petrowskoje) Moskaus, ehe er in die alte Krönungsstadt einzog. Das Fest der Krönung selbst folgte ganz den althergebrachten Ritualen. Alles, was Rußland an Glanz zu bieten hatte, schien in Moskau versammelt. Die wohl schönste und treffendste Kurzformel für die Feierlichkeiten hinterließ ein Mann namens Komjakow mit spitzer Feder: „Es war wie ein Märchentraum. All das Gold, die asiatischen Völkerschaften, die schönen Uniformen und die alten Perücken, die nach deutscher Art gepudert waren. Es war wie in ‚Tausendundeiner Nacht', aber erzählt von E. T. A. Hoffmann."

Die eigentliche Krönungszeremonie erfolgte am 26. August 1856 in der Mariä-Himmelfahrts-Kirche des Kreml – seit Iwan dem Schrecklichen traditioneller Krönungsort. Alexander II. nahm auf dem Thron des Moskauer Großfürsten Iwan III. – Großvater Iwans des Schrecklichen –, seine Gemahlin auf dem Thron Zar Michails und seine Mutter auf dem Thron Zar Alexeis – dem Vater Peters des Großen – Platz. Die ganze russische Geschichte lebte in diesem Ereignis auf. Nach langer Zeremonie empfing der Kaiser aus der Hand des Klerus die mit Diamanten verzierte Krone. Während er sie sich langsam aufs Haupt setzte, sprach der Metropolit Filaret die schicksalsschweren Worte: „Dieser sichtbare Schmuck ist das Sinnbild der unsichtbaren Krönung, die dir als dem Oberhaupt aller russischen Länder von unserem Herren Jesus Christus, dem König der Ehre, mit seinem Segen verliehen wird, damit dir die höchste und grenzenlose Macht über deine Untertanen zuteil wird." Alexander war erregt und sah die Würde der Stunde mit vollem Ernst. Er krönte seine Gemahlin mit einer kleineren Krone.

In dieser Stunde weinte Alexander, als er den göttlichen Segen für seine Herrschaft erbat: „Du hast mich zum Zaren und höchsten Richter deiner Menschen auserwählt. Ich verneige mich vor dir und bitte dich, Herr, mein Gott, verlaß mich nicht bei meinem Vorhaben, belehre mich und leite mich bei meinem Tun zu deinen Diensten. Ich lege mein Herz in deine Hand." Der Atem russischer Geschichte wehte durch den Raum. Der Chor sang das Tedeum, und der Metropolit salbte den Zaren: „Möge das Schwert des Zaren immer gerüstet sein, das Recht zu verteidigen, möge es allein durch seine Präsenz Ungerechtigkeit und Übel vermindern."

Alle anwesenden Menschen waren ergriffen, auch Maria Pawlowna. 15 Jahre hatte sie Rußland nicht gesehen und nur in Westeuropa gelebt. Dazwischen lagen die Revolution, das Ringen um die kulturelle Erneuerung Weimars und das Wirken Franz Liszts. Dennoch – sie stand hier in Moskau erneut an der Wiege ihres Lebens. Sie mag den Kontrast zwischen dem autokratisch-orthodoxen Rußland und dem bürgerlichen Westen gespürt haben. Da sie ihr Leben stets zwischen den beiden europäischen Kulturen geteilt hatte, empfand sie diese nicht als Gegensätze oder gar als miteinander unvereinbare Widersprüche. Ganz im Gegenteil. Sie hatte in diesen beiden Welten gelebt, normal, sachlich und voll innerer Begeisterung für jede dieser Seiten ihres Daseins. Daraus erwuchsen für Maria Pawlowna keine Konflikte, sondern eine geistige und sittliche Bereicherung. Sie hatte die Heimat noch einmal erlebt. Sie konnte wieder nach Weimar zurückkehren und ihren Lebensabend in Frieden genießen. Die Formulierungen ihres Testaments, das sie nach ihrer Rückkehr in Angriff nahm, sollten zeigen, in welch starkem Maß Maria Pawlowna die ethischen Werte ihrer Erziehung in Rußland, das kunstvolle und gesellige Leben in Weimar sowie die konkreten politischen, höfischen und wirtschaftlichen Komponenten ihres Lebens miteinander zu verbinden verstand.

So sehr sich Maria Pawlowna für die Vorgeschichte der Krönung Alexanders II. interessiert und so sehr sie Anteil am Schicksal Rußlands während des Krimkriegs genommen hatte, die weitere russische Geschichte sollte für sie kein Gegenstand ernsthafter Überlegungen oder gar Handlungen mehr werden. Alexander II. führte in den folgenden Jahren einen energischen Kampf um die Beseitigung der größten Hindernisse auf dem Weg Rußlands in die moderne europäische Welt. Die damit verbundenen Ansätze zu einer autokratischen und dennoch verfaßten Staatsordnung – die Aufhebung der Leibeigenschaft, Reformen in der Justiz, der Verwaltung, der Armee und in den ländlichen Regionen –, das alles wären Diskussionsgegenstände für interessante Gespräche zwischen Maria Pawlowna und Alexander II. gewesen. Die Großfürstin hätte ihrem Neffen manch wichtige Anregung aus ihren langen Erfahrungen in Weimar vermitteln können. Es kam anders: Alexander II. kämpfte in Rußland um Reformen – Maria Pawlowna bereitete sich in Weimar auf das Ende ihres Lebens vor. Als sie am 24. September 1856 wieder in Weimar ankam, schrieb eine gütige Seele die Zeilen:

> Dort wo sich Asien von Europa scheidet
> Standst Du inmitten kaiserlicher Pracht;
> Dort hast Du Deinen frohen Blick geweidet
> An Deines Hauses Glanz und seiner Macht.

Doch kehrst Du gern aus jenen Prunkpalästen
Zu Deines Schlößchens einfach heiterm Glück,
Kehrst gern von jenen schimmerreichen Festen
In Deines Wohlthuns stillen Kreis zurück.

Was hier so rührend naiv erscheint, enthielt im Grunde die Wahrheit. Obwohl
Maria Pawlowna bis zu ihrem Tod im Jahr 1859 weitere ausgedehnte Reisen
unternahm, vor allem, um ihre Töchter oder andere Verwandte zu besuchen,
obwohl sie ihrer wohltätigen Arbeit anhing und zu den gesellschaftlichen Höhepunkten des Hofes eingeladen wurde, lebte sie den überwiegenden Teil der Zeit
still und bescheiden im Residenzschloß oder im Schloß Belvedere. Natürlich verfolgte sie mit wachem Interesse das künstlerische Leben in der Stadt, sie freute
sich über die Früchte ihrer Arbeit und ärgerte sich über die Mißerfolge ihrer
Bemühungen. Von jedem gab es etwas. 1856 wurde die „Carl-Friedrich-Ackerbauschule" in Jena-Zwätzen in die rechte Ordnung gebracht. Im September 1857,
zum 100. Geburtstag Carl Augusts, hatte Maria Pawlowna Anteil an der Grund-
steinlegung für das Denkmal des bedeutenden Fürsten und an der Enthüllung
der Standbilder für Goethe, Schiller und Wieland. Im folgenden Jahr nahm sie
freundlich und aufgeschlossen an der Feier zum 300. Jahrestag der offiziellen
Universitätsgründung in Jena teil. Dazu kamen Familienfeiern im engeren und
weiteren Verwandtenkreis. Rußland aber, ihre Heimat, sah sie nicht mehr
wieder.

Dem stand der Streit mit Franz Liszt gegenüber. Liszt hatte 1857 ein ausgesprochen produktives Jahr. Die Uraufführung seines Klavierkonzerts in A-
Dur, der Faust- und Dante-Symphonien sowie weiterer symphonischer Dich-
tungen und Dirigate in Weimar, Leipzig, Aachen und Budapest zeugen davon.
Dennoch versteiften sich in Weimar die Konflikte. Als er 1858 in Weimar die
Oper „Der Barbier von Bagdad" von Cornelius aufführte, wurde Liszt aus-
gezischt, und er legte das Amt als Hofkapellmeister nieder. Das Faß war über-
gelaufen. Zur Begründung des großen Mißverständnisses zwischen Weimar und
Franz Liszt mag man für die in jedem Fall rechtfertigende Begründung beider
Seiten Partei ergreifen: Liszt hielt das Weimarer Publikum für unfähig, der Größe
seines Genies zu folgen. Das Publikum, natürlich konservativ und provinziell,
hielt Liszt für einen arroganten Spinner, der die Stadt zu seinem Lotterleben
mißbrauchte. Der Hof – in diesem Fall Maria Pawlowna und Carl Alexander –
suchte bei seinem Bestreben nach künstlerischer Erneuerung immer wieder nach
Kompromissen zwischen den widerstreitenden Positionen. Daraus erwuchs ein
Paradoxon: Trotz – oder wegen – des Dauerstreits um mehr Mittel, mehr Akzeptanz und Toleranz schuf Liszt in Weimar eine grandiose Musik, zog er Musiker,

Dichter, bildende Künstler und Größen der Geisteswelt nach Weimar, wie einst zu Goethes und Carl Augusts Zeiten. Das „Silberne" Zeitalter Weimars war eng mit dem Wirken Maria Pawlownas, Carl Alexanders und – Franz Liszts verbunden. Auch im konkreten Fall gab sich Carl Alexander alle erdenkliche Mühe, den Konflikt zu bereinigen. Maria Pawlowna erlebte es nicht mehr, daß der Großherzog 1860 noch einmal mit Liszt ins reine kommen wollte. Es war vergebens, und die Erklärungen erwecken den Anschein, Liszt wollte nun weg – aus Weimar, von Goethe und von Maria Pawlowna, der er so viel zu verdanken hatte. Seine Musik aber ist in Weimar geblieben.

Dennoch war der Streit deprimierend – die Großfürstin wandte sich ihren persönlichen Angelegenheiten zu. Bereits am 5. Dezember 1857 hat sie ihr auf den 29. November 1857 datiertes Testament beim Großherzoglichen Kreisgericht in Weimar hinterlegt. Auf 30 Seiten offenbarte Maria Pawlowna im Grunde eine Bilanz und einen Spiegel ihres gesamten Lebens und auch Denkens. Zahlreiche Zusätze aus den darauf folgenden Monaten ergänzten den Umgang mit ihrem materiellen Erbe.[55]

„Im Namen Gottes, des Vaters, des Sohnes und des heiligen Geistes" ging die Autorin davon aus, daß sie zu Lebzeiten ihres Gatten in Form eines Briefes an diesen ihren Letzten Willen niedergelegt hatte. Das vorzeitige Ableben Carl Friedrichs hatte jenes erste Testament hinfällig gemacht und wurde jetzt von ihr ausdrücklich widerrufen. Statt dessen formulierte sie nunmehr ein Testament, an dessen Spitze ihre tiefgehende Gläubigkeit zum Ausdruck kam: „Ich bitte Gott, daß er meine Absichten gnädig ansehen, ihnen seinen Segen verleihen möge, damit sie meinen Kindern und Nachkommen wie Allen denen, die ich hinterlasse, Glück und Heil bringen, wie dies mein sehnlichster Wunsch ist.

Treu der griechischen orthodoxen Kirche, in der ich geboren bin, gelebt habe und sterben werde, bitte ich den Allmächtigen Gott, mir alle meine Sünden zu vergeben und meine Seele gnädig in sein himmlisches Reich aufzunehmen.

Diejenigen, denen ich Aergerniß bereitet, und Unangenehmes zugefügt habe, mögen mir verzeihen. Meine Absicht war stets nur darauf gerichtet, Gutes zu stiften, aber, wie Jedermann weiß, auch hinter dem besten Willen bleibt die Erfüllung weit zurück. Ich trage Niemanden etwas nach, lebe, wie ich zu sterben hoffe, in dem Bewußtsein herzlichster Liebe und innigsten Wohlwollens für meine Kinder und Angehörigen, wie für alle Diejenigen, die ich geschätzt und gekannt habe und danke Allen für die vielen Beweise von Liebe und Anhänglichkeit, die sie mir gegeben haben."

Die ersten Wünsche gingen in bemerkenswerter Klarheit an die Kinder: „Meinen Kindern empfehle ich und mache es als Pflicht, daß sie innig unterein-

ander fortzuleben sich bestreben, wie es zu meiner Lebenszeit mein stetes Trachten gewesen ist; nur in dieser Einigung werden sie das reine Glück genießen können, was außer ihr sonst durch Umstände gestört werden kann. Sie sind erzogen
worden in der Furcht Gottes und in der Liebe zu einander und zu ihren Verwandten, sie müssen in diesen Grundsätzen fortfahren; auch fordere ich sie dazu
auf, daß so oft sie es können, sie hierher nach Weimar kommen, und sich versammeln sollen bei ihrem Bruder und alsdann sich ihrer sie liebgehabten Aeltern
und Großeltern eingedenk bleiben." Bemerkenswert ist es schon, daß die Wünsche für die Einigkeit der Kinder ausdrücklich mit der Stadt Weimar verbunden
wurden. Nur für sich selbst nahm Maria Pawlowna eine bilaterale Heimat in
Anspruch: „Ich segne das geliebte Land, in dem ich gelebt habe, ich segne auch
mein russisches Vaterland, das mir so theuer ist und besonders meine dortige
Familie. Ich bitte Gott, daß er hier und dort Alles zum Besten lenken, das Gute
erhalten und erblühen lassen möge und meine hiesige, wie meine Russische
Familie stets unter seinen mächtigen Schirm nehmen wolle."

Das Bekenntnis zum russisch-orthodoxen Glauben, zur Familie und zu ihrer
doppelten Heimat war der Grundsatz, nach dem Maria Pawlowna ihren Nachlaß ordnete und verfügte. Die Festlegungen bezogen sich – analog den Bestimmungen im Ehevertrag von 1801 – fast ausschließlich auf die materielle Seite des
Erbes, auf Marias liegende Güter, Kapitalien, Diamanten, Pretiosen und vielerlei
Mobilien. Wahrheitsgemäß versicherte sie, was der gesamte schriftliche Nachlaß
bestätigt: Rechnungsbücher und Inventarverzeichnisse über jegliche Arten von
Besitz waren vorhanden und in bester Ordnung. Maria Pawlowna verband die
positiven Seiten russischer Bürokratie mit den Vorzügen sächsischer Ordnung
und hinterließ einen Aktenberg, der das Herz jedes Historikers höher schlagen
läßt. Überdies waren alle verantwortlichen Diener ihres Hofstaates über den
Besitz und Nachweis ebenso eingeweiht wie aussagefähig.

Unter der Voraussetzung, daß ihr Letzter Wille in seinen Einzelbestimmun-
gen eine Reihe von speziellen Beschränkungen und Bedingungen enthielt, setzte Maria Pawlowna die drei Kinder Maria, Augusta und Carl Alexander zu
„Erben meines Nachlasses" ein. Da ihr Besitz sehr vielgestaltig war und durch
den Ehevertrag bereits Prämissen hinsichtlich des Erbes gesetzt worden waren,
fielen auch die Erbteile für die einzelnen Kinder unterschiedlich aus: „Meine beiden . . . Töchter sollen, außer demjenigen, was ich ihnen weiter unten noch
bestimme, eine jede die Summe von 400.000 rt. mit Worten: Viermal hundert Tausend Thaler erhalten und zwar will ich, daß sie zu gleichen Theilen diejenigen
Fünfmal hundert Tausend Thaler ehemaliges Conventionsgeld, welches ich als
den hälftigen Betrag meiner Dotalgelder bei dem Großherzogl. Kammerfiskus
hier zu fordern habe, übernehmen, den Ueberrest aber aus meinen übrigen Kapi-

talien gedeckt werde." Das heißt, die halbe Million der baren Mitgift Maria Pawlownas war als Existenzsicherheit erhalten geblieben und ging nun wiederum an die Töchter über, die ohnehin durch die Verheiratung mit den preußischen Prinzen materiell abgesichert waren. Die Jahresbilanzen über die in Rußland stehenden Kapitalien Maria Pawlownas haben gezeigt, daß die Restsumme für die Töchter mit spielerischer Leichtigkeit aufgebracht werden konnte. In diesem Zusammenhang verfügte Maria Pawlowna, daß alle Geschenke, die sie ihren Töchtern zu Lebzeiten gemacht hatte, deren Eigentum blieben und gleichzeitig keinen Bestandteil der Erbmasse bildeten. Außerdem wurden die Töchter von jeglichen Verpflichtungen zur Erfüllung des Letzten Willens ihrer Mutter entlastet. Lediglich die Pension für ihre Gouvernante, Mademoiselle Chançel, hatten sie zu zahlen.

Nach den Verfügungen zum Erbteil der Töchter durfte man auf die Festlegungen für den regierenden Sohn gespannt sein: „Mein gesamtes übriges Vermögen, soweit ich nicht über dasselbe in den folgenden Artikeln anders verfüge, erbt mein Sohn, der regierende Großherzog von Sachsen, jedoch unter nachstehenden fideicommissarischen Beschränkungen. Ich bestimme nämlich dieses mein gedachtes Vermögen zu einem Fideicommisse, welches zuerst mein Sohn, der Großherzog in Besitz nehmen, und nach ihm nach den Regeln der Erstgeburt jedes mal dem aus ebenbürtiger Ehe entsprossenen erstgeborenen Sohn der ältesten Linie seiner Familie zufallen soll, dergestalt jedoch, daß davon diejenigen ausgeschlossen sind, die sich nach den Familiengesetzen unseres Hauses nicht ebenbürtig vermählen oder vermählt haben." Das war keine besonders strenge Formulierung. Sie entsprach lediglich dem in Sachsen-Weimar-Eisenach geltenden Erbrecht und diente dem in sich geschlossenen Erhalt des regierenden Hauses. Carl Alexander wurde – unabhängig von den Legaten für die Töchter – als Universalerbe eingesetzt. Mit allen daraus erwachsenden Rechten und Pflichten für den Weiterbestand des Familienvermögens.

Außerdem verfügte Maria Pawlowna eine Sonderfestlegung, die u. a. für die kommende erbrechtliche Entwicklung des Hauses nicht uninteressant war. Sie übergab aus ihren Immobilien sowohl die in der Königlich Sächsischen Oberlausitz gelegenen Rittergüter Kleinwadmaritz und Oppeln als auch die Weimarer Altenburg samt allem Zubehör und die Summe von 100.000 Talern einem speziellen Treuhänder zur Verwahrung für einen zweitgeborenen Sohn Carl Alexanders. Bis zum Ableben Maria Pawlownas gab es nur den erstgeborenen Sohn Carl August, der 1844 das Licht der Welt erblickt hatte. Ein zweiter Sohn Carl Alexanders ist dem Autor nicht bekannt geworden, und so werden die schönen Gaben wieder an das Stammhaus gefallen sein – dank der Weit- und Umsicht Maria Pawlownas.

Testamentsvollstrecker wurden der Staatsminister Watzdorf, der Oberhof-meister Vitzthum und der Geheime Regierungsrat Emminghaus. Sie hatten die Pflicht, das nicht den genannten Erbregelungen unterliegende persönliche Habe Maria Pawlownas nach deren Ableben zu inventarisieren und gerichtlich bestätigen zu lassen. Carl Alexander behielt dabei stets das Recht, Gegenstände nach seinen persönlichen Wünschen auszuwählen und zu bestimmen, ob sie dem Treuhandvermögen zugerechnet werden sollten oder nicht. Maria sah auch einige Möglichkeiten zumindest theoretisch voraus, wie im staatlichen oder familiären Notfall die in ihrem mobilen Nachlaß enthaltenen Werte genutzt werden könnten. Der Grundsatz war ganz eindeutig: Man dürfe mit den hinter-lassenen Mitteln im Notfall wohl arbeiten, deren Substanz dürfe jedoch niemals gefährdet werden. Es gab Bestimmungen, nach denen die Rittergüter nicht ver-äußert werden durften, und charakteristisch war für Maria Pawlowna auch die Festlegung, daß ihr in der Nähe Jenas gelegener Garten mit dessen Gebäuden niemals verkauft werden dürfe. Im Gegenteil. Sie machte es ihrem Sohn Carl Alexander zur Pflicht, den Garten zu bewohnen und zu bewirtschaften – wie sie es einst gemeinsam in dessen Kindertagen getan hatten.

Die in Rußland bestehenden Konten sollten zu gleichen Zinssätzen weiterge-führt bzw. in russischen Immobilien angelegt werden. Damit blieb das Geld in der Hand der Zarenfamilie, aber die Weimarer Nachkommen hatten selbstver-ständlich aus den daraus erwachsenden Zinseinkünften einen persönlichen Nutzen.

Maria bat ihren Sohn, daß das Weimarer Staatsministerium die Verwaltung beider Treuhänderschaften (für das an Carl Alexander gehende Gesamterbe und für die Sonderimmobilien) übernehmen dürfe. Auf diese Weise konnte die beste Voraussetzung geschaffen werden, daß das Vermögen zum Nutzen des Staates und des regierenden fürstlichen Hauses eingesetzt wurde. Sie unterbreitete Vor-schläge, wie das Kapital durch günstige Zinsanlagen und Immobilienkäufe ver-mehrt werden könnte. Maria war nicht in der Lage, alle möglichen künftigen Wechselfälle vorauszusehen. Darauf kam es auch nicht an. Sie hatte in den lan-gen Weimarer Jahren ihr Kapital dank kluger wirtschaftlicher Rechnungs-führung vermehrt und konnte ein materielles Erbe hinterlassen, bei dem jeder Sachkenner nur folgern durfte: Die Heirat hatte sich für Sachsen-Weimar-Eisenach gelohnt. Maria Pawlowna war selbst eine sorgsame Finanzberaterin. In ihrem Testament hinterließ sie detaillierte Anweisungen wie diese: „Der Inhaber des . . . errichteten Fideicommisses, zuerst also mein Sohn, der Großherzog, soll dessen Einkünfte in jährlichen Abschnitten bezinsen, und nach seinem Ermessen verwenden dürfen. Neben den Verpflichtungen, welche ich ihm in den folgen-den Artikeln auferlegen werde, gestatte ich ihm zwar völlig freie Verfügung über diese Einkünfte, aber ich spreche den Wunsch aus, daß er mit seinen Einkünften sparsam umgehen und dieselben im Interesse seines Hauses und seines Landes verwenden . . . möge." Nun ja, Sparsamkeit war schon immer eine Tugend des Hauses, und viele Umstände waren zu berücksichtigen. Carl Alexander könnte noch Töchter haben, die später mit einer Aussteuer zu versehen waren: Maria Pawlowna setzte dafür ein Kapital aus ihrem Vermögen ein, das bei günstiger Verzinsung bis auf 150.000 Taler anwachsen konnte. Was geschah mit ihrem Vermögen, falls Carl Alexanders Sohn vorzeitig starb, wie wirkte sich das Erbrecht des Hauses auf die Verteilung ihrer Hinterlassenschaft aus – jede Variante wurde von Maria im Letzten Willen durchgespielt und hinsichtlich der für sie selbst erwachsenden finanziellen Konsequenzen durchgerechnet und geregelt.

Die Lektüre der ersten 18 Artikel des Testaments läßt deutlich werden, daß eine Regelung der innerfamiliären Vermögensverhältnisse für die Erblasserin ganz verständlich im Mittelpunkt stand. Von der wahrhaften „Landesmutter" mit ausgeprägtem sozialen Engagement erwartet der Leser mit gleicher Korrektheit formulierte Aussagen zu den von ihr geschaffenen wohltätigen Stiftungen. Tatsächlich wird im Artikel 19 ausgeführt: „In der Hoffnung, daß die von mir in das Leben gerufenen Frauenvereine in diesem Lande, dem ich so gern meine ganze Sorgfalt zugewendet habe, von Nutzen gewesen sind und auch künftig sein werden, da sie berufen waren, den gesammten guten Willen eine Direktive zu geben zum Wohle und Nutzen eines großen Theils der Einwohnerschaft des Großherzogthums, will ich dafür sorgen, daß dieselben auch in späteren Zeiten fortdauern. Ich bestimme deshalb, daß von dem jedesmaligen Inhaber des Hauptfideicommisses für die Zwecke des Frauenvereins jährlich Zweitausend Thaler außer den Zinsen derjenigen Kapitalien, welche dem Frauenverein jetzt schon gehören oder künftig noch zufallen dürften, verwendet werden.

Würde aber das Kapitalvermögen des Frauenvereins durch Vermächtniß oder auf anderem Wege bis auf die Summe von Achtzig Tausend Thalern ansteigen, dann soll die jährliche Zahlung jener zwei Tausend Thaler wegfallen und das Fideicommis von der hierdurch ihr auferlegten Verbindlichkeit befreit werden.

Diese Summe von zwei Tausend Thalern jährlich soll auch dafür sorgen, daß die Suppenanstalten zu Weimar und Eisenach gehörig unterstützt werden, wie auch beide Arbeitschulen zu Zwätzen und Dorndorf (sogenannte Erwerbschulen für Knaben).

Dabei verbiete ich jedoch ausdrücklich, daß von den Einkünften des Frauenvereins Ersparnisse gemacht werden, um durch dieselben die gedachte Kapitalsumme zu erfüllen. Vielmehr verordne ich, daß die Einkünfte ihrer Bestimmung

gemäß verwendet werden und versehe mich zu dem Großherzoglichen Staats-
Ministerium, daß es für Erfüllung dieses meines Willens gewissenhaft Sorge
trägt.

Das Protektoriat der Frauenvereine soll von dem Großherzoge vergeben werden, und ist es mein Wunsch, daß dasselbe dessen Gemahlin oder dafern dies
aus irgend einem Grunde nicht thunlich sein sollte, eine im Lande wohnende
Prinzeß des Hauses oder sonst eine Dame von hohem Rang übernehme.

Im Uebrigen wünsche ich zwar, daß die dermalige Einrichtung des Frauenvereins beibehalten werde, gestatte jedoch jede Veränderung, wenn diese dem
Zwecke förderlich scheint." Das von ihr während all der vorausgegangenen
Jahre verfochtene Prinzip – Hilfe zur Selbsthilfe sowie autokratische Leitung
und Kontrolle durch das regierende Haus – fand in dem Testament hinsichtlich
des „Patriotischen Instituts" seine Bestätigung, bis zu der Erkenntnis, daß Maria
Pawlowna mit eigenen Geldern ein florierendes Wirtschaftsunternehmen errichtet hatte.

So war es denn nur logisch, daß das Testament auch die anderen, von ihr
geförderten Unternehmen berührte – oder bedachte. Dementsprechend verfügte
Artikel 20: „Die Sparkassen des Großherzogtums empfehle ich der Sorgfalt und
der Theilnahme meines Sohnes und seiner Gemahlin, wie ihren Nachfolgern, da
ich überzeugt bin, daß kein wohlthätiges Institut mehr im Stande sei, als dieses,
die Verarmung zu hindern." Die Sorgfaltsempfehlung beinhaltete natürlich
nicht nur den rein ideellen Wunsch. Maria übergab den von ihr mitbegründeten
Sparkassen kein neues Geld – sie entzog ihnen jedoch auch nicht ihre Einlagen,
die nun an den Sohn übergingen und das Bündnis zwischen dem regierenden
Haus, der Wirtschaft und der öffentlichen Wohlfahrt enger knüpften. Die gleiche
Empfehlung sprach Maria auch im Hinblick auf die von ihr mitbegründeten
Hospitäler, Stiftungen und Gewerkschulen aus.

Natürlich enthielt das Testament exakte Bestimmungen darüber, welche
Gehälter weiterhin an die Angehörigen und Diener des Hofstaates zu zahlen
waren. Selbstverständlich gehörten zu dem Letzten Willen auch lange Listen mit
genauen Angaben, welche Personen mit welchen persönlichen Gegenständen
aus dem Privatbesitz der Großfürstin bedacht werden sollten. Es waren wunderbare und überaus wertvolle Schmuckstücke, Möbel oder andere Einrichtungsgegenstände darunter – zum Teil üppige Geschenke aus dem russischen Kaiserhaus oder gar persönliche Gaben Katharinas II. Dieser Teil des
Testaments reicht jedoch sehr stark in die persönliche Sphäre der Familie hinein,
und dort sollte er auch bewahrt werden. Das bleibt selbst nach so vielen Jahrzehnten ein Gebot des Anstands und des Respekts vor der Persönlichkeit Maria
Pawlownas.

Bedeutsam für eine gerechte Würdigung Marias sind jene Artikel des Testaments, deren Inhalt von übergreifendem Sinn getragen wurde. Neben den wesentlichen vermögensrechtlichen Bestimmungen erlangte der Artikel 23 wohl die größte öffentliche Bedeutung: „Ich will, daß meine irdischen Ueberreste in der Großherzogl. Gruft auf dem hiesigen Gottesacker in möglichster Nähe bei dem Sarge meines verstorbenen Gemahls bestattet werden und zu dem Ende einer der hier befindlichen zwei Kirchen meines Glaubens an die Gruft angebaut werde, und versehe ich mich zu meinem vielgeliebten Sohn, dem Großherzog, daß er diesen meinen Willen mit gewissenhafter Treue zur Ausführung bringe." Durch diese Testamentserklärung wurden einige Tatsachen bestätigt, die aus anderen Quellen nur schwer ermittelbar sind. Maria Pawlowna ging zweifelsohne davon aus, daß die Griechische Kapelle aus dem Residenzschloß als neuer eigenständiger Bau an der Fürstengruft errichtet wurde.

Es gab aber noch die Griechische Kapelle im Haus der Frau von Stein. Dazu bestimmte Maria Pawlowna: „Die andere Kirche soll mein Sohn thunlichst erhalten, damit meine Glaubensgenossen, auch wenn sie nach meinem Tode hierher kommen sollten, die Gelegenheit haben, ihre Andacht zu verrichten." In diesem Sinne empfahl Maria den Erzpriester Sabinin und die Kirchenangestellten nicht der Großmut ihres Sohnes, sondern der Gnade des russischen Kaisers Alexander II.

Weitere Bestimmungen persönlicher Art kamen in den folgenden Monaten hinzu, aber im Grunde war die Arbeit am Testament Ende 1857 abgeschlossen. Der Nachlaß war geregelt. Maria Pawlowna, die in ihren letzten Lebensjahren von zarter Gesundheit war, gönnte sich nun mehr Ruhe, ohne ihre dringendsten Verpflichtungen gegenüber dem Frauenverein zu vernachlässigen. Ihre größte Aufmerksamkeit galt indessen den Kindern und der Familie.

Zu ihrem Geburtstag 1859 schrieb ihr Alexander von Humboldt einen bewundernden Brief voller Anerkennung für ihre Lebensleistung. Sie freute sich über die Achtung, die sie bei dem großen Gelehrten genoß, der bald darauf verstarb. Im Mai 1859 starb auch die Tochter Carl Alexanders, Anna Sophie. Es war ein deprimierendes Ereignis.

Am 16. Juni 1859 besuchte Maria Pawlowna das von ihr mit so viel Energie ins Leben gerufene „Carl-Friedrich-Damenstift". Dabei erkältete sie sich. Zwei Tage später verschlechterte sich ihr Gesundheitszustand. Sie mußte das Bett hüten, aber noch dachte niemand daran, daß die Erkrankung ernste Folgen haben könnte. Carl Alexander hatte am 24. Juni Geburtstag. Nach russischer Sitte wurden die Geschenke am Vorabend überreicht. Darum entließ Maria Pawlowna ihre Schwiegertochter am frühen Nachmittag des 23. Juni zur Vorbereitung der Geburtstagsfeier von Belvedere nach dem Schloß Ettersburg. Carl Alexander blieb noch bei seiner Mutter, fuhr dann aber gegen Abend auch nach Ettersburg. Noch vor dem Schloß wurde er von einem reitenden Boten eingeholt: Um 6 Uhr abends, am 23. Juni 1859, war Maria Pawlowna plötzlich, aber ruhig und gelassen für immer eingeschlafen. Ein erfülltes Leben war ohne Leiden zu Ende gegangen.

Sofort erschienen in allen Ecken Deutschlands Nachrufe, die das Leben dieser Frau in aller Form würdigten und besonders ihre Leistungen für die öffentliche Wohlfahrt betonten. Das Lob Maria Pawlownas wurde im Leben wie im Sterben uneingeschränkt gesungen, und an diesem Tenor änderte sich im ganzen 19. Jahrhundert nichts – bis das kritische 20. Jahrhundert mit nüchternen Analysen nicht nur nach der äußeren höfischen Erscheinung, sondern auch nach den wenig spektakulären politischen und sozialen Hintergründen zu fragen begonnen hat.

Der Weimarer Hof stellte sich auf die Beisetzung Maria Pawlownas ein. Am 25. Juni erging die Anweisung zu einer halbjährigen offiziellen und in der Intensität abgestuften Trauer. Für den ersten Monat wurde z. B. folgende Kleiderordnung verbindlich festgelegt: „Die Herren zur Civil-Uniform Westen und Beinkleider von schwarzem Tuch, Flor um den linken Arm, Port'épée, Hut-Cordons und Agraffe, bei den Kammerherrn auch der Schlüssel, mit Krepp überzogen, schwarze Handschuhe.

Die Herrn Offiziere tragen Epaulett, Schärpe, Port'épée, bezüglich Achselschnüre, mit Krepp überzogen und Flor um den linken Arm.

Die Damen tragen schwarze Kleider von Wolle, Krepp oder Barèges, hoch am Halse, Kopfputz von schwarzem Krepp mit zurückhängendem langen Schleier, Schnippe mit breitem Band, schwarze Fächer von Krepp, schwarze Handschuhe und Schuhe.“[56] Für die folgenden Monate wurde das Tragen der Trauerkleidung aufgelockert.

Am Sonntag, dem 26. Juni, wurde Maria Pawlowna nach den Regeln der russisch-orthodoxen Kirche in der Griechischen Kapelle in der Ackerwand aufgebahrt. Die Bevölkerung durfte von ihr Abschied nehmen. Entsprechend dem ausdrücklichen Wunsch Maria Pawlownas erfolgte die Aufbahrung in einem geschlossenen Sarg. Das Beisetzungsprogramm enthielt die den lokalen Bedingungen eindeutig entsprechende Weisung, daß sich die dem Trauerwagen voranschreitenden Personen „nach der Bibliothek und dem Fürstenplatze hin“, die hinter dem Trauerwagen aber gehenden Personen „in der Ackerwand“ aufzustellen hätten.

Die Beisetzung fand einen Tag später statt. Um 8 Uhr setzte sich der Trauerzug von der Griechischen Kapelle über den Fürstenplatz und den Markt zum Friedhof und der Fürstengruft in Bewegung. Obwohl Maria Pawlowna erst vier Tage vorher gestorben war, nahmen neben der Bevölkerung Weimars zahlreiche Gäste Abschied von ihr. Orthodoxe Priester, Diakone, Psalmisten und Sänger aus Stuttgart, Wiesbaden und Berlin hatten es noch rechtzeitig zur Beisetzung geschafft. Erzpriester Sabinin nahm die Einsegnung vor, ehe der Sarg in die Erde gesenkt wurde, begleitet vom Gesang der orthodoxen Sänger.

Maria Pawlowna, die russische Großfürstin, Großherzogin in Sachsen, Mutter des regierenden Großherzogs von Sachsen-Weimar-Eisenach, Mutter der Königin von Preußen und Tante des regierenden russischen Kaisers Alexander II., wurde würdevoll und andächtig zu Grabe getragen.

Eine Flut von Beileidsbekundungen und öffentlichen Ehrungen erreichte Weimar. Im Grunde gab es kaum eine Stimme, die nicht in das allgemeine Loblied über die verstorbene kleine, freundliche und gütige alte Dame einstimmte, deren hohe Geburt, Reichtum und Charakter so viel für den Staat Sachsen-Weimar-Eisenach, für den Weimarer Musenhof und für die deutsch-russischen politischen, wirtschaftlichen und kulturellen Bindungen in der ersten Hälfte des 19. Jahrhunderts bedeutet hatten. Maria Pawlowna hatte stets auf ihren Rang geachtet, Huldigungen gehörten zu dem gewohnten Alltag, vor allem hatte sie jedoch Probleme praktisch gelöst. Sie war keine geniale Dichterin oder Musikerin, sie hatte keine politischen Visionen und war auch nicht mit den Talenten eines begnadeten Wissenschaftlers ausgerüstet. Manches Ziel wurde auch nicht erreicht. Die engagierte Wohlfahrt für die soziale Not, die Künste und die Wissenschaften konnten Engpässe mildern, aber nicht beseitigen. Der große Franz Liszt konnte nicht in Weimar gehalten werden. Maria Pawlowna tat lediglich, was jeden Menschen auszeichnen sollte. Sie verbrachte das Leben, in das sie hineingeboren wurde und hineinwuchs, sinnvoll mit Klugheit und Geschick zum Nutzen des allgemeinen Interesses – so, wie es ihrem Rang, ihrer Religion und ihrem persönlichen Pflichtgefühl und Wunsch entsprach. Ihre herausragendste Leistung bestand jedoch darin, daß sie so für die Erziehung ihrer Kinder sorgte, daß diese ihr Erbe produktiv fortsetzen konnten. Das galt vor allem für den Sohn Carl Alexander.

Über die unzähligen Lobeshymnen nach ihrem Tod hätte sie, wenn sie es denn gekonnt hätte, freundlich gelächelt. Viel wichtiger wäre ihr gewesen, daß man ihr Erbe mit Leben erfüllte. Aber da zahlte sich ihre über den Tod hinausgehende Vorbildwirkung aus. Bereits am 30. Juni 1859 veröffentlichte ihre Schwiegertochter, die neue Großherzogin Sophie, ein Schreiben, in dem sie die Tätigkeit Maria Pawlownas für das „Patriotische Institut der Frauenvereine" ausgiebig würdigte und sich selbst entsprechend den testamentarischen Verfügungen an die Spitze des Instituts setzte: „Als Mitglied des Central-Direktoriums von Meiner Durchlauchtigsten Frau Schwiegermutter seit Meinem Eintritt in die Großherzogliche Familie und in meine jetzige Heimath berufen, sowie in Folge eines besonderen, in dem Testamente der hohen Verklärten ausgesprochenen Wunsches, übernehme ich nunmehr die alleinige Oberleitung des Patriotischen Instituts als dessen Ober-Vorsteherin." Es war die gleiche Manier, mit der sich Maria Pawlowna einst selbst an die Spitze des Instituts gesetzt hatte. Das Interesse an einer sozial- und wirtschaftshistorischen Analyse des Verhältnisses zwischen dem Staatshaushalt des Großherzogtums, den finanziellen Gegebenheiten des Hofes und der Finanzpolitik des „Patriotischen Instituts" konnte durch diese schnelle Reaktion auf den Tod Maria Pawlownas nur noch mehr geweckt werden.

Auch in einem zweiten Punkt bemühte sich Carl Alexander um eine schnelle und befriedigende Lösung, den Bau einer russisch-orthodoxen Kirche zum Andenken an die von ihm geliebte und verehrte Mutter. Carl Alexander ließ 1860 die Kapelle der apostelgleichen Maria Magdalena an der Rückseite der Fürstengruft erbauen. Der Grundstein wurde in russische Erde gelegt, die man eigens aus der Heimat Marias herbeigeschafft hatte. Die Zeichnungen für die Kirche wurden in Moskau angefertigt, und der Architekt Ferdinand von Streichhan leitete den Bau nach diesen Zeichnungen. 1862 war die Kirche fertig. Am 24. November erfolgte die Weihe durch den Beichtvater Marias, Erzpriester Stefan Sabinin.

Über Gestalt, Herkunft, Ausmalung und Geschichte der Kirche wäre viel hinzuzufügen. Beschränken wir uns an dieser Stelle auf einen Bericht über die Ereignisse, der vom Hofmarschallamt in Weimar angefertigt wurde: „Ihre Kaiserl. Hoheit die Frau Großherzogin Großfürstin Maria Paulowna hatte in ihrem Testamente den Wunsch ausgesprochen, daß ihre irdischen Ueberreste in einer griechischen Kapelle, jedoch so ruhen müßten, daß mittels Durchbauhung der Mauer der Großherzogl. Fürstengruft der Sarg Ihrer Kaiserl. Hoheit dicht neben dem Sarg des höchstseligen Großherzogs Carl Friedrich zu stehen käme. Diesen Wunsch seiner verewigten Frau Mutter aufgreifend, verfügte S.K.H. der Großherzog Carl Alexander den Bau einer griechischen Kapelle unmittelbar neben der Fürstengruft. Der Grundstein hierzu wurde 8. Juli 1860 gelegt. Die Aufstellung der beiden Särge nebeneinander fand 23. November 1862 im Beisein der Mitglieder des Hofmarschallamts, des Oberhofpredigers und des griechischen Geistlichen und Tags darauf 24. November 1862 die feierliche Einweihung dieser Kapelle durch die griechische Geistlichkeit im Beisein unserer regierenden Herrschaften, I.H. der Königin Augusta von Preußen, des ganzen Hofstaates, eines Abgesandten S.H. des Kaisers von Rußland und der hiesigen griechischen Gemeinde statt."[57]

Großherzogin Sophie hatte durch die Übernahme der Leitung des „Patriotischen Instituts" einen Teil des Erbes Maria Pawlownas angetreten. Carl Alexander ließ mit der orthodoxen Kirche ein Denkmal für ihre ganze Persönlichkeit errichten. Das gelang ihm in einprägsamer Weise, auch durch die Grundsteinbeigaben. In einem festen Umschlag wurde der Teil des Testaments Marias in den Grundstein versenkt, in dem sie den Wunsch nach einer orthodoxen Kirche ausgesprochen hatte. Münzen und Medaillen aus dem Weimar der fünfziger Jahre des 19. Jahrhunderts ergänzten die Beigabe durchaus sinnvoll. So war denn alles wohl geordnet und dicht beieinander: die Fürstengruft, die orthodoxe Kirche, die Särge der Verstorbenen – so, wie die Großfürstin es gewollt hatte. Ihr Erbe aber lebte weiter, und Großherzog Carl Alexander mehrte den von seiner Mutter gepflegten Reichtum. Weimars Musenhof blieb im 19. Jahrhundert seinem durch die Klassik begründeten Ruf treu – in guten wie in schlechten Tagen. Musik, Malerei, Architektur und das Theater – alles trug dazu bei. Aber immer wieder stand das klassische Erbe im Mittelpunkt. Maria Pawlowna und Franz Liszt konnten die gewünschte „Goethe-Stiftung" nicht verwirklichen. Carl Alexander und Sophie gründeten das Goethe-Schiller-Archiv, und was wäre die Goethe-Ehrung in unseren Tagen ohne die „Sophienausgabe" seiner Werke! Zwischen Goethe und dieser Werkausgabe reihte sich Maria Pawlowna ein – als Bewahrerin des klassischen Erbes und als Schöpferin eines neuen Musenhofes, der freilich nur durch die Künstler, Schriftsteller, Architekten und Musiker selbst leben konnte.

Epilog

Geheimnisse und Rätsel um den Nachlaß
Maria Pawlownas

Die Lebensgeschichte Maria Pawlownas ist bis in unsere Tage spannend geblieben. Die Großfürstin hatte der Urschrift ihres Letzten Willens später eine Reihe von Zusätzen hinzugefügt. Die für den Historiker am meisten interessante Nachschrift ist auf den 19. März 1858 datiert und lautet: „Ich bestimme, daß diejenigen Briefe der noch lebenden Personen ihnen zurückgegeben werden, die von nicht mehr lebenden verbrannt werden; jedoch hat mein Sohn die Befugniß, sie durchzugehen und falls sich in ihnen etwas dem Hause interessirendes oder wichtiges zu erhalten gefunden wäre, so kann es erhalten werden: – um meinen Sohn zu unterstützen in diesem Geschäfte, ernenne ich den Staats-Minister von Watzdorf und den wirklichen Geheimen Rath und Oberhofmeister von Witzthum dazu." Das war eine vielleicht aus der Zeit und den obwaltenden Normen heraus erklärbare Entscheidung, die dem Großherzog einen relativ breiten Spielraum für die Wertung und Aufbewahrung der Korrespondenzen einräumte. Aus diesem Willen erwächst möglicherweise die Tatsache, daß die Briefschaften im voluminösen Nachlaß Maria Pawlownas nur fragmentarisch erhalten geblieben sind.

Weit schwerwiegender ist jedoch der im Testament folgende Satz geworden: „Ich bestimme auf das Genaueste, daß Vorkehrungen getroffen werden, damit niemals entweder jetzt noch später diese Papiere zum Druck kommen und es soll deshalb eine Familienvorschrift aufgesetzt werden, daß es niemals geschen dürfe." Die Festlegung wurde durch die Urheberin nicht begründet. Der Begriff „diese Papiere" kann unterschiedlich interpretiert werden. Er steht wörtlich nur im Zusammenhang mit den hinterlassenen Korrespondenzen, kann sich jedoch auch auf das Testament insgesamt oder gar auf den Nachlaß als solchen beziehen. Erst recht nach intensiver Beschäftigung mit dem Nachlaß ist schwer zu entscheiden, warum Maria Pawlowna diese Forderung aufsetzte. Es konnten pragmatische Gründe vorliegen, denn das gesammelte Schriftgut vermittelt genaueste Erkenntnisse über den finanziellen Besitz der Großfürstin in Weimar und in Rußland. Darüber hinaus enthalten die Papiere keine verschließenswerten Staatsgeheimnisse. Der Weimarer Nachlaß war natürlich immer nur ein Teil des Gesamterbes Maria Pawlownas. Russische Archive über das kaiserliche Haus enthalten ebenfalls Materialien über das Leben und Wirken der Großfürstin. Das Verdikt konnte aus einer Laune heraus geschehen sein – was indes aufgrund der überlegten Selbstbeherrschung Marias wenig wahrscheinlich erscheint. Möglich war jedoch auch ein Bezug zu den traditionellen Vorstellungen im russischen Adel über das Verhältnis von Leben und Tod: Der Mensch verläßt endgültig den geschichtlichen und sozialen Lebensraum. Er gleitet in die Sphäre des Ewigen, des Unabänderlichen hinüber und läßt jeden irdischen Zwang hinter sich. Das irdische Dasein ist unwiderruflich abgeschlossen.

Wie dem auch gewesen sein mag, es gibt weder einen erklärten noch einen sachlichen oder definierten Grund für die Festlegung, „diese Papiere" dürften nie veröffentlicht werden. Das Haus Sachsen-Weimar-Eisenach interpretierte die Verfügung im umfassendsten Sinn. Der frühere Weimarer Archivar Gregor Richter ging der Frage nach. Nach seinen Erkenntnissen ist ein Teil der Briefe nach dem Tod Maria Pawlownas an fürstliche Persönlichkeiten zurückgegeben worden. Ob Briefe nach dem Willen Maria Pawlownas verbrannt wurden, ist überhaupt nicht bekannt. Carl Alexander unterzog sich auch nicht der Mühe, so wie von der Mutter erlaubt, den Briefbestand nach Schriftstücken mit Hausinteresse durchzusehen. Es existiert jedoch ein Hinweis, nach dem der Hoffourier Jordan, der dieses Amt schon zu Lebzeiten Maria Pawlownas inne hatte, in den Jahren 1865 bis 1867 mit der Sichtung und Registrierung aller von seiner Herrin hinterlassenen Briefe, Rechnungen, Belege und Akten beauftragt wurde. Jordan ordnete die Briefe ausdrücklich nach unterschiedlichen Kategorien, damit „höchsten Ortes" leichter entschieden werden konnte, „welche Briefe aufzubewahren, welche zu vernichten" seien.

Das Problem beschäftigte Carl Alexander demnach, und er nutzte den Anlaß, mit den Briefschaften zugleich den gesamten Nachlaß seiner Mutter ordnen zu lassen. Jordans Verzeichnis ist verschwunden. Es ist nicht mehr feststellbar, ob eine selektierende Briefauswahl vorgenommen wurde. Die bis heute verwahrte große Zahl inhaltlich belangloser Schreiben spricht allerdings gegen eine Kassation. Carl Alexander zog aus den ordnenden Arbeiten Jordans eine ganz andere Schlußfolgerung. Am 18. März 1872 verfügte er, daß alle von Maria Pawlowna nachgelassenen „Briefe und Niederschriften, sei es daß diese von Ihr geschrieben oder an Sie gerichtet sind, in keiner Weise zur Veröffentlichung herangezogen werden sollen". „Briefe und Niederschriften" – diese Begriffe stimmten nicht mit dem Wortlaut des Testaments überein und waren noch schwieriger als der ursprüngliche Begriff „diese Papiere" zu definieren. Die rechtlichen Konsequenzen wurden von Carl Alexander weiter verkompliziert, indem er sich mit seiner Verfügung nicht nur auf das Testament stützte, sondern überdies noch mit „wiederholten mündlichen Äußerungen" der Erblasserin – die nicht mehr einklagbar waren – argumentierte.

Aus dem Standpunkt Carl Alexanders erwuchsen Folgen. Der gesamte Nachlaß – nicht nur die Briefe – fiel für 20 Jahre der Vergessenheit anheim. Erst 1892, als der Hoffourier Jordan in den Ruhestand trat und alle seine Dienstschlüssel abliefern mußte, stieß das Hofmarschallamt auf ein Zimmer im Hofdamenhaus – der Bastille. Darin lag der Nachlaß Maria Pawlownas. Ordentliche Beamte warfen die Frage nach dem weiteren Verbleib der ungeordneten Berge von Akten, der Rechnungen der Privatschatulle und der Korrespondenzen auf. Eine spezielle Selektierung der Briefschaften stand gar nicht mehr zur Debatte, und das von Jordan ausgearbeitete Verzeichnis scheint damals schon nicht mehr auffindbar gewesen zu sein. Also ließ man im Hofmarschallamt ein neues Verzeichnis anfertigen. Das Hofmarschallamt besaß jedoch keine Befugnis über den Verbleib der Akten. Dafür gab es ein großherzogliches Departement, und das ließ sich erst einmal Zeit. Am 4. Dezember 1893, nach mehrmaligen Klagen seitens des Hofmarschallamtes über die Feuchtigkeit der Räume in der Bastille, erging die Weisung, den gesamten Nachlaß in das Geheime Haupt- und Staatsarchiv zu bringen. Dort wollte Carl Alexander nun Akteneinsicht nehmen! Das Archiv weigerte sich, die Bestände aufzunehmen: es sei zu kalt, und Platz habe man ohnehin nicht. Großherzoglicher sanfter Nachdruck ermöglichte dann die Überführung im Sommer 1894.

Bis dahin waren die Bestände abgelegt, verschwunden, weitgehend ungeordnet und nach wie vor nur unzureichend in Listen erfaßt. Das Einsichtsverbot galt uneingeschränkt. Um so erstaunlicher ist es, daß die Arbeiten von Lina Morgenstern über Maria Pawlowna und deren Tochter Augusta aus den Jahren 1888 und 1889 Materialien enthalten, die nur aus der Benutzung des gesperrten Archivs stammen können – z. B. die Berichte Wilhelm von Wolzogens über die St. Petersburger Verhandlungen im Jahr 1799. Die Autorin gibt in einer Fußnote sogar die Quelleneinsicht an: „Das Großh. Sächs. Staats- und Hausarchiv mit gnädigster Erlaubniß S.K.H. des Großherzogs und des Staatsministeriums." Auch Lily von Kretschman, Natalie von Milde oder Adelheid von Schorn müssen dank günstiger Umstände und entgegen dem allgemeinen Benutzungsverbot einzelne Akten eingesehen haben.

Die Tatsache der von diesen Autorinnen verwendeten Dokumente erstaunt um so mehr, als selbst nach den Arbeiten Jordans und des Hofmarschallamtes die Ordnung oberflächlich geblieben war. Man sprach damals von „24 großen

Bündeln" mit Schriftstücken unterschiedlichster Art. Der Archivdirektor erhielt von Carl Alexander den Auftrag zur Neuordnung und machte sich 1896 persönlich an die Arbeit. Bis zum Jahr 1903 hatte er die Briefe alphabetisch geordnet und die Rechnungsbände so aufgestellt, daß sie eine „summarische" Ordnung besaßen. Ein heutiger Blick in den Aktenbestand verdeutlicht, daß damit der gesamte Nachlaß noch lange nicht benutzungsfähig war – selbst für die Bedürfnisse des regierenden Hauses nicht. Archivdirektor Burkhardt hielt seine Arbeit für ausreichend und kümmerte sich nicht weiter um die Bestände. Carl Alexander erfüllte jedoch bis zu seinem Tod im Jahr 1901 die Aufforderung durch die Mutter nicht. Er arbeitete die Archivbestände selbst im eigenen Interesse niemals gründlich durch.

Die Arbeiten Burkhardts wurden von dessen Nachfolgern im Amt des Archivdirektors kritisch bewertet. Als sich im Juni 1915 das Departement des großherzoglichen Hauses gelegentlich nach dem Zustand des Nachlasses Maria Pawlownas erkundigte, konnte der damalige Archivdirektor Dr. Tille nur antworten, der Bestand „ist vollständig ungeordnet". Das harsche Urteil war zwar übertrieben, der Ärger Tilles über die schlechte Arbeit seines Vorgängers war jedoch begreifbar. Dr. Tille ergriff über den unmittelbaren Anlaß hinaus die Gelegenheit, erstmals die Frage nach der Nützlichkeit des Benutzungsverbots aufzuwerfen. Er schrieb am 30. Juni 1915: „Demgemäß sind die sämlichen Papiere bisher unberührt geblieben [was nicht ganz den Tatsachen entsprach – Anm. des Autors], und sofern nicht die angezogene Verfügung [von 1872 – Anm. des Autors] eine Einschränkung erfährt, ist begreiflicher Weise der Anreiz sich eingehend damit zu beschäftigen für einen Archivbeamten gering. Es läßt sich im übrigen nicht verkennen, daß unter Umständen wichtiges Material für das Carl-August-Werk unbenutzt bleibt."

Tille argumentierte sehr geschickt. Der Staat förderte eine Arbeit über die Lebensgeschichte Carl Augusts und mußte ein Interesse an der Erschließung des Nachlasses Maria Pawlownas besitzen. Unabhängig von deren Verdikt und dem Beschluß aus dem Jahr 1872 war es aus wissenschaftlicher und auch politischer Sicht ein Ding der Unmöglichkeit, das Erbe dieser Großherzogin brachliegen zu lassen – selbst unter Berücksichtigung der Tatsache, daß Deutschland und Rußland im Ersten Weltkrieg gegeneinander standen. Der Ruf Tilles wurde vom Hof positiv aufgenommen. Der Archivdirektor erhielt den Eilauftrag, sofort ein Gutachten sowohl zu den Bestimmungen im Testament Maria Pawlownas als auch zu der Verfügung von 1872 auszuarbeiten. Das Gutachten lag am 23. August 1915 vor.

Tille konzentrierte sich nicht auf eine Definierung der Formulierungen „diese Papiere" bzw. „Briefe und Niederschriften", sondern stellte zwischen dem

Testament und der Verfügung nur insofern eine Abweichung fest, als Maria
Pawlowna den Druck und Carl Alexander quasi die generelle Benutzung unter-
sagt hatten. Um allen Problemen aus dem Weg zu gehen und die Materialien für
die wissenschaftliche Bearbeitung und Erschließeung zu öffnen, forderte er, alle
Beschränkungen aufzuheben und den ganzen Nachlaß „in Hinsicht auf die Verwaltung den übrigen Teilen des Hausarchivs" gleichzustellen. Im Zuge der
dafür notwendigen Arbeiten, so Tille, könnten bereits die für die Biographie Carl
Augusts notwendigen Dokumente herausgesucht werden.

Indes, das Departement des Großherzogs Wilhelm Ernst mochte einer derart
radikalen Entscheidung nicht folgen. Es wurde ein Kompromiß formuliert. Die
Festlegungen des Testaments und der Verfügung wurden formal nicht außer
Kraft gesetzt. Aber das Departement des großherzoglichen Hauses erteilte
der Direktion des Staatsarchivs am 12. November 1915 die Weisung, „dafür
Sorge zu tragen, daß, sobald es die geschäftlichen Verhältnisse erlauben,
der schriftliche Nachlaß weiland Ihrer Kaiserlichen Hoheit der Frau Großherzogin Großfürstin Maria Paulowna archivalisch geordnet wird". Es ist bemerkenswert, daß an dieser Stelle erstmals und offiziell vom „schriftlichen Nachlaß", d. h. vom gesamten Nachlaß und nicht nur von den Korrespondenzen
gesprochen wurde. „Dabei wird, vorbehaltlich der höchsten Entschließung über
die Benutzung der betreffenden Schriftstücke, auf das Interesse des Carl-
August-Werkes tunlichst Rücksicht zu nehmen sein." Gregor Richter wies vollkommen berechtigt darauf hin, daß mit dieser Entscheidung de facto eine
Gleichstellung mit allen anderen Dokumenten des Hausarchivs erreicht
war, denn eine Benutzung des Archivs erforderte in jedem Fall die „höchste Entschließung" durch den Großherzog.

Während der deutschen Novemberrevolution dankte Großherzog Wilhelm
Ernst zwar ab, das Hausarchiv verblieb jedoch im Staatsarchiv, und seine Benutzung war auch fernerhin von der Zustimmug durch den Vorstand der großherzoglichen Familie abhängig. Diese Regelung galt bis in das Jahr 1949. Es ist
verständlich, daß das großherzogliche Haus dafür Sorge trug, daß mit seinem
Archiv kein Mißbrauch getrieben wurde. Aus sachlichen Gründen bleibt jedoch
unerklärbar, warum ausgerechnet der Nachlaß Maria Pawlownas gesperrt
wurde. Selbst eine Begründung, daß hier umfangreiche statistische Materialien
über finanzielle Operationen zwischen Rußland und Weimar nachweisbar sind,
kann nicht stichhaltig sein, denn auch das großherzogliche Haus, Carl Alexander, Wilhelm Ernst und die Töchter Maria und Augusta verfügten über russische
Guthaben – und deren Archive wurden nicht gesperrt. Seit der Ankunft Maria
Pawlownas in Weimar wurde ein dichtes Geflecht finanzieller Bindungen nach
Rußland aufgebaut, das nicht nur aus ihrem Nachlaß erschließbar ist. Weder aus

den Rechnungen noch aus den Korrespondenzen, Tagebüchern oder sonstigen Akten ist ein sachlicher Grund erkennbar, aus dem deren Benutzung für das großherzogliche Haus hätte schädlich sein können.

Es bleibt die Tatsache, daß der Nachlaß dieser für Weimar so bedeutenden Frau bis in den Ersten Weltkrieg hinein lediglich zur Verschärfung des Benutzungsverbots oder aus verwaltungstechnischen Gründen erwähnt und behandelt wurde. Niemals wurde seitens des regierenden Hauses ein Bedürfnis deutlich, die archivalischen Schätze für irgendeinen politischen oder wissenschaftlichen Zweck zu benutzen oder zu verwenden. Die Geheimhaltung war für das Haus Sachsen-Weimar-Eisenach im Grunde überflüssig.

Dennoch: Formal sind die Bestimmungen von 1858 und 1872 nie aufgehoben worden. In der praktischen Arbeit hat man seit den dreißiger Jahren die Benutzungs- und Druckverbote nicht mehr beachtet – unabhängig davon, daß sie schon am Ende des 19. und am Beginn des 20. Jahrhunderts bei Einzelveröffentlichungen aus der Feder dem Hause befreundeter Autorinnen durchbrochen wurden. Im Jahr 1934 wurde dem Hallenser Theologieprofessor Erich Klostermann „mit höchster Zustimmung Ihrer Königlichen Hoheit der Frau Großherzogin Feodora von Sachsen [sie war die Witwe des letzten regierenden Großherzogs Wilhelm Ernst – Anm. des Autors] die grundsätzliche Genehmigung der Veröffentlichung" des von ihm durchgearbeiteten Materials erteilt. Erich Klostermann wollte offenbar gemeinsam mit seinem Sohn Robert Adolf Klostermann, einem damals noch jungen Orientalisten, Slawisten und Theologen, gerade eben die „russischen Korrespondenzen der Großfürstin Maria Pawlowna" veröffentlichen. Es ist nicht bekannt, warum sich Vater und Sohn Klostermann justament für jenen Teil des Nachlasses interessierten, der vor allem als der zu sperrende angesehen wurde. Mit der Erlaubnis für Klostermann war ein Präzedenzfall geschaffen worden. Das Archiv zog mit „höchster" Einwilligung die Konsequenzen und erklärte 1936, daß die Bestimmungen von 1858 und 1872 „keine unbedingte Gültigkeit mehr haben". Damit war die Benutzung des Nachlasses faktisch für jedermann, der die allgemeine Benutzungsordnung anerkannte, offen. Der Bestand des Hausarchivs A XXV wurde den anderen Teilen des Staatsarchivs gleichgestellt. Im Jahr 1949 fielen jegliche Genehmigungspflichten durch das Haus Sachsen-Weimar-Eisenach weg.

Die Benutzungsverbote und Genehmigungspflichten bilden eine interessante Seite des Problems Maria Pawlowna. Die andere Seite besteht in den Inhalten ihrer nachgelassenen Papiere. Noch einmal: Warum wählte Klostermann ausgerechnet die Korrespondenzen zum Gegenstand seiner publizistischen Absichten? Auf der Suche nach einer Antwort öffnet sich ein neues Rätsel. Nicht nur Maria Pawlowna wollte ihre Korrespondenzen geheimhalten, sondern auch die einzige Arbeit, die jemals darüber angefertigt wurde, bleibt bis auf den heutigen Tag spurlos verschwunden.

Der gegenwärtige Direktor des Thüringischen Hauptstaatsarchivs Weimar, Dr. Volker Wahl, hat nach der jüngsten Wiedervereinigung Deutschlands und im Rahmen einer Schriftenreihe des Archivs die Absicht verfolgt, die Arbeit Klostermanns zu veröffentlichen. Die „Fahndung" nach dem Manuskript hat zu merkwürdigen Ergebnissen geführt. Der Theologe Erich Klostermann überließ die publizistische Verwertung des Archivmaterials seinem Sohn Robert Adolf, und der schrieb ein Buch, dessen Arbeitstitel „Maria Pawlowna. Aus Leben und Briefwechsel" lautete. Das Manuskript entstand bis in die Jahre des Zweiten Weltkriegs hinein, und der Krieg verhinderte schließlich die Veröffentlichung. Das Manuskript lag unbenutzt im Weimarer Archiv. Es umfaßte einen gebundenen Band und ein extra gehaltenes neues erstes Kapitel.

Im Oktober 1946 meldete sich Robert Adolf Klostermann aus Göttingen. Er hatte an der dortigen Universität einen Lehrauftrag erhalten und schickte den Bibliotheksgehilfen Fritz Rothammel nach Weimar. Der sollte das Manuskript abholen. Rothammel bekam das Buch und nahm es mit nach Göttingen. Im Januar 1947 teilte Robert Adolf Klostermann dem damaligen Weimarer Archivdirektor Prof. Flach mit, daß er das Manuskript erhalten habe und daß er es in Göttingen als Habilitationsschrift einreichen und drucken lassen wolle. Das Buch wurde weder als Habilitationsschrift angenommen noch als Druck veröffentlicht. Die Gründe sind unbekannt geblieben.

Eine Ursache dafür, daß Klostermann kein Habilitationsverfahren abschloß, könnte darin gelegen haben, daß er bereits 1947 an das Schwedische Institut nach Stockholm ging. Er hielt Vorlesungen in Uppsala und bekam 1955 eine Dozentur für Byzantinisch-Slawische Kulturgeschichte an der Universität in Göteborg. In Göteborg heiratete Klostermann eine Tochter aus der angesehenen Familie Dickson. Die Ehe blieb kinderlos, und beide Ehepartner verstarben in den siebziger Jahren. Der Nachlaß und die Bibliothek Robert Adolf Klostermanns wurden aufgeteilt und verschwanden im Dunkel der Geschichte. Ein Teil seiner Bücher ging an die Slawische Abteilung der Universität Göteborg. Man spricht davon, daß ein Antiquar aus Münster in Westfalen Teile des Nachlasses erworben habe. Alles bleibt rätselhaft und unklar.

Der Autor des vorliegenden Buches hat die Recherchen Volker Wahls aufgegriffen. Er hat bei Theologen der Universität Halle-Wittenberg, die Prof. Erich Klostermann persönlich gut gekannt haben, nachgefragt. Er hat einen Neffen Robert Adolf Klostermanns gefunden. Er hat bei Wissenschaftlern in Schweden nachgeforscht. Alle Bemühungen blieben bisher ohne Ergebnis: Die Arbeit Robert Adolf Klostermanns über Maria Pawlowna bleibt verschwunden. Es muß keine unbedingte Kausalität zwischen den einzelnen Fakten bestehen. Aber merkwürdig bleibt es doch, daß Maria Pawlowna ihren Nachlaß mit nicht zu übersehendem Blick auf die Korrespondenzen für die Benutzung sperrte, daß Carl Alexander das Verbot verschärfte, daß die im Nachlaß aufgefundenen Korrespondenzen sehr lückenhaft sind, daß der Nachlaß über Jahrzehnte hinweg quasi verschwunden war und daß die einzige wissenschaftliche Arbeit über das Sujet trotz intensiver Nachforschungen verschwunden bleibt. Vielleicht kann dieses Buch zur Lösung der Rätsel beitragen.

Unabhängig davon und ungeachtet der Tatsache, daß nach der Benutzung durch Vater und Sohn Klostermann weitere zwei Jahrzehnte vergingen, ehe sich das Archiv 1959/60 in der personellen Lage sah, die Ordnungsarbeiten am Nachlaß Maria Pawlownas fortzusetzen, sind heutigentags bereits weite Teile für die wissenschaftliche Arbeit zugänglich. Die ganze Genese des Umgangs mit dem Nachlaß Maria Pawlownas ruft indes zwiespältige Gefühle hervor. Die russische Großfürstin war im 19. Jahrhundert eine der politisch wichtigsten Persönlichkeiten im Hause Sachsen-Weimar-Eisenach. Ihr Wirken trug nicht unerheblich zur existentiellen Bewahrung der Dynastie bei. Sie gab entscheidende materielle und geistige Impulse für den Übergang vom klassischen zum „silbernen" Weimar. Maria Pawlowna spielte für die russische dynastische Politik gegenüber Preußen und den deutschen Staaten eine äußerlich zwar eher unscheinbare, im Innern jedoch effiziente Rolle. Sie förderte den deutsch-russischen Kulturaustausch. Sie verstand es sehr geschickt, russisches autokratisches Herrschaftsempfinden mit dem zur Liberalität neigenden und verfaßten kleindeutschen Bürger- und Adelsstolz zu verbinden. Das alles setzte eine Einsichtsfähigkeit und einen Leistungswillen voraus, der beispielhaft war. Maria Pawlowna ist bislang vollkommen zu Unrecht von der wissenschaftlichen Forschung und bürgernahen Publizistik stiefmütterlich bis gar nicht behandelt worden. Eines ist in diesem Buch vielleicht deutlich geworden: Apologetische Lobeshymnen sind fehl am Platz – Maria Pawlownas Leben ist ein getreulicher Spiegel ihrer Zeit – mit allen darin enthaltenen Höhen und Tiefen.

Anmerkungen

[1] Thüringisches Hauptstaatsarchiv Weimar (weiter als ThHStAW). Der Briefwechsel zwischen Maria Pawlowna und der Fürstin Lieven befindet sich im Bestand HA (Hausarchiv) A XXV, Nrn. L 51–55.

[2] Ebenda, HA A XXV, Nr. M 62.

[3] Ebenda, Fürstenhaus A, Nr. 186, Bd. I, H. 1, Bl. 13.

[4] Goethe aus näheren persönlichem Umgange dargestellt. Ein nachgelassenes Werk von Johannes Falk, Leipzig 1832, S. 125 f.

[5] ThHStAW, Fürstenhaus A, Nr. 186, Bd. I, H. 1, Bl. 14.

[6] Goethe- und Schiller-Archiv (GSA), Bestand 83/2647, Bl. 14.

[7] ThHStAW, Fürstenhaus A, Nr. 186, Bd. I, H. 1, Bl. 20–22.

[8] Der Bericht Wolzogens: ebenda, Fürstenhaus A, Nr. 168, Bd. I, H. 1, Bl. 1–10.

[9] Der Ehekontrakt ist im Mecklenburgischen Landeshauptarchiv Schwerin einschließlich eines Verzeichnisses der gesamten Aussteuer aufbewahrt. Signatur: Mecklenburgisches Landeshauptarchiv Schwerin, Nr. 465 a–c.

[10] ThHStAW, Fürstenhaus A, Nr. 186, Bd. I, H. 2, Bl. 11 f.

[11] Ebenda, Fürstenhaus A, Nr. 169, Bl. 12.

[12] Ebenda, Fürstenhaus A, Nr. 186, Bd. I, H. 2, Bl. 7.

[13] Ebenda, Fürstenhaus A, Nr. 172, Bl. 55 f.

[14] Ebenda, Fürstenhaus A, Nr. 172, Bl. 84.

[15] Ebenda, Fürstenhaus A, Nr. 186, Bd. I, H. 2, Bl. 22–26.

[16] Ebenda, Fürstenhaus A, Nr. 172, Bl. 257–262.

[17] Ebenda, HA A XXV, Akten, Nr. 116, Bl. 3–10.

[18] Im ThHStAW, HA A XXV, Russische Korrespondenzen, Nr. 45, sind die jährlichen russischen Bankabrechnungen für die Jahre zwischen 1803 und 1828 (mit den Lücken 1813/14, 1818, 1820 und 1823/26) aufbewahrt. So wuchs das Grundkapital Marias bei der St. Petersburger Sparkasse bis 1808 dank der fünfprozentigen Verzinsung auf etwa 543.000 Rubel an.

[19] Ebenda, Fürstenhaus A, Nr. 186, Bd. I., H. 4, Bl. 10.

[20] Ebenda, Fürstenhaus A, Nr. 186, Bl. 14–19. Im Zentralen Staatlichen Historischen Archiv Rußlands, St. Petersburg, ist ein Exemplar des Ehevertrags zwischen Maria Pawlowna und Carl Friedrich in der Sammlung 759/18, Nr. 128, zu finden.

[21] Ebenda, Fürstenhaus A, Nr. 186, Bd. I, H. 4, Bl. 19.

[22] Die Aktenbände in: ebenda, Fürstenhaus A, Nr. 177 bis Nr. 179, enthalten detaillierte, nach Monaten und Gelegenheiten geordnete Listen über die zwischen Juli 1803 und Oktober 1804 durch Carl Friedrich in Rußland verteilten Geschenke.

[23] Ebenda, Fürstenhaus A, Nr. 178, Bl. 324.

[24] Taschenbuch für Weimar aufs Jahr 1805, Weimar 1805, S. 3–4.

[25] Journal des Luxus und der Moden, 20. Band, Weimar 1805, S. 25.

[26] ThHStAW, Fürstenhaus A, Nr. 185 a, Bl. 55 f.

[27] Der Brief befindet sich im Zentralen Staatlichen Historischen Archiv in St. Petersburg in der Sammlung 796/85 1804, Nr. 509, S. 23, und ist hier nach der Wiedergabe durch Igumen Makari zitiert.

[28] Russki Archiv Moskau, 1900, Nr. 15, S. 39. In der Wiedergabe durch Igumen Makari zitiert.

[29] Die im ThHStAW, HA A XXV, verwahrten Rechnungen und Belege schließen Nachweise über die Handgelder Maria Pawlownas, deren Privatschatulle, die Hauptkasse und die Hofkasse ein. Die Nachweislisten und Rechnungsbelege liegen (mit einigen jeweiligen Lücken) für die Jahre von 1805 bis 1859 vor.

[30] Ebenda, HA XXV, Russische Korrespondenzen, Nr. 33, Bl. 6.

[31] Zitiert nach: Propper, Maximilian von, Miszellen, 2. Alt-Weimar im Spiegel jugendlicher Einfalt (aus einem unveröffentlichten Brief Maria Pawlownas), in: Goethe-Jahrbuch. Im Auftrage des Vorstandes der Goethe-Gesellschaft hrsg. v. Karl-Heinz Hahn, 97. Band der Gesamtfolge, Weimar 1980, S. 238.

[32] Zitiert nach: ebenda, S. 237.

[33] Darüber geben Akten Auskunft, die im König-Hausarchiv des Reichsarchivs Kopenhagen unter der Signatur 16. 1806-10 aufbewahrt werden.

[34] Die ausführliche Aufstellung aller ausgelagerten Gegenstände in: ThHStAW HA XXV, Russische Korrespondenzen, Nr. 99, Bl. 4–6.

[35] Aus der russischen Sprache übersetzt aus: Velikaja knjagina Maria Pavlovna gercoginja Saksen-Vejmarskaja, Raznye primečatel'nye vexi, kotorye ja videla ili slyšala, in: Literaturnoe obozrenie, Moskau 1997, Nr. 23, S. 197 f.

[36] ThHStAW, HA A XXV, Nr. B 84 a, Bl. 1.

[37] Ebenda, HA A XXV, Nr. B 84 c, Bl. 22.

[38] Die Tagebücher der Prinzessinnen Maria und Augusta befinden sich im ThHStAW, sind im Nachlaß Maria Pawlownas jedoch noch keiner Signatur zugeordnet worden.

[39] Über die Reise Maria Pawlownas nach Wien existieren im ThHStAW, HA A XXV, Ausgaben während des Aufenthalts in Wien 1814/1815, zwei Aktenbände mit Rechnungen, Quittungen, Ausgabelisten und Belegen. Durch die akribische buchhalterische Nachweisführung über die Ausgaben ist es möglich, jede Reisestation nachzuvollziehen und sozialhistorische Studien über Preise, Verkehrsnetze und andere wirtschaftliche Probleme anzustellen, die nicht Gegenstand der vorliegenden biographischen Arbeit sein können. Dementsprechend ist auch der Hinweis zu verstehen, daß die Rechnungslegung über alle Reisen der Großfürstin aus bilanzökonomischer Sicht nahezu vollkommen gewesen ist. Ihr Hofstaat und die Schatullverwaltung, die Hoffouriere und Buchhalter haben alle Einnahmen und Ausgaben vorbildlich aufgeschrieben und nachgewiesen.

[40] Ebenda, HA A XXV, Rechnung über die Reise von Weimar nach St. Petersburg und Aufenthalt daselbst bis Ende des Jahres 1815, Bl. 4.

[41] Alle Rechnungsangaben sind ebenda, HA A XXV, Rechnung über die Ausgaben während des Aufenthalts in Rußland vom 1. Januar bis August und auf der Rückreise von St. Petersburg nach Weimar vom 1. bis 25. September 1816, ebenda, ohne Blattzählung, entnommen.

[42] Diese Tagebücher befinden sich ebenda, HA A XXV, noch ohne Signatur.

[43] Die bis 1824 angesammelten Beträge siehe ebenda, HA A XXV, Russische Korrespondenzen, Nr. 34, Bl. 6–9.

[44] Ebenda, HA A XXV, Russische Korrespondenzen, Nr. 40, Bl. 1–2.

[45] Ebenda, HA A XXV, Russische Korrespondenzen, Nr. 60.

[46] Materialien dazu in ebenda, HA A XXV, Russische Korrespondenzen, Nr. 78 und 79. _S. 279_

[47] Ebenda, HA A XXV, Russische Korrespondenzen, Nr. 33, Bl. 7. _S. 242_

[48] Die Auflistung der Geldgeschenke an Augusta in: ebenda, HA A XXV, Russische Korrespondenzen, Nr. 100, Bl. 13–14.

[49] Ebenda, HA A XXV, Russische Korrespondenzen, Nr. 154, Bl. 4. _262_

[50] Ebenda, HA A XXV, Russische Korrespondenzen, Nr. 49, Bl. 118–121.

[51] Ebenda, HA E, Nr. 126. _S. 324_

[52] Ebenda, HA E, Nr. 128. _325_

[53] Alle hier angeführten Zahlen und Fakten sind entnommen: ebenda, Zentraldirektorium des Patriotischen Instituts der Frauenvereine im Großherzogtum Sachsen, Nrn. 146, 147, 149, 152, 153. _326_

[54] Ebenda, HA E, Nr. 104.

[55] Die beglaubigte Abschrift des Testaments Maria Pawlownas einschließlich vorbereitender Materialien befindet sich in: ebenda, HA A XXV, Akten, Nr. 107. Die folgenden Zitate sind der beglaubigten Abschrift des Testaments entnommen.

[56] Die Trauerreglements wurden im Einzeldruck verbreitet. Siehe ebenda, HA A XXV, Akten, Nr. 107.

[57] Ebenda, Hofmarschallamt, Nr. 2844, Bl. 1.

Ausgewählte Quellen und Literatur
zum Leben und Werk Maria Pawlownas

Archivalische und publizierte Quellen

Andersen, Hans Christian, Briefwechsel, Leipzig 1888.

Archiv brat'ev Turgenevych, Bd. 1, Dnevniki, pisma Nikolaja Ivanoviča Turgeneva za 1806–1811 gg., St. Petersburg 1911.

Briefwechsel des Herzogs Friedrich Christian zu Schleswig-Holstein-Sonderburg-Augustenburg mit König Friedrich VI. von Dänemark und dem Thronfolger Prinzen Christian Friedrich, hrsg. v. Hans Schulz, Leipzig 1908.

Briefwechsel zwischen Goethe und Göttling, hrsg. v. Kuno Fischer, München 1880.

Briefe an Goethe. Gesamtausgabe in Regestform, Bd. 4, Weimar 1988.

Dittenberger, W., Predigt, gehalten im Trauergottesdienste zum Gedächtniß I.K.H. der Durchlauchtigsten Höchstseligen Frau Großherzogin Großfürstin Maria Pawlowna zu S. W. E., Weimar 1859.

Ein „Weimarer Kunstfreund" in der Gemäldegalerie der Brüder Boisseré. Zwei Briefe Heinrich Meyers an die Großherzogin Maria Pawlowna. Mitgeteilt aus den Handschriften der Weimarer Landesbibliothek von M. Hecker, in: Zeitschrift des Vereins für Thüringische Geschichte, Beiheft 23, 1941, S. 185–210.

Eckermann, Johann Peter, Gespräche mit Goethe in den letzten Jahren seines Lebens, Berlin, Weimar 1982.

Erinnerungsblätter an das 35jährige Regierungsjubiläum Sr. K. H. des Großherzogs Carl Friedrich von Sachsen-Weimar-Eisenach am 15. Juni 1853, Weimar 1853.

Fahrten nach Weimar. Slawische Gäste bei Goethe. Auswahl aus Briefen, Berichten und Aufzeichnungen, Weimar 1958.

Festlicher Einzug der Maria Pawlowna 1804 in Weimar. Dargestellt auf Kupferstichen von Alexander Weise. Zum Geburtstag 1805 ihr gewidmet von E. F. Glüsing, 13 farbige Kupfertafeln, Weimar 1805.

Franz Liszt in seinen Briefen, eine Auswahl, hrsg. mit einem Vorwort und Kommentaren von Hans Rudolf Jung, Berlin (Ost) 1987.

Genast, E., Aus dem Tagebuche eines alten Schauspielers, Leipzig 1862.

Goertz, Johann Eustach Graf v. Schlitz, Historische und politische Denkwürdigkeiten des königlich preußischen Staatsministers Johann Eustach Grafen von Görtz aus dessen hinterlassenen Papieren entworfen, 2 Bde., Stuttgart, Tübingen 1827–1828.

Goethe aus näherem persönlichen Umgange dargestellt. Ein nachgelassenes Werk von Johannes Falk, Leipzig 1832.

Goethes Werke. Hrsg. im Auftrage der Großherzogin Sophie von Sachsen, Weimar 1887–1919 (Weimarer Ausgabe).

Goethe-Schiller-Archiv Weimar, Bestand Schiller, Wilhelm von Wolzogen, Geschäftliche Unterlagen: Reisen nach Rußland zu Verhandlungen über die Heirat des Erbprinzen Karl-Friedrich von Sachsen-Weimar mit der Großfürstin Maria Pawlowna, Signatur: GSA 83/2647.

Gräfe, Heinrich, Nachrichten von wohltätigen Frauenvereinen in Deutschland, Weimar 1844 (Bericht über das Patriotische Institut, hrsg. auf Veranlassung Augustas von Preußen, der Tochter Maria Pawlownas).

Grevinde Louise Stolbergs Breve. I Udvalg, Kopenhagen 1896.

Großherzoglich Sachsen-Weimar-Eisenachisches Hof- und Staatshandbuch, Weimar 1816–1819.

Hochfürstlicher S. Weimar- und Eisenachischer Hof- und Adreßkalender, Jena 1804–1813.

Hoetzsch, Otto, Peter von Meyendorff. Ein russischer Diplomat an den Höfen von Berlin und Wien. Politischer und privater Briefwechsel 1826–1863, Berlin, Leipzig 1923.

Im Spiegel jugendlicher Einfalt (aus einem unveröffentlichten Brief Maria Pawlownas), in: Goethe-Jahrbuch, Bd. 97, Weimar 1980, S. 236–238.

Journal des Luxus und der Moden, Weimar, Jahrgänge 1804 bis 1827.

Kaiser Wilhelms I. Weimarer Briefe, bearb. v. Johannes Schultze, in: Die Briefe Kaiser Wilhelms I., Bd. 1, 2, Stuttgart, Berlin, Leipzig 1924.

Knebel, K. L. v., Briefwechsel mit seiner Schwester Henriette. Ein Beitrag zur deutschen Hof- und Literaturgeschichte, hrsg. v. H. Düntzer, Jena 1858.

Knebels literarischer Nachlaß und Briefwechsel, 3 Bde., Leipzig 1835–1836.

Kongehusarkivet fra kongerne Frederik VI's, Christian VIII's og Frederik VII's tid, ved Vello Helk, udgivet af Riksarkivet, Kobenhaven 1963.

Literarische Zustände und Zeitgenossen. In Schilderungen aus Carl Aug. Böttiger's handschriftlichem Nachlasse. Hrsg. v. K. W. Böttiger, Bd. 1, Leipzig 1838.

Lyncker, Carl Wilhelm Heinrich, Ich diente am Weimarer Hof. Aufzeichnungen aus der Goethezeit, Köln, Weimar, Wien 1997.

Lyncker, Karl von, Am Weimarischen Hofe unter Amalien und Karl August, hrsg. v. Marie Scheller, Berlin 1912.

Marija Pavlovna, Velikaja knagina. gerzoginja Saksen-Vejmarskja, Raznye primecatl'nye vesci, kotorye ja videla ili slysala, in: Novoe literaturnoe obozrenie, Nr. 23, 1997, S. 186–212.

Müller, Kanzler von, Unterhaltungen mit Goethe. Mit Anmerkungen versehen und hrsg. v. Renate Grumbach, Weimar 1982.

Ramann, Lina, Lisztiana. Erinnerungen an Franz Liszt in Tagebuchblättern, Briefen und Dokumenten aus den Jahren 1873–1886/87, Mainz, London 1983.

Schillers Briefwechsel mit Körner, 4 Teile, Berlin 1847.

Schillers Briefe, hrsg. und mit Anmerkungen versehen von Fritz Jonas, 7 Bde., Stuttgart o. J.

Schillers Werke. Nationalausgabe, Weimar 1943 ff.

Soret, Frederic, Zehn Jahre bei Goethe. Erinnerungen an Weimars klassische Zeit. Aus Sorets handschriftlichem Nachlass, seinen Tagebüchern und seinem Briefwechsel zum erstenmal zusammengestellt, übersetzt und erläutert von H. H. Houben, Leipzig 1929.

Staats-Handbuch des Großherzogthums Sachsen-Weimar-Eisenach, Weimar 1825–1855.

Thüringisches Hauptstaatsarchiv Weimar (ThHStAW) – Großherzogliches Hausarchiv XXV – Bestände A und E, Hofmarschallamt, Fürstenhaus, Akten Maria Pawlowna, Patriotisches Institut der Frauenvereine sowie weitere Akten und Materialien aus dem schriftlichen Nachlaß Maria Pawlownas.

Turgenev, A. I., Chronika russkogo. Dnevniki, Moskau 1975.

Volkonskaja, S. A., Otryvki iz putevych vpečatlenii. Vejmar. Bavarija. Tirol, in: Severnye zvety na 1830, St. Petersburg 1830.

Weber, E. W., Maria Pawlowna. Rede zur Vorfeier des 16. Februars in der Loge Amalia zu Weimar, Weimar 1854.

Weimar von unten betrachtet. Bruchstücke einer Chronik zwischen 1806 und 1835, aufgezeichnet von Franz David Gesky, hrsg. v. Hubert Erzmann u. Rainer Wagner, Jena 1997.

Weimarische Berichte in Briefen aus den Freiheitskriegen 1806–1815, hrsg. v. Friedrich Schulze, Leipzig 1913.

Weimarische Wöchentliche Frag- und Anzeigen, ab 1801.

Weimarisches Wochenblatt, ab 1832.

Weimarische Zeitung, ab 1804.

Wielands Briefwechsel, hrsg. v. d. Akademie der Wissenschaften der DDR (bis 1991) und der Berlin-Brandenburgischen Akademie der Wissenschaften, Bde. 1–12, Berlin 1963–1995.

Careubijstvo 11 marta 1801 goda, St. Petersburg 1907.

Zum 24. Juni 1898. Goethe und Maria Paulowna, Urkunden, hrsg. im Auftrage des Großherzogs Wilhelm Ernst von Sachsen, Weimar 1898.

Literatur

Alekseev, M. P., Zur Geschichte russisch-europäischer Literatur-Traditionen, Berlin 1974.

Andreä, Fr. W., Maria Paulowna. Ein Lebensbild, Weimar 1860.

Archipov, J., Vejmarskie naxodki, in: Moskau, Nr. 6, 1996, S. 145–171.

Barth, Ilse-Marie, Literarisches Weimar. Kultur/Literatur/Sozialstruktur im 16.–20. Jahrhundert, Stuttgart 1971.

Benndorf, P., Weimars denkwürdige Grabstätten, Leipzig 1924.

Berkov, Pavel N., Literarische Wechselbeziehungen zwischen Rußland und Westeuropa im 18. Jahrhundert, Berlin (Ost) 1968.

Biedermann, K., Die Universität Jena nach ihrer Stellung und Bedeutung in der Geschichte des deutschen Geisteslebens, Jena 1858.

Bojanowski, P. v., Großherzogin Maria Paulowna und die Tätigkeit der Frauen in der Wohlfahrtspflege, in: Deutsche Rundschau, Jg. 31, H. 2, S. 195–216.

Bornhak, Friederike, Aus Alt-Weimar. Die Großherzoginnen Luise und Maria Paulowna, Breslau, Leipzig 1908.

Bornhak, Friederike, Kaiserin Augusta. Züge aus einem fürstlichen Frauenleben, Berlin 1904.

Bornhak, Friederike, Maria Pawlowna, Großherzogin von Sachsen-Weimar-Eisenach, Breslau, Leipzig, Langewort 1905.

Burkhardt, C. A. H., Aus Weimars Kulturgeschichte, in: Der Grenzbote, Jge. 1871 und 1872.

Capeller, F., Erste deutsche Übersetzung von Puschkins Novellen. Eine deutsch-russische Gemeinschaftsarbeit aus Jena-Weimar 1840, in: Wissenschaftliche Zeitschrift der Friedrich-Schiller-Universität, Jena 1959, Jg. 8, S. 161–178.

Deetjen, W., Die Göchhausen. Briefe einer Hofdame aus dem klassischen Weimar, Berlin 1923.

Deetjen, W., Schloß Belvedere, Leipzig 1926.

Doelber, A., Schinkel in Weimar, in: Jahrbuch der Goethe-Gesellschaft, Bd. 10, Weimar 1924, S. 103–130.

Donnert, Erich, Katharina die Grosse und ihre Zeit. Russland im Zeitalter der Aufklärung, Leipzig 1996.

Durylin, S., Russkie pisateli u Gete v Vejmare, in: Literaturnoe nasledstvo, Bd. 4–6, Moskau 1932.

Ebersbach, Volker, Carl August. Goethes Herzog und Freund, Köln, Weimar, Wien 1998.

Engelhard, J. A., Die Gesaenge bei dem griechisch-russischen Gottesdienste, Weimar 1837.

Ernst, H., Rede bei der Gedächtnisfeier für Ihre Kaiserliche Hoheit die Großherzogin Maria Paulowna, gehalten in der Stadtkirche in Weimar am 9. November 1904, Weimar 1904.

Die Feierlichkeiten in St. Petersburg und Weimar, bei Gelegenheit der Vermählung und des Einzugs Sr. Herzogl. Durchlaucht des Herrn Erbprinzen Karl Friedrich zu S. Weimar und Eisenach etc. und Ihro Kaiserl. Hoheit der Frau Erbprinzessin Maria Pawlowna geborne Großfürstin von Rußland, in: Taschenbuch für Weimar aufs Jahr 1805, Weimar 1805, S. 3–40.

Feyl, Ottomar, Beiträge zur Geschichte der slawischen Verbindungen und internationalen Kontakte der Universität Jena, Jena 1960.

Die ersten hundert Jahre. 1774–1873. Zur Geschichte der Weimarer Mal- und Zeichenschule. Katalog zur Ausstellung, Weimar 1996.

Dmitrieva, Ekaterina, Mudrec i princessa – ešče raz o „novom" i „starom" wejmarskich archivov, in: Novoe literaturnoe obozrenie, Nr. 23, 1997, S. 174–185.

Eberhardt, Hans, Weimar zur Goethezeit. Gesellschafts- und Wirtschaftsstruktur, Weimar 1980.

Egloffstein, H. Frhr. v., Maria Ludovica von Österreich und Maria Paulowna, Leipzig 1909.

Geschichte Thüringens, hrsg. v. Hans Patze und Walter Schlesinger, Bd. 4: Kirche und Kultur in der Neuzeit, Köln, Wien 1971; Bd. 5: Politische Geschichte in der Neuzeit: 1. Teil, 1. Teilband, Köln, Wien 1982; 1. Teil, 2. Teilband, Köln, Wien 1984; 2. Teil, Köln, Wien 1978; 6. Band: Kunstgeschichte und Numismatik in der Neuzeit, Köln, Wien 1979.

Geschichte der Stadt Weimar, Weimar 1976.

Geyger, Ludwig, Aus Alt-Weimar. Mitteilungen von Zeitgenossen nebst Skizzen und Ausführungen, Berlin 1897.

Hagen, E. L., Der Frauenverein im Großherzogtum Weimar, Jena 1846.

Hallier, E., Culturgeschichte des neunzehnten Jahrhunderts, Stuttgart 1889.

Hand, Ferdinand, Kunst und Alterthum in St. Petersburg, Weimar 1827.

Hartung, Fritz, Das Großherzogtum Sachsen unter der Regierung Carl Augusts 1775–1828, Weimar 1923.

Hase, Karl August von, Annalen meines Lebens, in: Gesammelte Werke, Bd. 11/2: Karl von Hase's Leben, Leipzig 1891.

Hess, Ulrich, Geschichte Thüringens 1866–1914, Weimar 1991.

Hotzel, J. Ch., Ueber die literarische und staatsmännische Wirksamkeit Dr. Ch. W. Schweitzers, Jena 1857.

Huschke, Wolfram, Musik im klassischen und nachklassischen Weimar 1756–1861, Weimar 1982.

Ignasiak, Detlef, Regenten-Tafeln Thüringischer Fürstenhäuser. Mit einer Einführung in die Geschichte der Dynastien in Thüringen, Jena 1996.

Igumen Makarij (Petr Ivanovic Veretennikov), Die Kirche der apostelgleichen Maria Magdalena zu Weimar. Studien zu ihrer Geschichte, Theol. Diss., Halle/Saale 1988 (Ms.).

Jäger, Jürgen, Der Russische Garten im Schloßpark Belvedere bei Weimar, in: Impulse – Aufsätze, Quellen, Berichte zur deutschen Klassik und Romantik, Folge 5, Berlin, Weimar 1982, S. 389–398.

Jena, Detlef, Die russischen Zaren in Lebensbildern. Unter Mitarbeit von Rainer Lindner, Graz, Wien, Köln 1996.

John, Jürgen/Jonscher, Reinhard/Stelzner, Axel, Geschichte in Daten Thüringen, München, Berlin 1995.

Jonscher, Reinhard, Kleine thüringische Geschichte. Vom Thüringer Reich bis 1945, Jena 1993.

Karamsin, N. M., Briefe eines russischen Reisenden, Berlin 1981.

Klauss, Jochen, Alltag im „klassischen" Weimar 1750–1850, Weimar 1990.

Klauss, Jochen, Carl August von Sachsen-Weimar-Eisenach. Fürst und Mensch. Sieben Versuche einer Annäherung, Weimar 1991.

Kretschman, Lily von, Die literarischen Abende der Großherzogin Maria Paulowna, in: Halbmonatshefte der Deutschen Rundschau, hrsg. v. Julius Rodenberg, Jge. 1892 u. 1893, Bd. III, Berlin 1893, S. 401–428; Band LXXVI, Berlin 1893, S. 58–89.

Kröll Christian, Maria Pawlowna – die Zarentochter am Weimarer Hof, Ausstellungskatalog, Düsseldorf 1984.

La Mara, Richard Wagner, Leipzig 1920.

Lehmann, Ulf, Zu den Rußlandbeziehungen des klassischen Weimar (Herder, Wolzogen, Maria Pawlowna), in: Studien zur Geschichte der russischen Literatur des 18. Jahrhunderts, hrsg. v. Helmut Graßhoff und Ulf Lehmann, Bd. 3, Berlin (Ost) 1968, S. 426–442.

Lichnitzky, B., Gedichte von Basilius Lichnitzky, russischer Hofsänger Ihrer kaiserlichen königlichen Hoheit der Frau Großherzogin Großfürstin Maria Paulowna, Weimar 1854.

Lotmann, Jurij M., Rußlands Adel. Eine Kulturgeschichte von Peter I. bis Nikolaus I., Köln, Weimar, Wien 1997.

Mast, Peter, Thüringen. Die Fürsten und ihre Länder, Graz, Wien, Köln 1992.

Milde, Natalie von, Maria Pawlowna. Ein Gedenkblatt zum 9. November 1904, Hamburg 1904.

Morgenstern, Lina, Augusta. Deutsche Kaiserin, Königin von Preußen, Prinzessin von Sachsen-Weimar, in: Die Frauen des 19. Jahrhunderts. Biographische und kulturhistorische Zeit- und Charaktergemälde, II. Folge, Berlin 1889, S. 185–288.

Morgenstern, Lina, Helene. Herzogin von Orleans, in: Die Frauen des 19. Jahrhunderts. Biographische und kulturhistorische Zeit- und Charaktergemälde, Berlin 1888, S. 284–288.

Morgenstern, Lina, Maria Pawlowna. Großherzogin von Sachsen-Weimar-Eisenach. Großfürstin von Rußland, in: Die Frauen des 19. Jahrhunderts. Biographische und kulturhistorische Zeit- und Charaktergemälde, Berlin 1888, S. 35–67.

Morgenstern, Lina, Zum Gedächtnis ihrer hochseligen Majestät der Kaiserin Mutter, Maria Feodorowna, Riga 1829.

Müller, F. von, Erinnerungen aus den Kriegszeiten von 1806–1813, Braunschweig 1851.

Otto, Regina, „Lukrez bleibt immer in seiner Art der Einzige". Karl Ludwig von Knebel an Goethe. Ungedruckte Briefe aus den Jahren 1821 und 1822, in: Impulse – Aufsätze, Quellen, Berichte zur deutschen Klassik und Romantik, Folge 5, Berlin Weimar 1982, S. 229–263.

Palmer, Alan, Alexander I. Der rätselhafte Zar, Frankfurt am Main 1994.

Patze, Hans, Bibliographie zur Thüringischen Geschichte, Köln, Graz 1965.

Pöthe, Angelika, Carl Alexander. Mäzen in Weimars „Silberner Zeit", Köln, Weimar, Wien 1998.

Preller, Ludwig: Ein fürstliches Leben. Zur Erinnerung an die verewigte Großherzogin von Sachsen-Weimar-Eisenach, Maria Pawlowna, Großfürstin von Rußland, Weimar 1859.

Propper, Maximilian von, Miszellen, Alt-Weimar im Spiegel jugendlicher Einfalt. Aus einem unveröffentlichten Brief Maria Pawlownas, in: Goethe-Jahrbuch. Bd. 97, Weimar 1980, S. 236–239.

Queck, Gustav, Ferdinand Gotthelf Hand nach seinem Leben und Wirken dargestellt, Jena 1852.

Raabe, Peter, Liszts Schriften, 2 Bde., Tutzing 1968.

Ranke, Leopold von, Zur eigenen Lebensgeschichte, hrsg. v. Alfred Dove, Leipzig 1890.

Richter, Gregor, Der Nachlaß der Großherzogin Maria Pawlowna im Thüringischen Landeshauptarchiv Weimar. Die Geschichte eines Hausarchivbestandes, in: Archivalische Zeitschrift, Jg. 58, 1962, S. 121–128.

Richter, Gregor, Fürstin im nachklassischen Weimar. Das Wirken der Großherzogin Maria Pawlowna im Spiegel ihres Nachlasses, in: Im Bannkreis des klassischen Weimar (= Kultur und Geschichte Thüringens, 1. Beiheft), 1982, S. 51–57.

Russisch-orthodoxe Kirche in Weimar, Weimar 1984.

Schöll, Ad., Artikel in der 210. Ausgabe der Allgemeinen Zeitung vom 29. Juli 1859.

Schorn, Adelheid von, Das nachklassische Weimar unter der Regierungszeit Karl Friedrichs und Maria Paulownas, Weimar 1911.

Schorn, Adelheid von, Das nachklassische Weimar. Teil 2: Unter der Regierungszeit von Karl Alexander und Sophie, Weimar 1912.

Schorn, Adelheid von, Zwei Menschenalter. Erinnerungen und Briefe aus Weimar und Rom. Eingel. v. F. Lienhard, Stuttgart 1920.

Schuster, Wolf-Jörg, Man lädt uns ein zum Stelldichein. Napoleon in Thüringen 1806, Jena 1993.

Seume, Mein Sommer 1805, Berlin 1968.

Starnes, Thomas C., Christoph Martin Wieland. Leben und Werk. Aus zeitgenössischen Quellen chronologisch dargestellt, 3 Bde., Sigmaringen 1987.

Stichling, Gottfried Theodor, Aus dreiundfünfzig Dienstjahren, Weimar 1891.

Stichling, Gottfried Theodor, Schrift über den Freiherrn von Gersdorff, Weimar 1853.

Stökl, Günther, Russische Geschichte. Von den Anfängen bis zur Gegenwart, Stuttgart 1990.

Stubenvoll, Willi (Bearb.), Schlösser in Thüringen. Schlösser, Burgen, Gärten, Klöster und historische Anlagen der Stiftung Thüringer Schlösser und Gärten, o. O. 1997.

Taschenbuch für Weimar aufs Jahr 1805.

Torke, Hans-Joachim (Hrsg.), Die russischen Zaren 1547–1917, München 1995.

Tron, Karl, Goethe und Maria Pavlovna, in: Beilage zur Allgemeinen Zeitung München vom 9. Juli 1898, Nr. 150.

Varnhagen von Ense, Karl August, Denkwürdigkeiten des eigenen Lebens, 2 Bde., Berlin 1971.

Voß, Heinrich, Goethe und Schiller in persönlichem Verkehre. Stuttgart 1895.

Wahl, H., Goethes Anstoß zur Ikonenforschung, in: Goethe. Neue Folge des Jahrbuchs der Goethe-Gesellschaft, Bd. 10, Weimar 1948.

Walker, Alan, Franz Liszt, 2 Bde., New York 1990.

Weimar. Lexikon zur Stadtgeschichte, Weimar 1993.

West-östliche Spiegelungen, hrsg. v. Lew Kopelew, Russen und Rußland aus deutscher Sicht, Reihe A, Bd. 2, hrsg. v. Mechthild Keller, München 1987.

Genealogische Angaben über die engere Familie der Großfürstin Großherzogin Maria Pawlowna (1786–1859)

Die Großeltern in Rußland

Karl Peter Ulrich von Holstein-Gottorp (1728–1762). Großfürst Peter Fjodorowitsch seit 1742. Verheiratet mit Großfürstin Katharina Alexejewna seit 1745. Russischer Kaiser Peter III. seit 1761.

Sophie Friederike Auguste von Anhalt-Zerbst (1729–1796). Großfürstin Katharina Alexejewna seit 1744. Verheiratet mit Großfürst Peter Fjodorowitsch seit 1745. Russische Kaiserin seit 1762.

Die Eltern

Großfürst Pawel Petrowitsch (1754–1801). Russischer Kaiser Paul I. seit 1796. Verheiratet in 2. Ehe mit Sophie-Dorothea von Württemberg-Mömpelgard – Maria Fjodorowna – seit 1776.

Sophie-Dorothea von Württemberg-Mömpelgard (1759–1828). Russische Großfürstin Maria Fjodorowna seit 1776. Verheiratet mit Großfürst Pawel Petrowitsch in dessen 2. Ehe seit 1776.

Die Geschwister

Großfürst Alexander Pawlowitsch (1777–1825). Russischer Kaiser Alexander I. seit 1801. Seit 1793 verheiratet mit Louise Maria Augusta (Elisabeth Alexejewna) von Baden-Baden (1779–1826).

Großfürst Konstantin Pawlowitsch (1779–1831). Verheiratet 1796–1820 mit Juliane (Anna Fjodorowna) von Sachsen-Coburg. Scheidung. Danach in morganatischer Ehe verheiratet mit der polnischen Gräfin Joanna Grudzinska.

Großfürstin Alexandra Pawlowna (1783–1801). Verheiratet seit 1799 mit Joseph, Erzherzog von Österreich-Ungarn.

Großfürstin Jelena Pawlowna (1784–1803). Verheiratet seit 1799 mit dem Erbherzog Friedrich Ludwig von Mecklenburg-Schwerin. Nach dem Tod Jelenas heiratete Friedrich Ludwig 1810 Prinzessin Caroline, die Schwester Carl Friedrichs von Sachsen-Weimar-Eisenach.

Großfürstin Katharina Pawlowna (1788–1819). Verheiratet in erster Ehe seit 1809 mit dem Erbprinzen Georg-Peter von Holstein-Oldenburg. In 2. Ehe verheiratet seit 1816 mit dem Kronprinzen und späteren König Friedrich Wilhelm von Württemberg.

Großfürstin Olga Pawlowna (1792–1795).

Großfürstin Anna Pawlowna (1795–1865). Seit 1816 mit dem Kronprinzen der Niederlande und späteren König Wilhelm I. verheiratet.

Großfürst Nikolaus Pawlowitsch (1796–1855). Seit 1817 mit Louise Charlotte (Alexandra Fjodorowna), der Tochter des Königs von Preußen, Friedrich Wilhelm III., verheiratet. Seit 1825 Russischer Kaiser Nikolaus I.

Großfürst Michail Pawlowitsch (1798–1849). Seit 1824 mit der Prinzessin Friederike Charlotte Maria (Jelena Pawlowna) von Württemberg verheiratet.

Der Ehegatte

Erbherzog Carl Friedrich (1783–1853). Seit 1828 Großherzog von Sachsen-Weimar-Eisenach.

Die Schwiegereltern

Herzog Carl August von Sachsen-Weimar-Eisenach (1757–1828). Seit 1815 Großherzog von Sachsen-Weimar-Eisenach.

Herzogin Louise von Hessen-Darmstadt (1757–1830). Seit 1815 Großherzogin von Sachsen-Weimar-Eisenach.

Die Kinder

Carl Alexander (1805–1806).

Maria (Marie) Louise Alexandrine (1808–1877). Seit 1826 mit dem Prinzen Karl von Preußen (1801–1883) verheiratet.

Maria Louise Augusta (Auguste) Katharina (1811–1890). Seit 1829 mit dem Prinzen Wilhelm von Preußen (1797–1888) verheiratet. Seit 1861 Königin von Preußen. Seit 1871 deutsche Kaiserin.

Carl Alexander (1818–1901). Seit 1842 mit Sophie von Oranien-Nassau Prinzessin der Niederlande (1824–1897) verheiratet. Seit 1853 Großherzog von Sachsen-Weimar-Eisenach.

Die Enkel aus der Ehe Carl Alexanders

Carl August (1844–1894). Seit 1873 verheiratet mit Pauline von Sachsen (1852–1904). 1876 wurde der Sohn Wilhelm Ernst (1876–1923) geboren, der auf Carl Alexander als Großherzog von Sachsen-Weimar-Eisenach folgte

Maria Alexandrine (1849–1922), verheiratet seit 1876 mit Heinrich VII. Prinz Reuss zu Köstritz (1825–1906).

Anna Sophie (1851–1859).

Elisabeth (1854–1908), verheiratet seit 1886 mit Johann Albrecht von Mecklenburg-Schwerin (1857–1920).

Wichtige Daten im Leben und zum Nachlaß
Maria Pawlownas

1786: Am 4. Februar (16. Februar nach dem Gregorianischen Kalender) wird Maria als fünftes Kind aus der Ehe des russischen Großfürsten Pawel Petrowitsch (des späteren Kaisers Paul I.) mit der Großfürstin Maria Fjodorowna (Sophie-Dorothea von Württemberg-Mömpelgard) im Schloß Gatschina bei St. Peterburg geboren.
Am 12./24. Februar wird Maria getauft. Kaiserin Katharina II. hielt das Kind über das Taufbecken.

1796: Kaiserin Katharina II. stirbt am 6./18. November in Zarskoje Selo bei St. Petersburg. Ihr Sohn Pawel Petrowitsch besteigt als Kaiser Paul I. den Thron.

1799: Mit einem Brief vom 15. März wendet sich Herzog Carl August von Sachsen-Weimar-Eisenach an Kaiser Paul I. von Rußland und dessen Gemahlin mit der Bitte um eine Eheschließung zwischen Erbherzog Carl Friedrich und Maria Pawlowna.

1801: In der Nacht vom 11. zum 12. März (23./24. März) wird Kaiser Paul I. ermordet. Sein Sohn Alexander Pawlowitsch besteigt als Alexander I. den russischen Thron.
Am 16./28. August wird von dem russischen Minister Fürst Kurakin und dem Weimarer Außerordentlichen Minister Wilhelm von Wolzogen der Ehevertrag für die Heirat Carl Friedrichs mit Maria Pawlowna unterzeichnet.

1803: Am 22. Juli/3. August trifft Erbherzog Carl Friedrich zur Vorbereitung der Eheschließung in St. Petersburg ein.

1804: Carl Friedrich und Maria Pawlowna werden am 1./12. Januar miteinander verlobt.
Am 22. Juli/3. August wird in der Schloßkapelle des Winterpalastes zu St. Petersburg die Ehe zwischen Carl Friedrich und Maria Pawlowna geschlossen.
Carl Friedrich und Maria Pawlowna ziehen zum ersten Mal feierlich in Weimar ein.

1805: Geburt des ersten Kindes am 25. September. Der Junge Alexander stirbt im Frühjahr 1806.

1806: Am 11. Oktober flieht Maria Pawlowna vor den anrückenden französischen Truppen, die am 14. Oktober bei Jena und Auerstedt die preußisch-sächsische Armee geschlagen haben, über Allstedt, Göttingen und Berlin nach Schleswig in Dänemark.

1807: Nach fast einjährigem Exil hält Maria Pawlowna am 12. September ihren zweiten feierlichen Einzug in Weimar.

1808: Geburt der Tochter Maria Louise Alexandrine am 3. Februar.

1811: Am 30. September Geburt der zweiten Tochter von Carl Friedrich und Maria Pawlowna, Maria Louise Augusta Katharina, die spätere Königin von Preußen und deutsche Kaiserin.

1813: Am 20. Januar stirbt Christoph Martin Wieland in Weimar.
Im April flieht Maria Pawlowna erneut vor den französischen Truppen und begibt sich nach Böhmen und Österreich unter den Schutz der russischen Armee.

1814/1815: Gemeinsam mit Carl August und dem russischen Kaiser Alexander I. nimmt Maria Pawlowna am Wiener Kongreß der europäischen Mächte teil. Sachsen-Weimar-Eisenach wird in den Rang eines Großherzogtums erhoben. Anschließend reist die Erbgroßherzogin nach Rußland.

1816: Nach den Jahren kriegerischer Wirren läßt sich Maria Pawlowna endgültig in Weimar nieder.

1817: Am 3. Juni verabschiedet Maria Pawlowna die Statuten des von ihr gegründeten und geführten „Patriotischen Instituts der Frauenvereine".

1818: Am 24. Juni Geburt des Erbprinzen Carl Alexander August.

1825: Rußlands Kaiser Alexander I. stirbt am 19. November / 1. Dezember überraschend im südrussischen Taganrog. Der Bruder Nikolaus Pawlowitsch besteigt nach dem dreiwöchigen „Großmutstreit" als Nikolaus I. den Thron.

1827: Im Mai heiratet Maria Pawlownas Tochter Maria den Prinzen Karl von Preußen.

1828: Am 14. Juni stirbt Großherzog Carl August. Carl Friedrich und Maria Pawlowna erlangen die Großherzogswürde.
Maria Fjodorowna, Mutter Maria Pawlownas, stirbt am 24. Oktober / 4. November in St. Petersburg.

1829: Prinzessin Augusta heiratet den Prinzen Wilhelm von Preußen.

1832: Am 22. März stirbt in Weimar Johann Wolfgang von Goethe.
Am 1. Oktober stirbt in Weimar der Maler und Kunsthistoriker Johann Heinrich Meyer.

1841: Der Virtuose und Komponist Franz Liszt gibt am 26. November auf Einladung des Hofs sein erstes Konzert in Weimar.

1842: Franz Liszt wird im Februar zum außerordentlichen Kapellmeister in Weimar berufen.
Am 8. August heiratet Erbgroßherzog Carl Alexander die Prinzessin Sophie der Niederlande.

1848: Franz Liszt läßt sich in Weimar nieder. Im März Ausbruch der Revolution im Großherzogtum.

1853: In der Nacht vom 7. zum 8. Juli stirbt Großherzog Carl Friedrich. Maria bezieht ihren Witwensitz in Schloß Belvedere.

1855: Rußlands Kaiser Nikolaus I. stirbt am 18. Februar / 1. März.

1856: Am 26. August/6. September wird Alexander II. in Moskau zum Kaiser gekrönt. Maria Pawlowna besucht zum letzten Mal ihre russische Heimat.

1857: Maria Pawlowna schließt am 29. November die Arbeiten an ihrem umfangreichen Testament ab.

1858: In einem Testaments-Nachtrag vom 19. März verfügt Maria Pawlowna, daß die Schriften ihres Nachlasses niemals veröffentlicht werden dürfen.

1859: Maria Pawlowna, Kaiserliche Hoheit, Großfürstin von Rußland und Großherzogin in Sachsen-Weimar-Eisenach stirbt am 23. Juni im Schloß Belvedere bei Weimar. Sie wird in der Fürstengruft von Weimar beigesetzt.

1862: Nach dem letzten Willen Maria Pawlownas wird am 26. November neben der Fürstengruft die russisch-orthodoxe Kirche der apostelgleichen Maria Magdalena geweiht.

1872: Großherzog Carl Alexander erweitert das Benutzungsverbot über den Nachlaß seiner Mutter.

1936: Das Benutzungs- und Publikationsverbot für die Materialien des Nachlasses Maria Pawlownas wird durch das großherzogliche Haus faktisch aufgehoben.

Personenregister